温州市援疆指挥部援助项目

拜城县文化体育广播电视和旅游局
北京大学中国古代史研究中心　编
中国人民大学古代中国与丝路文明研究中心

堅固萬歲人民喜

刘平国刻石与西域文明学术研讨会论文集

朱玉麒　李　肖　主编

凤凰出版社

图书在版编目（CIP）数据

坚固万岁人民喜：刘平国刻石与西域文明学术研讨
会论文集 / 朱玉麒，李肖主编. -- 南京：凤凰出版社，
2022.4
ISBN 978-7-5506-3673-6

Ⅰ. ①坚… Ⅱ. ①朱… ②李… Ⅲ. ①石刻－研究－
中国－东汉－文集②西域－文化－文集 Ⅳ.
①K877.404-53②K928.6-53

中国版本图书馆CIP数据核字(2022)第043519号

书　　　名	坚固万岁人民喜——刘平国刻石与西域文明学术研讨会论文集
主　　　编	朱玉麒　李　肖
责 任 编 辑	李　霏
装 帧 设 计	陈贵子
出 版 发 行	凤凰出版社(原江苏古籍出版社)
	发行部电话025-83223462
出版社地址	江苏省南京市中央路165号，邮编：210009
照　　　排	南京凯建文化发展有限公司
印　　　刷	南京凯德印刷有限公司
	江苏省南京市江宁滨江开发区宝象路16号，　邮编：210001
开　　　本	787毫米×1092毫米　1/16
印　　　张	29.5
字　　　数	628千字
版　　　次	2022年4月第1版
印　　　次	2022年4月第1次印刷
标 准 书 号	ISBN 978-7-5506-3673-6
定　　　价	258.00元

(本书凡印装错误可向承印厂调换,电话:025-52603752)

The Paper Collection of the Academic Symposium on

Liu Pingguo Stone Carvings and the Western Regions Civilization

Edited by Zhu Yuqi and Li Xiao

PHOENIX PUBLISHING HOUSE

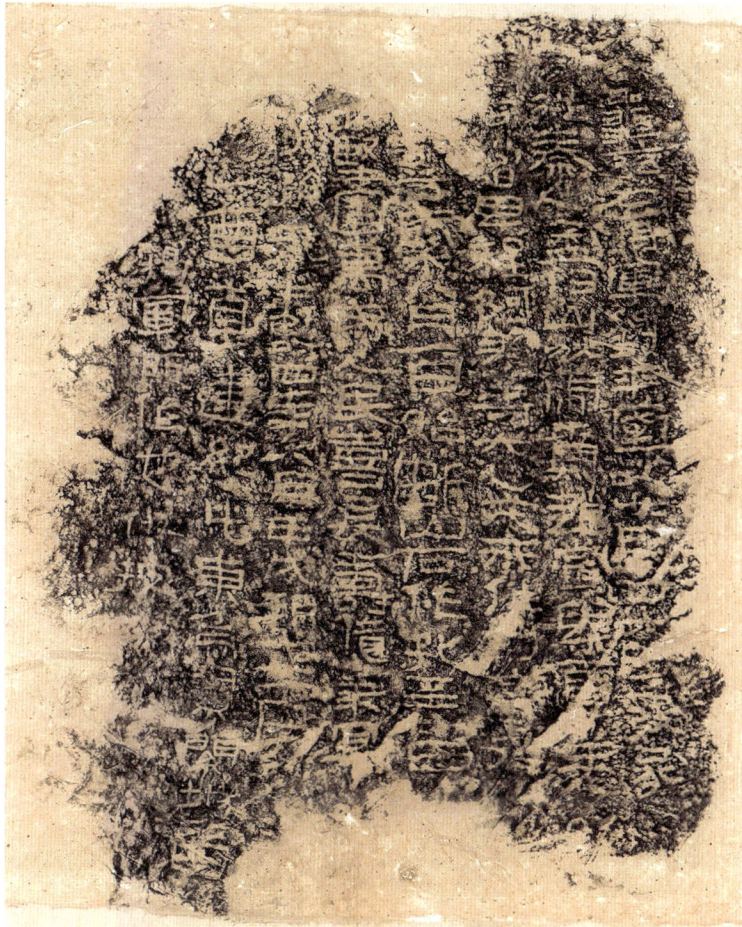

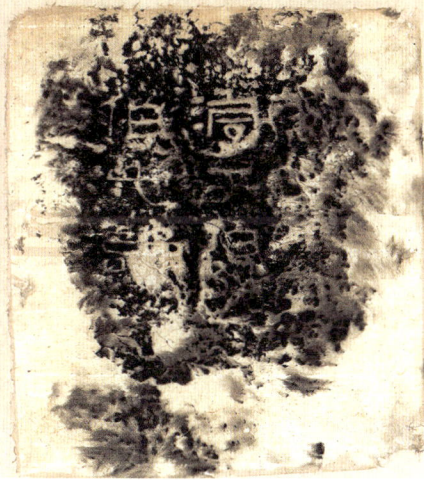

中国国家图书馆藏锡纶题跋刘平国刻石拓片（参本论文集卢芳玉文）

会议合影

学术研讨会会场

与会专家在刘平国刻石所在地考察

在沙拉依塔木烽火台考察

在克孜尔石窟考察

在库木吐喇石窟考察

刘平国摩崖山口(三角内为刘平国刻石所在)

刘平国刻石现状(方框内为刘平国刻石正文和题识)

中国国家图书馆藏刘平国刻石拓片（参本论文集卢芳玉文）

北京大学图书馆藏刘平国刻石拓片（参本论文集汤燕文）

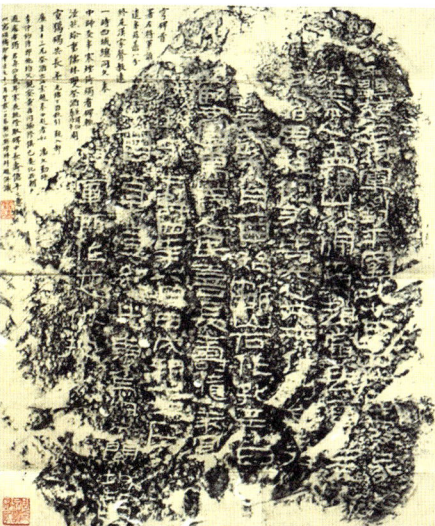

上海图书馆藏王懿荣旧存刘平国刻石拓片（参本论文集张瀚墨文）

徐鼎藩刻石与拓片

徐鼎藩刻石发现地赛开塔木遗址(参本论文集朱玉麒、吐逊江文)

目　　录

1

CONTENTS

CONTENTS

序　言

　　"刘平国刻石"是东汉桓帝永寿四年即延熹元年（158）出现在丝路北道摩崖上的汉代隶书真迹，体现了历史学、文学史和书法史的多重价值。它在沉埋一千七百多年后的光绪五年（1879），在中国政府收复伊犁的过程中得以重现人世，它的发现本身，在新疆近代史上也有着重要的象征意义。

　　更为重要的是，刘平国是一位采用汉语姓名的龟兹少数民族将领，他带领着汉族、羌族同胞一同修建亭障，并用汉文表达心声，反映出远在一千八百多年前各族人民交流融合、共同开发西域的历史事实。碑文中"坚固万岁人民喜，长寿亿年宜子孙"的铭文，体现了长期以来西域人民向往统一与和平的美好愿望。它与稍后出现在丝路南道上的"五星出东方利中国"的尼雅织锦护膊等出土文物南北呼应，是中原文明与西域文化早期交融的历史见证。

　　"刘平国刻石"于1957年被列为"新疆维吾尔自治区文物保护单位"；2019年，又被列入国务院公布的第八批"全国重点文物保护单位"，可见其在中国历史上的意义被逐渐认识。

　　为了响应第三次中央新疆工作座谈会"文化润疆"精神，纪念"刘平国刻石"被列入国保单位，充分认识"刘平国刻石"在丝绸之路上的文化意义，全面解读拜城县文化遗产在中华文明中的价值，在中共拜城县委员会、拜城县人民政府的组织下，拜城县文化体育广播电视和旅游局、北京大学中国古代史研究中心、中国人民大学古代中国与丝路文明研究中心协同新疆克孜尔石窟研究所、新疆师范大学黄文弼中心等单位，共同承办了"刘平国刻石与西域文明学术研讨会"。

　　本书就是2021年6月12—13日在拜城县召开的"刘平国刻石与西域文明学术研讨会"的论文合集。此次会议，学者们围绕着"刘平国刻石"及相关问题、西域文献与西域历史、石窟壁画与造像艺术、丝路考古与西域文明、丝路研究学术史等多个方面做出了新的探索。其中部分论文在出版时经过修改、调整，与会议发言稿有所差异；个别文章因为作者另有安排而未能收入合集中，读者可以在书后附录的会议综述中了解这些论文的内容。

以"刘平国刻石"的名义举办西域文明学术研讨会,这是第一次。我们受会议各举办方的委托,编辑这本论文集,深切地感受到:是地方政府与文物部门重视本地文化建设、勇于承担"让文物说话、把历史智慧告诉人们"责任的负责精神,和从事西域文明研究的学者们热心新疆文化建设、热情提供精品成果,以及凤凰出版社后期精益求精的编辑工作,促成了这部论文集的完美呈现。

我们衷心期望这本论文集将深化以"刘平国刻石"为中心的西域文明研究,为丝路历史和新疆地方文化建设发挥应有的作用。

朱玉麒　李　肖

2021 年 11 月 12 日

刘平国刻石的早期保护和拓本流传

——以徐鼎藩为中心

朱玉麒　　吐逊江

北京大学中国古代史研究中心　　拜城县文化体育广播电视和旅游局

引　言

　　刘平国刻石在清光绪五年(1879)被再次发现的时候,所在地玉开都维村的博孜克日格沟属于阿克苏善后总局辖下的赛里木城明布拉可庄。光绪八年,赛里木、拜二城合并设拜城县,其地归属于东庄(乡)。现在,玉开都维村属拜城县黑英山乡辖境。黑英山位于拜城县东北,是该县地理面积最大的乡镇,境内有阿勒吞阔什河、博孜克日格河、琼果勒河三条河流从天山流出,汇于乡东南部的阿克塔什凹地,流为克孜尔河。刘平国刻石就位于博孜克日格河流出天山的沟口西侧摩崖上。

　　丰富的水草资源使得黑英山一带很早就有人类活动的遗迹。沿着天山的沟壑,是山北的游牧部落与山南的绿洲居民相互交通的要道。两汉时期,生活在伊犁河谷的乌孙古国与天山南部的龟兹、姑墨等国来往不断,博孜克日格沟口的道路甚至被称为乌孙古道。刘平国刻石所记录的东汉建立关亭的设施,虽至今不能确证其作用,要之总与此地作为南北"天山廊道"予以"警备候望、交通安全、邮传往来"的人类活动相关联[①]。

　　博孜克日格沟口南 12 千米的玉开都维村落,是与刘平国刻石之所在最接近的居民点。村西的山梁上,至今可见卵石垒砌的唐代烽燧遗址,无疑是针对博孜克日格沟口的军事设施。村西南被称为"赛开塔木遗址"的高地上,不仅有卵石纵横的早期墓葬,也有堆成工事的戍堡型建筑。2016 年,文物工作者在此处踏访时捡得一块带有文字的石刻残片,将其带回县里文物库房保管。去年,在清理这些文物之际,工作者识别出残石的文字为"徐鼎藩建"字样(以下简称"徐鼎藩残石",图 1)。经过初步的研究,确认徐鼎藩就是参与了刘

---

　　① 王炳华《"刘平国刻石"及有关新疆历史的几个问题》,《新疆大学学报》1980 年第 3 期,56—62 页。

1

平国刻石早期发现、保护和捶拓流传的新疆地方官员。

图 1　博孜克日格河畔赛开塔木遗址发现的徐鼎藩残石

　　值此刘平国刻石建立 1863 年、发现 142 周年、列入第八批"全国重点文物保护单位"的第 4 个年头,我们发表初步研究的成果,为认识刘平国刻石这一重要的丝路文物在近代历史上的意义和影响,提供新的线索。

一

　　对于刘平国刻石的发现,过去我们比较重视的是文人施补华(1835—1890)的作用。施补华,字均甫,浙江乌程(今属湖州)人,同治九年(1870)举人,先后入佐左宗棠、张曜幕府,在光绪五年(1879)至十年间,进疆参与了平定阿古柏叛乱之后帮办军务的善后事宜。他于光绪八年撰写的《刘平国碑跋》介绍了石刻发现的过程以及石刻文字的相关史实与西域地理。这篇将近五百字的题跋不仅被收入他的《泽雅堂文集》传世[①],还因他分赠给内地

---

　　① 施补华《刘平国碑跋》,作者著《泽雅堂文集》卷七,光绪十九年(1893)湖州陆心源刻本,《续修四库全书》第 1560 册影印,上海:上海古籍出版社,2002 年,361—362 页;又有光绪十九年荣城孙葆田刻本,《清代诗文集汇编》第 731 册影印,上海:上海古籍出版社,2010 年,607—608 页。

著名学者如盛昱、王懿荣等的拓片上的亲笔书写而广为流传①。也有不能得见题跋者，曾传抄记入自己的石刻题跋中②，甚至有后世好事者以隶书雕版的方式传播（图2）③。

图2　台北"中央图书馆"藏施补华《刘平国碑跋》雕版印本

当代学者，则有田北湖、谢国桢、王炳华、马雍的论文为施补华的发现之功作倡导④。

---

①　如上海图书馆藏王懿荣旧藏本上施补华光绪十五年跋云："余于光绪五年得此刻于鸠兹山中，八年为之跋，九年命工拓数十纸，分贻海内朋好。"仲威《汉碑善拓过眼之三》之《龟兹左将军刘平国摩崖》（王懿荣藏本），《书法》2013年第2期，93—94页。

②　如刘继增《寄沤文钞》卷一，1923年无锡县图书馆仿宋聚珍版，叶一五。韩续《徐乃昌藏本〈龟兹刘平国刻石〉文献价值考论》也提及"根据现存的多通拓本可知，诸家在收藏此刻石拓本之时，多有抄录施补华所作题跋的行为"，文载《中国典籍与文化》2020年第1期，134—140页。

③　王壮弘《增补校碑随笔》，上海：上海书画出版社，1984年，71页；转引自陶喻之《东汉刘平国刻石研究资料汇编》，荣新江、朱玉麒主编《西域考古·史地·语言研究新视野——黄文弼与中瑞西北科学考查团国际学术研讨会论文集》，北京：科学出版社，2014年，401页。后者复云："上海博物馆有施跋拓本，抑或即此木刻本。"此又见台北"中央图书馆"藏《龟兹左将军刘平国摩崖》拓片同轴，编号"金1478"。

④　田北湖《东汉白山磨崖释文》，《神州国光集》第六集，1914年，1—5页；谢国桢《汉刘平国治路颂旧拓本跋》，《社会科学战线》1978年第3期，224—226页；王炳华《"刘平国刻石"及有关新疆历史的几个问题》，参前引；马雍《〈汉龟兹左将军刘平国作亭诵〉集释考订》，《文物集刊》第2辑，北京：文物出版社，1980年，45—58页。

因此,笔者之一在之前的研究中,也对于施补华的早期发现和流传之功多有褒扬①。在以上研究中,笔者等认为:光绪五年的夏天,收复阿克苏地区的嵩武军统领张曜(1832—1891,字亮臣,号朗斋,谥勤果)为收复被俄罗斯占领的伊犁而寻找道路,他的军士在博孜克日格山口发现了摩崖上的刘平国刻石文字,回来向幕府中的施补华谈起。施补华因此向张曜请示,而派了总兵王得魁、知县张廷楫率领兵士于当年八月前往椎拓,在确认其为重要的汉碑之后,施补华担心碑刻遭到损坏,于光绪九年在石刻摩崖上盖建了保护性建筑,并责成当地居民头领承担看管的责任。这一举措的实施,被我们认为是"新疆官方在没有文物保护法的年代里最早采取的文物保护措施"。其实际情况则通过日本大谷探险队在1903至1913年间三次前往刘平国刻石制作拓片的记录得到证实,即在刘平国刻石的崖壁前,确实盖有小屋。

关于施补华保护刘平国碑举措的实施者,我们曾经根据柯昌泗(1899—1952,字燕舲,号谧斋)《语石异同评》和近年拍卖会上出现的"徐桂丛手拓本",以及徐树铭与徐桂丛的通信等一些资料确认,刘平国刻石的保护措施,只能委托给由幕僚而代理了拜城知县、掌有地方实际权力的徐桂丛来完成。

现在,"徐鼎藩残石"的发现,促使我们对于这一人物做进一步的追索,发现之前提及的徐桂丛就是徐鼎藩。

据《长沙徐氏族谱》记载,徐鼎藩(1848—?)原名树琨,字桂丛,长沙人,是长沙徐氏洪公房第十八世孙。长沙徐氏的始祖来自江西丰城,于明洪武初迁浙江衢州,再转迁湖南长沙省城驿步门外。随着子孙繁衍,始建宗祠于长沙。其后文士蔚起,"世以科第阀阅名于晚清"②。其诗礼传家一脉,尤其在徐鼎藩一辈前后得到体现,在其前后的家族文化闻人有:

徐国揩								
夔	棻						苍	
树铭	树锦	树钧					树锷	树琨
		德立	汉立	博立	显立	桢立	阆立	崇立
				泽本	恪本	年本		本谟

以上仅就徐国揩名下一支而言。道光七年(1827)长沙徐氏三修族谱,审定从第十八

① 朱玉麒《龟兹刘平国刻石的发现与近代新疆》,关西大学东西学术研究所《东西学术研究所纪要》48辑,2015年,412—414页;赵莉主编《龟兹石窟保护与研究国际学术研讨会论文集》,北京:科学出版社,2015年,303—314页;增订本收入作者著《瀚海零缣——西域文献研究一集》,北京:中华书局,2019年,48—69页;朱玉麒《内藤湖南未刊稿〈龟兹左将军刘平国碑考证〉研究》,孟宪实、朱玉麒主编《探索西域文明——王炳华先生八十华诞祝寿论文集》,上海:中西书局,2017年,339—357页;收入作者著《瀚海零缣——西域文献研究一集》,70—99页。
② 张舜徽《湘贤亲炙录》,《张舜徽学术文化随笔》,北京:中国青年出版社,2001年,350页。

世起的新派语十六字:"树立本经,敬宗克孝,才达名儒,庆延华诰。"因此,在宗亲家族中,"立"字辈的文化名人尚有现代教育家徐特立(1877—1968)等。

在族谱的记载中,徐鼎藩(树琨)生于道光二十八年戊申八月十一日戊时,以附贡生出身,累官至甘肃候补知州,补用直隶州知州,赏加四品衔,升用知府,历署新疆拜城、阜康等县知县、精河直隶厅同知,赏戴花翎,诰授中宪大夫。夫人张氏,生子一,即徐崇立(1872—1951)①。

他在新疆的任职情况,我们现在也只有断续的信息,大致是:

光绪十六年(1890),署理拜城知县②。

光绪三十年(1904),署理精河直隶厅同知③。

光绪三十三年至宣统元年(1907—1909),阜康知县④。

虽然在徐鼎藩的仕历记载中,直到光绪十六年才看到他在新疆任职,但他出征西域的时间,却不可谓不早。在其子徐崇立辑刻的《西域舆地三种汇刻》序言中,就曾提及:"当同治间,严君从左文襄公西征,回疆底定,留为刘襄勤公掌书记。"⑤"严君"犹"家严""严父"之谓,代指其父徐鼎藩,可知在同治三年新疆民变、朝廷启用左宗棠收复新疆以后,徐鼎藩即作为湘中子弟,加入到了左氏收复新疆的行列之中,并在新疆底定之后,作为刘锦棠的部下,留下来参与了新疆地方建设。其署理拜城知县,是之前多年军功积累之后的结果。

正因为他经历了收复新疆的前后过程,后来新疆布政使魏光焘(1837—1916)编纂《勘定新疆记》,徐鼎藩也成为写作班子的主力而被提名:

> (光焘)嗣移藩新疆,复商刘襄勤公,属迪化府知府黄炳焜、候补知州徐鼎藩、候补知县李征煕等稽考新疆事实,赓续纂辑。草创甫就,光焘得告归里⑥。

魏光焘由甘肃布政使移任甘肃新疆布政使,是光绪十年十月的任命⑦,其后于光绪十

---

① 《[长沙]徐氏族谱》第十册洪公房卷四,民国元年(1912)东海堂刻本,叶一九下、二〇上。

② 魏光焘《奏为委令吴光熊署理于阗知县徐鼎藩署理拜城知县事》(光绪十六年三月二十五日),一档馆03-5263-095,刘志佳博士赐示;徐崇立《徐鼎藩刘平国刻石题跋》跋尾,汤燕老师赐示。

③ 潘效苏《奏为委任徐鼎藩署理精河直隶厅同知事》(光绪三十年),一档馆04-01-13-0409-055,刘志佳博士赐示。

④ 王树枏等纂修、朱玉麒等整理《新疆图志(附索引)》卷三九,上海:上海古籍出版社,2017年,710页。《徐鼎藩为报野村荣三郎、橘瑞超入出阜康县日期事给荣霈的申文》(1908年10月26日),《近代外国探险家新疆考古档案史料》,乌鲁木齐:新疆美术摄影出版社,2001年,200页。《吐鲁番厅就阜康县知县徐鼎藩禀报户民积欠额粮籽种一案申镇迪道文》(宣统元年闰二月二十三日)、《吐鲁番厅就阜康县知县徐鼎藩禀报户民积欠额粮籽种一案札鄯善县文》(宣统元年闰二月十九日),新疆档案馆。

⑤ 《西域舆地三种汇刻》,光绪丙午(三十二年,1906)长沙徐氏刻盍簪馆丛书之一,序言叶三正。

⑥ 魏光焘《勘定新疆记》,光绪己亥(二十五年,1899)刻本,自序叶三正。

⑦ 《清实录·德宗朝》卷一九五。

七年获准告假归里①。因此他在新疆组织编纂《勘定新疆记》的时间,当在光绪十一年及之后。那个时期的徐鼎藩尚未获实缺,因此以候补知州的身份在迪化参与编纂。光绪十六年,大概因此劳绩,徐鼎藩终于获得护理巡抚魏光焘的奏请,被任命为署理拜城知县,得以亲临刘平国刻石现场,参与了捶拓和保护工作。

因为官卑位末,在当时和之后并不知晓徐鼎藩其人者,也不在少数。如搜集西陲石刻最为用心的罗振玉(1866—1940)即是其例,其《石交录》记载:

> 张勤果公从左文襄公平定关陇,于新疆阿克苏得《龟兹将军刘平国治路颂》。光绪间,勤果抚山左,吴兴施均甫观察在幕中,介亡友刘君铁云以拓本见赠。军中无佳墨良楮,拓工亦不致。后陶勤肃公抚新疆,始得精拓。然视初拓,则第二行"赵当卑"之"当",四行"关"上之"谷",五行首"万岁"上之"坚固"诸字已损泐。予曩既箸其文于《西陲石刻录》矣。后又得一精拓本,与陶勤肃拓本同,上钤"徐鼎藩印""徐桂丛手拓本""塞翁""姑墨旧令"诸印,意即承勤肃命往拓之人。未可没其姓名,爰附记之于此②。

罗振玉在1914年辑有《西陲石刻录》,其中辑录《刘平国作关城颂》,是用了施补华通过刘鹗转赠的拓片。之后他得到徐鼎藩的拓本(即"徐桂丛手拓本"),盛赞其较之前的拓本精良,只是在存字字数上,要比施补华的拓本少了一些。从徐鼎藩在拜城任职的时间可以看到,徐鼎藩手拓本的诞生距离刘平国刻石被发现已经过去了十年,其中的字迹因为过度捶拓而有所损坏,是情理中的事。在马雍先生为刘平国刻石拓片所定分期中,"徐桂丛手拓本"基本被列入了第二期,即第二行"秦"字、第三行"作列亭从"、第四行"谷关"、第五行"止坚"等字均毁坏或不存,其余部分都还保存完好③。

在晚清流传到内地的诸多拓本中,所谓的"徐桂丛手拓本"也不在少数。徐崇立《徐鼎藩刘平国刻石题跋》跋尾:

> 越庚寅(光绪十六年,1890),先君权拜城县事,碑即在辖境,复手拓数十本,以贻海内金石家。上海重印珂罗版,为吴趋祝氏藏本,上有先君印章,即庚寅手拓本也④。

以上题跋提及徐鼎藩担任拜城知县之际,手拓了数十本,分赠海内名家。其所谓"上海重印珂罗版"即1914年国学保存会在上海出版《神州国光集》第六集影印刘平国刻石拓片,其中徐鼎藩手拓的"吴趋祝氏藏本"被马雍认为是"所见第二期拓本中之最佳者"。

"徐桂丛手拓本"在内地递藏最多的,是徐鼎藩的兄弟子侄辈。湖南图书馆珍藏徐崇立捐赠品中,有徐树铭(1824—1900,字伯澄,号寿蘅,又号澂园、澄园)给徐鼎藩的书信,其

---

① 《清实录·德宗朝》卷二九七。
② 罗振玉《石交录》,《罗振玉学术论著集》第三集,上海:上海古籍出版社,2010年,203—204页。其"阿克苏"作"阿克葆","徐桂丛"作"徐桂发",均误植,据实际名称正之。
③ 马雍《〈汉龟兹左将军刘平国作亭诵〉集释考订》,《文物集刊》第2辑,50页。
④ 北京大学图书馆藏石印本,承汤燕老师赐示。

一云(图 3):

> 桂馨吾弟大人阁下:顷荷惠笺,具悉雅政宜民、年谷成熟,地方亦均绥靖,此为至要。毅帅不来,午卿又去,殊为闷闷。陶公安雅明晰,想初至彼间,大抵规随前政,不至大有变更。初集之众,久蹸之场,休养生息之不遑,或不至以刻凿累民也。<u>碑亭重立,兼以刬苔之力,多得旧文,亦为韵事。累拟画乌垒碑亭幅子,以人事匆匆未就,又无它人可以代画者,殊为惘惘。</u>……十月二十八日①。

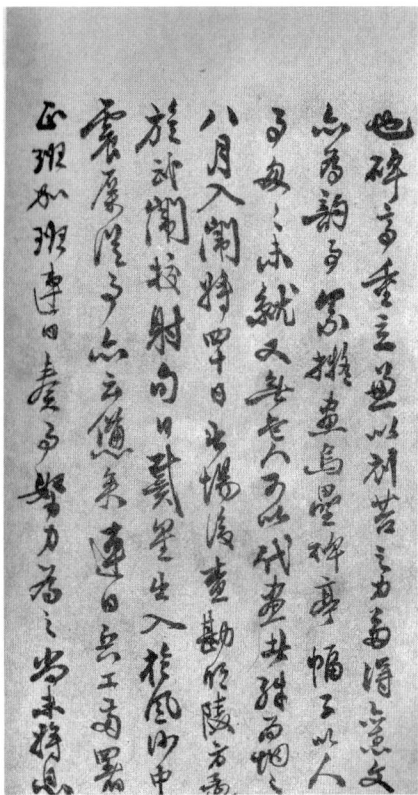

图 3 徐树铭致徐桂丛书提及"碑亭重立"

"桂馨"即徐桂丛,家族称呼中,亦有称之"桂生"者。信札中提及的"毅帅""午卿"和"陶公",指晚清新疆政坛的重要官员刘锦棠、魏光焘和陶模。光绪十四年,刘锦棠由新疆巡抚任上奏请开缺,由布政使魏光焘护理巡抚②;光绪十七年二月,以陕西布政使陶模为新疆巡抚③;五月,准魏光焘开缺省亲,俟陶模到任后交卸回籍④。因此这封信札的写作时间当在光绪十七年,其时徐鼎藩署理拜城知县,重新为刘平国刻石建立了碑亭保护,并剔抉苔藓,精工细拓,较之前拓本的某些文字更为清晰。徐树铭此时大概接到了新的拓本,所以称道徐鼎藩此举"多得旧文,亦为韵事",并且表示要画一幅"乌垒碑亭"来表彰其事,只是当时太忙,暂无暇兼顾。

徐鼎藩的另一位堂兄徐树钧(1842—1910,字衡士,号叔鸿)更是当时著名的金石学家,其《宝鸭斋题跋》就曾为刘平国刻石设立专门的条目,录文并作跋:

> 光绪五年,张朗斋军帅曜,始命军士椎拓。穷荒僻壤,以为惊扰,乃凿毁之。朗斋所拓,竟成广陵散矣。余弟桂丛,从军西域,得此二本,属余释其文,以一本归之。此本稍漫漶,海内孤本,宜珍秘之⑤。

徐树钧此处所言,可能还是徐鼎藩早年所得。在他担任拜城知县之后,仍有新的拓本寄赠。今台北"中央图书馆"藏《龟兹左将军刘平国摩崖》拓片,就有"光绪十年七月十九徐叔

---

① 欧金林主编《湖南省博物馆藏近现代名人手札》,长沙:岳麓书社,2012 年,第 2 册,881—882 页。

② 《清实录·德宗朝》卷二六三。

③ 《清实录·德宗朝》卷二九四。

④ 《清实录·德宗朝》卷二九七。

⑤ 徐树钧《宝鸭斋题跋》卷上,宣统庚戌(1910),叶八背。

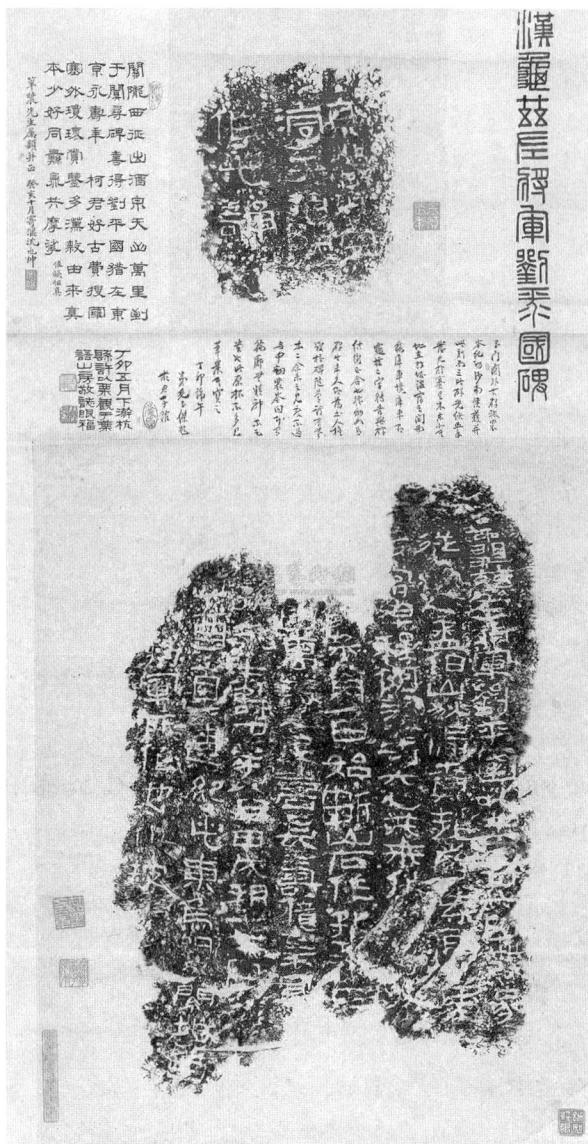

图 4　钤有"徐桂丛手拓本""姑墨令章"的刘平国刻石拓片

鸿农部赠志青"的题记，就是由徐树钧转赠者。题记下钤"壎印"白文章，受赠者当是晚清天津鉴藏家孟继埙（字志青）①。

徐鼎藩的侄子、徐树钧之子徐显立（1888—1970）也曾收藏过"徐桂丛手拓本"。北京大学图书馆藏陆和九拓本上提及：

> 曜幕僚施均父重刻一石，建亭覆之，长沙徐桂丛所拓，即施刻本。"仇"字右"九"字拗笔已损。其弟显立赠予一本，且有跋及释文，以较此本，霄壤判然，洵可宝也②。

陆和九对于刘平国刻石有"施均父重刻一石"、以徐显立为徐桂丛弟的说法，显然有误，但是提及徐显立曾有刘平国刻石拓片，则传自其叔父徐鼎藩处，应该可以肯定。

最新的《刘平国碑》拓片则见于2021年1月的微拍堂，其拓片上钤有"徐桂丛手拓本""徐鼎藩印""姑墨令章""徐鑫龄""邵年"等印，后二印则是当代长沙鉴藏家徐鑫龄先生的印章，此拓或也是来自徐氏家族的传世收藏品。

此外，2014年12月在国家典籍馆"金石拓片展"中，也曾展出过中国国家图书馆收藏的柯昌泗刘平国刻石拓本，钤有徐鼎藩"徐桂丛手拓本""姑墨令章""金石长年"等章。而柯昌泗的堂兄柯莘农（1883—1945，原名士衡，以字行，号逸园）旧藏的钤有如上三方印章的《汉龟兹左将军刘平国碑》拓片，先后在2008年12月23日的上海崇源艺术品拍卖有限公司"2008秋季大型

---

① 台北"中央图书馆"藏《龟兹左将军刘平国摩崖》拓片，编号"金1478"，除拓片外，另有施补华《刘平国碑跋》木刻雕印本同裱为立轴。

② 北京大学图书馆藏本，编号C3225-2。

艺术品拍卖会"、北京保利国际拍卖有限公司的"北京保利 2010 年 6 月 2 日拍卖会·古籍文献　名家翰墨"现身(图 4)①。

又有李健(1881—1965,字仲乾,号鹤然居士)题跋的《东汉刘平国开道记》拓片,钤有"金石长年""徐桂丛手拓本"二印,曾在中国书店"2015 年秋季书刊资料文物拍卖会"上出现②。

据陶喻之先生的研究,浙江博物馆藏吴士鉴题跋本也提及"癸亥九月,从洛阳郭估砥堂购得此本,审视乃桂丛手拓"③;陶喻之先生赐示施蛰存旧藏刘平国拓片上也有"姑墨旧令""金石长年"等章。

由以上挂一漏万的记述可知,徐鼎藩手拓本在晚清、民国的文坛流传盛况,与施补华的"命工拓数十纸,分贻海内朋好"的不遗余力,堪称"无独有偶"。

二

以上徐鼎藩手拓本的时年虽然稍晚,但是他接触到刘平国刻石的时间却一点也不晚。过去我们并不知道徐鼎藩本人关于刘平国刻石有文字流传。现在,我们很幸运地发现,徐鼎藩关于刘平国刻石完整的两段题跋,竟然很早就被鲁迅(1881—1936)抄录过,而且,其中的一段,与施补华题跋有惊人的相似之处。兹对照抄录如下,再作分析:

徐鼎藩题跋	施补华题跋
此碑在阿克苏所属赛里木东北二百里山上。光绪五年夏,有军人过其地,见石壁露残字,漫漶不可识,以告张朗斋节帅,命总兵王得魁具毡椎往拓之。适会从军温宿,朗帅惠余是本。	此碑在今阿克苏所属赛里木东北二百里山上。五年夏,有军人过其地,见石壁露残字,漫漶不可识,或以告余,疑为汉刻。秋八月,余请于节帅张公,命总兵王得魁、知县张廷楫具毡椎裹粮往拓之,得点画完具者九十余字。
按,碑称永寿四年八月,永寿为后汉桓帝纪年。《后汉书·桓帝纪》凡六改元:建和、和平、永兴、延熹、永康。其称永寿凡三年,四年六月戊寅,大赦天下,改元延熹。《汉书》龟兹国去长安七千八百四十里。后汉都洛阳,去长安较远,其时	按,文称永寿四年八月,永寿为后汉桓帝年号。《后汉书·桓帝纪》凡年号六:建和、和平、永兴、永寿、延熹、永康。其称永寿凡三年,四年六月戊寅,大赦天下,改元延熹。《汉书》龟兹国去长安七千八百四十里。后汉都洛阳,视长安较远,其时当未奉

---

①　http://pm. findart. com. cn/753381-pm. html;http://auction. artxun. com/paimai-33233-166163028. shtml .

②　《2015 年秋季书刊资料文物拍卖会(三)舆地方志·古籍善本·碑帖专场》拍卖图录,305 页。

③　浙江省博物馆吴士鉴旧藏本,转引自陶喻之《东汉刘平国刻石研究资料汇编》,荣新江、朱玉麒主编《西域考古·史地·语言研究新视野——黄文弼与中瑞西北科学考查团国际学术研讨会论文集》,428 页。

续表

徐鼎藩题跋	施补华题跋
当未奉改元之诏,故犹称永寿。云龟兹左将军刘平国者,《汉书》龟兹国左右将、左右力辅、左右都尉。左将军即左将,其下尊称之,非官号也。乌累关城者,《汉书》乌累城都护治所,在龟兹东三百五十里。按,温宿,今阿克苏;姑墨,今赛里木、拜城;龟兹,今库车。赛里木至库车二百里,至刻石处二百里,已越龟兹而东距乌累城不远矣。云京兆长安淳于伯隐作此诵者,后汉都洛阳,而长安乃其故都,故沿称京兆。关外汉碑如敦煌太守碑、伊吾司马碑,先后见于海内金石文字之录。 　　兹碑至今始出,而一拓之后,穷荒僻壤,惊见华人,旋即凿毁。然则文字之显晦,固有幸有不幸与?裴岑诸人,均于史传无考,而三碑略见事迹。吾意西域三十六国,皆两汉都护校尉之所到,必有纪功述事之作,刻之荒崖邃谷,雨淋日炙,更千余年而光气不可磨灭,庶几有续见而续告者,得尽拓以归,以补班、范两史之缺乎!光绪六年(1880)中夏,桂丛识于疏勒军次。	改元之诏,故称永寿四年耳。云龟兹左将军刘平国,有左右将、左右都尉、左右骑君、左右力辅。左将军即左将,其下尊称之,非官号也。云东乌累关城,《汉书》乌累城都护治所,在龟兹东三百五十里。按,温宿,今阿克苏;姑墨,今赛里木、拜城;龟兹,今库车。赛里木至库车百余里,今至刻石处二百里,已越龟兹而东距乌累城不远矣。云京兆长安淳于某作此诵,后汉虽都洛阳,长安乃其旧都,故仍称京兆。关外汉碑如敦煌太守裴岑、沙南侯获碑,先后见于海内金石之录。 　　兹碑至今始出,岂非文字之显晦,固有其时与?裴岑、侯获、刘平国,均于史传无考,而三碑略见事迹。吾意西域三十六国,两汉都校尉之所到,必有纪功述事之作,刻之荒崖邃谷,雨淋日炙,更千余年而光气不可磨灭者,庶几得尽拓以归,以补班、范两史之缺乎!光绪八年(1882)十月①。
拜城县治东北二百余里,曰明布拉可庄,汉时都护建牙于此,六城遗迹,约略可寻,所谓乌累关城也。又东北五十余里,至噶子克勒山,入山谷五里许,磨崖有文,曰龟兹左将军云云。距地六尺。兹碑之左,又有文曰京兆云云,距地尺许。余来权县事,省获之余,遂访乐石,如见故人。躬剔藓苔残缺,第二行卑字上、第三行谷字上、第四行固字上有斧凿痕,按原拓,无"坚"字,幸余文如故。盖当土人锥毁时,赖王总兵救止之。文字历劫,神人呵护,益信宝物不磨。爰手拓数十本,分贻赏鉴家,并鸠工垒石,为屋护之,额曰"宝汉",亦自幸清福墨缘,于兹不浅云。塞翁又记。(长沙徐鼎藩跋。)②	

　　作为新文化运动主将的鲁迅于1912年北上之后,曾经有八九年的时间大量购买金石拓片、抄录古碑、校勘古籍。据其日记记载,1919年3月29日,他在北京琉璃厂德古斋购买了《刘平国开道刻石》二枚③,这恰是刘平国刻石被发现四十年之后。所以,鲁迅抄录徐

---

　　① 施补华《刘平国碑跋》,收入前引作者著《泽雅堂文集》卷七,有光绪十九年(1893)湖州陆心源、荣城孙葆田两种刻本,其间仅一字之差,即开篇之"节帅",陆心源本作"节师",兹从后者。

　　② 北京鲁迅博物馆、上海鲁迅纪念馆《鲁迅辑校石刻手稿·碑铭》,上海:上海书画出版社,1987年,150—153页。此承陶喻之先生赐告。

　　③ 《鲁迅日记》,《鲁迅全集》第14册,北京:人民文学出版社,1981年,351页。

鼎藩刘平国碑的题跋(图 5),或在其时;而题跋的文字内容,可能即抄自其所购拓片,因此他所收藏的这一拓片,也当是徐鼎藩的精拓本之一。

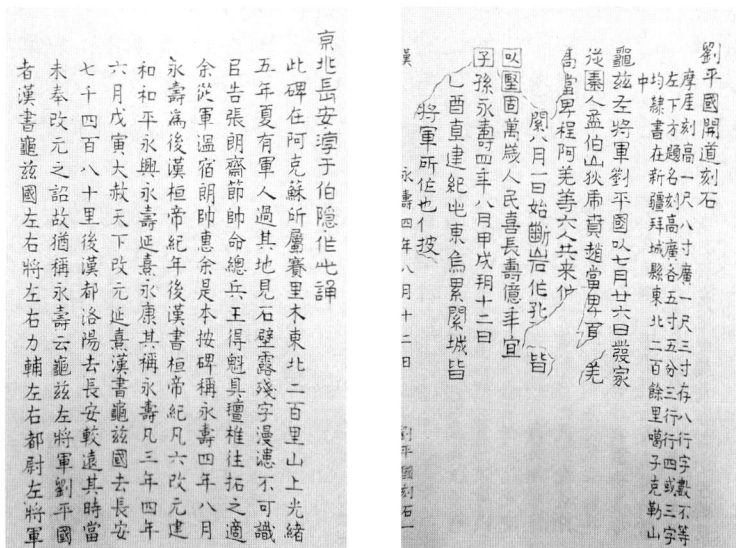

图 5　鲁迅抄录的《刘平国刻石》与徐鼎藩题跋

不过,据北京大学图书馆藏徐崇立旧存其父徐鼎藩手拓"刘平国刻石"的拓片,也附有徐崇立抄录其父以上两则题跋的石印本,与鲁迅抄录内容全同。由此来看,鲁迅抄写的内容,可能出自徐崇立石印本。只是徐崇立石印本在抄录其父题跋之后,还有一段跋尾,作为了解徐鼎藩捶拓刘平国刻石的背景文字,鲁迅的抄录按理不会省略,所以可能的情况就是他所抄录的徐鼎藩题跋直接来自拓片,上面并没有徐崇立的跋尾文字。是耶非耶,容当今后在鲁迅博物馆核对拓片原本,当能定谳。

徐崇立跋尾的内容,前已截引,而全文提供的信息,也非常值得关注,兹再全录如下:

> 此碑屹立荒裔,沈霾千年。光绪初,先君得初拓本,携之京师。族父溦园尚书树铭为绘《乌垒访碑图》,并系以诗,同时题咏甚多。越庚寅(光绪十六年,1890),先君权拜城县事,碑即在辖境,复手拓数十本,以贻海内金石家。上海重印珂罗版,为吴趋祝氏藏本,上有先君印章,即庚寅手拓本也。并有田北湖、叶菊裳两家释跋,考据详确,可谓渊雅。惟皆据古籍,而未履今地,究不若先君原跋之简要。以曾身历其境,目击而手拓之,不止如读索靖,坐卧其下三日也。敬录原跋,足以息纷纭。抚兹手泽之存,弥重楗书之守。并乞知好,别绘访碑册图,广征题咏。因附记纸尾云。

> 戊午(1918)冬十月十四日,长沙徐崇立敬记于城南锡庆里之且住楼。(钤"徐崇立读碑记"白长方印,文前钤"东海"朱长方、"瓶园金石文字"白方印)

关于徐鼎藩的卒年,迄今尚未访得,据前引民国元年(1912)东海堂刻本《[长沙]徐氏族谱》尚不载徐鼎藩卒年,而此戊午(1918)已称"先君",则徐鼎藩卒年当在此 1912—1918 年间。

更为精确的时年,仍有待于新资料的被发现。

这一段的跋尾,还告知我们,徐鼎藩与刘平国刻石的因缘其实分成了两阶段,一是在光绪初年刘平国刻石发现之初,他就获得了拓片,这与徐鼎藩题跋所言"适余从军温宿,朗帅惠余是本"相符。这个最初阶段稀见的拓本,在其中途晋京之际,就为堂兄徐树铭所激赏,而绘图系诗以赞。今此图虽未见,而其诗则存于《澂园诗集》中①。他的另一位堂兄徐树钧则明确记载"余弟桂丛,从军西域,得此二本,属余释其文,以一本归之",并在《宝鸭斋题跋》中记录了自己的释文。

在初得拓本之际,徐鼎藩并未亲历其地,因此也道听途说石刻被凿去一事,其题跋遂有"一拓之后,穷荒僻壤,惊见华人,旋即凿毁"的记录,这个说法甚至在当时被他带到了京师,其堂兄徐树钧《宝鸭斋题跋》因此也记下了"穷荒僻壤,以为惊扰,乃凿毁之。朗斋所拓,竟成广陵散矣"的感慨。前引陆和九题跋所谓"施均父重刻一石",可能也是经过这样的传言而产生的认识。等到他亲自到达此地,所见刻石仍在,才消除了这一误解,然其犹言:"躬剔薛苔残缺,第二行卑字上、第三行谷字上、第四行固字上有斧凿痕,按原拓,无'坚'字,幸余文如故。盖当土人锥毁时,赖王总兵救止之。"仍然将毁损的地方认为是土人锥毁所致。

如上述表格中的录文所显示的那样,徐鼎藩所作和我们所熟知的施补华《刘平国碑跋》有着惊人的相似之处。除了一些涉及个人的地方有所改动,如徐鼎藩叙述获得拓片是因为"适余从军温宿,朗帅惠余是本",而施补华则突出自己对这一刻石发现的贡献是因为"或以告余,疑为汉刻。秋八月,余请于节帅张公",但其他核心的叙述和考证几乎如出一辙。这种一致性,在错误的地方尤其显得雷同。如前所述"都校尉"之外,还有提及《后汉书·桓帝纪》的年号,一言"凡六改元",一言"凡年号六",事实上其中都遗漏了"元嘉"年号,而应该是七个年号②。

按照他们题署的写作时间,则徐鼎藩撰写题跋要比施补华早了两年,似乎著作的归属权应该是徐鼎藩。不过从其时二人都隶属于张曜幕府来看,在刘平国刻石的发现和最初的拓片到来时,他们可能都参与了最早的会读,徐鼎藩甚至请徐树钧"释其文,以一本归之",这些考订,也许都被择要成为最后的题跋内容。作为在西域边陲之地难得一见的东汉刻石,引起幕府文人的共同欣喜,是不难想见的。这在同是张曜幕府的文人萧雄和姚庆恩的吟咏中可以得到印证:

听园西疆杂述诗·沙南侯获碑刘平国碑　　萧雄

汉代边臣历著勋,几行蝌蚪拂寒云。旧传焕彩沙南碣,新读龟兹石壁文③。

---

① 徐树铭画,今未见。所作《〈乌垒访碑图〉为桂生弟作》,收入徐树铭《澂园诗集》卷二,《清代诗文集汇编》第 697 册,836 页。

② 相关考证,参朱玉麒《龟兹刘平国刻石的发现与近代新疆》,作者著《瀚海零缣——西域文献研究一集》,54 页注释②。

③ 萧雄《听园西疆杂述诗》卷四,长沙湖南提学署光绪二十一年(1895)灵鹣阁丛书本,叶三五背至三六正。

该诗末句述刘平国刻石,自注云:"刘平国碑隐晦千七百余年,至光绪己卯始出,在赛里木东北二百里荒崖石壁间,松武军统帅张公闻之,遣人拓归,得点画完者九十余字。乌程施筠甫孝廉考而跋之,文称龟兹左将军刘平国,《汉书》龟兹国有左右将,左将军即左将也,纪永寿四年八月,后汉桓帝永寿凡三年,四年六月,改元延熹,此称四年,远未奉诏也。作颂纪功者,京兆长安淳于某云。"

萧雄字益皋,湖南益阳人,生卒年不详。同治十二年(1873)至光绪十一年期间西征新疆,先后入佐文麟、明春、张曜、金顺幕府①。此处提及刘平国碑事,或即在张曜幕府与施补华等闲暇讨论所知,自注内容或可见前及徐鼎藩、施补华题跋的缩影。

《去思碑》　　姚庆恩

> 丰碑屹屹立道旁,使君去矣留甘棠。碑为汉文数百许,颂我使君如召杜。大书深刻核且明,雕题凿齿咸署名。我呼羌人咨其事,羌人谢云不识字。

姚庆恩(1840—1880)字春蘐,江宁上元(今南京)人。光绪三年西征,入佐张曜幕府,光绪六年竟英年早逝于阿克苏军中。施补华文集中,多有记录二人在幕府共事、同游的诗文,姚庆恩去世后,施补华也撰有《祭姚春蘐文》寄托哀思②。在姚庆恩短暂的幕府生涯中,正好是刘平国刻石发现之际,收入他的诗集《西征铙唱》中的这首《去思碑》,正是对于刚刚出现的刻石拓片的吟咏。或许刘平国刻石的文意在当时尚未得确解,因此多次出现在刻石中的"羌"字人名,成为了作者可以发挥的内容。这可见张曜幕府中的文人在一开始对刘平国刻石内容连蒙带猜的识读情况。

徐鼎藩的诗文集,今未见存,而在施补华的现存诗文中,也未见与徐鼎藩过从内容。但这并不能表明二人没有关系。施补华是徐鼎藩堂兄徐树铭在同治年间担任浙江学政时拔擢的高材生,后中同治九年举人,施补华有《徐寿蘅侍郎师于学署中新葺约园,分题命咏(名树铭)》③,即是应徐树铭命,为浙江学署新园落成所题咏④。因此徐鼎藩与施补华相见于阿克苏,理当有比他人更深一层的学谊。

在没有更多的材料证成题跋草创的归属之际,我们暂且认为:关于刘平国刻石的发现,在张曜幕府的众多文人中,施补华可能是最初对于军士所言"石壁露残字"表现敏感的人,因此在其题跋和后来的诗歌中,他都当仁不让地以发现者自居⑤。之后在张曜的安排下,当第一批拓片出现在阿克苏军营时,则众多的幕府文人都参与了识读、考究的工作。

---

① 萧雄在新疆事迹,可参吴华峰《萧雄西域事迹考》,《新疆大学学报》2014年第3期,68—72页。

② 姚庆恩生平,参吴华峰未刊稿《姚庆恩西域事略》,承蒙作者赐示,谨致谢意。

③ 施补华《徐寿蘅侍郎师于学署中新葺约园,分题命咏(名树铭)》,《泽雅堂诗集》卷四,《清代诗文集汇编》第731册,419页。

④ 在《清代诗文集汇编》影印本施补华《泽雅堂诗集》前,有旧藏者题跋云:"施补华字均甫,浙江乌程人,为长沙徐侍郎树铭视学时所拔高材生。"亦可证此渊源关系,《清代诗文集汇编》第731册,383页。

⑤ 施补华《过赛里木》:"西域之国三十六,姑墨当今赛里木。刘平国碑我所搜,编入赵家金石录。"《泽雅堂诗二集》卷一三,《清代诗文集汇编》第731册,554页。

这一份题跋的考证内容成于众议，而成为各家寄赠拓片给海内金石学家之时各自题跋的模板，其中徐鼎藩、施补华都可能是这一模板的生成者。

结　　语

刘平国刻石在晚清被发现之后，即成为海内外共同关注的重要文物。新疆布政使王树枏(1851—1936)纂修《新疆图志》，在宣统元年(1909)于汉口印制的《新疆全省舆地图》"拜城县图"中，刘平国刻石标志作"乌垒碑"，成为天山深处一个重要的地理坐标(图6)，此后的拜城县地图，虽名称不一，几乎都没有放弃这一标志。

在刘平国刻石所在地附近所见"徐鼎藩残石"略呈三角形，高22.5 cm，宽24.0 cm，厚4.0 cm，砂岩质，"徐鼎藩建"四字从右往左横书，"徐""建"二字均残损，残石可能是整块刻石下方的署名部分。

根据我们因此而探索历史文献发现的鲁迅所录题跋可知，徐鼎藩自光绪十六年署理拜城知县起，得以在新疆建省以来相对安宁的环境里，对十年前即已获睹拓片的刘平国刻石原迹"鸠工垒石，为屋护之，额曰'宝汉'"。徐鼎藩题跋所谓"省获之余，遂访乐石"，即在关注经济复苏的前提下，又不遗余力地投入文化建设的追求之中。

图6 《新疆全省舆地图》"拜城县图"中的刘平国刻石地

这一"宝汉亭"在黄文弼先生于1928年前来考察时，已经荡然无存。但是"徐鼎藩残石"在刘平国刻石附近的出现，以实物的形式证成了徐鼎藩保护刘平国刻石这一文物遗址的事实。它或许就是"宝汉亭"的奠基石残片；至于何以出现在赛开塔木遗址附近，则有待更多的实物遗存来串联起发生在拜城近代史上的文化盛事。

至少，"徐鼎藩残石"的发现和之前关于施补华《刘平国碑跋》等的一系列文献资料，一起重组了我们对于晚清新疆历史中一段文化盛事的记忆：从战时幕府到新疆建省后的基层官员，一个既是政治的、也是学术的共同体，在新疆劫后重生之际，承担起了"文化润疆"的时代工程。

The Early Protection of Liu Pingguo Inscription and the Spread of Rubbings: Centered on Xu Dingfan

Zhu Yuqi, Tursunjan

Ükedowe Village, Keyir Township, Baicheng County, which located about 12 kilometers south of Bäzäklik Valley, is the closest settlement to the Liu Pingguo Inscription. In 2016, the workers of County Cultural Relics Bureau obtained the stone fragment engraved with the Chinese characters "Xu Dingfan Jian (徐鼎藩建 Xu Dingfan constructed)" at the "Sayketam Ruins" in the south-west of the village. It is an important circumstantial evidence for the early protection of Liu Pingguo Inscription. This paper examines Xu Dingfan's life and his career experience in Xinjiang, sorts out the spread of his rubbings and postscripts, and discusses the measures taken to protect Liu Pingguo Inscription during his tenure in Baicheng County. The discovery of "Xu Dingfan Stone Fragment" reorganizes a cultural event in Xinjiang's history in the late Qing Dynasty in the form of physical objects.

关于晚清探索与发现东汉《刘平国刻石》的几位先驱者

陶喻之

上海博物馆

东汉《刘平国刻石》所处之地由于僻处西北边陲而人迹罕至，至今仍然保持着与世隔绝的原生态状况。它得以在晚清政府用兵新疆、探索勾连南北疆道路进程中被意外发现，实属天赐良缘的天时、地利与人和的机缘巧合。而当年独具只眼和共同玉成识宝者究竟有哪些人，晚近以来文献史料有不同的人选推介。在此，笔者将见诸文本者一一呈现并予以梳理，希望推选出比较接近于历史真相的对象组合以见物见人。

一、张曜、施补华、王得魁、张廷楫说

1. 张曜

张曜（1832—1891）（图 1），字亮臣，号朗斋，谥勤果，祖籍浙江上虞，迁居省府杭州。民国赵尔巽主编《清史稿》列传二四一"张曜"、民国《杭州府志》等，均有详略不等、侧重不一的传记资料。另外，清缪荃孙纂录《续碑传集》卷二八"同治朝督抚"，有清谭廷献撰《皇清诰授光禄大夫太子少保兵部尚书山东巡抚霍钦巴图鲁世袭一等轻车都尉加一云骑尉赠太子太保予谥勤果张公神道碑铭》（图 2）。张曜墓位于今浙江杭州凤凰山麓省军区后勤部军管区仓库属地，系杭州市级文物保护地点（图 3）。

在事关《刘平国刻石》最初发现的所有历史记载中，以幕僚身份随从左宗棠和张曜一路西行到南疆阿克苏的文职随员、浙江湖州籍文人施补华所作《泽雅堂文集》卷七《刘平国碑跋》最为全面翔实，也最具权威性。因为他是《刘平国刻石》被发现后最先目击

图 1　张曜像

16

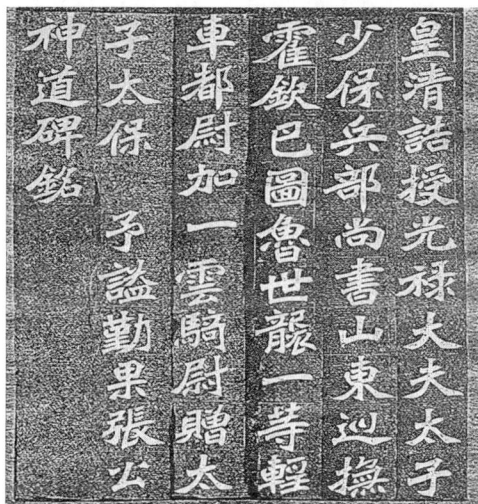

图2　张曜墓神道碑拓本

图3　杭州凤凰山南麓张曜墓现状

拓本并鉴定确认者、捶拓倡议人和研究题跋者，也是向内地金石学界长者及同道奉赠、推送、传播拓本等整个事件全程最主要的当事者与见证人。因而其《刘平国碑跋》几乎成为所有关于《刘平国刻石》研究最重要的史料文献，尽管其中牵涉张曜仅寥寥数字一语带过而已。

　　然而在当年戎马倥偬、追击阿古柏残匪和随时准备继续开拔北上跟俄国争夺北疆伊犁的军事对抗斗争中，从事纯属承平时期内地文人墨客文字游戏般的金石古文字学，远非当务之急。作为当时当地最高军事指挥官，张曜原本完全可以等闲视之，高高挂起，甚至对施补华的紧急提案搪塞回避，置之不理，顾左右而言他，可是这一局面一直不曾出现。施补华能够"请于节帅张公，命总兵王得魁、知县张廷楫具毡椎裹粮往拓之"表明，光绪五年夏天工兵去博孜克日格山口一带探寻北上伊犁道路时偶然发现疑似汉字的东汉《刘平国刻石》，并向施补华作了口头描述性汇报后，立即引起他本人浓郁的金石古文字探寻兴趣。于是，施补华依托自己跟张曜良好的工作与私人关系，向张曜口头报告并征得同意，才由张曜下令委派王得魁、张廷楫拓"得点画完具者九十余字"，晚近金石学史上这一重大学术发现得以初步完成。

　　由此可见，在当年强调军事化管理的实战演兵非常时期，如果没有施补华对博孜克日格山口探路军人或许不经意间流露的发现疑似汉字刻石信息的高度重视，如果不是张曜本身对金石学感兴趣并在认真倾听施补华建议、诉求后决定调兵遣将，马上安排麾下豫军得力人选实施椎拓，这一东汉摩崖的再现，很可能由于身为驻军最高军政长官的忽略失察及官僚作风而与后人失之交臂，依然处在无尽的历史沉睡期。而对于主要肩负军务的张曜而言，纵然他当年回绝施补华而不予发兵增援，也算不得失职，因为他必须首先服从军事优先方针，地方文物开发利用原本不属于他的职责。

　　从这个评价视角出发,当时统领阿克苏一带清兵的嵩武军首领张曜,堪称《刘平国刻石》重新被发现的决策功臣。倘若不是他当机立断,而只将施补华建议视为不急之务,《刘平国刻石》的重现或许会因旁观者清、当局者迷而胎死腹中,甚至至今还不为人知。而从晚清众多金石学家和墨客文人题跋中言必归功于"张朗斋"或"张勤果公"这点上,足见人们都认为是他把《刘平国刻石》带入学人视野。

　　总之,如果没有获得张曜允诺并予以鼎力支持,《刘平国刻石》的探索与发现无法顺利开展,也许需经过一段非常漫长时间的沉寂,才会被后续有"识"之士再发现再认识。但是这一巧遇的发生时间到底需要多久,显然存在诸多变数,谁也无法估算。所以,就启动《刘平国刻石》发现之旅起关键作用的张曜其人,自然很有必要向读者做一个简单介绍。

　　其实,有关张曜富有传奇色彩的个人经历,坊间早有文本加以叙述,如署名"天台野叟"的《大清见闻录》之《张勤果之畏妻》,台湾著名作家高阳(1922—1992)的历史小说《清宫外史》第十二章第四节《新疆设省》等皆然①。张曜的逸闻故事甚至还被编入地方戏曲传唱一时,像秦腔折子小戏中《镇台读书》一出②,就是以他发奋苦读、向夫人讨教学问轶闻为蓝本改编的。当然,关于张曜的为人所晓影响最大的文学作品,还要数跟他同时的著名金石甲骨文专家、后因开罪清廷而遭诬陷被流放终老于新疆、之前则与张曜共同治理黄河防汛事务的刘鹗(1857—1909)所作清末四大谴责小说之一的《老残游记》了。因为第四回"宫保爱才求贤若渴,太尊治盗疾恶如仇"中的山东巡抚张宫保(一作"庄宫保"),据说正是以张曜其人为原型设置的角色。值得玩味的是,小说中的张曜与施补华都被影射为昏庸无能、恶贯满盈的庸官。相关创作动机不详,小说家言不必尽信,有待今后深入探究。但欲了解南疆阿克苏时期的张曜其人,施补华《泽雅堂文集》《泽雅堂诗集》涉及张曜相关内容有其客观性,因为当年具有上下级关系的他俩朝夕相处,人们足以通过施补华诗文记述,透析彼此之间水乳交融的良好合作与私人交情,以及张曜其人的真实秉性。

　　尤其有必要替张曜恢复名誉的是,他个人事实上绝非当初御史刘毓楠(生卒年不详)两度恶意奏劾"目不识丁"(图4)的一介莽夫,反倒很有金石雅好。为此,学者胡有猷(生卒年不详)曾赋诗称赞张曜文武双全,富有雅量:"笳鼓归来操锦瑟,铃韬收拾事丹青。河声山色供吟咏,谁谓将军不识丁?"③由此来看张曜其人似乎琴棋书画无所不能。再譬如除了光绪二年(1876)五月左宗棠作于哈密的《天山扶栏铭》(图5、图6),对张曜维护东疆道路赞赏有加外,早在张曜入疆前夕的同治十三年(1874),他临行时就曾恳请左宗棠赐赠墨宝加以勖勉;是年四月十二日,左宗棠遂以篆体书法书就抱柱对联一副相赠云:"负

---

　　①　参看张怀恭、张铭《清勤果公张曜年谱》附录三"散集·近代作家笔端之张曜",杭州:浙江古籍出版社,2009年,177—179页。

　　②　张梦姣《秦腔优秀折子戏小戏唱段选编》,西安:三秦出版社,1995年。

　　③　张怀恭、张铭《清勤果公张曜年谱》绪言,第3页。

郭无田,几亩荒园都种竹;传家有宝,数间茅屋半藏书。"①目前,该联语石刻本尚存西安碑林博物馆(图7)。

图4　晚近学者刘鹗父亲刘成忠替张曜篆刻白文方印:目不识丁

图5　兰州碑林藏左宗棠光绪二年(1876)于哈密篆书褒奖张曜的《天山扶栏铭》

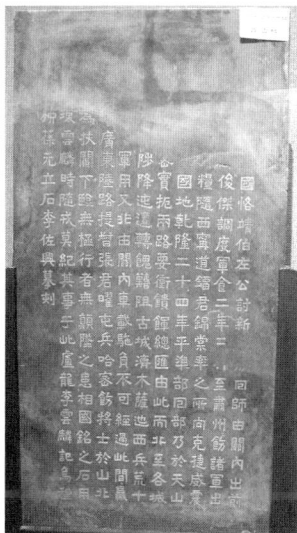

图6　哈密博物馆藏光绪四年(1878)左宗棠褒奖张曜哈密修道碑

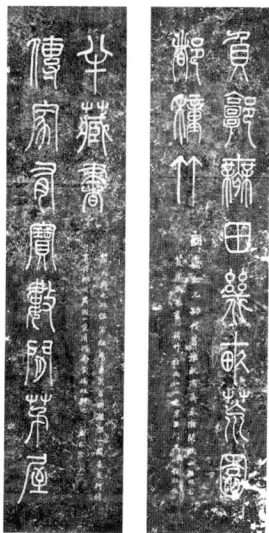

图7　同治十三年(1874)张曜西征临行时恳请左宗棠赐赠墨宝勖勉,左篆书楹联石刻本今存西安碑林博物馆

①　张怀恭、张铭《清勤果公张曜年谱》同治十三年甲戌(1874)公四十三岁,37页。此联左宗棠有跋曰:"朗斋仁兄功伐著豫、皖、燕、齐、秦、陇间,故山无田宅,荒园数笏,尽以莳竹,雅尚如此,屯军玉门,又将仿壮侯策,大兴屯政,佐军储。属书其旧联,悬湖上藏书处。何时真得吟哦其间,一发清兴,余当携杖从之。"参书前彩插,文字有改动。

又譬如光绪二年驻扎哈密屯田的张曜,还曾向左宗棠赠送过巴里坤境内重要的东汉刻石——永和二年(137)《敦煌太守裴岑纪功刻石》善拓。左宗棠为此特致谢函,认可其贶赠拓本精旧可观:

> 朱将回肃销差,据禀归途过哈,敬承酒食犒劳,云情渥谊,推爱屋乌,感同身受。敦煌拓本,纸墨精良,拓手妥慎,遂令二千年遗迹焕然复新。中如"郡兵"之"兵"、"海祠"之"海",寻常拓本模糊不可辨识,得此考证,益见以前以"郡兵"为"郡侯"、"海祠"为"德祠"之误。拜赐之余,尤深佩仰。暾墩暂罢,远防具微,虚怀雅识,慰惬之至[①]。

凡此褒奖评语,未免略带溢美之辞;但同时充分证明张曜对于金石古文字是十分有感觉与眼光的。而张曜和左宗棠此举,仿佛也培养并促成三年之后前者对博孜克日格山口疑似摩崖文字的追踪热情。总之,张曜高度关注《刘平国刻石》发现的实际措施,应当跟他之前已有金石学修养的鉴赏研习经历存在一定关联,而左宗棠此函无疑提供了这样的绝好佐证。

如所周知,左宗棠东征西讨,每以三国时出师北伐的蜀汉丞相诸葛亮自况而自称"今亮";无独有偶,张曜字"亮臣",与之相匹。他这一自我定位,仿佛传递出甘愿辅佐左宗棠的耿耿忠心。难怪左宗棠对他也不吝奖赏,如每每向另一位领兵打仗到南疆的将帅刘锦棠(1844—1894)推荐,曾云:"朗斋治事之才,人不易及,阁下但倾怀相与,必有可成。"[②]又高度评价张曜统辖嵩武军说:"驱驰绝徼,开边载绩,西陲万里底定之勋,緊惟此军,抗湘淮之颜行,若与为后劲云。"[③]张曜去世后,杭州西湖边张公祠悬有光绪卅二年(1906)杭人濮子潼一联云:"中兴名将数三湘,惟我公毓秀吴山,昭代勋图一分席;绝域崇祠祀诸葛,想他日流连遗迹,明湖勺水荐千秋。"此联当属对转战南北东西戎马一生的张曜的绝好评定。

综上所述,张曜相当于《刘平国刻石》探索与发现的最高决策者;而这跟他此前军旅生涯间隙对金石文字学的悉心投入相向而行。试想,如若他只不过是政敌嘲弄的一个出身行伍目不识丁的鲁莽英雄,只懂得武夫之勇,想必不会在对俄军情紧张、随时可能率师出征的热战氛围之下作此决定,因区区疑似古代石刻的文字辨识而兴师动众。因此,《刘平国刻石》被发现,可谓张曜重视中华传统文化事业而高瞻远瞩的难能可贵之处,也是既往学术研究不曾着墨的其不为人知的人文情结所系;甚至有关他个人盖棺论定的墓志文字都不曾提及此节。而其实从传世文献看,与张曜尺牍往还的大部分文臣均爱好金石文字

---

① 张怀恭、张铭《清勤果公张曜年谱》光绪二年丙子(1876) 公四十五岁,42 页。案,《裴岑纪功碑》善本珍稀。国家图书馆藏潘康保旧藏整拓本莫友芝同治九年(1870)题跋曰:"此石在巴里坤关,中有三、四伪本,而此真石之旁即刻一极分明之伪石。往往身历塞外仍携赝物以还,故金石家于此刻多惝恍之言。然其戈头刻字不主,故常纵恣天真,洞心骇目,赝本虽多,直无一笔似者。……末行'海'字,伪本作'德',由不知西域古以为西海也。"《北京图书馆藏石刻叙录》,北京:书目文献出版社,1988 年,20—21 页。

② 张怀恭、张铭《清勤果公张曜年谱》光绪六年庚辰(1880) 公四十九岁,55 页。

③ 李榕《杭州府志》卷一二九"张曜"。

（图 8），或都寓目题跋乃至收藏过《刘平国刻石》拓本①，张曜同样对金石学相当在行，故据此同类相聚也更端倪可察了吧？

需要注意的还有，根据一般金石拓本爱好者的取向常规分析，在张曜采纳施补华建议访碑捶拓获取《刘平国刻石》初拓本后，个人肯定有所收藏，或按例向左宗棠等同样爱好金石文字的上司、朋辈赠送②。譬如常熟籍金石学家曾之撰（1842—1897）群玉楼藏本，据称就是张曜奉送著名金石学家吴大澂（1835—1902）的③。再譬如津门金石书画收藏家李葆恂（1859—1915）光绪廿九年（1903）两种《刘平国刻石》拓本（分藏上海图书馆和上海博物馆）上，分别有"张勤果……拓寄我于大梁，凡十纸。析津之乱（指义和团运动），仅余二纸，自存其一，一以奉赠雪庐先生（即

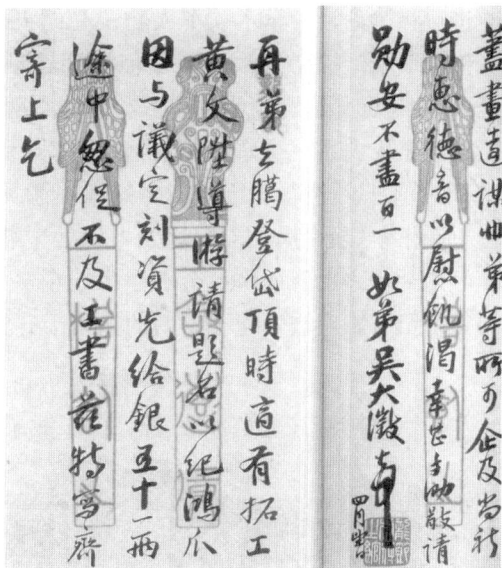

图 8　吴大澂与张曜书札嘱托泰山金石留题事宜

沈塘）"，和"此石初访得时，张勤果、刘襄勤两公，诺以墨本寄余，大渠不下百余纸。庚子劫余（指义和团运动），仅遗二纸耳"跋文。李说也许不无夸大之可能；不过，张曜弄藏不止一本《刘平国刻石》善拓，显系不争的事实。故而虽然目前暂无张曜题跋钤印藏本传世的直接例证；但是凭借他当年全权掌握该摩崖拓本资源的管控权势、威望而言，收藏一定乃至相当数量的初拓本不在话下，相信这可以成为今后学术界，特别是收藏界为之追寻的一个努力方向，谨此按下不表。

2. 施补华

施补华（1835—1890），字均甫，浙江湖州乌程人。工诗善文，蜚声诗坛，与同乡杨岘（1819—1896）、陆心源（1834—1894）等并称"苕上七才子"。他先后入左宗棠、张曜幕随行甘新到南疆阿克苏，是拜城境内东汉《刘平国刻石》被发现之初，率先请示张曜启动访碑、传拓、探讨这一系列金石学研究基本步骤与学术进程的最重要推手，又是对首批捶拓初拓

---

①　跟张曜书札往来者，已知计有光绪十一年（1885）暑夏徐树铭一通；光绪十六年（1890）徐树铭一通，潘祖荫一通，李文田一通，张之洞一通，吴大澂四通，张度一通，王懿荣一通，袁昶一通，黄绍箕一通，端方一通。参看张怀恭、张铭《清勤果公张曜年谱》附录四"信笺正草字体参照（图版附后）"，60、134、192—211 页。其中吴大澂、王懿荣函分别有及访碑捶拓和赠送宣笺以便涂抹云云。

②　据清末王懿荣致缪荃孙函曾有曰："以前所得左襄本，最初最劣，几同无字也。肃复夫子大人。门人制懿荣启。"表明左宗棠曾藏有《刘平国刻石》最初拓本，估计为张曜于军中悬赏搜集提供。参看顾廷龙校阅《艺风堂友朋书札》（上），上海：上海古籍出版社，1980 年，137 页。

③　上海图书馆藏清曾子撰《群玉堂所收石刻拓本目录》之《刘平国刻石》拓本整纸挂轴。

本进行释读论证的学术领军人物。光绪五年夏,正是他在阿克苏大本营风闻有到博孜克日格山口附近探路士兵发现疑似汉字题刻的消息,敏锐意识到这很可能是古代摩崖;于是,借助自己作为驻守当地军政长官张曜随军幕僚的身份,以及跟礼贤下士的张曜良好的工作与个人关系①,立即汇报、提议迅速开启尝试性调查活动。正是由于他的动议获得张曜赞同,不日派遣得力干将王得魁和熟悉风土人情的地方事务官张廷楫一行组队共同前去打制拓本,最终揭开了沉睡天山深处千载的《刘平国刻石》的神秘面纱。在上海图书馆藏经施补华之手赠送内地金石学家王懿荣(1845—1900)的《刘平国刻石》拓本上,十分难得地保留着摩崖被发现十年后的光绪十五年(1889)施补华题识自述:

> 余于光绪五年得此刻于鸠兹山中,八年为之跋,九年命工拓数十纸,分贻海内朋好,伯希祭酒(盛昱)、廉生太史(王懿荣)所得皆是也……(图9)

图9 上海图书馆藏施补华赠王懿荣《刘平国刻石》拓本之光绪十五年(1889)题识

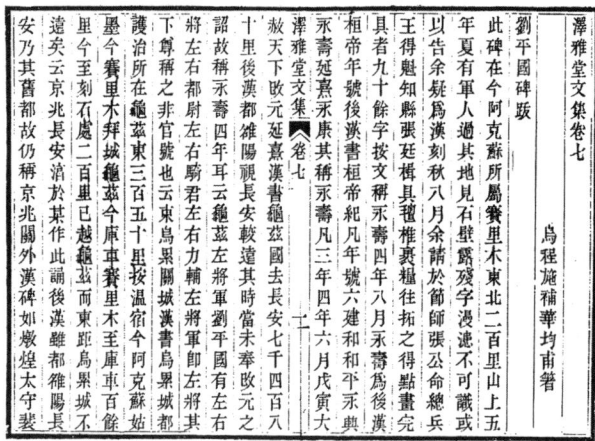

图10 施补华《泽雅堂文集》卷七《刘平国碑跋》书影

结合其《泽雅堂文集》卷七《刘平国碑跋》(图10)最后签署年款"光绪八年十月"对证,施补华所言不虚;则经他论定再传拓并传播内地的时间表可以大致厘定。即《刘平国刻石》重见天日(距东汉凿刻约一千七百二十多年后被人们重新认识)后的光绪九年,正是实施一定规模拓制并正式开始向内地输送而引起金石学界广泛认知的确切时间节点。查考传世拓本,上海博物馆孙伯渊(1898—1984,苏州碑帖鉴定家)旧藏本间湖南金石学家赵于密(1845—?)光绪九年重九日题跋,就是目前已知拓本"登堂入室"、出现在内地金石学家案头的有力证据。而且赵氏此题见于其双钩本间,这从一个侧面反映该拓本于当初金石

---

① 杨岘《山东候补道施君墓志铭》载:"抵阿克苏张勤果行营,勤果亲礼之,南路攻剿,皆断于君,五战五胜。"作者著《迟鸿轩文续》,《清代诗文集汇编》第677册,上海:上海古籍出版社,2010年,309页。

学界倍受珍视的稀缺程度,恐怕绝非等闲之辈能够轻而易举借观鉴赏得到的。因为毕竟间关迢迢万里,相当来之不易啊!

当然,在光绪八年(1882)秋施补华以题跋形式正式发布学术论断之前,其实还存在过一个他向内地金石学界翘楚精准请益和彼此推敲、共同商量的学术培养、斟酌期。就此,年款为光绪七年(1881)二月的张之洞(1837—1909)《论金石札·刘平国刻石》曾提及:"郑盦(潘祖荫 1830—1890)前辈以《刘平国刻石》属为考释,适施均甫自关外贻余一本附释文跋语,释既明白,辄为改定六字,阙疑三字,具录如左,择善而从,不必自我出也。"它表明在光绪八年施补华以发现者、研究者姿态率先撰写的《刘平国碑跋》,实际上是通过之前就向内地主要金石学家提供拓本相互识读辨析,进而在基本达成共识的审慎考证基础上才一拍即合,并正式向外公布的。从目前掌握的资料看,施补华通过邮递寄呈方式奉送拓本的内地金石学名家大致为潘祖荫、张之洞等极少数人。所以,这些个别内地金石学家获得的拓本,势必属于早期初拓本范畴。而他光绪九年向汪鋆、郑业敩、王懿荣、盛昱"寄赠""见寄"推介,估计已非最初拓本。

但不管怎么样,由于千载汉隶墨拓,不远万里递送内地而纸轻情重,所以但凡获得施补华馈赠一纸拓本的朋友都异常珍视。像跟施补华并列"苕上七子"的同乡学人凌霞(约1820—1890前后)光绪十二年(1886)前题跋即曰:"旧友施均甫司马,份在张朗斋节帅军中,遣人拓得寄赠。……此刻路更僻远,字亦纯古,数千年奇迹,俟均甫发之,岂显晦自有时耶?"①光绪十六年(1890),"同光体浙派"诗人袁昶(1846—1900)《安般簃集》诗续庚《哭施均甫》则轸悼云:"湖墅对床连日夜,天山乘障饱风霜。穷探流略犹难竟,结社应徐半丧亡。惟有屈蟠碑一片,赖君洗剔出龙荒。(自注:君在阿克苏,得刘平国磨崖石刻。)"而施补华生前在其《泽雅堂诗二集》卷一三中,更以发现者口吻自居,当仁不让,豪情满怀赋诗一首《过赛里木》,对发现《刘平国刻石》壮举不无自豪地表态云:"西域之国三十六,姑墨当今赛里木。《刘平国碑》我所搜,编入赵家金石录。(自注:赵㧑叔作《金石续录》。)永寿三年作四年,改元恩诏阻遥传。龟兹、乌垒长怀古,策马亭亭汉月圆。"②

施补华有《泽雅堂文集》《泽雅堂诗集》和《岘佣说诗》等著作传世(图11),生平事迹见同乡金石书法家杨岘的《山东候补道施君墓志铭》,惟今其家属、子嗣、墓葬情况均不明朗。其同乡著名金石书画名家吴昌硕(1844—1927)早年曾跟随列名"潜园六才子"之一的他学习诗词,因此,吴昌硕《石交集》追述的全都是施补华的文学才能(图12)。其文云:

> 近今浙人称诗者数家,乌程施均甫观察、仁和谭仲修大令名最著。二君皆镕铸汉唐,俯视侪伍,奇而不僻,正而不庸,洵乎大家风也。观察名补华,庚午(同治九年,1870)举人,从军西域,为左文襄公、张朗斋中丞所重。余昔肄西湖,观察方校书官局,

---

① (清)汪鋆《十二砚斋金石过眼续录》卷三,光绪十二年刻本。

② 赵㧑叔即善碑帖考证的金石书画家赵之谦(1829—1884)。施补华说赵之谦《金石续录》疑为赵编《补寰宇访碑录》,但其中并无补录《刘平国刻石》。

曾与相识。大令则闻名未见①。

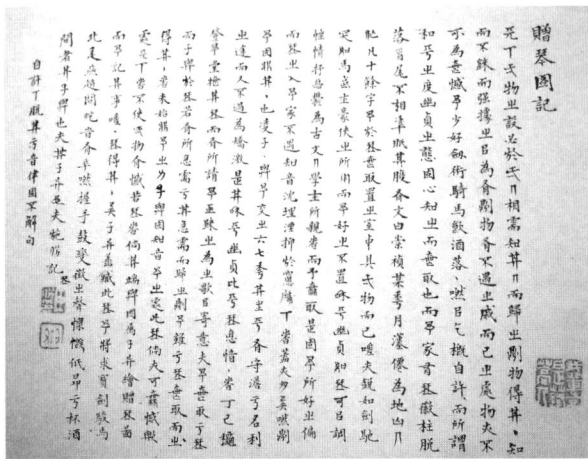

图 11　湖州博物馆藏施补华楷书《赠琴图记》暨印鉴②

图 12　吴昌硕《石交集》整理本书影

这也就可以理解传世光绪廿四年(1898)吴昌硕题《刘平国刻石》拓本只字未及其师长施补华,反而臆断该摩崖已毁于当地人之手,并由此发表了一番发现反不如被埋没,甚至湮没无闻更好的奇异感慨。估计当时他尚未拜读施补华的《刘平国碑跋》,否则绝不可能把石刻发现时间定为光绪四年。因为施补华跋文分明有言在先是光绪五年发现,八年题跋,九年再拓分赠内地友朋的;并且直到他离开南疆时摩崖始终保持基本完好无损状态。事实上,之后石刻也一直没有遭受丝毫破坏,更不要说因毁灭性打击而湮没不存。而且据上海图书馆藏光绪十五年(1889)冬施补华去世前一年在北京就其赠送王懿荣拓本题跋时透露:

> 唯此刻既显,拓者踵至……而种人居山下者,又虑其扰累,谋划去之。余为就崖窭作亭覆盖其字,召酋长受约束,毋俾损坏,于今六年,损坏与否,实不可知。

按"于今六年,损坏与否,实不可知"测算,《刘平国刻石》所在地民众因拓制摩崖人员往来频繁而不堪滋扰,的确曾有图谋破坏之议,此事果然肇始于施补华光绪八年正式发布《刘平国碑跋》后次年启动的一定规模化椎拓作业时期,时间前后吻合。为保护这一中国西陲千年文化遗产不遭受人为危害而沦丧,施补华对此不利苗头显然十分警觉,他曾规划在石刻位置依据山势地形因势利导设立碑亭妥善保护;为此,似乎还特地与王得魁等一起,专门以驻军文武官员姿态召集地方头目严词交涉,责成、警告务必严加管束当地闲杂人等不得胡作非为,必须信守和践行保护摩崖毫发无损的诺言,以严加防范,确保万无一

---

①　《吴昌硕石交集校补》,上海:上海书画出版社,1992 年,55 页。

②　感谢刘荣华老师提供。

失。由于事发至此已过去六年多，施补华出疆后不了解当地最新情况，所以，题跋在回顾之余，替石刻保护状况担忧的心态溢于言表。此说实事求是，完全符合作为重大文物发现、研究、主持执行者出疆分袂后焦虑不安的状态。

总之，施补华对《刘平国刻石》重现人间的具体贡献乃有目共睹的不争事实；这既有他自己笔录编集文本为据，更有赠送友朋传世拓本文物为凭，还有金石学人题跋间众口一词赞誉相印证。鉴于张曜跟他均为杭湖人士，左宗棠也曾跟太平军在省府一决雌雄，最后夺取杭城再征西域；由此仿佛影响到之后一批浙籍学人特别关注西域文史，包括对《刘平国刻石》动态研究的团队人数（表1），远远超越追随挂帅出征新疆的左宗棠的湘籍学人群体（表2），居于领军位置。

表1　清光绪五年以来关注《刘平国刻石》浙籍学者一览表（以关注或题跋先后为序）

编号	姓名	生卒年	籍贯	身份、职务	关注、题跋时间	出处暨备注
1	张　曜	1832—1891	杭州	嵩武军创建者	光绪三年（1877）十月初一军抵库车	《泽雅堂文集》卷七《刘平国碑跋》
2	施补华	1836—1890	湖州	张曜幕僚	光绪八年（1882）《刘平国碑跋》	《泽雅堂文集》卷七《刘平国碑跋》
3	凌　霞	约1820—1890前后	湖州	工诗善书，与杨岘、施补华等并称	光绪十二年（1886）前题跋	汪鋆《十二砚斋金石过眼续录》卷三，光绪十二年刻本
4	黄绍箕	1854—1907	瑞安	精鉴金石	光绪十六年（1890）	上海图书馆王懿荣旧藏本
5	袁　昶	1846—1900	桐庐	清末官吏、学者	光绪十六年（1890）	《安般簃集》诗续庚《哭施均甫》
6	陶　模	1835—1902	嘉兴	1891年新疆巡抚	光绪十七年（1891）	日本大阪汉和堂藏本
7	褚德彝	1871—1942	余杭	精金石碑帖考据	光绪十七年（1891）	日本大阪汉和堂藏本 上海博物馆邓实旧藏本
8	杨　岘	1819—1896	湖州	工诗善书，以汉隶名一时	光绪廿年（1894）	传世拓本
9	张　度	1830—1895	长兴	金石学家	光绪廿年（1894）	传世拓本
10	罗振玉	1866—1940	上虞	金石学家	光绪廿二年（1896）	上海图书馆刘鹗旧藏本《西陲石刻录》
11	吴昌硕	1844—1927	安吉	金石书法家，西泠印社社长	光绪廿四年（1898）	传世拓本
12	劳乃宣	1866—1940	桐乡	京师大学堂总监	光绪廿八年（1902）	北京故宫博物院1965年购藏本
13	金蓉镜	1856—1929	嘉兴	官于湖南	光绪廿九年（1903）	上海博物馆端方旧藏本

编号	姓名	生卒年	籍贯	身份、职务	关注、题跋时间	出处暨备注
14	姚虞琴	1867—1961	杭县	擅诗书鉴赏	光绪廿九年(1903)	北京故宫博物院1965年购藏本
15	吴昌绶	？—1918前后在世	杭州	刻书家	清末	顾廷龙校阅《艺风堂友朋书札》(下)
16	李慈铭	1830—1895	绍兴	清末学者	清末民初	李慈铭《越缦堂读史札记》之《后汉书札记》卷一
17	方　若	1869—1954	定海	金石古泉学家	民国三年(1914)	方若《校碑随笔》
18	邹　安	生卒年不详	杭州	曾任哈同上海仓圣明智大学教授	民国六年(1917)	上海图书馆潘飞声旧藏本
19	邵　章	1872—1953	杭州	北京法政专校校长。善书	民国七年(1918)	日本京都金石拓本研究会藏本
20	徐　珂	1869—1928	杭州	南社社员	民国八年(1919)	上海图书馆潘飞声旧藏本
21	汤　安	1888—1967	嘉兴	金石学家，编著《六朝墓志菁华》	民国八年(1919)	上海图书馆潘飞声旧藏本
22	王国维	1877—1927	海宁	国学大师	民国十二年(1923)	王国维《观堂集林》卷第二十史林十二
23	吴士鉴	1868—1933	杭州	江西学政，史馆纂修，宣统元年(1910)曾游敦煌	民国十二年(1923)	浙江省博物馆吴氏藏本
24	马　衡	1881—1955	鄞县	金石考古学家，故宫博物院院长，西泠印社社长	民国十二年(1923)	马衡《中国金石学概论》第一章"概论·历代石刻"
25	许以栗	1885—1967	杭州	擅长金石篆刻。中央文史馆员	民国十六年(1927)	传世拓本
26	吴其昌	1904—1944	海宁	学者	民国十七年(1928)	《清华周刊》1932年37卷第4期《汉龟兹左将军刘平国东乌累关城制亭诵跋尾》
27	胡小石	1888—1962	原籍嘉兴	为两江师范学监李瑞清得意弟子。治学之外精书法	民国十九年(1930)	谢建华编《胡小石先生年表》，南京博物院编《胡小石书法文献》
28	朱大可	1898—1978	嘉兴	民国沪上诗人，人称"民国诗杰"	民国卅七年(1948)	《蒲石居读碑小咏》

编号	姓名	生卒年	籍贯	身份、职务	关注、题跋时间	出处暨备注
29	沙孟海	1900—1992	鄞县	书法篆刻、考古学家	约 1978 年	《沙孟海书法集》
30	王壮弘	1931—2008	慈溪	金石碑帖专家	1981 年	王壮弘《增补校碑随笔》

表 2 清光绪五年以来关注《刘平国刻石》湘籍学者一览表(以关注或题跋先后为序)

编号	姓名	生卒年	籍贯	生平事迹	关注、题跋时间	出处暨备注
1	左宗棠	1812—1885	湘阴	钦差大臣督办新疆军务		
2	刘锦棠	1844—1894	湘乡	老湘军首领,首任新疆巡抚	光绪三年(1877)九月十二日攻克拜城	
3	徐桂丛	不详	长沙	光绪十六年(1890)拜城知县	清末	徐崇立(1872—1951)父,徐树铭弟。为保护《刘平国刻石》修筑碑亭,手拓钤印拓本流传内地甚夥
4	赵于密	1845—?	常德	喜收藏精鉴赏,尝为两江总督端方鉴定金石书画	光绪九年(1883)	上海博物馆孙伯渊旧藏木刻双钩本跋
5	郑业敩	1842—1919	长沙	从左宗棠征西至哈密	光绪十二年(1886)前	郑业敩《独笑斋金石考略》卷一《刘平国碑》
6	黄以霖	生卒年不详	江苏宿迁	湖南藩台	光绪廿九年(1903)	上海博物馆端方旧藏本
7	金蓉镜	1856—1929	浙江嘉兴	官于湖南	光绪廿九年(1903)	上海博物馆端方旧藏本
8	程颂万	1865—1932	宁乡	岳麓书院山长	光绪廿九年(1903)	《石巢诗集》卷一 上海博物馆端方旧藏本
9	徐树钧	1842—1910	长沙	书画收藏家。究心于金石碑版考据之学	宣统二年(1910)前	《宝鸭斋题跋》卷上 柯昌泗《〈语石〉异同评》卷二
10	徐树铭	?—1900	长沙	浙江学政	清末	《澂园诗集》卷二《〈乌垒访碑图〉为桂生弟作》

编号	姓名	生卒年	籍贯	生平事迹	关注、题跋时间	出处暨备注
11	萧 雄	约1824—1892	益阳	诗人,同治年间三次出塞参佐张曜幕府	清末	《西疆杂述诗》
12	谢 彬	1891—?	衡阳	民国初年财政部官员,又曾任陆海空军抚恤委员会委员多年	民国六年(1917)	《新疆游记·库车阿克苏喀什喀尔》
13	周大烈	1862—1934	湘潭	富收藏,书学北碑。吉林民政厅长	民国七年(1918)	上海图书馆王懿荣旧藏本、新疆维吾尔自治区博物馆藏本等
14	徐显立	1888—1970	长沙	富家藏,聚群书,工楷书	民国十五年(1926)	徐树钧五子,徐桂丛侄
15	马 雍	1931—1985	衡阳	西域史专家	1980年	马雍《〈汉龟兹左将军刘平国作亭诵〉集释考订》

3. 王得魁

王得魁(1831—1894)(图13、图14),字梅亭,河南荥阳上街马固王氏卅一世。民国十七年(1928)《汜水县志》卷八"人物"这样记录他的个人事迹:"王得魁字梅亭,住马固。于咸丰年投效军营,随同张勤果公,转战河南、湖北、山东、直隶、山西、甘肃、新疆等省,历著战功。嗣在山东统军处,巡缉办理河务,不辞劳瘁,旋因伤病故。清廷以得魁功德在民,生平事迹宜付史馆立传,并准附祀张勤果。立功省分,各专祠以彰劳勋。"

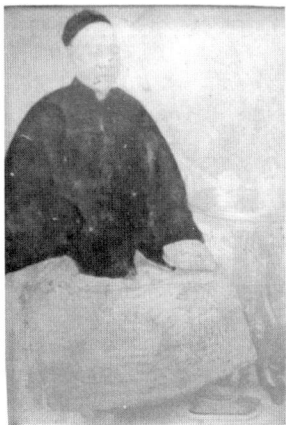

图13　王得魁像①　　　　　图14　王得魁(中)与左宗棠(右)等合影②

---

① 感谢王得魁四世孙王保金先生提供。
② 感谢王保金先生提供。

28

王得魁功勋卓著,光绪廿一年(1895)归葬马固,本有清廷所封门匾"绩著边陲",另有光绪帝所封"恩荣三世"竖匾,清廷封王母一品诰命夫人,赐执事銮驾半付以及诰命楼、圣旨等,均毁于"文革"期间。王得魁墓址(图15)、墓碑幸存至今,墓志亦于2019年出土。墓碑由光绪十二年(1886)进士、翰林院编修、河南荥阳孙钦昂子孙综源(1853—1907)撰文,光绪八年(1882)举人、十二年进士魏联奎(1849—1925,名星五,字文垣,河南荥阳上街魏岗村人)书丹。因碑文内容全文难得一见,现谨以其第四代孙荥阳上街王保金先生贶赠、笔者转赠新疆师范大学黄文弼中心拓本照录如下:

诰授建威将军头品顶戴记名提督西林巴图鲁梅亭王公墓碑

我国内靖外攘,文武并重,文以科甲为正途,武以行武为正途。诚以执干戈、卫社稷,固非刀石弓箭角逐名场者所能右而上之也。概自发、捻肆軟,回纥猖狂以来,皇威震怒,天戈所指,以次削平。顾东南之捷,半出于湘军,西北之胜,多出于嵩武。嵩武者,豫军也,其帅则张勤果公。而梅亭王军门,其宿将也。勤果公已归神,王军门亦以瘁卒,皇恩赐恤,从祀勤果公祠,生平战绩,付史官立传。荫一子,引荐后录用。以武臣而被异数,馨香俎豆,昭示来兹,公绩扬于生前,荣名享于身后,公之始愿,故不及此,然及此岂悻邀乎?

公生有奇秉,家贫极,不足供膳粥,父同学业贾,后出嗣堂伯同居。公性豪迈,有远略,不矜细行,年弱冠,假资爷往投团练大臣毛营,充骑勇。继投嵩武军,隶张勤果公部,为翼长。御下有威,旌旗严整,有犯律,斩以徇,虽至亲不少贷。故所向克捷,人皆用命,如淮阴侯将兵,多多益善,如岳家军撼之颇难。中原之役,屡立战功,荡平后,移军西域。宁夏之役,力攻坚城,额中枪弹,濒死复苏。在新疆数十年,收复吐鲁番满汉两城,南北一路荡平,历尽风霜之苦,后勤果公内调,公遂得生入玉门关,积功至记名提督、西林巴图鲁名号。

顾公之勇往,人多知之,公之干济,人鲜知者。当住军汶上也,会东平运河之水,粮云迟滞,粮帮人素勇悍,欲决河以入运,土人惧恐成泛滥,相持不下,将成大事。东抚福橄公往。公相度地势,慨然曰:决无妨也。百姓惶惧,环跪泣请,公谓之曰:汝勿虑,河若有脱,吾自当之。乃祷于河伯而决堤焉。河既入运,急筑堤,运水已长七尺,河不为患,百姓皆若雷动,运船亦张盖作贺。其干济有如此者。勤果公之薨也,国家欠嵩武军饷数十万,张公贷于商人而加息焉。殁后,公累悉为私债,无代偿者,公以受知遇深,代偿债十六万金,并为之守柩,服心丧如师礼,人皆难之。

嗟乎!世之受知于人者多矣,生者趋之,门庭若市,殁则避之,门可罗雀者有之,甚有因以为利而反恩为仇者多矣!如王公之光明磊落,岂不加人一等也哉?其他战胜事迹,封赠子孙,则有国史、墓志在。

赐进士出身诰授奉政大夫前翰林院编修国史馆协修荥阳县孙综源撰文。

赐进士出身主事广西司主稿总办公秋番处兼理司务厅事务加四级魏联奎书丹。

大清光绪二十一年(1895)岁次乙未孟冬之月上浣谷旦。(图16)

图 15 河南郑州荥阳上街王得魁墓址

图 16 王得魁墓碑拓本

作为出生河南、投效清兵劲旅——豫军嵩武军、受命于军帅张曜、开赴博孜克日格山口实施具体拓制作业而被施补华《刘平国碑跋》录名的总兵，王得魁对《刘平国刻石》资料采集工作同样功不可没。尽管身为武将的他对慢功出细活的拓片捶拓或许并不在行，其打碑"初拓本"质量也不尽如人意，特别是令挑剔的文人墨客颇有诟病[1]，仿佛还影响到他率先椎拓《刘平国刻石》的事迹，并未像他的战功、河功般被铭刻于墓碑，但是王得魁遵命拓制首批初拓本依然意义深远，苦劳功劳，均值得首肯。

因为王得魁此举是经施补华报请张曜批准开展的一次试探性勘察求证行动；疑似汉字石刻的真伪、价值高低大小等一切相关因素能否被确认，都取决于椎拓文本能否充分展露、忠实还原其本来面目。所以，王得魁此行可谓道远任重，成败在此一举。而从后来的结果看，他的勘探取证之行未辜负众将官厚望，基本达到并应验了施补华等原先预期的猜测，出色凯旋。

而如若不是王得魁打制较为精良的初拓本提交施补华等予以初步文字识读，把关确

---

① 譬如晚清罗振玉《石交录》卷一提及施补华通过刘鹗向他赠送《刘平国刻石》拓本，就指出："军中无佳墨良楮，拓工亦不致。后陶勤肃公抚新疆，始得精拓。"《罗振玉学术论著集》第三集，上海：上海古籍出版社，2010 年，205 页。

证,《刘平国刻石》确系东汉摩崖的议题便很难被认定,也就无法昭告内地金石学界引起重大学术共鸣。可以毫不怀疑地说,正是凭借王得魁拓回的完全足以辨别释读的一纸九十余字本,原先人们,可能还包括张曜、施补华等在内普遍存在的疑惑才得以彻底解决。而且从施补华解释九十余字而言,似乎也是此后所有拓本可识别文字的最高纪录;由此证明王得魁拓制技术实际上绝非后来个别眼高手低的学人不以为然的那么糟糕低劣。就此,对前后拓本比对甄别过的施补华点评最为客观公允,光绪十五年(1889),他去世前一年在京针对自己光绪九年(1883)邮递内地金石学家王懿荣初拓本所作题跋(上海图书馆王懿荣旧藏本)道:

> 唯此刻既显,拓者踵至,咸以军人充其役,手与纸墨,夙不相习,椎毡又复未具,往往点画不可辨识。……然则他人之所拓与拓之异日者,其不能如此本,决矣。对此本,如在疏勒军中,万里忆朋好也。

施补华此跋说得相当清晰明了,军人椎拓不良拓本,并非指王得魁打制初拓本,而是经他肯定王拓价值不菲后,其他军人接踵而至所为;因此,他特地指出:"然则他人之所拓与拓之异日者,其不能如此本,决矣。对此本,如在疏勒军中,万里忆朋好也。"充分反映出他对王得魁拓本的高度认可、信赖和推崇。

其实,但凡有过身临其境的访碑经历感受,就绝不会大发暇日晴窗底下联几并赏案头的金石学家那么好高骛远的莫名感慨了,笔者两度实地走访体验,感触良深。鉴于《刘平国刻石》地处紧挨博孜克日格河出山口的西侧山壁,激流奔腾冲击,即使夏秋两季,平日也谷风强劲,飞沙走石不断。在此无常不定的气候环境之下,纵然安步当车,也常常步履蹒跚踉跄,乃至有立足未稳倒地之虞,更不要说上纸捶拓施墨了。而且根据一个世纪前接踵而至的多个日本探险队和黄文弼先生等往返博孜克日格山口访碑日记表述花费的时间估算,在当年缺乏现代化交通工具,且给养、路况均不理想,乃至野兽出没的情况下,从阿克苏骑马出发前去打碑,来回一趟至少颠簸十天半月而人困马乏。更不论当年人们必须自备干粮、卧具、弹药枪支等所有装备,并做好在野外戈壁风餐露宿野营的准备了。

总之,晚清涉足《刘平国刻石》所在地的辛劳程度,远非今天动辄越野车加罐装咖啡时代可以比拟想象;兼以当年进疆部队是否预留上好纸墨保证拓制硬件质量,也未可知。在如此艰苦条件之下,总兵王得魁一行能够经过反复上纸试验,拓制出较为清晰、文字可辨识程度高达九十余字的拓本,从而圆满完成张曜、施补华交付的野外搜集物证的任务,洵称技法精到,不负众望,完全值得后世金石学界称道致敬为名副其实的开拓先行者。

此外,北京大学图书馆藏晚近湖南学人长沙徐崇立(1872—1951)抄录其父、继张曜、施补华后主政拜城的清末徐鼎藩(生卒年、生平事迹均不详)就《刘平国刻石》拓本题跋石印本最后有曰:

余来权县事,省获之余,遂访乐石,如见故人。躬剔藓苔残缺,第二行卑字上、第三行谷字上、第四行固字上有斧凿痕。校原文,无"坚"字,幸余文如故。盖当土人锥毁时,赖王总兵救止之。文字历劫,神人呵护,益信宝物不磨。爱手拓数十本,分贻赏鉴家,并鸠工垒石,为屋护之,额曰"宝汉",亦自幸清福墨缘,于兹不浅云。塞翁又记。

此说涉及的"王总兵",顾"姓"思义,分明是该跋文前同为徐鼎藩自述光绪六年(1880)中夏"识于疏勒军次"一跋,提及的光绪五年夏"张朗斋节帅命总兵王得魁具毡椎往拓之"的王得魁了。而该跋紧接以上跋文又曰:"适余从军温宿,朗帅惠余是本。"也证明徐鼎藩曾经获得的拓本就是王得魁所拓得的初拓本。并且徐鼎藩既肯定了王得魁亲力亲为率先远赴《刘平国刻石》现场拓制的初拓之举,还表彰了他后来在石刻所在地人士碍于部队、官府打制拓本络绎不绝于途而扰民事件不断之时,竟然图谋破坏摩崖的危急关头,再次一马当先的功劳。王得魁前往摩崖所在地行政聚落,向当地民众甚至阴谋策划者调解交涉,晓以利害,施行严密看护安保措施,才使得"宝物不磨",进而才有后续徐鼎藩"鸠工垒石,为屋护之"等长效管理保护机制。

总之,从徐鼎藩以上题识,足见王得魁在当地业已发生,并即将爆发更为严重乃至可能上升为民族矛盾的破坏《刘平国刻石》企图前夕,曾经发挥过十分积极与关键的劝阻调停作用,施加过自己作为清政府军方代表的重要影响力。也正因为王得魁最初可能具备拓制石刻等一技之长,才被军首长张曜委派去执行椎拓任务。由于他亲自打制拓本,事后又了解张曜、施补华等对石刻和拓本的高度瞩目,令他充分认识到该摩崖重要政治外交意义,继而行注目礼。因而不久之后,当风传当地有一股妄图彻底破坏这方东汉石刻的不良势头之际,王得魁立刻挺身而出,千方百计采取强有力措施,想方设法防范这一恶性事件朝着持续恶化,竭尽所能控制局面,把地方不法势力妄图破坏《刘平国刻石》的罪恶念头扼杀在萌芽状态,否则,《刘平国刻石》恐怕早在当初被重新认识后不久,就出于人为原因,只字不存或面目全非了。

综上所述,王得魁对于保护《刘平国刻石》免遭歹人毒手,可谓厥功至伟。也正是他落实"救止"行动在先,才有了以后徐鼎藩跟进强化筑亭保护方案,并被记录下来。同时,也保留下一段为上述王得魁墓碑失载的他在南疆有别于军功,却就重要文化遗产保护作出重大贡献的人文关怀案例。

而以上徐鼎藩光绪六年题跋文字,与已知《泽雅堂文集》卷七施补华署光绪八年所作《刘平国碑跋》内容简直如出一辙;可徐鼎藩先后两跋却无只字道及施补华及其前任知县张廷楫在《刘平国刻石》探索发现问题上的重大贡献,此举极其耐人寻味。究竟是光绪八年施补华窃取抄袭了光绪六年徐鼎藩的题跋导致两人失和,还是恰好相反,是徐鼎藩不加说明而擅自侵犯了施补华的著作权,这场笔墨官司目前还是个谜。但不管如何,王得魁作为《刘平国刻石》首拓者和庇护者的正面形象却越来越明显高大。

4. 张廷楫

在施补华《刘平国碑跋》中,应张曜之命、施补华之请,参与首次奔赴博孜克日格山口打制拓片任务以查实是否汉字石刻任务的,还有知县张廷楫。另按文本"此碑在今阿克苏所属赛里木东北二百里山上。……按温宿,今阿克苏;姑墨,今赛里木拜城"陈述,张廷楫应为阿克苏或拜城知县。按,张廷楫其人其事不详;其名字与新疆事务相关者,仅见四年之后清勘界大臣沙克都林扎布《南疆勘界日记图说》的光绪九年(1883)七月日记一语带过:

> 初五日至十三日,未行。迭接张帮办来牍,谓哈喇多拜暨屯木伦等处为现管之地,前派来响导官张令廷楫亦详其说。遂先从此处力争,大都为得尺寸之计。俄竟抱定红线,唇敝舌焦,百折不回。夫岂喜事好名?……①

由光绪九年张廷楫参与中俄勘界充当向导的记述研判,之前张曜委派他与王得魁等同行的用意,可能正是基于他身为统领地方行政官员,熟悉本地道路、民情等。所以,张曜派他带队以期快去快回,更有利于完成拓制疑似石刻这一速战速决的任务。可能正是本次张廷楫圆满扮演了张曜嘱托的向导角色,给张曜留下深刻印象,以至于多年之后,当清政府再次面临更为神圣的为国寸土必争、跟俄国交涉疆域勘分之际,有关当局自然又一次联想到了张廷楫,他再度被荐举担负起配合勘察南疆山川地形的"活地图"职责来。而这一推荐伯乐,应该正是升任为喀什知府加盐运使衔并参与中俄勘界的《刘平国刻石》发现鉴证人施补华。杨岘撰《山东候补道施君墓志铭》"会俄罗斯有画界之议,君跋涉冰山雪岭,凡犬牙相错之处,据图与俄争。俄无所施其诈,拓地八百余里"可证②。

另据清刘锦藻《清续文献通考》卷三五二"外交考"载有特派道员张廷楫处理外国传教士被害事件:

> (光绪廿七年,1901)又谕甘肃平罗县属杀伤教士教民一案,业经谕令,将该管地方官革职戴罪,勒限严拿匪徒。兹据崧蕃电奏,探闻梅教士及教民四人,已因伤身死,见派道员张廷楫前往,会营缉犯等情,地方文武官员,皆有保护教堂之责,似此防范不力,致教士等因伤毙命,朝廷深为矜恤,着即妥为抚恤,并将凶犯赶紧拿获,即行正法③。

按张廷楫曾有与俄国勘界官合作事例在先,具备涉外谈判经验,故身负此番外事使命者张廷楫料系同一人。

二、刘锦棠、徐万福说

关于刘锦棠、徐万福发现《刘平国刻石》说的辨证,事关该摩崖究竟是否早在光绪三年

---

① 李之勤主编《西域史地三种资料校注》,乌鲁木齐:新疆人民出版社,2012年,120页。

② 杨岘《山东候补道施君墓志铭》,《清代诗文集汇编》,第677册,309页。

③ (清)朱寿朋《东华续录(光绪朝)》光绪一七〇所载略同,不赘录。

(1877)已被先期调查察觉。刘锦棠也许一马当先抵达南疆拜城,后改由嵩武军接防;但前者是否较后者率先发现《刘平国刻石》,目前没有信实可靠史料相佐证。

据初步梳理,光绪末年新疆布政使王树枏(1852—1936)等纂修《新疆图志》卷八七《古迹志》"拜城县·汉乌垒关"和王树枏《新疆访古录》卷一,系最早发布《刘平国刻石》是光绪三年为入疆湘军刘锦棠、徐万福部率先发现者。此后,1928 年曾亲赴《刘平国刻石》实地考察并手拓摩崖的西北史地考古学家黄文弼先生(1893—1966)早年学术论文《释刘平国治关城诵》,北京故宫博物院碑帖鉴定专家马子云(1903—1986)等,1999 版《辞海》彩图本乃至 2021 年最新版《辞海》,以及 2011 和 2014 年新疆文物主管部门分别编纂出版两种专业学术史著作——《新疆维吾尔自治区第三次全国文物普查成果集成·阿克苏地区卷》"摩崖石刻"和《西域文物考古全集(22)》"刘平国治关城诵石刻",均受此影响照例维持《刘平国刻石》发现于光绪三年说。

如前所述,《刘平国刻石》被考订为东汉摩崖以后,拓本制作和需求量日益增加,因而不排除有刘锦棠、徐万福等凭借各种关系获得过一定数量拓本转赠王树枏等同道,从而被不了解具体实情的王树枏等误以为刘、徐才是该石刻发现者与拓本椎拓者的可能。当然,就此解释目前仅限于假设推理层面,有待于今后获得更确凿过硬的证据。不过,正如西安碑林博物馆学者李举纲、樊波《新疆汉碑述略》指出的:"清人王树枏在《新疆访古录》中称此碑(即《刘平国刻石》)系徐万福发现,后世多沿用此说,实为谬矣。徐万福为平定阿古柏叛乱时刘锦棠部提督,其当时驻军哈密、吉木萨尔一带,并未到达拜城,该石刻发现与徐氏无关。"[1]此说当属一语中的之论。

三、徐桂丛说

此说见诸晚近金石学家柯昌泗(1899—1952)《〈语石〉异同评》卷二论断:

> 长沙徐叔鸿尚书(树钧)之弟桂丛刺史,在勤果幕,得碑其所目击。后权知拜城县事,乃叠石为屋以护之。

关于自署或钤印本徐桂丛手拓《刘平国刻石》,坊间确实多有出现[2];但是有关他自称"从军温宿",并且后来到《刘平国刻石》所在地拜城任知县事宜,地方志乘悉数失载。鉴于随刘锦棠湘军开赴南疆人员庞杂,不排除有行政文职人士留任地方服务行政管理工作的可能性。不过,哪怕因此深入实地访碑,进而商讨落实保护措施,成为《刘平国刻

---

① 《碑林集刊》第四期,西安:陕西人民美术出版社,1996 年,200—205 页。

② 2008 年 12 月 23 日上海崇源艺术品拍卖有限公司"2008 秋季大型艺术品拍卖会"上,徐桂丛旧藏《刘平国刻石》拓本以 35840 元成交;2010 年 6 月 2 日,该拓本再次在北京保利国际拍卖有限公司的古籍文献拍卖中,以 39200 元刷新成交记录。参看朱玉麒《龟兹刘平国刻石的发现与近代新疆》,关西大学东西学术研究所《东西学术研究所纪要》第 48 辑,2015 年,407—421 页。

石》少数踏勘目击者,乃至亲手上纸椎拓操作者,徐桂丛也只是施补华、王得魁等开辟事业的后继者;《刘平国刻石》最初发现者,理应是张曜、施补华、王得魁、张廷楫这几位有识之士;徐桂丛充其量是他们之后一位持续关心拜城文物保护利用的传承人。具体理由如下。

徐桂丛是继施补华等离疆东归后依然坚守当地全权负责拜城地方事务,兼带《刘平国刻石》保护与管理的执行官,对于维护摩崖免遭自然与人为双重损坏作出过一定贡献,基本实现了施补华光绪十五年在京题跋时期望"就崖嵌作亭覆盖其字"的愿景;因此,徐桂丛强化管控保护力度的功绩应给予肯定。虽然他具体什么时间,如何实施保护性措施,相关信息相当有限,且不对称,以至于该摩崖已遭毁灭性破坏而不存世间的谣言盛行,似乎也发生于他在任期间。

现在问题是,徐桂丛并无施补华那样有诗文集传世,更无针对《刘平国刻石》保护的详尽方案被记录在册,由此造成他和这段史实关系存在一定"真空地带";甚至包括他个人的生卒年、活动事迹都因而面目不清,需要依靠其子嗣徐崇立追忆才能稍加还原些许,远不及其族兄徐树铭(1824—1900)史料丰富,有案可稽。徐树铭《澂园诗集》卷二《〈乌垒访碑图〉为桂生弟作》,虽语涉徐桂丛入疆生平暨雅好金石学,以及曾赴《刘平国刻石》所在地访碑等情;但该题画诗言简意赅,言辞晦涩,仿佛还不无难言之隐,外人难免感觉语焉不详,甚至不得要领了:

> 蓟门烟水涨秋痕,竹雨连窗石气昏。闻道阿连新入塞,强扶残醉话昆仑。
> 甘陈功大罪难逋,文法拘牵汉俗儒。圣代千军同拜赐,轩于好读访碑图。
> 裴刘两碣照西天,祠海祈年各胜缘。太息沙南空泐石,不将事业著燕然。
> 咫尺纵横万里余,穷边戎马事驰驱。一官辛苦饶清燕,补著西庭未见书。

以上就徐桂丛履历的考查摘要,系笔者出席 2021 年 6 月 12 日于新疆拜城县召开的"刘平国刻石与西域文明学术研讨会"前梳理的内容。会间拜读北京大学朱玉麒教授和拜城县文物局原局座吐逊江合作论文《刘平国刻石的早期保护和拓本流传——以徐鼎藩为中心》,始晓徐鼎藩系徐桂丛本名,桂丛实乃徐鼎藩表字,他确属追随左宗棠湘军入疆平叛后留任参与后续新疆行省建设工作"援疆干部"。他在疆明确仕历为:光绪十六年(1890)任拜城知县;三十年(1904)署理北疆精河直隶厅同知;三十三年到宣统元年(1907—1909)出任阜康知县。但其生卒年始终未见答案;到拜城前早年轨迹和致仕后晚年行踪也不得而知。结合他主政拜城期间日本探险队考察日记,湖南省图书馆藏徐树铭致其书札等综合分析,徐鼎藩继施补华、王得魁向地方人士据理力争,命其承诺严加看护《刘平国刻石》后,委实履行自己职责义务,甚至有自费替摩崖加设防护设施的举措。

唯一与史实可能存在较大出入者,是北京大学图书馆藏徐鼎藩之子徐崇立 1918 年推出过录所谓徐鼎藩作《刘平国刻石》跋文石印本,内容居然跟施补华《泽雅堂文集》卷七署明光绪八年(1882)十月作《刘平国碑跋》大半雷同,仅个别片断稍见差异,令人匪夷所思。施、徐两跋都确认石刻于光绪五年被过路军旅识破;可徐鼎藩跋文不仅多出"适余从军温宿,朗帅惠余是本"说,且创作日期也大大超越施补华跋文年款,作"光绪六年(1880)中夏,桂丛识于疏勒军次";加之这跟紧接此后一跋道及"余来权县事,省获之余,遂访乐石,如见故人"云云前后呼应,给人的印象似乎是他分明比施补华题跋早公开两年多时间。两篇文本大同小异,题跋究竟孰先原创在前,孰后尾随调整,一时间成为亟需追究索隐的悬案。

前已论及,按照光绪八年施补华跋文观点,《刘平国刻石》于光绪五年夏初现端倪,同年秋经他上报张曜同意委派王得魁实施椎拓;随后经多年报请内地金石学名家疆内外协同联袂释读破译,反复研判论证,到光绪八年才终于由研究主要发起者的他落笔为跋正式结案对外发布。光绪九年开展一定数量椎拓,拓本陆续流传内地。稍后"唯此刻既显,拓者踵至……而种人居山下者,又虑其扰累,谋划去之。余为就崖窾作亭覆盖其字,召酋长受约束,毋俾损坏,于今六年,损坏与否,实不可知。……"

品味光绪八年与十五年施补华两跋,基本符合人们认识客观事物的学术探知规律和先后时间期限。而与之相反,徐崇立过录徐鼎藩结款自称作于光绪六年中夏题跋却作:"兹碑至今始出,而一拓之后,穷荒僻壤,惊见华人,旋即凿毁。然则文字之显晦,固有幸与不幸与?……"分明跟光绪六年该石刻拓本尚处于讨论商榷初级阶段,不至于大队椎拓人马不断奔袭于途,乡民不堪其扰,遂迫不得已拟"旋即凿毁"的实情相违背。并且其"光绪六年中夏,桂丛识于疏勒军次"落款,也与上述施补华光绪十五年跋文结语"对此本,如在疏勒军中,万里忆朋好也"如出一辙。

如何解答施、徐二人这一跋语惊人相似的现象?笔者的理解与观点是,徐鼎藩光绪六年署款极可能实为光绪十六年,也正是他出任拜城知县后日期;徐崇立在乃父以上两跋石印本题记中分明指出:"越庚寅(光绪十六年,1890),先君权拜城县事,碑即在辖境,复手拓数十本,以贻海内金石家。"因而以上"光绪六年"年款,不能排除系徐鼎藩光绪十六年题跋,或徐子崇立1918年过录时笔误遗漏"十"字使然,从而酿成他身临其境正式结缘《刘平国刻石》时间大为提前并且误差达十年之久的假象。虽然我们同样不排除他确曾存在获得张曜奉送初拓本的可能性。

此外相当值得提醒的是,光绪十六年非但是徐鼎藩拜城走马上任的重要时间节点,同时也是自光绪五年起就主动积极主持《刘平国刻石》考察研究等一揽子学术项目负责人的施补华,于再次追随张曜由新疆内调山东任河工道台时病发去世的年份。据上海图书馆王懿荣旧藏本间施补华自跋和盛昱题跋披露,施补华是光绪十五年(1889)冬到的京师,次年二月还济南不久去世。其时张曜因相当赏识施补华学识,正拟大力举荐委以重任;惊悉噩耗,哀恸不已。遂出万金为之理丧,又收集遗文刊刻成集。光绪十九年(1893),包括《刘平国碑跋》在内的施补华《泽雅堂文集》正式出版。

不过,施补华光绪八年(1882)十月正式定稿,作为《刘平国刻石》阶段性研究成果的权威考释跋文内容,其实此前就因与同道学尊分享而成为公开秘密,甚至还常被分别引录到相关拓本题跋或各自研究著述中加以披露。如他去世前就有学界前辈或同侪提到他跋文的贡献,如光绪十年(1884)六月二十四日金石学家叶昌炽(1849—1917)《缘督庐日记抄》卷三;甚至光绪七年(1881)二月,张之洞还跟潘祖荫相互探讨过的不见年款、仅作"乌程施补华白"的正是次年十月正式发表的《刘平国碑跋》。实际上,当初施补华就此跋文未必愿多与外人道,仅视作征求意见稿向张、潘等二三金石学素心人分享讨教。由此表明其学术开展早酝酿于王得魁打来拓本后光绪六年乃至五年,至迟光绪七年二月初稿抵达张之洞案头前业已基本成型。只是斟酌推敲始终在不断进行中,以确保万无一失,因而延至近两年后光绪八年十月才正式公布,足见其学术态度严谨审慎之一斑。

也正有鉴于此,到施补华去世时为止,肯定他探索前功的,有国家图书馆藏《刘平国刻石》拓本间光绪十一年(1885)塔尔巴哈台参赞大臣锡纶题记,光绪十二年(1886)刻本汪鋆《十二砚斋金石过眼续录》卷三间凌霞题跋,上海图书馆王懿荣旧藏本间光绪十六年李文田、盛昱、潘祖荫等题跋,以及齐鲁学者徐继孺同年应王懿荣请补录施补华本身题跋以示缅怀追思和纪念。这些确切记录皆可追踪,不一而足,指向性明白而毋庸置疑。

综上考述,笔者以为在晚近金石学研究史上名不见经传的徐鼎藩光绪六年率先题跋《刘平国刻石》极不可能,因为当初内地各路顶级金石学家识读判断观点尚且还不成熟,并没有经施补华审核通过形成统发稿;张之洞、潘祖荫、杨守敬等获得施补华提供共享考释文本时间更在光绪七年二月前后。换言之,惟有疆内外金石学家基本达成彼此一致学术见解,施补华才会按约定俗成的学术研究行为规范对外宣布,以免造成见猎心喜在先,始乱终弃于后而谬种流传的局面无法收拾。因此只有光绪八年十月后到十六年二月之间,尤其十六年随着施补华去世,徐鼎藩获取施补华总结研究结论性跋文才易如反掌。

不知是否出于对1918年徐崇立或许感于坊间出现施补华跋文刻帖,遂拟胜一筹推介其父徐鼎藩所谓光绪六年跋文石印本所犯掠人之美的低级错误疑惑不解,1919年3月29日,洞悉世态社会的鲁迅先生于北京琉璃厂德古斋古玩铺购买《刘平国刻石》拓本,在随后的辑校研读梳理过程中,他既引录徐鼎藩两跋,同时又著录铺陈了1912和1913年间发表在《中国学报》第四期上施补华吴兴同乡学者沈家本(1840—1913)《枕碧楼偶存稿》中,收录包括"施均甫《刘平国碑跋》"在前的《刘平国碑(研究)》长本,最后意味深长地指出:"树按:碑本无'左右将诸文',此云'不能辨'者,殆因误读施跋,又未细读打本也。"由此,首先足见鲁迅尊重施跋精准性在前;其次,作为身兼资深金石学家的鲁迅,是否因质疑徐氏父子的跋文,才将沈家本援引的施补华跋文同时并陈,以求公众裁判呢?

总之,恐怕有意无意笔误遗漏光绪十六年"十"字,进而演变为光绪六年却斧凿痕迹显著的徐鼎藩跋文,遣词造句跟施补华光绪八年正式公开,乃至呈请张之洞指教于前,光绪七年二月已出现于张书案间跋文何其相似乃尔?徐鼎藩,更确切地说是徐崇立不同寻常的举动,始终无法排除人们心中其存在处心积虑植入式改窜施补华题跋的重大作案嫌疑。目的动机无外乎此时此刻就《刘平国刻石》来龙去脉最有学术发言权的施补华一命呜呼,出任拜城知县的徐鼎藩取而代之,足以名正言顺主导重塑舆论导向了。而就文抄公般始作俑者徐崇立而言,此举显然是出于光宗耀祖的名誉之争。这由其1918年冬十月附记徐鼎藩两跋石印本纸尾所谓"敬录原跋,足以息纷纭"云云,不难看出其不惜推出石印本举动的背后就《刘平国刻石》率先被发现、保护的名分学术纷争的端倪了吧?

由以上质疑带出另一耐人寻味的话题是,施补华生前跟徐鼎藩恐怕存在较深芥蒂。试想,在南疆本为数不多的汉族文人朋友圈中,按理施、徐二人既然针对《刘平国刻石》这一金石古文字研究不无共同语言,彼此间势必有密切交集而过从甚密。但从目前掌握的资料看,施、徐两人竟毫无片言只语涉及对方。给人的印象是,徐似乎在《刘平国刻石》问题上刻意回避着施。这一反常现象相当难以理喻。特别提请注意的是,施补华曾是徐鼎藩堂兄徐树铭同治年间担任浙江学政期间提拔的高材生。按理有这层识贤任能关系,施补华跟同样来疆协同治理西陲的前辈师长的堂弟徐鼎藩,更应有份好感而彼此帮衬往还、交流频繁。然而目前彼此间关系给人的感觉是视同陌路,绝无想象中的热络交情。这自然成为继徐鼎藩上述跋文年款之谜后,更需揭开的又一谜底了;期待不久的将来随着研究深入,答案能够水落石出。

也许后来徐氏父子意识到施补华《刘平国碑跋》暨其影响广为接受认同乃不争事实,在此学术议题上他永远是主角,而自己始终处于配角地位根本无法超越改变。相反,意气用事较真较劲非但无助于"拨乱反正",改窜施跋举动终将腾笑方家而为人所不齿,反将自己置于舆论风口浪尖易沦为学林笑柄,自讨没趣。因而后来暗箱操作的徐氏父子自我反省,谨言慎行,悬崖勒马,不再旧话新提了;徐崇立代笔自我放大题跋也仅此一见,草草收场,从而取得学林谅解而息事宁人,未予就此穷追猛打。

以上笔者的学术推演思辨,是鉴于有限史料逻辑关系形成的推理假设,尚有待于寻求和开发更多最新基于实证的史料加以提炼验证与支持证实。而根据对现有资料的剖析查证,笔者主张光绪六年徐鼎藩题跋的真实性还无法令人信服。未知这一考查结论,是否符合徐鼎藩跟《刘平国刻石》这段真实却略带污点的金石缘插曲?

四、刘鹗说

此说仅见上海图书馆刘鹗旧藏本间罗振玉光绪廿二年(1896)跋语:

> 碑在新疆阿克苏,丹徒刘云抟太守佐张勤果公幕,得此本以赠邱君訚庵,上虞罗振玉署。

按,"云抟"即祖籍江苏丹徒、别署"老残"的金石与甲骨收藏家刘鹗(1857—1909)之表字。他最后被诬私散仓粟罪戍死新疆。生前所著《老残游记》为晚清谴责小说代表作之一,其中设置人物影射施补华及刘鹗自己曾经投靠的从新疆内调为山东巡抚的张曜等。张曜跟刘鹗父亲刘成忠私交甚契,为挚友,刘为咸丰二年(1852)进士,对天算、乐律、方技、词章及金石学均有较深造诣。同治二年(1863),张曜曾委托在汝宁知府任上的刘成忠篆刻"目不识丁"闲章一枚随身佩戴自励自警。因此,在刘鹗被发配新疆前,其亲家罗振玉光绪廿二年(1896)所云该《刘平国刻石》拓本系刘鹗得于担任辅佐张曜幕僚时期，只可能是刘鹗光绪十六年(1890)三月献以新测量法绘制的《豫直鲁三省黄河全图册》呈御览后抵济南，担任张曜在山东的帮办，治理黄河于济南以下至入海口段河务而获嘉奖期间，这一考证应当不难根据人物活动时间先后关系加以论证。

换言之，罗振玉此说其实既不可能指刘鹗光绪五年在新疆张曜幕，也不是说他光绪末年、宣统元年(1909)在新疆张曜幕时获得《刘平国刻石》拓本；因为前者刘鹗分明不在新疆，而后者当罗振玉题识时尚未发生，罗自不可能有先见之明。总之，罗振玉此题指刘鹗约六年前在张曜山东河务任上因功而获赏赐的可能性居其大半。由于罗题易误导不明真相者张冠李戴，特此说明究竟。事实上，作为刘鹗亲家的罗振玉自不会犯此低级错误，而且罗振玉此跋传递的信息是张曜的确藏有《刘平国刻石》拓本，甚至还不止一本[1]，刘鹗获赠后又以此转送给淮安友人邱啬庵。

五、小　结

综上所述，《刘平国刻石》最初的探索发现者，既非湘军统帅刘锦棠和河务提调暨学者文人刘鹗，也非湘军将领徐万福与闻讯踵迹访碑藏拓的地方官徐桂丛，而是光绪五年驻防《刘平国刻石》所在地阿克苏一带的指挥官张曜，及其嵩武军下属王得魁，与熟悉道路交通的县官张廷楫，尤其是学术意识强烈与对金石古文字学异常敏感的随行幕僚施补华，共四人。是他们共同促进、推动和实现了对《刘平国刻石》从发现存疑到决策试探，再到鉴证确认，最后以文化资源形式源源外传等所有选项的全部完成；他们才是《刘平国刻石》重现于世并获得承认的真正探索发现者，其中施补华是这一学术行动的灵魂人物。而从刘鹗获取拓本的来源不难设想，张曜等一批当年驻疆官宦或多或少都曾拥有这一可谓"新鲜出炉"的地方文化特产——《刘平国刻石》拓本，这从其间所钤地方官印、闲章，以及日本等海外探险队日记有关获得馈赠的记录中，均可见一斑。至于徐鼎藩虽非《刘平国刻石》最先的探索发现者，但是作为后继者的他，在光绪十六年起担任拜城知县期间，对《刘平国刻石》的进一步保护和拓本的广泛传播发挥了较大作用，承前启后的赓续之功同样值得肯定。

---

①　上海图书馆藏光绪廿三年(1897)《群玉楼所收石刻拓本目录》载有"张曜搜得《刘平国刻石》，拓贻吴大澂"记录。

On the Pioneers Who Discovered "Liu Pingguo Inscription"

Tao Yuzhi

In the fifth year of Guangxu in the Qing Dynasty (1879), the "Liu Pingguo Inscription" of Eastern Han Dynasty in the southern foot of Tianshan Mountains was accidentally discovered. Zhang Yao, the commander of troops garrisoned in Aksu area, and his Songwu Army subordinate Wang Dekui, and the county official Zhang Tingji who is familiar with road traffic, as well as the accompanying aide Shi Buhua, who has a strong academic consciousness and is extremely sensitive to the epigraphy, these four people can be regarded as the pioneers of "Liu Pingguo Inscription" entering the field of epigraphy. Because they jointly promoted and realized the entire action of "Liu Pingguo Inscription" from the discovery, verification and confirmation, to widespread dissemination. Among them, Shi Buhua is the soul of this academic action.

刘平国刻石与西域汉化

黄纪苏

中国社会科学院马克思主义研究院

"刘平国"仨字最初在我这儿引起的联想是某位当代"援疆干部"或工程技术人员,后来阅读刘平国刻石的相关资料,又会想到当代的国际关系如中美、东盟、五眼联盟之类。没办法,这是门外汉路过史学殿堂时既可怜又正常的反应。历史学家最能对历史上的人、事给予"同情之理解",希望他们也匀一点儿给我这个在门口东张西望、胡思乱想的汉子。

刘平国铭文不长,先抄在这里:

> 龟兹左将军刘平国以七月廿六日发家从秦人孟伯山狄虎贲赵当卑夏羌石当卑程阿羌等六人共来作列亭从(得)①□谷关八月一日始斯山石作孔至十日止坚固万岁人民喜长寿亿年宜子孙永寿四年八月甲戌朔十二日乙酉直建纪此东乌累关城皆将军所作也京兆长安淳于伯隗作此诵

初读这段铭文心头一动:拜城一带在没汽车没公路的近两千年前对于中原当属极西远荒之地,中国味儿竟这么足,龟兹将军居然不姓"库尔班"、不叫"阿依波力",而姓遍及大江南北的"刘"、叫重名率紧跟"建国""保国"的"平国",而且还使用中原王朝的纪年,甚至那两句标语口号都不用怎么改就能直接贴在首都机场的高速路边。今天,我就趁着专家学者济济一堂的难得机会,从汉化的角度汇报一下自己在恶补这段历史时生出的一些想法,尤其是困惑。

一、词 义

使用"汉化"这个词我有些犹豫。它并无歧义,就是汉文化的一套被其他文化接受。时间也不是问题,如果我们谈论的是秦或先秦,"汉化"之类的字眼就有点别扭,而刘平国勒石记功发生在后汉而且离关、张不远。那为什么还犹豫呢?

---

① 学者多释读为"从",但也有释读为"得"的,因与后面的讨论有关,故在此先作标注。

因为"华化"提供了另一种选择。套个汉姆莱特句型:"华"还是"汉",这是个问题。"华夷之辩"有文化偏至的色彩,但多少还讲点道理,不像"犯我强汉虽远必诛"不管不顾、"我"字当头,被今天很多人拿去刺青就更没法看了。"华"的优势在于它上承华夏,下接中华民族,融汇了四夷八荒诸多元素,动态发展,虽然还是圈子,但这个圈子的时空格局要远大于"汉"。况且今天的汉族作为相对于其他五十五个兄弟姐妹的绝大多数,除了高考不享受加分,已是徒有虚名了。但"华化"也有个缺点,就是过于生僻,陈援庵先生著有《元西域人华化考》,那是近百年前的事了。

"华化"其实就是"中国化",那为什么不在"中国力""中国能""中国道路""中国故事"如猛火烫油的形势下就用"中国化"呢?那是因为我们在谈历史,历史上的"中国"伸缩不定,跟现在的版图颇有出入。我们在古今之间往来游走,万一走丢一块国土,就得不偿失了。所以为稳妥起见,还是用了"汉化"。

二、背　景

当年西域的汉化有它的背景,国际关系是一个重要方面。当年的国际关系,汉匈对峙又是重中之重。汉匈一南一北,一农一牧,都具有实实在在的扩张冲动,因为农田和牧场一样,有够是暂时的,没够是永久的,耕地多了,草地就少了①。更何况对土地的追求,经济、生产方式也只是动因之一。都说生活在辽阔草原上的是战斗民族,生活在中原大地上的又何尝不是?春秋战国、楚汉相争、七国之乱,六百年间"和"字何曾有过立锥之地?战不战斗并不取决于是两条腿行军还是四个蹄子奔袭。扩张在内是社会矛盾,向外是民族矛盾,二者还会互相转化②。秦一了宇内却一不了匈奴③,只能"却胡";白登之围,大汉的皇帝险些做了俘虏。中原王朝的外部敌对势力,匈奴不是唯一,却是第一。

---

①　读了《史》《汉》相关章节再读悲伤的《匈奴歌》,会有此身谁身的不适应感,虽然这歌唱的是北边阴山还是西边祁连,是汉代作品还是北朝作品,都还存在争议。参见阿尔夫丁《关于〈匈奴歌〉若干问题的考释》,《内蒙古教育学院学报》1989年第1期,45—50、62页。历史是用白纸黑字写的,而"毋文书、以言语为约束"的匈奴人,他们对这个世界的感受,我们却只能从他们的仇人即汉人的记载里间接了解。

②　据《史记·大宛传》,自从张骞"开外国道以尊贵,其后从吏卒争上书言外国奇怪利害,求使。天子为其绝远,非人所乐往,听其言,予节,募吏民毋问所从来,为具备人众遣之,以广其道……其吏卒亦辄复重推外国所有,言大者予节,言小者为副"。当社会楼梯人满为患时,一部分向上的梦想就会转变为"立功异域""封侯万里之外"的壮志,读汉代开疆扩土运动积极分子张骞、傅介子、陈汤、班超等人的事迹,这样的内心冲动跃然纸上。"故妄言无行之徒皆争效之",似乎成了风气。

③　匈奴人自己也说:"汉虽强,犹不能兼并匈奴。"(袁枢《通鉴纪事本末》卷四)秦汉不能像统一南方那样把中国的西北方也变成西北部,地理是重要的因素,"与中国殊章服,异习俗,饮食不同,言语不通,辟居北垂寒露之野,逐草随畜,射猎为生,隔以山谷,雍以沙幕,天地所以绝外内也"(班固《汉书·匈奴传》赞)。

以汉初的内外形势力量对比，匈啃不动汉，汉也吃不下匈，而且显得被动，于是"约为昆弟"，沿长城划势力范围，墙外的"引弓之国"归匈，墙内的"冠带之室"归汉，真跟哥们儿"分家析产"似的。匈奴就在那时候进入西域。但形势会变化，战略也会调整。到武帝时国家由无为转为厉害，遭遇到两千年后"粮食太多吃不了怎么办"的难题，于是开始为弟弟张罗截肢手术：东边迁乌桓断匈奴左臂，西边通月氏联大宛断匈奴右臂。依违在两霸之间的西域诸国十分不易，弄好了一边嫁一公主过来，弄不好两头轮流兴师问罪。

汉与匈前后脚来到西域，它们与当地的关系有同有异。匈没把西域当统战对象，而是当了韭菜地①。虽说是夏的后裔，匈奴却披发左衽，作风粗放，武力之外好像不依靠、也不具备软实力，击月氏，拿国王的头骨做酒杯。刀架在脖子上，西域诸国只好要什么给什么②，匈奴使者带着单于开的证明信出差西域诸国，所到之处食宿有安排、交通有保证③。汉是后来者，离得又远，可能在西域诸国眼中就是人傻钱多的大户④。中原最看重接待规格、首长通道这些事情，而汉使却"非出币帛不得食，不市畜不得骑用"，跟高速公路上排队缴费、差一毛钱也甭想过去的普通司机一样，其憋屈可以想见。直到汉兴师动众破姑师、征大宛，才算扭转局面。

与匈奴相比，汉朝的核心竞争力确实多元一些，有"兵威"，有"财贿"，还有"汉家仪"，大概折合今天的"富起来""强起来"以及"先进生产力""先进文化"——这个后面会再谈。不过汉朝经营西域，并不是要建设"人类命运共同体"，所以吃拿索要并不手软，杀也是常事⑤。汉军在西域东征西讨，相关国家不但要箪食壶浆做好后勤，还得送郎参军，人数往往是汉兵的很多倍⑥。相对于汉，西域都是绝对小国，于阗"户三千三百，口万九千三百"；鄯善"户千五百七十，口万四千一百"；渠勒"户三百一十，口二千一百七十"⑦；精绝小到国王直接审判日常民事纠纷，连内地的县太爷都比不上，也就相当于村支书吧。人力、物力上的摊派肯定是不轻的负担，与匈奴"赋税诸国，取富给焉"相比哪个更沉重，就得请教各位专家了。王莽任命的"右伯"要巡视西域，车师王须置离觉着国家穷，既接待不起又得罪不起，便起了叛逃匈奴的念头，结果被举报押往西域都护那儿斩了。须置离的弟弟继承哥哥的遗志，率众归附了匈奴。两汉时期西域诸国时叛时降，东汉后更是三绝三通，除了汉匈

---

① 据《资治通鉴·汉纪·安帝永宁元年》，匈奴"谴责诸国，备其逋租，高其价值，严以期会"。

② 匈奴和东边乌桓的关系也差不多，《后汉书》云："乌桓自为冒顿所破，众遂孤弱，常臣伏匈奴，岁输牛马羊皮，过时不具，辄没其妻子。"

③ 参见阿尔丁夫《关于"信""传送""留苦"的确切含义——同林干教授商榷》，《内蒙古社会科学》1996年第2期，37—41页。

④ "大宛闻汉之饶财，欲通不得，见骞，喜"，应能代表当时西域人对汉或中原王朝的一般印象。

⑤ 《后汉书·班超列传》谓"纵兵钞掠，斩首五千余级，获生口万五千余人，马畜牛羊三十余万头"。

⑥ 陈汤所言"发屯田吏士，驱从乌孙众兵"似为标准模式。

⑦ 《史记·大宛列传》多为大概数，如"十万众"之类。而《汉书·西域传》却精确到十位甚至个位数，不知道具体怎么统计的。领救济金会多报，躲人头税会少报。考虑到拉壮丁、派军粮等实际情形，少报的可能性似乎大些。

力量的消长以及各自内部的治乱,这恐怕也是一个原因,只是容易被流行史观所忽略。这其实很正常,要是征西大军中的"刑徒""恶少年"都像后来八路军、新四军不拿群众一针一线,就不正常了。《后汉书·西域传》总结汉朝与西域的关系简明而形象:"先驯则赏籝金而赐龟绶,后服则系头颡而衅北阙。"

汉的西域战略政治挂帅,灭匈是一个"中心",抚和镇是两个"基本点"。纳质和亲屯田征伐都是具体手段。"护道"护的不是丝绸贸易,"护国"跟我们所理解的治国理政也相去甚远。

三、结　构

汉化是一个结构,有不同的部分,如经济、政治、文化;亦有不同的层面,如物与心、精英与草民、上层建筑与经济基础、本地人与汉移民(屯田士及家属);还有先后的次序,如由表及里、自上而下(或反过来)等等。以下从食货、制度、称谓几个方面谈谈西域的汉化。

食　货

有关汉朝与西域交往的史籍中,征伐、和亲、封赏无疑是一线明星,而经济贸易之类则像面目不清的群众演员。我在想,那些关系人民日用的事物是否更像实力派演员?

【食】

双方经济上的往来应远早于政治。与张骞同时略晚的司马迁介绍大宛"耕田,田稻麦"。麦的原产地是西亚,经中亚东传到中原,新疆最早的小麦遗迹出土于罗布泊的古墓沟遗址,距今 3800 年。从《诗经》"硕鼠硕鼠,无食我麦"到每天早晨我放一个馇面馒头在蒸锅里,说来都在"西化"的历史长卷中。稻起源于长江中下游,汉代及以前的水稻遗迹在西域发现不多,但也不是没有,尉犁营盘遗址就出土了稻草,喀拉墩遗址出土大米。小米发现的就更多了。

最日常的饮食是构成文化或民族身份的基本要素,如果一个洋人端碗羊杂碎汤吃得吸哧呼溜,北京胡同里的老少爷们会觉得这老外比端坐星巴克、静对平板电脑的中国人更像自己人。他如桃树杏树、铁犁铜犁之入西域,也都是由群众演员在昏暗的历史下层完成的。当然,时代越晚近,人类的自觉性越发达,顶层设计、政治先行的情况会越多。汉屯田西域的大政治对经济技术层面的汉化带动不小①。楼兰出土的晋代汉文简,其中一条"□因主簿奉谨遣大侯究犁与牛诣营下受试",据专家考释,是西域"长史府下令鄯善等绿洲国

---

①　先祖父黄文弼当年在《高昌砖集》序言里谈及西域汉化,承认汉的影响不在宗教、艺术方面,强调了军垦带动的农业技术。

的国王到长史营接受关于牛耕技术的学习、考核"①。全能型大政府在中国真可谓源远流长,说"文明基因"实不为过。

【衣】

除了吃的,日用的另一大项就是穿的(加上佩的)了。吃和穿往往被简单地归结到"饱暖"之类低层次的生理需求②。其实它既可形而下也可形而上,素炒饼丝对接的是肚子,清汤燕窝、黄焖鱼翅伺候的则是脸面。衣服可能就是件衣服,仅仅保暖和保护隐私。但它还可以充当身份证、审美广告,甚至文化或政治宣言。"物"中可能有"心",经济中可能有社会政治,我们在谈论"日用"时对此要心中有数。

中原地区服饰发达,有着一大套谁能穿、穿什么、怎么穿、啥场合穿的衣冠制度。西域的服饰是在既有的地理气候以及历史文化背景下发生发展的,汉式服饰出现在这片天地间当然标志着某种汉化,但究竟是哪一种、哪一层的汉化,却不能一概而论。边疆战士们穿上婆姨从家乡寄来的寒衣在轮台耕作候望,大概算是最浅表的汉化——也许都不该算。而塔里木盆地周边汉晋墓地中,那些包裹着高鼻深目黄头发的汉服或汉服元素就深入了一层,但也要做区分。服饰中最耀眼的"中国故事",莫过于带有"延年益寿大宜子孙"之类汉字的丝绸服饰了,但这也许恰恰说明衣料是从内地进口的,而说明不了中原丝绸纺织乃至生产技术传到了这里。根据匆忙浏览相关图像资料所得到的粗略印象,西域服饰的汉化参差不齐,或当地样式+内地面料(丝绸),或内地样式(元素)+当地面料(毛、皮)③。二者均为汉化,但似有微妙的区别,后者——尤其是纹饰——的汉化,似乎已到美学趣味。

中原地区流行长袍大袖的"深衣",夷狄包括西域"诸种"则为比较紧凑的短衣长裤。以这些再加上左衽右衽之类为标准判断西域服饰的汉化程度,虽不中亦不远,但也要考虑到其他一些社会经济因素。例如,内地也不都是褒衣博带的长衫党,下面这幅汉画像上犁田农夫的装束就比较接近胡服(图1)。

图 1 汉画像砖

---

① 李艳玲《西域绿洲国农作物种植业生产探析——以佉卢文资料反映的鄯善王国为中心》,《欧亚学刊》第十辑,北京:中华书局,2008 年,223 页。

② 最典型的就是恩格斯在马克思墓前概括的唯物史观了:"人们首先必须吃、喝、住、穿,然后才能从事政治、科学、艺术、宗教等等。"

③ 参见徐敏《汉晋南北朝西域胡服汉化现象初探》,西北大学硕士论文,2017 年。

图 2　克孜尔东汉石窟像

图 2 左边这幅，左侧的西域仆人是短衣＋长裤的典型胡装；右侧的西域武士则是及膝的袍子，比较接近内地的士大夫，但衣袖都较为窄紧且均为左衽。右边这幅中的西域农夫近似前面汉画像中的内地农夫，所着短裤接近泳裤或史书里所记司马相如"与庸保杂作涤器于市"时穿的"犊鼻裈"。汉、西服装的这些异同，与其说跟一地对另一地的同/异化相关，不如说跟两地共同的阶级分化更相关。再如左衽右衽问题，控弦之民左衽便于拉弓，时间长了遂成定制，不拉弓也左衽。需要思考的是左衽在西域，是否也像右衽在中原成为一种文化正确甚至政治正确。其实，内地也不尽右衽，汉画像砖、石上都有左衽的情况①。左、右衽从习俗升格为"夷夏之辨"，成了另类国家标志，想必不会太普遍。南北朝时的王纮曾说："五帝异仪，三王殊制，掩左右何足是非！"不太清楚古代西域文化中有没有孔夫子、顾炎武那样的人物，但从阅读考古资料获得的一般印象，那里的服饰似乎是沿着习俗的惯性在日常的层面缓缓流动，对于中原的影响似乎持一种可有可无、不卑不亢的姿态②。同为四夷，他们跟全盘汉化的北魏③，跟以"小中华"著称、以"尊周攘夷"、坚持明代衣冠的朝鲜君臣，跟留发不留头的清朝，感觉是不大一样的。

【贸易】

中国古代的商品经济相当发达，发达到需要"抑末"的地步。且不说地域广大而各地物产不均，需要互通有无，就凭那么多城市那么多非农人口，"小农经济""自然经济"也不够用。再加上财富价值观根深蒂固④，《后汉书·王符传》描绘的"今举俗舍本农、趋商贾，

---

①　董莉莉《对汉代"左衽"服饰习俗的再认识》，《民俗研究》2019 年第 3 期，50—55 页。
②　如尉犁营盘墓地一男子毛织外袍丝织内袍、毛织长裤丝织袜子，感觉较为随意，不像有观念力量在背后盯着。
③　北魏不但改朝服甚至颁令民间也不准穿胡服，但阻力好像不小，有位太子党因穿汉服而被保守派杀掉。
④　晁错《论贵粟疏》讲："今法律贱商人，商人已富贵矣；尊农夫，农夫已贫贱矣。"《史记·货殖列传》举了子贡、乌氏倮、巴蜀寡妇清等因富而贵的例子，都很生动。

牛马车舆填塞道路,游手为巧,充盈都邑,务本者少,浮食者众"的景象可以说理由固然。不过,"富商大贾周流天下,交易之物莫不通"描述的应是"海内为一"后的内循环。那么跟"夷狄"的外循环呢?这可能需要稍作区分。汉匈间相互的供求比较"实在":汉的"絮缯酒米"应该是匈的固定需求;汉对"胡马"的热情也不低,以至"骡驴駃驼衔尾入塞,驒騱騵马尽为我畜",只是不太清楚这些牲口是仅用作对匈的战争工具①,还是成为了普通的生产/交通工具。

汉与西域之间情况似有不同。张骞初访大宛,大宛王"闻汉之饶财,欲通不得,见骞,喜",经济上对于代表先进生产力的汉是有想法的。贸易在西域一些国家的经济中可能占不小比例,地处东西大通道的那些半"行国"也挺适合跑国际贩运,史籍中亦称那里的人"善贾市,争分铢",是经商能手。他们附汉,少不了要组些观光致敬团来献上土特产,然后把朝廷"赏赐"的绸子缎子带回去。"奉献者皆行贾贱人,欲通货市买,以献为名"②,开"政治搭台贸易唱戏"的先声③,因此有"商贩胡客日款于塞下"的景象。

汉对西域诸国的刚需是地缘政治上的"站队"。就贸易而言,从四夷包括西域进口的东西多为高级奢侈品——大秦的"璧玉、珊瑚、琉璃咸为国之宝",社会大众有可能听说过但肯定没见过。其中一些成了精英圈的时尚,《续汉书·五行志》云"灵帝好胡服、胡帐、胡床、胡坐、胡饭、胡箜篌、胡笛、胡舞,京都贵戚皆竞为之"。不过也有经上行下效普及开来的④,如西域的"胡凳""胡床"——华夏的先辈本来是席地而跪的。

再说说胡马⑤。如前所述,汉匈贸易中马占了很大的比例。北胡紧邻而西胡绝远,李广利征大宛获三千宝马,回来的路上死了两千。这样的损耗率对于战利品不算什么,却是贸易的不能承受之重。据说汉武帝东海求仙未遂寄希望于西方,欲得大宛的"天马"或乌孙的"西极马"去赴西王母的"峰会",这属于特事特办,有若干匹就够了⑥。但史籍确实透露出某种贸易的信息,如班固写信告诉弟弟班超"窦侍中令载杂采七百匹市月氏马、苏合香"(《太平御览》卷九八二),如果窦大将军下的单上只有月氏马那可能是为了保家卫国,

---

① 按晁错的说法,上交一匹马可免三人兵役,因为"车骑者,天下武备也,故为复卒"。陈琳《武军赋》写袁绍的部队"胡马骈足,戎车齐轨",也不知多少写实多少修辞。

② 汉的使团里也有把"赏物"卖了中饱私囊的,按司马迁的说法:"皆贫人子,私县官赍物,贱市以私其利。"但那毕竟不是主业。

③ 其实在中国封贡体制的彩旗缎带下,强行进贡或冒充使节领赏的事情史不绝书。

④ 宋沈括"由贵近之家,仿效宫禁,以致流传民间。鬶簪珥者,必言内样","内样"让人想起现在胡同口小铺卖的所谓"人民大会堂国宴指定酒"。又,宋岳珂《桯史》记京城"妇人便服不施衿纽,束身短制,谓之不制衿。始自宫掖,未几而通国皆服之"。这些说的虽是宋代,但也道出了城市文化的一般特征。

⑤ 《史记·大宛列传》索引按:"(康泰)《外国传》云:'外国称天下有三众,中国为人众,秦为宝众,月氏为马众也。'"康泰下过南洋,西域的事也只是听说。

⑥ 武帝派人拿真金做的马去换;"宛王蝉丰与汉约,岁献天马二匹"。

但跟香料搁一块儿恐怕得另说了①。我怀疑汉代西域的宝马可能相当于今天的顶级豪车，属于奢侈品中的奢侈品。还有身毒进口的马行头，《西京杂记》述武帝时京城盛行的"饰鞍马"，相当于流动珠宝店或金银窖藏②，招摇过市也不怕遇到晁盖之类的劫匪。除了那些来自西域的马中精英，敦煌、居延汉简里每提到的"驿马""传马"是否当地的低端马，就不清楚了。

　　进口奢侈品，出口必需品，虽不尽如此，似乎是古代中外贸易的大致情形③。"九真之麟、大宛之马、黄支之犀、条支之鸟"（《后汉书》）去了上林苑，"罽黠狐貉、采旄文罽"（《盐铁论》）入了内府，所满足的是皇亲国戚达官贵人的时尚性奢侈消费。时尚从来杨花水性，不会守着殊方异品天长地久。倒是出口到西方的丝绸没多久就变成日用品，从中上阶层普及到了中下阶层④，成为那边较稳定的需求。与汉的贸易对四夷是很重要的——从匈奴到瓦剌的扰边都跟这有关。但与四夷的贸易对中原却没那么重要，后期茶、丝、瓷的外贸创汇（白银），解决的竟是内贸货币不足的问题。中国古代经济对外贸的依赖有限，内循环可能真就够了。胡人为丝路贸易的主力军，可能与此有一定关系吧。东汉屡有闭玉门关、阳关之议，理由之一是经济上不划算（"不欲疲敝中国"）⑤。明代禁海、清代闭关，乾隆皇帝致英王信里说"天朝物产丰盈，无所不有，原不借外夷货物以通有无。特因天朝所产茶叶、瓷器、丝斤为西洋各国及尔国必需之物，是以加恩体恤，在澳门开设洋行，俾得日用有资，并沾余润"，实在精辟。不过万物皆备于我、中华应有尽有是皇朝的自信，与外销瓷厂家、外销茶商家及无数陶工茶农的生计无关，而且，与全球经济融合的历史大势也不合。

---

①　西域诸国的侍子、使臣及胡商瞎了眼，行贿清正廉洁的楷模李恂，"数遗奴婢、宛马、金银、香、罽属"，结果"一无所受"。

②　《西京杂记》卷二记："武帝时，身毒国献连环羁，皆以白玉作之，玛瑙石为勒，白光琉璃为鞍。鞍在暗室中常照十余丈，如昼日。自是，长安始盛饰鞍马，竞加雕镂。或一马之饰直百金，皆以南海白蜃为珂，紫金为华，以饰其上。犹以不鸣为患，或加以铃镊，饰以流苏，走则如撞钟磬，动若飞幡葆。后得贰师天马，帝以玟瑰石为鞍，镂以金银鍮石，以绿地五色锦为蔽泥，后稍以熊罴皮为之。熊罴毛有绿光，皆长二尺者，直百金。"

③　像胡桃、胡麻、胡萝卜这些早已是中国大众的日常必需品，未必曾是丝绸之路上络绎不绝的商品。如核桃，据说是张骞从西域带回的种子，植之秦中，渐及中土，与贸易无关。

④　公元4世纪马赛里努斯的《历史》就称，过去只有贵族能穿，如今各个阶级包括贩夫走卒都穿上了绸缎。他如饮茶也是通过西方社会中上层的趣味而普及为中下阶层的生活方式，在美国更是填补了禁酒留下的空白。

⑤　班超上疏开导汉帝："臣见莎车、疏勒田地肥广，草牧饶衍，不比敦煌、鄯善间也，兵可不费中国而粮食自足。"他的儿子班勇接着说，经营西域固然破费，丢了西域让他们跟匈奴一块儿跟我们为敌，那破费可就是没边了。

制　度

【宗藩】

古代周边部落民族,政治上汉化程度最高的当然是郡县化①,魏郡怎么治理,象郡大概也怎么治理。羁縻属于程度低的,是不是最低说不好。名义上臣属了大汉的大宛,汉使到了其王庭就被晾在一边,根本享受不到"中央巡视组"的待遇,特别失落。外藩给中国皇帝的来书,由鸿胪寺、理藩院的翻译官赋予"中国特色"以筑牢宗藩的感觉,是很有可能的。估计蛮夷一般不会在乎这些,我说我的,你译你的,两全其美②。匈奴兵强马壮,又有中行说这样的"汉奸"帮着把关,就格外较真了。王莽篡汉后遣使去匈奴换印,与汉皇平辈的"玺"改成了矮汉一等的"章",匈奴君臣就不干,使臣怕完不成任务回去被问责,便毁了旧印跟单于耍赖。要完整地理解宗藩封贡体系以及周边民族的汉化,这些都是需要正视的另一面。

【西域都护】

西域的汉化以政治最为显著,政治以制度最为突出,制度又以西域都护(及后来的长史)的设置最具标志性。据《汉书·百官公卿上》,西域都护为宣帝年间始设,其前身为"使者校尉"。使者校尉有过三任,第一任赖丹,是西域小国扜弥的太子,曾入质长安,过了一段好吃好喝好看的日子③。由这么位"海归"皇亲担任的职位,想必没多要紧,大概也就相当于长安驻疆办事处主任,负责送往迎来,预备粮草住宿吧。那时距张骞"凿空"不远,汉在西域尚处于摸石头过河的阶段,也就是将就着来吧④。后来赖丹为龟兹所杀,他负责的粮食基地即屯田亦被捣毁。第二任常惠属于出身底层的汉族干部,曾随苏武出使匈奴,是被艰难困苦捶打成铁饼一样的人物。他借力乌孙、征伐龟兹,使汉在西域的政治存在上了一个台阶。第三任郑吉更是从卒伍起步,凭借超强的勇气和毅力走到了这一位置。郑吉领导军垦,兢兢业业。又发诸国兵击车师,分裂匈奴,兼并塔里木盆地南北两道,因此成为第一任西域都护。"都护"的意思就是"全都护",属于因事设官、因实立名,是上行社会的

① 以蜀地最突出,从秦并蜀到化育出扬雄、司马相如这样的文豪,前后没用多长时间。蜀郡成为汉朝"远抚长驾"西南夷的前进基地,任务重、怨声高,故朝廷派锦心绣口的司马相如回去做父老乡亲的思想工作。见西马相如《难蜀父老》。

② 如阙特勤碑,唐玄宗的汉碑讲的是唐与突厥父子情深,可汗的突厥碑文讲的是汉人包藏祸心,要与其保持距离。碑是可汗请汉工匠做的,想必他清楚自己的文字汉人看不懂,传不到大唐天子那儿去。几年前笔者在《青冢》一文中讨论过包头出土汉瓦当铭文应读"天降(jiàng)匈奴"还是"匈奴大降(降)"的问题。中央王朝以蛮夷为"臣妾",确有基于"内附""归义"的事实,但有些恐怕属于语言文化隔膜,甚至没准儿就是诚心故意的"误读"。

③ 据《汉书·张骞传》:"行赏赐,酒池肉林,令外国客遍观各仓库府藏之积,欲以见汉广大,倾骇之。"

④ 当了莎车王的乌孙王子万年以及龟兹王绛宾,也都不像多能干的角色。

特征。汉经营西域有"始于张骞,成于郑吉"的说法。后面的西域都护有一二十位,其中著名的陈汤也是苦孩子求上进,在内地时爹死不奔丧,后来打拼西域后居然伪造朝廷命令发兵干掉了单于。汉代内地的好位置多被皇亲国戚巨室豪右占满,难得西域这儿还为草根留着架梯子。一个制度的形成,背后自有推动它的社会动力。

据史籍记载,西域都护最初的职责包括"督察乌孙、康居诸外国动静,有变以闻,可安辑安辑之,可击击之"这三项。不过随着时间的推移,西域都护的工作范围有所扩大,那里的日常行政管理中也多少能见到其身影。例如前面提到《史记》和《汉书》所记西域诸国人口精确度的不同,也许是因为司马迁之后,班固之前那里进行了某种准编户齐民的户籍登记,以获得课税、兴役、赈灾、治安所需的大数据。再如汉代东疆地区的基层政权组织与中原一带颇为相似,马国荣先生列举了为文献所缺却为罗布淖尔汉简所载的一些职务,如"右部后曲候""左部后曲候"之类。就连内地亦官亦绅的"三老"都在西域登场,只是不清楚这些老同志是以何种方式了解当地社情民意并为"精神文明建设"发挥余热的[①]。

【汉印绶】

谈论西域史的朋友都会牢记《汉书·西域传》"自译长、城长、君、监、吏、大禄、百工、千长、都尉、且渠、当户、将、相至侯、王,皆佩汉印绶"这段话,尤其是后五个字。前面的职官有些并非中原制造,"大禄"是乌孙的[②],"且渠""当户""千长"是匈奴的。而看似姓"中"的那些,也没准儿是西域职称的汉译,就像中国的"主席"被西方意译为"伯利玺先德"(president,总统)。因为西域无论尚在部落阶段还是过了国家门槛,分工和等级都会无师自通。不过中原王朝琳琅满目的官僚制度及文化,为西域的君臣之道添油加醋甚至添砖加瓦也很有可能,尤其是那些虚衔[③]。就说龟兹吧,《汉书·西域传》云:

> 龟兹国,王治延城……大都尉丞、辅国侯、安国侯、击胡侯、却胡都尉、击车师都尉、左右将、左右都尉、左右骑君、左右力辅君各一人,东西南北部千长各二人,却胡君三人,译长四人。

其中诸"侯"应属中原的加持。"皆佩汉印绶"给汉皇脸上增光的同时,也给夷臣身上添了彩,可谓双赢。汉印绶权力美学的意味,有时可能还大于营业执照的功用,汉军讨伐西域某国时,国王曾拿出汉印绶退兵,结果没退成。

[①] 马国荣《汉朝中央政府对新疆的行政管理》,《新疆社会科学》1987 年第 3 期,102—114 页。不过,这些也许仅限于东疆地区的内地移民群体。

[②] 不过据章太炎先生考证,"大禄"即尧封舜的那个"大麓",乌孙西迁之前驻牧河西走廊,就近拿来,不失为一种说法,见洪涛《乌孙大禄》,《光明日报》2013 年 6 月 17 日第 15 版。

[③] 晁错上疏汉帝建议让民"入粟受爵"时表示,给他们个称号那还不是您张嘴儿就来,要多少来多少!

【汉家仪】

龟兹在西域诸国中算是大号的,跟汉朝的关系,除了赖丹那一段,属于"甚亲密",后来的西域都护府便设在这里,负责人就是班超。国王绛宾成功劫婚解忧公主的闺女弟史后,就陪夫人去汉朝探亲。夫妇俩在长安享受荣华富贵一年,等于绛宾强化培训了两个学期。结业后他满载着对大汉的看齐意识回到龟兹,开始了与中原的制度接轨:起宫殿、撞钟鼓①,出行要交通管制,随便动动就很大动静。虽然"外国胡人"见了都说绛宾驴不驴、马不马,简直成了骡子嘛!但从大历史看,这正是华夏文明以发达的官僚政治和等级文化为周边包括西域的治理提供比迪士尼乐园还过瘾的中原方案②。国王大臣耀武扬威自然心生欢喜,匍匐在路两边的草民未必不庆幸胎投对了地方!其中才思敏捷的可能头都不用抬就想出"君民团结如一人,试看天下谁能敌"的金句。那天偶尔读到《三国志·吴书·士燮传》中的一段:

> 燮兄弟并为列郡……威尊无上,出入鸣钟磐,备具威仪,笳箫鼓吹,车骑满道,胡人夹毂焚烧香者常有数十。妻妾乘辎軿,子弟从兵骑,当时贵重,震服百蛮……

秦皇汉武尤其是"深慕秦皇汉武"的隋炀帝最热衷声势浩大的巡游,对外镇服百蛮,对内镇服百姓。这一套,百蛮的头头会学了去镇服各自的百姓。

【记功碑】

窥探古人的精神世界及人生意义,石碑是个有趣的观测点。除了这一届的衣紫腰金、这一生的封妻荫子,有些世俗官员还会由马斯洛领着拾级而上,去获取某种不随身而没的价值(拿身后名变现眼前利的当然也不少)。"三不朽"中,读书人近水楼台囊括了立言,头头脑脑们要想与天地同寿可以选择立功、立德,并将功德刻在最可持续的材料石头上。秦始皇剪灭六国后五趟巡游、七次刻石,为百代万千君君臣臣的合唱齐颂起了头③,并定了调④。勒石记功似乎成为社会激励制度的重要组成部分。刘平国刻石在记功碑的庞大家族中并不显赫,却极独特:它跟书法史上著名的"三颂"(石门、西狭、郙阁)一样都出自东汉,时间上前后脚,内容、形式也颇类似,差别只在繁简大小之间;它跟近年在蒙古国发现的燕然刻石同属边地记功,虽然窦大将军、刘左将军不在一个重量级。但刘平国刻石和它们又都不一样,它也许是"中原梦"西渐、夷官仿效汉官流芳后世的第一例——我见闻有限,胡乱一说。再者,别的记功碑,无论皇帝还是太守,在讴歌自己的时候多会提及相关下

---

① 当年华夏边缘的楚国,那儿的国君也是在"钟鼓"声中变成"中国之人"的。

② 《史记·叔孙通传》也有生动的描述:"汉七年,长乐宫成,诸侯群臣皆朝……御史执法,举不如仪者,辄引去。竟朝置酒,无敢喧哗失礼者。于是高帝曰:'吾乃今日知为皇帝之贵也。'"

③ 如果标准宽泛点儿,西周中期的遂公盨铭即是禹颂,虽然颂与被颂的隔了千年。

④ "群臣颂烈,请刻此石"(琅琊刻石)的颂秦石刻,第三人称中透着第一人称,就好像嬴政的口开在李斯之流的脸上。

属。而像刘将军这样把六位农民工全捎上,也许算是龟兹特色的中原主义吧①。

【列与亭】

刘平国所立之德是"人民喜""宜子孙",所成之功是"作列亭"。那么"列亭"究竟是什么呢?

先说"列"的字义。有学者认为"列"为动词,意即"修筑","列亭"就是筑亭②。其实,古汉语词性不大固定,名词动用是常事③,"列亭"可以谓语化为"修筑列亭";而集体名词也可以个体化。汉朝从"凿空西域"到经营西域,警戒、交通、补给等等都经历了一个由点而线、由线而面的过程。线即列,"列亭""列障""列邮"都是连点成线的设施。

再说"亭"的功能。马雍先生认为"亭"即烽火台,刘平国所作为"军事工程"④。这个界定无疑正确,只是稍嫌狭窄。"亭"的功能当不止于警戒候望,王炳华先生指出邮、驿也在其中是有道理的⑤。汉朝的西域战略"靡费天下",屯田虽有自力更生、以农养军之意,但毕竟杯水车薪。因此武帝才会否定屯田轮台的建议,甚至痛切自责。燧、邮、驿皆国有、国管、国用,数线合一⑥,互为附着并依具体情形功能上各有进退,既合理又省费,符合"还差钱儿"的汉代基本国情。这样的"列亭",大致类似今天的一个单位几块牌子。

这次拜城研讨会上,有学者提到刘平国刻石之年,北匈奴势力已经衰落。那么就有个问题:在此"作列亭"还有实际意义吗?我想还是有的。匈奴兵败西迁并不是一下就迁到顿河、多瑙河,第一站恰恰是与龟兹只隔道天山的伊犁河流域。后来还在北疆与汉军鏖战。公元151年,呼衍王被司马达击败,继续西迁至锡尔河流域,到刘平国作列亭的158年,应当还在迁徙途中。本来迁得就不太远,更何况作为踪迹不定的"行国",谁也没法未卜先知匈奴会一去不返。这样看来,刘平国工程的边警功能应不成问题。

---

① 六位秦人工匠的列名,当然也可能包含"物勒工名"以保证产品质量的用意,那又是另一种传统了。

② 龚泽军《说"列亭"》,《语文建设》2003年第12期,36页。该文所举词例包括《汉书·西域传》中"于是汉列亭障至玉门矣"以及《新唐书·张孝忠列传》中"茂昭治廪厩,列亭候,平易道路,以待西军"。

③ 被语法看得很紧的现代汉语又何尝不是如此?经常有人说"我打算低碳一年","昨晚上我好好小资了一把",不过文字编辑多会做"规范化"的处理。

④ 马雍《汉龟兹左将军刘平国作亭颂集释考订》,《文物集刊》第2期,北京:文物出版社,1980年,45—58页;"亭"字解释见该文56页。

⑤ 王炳华《"刘平国刻石"及有关新疆历史的几个问题》,《新疆大学学报》1980年第3期,56—62页;"亭"字的解释见该文58—59页。周欣、徐佑成《浅谈吐鲁番盆地烽燧现状调查与保护研究》一文,也说到"有的烽燧与驿站合建",https://max.book118.com/html/2017/0211/90146599.shtm。

⑥ 《塞上烽火品约》中即有烽火不便时邮驿顶替的内容,见江娜《汉代边防体系研究》,华中师范大学博士论文,2013年,63页。

【刘作列亭】

遗址所在的哈拉塔山博孜克日格沟口，位于横贯天山、连通北疆伊犁河谷与南疆塔里木盆地的咽喉要道南端，是起亭举烽、传警告急的理想位置。不过微观地看，刻石处不一定即烽火台，因为虽近沟口却尚在沟内，并不方便通风报信[①]。沟内岩壁上的凿痕，也许如马雍先生所说，与"斫山石作孔"未必一事，但与"亭"应密切相关（后代施工的可能性当然无法排除），或者说，就是多功能亭的一部分。这样一个地方没有理由不设关卡，先祖父黄文弼当年踏查遗址后说，"古人在此建关，在岩石上凿孔，以安木闩或栅栏，日开夜闭，以稽行人，以御外寇"，颇合人情物理[②]。至于亭的另一部分烽火台，则有可能在沟口或沟外不远处——那儿的山坡上有个碉堡，据说是民国的遗迹，也不知道考古工作者挖掘过没有。

玩味刘国平刻石会纳闷：在全靠人力畜力的近两千年前，六七个人、十天工夫，别说一系列亭了，就是筑一个亭时间怕也不富裕。那么，铭中的"列亭"究竟是怎么回事，"斫山石作孔"跟"作列亭"又是什么关系呢？马雍先生认为，这十天只是为"作列亭"选线定点，工作仅限于"斫石作孔"，属于一期工程。此说很有道理但又面临两个质疑。第一，八字不到一撇就记功，这合常理么？如果说刻石只是记事，并非记功，那"坚固万岁人民喜，长寿亿年宜子孙"又没处放了。第二，"斫山石作孔"搁山沟里好理解，放在平川就难理解了。马雍先生为列城设想的六十千米路线图，不在平川而是"沿"木扎提河的"北岸山岩"。他的"沿"想必是"依"，因为只有贴着山岩，"斫山石作孔"才有可能或必要。与山岩拉开一定距离，在"平远处"筑亭障，要做的就不是斫山石作孔而是堆石布土了。那么问题又来了：刘平国干吗要贴着山岩作列亭呢？山岩曲折、山势崎岖，最影响视线，要想完成候望的任务，就只能多起亭燧、多置吏卒，这又会大大增加已经沉重不堪的边防成本。

可铭文中明明白白的"斫山石作孔"，不正该依山就岩么？我是来围观的，可怜的一点历史知识只够生疑而不够答疑。不过围观群众大多嘴不闲着，就好像他们真懂似的，那我也胡乱说一说吧——

如前面所讲，"作列亭"可以是"作"一系列的亭，也可以是"作"一系列中的一个亭；刘平国八月上旬所作，就是博孜克日格沟口处的这个亭；此亭包括沟内岩壁上留有凿痕的关卡以及（或许）沟外已无迹可寻的烽墩乃至屯田驻军之所[③]；"斫山石作孔"说的是"作列亭"

---

① 此次去拜城参会，有幸亲往刘平国刻石遗址观摩流连，刻石遗址西南 12 千米处高坡上积石累累，有唐代烽燧遗迹。两遗址隔着一马平川遥遥相对，如果向统帅部传递消息前者如一传，后者可作二传。古时边警信号包括烽、烟、表（颜色鲜艳的绸布），其中烽和表在沟内都近于无效，而烟对背景也应有一定的要求。

② 黄文弼《塔里木盆地考古记》，北京：科学出版社，1958 年，34 页。汉代有一套繁密的燧障候望制度乃至专业术语如"枪柱""悬索""天田"之类，参见前文注江娜文，57—58 页。至于此处当年如何布置，则需结合文献，根据具体环境如沟壁间距离、沟底水流大小等等做进一步探讨。

③ 同前注，黄文弼以"关城"命名此遗址，应是基于对遗址现况的了解以及对其功能的推想。他认为此处除了设关，附近还应有配套的屯垦之田、驻军之城，如此方能维持。这种行万里路、亲履其地得到的判断值得重视。

的第一道工序而非第一期工程,与"始"字连用省略其他工序,指代全部工程;铭文记的是整个项目的大功告成而非阶段性成果。

那么为什么只做这一个亭而不是一系列亭呢?一来此地系天山要道的南口,北边的敌情要上传敦煌乃至京师,这里是前哨,是警报线的起点[①],重要性不同寻常。二来位于山沟沟口处,需要设关卡,只能依山石。当然,马雍先生设想的十天勘线选址、做些初步的工作也很有可能,只是无须依山岩,也无由砑山石。至于"从□谷关",该关或许是行程的起点,刻石处才是工程的重点。若按王仁俊和王炳华先生的释读,"□谷关"前面的字不是"从"而是"得",那么这里就是全部工程的唯一工地了,那样的话,"□谷关"即是刻石处,也是此遗址最准确的定名。

写这一节的时候,仿佛我祖父和马雍叔叔就在眼前,一位形容憔悴、咻咻气喘,一位声音洪亮、侃侃而谈。他们很久很久以前就已离开了这个世界,真高兴我又能在这里遇见他们,虽然隔着道门框。

称 谓

人类世界,心与物有时不易分清。前面在谈论服装样式尤其出入传呼、勒石记功时,其实已经涉及了文化。这一节,笔者打算专从称谓的角度继续窥测幽隐的人心,思索西域的汉化。

称谓中属姓名最为家常,而且富含社会文化意味。现在不少省市都有姓氏文化研究会,算命、起名、改名的店铺也随处可见。其实姓名原本不过是个体身份的标记,商代帝王名字多用干支,透着上古的淳朴。如今很多监狱里不喊姓名只喊编号,都不妨看作返璞归真或不忘初心。随着社会的演化,名字搭载的东西越来越多,起名要"有信、有义、有象、有假、有类"。改名换姓往往标志着人生的转折,包括崛起和坠落。网上读到两段趣闻:雍正年间一马姓官员犯了事,从此姓了"骂",几百年间后代就没露过脸的。不过随着互联网时代的到来,骂家庄集体成为网红,经商的村民感觉这么个姓"特别适合跑业务"。山东也有一支姓骂的,一直这么姓着,直到族谱上只剩下七个人,后来在算命先生的指导下"马"上去"口",马前加"亻",人丁才转为兴旺。

【刘平国】

刘平国刻石引人注目的一点,就是在没多少人听说过的龟兹,居然出现了不知多少人都叫的名字。关于"刘平国"的族属及身份,前人所见不一,有说是汉人+汉官,有说是汉

---

① 至于天山通道内如何候望,则有待请教考古专家。以笔者的浅见,山中千曲百折,若置亭谷底实无意义;若于山头筑台,像八达岭一带豪华的明长城那样,汉朝恐怕出不起那钱,更别说让小小龟兹自掏腰包了。

人＋夷官，有说是夷人＋夷官。第一种情况不必说它，因为几乎不存在，正如马雍先生所指出的，汉朝的左将军规格极高，不可能带着石匠来斫石作孔。第二种情况跟汉化有关，但应是"政治"那一节讨论的内容。第三种情况得到多数专家的认可，跟汉名在一起，最能说明文化及心理上的汉化。不过是否说明得了、说明到什么程度，还需要做些分析。

关于"刘平国"这名字的由来，不妨假设几种情况，请专家裁定哪种可能性更大：

a　龟兹名的音译；

b　龟兹名因风气改汉名；

c　龟兹名因政策改汉名；

d　在龟兹名之外取一汉名；

e　汉朝中央政府赐名；

f　西域军政长官改名。

马雍先生主张 a，认为原名可能为多音节，其中首音节音译为"刘"（"平国"亦然）。这种说法有道理，西方很多汉学家及来华传教士的汉姓名都属于这种转音。但问题是，两汉胡名的音译在史籍中比比皆是，如（匈奴单于）"冒顿"、"稽粥"、（车师王）"兜莫"、（罽宾王）"乌头劳"及"本汉所立"的"阴末赴"、（大宛王）"昧蔡"、（乌孙王）"昆莫"、"岑陬"、（龟兹）"尤利多"、"白霸"等等，大都胡里胡气，看着跟"刘平国"迥然有别。"平国"有明白的汉语字义，和汉代的某"安国"、某"定国"、某"广国"像兄弟个；从（龟兹国的）"辅国侯""安国侯"那儿借鉴来的也说不定。

王国维先生主张 b，他以龟兹前汉即慕汉俗，故后汉时君臣有可能改用汉名。王说有一定道理，从绛宾开始，中间虽有过反水，龟、汉总的说来走得很近。作为古代中国软实力的核心部分，儒家上下尊卑的等级文化让龟兹精英于佩汉印绶、进出传呼、撞钟击鼓之际忘了自己姓什么叫什么，是有可能的。不过，龟兹毕竟远在西陲，西陲的西边还有其他文化上的吸引力。即如佛教，虽不产自西域，却经西域大举东传。在西风东吹的过程中，西域的角色有点儿像二十世纪八九十年代的港台，其与中原的"文化贸易"，属于逆差[①]。在这种情况下，西域对中原的"向化"也许到不了班超等给中央报告里说的肝脑涂地的程度。相比较而言，作为汉的紧邻，匈奴受汉的影响反倒大些。匈奴社会本来的特点是礼法少、"约束轻""君臣简易"，根据唐嘉弘先生对"汉匈奴为鞮台耆且渠"印的考证，"为鞮"在匈奴语为"孝"，也就是说，匈奴的头目们开始模仿起汉的谥法如"孝文""孝景""孝武"之类了[②]。

---

① 先父黄烈在《吐鲁番出土道教符箓》（收入其《中国古代民族史研究》，北京：人民出版社，1987 年）中曾探讨汉晋间道教的西传。不过宏观地看，道、释一西去一东来，二者在传播的广度和深度上不可同日而语。

② 唐嘉弘《记"汉匈奴为鞮台耆且渠印"考》，《人文杂志》1983 年第 4 期，90—91 页。华夏周边的汉化大约是个半推半就的过程。楚王一面向周室要称号，一面以蛮夷自居，"不与中国号谥"。问鼎轻重被上了一堂思政课后，便说我把兵器的边边角角敛吧敛吧，能铸九个鼎。

c 与 b 关联密切、互为因果,也有史料上的根据。国王绛宾劫婚解忧公主女儿成功,双双前往长安,在那里见识了什么叫富强什么叫厉害,归国师法中原,留下"非驴非马"的成语佳话。那么,沿着绛宾开辟、班超等护航的路线,某届龟兹君臣决定从此姓人不姓己,也不算多大胆的设想。不过,蛮夷就算不像汉族那样将改名换姓等同于改旗易帜,但也不会当作儿戏。龟兹若真有此举,动静应该不小,史书不至痕迹全无。

d 是 c 或 b 的小型温和版,即龟兹名与汉名双轨制。双轨只要调度好了,完全可以并行不悖、和谐共存。只是这种假设全无史料的站台,笔者姑妄言之,方家哂笑可矣。

至于 e,估计不少学者都想了一下,随即放弃。我历史读得少,印象中唐代特别喜欢赐姓,如李渊赐国姓给功臣徐世勣,给突厥可汗颉利、不少内附的酋长也纷纷姓了李。赐姓除了正面激励,也有反面惩戒的意思,如武则天当朝,便让高宗的皇后王氏及爱妃萧氏便分别姓了"蟒"和"枭"。汉代赐姓的情况好像不是太多,但刘邦搞过几次。刘邦属于手边有什么抄什么的主儿,项羽大兵压境,他便跟项伯结儿女亲家,后来黑不提白不提;被匈奴打败,便又要把女儿嫁给冒顿,同时跟女婿"结为兄弟"①。赐国姓跟嫁公主差不多,都是讲政治。娄敬一言兴邦而一举姓了刘,项伯也因鸿门救命之恩成了刘家人。我一直好奇,儿子改了姓,爹爹爷爷跟谁姓? 最近读了专家的文章才知道:赐姓及于后代却不上溯列祖列宗②。那么刘平国有没有可能被汉朝赐国姓呢? 应该是没有,赐了国姓,便要属籍宗正寺,享受皇亲的待遇。这样的好事,应该还轮不到他。

f 可以说是 e 的通融版。汉朝派往西域的军政长官,孤悬万里之外,如何兔起鹘落,在复杂多变的环境中趋利避害、保首级、建功业,实用主义大概是唯一的方法论。环境需要不按常规出牌的非常之人,矫诏发兵的陈汤、君命有所不受的常惠都是应运而出。东汉国力萎缩,常常无暇西顾,出了事派出的援军也就千把人,说班超个人承包了汉朝的西北大业属于合理夸张。班超给接班人任尚的建议是"水清无大鱼……荡佚简易、宽小过、总大纲而已",就是怎么合适怎么来。总之,当时的西域长史或其他什么人为了方便统治把规矩放一放,拿国姓拉拢或忽悠某些龟兹官员,不是没有可能。当然,可能并不等于真实。

【秦人】

刘平国刻石中的"秦人"究竟何指? 现在好像比较主流的解读是代表中华儿女。中华儿女自古以来的集体称谓,大致有"华夏""中国人"③"汉"以及 Cina、Seres、Cathy、"支那"

---

① 娄敬一定熟悉高祖张嘴就来、抹嘴就忘的套路,故此才在建议和亲的时候特别强调"诚能以适长公主妻之"。

② 参见王尔春《赐姓与更姓——与汉代宗室相关的姓氏变动现象解析》,《北京教育学院学报》2018年第 5 期,70—74 页。

③ 周天子劝楚"无侵中国";楚王"欲以观中国之政";颜师古注武帝《轮台诏》中的"秦人","谓中国人为'秦人',习故言也"。"中国+人"的组词在古汉语中不常用,三个字的名词入诗入文都不如两字、四字的便利,可能是原因之一吧。

之类,前几个是自己叫的,后几个是别人叫、自己不知道的。应该说,"汉"在代表的位子上坐得最稳也最久。"秦"的机会本来比"汉"还好,可惜二世而亡,加之秦政名声太差,九州没什么人愿意拿"秦人"当名片①。杜牧《阿房宫赋》末尾"不暇自哀而后人哀之"的"秦人",是不能善待六国人的秦人,只是中华儿女的一部分。倒是有些"远夷"不知怎么辗转听说了秦,一来二去传成了 China 并传遍了世界——说 China 的源头在秦当然也只是一家之言。

关于"秦人"是否泛指"中国人"的问题,汉文史料只有零星的转述并无直接的证据。以下就《史记·大宛列传》及《汉书·西域传》中几段很关键的话,从中国、匈奴、西域三个角度做些具体的分析。这些话都是直接引语,但难保没经过滤②。

(1)贰师将军与部下云:"闻宛城中新得秦人,知穿井……而康居候汉罢来救宛,破汉军必矣。"

(2)卫律为单于谋:"穿井筑城,治楼以藏谷,与秦人守之,汉兵至,无奈我何"。

(3)武帝《轮台诏》:"军候弘上书言,匈奴缚马前后足置城下,驰言'秦人,我匄若马!'"

(4)宛贵人相与谋曰:"汉所为攻宛,以王毋寡匿善马而杀汉使,今杀毋寡而出善马,汉兵宜解,即不解,乃力战而死未晚也"。

(1)出自征西域的汉军统帅之口,说话地点接近宛城。(2)出自叛逃匈奴的胡裔汉臣之口,说话的对象是匈奴单于。两人均以"秦人"与"汉""汉军"或"汉兵"对举,前者显然不涵盖后者,也就是说,"秦人"不包括"汉"人③,那么不包括汉人的中国人是什么人呢?(3)出自武帝转述部下引述的匈奴人之口,语境为西域,但贰师将军不在内,其中"秦人"与(1)、(2)不同,显然属汉朝一方,否则武帝发火便没来由。它有可能指汉人,但也存在其他可能(后面将说到)。(4)出自大宛贵族之口,完全以"汉"指汉,没有以"秦"谓汉。综上,"秦人"在中国人和西域人那里指代一般中国人观点,值得怀疑。匈奴人可能有此指谓,他们被秦军逼退七百里想必刻骨铭心,不可能秦一亡便马上改口。但他们在较长时间内一直把汉人叫秦

① 大唐条件不错,可惜排在大汉后边,况且那时打着前朝特别是汉朝的旗号说本朝的人、事已成为一种文化素养——"汉家烟尘在东北""汉皇重色思倾国""人怜汉公主,生得渡河归"。

② 例如《史记·大宛列传》谓"大宛闻汉之饶财",这话从宛王口中,经过了译者(可能不止一个,"九译"都成了名词)、张骞,再到司马迁笔下,最起码三个环节,其中哪个环节都有可能把"秦"改成"汉"。另外,关于《史记》中"新得秦人,知穿井"迁入《汉书》后变成"新得汉人,知穿井"的问题,也值得分析。鉴于《史记》其他几处"秦人"班固并未用"汉人"置换,此处"汉人"很有可能如李志敏先生所言,为《汉书》传抄过程中的误植,见下 59 页注⑦。倘若班固一律改"秦人"为"汉人",那起码证明:一、在他看来,汉是现在时的华夏,秦为过去时的华夏;二、他没听说或不知道"秦人"为一特殊的群体,而如果他——毕竟是班超的哥哥——都没听说,那也许"秦人"真就不是。

③ 严格地说,"汉军"(或"汉兵")<"汉人",但如果"秦人"="汉人"的话,跟"汉军"就矛盾了。如果"秦人"<"汉人"而=在西域或漠北打工的那部分汉人,跟"汉军""汉兵"就不冲突了。

人,好像也不大会。跟中国绝少往来的远夷可以一个叫法百年甚至千年不变,但总在跟中国缠斗的集团,似应在称谓上与时俱进、及时更新。这样的差异大概也存在于社会的上下层之间。

其实说到周边民族指谓"中国"的时候我很迟疑。"中国"在他们心中究竟啥样?夜郎国君问汉与夜郎谁大,显然对中国全无概念。匈奴倒是比较清晰,单于扣留张骞时说:"月氏在吾北,汉何以得往使?吾欲使越,汉肯听我乎?"显然单于眼里汉不包括越,就像匈不等于月,他们心目中的"中国"并非我们心中的"中国"[1]。单于的"中国观"其实挺符合秦汉之际"中国"初具规模、尘埃尚未落定时的真实状态。"秦人"和"中国人"就像历史的扬尘迷雾中摸了几把没摸到彼此的两个影子吧。

这次拜城会议上王子今先生专文探讨了"秦人"问题[2]。他认为,由于战国时代秦对西北的开发经营,"秦人"在匈奴及西域人那里成为中国人的称谓。子今先生的结论我虽不尽认同,但他因事立名的思路极有洞察力和启发性。如果"秦人"并不泛指一般中国人,是否有可能特指与秦密切相关的某部分中国人呢?笔者不揣浅陋,提出两种假设。

一是指来自秦地的流人。秦汉时代,血缘/地域社会的特点依然突出,灭族、屠城,几万几十万的坑杀俘虏,都是这种早期社会组织方式的正常表现。于是流亡迁徙便成为硬币的另一面。颜师古注意到了这种情况,他在注解《汉书》"秦人守之"时说,"秦时亡入匈奴者,今其子孙尚号'秦人'"[3]。言外之意,"亡入匈奴者"为秦时人而不一定是秦地人,有可能是韩赵魏燕故地的"苦秦"之人[4]。不过我们也不妨顺着这个思路换个角度,将"秦人"界定为秦亡后担心报复或歧视或因为其他种种原因而背井离乡的秦地之人——就像当年的白俄和今天喀布尔机场的阿富汗人——也包括进来。他们可能往北投奔匈奴,也可能到河西走廊自成局面,甚至向西走得更远。这些"秦人"在胡地与胡人混居杂处,"秦胡"是不是他们变异出来的,我就不瞎猜了。

二是顺着子今先生的思路,将"秦人"界定为战国以来随着秦对西部不断的开发而形成的、来自秦地的、具有专业技术特征的群体,类似吉卜赛算命的、菲律宾做保姆的、再近点儿秦祖先牧马的。这类人跟流人或有重叠,但不限于他们。这方面史料也不多,就两条:《史记·大宛传》"闻宛城中新得秦人,知穿井……";《汉书·匈奴传上》"卫律为单于谋:穿井筑城,治楼以藏谷,与秦人守之,汉兵至,无奈我何"。似乎一部分"秦人"干了基建工人兼守城雇佣兵(能筑城自然善守城),刘平国率领的也许就是这么一拨。不过这里需

---

① 在很多人的含混不清的论述里,中原也时而广义时而狭义,广能广到广东,狭起来关中都不让进。

② 王子今《论西域"秦人"称谓》,见本论文集。

③ 也就是说,(如果颜师古的"今"指他本人的时代)到了隋唐之际,"秦人"的实体及称呼犹存,只是既非一般中国人,也非秦地的居民,这为"秦人"另有所指提供了佐证。

④ 中原苦汉之人投奔匈奴的也络绎不绝,参见王庆宪《中原人口逃入匈奴及其受到信任使用》,《黑龙江民族丛刊》2006年第4期,80—87页。

要回答一个问题：为什么非觉得这些"秦人"是来自秦地而不是祖国各地呢？答案包括三点：(1) 人家标明了"秦"；(2) 秦地(包括秦所影响、开发的西北)离这儿最近，秦人来包工程的可能性应大于齐梁闽越一带的人；(3) 就刘平国石刻中的六位"秦人"而论，其中两位的名字带"羌"，而羌人与秦人在河西走廊就已在融合中了①。库车地区于什格提遗址出土有"汉归义羌长印"，这位羌长跟刘平国手下的"秦人"夏羌、程阿羌很可能是老乡②。

此外，还有一种观点认为"秦人"特指塔里木盆地的居民。这是李志敏先生的一家之言③。李先生大概思路是："缯"是"支那"的源头，"支那"人在早期实指塔里木盆地居民，"秦人"是"支那人"的汉译。他从历史、考古、语源、训诂各个角度考证勾连，组成复杂的因果结构，属于高难度学术动作。笔者赞佩之余，但觉某些关键论证流于武断，迹近牵强。例如为证明"秦人"为塔里木盆地原住民，他判定武帝《轮台诏》中匈奴人的喊话"秦人，我匈若马"汉人不可能听懂，能听懂的"应为塔里盆地东缘的车师人"，因为车师与匈奴同属突厥语族。车师、突厥姑且不论，汉人不懂匈语，不等于城上汉军没有懂的，汉朝去西域断"匈奴右臂"不会不配备翻译。再者，汉跟匈周旋了那么久，一些简单会话应能掌握。"赏你马"之类就算话不能全听懂，加上动作和神情应该也能看懂。

又如，他从卫律建议单于的"穿井筑城，治楼以藏谷"几件事中挑出治楼、穿井两件，认为"楼"是另一字的假借，该字的意思是地窖；而"井"则不经通假，直接就储存战备粮了；根据这两点再加上塔里木盆地至今保持的挖窖藏粮传统，李先生得出结论：卫律所说的"秦人"必是匈奴虏往漠北的塔里木盆地居民。问题是班固要表达粮窖的意思，放着"窦""窖""囷""窌"不用，干嘛专挑"楼""井"这些恐怕汉朝人包括班固自己都要误会的字眼呢④？

———————

① 汉胡的融合在董卓那里相当典型，蔡文姬《悲愤诗》记汉末之乱，有"卓众来东下，金甲耀日光。平土人脆弱，来兵皆胡羌"。

② 六位"秦人"除"孟伯山"为典型的汉名，"赵当卑""石当卑"有可能是汉人，也有可能非汉人，但显然都是下层人名(类似秦简中的"周生小婢""阳垣奴""成功奴"之类)。"旧社会"晚至新中国成立前后，有些穷人都没正经名字，待到有机会上学，或政府来登记，这才因陋就简起上一个。两位"当卑"和两位"羌"或许属于这种情况。"狄虎贲"有点超豪华了，因为"虎贲校尉"是汉代边将职称，相当于今天的地市级干部，没准儿拿外号当正经用了。

③ 李志敏《史记、汉书中的译名"秦人"问题》，《喀什师范学院学报》2000年第3期，35—41页；同作者《支那名号涵义及指谓问题》，《中国历史地理论丛》1996年第2期，205—214、174页。

④ 汉代对"楼"字的使用，如"西北有高楼，上与浮云齐"，"盈盈楼上女，皎皎当窗牖"《古诗十九首》，"仙人好楼居"(《史记》)，还有班固笔下的"立神明台、井干楼高五十丈"(《汉书·郊祀志》)，"仰射城中楼上人，楼上人下走"(《汉书·陈汤等传》)，取的都是《说文解字》"楼，重屋"的意思。至于储粮地窖，《礼记·月令》云"仲秋之月，可以筑城郭，建都邑，穿窦窖，修囷仓"，郑注"穿窦窖者入地，椭曰窦，方曰窖"。《周礼·考工记》"囷窌仓城，逆墙六分"，郑注"囷，圆仓，穿地曰窌……窌，依字当为窖"。至于"井"，在班固那儿除了指星宿、井田，就是"吃水不忘掘井人"的那种井了，如《汉书·五行志》中记"元帝时童谣曰'井水溢，灭灶烟，灌玉堂，流金门'"，如成帝时"北宫中井泉稍上，溢出南流"，再如《汉书·游侠传》中记陈遵"嗜酒，每天饮，宾客满堂，辄关门，取客车辖投井中，虽有急，终不得去"——"投"的动作跟水井能无缝对接，跟地窖就方枘圆凿了。

换个方向说,穿井、治楼、筑城(兼守城)之类事情,并不是中原人才会。就说筑城吧,"义渠之戎筑城郭以自守","乌孙城郭诸国皆为(汉)臣妾",(大宛)"有城郭屋室,其属邑大小七十余城","西域城郭共击匈奴"。但确实有理由相信中原技高一筹,鲁班"九设攻城之机变"、墨子"九拒之"。城在古代多为保命保财之所,其中重要的中央核心区如王城很有可能聘请特别有经验的师傅来操办。关于西域的外来技术人才①,史书中向我们透露了"汉使亡卒"②,刘平国刻石又添加了"秦人"。二者未必重合,但有可能交叉。

四、结　语

末了想问自己:为什么要谈汉化?

"求知"当然是一个因素。老婆最恨我的一点的就是,路过个坑呀洞的都要跑过去看。一堆人围观系鞋带,我也在里面。但仅仅是出于好奇心么?显然又不是。好奇心旁边似乎还蹲着一种信念或希望,那就是祖先把什么都预备齐了,我们是幸运的后代子孙。从"上帝的选民"到《美丽的阿美利加》再到《人说山西好风光》,这种集团性的历史文化自豪感十分普遍,有点条件的民族、国家和地方都会有。人同此心的事无须厚非,但读书人最好多点自省。

接着再问:怎么看待汉化?

中国农业一万年,城市五千年,文字三千年,树大根深、枝繁叶茂。在经史子集诗词歌赋组成的浩大精神时空中,过去、现在、未来三世济济一堂,使人每每思接千载,不知今夕何年。起步早、积累厚的汉文化为周边人民所拜师取法,实属人往高处、水往低处的自然之道。这是我看待汉化的第一个角度。

第二个,"中国"的地盘本来不大,内容也有限,之所以能混得这么博大精深,靠"汉化"扩展了自己是一面,经"胡化"丰富了自己是另一面。例子铺天盖地,只说胡琴吧。那种源自西北异域的悠幽音韵早已成为中国的特征,就像黑头发黄皮肤。它不但能诉说民妇怀远悼亡、水流无限的悲怨(《江河水》),抒发落魄艺人往日如月、眼前如霜的感喟(《二泉映月》),还能表现文人雅士乐而能敛、哀而不伤的情调(《良宵》)。后来小提琴之落户中国人心,据说还是拜二胡为师的结果③。今天席卷全国、为中国大众的精神生活另辟天地的广场舞,其中相当一部分的音乐及舞蹈元素来自内蒙古、新疆、西藏。我由衷钦佩自己能于

---

① 楚才晋用是先秦时代融合夷夏、走向一统的重要因素。后来汉匈格局确立,这种交流变得稀少。但也不是没有。匈的使节,汉朝动不动就斩首,相比较而言,汉使节、俘虏不少被蛮夷当人才引进,甚至被"和亲"生儿育女。

② 《史记·大宛列传》云:"其地皆无丝漆,不知铸钱器。及汉使亡卒降,教铸作他兵器。"

③ 笔者一直觉得"一身洋气"的小提琴真正被中国人的耳朵接纳,应是小提琴协奏曲《梁祝》"化蝶"的那一段,后来在一次研讨会上听研究音乐史的朋友讲,《梁祝》的创作者、演奏者专门模仿过二胡,见《盘点新中国文艺》,黄纪苏、祝东力主编《艺术手册》,北京:文化艺术出版社,2016年,11页。

身心摇荡、物我两忘之际不忘饮水思源,对个性鲜明的这三个地方心存感恩。如果历史跟着孔夫子走、一味地用夏变夷,我们如今的人生不知会少了多少情趣。

第三个,不应像店老板每晚看进账那样看汉化,而应将其视为一个结构,有所分析、有所批判。中国民族关系史及边疆史的著作,坦率地说,对汉化的态度十之七八让人想起店老板和店伙计。这会狭隘我们的视野,偏私我们的立场。中原地区输出的农业纺织铸造技术改善了他方人民的生活,这样的汉化值得称道。而上下尊卑、等级森严的官僚制度及文化,自己就够受的了,看它取代别处原本轻简朴素的社会关系、为世间平添一堆磕头虫似的臣工,有什么好兴奋的呢?胡化也一样,上林苑搜罗到的珍禽异兽,慈禧太后往来中南海、北海的火车,虽然跟城市有轨电车、京汉铁路同属夷物,却不可同日而语。汉化/胡化的得失利弊会因境而异、随时而转,但这不妨碍我们每个人挑选自己喜爱的评判标准。我比较倾向"人类命运共同体"的视野和草民百姓的立场。

交完心,便可以交卷了。

此文 2021 年 6 月底去拜城开会时只完成小半,同年 9 月初完稿

The Liu Pingguo Inscription and Sinicisation of the Western Regions
Huang Jisu

The present essay looks into the Liu Pingguo inscription well known to historians of the Western Regions. The author discusses in general the sinicisation of the northwestern frontier area from economic, political and cultural perspectives, and in particular such issues as "Lie Ting", Liu Pingguo, and "Qin Ren". The essay concludes with the author's reflection on ancient China's assimilation of the surrounding cultures from his own stance.

刘平国刻石的文学史意义

吴　洋

中国人民大学国学院

东汉刘平国刻石，位于今新疆拜城县东北的喀拉克达格山口，是光绪五年(1879)施补华(字均甫，1835—1890)发现的。有关此刻石的发现过程以及相关问题，马雍先生在《〈汉龟兹左将军刘平国作亭诵〉集释考订》一文中已做过详细梳理与辨析，其结论向为学界所推信①。唯其中细节尚有可补充之处。

一

马雍先生据施补华于光绪十五年(1889)为王懿荣所藏刻石拓片所作的题记认为，施氏于光绪五年发现刘平国刻石后，于光绪八年(1882)作《刘平国碑跋》，于光绪九年(1883)制作拓片数十，分赠好友，包括盛昱和王懿荣，施氏的这一题记就写在他六年前赠给王懿荣的拓片上。朱玉麒、陶喻之等先生已经指出，早在光绪七年(1881)初之前，施补华已经将刘平国刻石的拓片和释文题跋等寄给张之洞(1837—1909)②。

除此以外，据李慈铭(1829—1894)日记记载，光绪八年十二月十一日李慈铭"作书致沈子培(吴案：即沈曾植)，赠以新疆近出《刘平国碑》拓本一通"。十二月十六日，李慈铭"得徐寿蘅侍郎(吴案：即徐树铭)书属转寄施均甫书。作片致心云(吴案：即陶濬宣)"询问"刘平国碑原跋"，当天李慈铭即得到陶濬宣所寄来的碑跋③。徐树铭，《清史稿》有传。据朱玉麒、吐逊江二位先生考证，徐树铭在担任浙江学政时曾拔擢施补华，且为保护并精拓

---

①　马雍《西域史地文物丛考》，北京：商务印书馆，2020年，42—68页。

②　朱玉麒《内藤湖南未刊稿〈龟兹左将军刘平国碑考证〉研究》，孟宪实、朱玉麒主编《探索西域文明——王炳华先生八十华诞祝寿论文集》，上海：中西书局，2017年，339—357页。陶喻之《东汉刘平国刻石研究资料汇编》，荣新江、朱玉麒主编《西域考古·史地·语言研究新视野——黄文弼与中瑞西北科学考查团国际学术研讨会论文集》，北京：科学出版社，2014年，400—458页。

③　(清)李慈铭《越缦堂日记》第十三册，扬州：广陵书社，2004年，9701—9708页。

刘平国刻石的拜城知县徐鼎藩之堂兄①。陶濬宣,为《清儒学案》中所列李慈铭三弟子之一,"深于金石碑版之学"②。由此可见,施补华在光绪八年陆续将刘平国刻石拓片寄赠友人,其所作跋文也曾经随拓片寄赠。

光绪八年十二月十七日李慈铭又记录:

> 阅《刘平国碑》,此施均甫所赠者也。据均甫原跋言,己卯(吴案:即光绪五年,1879)六月得之阿克苏所属赛木里城东北二百里山上石壁。文共八行,行约十五六字,汉隶,颇曼患。稍可辨者,弟一行有"龟兹□(似是兹字)左将军刘平国"字;弟二行有"秦"字;弟三行有"阿"字;弟四行有"日始斫山石作此"字;弟五行有"慈父民喜长寿亿年"字;弟六行有"永寿四年八月甲戌朔"字;弟七行有"直逮□此东乌累关城"字;弟八行有"将军"字。又一纸,三行,行约三四字,首一行似有一"安"字,二行似有"于伯"二字,三行有"作此诵"三字。阿克苏在汉为温宿国,赛里木为姑墨国地。后汉桓帝永寿四年六月改元延熹,此在八月,犹纪永寿者,西域距洛阳甚远,改元诏书犹未到耳。是年五月甲戌晦,日食。六月为乙亥朔,七月为乙巳朔,是月小尽,八月为甲戌朔。《通鉴》目录以及近人汪谢城(吴案:即汪曰桢)《历代长术辑要》所推皆同。其山在赛木里城东北二百里,则已接库车竟,库车即汉龟兹国,故有龟兹左将军之称。惟《汉书·西域传》龟兹国有左右将、左右都尉、左右骑君等官,无左将军。且所载皆龟兹所设之官,非汉吏,而此所云刘平国必是汉人。其文字亦是汉制。汉官有左将军,上不应冠以龟兹。疑龟兹上当有"领""护"或"使"字也。"斫"即"斸"字③。

李慈铭所记与收入如施补华《泽雅堂文集》的《刘平国碑跋》不同,亦与新发现的华东师范大学图书馆藏徐乃昌旧藏刻石拓片中刘富曾抄录的施氏跋文不同④。这应该是李慈铭将自己对该拓片的解读融入其中。马雍先生曾经将刘平国刻石的拓片分为三期,并且总结了三期的不同特点⑤。但是据李慈铭的介绍,该拓片虽然保留了第二行的"秦"字,符合第一期的特点,但是其所记录的其他情况又与第一期不符,恐怕这是第一期拓片中质量不好的一批拓片之一。另外,韩续先生在《徐乃昌藏本〈龟兹刘平国刻石〉文献价值考论》一文中著录了徐乃昌旧藏拓本中蔡源清过录的光绪二十年(1894)刘贵曾的跋文,在跋文中刘贵曾据四分历推算永寿四年八月朔日确实为甲戌⑥。而据李慈铭日记中所录,李慈铭在光绪八年即已据其他材料指出"永寿四年八月甲戌朔"之真确。可见,除了施补华之外,

---

① 参见本论文集朱玉麒、吐逊江《刘平国刻石的早期保护和拓本流传——以徐鼎藩为中心》。

② 徐世昌编纂、沈芝盈、梁运华点校《清儒学案》卷一八五《越缦学案》,北京:中华书局,2008 年,7166 页。

③ (清)李慈铭《越缦堂日记》第十三册,9708—9709 页。

④ 参见韩续《徐乃昌藏本〈龟兹刘平国刻石〉文献价值考论》,《中国典籍与文化》,2020 年第 1 期,134—140 页。

⑤ 马雍《西域史地文物丛考》,北京:商务印书馆,2020 年,42—68 页。

⑥ 参上引韩续《徐乃昌藏本〈龟兹刘平国刻石〉文献价值考论》。

李慈铭也是早期对刘平国刻石进行研究的重要学者之一。

光绪十一年(1885)施补华入京,与李慈铭、沈曾植、袁昶、朱一新、瞿鸿禨等人于陶然亭小集;十五年(1889)施补华又入京参与李慈铭六十大寿的聚会,施补华为王懿荣所作题记应该就是借此时机完成①。施氏于京中结交之友人多嗜金石,其所分赠之拓片及相关题跋当亦不少。去年,韩续先生发表文章介绍了不为学界所知的徐乃昌藏刘平国刻石拓片。相信今后还会有更多的资料被我们发现。

二

据马雍先生的释文,刘平国刻石大约保留下可辨识的 105 个字的正文和 7 个字的作者题名。在正文中有"坚固万岁人民喜,长寿亿年宜子孙"两句整齐的七言颂词,残存的作者题名则为"淳于伯隗作此诵"。此两处文字颇具文学史意义,值得我们进一步探讨。

"诵"与"颂"为同源字,二字往往通用。比如《清华大学藏战国竹简(壹)·耆夜》云:"周公……作祝诵一终曰《明明上帝》:明明上帝,临下之光。不显来格,歆厥禋盟。……月有盈缺,岁有歇行。作兹祝诵,万寿无疆。"②此处周公所作为祝福的"颂"词,但是却写作"诵",可见二字从战国时代已经混用。在东汉的《成阳灵台碑阴》中有"立作石碑诵出钱名"句,洪适注云:"碑诵为碑颂。"③这是汉代二字通用之例。

"颂"作为一种文体,可以追溯到《诗经》之《颂》诗,《诗大序》云:"颂者,美盛德之形容,以其成功告于神明者也。"④显然,"颂"是用来纪功颂德、告神祈福的作品。刘勰在《文心雕龙》中总结后世"颂"体发展出来的文体特征云:"原夫颂惟典懿,辞必清铄,敷写似赋,而不入华侈之区;敬慎如铭,而异乎规戒之域;揄扬以发藻,汪洋以树义,虽纤曲巧致,与情而变,其大体所底,如斯而已。"⑤刘勰指出,"颂"兼有赋的铺陈和铭的敬慎的特点,以揄扬为主,遣词清丽节制。刘平国刻石记述龟兹左将军刘平国斫石作亭事迹,有类于赋,其中两句七言颂词有类于铭,通篇文字正是"颂"体。汉代石刻中有立于汉桓帝建和二年(148)的《司隶校尉杨孟文石门颂》、刻于汉灵帝建宁四年(171)的《武都太守李翕西狭颂》、刻于汉灵帝建宁五年(即熹平元年,172)的《李翕析里桥郙阁颂》、立于汉灵帝光和四年(181)的《槀长蔡湛颂》、立于汉灵帝光和六年(183)的《汉成阳令唐扶颂》等⑥。这些石刻汉"颂",体裁雷同,前一部分为类似于赋的纪功叙事之辞,后一部分则为四言颂词,最后附有题名交

---

① 许全胜《沈曾植年谱长编》,北京:中华书局,2007 年,60、115—116 页。

② 清华大学出土文献研究与保护中心《清华大学藏战国竹简(壹)》,上海:中西书局,2010 年,150 页。

③ (宋)洪适《隶释·隶续》,北京:中华书局,1986 年,16—17 页。

④ (清)阮元校刻《十三经注疏(清嘉庆刊本)·毛诗正义》,北京:中华书局,2009 年,568 页。

⑤ (南朝梁)刘勰著,詹锳义证《文心雕龙义证》,上海:上海古籍出版社,1989 年,334—335 页。

⑥ (宋)洪适《隶释·隶续》,49、52、53、57、60 页。

待撰文立碑刻石之人以及时代等,刘平国刻石刻于汉桓帝永寿四年(即延熹元年,158),在时代上与上所举诸汉"颂"接近,在结构上也与之相同,带有明显的时代特征。但是刘平国刻石在内容上大量简省,其"七言"颂词更是罕见。

上所举诸汉"颂",其颂词皆为四言,即使在不以"颂"为名的汉代碑文中,涉及"颂词"内容的,亦以四言为主要形式,这明显是为了追迹《诗经》之《颂》诗。

当然,在汉代石刻中,并非没有"七言"句式。比如《三公山碑》(汉灵帝光和四年,181)"俨俨明公,民所瞻兮,山(缺)窈窕,石岩岩兮",《桂阳太守周憬功勋铭》(汉灵帝熹平三年,174)"乾坤剖兮建两仪,刚柔分兮有险夷",《梁相孔耽神祠碑》(汉灵帝光和五年,182)"君之德兮性自然,蹈仁义兮履朴纯"等①。这些"七言"均为"楚辞"体,皆以"兮"字调节语气,且遣词造句引经据典、颇多修饰,与刘平国刻石"坚固万岁人民喜,长寿亿年宜子孙"朴素直白的纯七言并不相同。

尽管刘平国刻石的两句"七言"颂词所涉及的词汇为汉代石刻中常见的习语。比如《李翕析里桥郙阁颂》云"坚固广大,可以夜涉",《蜀郡属国辛通达李仲曾造桥碑》(汉桓帝延熹七年,164)云"福流后昆,万寿无疆,干禄亿年"等②。但是如果结合句式和词汇一起来看,刘平国刻石的"七言"更加接近汉代的镜铭,而非来自石刻的传统。

根据日本学者冈村秀典《汉镜分期研究》一文的研究成果,公元前1世纪后叶到公元1世纪前叶,我国的铜镜铭文开始出现比较纯粹的"七言"句,如"涑冶铜华清而明。以之为镜宜文章。延年益寿辟不羊。与天无亟如日光。千秋万岁乐未央","柰言之纪造镜始。长保二亲利孙子。辟去不羊宜贾市。寿如金石西王母。从今以往乐乃始"。同时,也开始有"王氏昭竟四夷服。多贺新家人民息"这样与"人民喜"类似的表达③。显然铜镜铭文中比较纯粹的七言句式以及朴素直白、不用典故的遣词风格与刘平国刻石的风格更加接近,其时代也早于东汉石刻中所出现的"七言"句。

余冠英先生在《七言诗起源新论》一文中曾经指出:"事实上,七言诗体的来源是民间歌谣(和四五言同例)","血统上和七言诗比较相近的上古诗歌,是《成相辞》而非楚辞。"④我们看到在汉代石刻中不仅有刘平国刻石的纯粹七言,在其同时或稍后还有大量楚辞体七言存在,所以我们以为余先生的观点是正确的,楚辞体并不是七言诗的主要源头,尽管在汉代石刻中也有类似《张公神碑》(汉桓帝和平元年,150)"綦水汤汤扬清波,东流(缺)折(缺)于河……"这样的纯七言诗,但是在其中所载九首歌词中,仅有前二首大约为纯粹七言诗,剩余七首仍然是楚辞体七言⑤。可见,楚辞体蜕变为七言之不易,而几乎就在同时的龟兹,淳于伯隗所作的颂词却采用了汉代镜铭风格的七言,这足以证明民间谣谚的强大生

---

① (宋)洪适《隶释·隶续》,44、56、59、42页。
② (宋)洪适《隶释·隶续》,52、159页。
③ 清华大学汉镜文化研究课题组《汉镜文化研究》,北京:北京大学出版社,2014年,46—110页。
④ 余冠英《汉魏六朝诗论丛》,北京:商务印书馆,2010年,118页。
⑤ (宋)洪适《隶释·隶续》,42页。

命力与传播力以及其对于古代文学所造成的重要影响。

如果我们认为《柏梁台诗》大约是真实的,那么七言诗似乎从汉武帝之后就已经产生了。而对其表示怀疑的学者,则一般认为我国比较成熟的七言诗为张衡的《四愁诗》,比较成熟的七言乐府为曹丕的《燕歌行》。但是无论是《柏梁台诗》《四愁诗》《燕歌行》,还是我们在上面所提到的楚辞体七言和镜铭,他们都有一个共同的特点,就是句句押韵、不求对仗且韵尾同平或同仄。这是七言古诗的一个特点。然而刘平国刻石的"颂词",其最可异之处在于它打破了这一规律。

"坚固万岁人民喜,长寿亿年宜子孙"。这两句从对仗的角度来看,上句乃是赞颂所作之亭以及其给人民带来的福祉,而下句则是祝福作亭之将军刘平国。两句不仅在句意上对仗,在用词上也基本对仗,"坚固万岁"与"长寿亿年"是非常工整的对偶,"人民喜"和"宜子孙"虽然字面略有参差,但是"人民"与"子孙"、"喜"与"宜"相互对照也已经表达得很清楚。

从平仄的角度来看,上句为"平仄仄仄平平仄",如果将第二个字换成平声,则变成标准的律句;下句为"平仄仄平平仄平",为"仄仄平平仄仄平"的变体,亦为标准的律句。

从押韵的角度来看,它打破了七言古体句句押韵的惯例,上句"喜"字为之部字,下句"孙"字为文部字,二字不押韵,且上句收仄声,下句收平声,亦是相当标准的律句的用法。

我们知道真正开始尝试创作隔句用韵的七言诗的是南朝宋的鲍照,而七言律诗的定型要到唐朝才能实现。然而,我们在东汉桓帝时期的刘平国刻石中竟然发现了如此整齐标准的七言律句,这不能不说是一个惊喜。尽管这两句七言颂词的用语浅白通俗,尽管这很可能是在汉代镜铭和东汉人物评语谣谚传统中所产生的一个偶然事件,但是它向我们展示出古代汉语特殊的音乐性以及作者淳于伯隗对于汉语语音和节奏感的敏锐把握与出色运用。

对比上文所列举的汉代石刻,刘平国刻石的作者没有采用繁缛的修辞,也没有引经据典,而是用最通俗和流行的话对当时所发生的事情作了记录、表达了歌颂,考虑到那两句颂词的书写技巧,我们认为,作者淳于伯隗并非因为教育程度而无力运用典雅的语言,而是故意采取了这样一种通俗的方式,这很可能与他所期待的读者人群相关。从这个意义上来说,刘平国刻石是一篇经过精心设计的作品。

三

最后,还有一个问题值得在此一提。在刘平国刻石的第八行末尾,有些学者认为残存"仇披"二字,二字尚有文字,然而已经无法辨认。如果此说属实,那么这似乎可以与《隶释·隶续》中所记汉代石刻的有些内容相互对读。《成阳灵台碑》(汉灵帝熹平元年,172)碑阴记载工师仇福"累世同居,州里称术";《武都丞吕国已下题名》有云"从史位下辨仇靖字汉德书文",《李翕析里桥郙阁颂》有"时衡官（缺三字）仇审字孔信""从史位（缺四字）字汉德为此颂"，洪适认为《郙阁颂》中名字残缺的"字汉德为此颂"即"仇靖"①。可见东汉时期仇氏似乎比较活跃，仇福为工师，仇审为衡官，仇靖则为从史，善于作颂书文。仇靖为武都下辨人，位于今天甘肃成县。不知刘平国刻石中之"仇披"是否也是类似于仇靖的身份，或许其为书文者亦未可知。

The Significance of Liu Pingguo's Stone Carving Inscription in Literary History

Wu Yang

This paper discusses three subjects：Firstly，according to LiCiming(李慈铭)'s diary，it supplements the spread process of Liu Pingguo(刘平国)'s stone carving rubbings in Beijing at the beginning of 1883. It points out that Li Ciming obtained Shi Buhua (施补华)'s postscript with the help of Tao Junxuan(陶濬宣)，and made research on the rubbings. Secondly，according to the stylistic features of Liu Pingguo's stone inscription，it should be "song(颂)" style，and should be named "song(颂或诵)". Through analyzing the rhetorical features of two seven-character verses，it shows that it is not a typical Han stele type eulogy，but a popular "mirror inscription"，which gives more evidence for the origin of seven-character poetry is from folk proverbs. Furthermore，its unique metrical features can be said to be the earliest "seven-character metrical verses" we have found，which reflects the author's deep understanding of the sense of Chinese rhythm，and also reflects that this inscription is a well-designed work considering the audience. Thirdly，according to the stone carving inscriptions from the 3rd Century BC to the 3rd Century AD，it is speculated that the damaged word "Qiu Pi" in Liu Pingguo's stone carving may be similar to the mason or calligrapher of "Qiu family" in the mainland.

---

① （宋）洪适《隶释·隶续》，16、396—397、54 页。

材料与证据之间

——关于刘平国刻石的三重语境的考察

张瀚墨

中国人民大学国学院

刘平国刻石名称不一,或称刘平国碑,或称刘平国斫孔记,或称刘平国作亭诵,等等①,各家往往根据自己对刻石内容的理解命名,但所指都是自晚清光绪年间始广为人知的、位于今新疆维吾尔自治区拜城县境内的一处汉代摩崖石刻(图1)。更具体地说,该石刻位于拜城县黑英山乡喀拉塔格山麓的博孜克日格沟口处,山沟为一南北走向的峡谷,东西两侧都是山崖,而刻石——包括大小两块,一南一北,但不在同一水平线上——位于沟口西侧的崖壁上,地理坐标为东经82°30′05″,北纬42°19′00″,海拔1900米,距离拜城县城132千米,距离库车县城175千米,是一个位置偏僻、人烟稀少的地方②。根据刻石的内容和形制,以简要明晰为原则,本文称其为"刘平国刻石"。

自近代刘平国刻石始为人知以来,人们围绕其发现者(who)、发现时间(when)、所在地点(where)、文字内容(what)以及是如何被发现的(how)等问题,形成了各种各样的说法。这些说法之间,往往存在不同程度的差异,也存在互相影响的痕迹,而且各有其支持者。二十世纪八十年代马雍先生发表了他对刘平国刻石集释考订的文章,文章对该刻石的发现人和发现时间等问题都给出了比较权威的解释,但对这诸多说法产生的原因,马文并没有作出详细的梳理和检讨,他所依据的最有力的证据,就是施补华(1835—1890)文集中的相关记述以及施氏在王懿荣(1845—1900)所藏刘平国刻石拓本上的题记。施补华个人的记述和题记是否可靠呢? 我们又应该怎样看待施氏的记录和其他不同说法之间的关

---

① 李铁《汉刘平国治关刻石小考》,《社会科学战线》1979年第4期,206页;马雍《〈汉龟兹左将军刘平国作亭诵〉集释考订》,见作者著《西域史地文物丛考》,北京:商务印书馆,2020年,45页;陶喻之《东汉刘平国刻石研究资料汇编》列举甚全,见荣新江、朱玉麒主编《西域考古·史地·语言研究新视野:黄文弼与中瑞西北科学考查团国际学术研讨会论文集》,北京:科学出版社,2014年,400—447页。

② 新疆维吾尔自治区地方志编纂委员会《新疆通志·文物志》,乌鲁木齐:新疆人民出版社,2007年,361页;朱玉麒《龟兹刘平国刻石的发现与近代新疆》,见作者著《瀚海零缣:西域文献研究一集》,北京:中华书局,2019年,48—49页;马雍《西域史地文物丛考》,42页。

图1　刘平国刻石所在博孜克日格沟口：刻石位于三角右边的亭子内。图片来源：作者拍摄

系？又需要怎样处理才能把这些材料变成有效的证据以回答围绕刘平国刻石所形成的五个"W"的问题呢？本文从讨论施补华关于刘平国刻石的跋文和题记入手，将围绕刘平国刻石所产生的记述、题记和研究放在金石收藏、科考探险以及我称之为新金石学的三重语境下进行考察，希望这不但能有助于我们探讨各种说法产生的背景和理由，而且能够以此为例进一步审视我们处理史料的方法和原则：史料本身未必构成有效的证据，而是在变成证据之前，必须要经过适当的处理。如何将材料变成证据，就是本文所要讨论的核心问题。

一、施补华题跋、张之洞札记与徐桂丛题记

根据马雍1980年发表的研究成果，刘平国刻石系由施补华于光绪五年（1879）发现的[①]。施补华，字均甫（亦有人写作均父），浙江湖州乌程人，同治九年（1870）举人。光绪五

---

① 马雍后来收入其《西域史地文物丛考》书中的《〈汉龟兹左将军刘平国作亭诵〉集释考订》，最初发表于《文物集刊》第2辑，北京：文物出版社，1980年，45—58页。朱玉麒在其《龟兹刘平国刻石的发现与近代新疆》一文中，通过参考《新疆图志》的相关记载和晚清中俄围绕伊犁展开的外交和军事斗争的历史背景，认为光绪五年张曜所率清军在拜城一代寻找可能的行军路线这一军事行动，也正为刘平国刻石的发现提供了必要的契机，这也正与施补华所描述的相符合。参考《瀚海零缣：西域文献研究一集》，51—68页。

年的时候,施补华是张曜(字朗斋,谥勤果,1832—1891)军中的幕僚。马雍的说法依据是施补华于光绪八年十月写下的刘平国刻石题跋,跋文如下:

> 此碑在今阿克苏所属赛里木东北二百里山上。五年夏,有军人过其地,见石壁露残字,漫漶不可识。或以告余,疑为汉刻。秋八月,余请于节师张公,命总兵王得魁、知县张廷楫具毡椎裹粮往拓之,得点画完具者九十余字①。

这里所说的"五年",即光绪五年,也就是马雍所依据的时间点。接着,在对刻石所涉及的时间年号、刘平国官衔、乌垒城位置以及作诵者题款等内容进行一番解释之后②,施氏在跋文中继续写道:

> 关外汉碑,如敦煌太守裴岑、沙南侯获碑,先后见于海内金石之录;兹碑至今始出,岂非文字之显晦,固有其时与?裴岑、侯获、刘平国均于史传无考,而三碑略见事迹,吾意西域三十六国、两汉都校尉之所到,必有纪功述事之作,刻之荒崖邃谷、雨淋日炙、更千余年而光气不可磨灭者,庶几得尽拓以归,以补班、范两史之缺乎!光绪八年十月③。

通观整篇跋文,我们不但可以发现施补华明确指出刘平国刻石的发现日期是光绪五年的夏天,跋文的落款也交代得很清楚,该题跋作于光绪八年十月,即1882年。

光绪十五年(1889)冬,施补华来到京城,在给王懿荣(即后面题记中所提到的"廉生"和"太史")收藏的光绪九年从他那里得到的刘平国刻石拓本的题记中(图版参见本论集卷前彩版),他不但重申了自己发现、初拓以及为刻石所作题跋的日期,还补充了自己在光绪九年重拓刻石分赠好友一事,而他所题记的拓片正是光绪九年的重拓本之一:

> 余于光绪五年得此鸠兹山中,八年为之跋,九年命工拓数十纸分贻海内朋好,伯希祭酒、廉生太史所得皆是也。十五年冬至京师,祭酒、太史皆为大卷,属题其后④。

光绪五年和八年这两个时间点,不仅印证了此前施补华在拓本考释题跋中所提到的时间,而且题记中还进一步提到了施补华在此之后对刻石内容的考证以及拓片的质量和刻石保存状况等方面的信息:

> 按:此刻文字,余于跋尾既略为考证,祭酒复补其未及若干字,审定为"刘平国斫孔记",释其义于右方矣。唯此刻既显,拓者踵至,咸以军人充其役,手与纸墨夙不相习,椎毡又复未具,往往点画不可辨识,甚者脱去"京兆淳于"数行;而种人居山下者,又虑其扰累,谋划去之。余为就崖窾作亭覆盖其字,召酋长受约束,毋俾损坏,于今六

---

① 施补华《泽雅堂文集》,北京:朝华出版社,2018年,315页。其中的"节师"为"节帅"之误写,节帅即节度使;"张公"即张曜。
② 对施氏解读刘平国刻石内容的讨论,详见本文第三部分。
③ 施补华《泽雅堂文集》,316—317页。
④ 仲威《汉碑善拓过眼之三》,《书法》2013年第2期,93—94页,图十一、图十二。

年,损坏与否,实不可知。然则他人之所拓与拓之异日者,其不能如此本,决矣。对此本,如在疏勒军中,万里忆朋好也。廉生仁兄大人属正。除日。弟补华①。

这篇题记完成于施补华去世之前一年的"除日",也就是光绪十五年的最后一天,大年三十。题记中所说的"京兆淳于",指的是刘平国刻石的题款部分。该刻石由两部分组成,作为刻石主体的诵文部分字数较多,位于山崖南端,题款部分稍微靠北,并不与诵文紧连在一起,所以才会被一些奉命前去椎拓的粗心军人所忽略。当然,当时更令施补华不安的是当地老百姓因不甘受扰、打算将刻石毁掉的传闻,也就因此催生了他试图作亭保护刻石、并让当地"种人"领袖参与刻石保护工作的建议。这一切都发生在光绪九年(1883),大概在他派拓"工"而不是那些不通文墨、不懂椎拓的大兵重拓刻石前后,因为题记中明确指出,这些事情都发生在"于今六年"的时候,"今"即光绪十五年,六年之前恰好是光绪九年。当然,这篇题记所包含的另一个重要信息是,施补华对他所赠与王懿荣的光绪九年刻石拓本质量的自信和夸赞。其实,虽然刻石发现时施补华就在征西将军张曜幕下,但他本人并没有亲临刻石所在地点,也没有亲眼见过刘平国刻石,他对刻石内容的考证,所依据的仅仅是刻石的拓片。这是宋以来传统的金石学的研究方法,就像施补华在题记中所显示的那样,他对器物和文字的拓片质量特别重视:施补华在题记中之所以提到"他人"之拓和"异日之拓"的粗陋以及刻石所可能遭遇的灭顶之灾,其实在很大程度上是为了突出王懿荣所收藏拓本的珍稀与宝贵。

如果像马雍的研究所说的那样,最先发现刘平国刻石的是施补华,而根据上面所引用的施补华对刻石内容进行考证的题跋和光绪十五年在王懿荣藏本上所留下的题记,那么光绪八年施补华对刻石的考证,就应该是对刘平国刻石进行研究的开始。但实际情况如何我们却并不完全清楚。尽管后来在对刻石内容、刻石发现时间、地点、情境等进行描述的时候,不少人都参考了施氏所作对刘平国刻石考证的题跋,但毕竟也有不同的声音。而且有意思的是,张之洞(1837—1909)在一篇关于刘平国刻石的札记中,虽然提到了施补华所说他于光绪八年所作的"释文跋语",但札记落款的时间却明确表示,该札记作于光绪七年(1881):

> 郑盦前辈以刘平国刻石属为考释,适施均甫自关外贻余一本,附释文跋语,释既明白,辄为改定六字,阙疑三字,具录如左,择善而从,不必自我出也。光绪七年二月,

---

① 仲威《汉碑善拓过眼之三》,《书法》2013 年第 2 期,93—94 页,图十一、图十二。光绪十五年施补华在王懿荣所收藏刘平国刻石光绪九年拓本上的题记,诸家多有转写引用,但各有遗漏。如马雍《〈汉龟兹左将军刘平国作亭诵〉集释考订》漏引"所得皆是也。十五年冬至京师,祭酒、太史","复补"作"后补","虑"字认作"患","然则"作"然料"等,见《西域史地文物丛考》,43—44 页;陶喻之《东汉刘平国刻石研究资料汇编》漏引"甚者脱去'京兆淳于'数行",401、404 页;朱玉麒《龟兹刘平国刻石的发现与近代新疆》漏引"所得皆是也。十五年冬至京师,祭酒、太史","复补"作"后补","虑"字认作"患","然则"作"然料"等,见《瀚海零缣:西域文献研究一集》,53—54 页;不过,朱玉麒文附有该题记的时间和落款,而马雍、陶喻之和仲威文中皆无。

南皮张之洞记①。

郑盫是潘祖荫(1830—1890)的号,光绪时官至工部尚书,以喜好收藏古书善本及金石碑拓而闻名。根据上面张之洞的札记,我们可以推知,潘祖荫当时得到的刘平国刻石拓本不附施补华的释文和跋语,所以才请求致力于金石研究的张之洞对刻石内容加以考释。而此时张之洞却刚刚收到施补华从关外馈赠的同一刻石的拓本,该拓本附有施补华的释文和跋语。张之洞基本认同施氏的考释,只对有限几处释文作了改定,随施氏释文录出供潘氏参考,嘱其"择善而从",并表示不掠施氏之美。

张之洞所改的字中,根据爱新觉罗·盛昱(1850—1899)在王懿荣所藏刘平国刻石拓本上的题记,有三个是施氏释出的斫(斫)、孔、建字,而盛昱所看到的张之洞的改定,正是张氏录在潘祖荫拓本上的除施补华考释外所添加的自己的改定:

> 去年冬,施均甫同年来京师,余与廉生各出均甫所赠刘平国刻石,属其题记。余偶为释文,廉生以为当,属录左方,匆匆未果。今年夏,于郑盫师处见张总督之洞释文,以"斫"字为"断","孔"字为"此","建"字为"连",皆与鄙说不合。"斫孔"即凿空,见《汉书》颜注;"直建"是当时常语,《国志》高贵乡曰自叙可证。均甫今年二月还济南,未久讣出,廉生珍其遗墨,重属补完,因记。盛昱②。

题记中的"去年冬"指的是光绪十五年(1889)底施补华进京一事。看来当时施补华不但为王懿荣,而且也为盛昱所收藏的之前自己赠与他们的光绪九年拓刘平国刻石作了题记。这里所说的"今年夏"即光绪十六年(1890)的夏天,而施补华自京城返回济南后不久,也就是在光绪十六年的二三月间,就去世了。盛昱在题记中提到的于潘祖荫处所见张之洞释文,尤其是张氏所改定的三处文字,应该就是张之洞的札记所告诉我们的于光绪七年二月为潘祖荫收藏拓本所题写的内容。

恰巧,潘祖荫也在王懿荣所收藏的刘平国刻石拓本上,题写了他对张之洞和盛昱的释文的看法,他说:

> 伯羲所释是也,孝达之说则非,季平释以字是。而均甫已作古人矣,阅之怃然。光绪庚寅五月十九日,时久旱得雨,又可喜也。廉生太史仁弟属题。潘祖荫③。

伯羲是爱新觉罗·盛昱的字,孝达是张之洞的字,季平即廖平(1852—1932),清末民初著名经学家。光绪庚寅即光绪十六年。潘祖荫作题记时为该年五月,尚在题记中叹怃施补华遽然离世,但是没过多久,他自己也在当年的秋天因病作古。而王懿荣所收藏的刘

---

① 张之洞著,赵德馨主编《张之洞全集》第12册之《论金石札》,武汉:武汉出版社,2008年,362页。这段文字之前包括施补华对刘平国刻石内容的考释、跋语以及张之洞对施氏释文的改定和对阙疑之字的补录,见同书,361—362页。陶喻之所录张氏札记漏掉了"六字,阙疑"字样,见陶喻之《东汉刘平国刻石研究资料汇编》,400页。

②③ 仲威《汉碑善拓过眼之三》,93页,图十一。

平国刻石拓本,却因保留了潘祖荫自己和盛昱的题记,证明了张之洞为潘祖荫所收藏刘平国刻石拓本作释文一事的可靠性。不过问题出在张之洞所作这篇札记的时间上。

潘祖荫收藏的刘平国刻石拓本,据吴昌硕(1844—1927)光绪廿四年(1898)在自己收藏的刘平国刻石拓本题记中所言,一共有两版,但质量都不好:"曾见郑盫尚书藏二拓,字迹磨灭不可辨。"[①]既然潘氏请求张之洞为其考释其中内容,这似乎是暗示潘氏的拓本早出,否则,以他的地位、名气和对金石的喜爱,当能较早地获得施氏的释跋;潘氏所藏拓本质量不佳,似乎正与施补华所说的最初拓本多由不通文墨的士兵所为这一说法暗合,而如果潘氏所藏刻石拓本也来自于施补华或者张曜处,那么他所藏的二拓中可能有一拓即是光绪五年的拓本。当然也有可能潘氏所藏两拓均得自他人,但很可能都是光绪八年以前的拓本,理由如前所述[②]。总之,如果光绪七年果真是张之洞札记的写作时间,那么施补华所说的自己在光绪八年始为刘平国刻石作释文题跋就是有问题的,因为张之洞在札记中明确表示,当潘祖荫请他为自己收藏的刘平国刻石内容作考释的时候,他刚好收到了施补华从关外贻赠的刘平国刻石拓本,并附有施氏所作释文跋语;也就是说,如果张之洞这篇札记的写作时间没有问题,那么施补华为刘平国刻石内容所作考释和跋文也应该在光绪七年二月份之前,而不是他在王懿荣所藏刘平国刻石拓本上所题写的光绪八年——这似乎意味着,连施补华本人都把自己作释文并题跋语的时间弄错了。

当然,也有可能是张之洞札记后所附的时间有误。据张之洞《论金石札》的编辑者许同莘(1879—1951)的编后记,《论金石札》手稿原为潘祖荫所藏,许同莘最初看到的是吴江费树蔚(1883—1935)所示潘氏所藏张之洞手稿的抄本,"其间论金文者十之九,初无目录,亦不详月日先后",后经多人协助编校,于1933年以《广雅堂论金石札》为名分五卷出版,刻石一卷殿后[③]。既然从初见书稿的抄本到最后成书,经历多手,且最初抄本目录和日期多不明确,当然不排除编者与抄手误置《刘平国刻石》一篇末尾所见"光绪七年二月,南皮张之洞记"这一落款的可能性,但通观《论金石札》所收诸札,虽多无日期落款,最后一卷中讨论沙南侯获和刘平国刻石的两篇却都附有作文日期,因此也不能一概而论,将《论金石札》编者所说的"不详月日先后"理解成该书所包含论札均不标日期。如何解释张之洞札记后所附的光绪七年和施补华在王懿荣所藏拓本上题写的光绪八年之间的差异?或者说即张之洞和施补华的记录哪一个更可靠?这恐怕还需要其他材料的辅助才有可能进一步弄清。潘祖荫所藏刘平国刻石拓本上的题记(最重要的是张之洞本人留下题记的落款)以及现存潘祖荫日记里所保留的当时相关记录,都有可能成为解答我们疑问的理想线索。

---

① 马雍《〈汉龟兹左将军刘平国作亭诵〉集释考订》,49页;陶喻之《东汉刘平国刻石研究资料汇编》,407页。

② 这个推测是根据施补华的题跋作出的。如果根据吴昌硕在自己所藏的刘平国刻石拓本上的题记,潘祖荫所收藏的两拓的"字迹磨灭不可见"乃原刻石被损毁之后所造成的。详见本文下一部分的相关讨论。

③ 张之洞著,赵德馨主编《张之洞全集12》,362页。

　　除了张之洞札记所记施补华释文跋语产生的日期与施补华题跋所说时间存在抵牾以外，由徐崇立（1872—1951）于1918年所书、现藏北京大学图书馆徐桂丛的题记中所显示的时间，也与施补华所记时间相冲突；而这一时间冲突，似乎增加了张之洞札记之后所附光绪七年二月这一时间的可靠性。

　　徐崇立为徐桂丛之子，徐桂丛即徐鼎藩，根据徐桂丛本人的题记，他与施补华一样，也曾在征讨阿古柏的张曜军中服务；又据其子徐崇立在抄录其父之题记之后的跋语中言，徐鼎藩于光绪庚寅年（1890）"权拜城县事"，刘平国刻石所在山谷正在拜城县所辖范围，所以曾亲"手拓数十本以贻海内金石家"，而徐鼎藩在自己的题记中也记述了他手拓刻石的经过，披露了关于刘平国刻石的位置关系、保存状况等不少细节①。

　　北京大学图书馆藏徐崇立所录徐鼎藩的题记②，除了徐崇立本人的跋语，包含了徐鼎藩的两则题记：第一则是题为光绪六年（1880）徐鼎藩所记对刘平国刻石的考证及跋语，第二则题记署名"塞翁"但没有留下具体日期，根据题记内容推测，应该是1890年后徐鼎藩担任拜城县令之后的事。这两则题记，很可能是徐鼎藩不同时间在自己所藏刘平国刻石的早期拓本上分别题写的③。有意思的是，第一则徐鼎藩所记对刘平国刻石内容的考释及跋语内容，与施补华文集中对刻石内容的考释和跋语高度一致，其内容，除了个别字句差异，仅有涉及题记作者个人信息和个人对刻石保护状况的描述不同：

　　　　此碑在阿克苏所属赛里木东北二百里山上。光绪五年夏，有军人过其地，见石壁露残字，漫漶不可识，以告张朗斋节帅，命总兵王得魁具毡椎往拓之。适余从军温宿，朗帅惠余是本④。

　　将这段文字与施补华的考释题跋对比，我们发现，"漫漶不可识"之前，徐鼎藩的题记只比施补华的多出"光绪"二字，其他则完全相同。此处二者的差异主要体现在"漫漶不可识"一句之后：徐鼎藩仅记述张曜命人捶拓，而他个人因在军中，所以得到了张曜赠送的最早拓本；施补华对刻石发现经过的记述则更加详细，而且强调是他本人得到消息后请示张

---

　　①　徐崇立所录徐鼎藩题记以及徐崇立自己的跋语，参考汤燕《北京大学图书馆藏〈刘平国刻石〉概说》；徐鼎藩的家族及其行状，参考朱玉麒、吐逊江《刘平国刻石的早期保护和拓本流传——以徐鼎藩为中心》。以上二文均载在本论文集中。

　　②　图版参本论文集汤燕《北京大学图书馆藏〈刘平国刻石〉概说》。

　　③　鲁迅所抄录的刘平国刻石"长沙徐鼎藩跋"将这两则题记和刘平国刻石拓本文字描摹转写抄录在一起，不录北京大学图书馆藏徐崇立于徐鼎藩两则题记之后题写的跋语，且第二则题记末尾"塞翁又记"之后有"长沙徐鼎藩跋"字样，很有可能鲁迅当时所录为徐鼎藩所题之原藏拓本，而鲁迅在日记中也提到他于1919年3月29日在琉璃厂德古斋购得刘平国刻石等三通拓本。李新宇、周海婴主编《鲁迅大全集》第22卷《学术编·鲁迅辑校石刻手稿·碑铭（上）》，上海：上海书画出版社，1987年，139—143页；《鲁迅全集·己未日记》；陶喻之《东汉丝路摩崖〈刘平国刻石〉——在清末的发现与汉学家们的拓本研究》，《文汇报》2019.12.13，W10；朱玉麒、吐逊江《刘平国刻石的早期保护和拓本流传——以徐鼎藩为中心》。

　　④　北京大学图书馆藏徐崇立书徐鼎藩题跋及题记，参考汤燕《北京大学图书馆藏〈刘平国刻石〉概说》。

曜,张曜才派总兵和当地知县一起前往捶拓刻石的,明确指出了他在发现刘平国刻石过程中的作用和贡献。

徐鼎藩的这则题记接下来对刻石内容考释的部分,与施补华的考释相比,仅有个别字词的增补或删改,比如施释"故称永寿四年"徐作"故仍称永寿",施释"云龟兹左将军刘平国,有左右将、左右都尉、左右绮君、左右力辅"徐作"云龟兹左将军刘平国者,《汉书》龟兹国左右将、左右力辅、左右都尉",施释"赛里木至库车百余里,今至刻石处二百里"徐作"赛里木至库车二百里,至刻石处二百里",施释"云京兆长安淳于某作此诵"徐作"云京兆长安淳于伯隐作此颂",施释"故仍称京兆"徐作"故沿称京兆",施释"关外汉碑如敦煌太守裴岑、沙南侯获碑"徐作"关外汉碑如敦煌太守碑、伊吾司马碑"等几处,其余则基本全同。就其不同之处而言,尽管刻意修改的痕迹明显,但修改之处并不多,且改动不大,二者的相似性也很容易识别,就连释文有误之处,二者也同样沿袭,比如释文起始处施释"按文称永寿四年八月,永寿为后汉桓帝年号,《后汉书·桓帝纪》凡年号六"徐作"按碑称永寿四年八月,永寿为后汉桓帝纪年,《后汉书·桓帝纪》凡六改元",二者都遗漏了元嘉这一年号[①]。

通观两篇题记,二者最大的区别在于紧接着刻石内容考释之后对刻石保存状况的记述。徐鼎藩的题记中说:

> 兹碑至今始出,而一拓之后,穷荒僻壤惊见华人,旋即凿毁。然则文字之颢晦固有幸有不幸与?裴岑诸人均于史传无考,而三碑略见事迹,吾意西域三十六国皆两汉都护校尉之所到,必有纪功述事之作刻之荒崖邃谷,雨淋日炙,更千余年而光气不可磨灭,庶几有续见而续告者得尽拓以归,以补班、范两史之缺乎?光绪六年中夏,桂丛识于疏勒军次[②]。

与前面所引施补华于光绪八年释文题跋的该部分相比,徐鼎藩在这里增加的刻石被凿毁这一消息,将会在以后的数十年里,一直在远离新疆的内地金石学圈里流传,出现在各种刘平国刻石拓本的题跋中,直到民国十七年(1928)黄文弼赴西北考察发现刻石仍在以后,甚至在近些年的出版物中,关于刻石被毁的消息仍在流传[③]。尽管如此,将徐鼎藩题记的这一部分与施补华光绪八年释文题跋中相应的部分进行对比后,我们发现二者仍然是大同小异。

逐字逐句对比之后,我们不得不承认,如果抛开刻石被毁坏这一点,徐鼎藩题记的其

---

① 相关考证,见朱玉麒《龟兹刘平国刻石的发现与近代新疆》,54页。

② 北京大学图书馆藏徐崇立书徐鼎藩题跋及题记,参考汤燕《北京大学图书馆〈刘平国刻石〉概说》。

③ 李志贤在2003年发表的一篇文章中说,刘平国刻石于清光绪五年被发现之后,"原石旋毁",见作者著《刘平国刻石初拓本》,《书法丛刊》77(2003),309页;在其编著的书中也说该刻石被发现之后,"未几即毁",见作者著《秦汉碑刻校勘图鉴》,北京:文物出版社,2007年,98—100页。毛远明在2008年出版的著作中采用了类似的说法,"惜乎当地百姓不堪椎拓者骚扰之苦,乃凿毁之",见作者著《汉魏六朝碑刻校注》,北京:线装书局,2008年,214—215页。关于这一点,后文还会有更详细的讨论。

他部分与施补华所说的他在光绪八年完成的刘平国刻石释文和题跋相比,其相似度是非常惊人的。虽然二者在某些事情的记述上存在一些差异,但二者相似的程度高到足以令人相信二者要么属于同源、要么属于继承关系的地步。而无论属于哪一种情况,这都让我们不得不对施补华所说的他于光绪八年(1882)始对刻石内容作出考释的说法重新审视,因为徐鼎藩的题款说得很清楚,这篇考释跋语,乃"光绪六年中夏桂丛识于疏勒军次",显然比施补华所宣称的要早两年。

二者之间的这种奇怪的相似性也引起学者猜测,设想这两篇题记之所以会如此相似,或许与施补华、徐鼎藩二人同在张曜幕中、共同参与了对刘平国刻石文字内容的考释工作有关①。如果果真如此,那么我们就必须要考虑以下推论的可行性:对刘平国刻石的考释和题记,早在光绪六年(1880)徐鼎藩书写题记之前,就已经完成,而且还形成了一个统稿,参与刻石内容考释的文人均可得到一份,就像我们在施补华和徐鼎藩的题记中所看到的那样,参与者均可根据各人的具体需求在统稿的基础上或增或删,随意使用,而且可以像施补华那样,在后来的题记中公开宣称自己拥有这一统稿的作者权。

就目前所掌握的材料而言,我们恐怕尚无法证实以上说法,而且到目前为止,我们还没有发现有谁像施补华所做的那样,在不同场合反复宣称自己才是释文题跋的作者,明确自己如何取得该刻石的第一批拓本、何时创作释文题跋、何时再拓以及呼吁建屋保护刻石等事,而且他的这些声明都能彼此呼应,一定程度上起到了互证的效果。这不禁会让人对徐鼎藩题记所署的光绪六年这一时间的准确性产生怀疑。而且,如果我们将徐鼎藩所写的第二则题记也考虑在内,就会发现,其实徐鼎藩记述的可靠性也不是没有问题的:

> 拜城县治东北二百余里曰明布拉可庄,汉时都护建牙于此,六城遗迹,约略可寻,所谓乌累关城也。又东北五十余里,至噶子克勒山入山谷五里许,磨崖有文曰龟兹左将军云云,距地六尺。兹碑之左又有文曰京兆云云,距地尺许。余来权县事,省获之余,遂访乐石,如见故人。躬剔藓苔残缺,弟二行卑字上、弟三行谷字上、弟四行固字上有斧凿痕,按原拓无坚字,幸余文如故。盖当土人锤毁时,赖王总兵救止之。文字历劫,神人呵护,益信宝物不磨,爰手拓数十本,分贻赏鉴家,并鸠工垒石为屋护之,额曰宝汉,亦自幸清福墨缘于斯不浅云。塞翁又记②。

根据文中徐鼎藩自述"余来权县事"以及其后他亲"访乐石"并"手拓"的记述,这则题记所记的应该是他于光绪庚寅年(1890)担任拜城县令之后所亲历之事,因此所传达的信息应该具有相当高的准确性和可靠度。但细审这段题记所描述的几个事实,我们却发现,徐鼎藩的描述与真实情况存在较大的出入。比如,徐鼎藩在题记中说诵文部分的刻石距地六尺、题款部分的刻石距地尺许,这意味着两部分摩崖石刻的间距宽达五尺,但事实上

---

① 朱玉麒、吐逊江《刘平国刻石的早期保护和拓本流传——以徐鼎藩为中心》。
② 北京大学图书馆藏徐崇立书徐鼎藩题跋及题记,参考汤燕《北京大学图书馆藏〈刘平国刻石〉概说》。

二者之间的高度差仅有二十多厘米,不免令人对徐鼎藩所说的实地踏访刘平国刻石的说法产生怀疑①。更有意思的是,这段题记中所说的第二行的"卑"字、第三行的"谷"字和第四行的"固"字上的斧凿痕迹,事实上并不存在,其上部中间部分文字的缺失,应该与材料风化以及后来的捶拓有关,徐鼎藩认为是斧凿之迹,恐怕与他在前一则题记中提到的该刻石一经发现即遭损毁的传言有关,也就是说,他所说的刻石险遭当地人椎毁、幸得王得魁总兵阻止一事,当属猜测附会之语②。尤其值得注意的是,这里徐鼎藩所说的三个字的位置也不准确,徐氏所说的第二、三、四行,分别应该是第三、四、五列,这个失误其实不需要实地踏访,而只靠观察拓本就可以避免的。总之,所有这些问题的存在,也难免让我们对徐鼎藩题记所示的其他事情表示怀疑,其中就包括"光绪六年"这一与施补华的说法不一致的时间点的可靠性。

尽管如此,我们对徐鼎藩题记所提供的题款时间,却并没有有效的证据证其为伪。这就像我们对待张之洞关于刘平国刻石的札记写作时间那样,在更有力的材料出现之前,恐怕只能说,即使我们假设对刘平国刻石的研究确实始自施补华,但对施补华本人给出的释文题跋的写作日期,却因有着不支持施氏所提供的时间的材料,而不得不打上一个问号。不仅如此,就目前已有的证据而言,徐鼎藩所记光绪六年与张之洞札记之后所留下的光绪七年的时间点,因为都与施补华在不同地方所说的光绪八年作释文题记的时间相冲突,所以我们对施补华的说法,也理应保留适当的怀疑态度。

二、刘平国刻石的传统金石学语境

前面我们重点考察了《论金石札》中张之洞关于刘平国刻石一札以及徐鼎藩所写刘平国刻石释文跋语的题款时间与施补华所称自己考释与题跋的写作时间之间的差异;根据我们目前所能看到的材料,造成这种差异的,不排除是施补华个人在题跋中误记的可能。这就提醒我们,在以上疑问得到澄清之前,还不能像马雍那样轻易地相信施补华关于该刻石发现时间和考释题跋写作时间的记录。事实上,关于刘平国刻石的发现时间,的确存在不止施补华所说的光绪五年一说,而是至少还包括咸丰(1851—1861)末年、咸丰与同治(1862—1875)间以及光绪初年、光绪二年(1876)、三年(1877)、四年(1878)和六年(1880)等多种说法③。当然,值得我们关注的,除了关于刘平国刻石在清末被发现的时间存在这么多种说法,还有关于该刻石发现者、如何被发现以及对刻石的位置和保存状况等的不同

---

① 可参考 2021 年照片;或者朱玉麒《龟兹刘平国刻石的发现与近代新疆》,50 页图。
② 关于刻石一经发现即遭椎毁的传言,后文还会结合晚清的金石学传统进一步加以解释。
③ 可参考陶喻之的总结,见作者著《东汉刘平国刻石研究资料汇编》,447—449 页。柯昌泗在《语石异同评》中所持的刻石发现于光绪六年(1880)说,有可能与徐崇立所录徐鼎藩的第一份题记所署的时间有关,详细讨论见后。柯氏的观点见叶昌炽、柯昌泗《语石 语石异同评》,北京:中华书局,1994 年,98 页。

说法。更有意思的是,这些说法,大多是在施补华公布其考释和题跋之后不久一段时间内纷纷形成并传播的,其中的原因很值得我们思考。

刘平国刻石于咸丰末年被发现的说法,见于日本大阪汉和堂所藏刻石拓本的褚德彝(1871—1942)题记。根据题记,此拓本原为一个名叫公鲁的人所有[1]:

> 是刻在新疆拜城县赛喇木山之西二百里。咸丰末,有戍卒拓得数纸,始为世人所知。此本第三行"作"字下缺"台"字,四行"关"字上缺"谷"字,五行首缺"以坚"二字,知拓在光绪中叶矣。近拓二行"从"字下"秦"字已泐,并闻摩崖处为缠回篝火,石已尽泐,不知确否。此刻旁尚有"京兆长安淳于伯隐作此诵"。余所藏陶子方年丈赠精拓本有之。当率补于此本之后也。公鲁以此见示,为书纸隙,用志古欢。辛卯十一月褚德彝记。龟兹,汉谐音"丘慈";拜城县,即今库车。"库车"音与"龟兹"如字正合,与"丘慈"音反远也。松窗又记[2]。

该题记首先对刻石的位置和发现时间作了说明,但位置与施补华所说的"此碑在今阿克苏所属赛里木东北二百里山上"明显不同,一说在赛里木(即褚德彝所说的赛喇木)东北,一说在赛里木之西。至于发现时间,褚德彝此处所说的比施补华所记的光绪五年要早二十年左右。而此刻的发现和拓印,褚德彝归功于一名戍卒,似乎暗示是这名戍卒主动为之,与施补华所说的戍卒发现刻石、有人上报于他、由他报告上级张曜、然后再由张曜委派军官和地方官带士兵前往捶拓亦有区别。题记紧接着根据该拓本中文字的保存情况,推测其为光绪(1875—1908)中叶的拓本。这与马雍对刘平国刻石拓本分期的依据类似,认为早年的拓本对刻石内容的保留比晚期要更完整。褚德彝还根据拓本第二列"秦"字以下漫泐不清的保存状况,推测是由传闻中维吾尔族人在刻石下燃篝火所致。褚德彝还根据自己所藏刘平国刻石的"精拓本"对公鲁拓本的刻石题款做出了正确推测,认为属于后人所补,原本并不紧挨在刻石之旁。当然,题记不忘表达与该刻石拓本的所有者"用志古欢"的情趣,这也是金石学研究鉴赏传统中很重要的部分。似乎意犹未尽,褚德彝在题款之后又补记了对刻石中所出现的"龟兹"地名的考释,尽管并不正确,但这的确是金石学家擅长的方面。值得注意的是,褚德彝在题记中颇为自信地提到,自己所藏的刘平国刻石"精拓本"为陶子方所赠。陶子方即陶模(1835—1902),光绪十七年(1891,即褚德彝为公鲁拓本作题记的辛卯年)迁为新疆巡抚,在此之前已在西北为官多年,似乎可以推知,从他那里得到的刻石拓本,或许与人们从施补华处所得拓本并不属于同一批次。

同样是褚德彝,在上海博物馆所藏珍姒旧藏拓本的题记中,对于刘平国刻石的发现时

---

[1] 陶喻之推测此"公鲁"为安徽刘之泗(1900—1937),亦精于金石收藏与鉴赏。但如果褚德彝的题记果真作于辛卯年(1891),则彼时刘之泗尚未出生,是无法"以此见示"的。所以此"公鲁"应该是某一与褚氏同时人士。陶氏观点见《东汉刘平国刻石研究资料汇编》,405 页。

[2] 同上。题记中"缠回"原文作"回缠",误,今改。缠回为清至民国中期维吾尔族的汉译名称,于1934 年正式改回维吾尔。

间、发现人等信息，又给出了不同于以上的说法：

> 汉龟兹将军刘平国作孔记，在新疆拜城县赛喇木山东二百里岩壁上，光绪二年张
> 勤国公督师时，有军官偶见之，施均父丈时在幕中，令人椎拓数十纸，分赠友人，遂为
> 世人所知。此本……为初拓之证，殊可宝贵。余所藏本，有"京兆长安淳于伯作此诵"
> 三行十一字，亦同时所刻，初访得本，皆不拓也。珍姒先生以此本见示，率书纸隙，以
> 纪古缘。丙寅四月余杭褚德彝记①。

类似的说法，也见于褚德彝民国十年（1921 辛酉年）在今上海博物馆藏震钧旧藏拓本题
记，题记中提到了刻石发现于"光绪初"的说法，明确将始发现者与始传播者区别开来：

> 此刻在新疆拜城县赛喇木山东二百里。摩崖。光绪初，张勤果公西征，令兵士赍
> 文檄赴某处，道经是山，始发现之，施均父补华在张幕府闻之，令人椎拓，始为世人
> 所知②。

与辛卯年的题记相似，褚德彝辛酉年和丙寅年（即民国十五年，1926）分别在震钧旧藏
和珍姒旧藏拓本中对于刘平国刻石的位置、发现时间和发现人等作了介绍，但对这些信息
的叙述却并不相同。刘平国刻石的位置，从之前所说的"赛喇木山之西"变成了"赛喇木山
东"；发现时间，从之前的"咸丰末"改作"光绪二年"（1876）或是"光绪初"；而刻石的发现
者，在辛卯和辛酉年都是某戍卒，而在丙寅年则变成了某军官；另外，在丙寅和辛酉年的题
记中明确指出，是张曜幕僚施补华的拓本才使得刘平国刻石开始广为人知的。这里的说
法，除了刻石发现时间不同一点之外，与施补华释文题跋中所说的基本相同。也就是说，
时隔三十多年之后，褚德彝基本上接受了施补华关于刘平国刻石的发现、捶拓和传播等方
面的记述，而且也放弃了先前认为发现刻石的时间在咸丰末年的观点，但是将刻石发现之
年确定在光绪初年或是光绪二年。

褚德彝在公鲁旧藏拓本题记中所说的"咸丰末"不知所本，似是根据传言猜得，而他所
持的光绪初年或二年的说法则似乎是受到王仁俊（1866—1914）、沈墉（1865—1921）、吴湖
帆（1894—1968）等人影响的结果。光绪二十九年（1903），王仁俊和沈墉在吴江沈氏双麓
山馆旧藏、现藏上海博物馆的刘平国刻石拓本题记中说："右刘平国作孔记，光绪二年，张
勤果征西域，幕僚施均父观察访得。"③同一年，王仁俊在上海博物馆藏端方旧藏拓本题记
中写下了类似的话："光绪二年，张勤果公率西域之役，获此石于赛里木东二百里，幕客施

---

① 陶喻之《东汉刘平国刻石研究资料汇编》，429 页。

② 同上，427 页。

③ 同上，409 页；《神州国光集》第六集图版"精拓汉刘平国开道记附释文连题跋横二尺九寸直三尺
六寸五分，沈氏双麓山馆藏"。同一集中还有田北湖（1877—1918）对刘平国刻石的考证，文中田氏亦主光
绪二年发现说："光绪二年，张曜督师乌鲁木齐，尝遣数军人结队出役探天山捷径，以连南北之程。"见该书
田北湖《东汉白山摩崖释文暨考证》，1 页。邓秋枚编录《神州国光集》，上海：神州国光社，1908 年。

均甫为之释文考证,一时怀纸椎拓者相属于道。"①上海博物馆另一藏本所见吴湖帆的题记中,也保留有大致相同的内容:"汉白山摩崖龟兹左将军刘平国开道记,光绪二年,张勤果公曜督师乌鲁木齐,其僚友施君均父访得于新疆赛喇木东北二百里岩壁间。"②当然,光绪二年一说似乎仍有更早的出处,比如光绪九年(1883)赵于密(1845年生,辛亥革命后移居上海,卒年不详)在孙伯渊旧藏拓本题记中说,刘平国刻石"在新疆库车城西之赛里木山间。摩崖,隶书,向未著录。光绪二年,克复回城,为统兵部下所获,始有拓本流传内地"③。赵于密喜欢收藏,精于鉴赏,曾帮助清末名臣、金石专家端方(1861—1911)鉴定金石书画,而王仁俊在端方旧藏刘平国刻石拓本上的题记,让我们有理由推测,就刘平国刻石的发现时间而言,他们之间或许在一定程度上存在相互影响的可能。

与前面提到的光绪五年、光绪二年和咸丰末年发现说相比,光绪三年(1877)发现说虽然也根植于军事行动的背景,但这一观点将发现者确定为与张曜军不同的另外一支军队:

> 汉乌垒关:光绪丁丑,刘襄勤锦棠督师西上,部将提督徐万福统建威军先驱在拜城东二百里明布拉克见一石刻,乃梯绝壁,剔苔藓,模拓其文,系汉永寿四年八月甲戌淳于某为龟兹左将军刘平国作颂,末书有"此东乌垒关"五字④。

这一说法最早见于宣统三年(1911)出版的《新疆图志》卷八七"古迹"部分。该书由时任新疆巡抚的袁大化(1851—1935)任总裁、曾任新疆布政使的王树枏(1851—1936)任总纂编修而成。引文中提到的光绪丁丑年即光绪三年。刘锦棠(1944—1894),谥号襄勤,同治七年(1868)从左宗棠(1812—1885)西征平定阿古柏叛乱,攻克灵州、西宁、河州、肃州、乌鲁木齐、吐鲁番、托克逊、库尔勒、阿克苏、库车、英吉沙尔等地,战功卓著,光绪六年(1880)代左宗棠任新疆钦差大臣,后官至兵部左侍郎加尚书衔,并兼任新疆巡抚,因此在甘新一带曾有着巨大的影响力。从刘锦棠军的行军路线来看,他的部队从乌鲁木齐、吐鲁番一路打到阿克苏、库车,甚至更西更南到喀什噶尔的英吉沙尔,史书明确记载刘锦棠于光绪三年"连下库车、拜城"的英勇事迹⑤,因此确实有在拜城一带活动过的可能⑥。光绪三年三月,新疆北路叛乱基本平定,按照左宗棠的计划,刘锦棠、张曜、徐占彪(1840—1892)

---

① 陶喻之《东汉刘平国刻石研究资料汇编》,414页。

② 同上,426页。

③ 同上,402页。

④ 袁大化总裁,王树枏、王学曾总纂《新疆图志》,上海:上海古籍出版社,1992年,829页;陶喻之《东汉刘平国刻石研究资料汇编》,419页。

⑤ 赵尔巽等撰,杨家骆校《清史稿》卷四五四,台北:鼎文书局,1981年,12609页。

⑥ 马雍认为徐万福并非刘锦堂军平定阿古柏叛乱的先驱部队统帅,从而否认了《新疆图志》认为是徐万福军发现刘平国刻石的说法;见马雍《〈汉龟兹左将军刘平国作亭诵〉集释考订》,45—46页。细读上面《新疆图志》的引文,其中强调的似乎并非徐万福所率建威军为攻打叛军之先驱,而是建威军之先头部队在拜城一带活动时的发现,因此马雍的说法似乎还不足以完全否认《新疆图志》所持光绪三年的说法。

引三路大军南下,于当年年底成功平定了南疆八城①。战争的情况,在王树枏参与编纂的《新疆图志》"兵事"部分所收录文献中,在不同角度都有体现,所以《新疆图志》将光绪三年作为刘平国刻石的发现时间也并非偶然,而是与当年三路大军南下平叛的军事行动和刘锦棠军对库车和拜城的占领密切相关②。不过,接下来对徐万福"梯绝壁,剔苔藓"以模拓刘平国刻石的描写,则似乎为编者的想象,因为刻石距离地面没有引文里说的那么高,而且恐怕刻石也并不会被苔藓所覆盖。

除了有限几处细微的改动,王树枏的《新疆访古录》几乎完全沿用了《新疆图志》里的说法:

> 乌垒石刻在今拜城东二百里明布拉克山。光绪三年,刘襄勤公锦堂督师西下,部将提督徐万福统建威军,先驱至拜城境,营夫樵采至山,见此石刻,万福梯绝壁,剔苔藓,拓数百纸③。

比较此文与上面来自《新疆图志》的引文,我们发现很多地方连字句都是一样的,只不过《新疆访古录》中增加了无名的打柴士兵发现刻石的故事细节,还有徐万福捶拓刻石数量多达"数百纸"这样的信息。这样的描述与施补华对刘平国刻石发现经过的记录形成了有趣的平行叙述结构:张曜和刘锦棠都随左宗棠率军参加了平定阿古柏叛乱的军事行动;王得魁和徐万福分别是张、刘两位将军的属下,直接参与了刻石的拓印,刘平国刻石随其拓本的流传逐渐广为人知;而且刻石的最初发现者都与某位不知名姓的士兵有关。从编纂时间来看,《新疆图志》和《新疆考古录》形成的时候,刘平国刻石作为新疆所出金石名作已广为人知,王树枏和其他参与《新疆图志》编纂的人理应听说过关于刻石发现经过的诸多传闻,甚至可能知道施补华的释文和题跋,既然如此,为什么王树枏丝毫不提施补华、王得魁或者张曜呢?《新疆图志》的编修者当初是否因为刘锦棠在新疆地区的巨大影响力才将他与刘平国刻石的发现联系在一起? 我们缺少必要的证据来判断是或者不是,但这两种说法有趣的平行相似性却让人不得不怀疑,刘锦棠在新疆地区的巨大影响力,或许的确与《新疆图志》和《新疆访古录》中所见刘平国刻石的发现故事有关,我们甚至有理由认为系王树枏等人有意为之。无论如何,源自王树枏等的刘平国刻石光绪三年发现说,虽然晚出,却有着较为深远的影响,这一点我们在后面还会提到。

认为刘平国刻石于光绪四年被发现的说法,与前面提到的光绪二年、三年说相比,似乎流传并不广泛,最早见于吴昌硕原藏、芦芒(1920—1979)旧藏、后藏新疆大学中亚研究院的刘平国刻石题记:

> 此碑不见著录,在今阿克苏所属赛里木东北二百里山上。光绪戊寅,张朗斋中丞

---

① 赵尔巽等撰,杨家骆校《清史稿》卷四五四,12608—12610 页;朱玉麒《龟兹刘平国刻石的发现与近代新疆》,63 页。

② 袁大化总裁,王树枏、王学曾总纂《新疆图志》,1106—1118 页。

③ 王树枏《新疆访古录》,上海:上海聚珍仿宋引书局,1919 年,卷一,5 页。

统兵经此地，见石壁露残字，具毡椎精拓，始知是汉物。民间以其扰也，遽凿毁。余叹碑在荒远山中，无过而问者，得大人先生搜而出之，可不谓幸钦！然而旋出旋灭，转不如晦而不显尚留古籍也。曾见郑盦尚书藏二拓，字迹磨灭不可辨。是拓点画刻露，墨气浑古，可称绝无仅有之本。光绪廿四年戊戌十月，吴下欣赏斋衰竟，书此志快。安吉吴俊卿昌硕①。

这是吴昌硕于光绪二十四年(1898)在自己所收藏的刘平国刻石拓本上的题记。光绪戊寅即光绪四年(1878)。关于刻石的发现经过，吴昌硕似乎认为是张曜亲自领兵经过刻石所在山崖的山口，直接发现并具毡捶拓的。接下来吴昌硕提供了刻石遭毁的信息，被毁原因与刻石广为人知之后当地人不胜捶拓之扰有关，如今原刻石已毁，其他拓本质量又不佳，这就显得他自己所藏的拓本无比珍稀，因此喜不自胜，欣然题记以志心中之快意。

当然，从藏品完整性的角度来看，吴昌硕收藏的拓本也有美中不足之处，即该拓本不包含刘平国刻石三行十一字的题记；因此紧接着刻石释文之后，吴昌硕复以苦铁为号，对刻石题款的内容加以补充："按：此石之下尚有一小石，其文云：京兆□□淳于作诵。苦铁又记。"②但吴昌硕似乎意犹未尽，并没有止于此处，而是进一步将刘平国刻石与敦煌太守伊吾司马碑对比，慨叹刘平国刻石被毁的不幸遭遇同时，庆幸自己藏有刻石未毁之前的稀罕拓本：

> 关外汉碑如敦煌太守伊吾司马碑，先后见于海内金石文字之录；兹碑至今始出，而一拓之后，彼乡僻惊见华人，即凿毁，然则文字固有幸有不幸耶？沧石③。

沧石也是吴昌硕的号。他在这一节的题记中，似乎颇为自信地以为自己的藏品正是刻石被毁之前的"一拓"，因其"点画刻露，墨气浑古"，明显优于潘祖荫所收藏的两拓，似乎暗示潘氏所藏刻石拓本字迹的模糊，正是刻石惨遭损毁所致，从而更证明自己所藏拓本之珍贵与稀有。与吴昌硕的这条题记并列在一起的，是杨岘在光绪甲午年留下的一条题记，同样提到了刻石遭损毁一事，也起到了突出吴昌硕所藏拓本之精良宝贵之作用：

> 石在今阿克苏东北山上，老友施均父从军闻及始搜获，旋遭土人凿碎，故传拓极少，精拓如此本则更少矣。后之览者，当知所宝贵哉！甲午七月杨岘题④。

光绪甲午即光绪二十年(1894)，距施补华最后一次进京会友时在盛昱和王懿荣所藏刘平国刻石拓本上题跋的时间，不过五年之久。如题记所言，作为施补华的朋友，杨岘显然接受了施补华根据士兵报告"搜获"刻石的说法；不过，施补华在自己的考释和题跋中虽然提及了对刻石保护状况的担忧，却并未言及石刻遭损毁；因此杨岘这里所说的石刻"旋遭土人凿碎"一事，如果不是另有所本，恐怕只能是出于自己的误解和臆测。然而通观杨

---

① ② ③　陶喻之《东汉刘平国刻石研究资料汇编》，407 页。
④　同上，406 页。

岘的题记,重点既不在刻石内容考释,也不在强调刻石保存现状,他之所以提到"老友"施补华以及刻石遭碎毁的说法,恐怕仍是为突出所题拓本的精致、稀有与可靠。

有意思的是,虽然杨岘的题记在先,而我们相信吴昌硕在 1898 年欣然题写刻石释文和跋语的时候,一定早已看过杨岘题在自己藏品上的文字,但他却依然认为是张曜亲自发现并捶拓刘平国刻石,丝毫不顾杨岘的题记,也丝毫不提施补华的贡献。更有意思的是,同拓还包含了张度(1830—1904)在 1894 年写下的一则题记,题记中张度提出刘平国刻石发现于"咸同间"的说法,也对刻石遭损毁的消息深表惋惜:

> 昌硕言此石近年已凿损,余闻之嗟叹。《庄子》直木甘井之喻,物诚不可有名也。此石未知名之先,从汉至今,千数百年固在也;咸同间此石始著,不过四十年而石损矣。金石称寿尚如此,甚已名之不可有也。甲午暮春。张度记①。

张度和杨岘都是于光绪甲午年(1894)在吴昌硕所藏刻石拓本上书写题记的,但张度的题记要比杨岘的略早几个月。张度在这里所说的"咸同间此石始著",即刻石在咸丰(1851—1861)同治(1862—1875)间被发现并广为人知,又言"不过四十年而石损"——如果严格地按照这个数字计算,那么刻石发现的时间就应该在 1854 至 1864 年之间——似乎与褚德彝所说的刻石发现于咸丰末年的说法相呼应;也就是说,这里所说的"咸同间",应该理解成咸丰与同治之间的那段时间。这个说法,很显然杨岘在作题记的时候并没有参考——杨岘支持的似乎是施补华的说法,即刘平国刻石于光绪五年被发现。事实上,不但杨岘没有参考张度的说法,就连吴昌硕自己也没有采纳,他提出的是刻石发现于光绪四年的说法。不过与吴昌硕和杨岘的两篇题记一样,张度也强调原刻石被毁的消息,在惋惜文物遭到破坏的同时,阐发了"名之不可有"的庄学哲理。更有意思的是,张度在开篇就明确指出,关于刻石近期被凿毁的消息,他是从吴昌硕那里得到的;张度的题记写于 1894 年农历三月,比该拓本上吴昌硕本人的题跋早四年之久,也就是说,早在张度写下题记之前,吴昌硕就已经在传播刘平国刻石已被毁坏的消息了。当然,如果我们相信徐鼎藩题记"光绪六年"的题款无误,那么像刘平国刻石一拓之后即被凿毁这样的说法,至少从光绪六年就开始流传了;徐鼎藩题记与吴昌硕以"沧石"为号所写题记中关于该刻石遭毁坏的记述,几乎如出一辙②,这进一步说明了此类传说之间的承继关系。

总结以上对关于发现刘平国刻石时间的几种说法的梳理,我们不难发现,至少在刘平国刻石最开始被发现之后的一二十年里,人们对关于该刻石的知识的积累,基本上是在晚清金石学的语境下进行的。金石学注重对器物以及碑刻的文字、形制等方面进行考证和描述,因为这些知识往往不见于史书记载,所以有助于人们对过去社会生活制度方面的理

---

① 陶喻之《东汉刘平国刻石研究资料汇编》,405 页。
② 徐氏题记曰:"兹碑至今始出,而一拓之后,穷荒僻壤惊见华人,旋即凿毁。然则文字之显晦固有幸有不幸与?"吴氏题记曰:"兹碑至今始出,而一拓之后,彼乡僻惊见华人,即凿毁,然则文字固有幸有不幸耶?"两相比较,二者的差别仅在个别字词的增删,这一点至为明显。

解，比如施补华在对刘平国刻石的考释题跋中就明确指出，在西域发现的像敦煌太守裴岑碑、沙南侯获碑、刘平国刻石这样的材料，能够起到"补班、范两史之缺"的作用；这种情况下，对刘平国刻石文字内容的考证和解释，就是研究该刻石的首要任务。要完成这一任务，往往需要以版本可靠权威、内容完整清晰的金石拓本为基础，因此，拓本就成为金石学研究的重要物质载体，对高质量的拓本的期待和要求，自然也就应运而生。而一旦权威的文字考释出现，这一考释往往会伴随收藏者和鉴赏人的题跋出现在不同的拓本中，尽管有时候释文也会出现局部的修改。而这些名人题跋和考释，以及他们的书法，也会因为题跋作者的名声，与拓印的金石作品一起成为兼有史料价值和鉴赏价值的古董而被人索求与收藏①。

这样的语境下，补史之缺的目的和功能就使得有文字的金石作品显得尤其有价值，而金石作品上的文字与其书法的鉴赏和收藏同样也会紧密地结合在一起。相比而言，文字之外的信息——包括金石作品的发现时间、发现地点以及发现者等等——就沦为次要地位，所以在金石学的语境下对这些信息的考察，有时候难免给人以疏阔、武断，甚至是偏听偏信、道听途说的印象。围绕刘平国刻石的发现时间、发现人等问题而产生的诸多说法就是一个很好的例子。前面所提到的那些关于刘平国刻石发现时间的说法，无论是咸丰末、咸同间还是光绪初、二、三、四、五年，都是由题跋作者自己给出的。这些时间点，有的以具体的历史事件为参照，有的根据拓片的质量、存字的多少推测而得，有的则难以令人确知其出处，甚至只是凭空的猜测。比如，主张刘平国刻石发现于光绪二年、三年、四年和五年的说法，都以清军进入南疆平定叛乱作为历史背景，而咸丰末、咸同间说则未知出处，有可能是题记作者对道听途说得来的信息不加辨识的结果。吴昌硕以刘平国刻石发现不久后即遭毁坏以及潘祖荫所藏该刻石二拓字迹模糊为依据，就断定自己的收藏属于该刻石的最早拓本，但是根据施补华的题记，最早的拓本多由不通文墨的士兵所为，质量反倒不如后出良工所拓，所拓的字数不一定多于后来的精拓，所拓字迹也未必比后来的精拓本清晰。然而将拓本之精良完足与否看作是拓本时间早晚的反映，这似乎成了金石学家们必要的工作假设。比如，除了前面提到的吴昌硕等人，陆和九（1883—1958）在自己所藏刘平国刻石拓本的题记中也明确表示，他自己所藏的拓本为"未洗剔碑时初拓本"，因为拓本中"'秦'字、'仇'字均未有渤痕，'以坚'二字已未洗出，较光绪间张朗斋曜、徐显立两拓本，神气尤为完足，窃疑为清初拓本，有拜城县官印可证也"②。但是拜城县官印未必为清初，而字迹之隐显同样未必能反映拓本之早晚，拓工的技术、所用捶拓材料与具体的工作环境等因素，同样是影响拓本质量的重要条件。

当然也不乏凭空猜测的例子，如前面所讨论的吴昌硕曾经为之书写题记的珍姒旧藏

---

① 朱剑心《金石学》，济南：山东画报出版社，2019年，2—22页。
② 此为陆和九于民国十五年（1926）的题记，陆氏旧藏现藏于北京大学图书馆。陶喻之《东汉刘平国刻石研究资料汇编》，429页。

刘平国刻石拓本上,另有许苏民(1867—1924)认为该拓为"乾隆初拓本也"①,就没有提供任何依据。这些题记为什么要把拓本的时间尽量提前,凭想象或者仅凭字体就把所题拓本说成是"乾隆初"或者"清初"的作品呢? 这恐怕与刻石拓本作为艺术品的鉴赏和收藏功能相关:拓本愈精愈完好也就被认为是愈早愈权威,从证经补史和鉴赏收藏两方面说也就愈有价值。对拓本所见刻石内容进行考释和鉴赏的,往往是在拓本上写作题记的那些较有权威的名人们,而这些题记存在的意义也就在于强调拓本内容的历史价值和拓本的鉴赏价值;与此首要目标相比,题记的内容是否准确反倒成为第二位的,否则我们无法解释为什么褚德彝对同一刻石的发现时间会持有不同的说法,也无法说明为什么同一刻石拓本上会出现关于刻石发现时间的多种不同说法并存的现象。

三、刘平国刻石的科考探险语境

如果说晚清的金石学者对刘平国刻石的研究和鉴赏基本上是以刻石的拓本为中介而展开的,那么东西方的科考探险家们则更注重对刘平国刻石的实地考察,因而从他们留下的文字中,我们会发现较为翔实的实地考察记录,包括对寻找刻石路线、刻石所在地点和位置、周围环境以及刻石保存状况等方面的描述。

科考探险语境下对刘平国刻石的研究主要以法国人和日本人为主,其活动应该放在十九世纪末二十世纪初资本主义发展高峰时期东西方列强在中国的西北以及中亚地区竞争的背景下来思考。英、法、德、俄、日、瑞典等发达资本主义国家以科学考察和探险为先导,目的是设想着未来将自己的势力范围延伸到这个当时在他们看来还是陌生的区域,因此,他们在科学考察中尽可能全面地搜集占有资料,以期对这一地区的地理、物产、矿藏、气候、人口以及历史文化等方面的信息作全面了解②。从这个角度来看,梦想占有这一地区的意图不仅仅表现在他们对该地区情报的搜集上,而且还更赤裸裸地表现在对这一地区的知识以及知识物质载体的竞相占有,包括不择手段地对当地文物进行偷窃和争夺,最著名的例子包括广为人们所熟知的斯坦因(Marc Aurel Stein,1862—1943)和伯希和(Paul Pelliot,1878—1945)对敦煌藏经洞写本的骗取掠夺、德国人对新疆著名石窟寺佛教壁画的破坏性揭取以及英法等国对西北墓葬和烽燧遗址的盗掘等等③。

---

① 陶喻之《东汉刘平国刻石研究资料汇编》,429 页。

② 以西方列强及其代理人近代对新疆考察的历史以及考察者所收集材料的范围和特点,参考许建英《近代外国对中国边疆探险考察论述——以外国对新疆探险考察为中心》,贝亚德·泰勒编撰,李郁瑜译注《中亚纪行:克什米尔、小土伯特和中亚诸地》卷首代序言,北京:社会科学文献出版社,2020 年,1—15 页。

③ 开展科考探险活动是当时对文物进行占有的流行方式,东西方列强在该地区的此类活动持续了近半个世纪。关于这些探险的综述,参考荣新江《丝路考古探险与丝路研究》,见荣新江、朱玉麒主编《丝绸之路新探索:考古、文献与学术史》,南京:凤凰出版社,2019 年,361—369 页。

至于为什么对刘平国刻石的研究开始主要在法国和日本学者之间展开，这或许与当时法、日两国汉学研究发展水平较高——尤其对碑刻铭文的释读和研究方面超过其他列强——关系很大①。从这个角度来看，科考探险的语境与金石学也存在一定的交叉关系。不过，就对待拓本的态度而言，与在金石学语境下研究刘平国刻石的最早一批学者们不同的是，法国和日本的探险家和研究者并没有止步于拓本，而是以拓本为媒介和线索，将研究的落脚点放在对刻石的实地考察上和信息搜集上。他们的实地考察虽然为我们研究当时刘平国刻石的保存状况提供了宝贵的材料，但同时，由于没有特意研究刻石发现时间和背景等问题，他们也凭猜测或者是根据道听途说在记录中留下了一些较有歧义的信息。当然，这与他们关注中国西北以及中亚地区的初衷和目的是分不开的，而对这一目的的最赤裸裸的表达，莫过于大谷光瑞（1876—1948）探险队第一次在中亚和新疆活动时其成员之一堀贤雄在日记里的内心独白——在1903年4月8日的日记中，他这样写道：

> 拜城前门未题，东辕门代之以"乌垒雄封"，西辕门代之以"温泉胜地"。衙门正门不开，门前桌上摆着"忌辰"标记。郑道台等将我们迎入右便门，后知忌辰乃国考纯贤二皇后之忌。据闻衙门乃光绪十一年建立，之前属温宿州。与郑道台谈笑之间，闻听赫色尔北二百里之处有乌垒碑。我俩竖耳倾听，频频打听，得知有大小两碑；让郑道台出示拓本后，愈加兴奋，我俩遂决意一访石碑所在地。思及去年十月十四日与门主相别以来，将近半年，成果尚不及门主预期，我等一路上屡次谈起。不久亦将结束库车调查，踏上归途，日程迁延，成绩不佳，门主必然失望怪罪，无功而返，实非本意。如今抵达库车之前，闻得石碑所在地，此乃佛陀保佑欤？天命所归欤？我等不胜欣喜，此则库车大有收获之兆，勇气顿生②。

大谷光瑞是京都西本愿寺第二十一代宗主大谷光尊（1850—1903）的长子，于十九世纪末二十世纪初在欧洲游学期间，见到斯文·赫定（Sven Hedin，1865—1952）、斯坦因和伯希和等人中亚探险的成果，深受启发，于是组建了一支探险队，从1902年始，利用回国机会在中亚和中国西北地区进行探险。从这个角度来看，日本探险队在中亚和我国新疆地区的探险活动，是对西方列强的有意模仿。虽然大谷光瑞探险队的财政来源是日本佛教徒的捐献，而不是像其他国家的探险队那样，均由国家政府机构资助，但大谷光瑞和他的探险活动却与日本皇族和政府有着千丝万缕的联系③。探险队的第一次探险活动沿着

① 陶喻之《实地勘踏〈刘平国刻石〉的探险队与汉学家》，《文汇报》2019.12.27，W11。
② 堀贤雄《堀贤雄西域旅行日记》，转引自陶喻之《东汉刘平国刻石研究资料汇编》，412页。
③ 大谷光瑞本人与日本天皇有姻亲关系，1913年，在孙中山的推荐下担任中华民国顾问。后因财政问题辞去法主地位之后，长期在中国居住并从事谍报活动。关于大谷光瑞与清政府以及革命党，尤其是孙中山之间的关系，参考白须净真《"20世纪初之内陆亚细亚调查活动"研究的新视点——斯文·赫定、大谷光瑞、清政府官僚（那桐、张荫棠）的国际政治社会》、柴田幹夫《大谷光瑞的另一个侧面》，以上二文均由吉辰、田卫卫译，载荣新江、朱玉麒主编《西域考古·史地·语言研究新视野：黄文弼与中瑞西北科学考查团国际学术研讨会论文集》，北京：科学出版社，2014年，615—629、630—645页。

南北丝路展开。大谷光瑞亲率一队沿北路东进,但在 1903 年接到父亲去世的消息后,中途匆匆结束探险活动,赶回日本接任父亲的位置,成为西本愿寺第二十二代宗主,而南路的堀贤雄和渡边哲信则继续按计划在新疆和田、库车一代活动,对刘平国刻石的实地勘踏就是他们在这一带所开展的探险活动的一部分。

上面所引堀贤雄 1903 年 4 月 8 日的日记包含了不少宝贵的信息。首先,日记透露出他们此次探险的目的,就是尽可能多地获取像斯文·赫定、斯坦因和伯希和等人所攫取的那样的文物资料,这应该就是"门主"大谷光瑞对这次探险活动的"预期"。当然,堀贤雄和渡边哲信当时似乎运气不怎么好,在南路考察了近半年依然收获不大,二人在即将进入库车,也就是他们这次探险的最后一站时,开始担忧因成绩不佳会获罪于门主,因此一听到"乌垒碑"的消息,就立刻心情振奋,直呼佛陀上天保佑而"不胜欣喜"起来。其次,晚清地方官员文物保护的观念很淡薄,不但向这些异国来客毫无戒心地介绍当地的"古碑"以及去哪里寻找拓工,而且还向来客出示自己收藏的刻石拓本;更有甚者——根据渡边哲信在日记中的记录——当渡边直言想去探访时,拜城的这位郑道台又派翻译又送衙役护送来客,甚至还为日本人提供了拓印用纸①。最后,与前面所提到的晚清金石家们迥然不同,堀贤雄和渡边哲信并不满足于见到了刘平国刻石拓片,也并不满足于关于"乌垒碑"的道听途说,而是在看到了郑道台收藏的刻石拓片之后,"愈加兴奋"而"决意一访石碑所在地"。事实上,根据上面所引用的堀贤雄日记内容,拜城东辕门所书的"乌垒雄封"与地方官员郑道台口中所说的"乌垒碑"似乎可以被看成是彼此支持的证据,但日本探险家们并没有想当然地轻易接受这些说法,而是通过认真考察相关传世文献记载和刻石内容,试图正确地释读刘平国刻石中所提到的"乌累"一词:

> 碑文显然可以读出"龟兹左将军刘平国","东屯乌累"之字亦颇为明显。从字面理解推断,可知刘平国是凿断博子克勒克峡岩石,首开通往伊犁之路,为颂其功绩,于永寿四年八月戊戌刻之。虽称之为"乌垒碑",但碑文写的不是"乌垒",而是"乌累"。余初闻此碑所在时,以及一路上目睹此碑所在之处乃一宽广河谷,直可让莎车屯田转移此处,兼之群山环绕,北通伊犁,南有拜城沃土,又连向库车,俨然有西域雄镇之形势,故推想恰恰拉克一带非乌累真正故址,拜城才是。然而现在看碑文只云开路纪功之事,与想象相去颇远。不过碑文有乌累一词,有鉴于拜城衙门额上悬有"乌累故城"一匾,要研究拜城横亘至此峡一带是否即乌累故地,此碑亦可谓一资料②。

---

① 渡边哲信在日记中写道:"余即直言甚欲探访,对方便许以一名通事、一名衙役,以为余等向导,又颁送拓纸一张,龙形银烟斗一支。……下午4时,郑大人改口要送通事一名、衙役两名护送,其中一衙役陪余等平安来回乌垒碑,另两名留赫色尔护卫余等行李安全,余等道谢不迭。"见渡边哲信《西域旅行日记》,载上原芳太郎编《新西域记》,东京:有光社,1937 年,310 页;这段文字由庆昭蓉和荻原裕敏从日文译出,转引自陶喻之《东汉刘平国刻石研究资料汇编》,410 页。
② 同上,渡边哲信《西域旅行日记》314—315 页;转引自陶喻之《东汉刘平国刻石研究资料汇编》,411 页。

除了误将刻石时间写成"戊戌"以及将"斫山石作孔"理解成凿断博子克勒克峡岩石以通去伊犁之路以外,渡边哲信在这段日记里说得很清楚,他刚从郑道台那里听说此地有乌垒碑的时候,立刻就将《汉书·西域传》里所记的西域都护治所乌垒,与沿途所见拜城的地理形胜、战略位置以及拜城衙门匾额题词等要素综合起来进行对比,觉得拜城比恰恰拉克(塔勒克)更像古代的西域都护治所,以至于怀疑《汉书》所记有误。然而看到刘平国摩崖刻石之后,发现所谓的"乌垒碑"其实不过是常见的汉代刻石纪功碑,自云与一开始的想象相去甚远,内容也不过是凿石通路,似乎与乌垒的位置并无关系。更重要的是,刻石所见也并不写作"乌垒",而是"乌累",所以在渡边看来,"乌累"与"乌垒"并不相同,拜城衙门匾额上的"乌累故城",所指并非《汉书》中的乌垒。对想象与现实之间的这一巨大差距,堀贤雄在4月13日的日记中所记也颇为生动:

> 12:00至石碑处。人云碑在溪流山脚数千呎壁立岩石之麓,筑有小屋,而碑便在屋内。入内未见碑石之物,便问随来村民,答说"那里、那里"(Mana Mana)!并指着那片石壁与地面相接之处。熟视方见到岩面一侧削平,刻有数十字,大小二块均刻在岩面上,不能称之碑石,先即大为失望;其后读碑,有"龟兹左将军刘平国……始断岩作……永寿四年八月甲戌……将军所作也。坡"字样,据此可知汉人称为乌垒碑有误。乌垒碑若在此处,第一即与至今《西域图志》所考汉代诸国相冲突,又不合《汉书》云乌垒为耕地之记载。且碑云龟兹左将军刘平国等事,见此汉官名,总觉得是唐代,永寿四年之年号,亦在汉朝后。碑文言始断岩云云,以字面而言,完全是一名军人开通道路,刻石纪功,此乃汉人特有之风气。且山质似是石灰,为免万一,特取一片岩石。至于证明乌垒碑名称之非,汉朝至今已两千余年,此峡既有流水侵蚀,峡谷当下切不止数尺,若略晓水流营力便能明白;然此碑距流水处仅二三尺,即便石灰岩裸岩极为坚硬,两千年之营力亦不可能如此微小。永寿年号待查年表即明,然似此这般,今日之行殆属徒劳。见碑以前,欢喜振奋还说要将拓本裱成卷轴;现要裱成卷轴也是白花装潢费而已[1]。

堀贤雄这段日记的内容所反映出来的问题非常典型,它生动地告诉我们传言以及传言所激发起人们对于真实情况的想象可能与真实情况之间存在巨大的差距。前面我们在渡边哲信的日记中已经看到类似思想的表达,而堀贤雄在上面这段日记中则表达得更为清楚。原本他根据传言认为刘平国刻石为"数千呎壁立岩石"山脚下小屋内的立碑,而不是岩脚两小块不起眼的摩崖。所以在他一开始进入小屋时,因寻找脑海中根据传言构想的石碑,竟然没有发现岩壁上的刘平国刻石。石碑与刻石形制上的差距,依然让堀贤雄"先即大为失望"了;继而阅读刻石内容,根据可以识读的那部分信息,堀贤雄就得出"汉人称为乌垒碑有误"的结论,因为如果将乌垒的位置定在此处,就会与《汉书》记载和《西域图志》所考察的汉代地理不符。堀贤雄甚至开始怀疑传说中刘平国刻石的年代,猜测永寿四

---

① 堀贤雄《堀贤雄西域旅行日记》,转引自陶喻之《东汉刘平国刻石研究资料汇编》,412—413页。

年或许为唐代年号。在他看来,刘平国刻石的内容过于普通,反映的是汉人——而不是汉代人——开路纪功刻石的普通行为,显然缺少汉代人经营西域时立碑宣示管辖权力的重要意义。而且,他从刻石在岩面的高度、此地石灰岩的性质以及水流下切峡谷的深度(刻石距水流处仅二三尺),初步判断刻石的产生不至于像汉代那么久远,而很可能是唐代的产物。当然,堀贤雄知道这仅仅是他的推论;为进一步弄清楚刻石年代的问题,他还特意取了一块岩石作样本,因为根据岩石性质和水流营力,是可以计算出一定时间内水流下切深度的;他也计划回去查对年表,找出永寿四年所代表的确切年代。总之,实地考察的结果,与他之前初闻"乌垒碑"时的憧憬形成了鲜明的对比:此时此刻,对他而言,刘平国刻石毫无价值,以至于认为"今日之行殆属徒劳",就连之前对刻石拓本进行装裱的打算,如今也认为是毫无意义,是"白花装潢费"的徒劳。这种令人沮丧的情绪似乎第二天仍然伴随着日本探险家,堀贤雄在四月十四日的日记中写道:"见乌垒碑甚失望,想不如回赫色尔时看看故城,于是启程。"①

当然,堀贤雄对刘平国刻石年代的推断并不准确。他的怀疑,在查对历史年表之后涣然冰释,"就此可以知道汉人传称为乌垒碑并不是不可能的";于是他在四月二十九日的日记中补充说:"见到乌垒碑当时,曾从地形学观点论证其传称为乌垒碑之非……现在从大年表见到一千七百四十五年前有此一年号,是以修正当时所论之谬。"②

堀贤雄对刘平国刻石年代的怀疑以及对自己之前观点的修正,标志着探险家与金石学家在处理刘平国刻石方法论方面的截然不同。他对刻石年代的怀疑,是建立在对刻石地点进行亲自勘察以及地形学、地质学和水流营力学等不同方面知识综合判断的基础之上,而一旦发现关键证据不支持自己的判断,则会立即进行修正。更重要的是,通过实地考察,探险家们得以纠正了传言的若干不确之处:比如,"乌垒碑"写作"乌累",也并非石碑,而是摩崖石刻;乌垒碑也并非汉代经营西域背景下对此地管辖权的宣示,而只是士兵普通的开路纪功刻石;不仅如此,对刻石所在地理位置、两处石刻在山崖的位置关系以及当时所采取的保护措施等,也都留下了珍贵的一手资料,同时也纠正了金石家们在这些方面人云亦云的传言:

> 阿尔通伙什山西边一座山峰称为博子克勒克,两峰高度相当,后者带有石灰岩形成的赭色。流出两峰峡间的河流名为博子克勒克河。此河右岸有一小屋,占地一间与一间半许见方。此屋即以博子克勒克山崖为后壁,崖壁刻字处便是乌垒碑。听说为保护碑文,距今八年以前,有一朱姓买办出资令人建此屋。又此碑乃距今二十五年前,因一土人(已故)而得以发现云云。之前说过的那位工于拓碑的土民千人长(Min-bashi)到来,他先在纸(强度介于唐纸与白纸之间的纸)上喷水濡湿,贴在凹凸不平的岩面,隔毡片用木槌敲打许久,待纸紧密贴着石刻,用水溶解墨粉,作成浓汁,用好像是棉花包着的圆头工具涂蘸,轻轻在纸面上敲打之后刷过。碑文刻在大小两块地方,

---

① ② 堀贤雄《堀贤雄西域旅行日记》,转引自陶喻之《东汉刘平国刻石研究资料汇编》,412—413 页。

小处字少,大处字多。余试用日本石折墨刷之,但因岩面凹凸而失败①。

以上渡边哲信日记里所说的西边的山峰也就是河右边的山峰,河流与山峰都称为博子克勒克,而刘平国刻石(亦即此处所说的乌垒碑),就位于博子克勒克的崖壁上,文字"刻在大小两块地方,小处字少,大处字多"。堀贤雄和渡边哲信都提到了保护刻石的小屋②,渡边哲信的描述尤为详细:小屋以山崖为后壁,通过覆盖刻石对其加以保护。不仅如此,他还提到了小屋的建筑时间以及刻石的发现时间。根据他提供的时间,保护刻石的小屋建于1895年即光绪二十一年,由バイバンシュ(上文译作"朱姓买办")出手修建;而刻石的发现时间可上溯到1878年(光绪四年),发现者既不是张曜军也不是刘锦棠军,而是一"土人",即当地的老百姓。这两点初看起来似乎与前面我们检讨过的信息有较大的出入③。不过,上面的引文将バイバンシュ翻译成"朱姓买办"似有不妥,倒是很有可能是"鼎藩徐"的音写,徐(シュ)和藩(バン)的音译发毫不爽,只有"鼎"字的发音与バイ不符,这或许与方音翻译出错有关,当然也有可能是渡边记音有误。我们在本文的第一部分讨论过徐鼎藩所写刘平国刻石的考释题记,在第二则题记中他明确提到自己任拜城县令以后,工作之余搜求到刘平国刻石,"手拓数十本"之后,"鸠工垒石为屋护之,额曰宝汉",而徐鼎藩之子徐崇立在父亲的题记之后复加的题跋中显示,徐鼎藩于光绪庚寅即十六年(1890)始任拜城县令,渡边哲信提供的1895年为护石小屋建造年份,也符合徐鼎藩在题记中所提到的筑屋时间④。

另外,说刻石于1878年前后被一个当地人发现也未必就不是真实情况。施补华、王树枏等人所说的刘平国刻石最初由军中士兵发现,施补华的题记并没有说明军中戍卒是如何发现刻石的。如果清军在那一带的活动果真与寻找通往伊犁的通道有关,他们自然

---

①　渡边哲信《西域旅行日记》,转引自陶喻之《东汉刘平国刻石研究资料汇编》,410—411页。

②　大谷光瑞探险队1908—1909年第二次以及1910—1912和1911—1914第三次到新疆进行活动时,曾两次重探刘平国刻石,参与第二次探险的野村荣三郎和参与第三次探险的吉川小一郎的日记里都提到了保护刻石的小屋;见野村荣三郎《蒙古新疆旅行日记》,载上原芳太郎编《新西域记》,528—530页;吉川小一郎《支那纪行》,载上原芳太郎编《新西域记》,658—659页;见陶喻之《东汉刘平国刻石研究资料汇编》,418—419页。伯希和在1907年8月18日的日记里说,在博子克勒克山口刘平国刻石处的"岩面上残留些许旧木栅栏痕,同时岩壁上还有绘画"。这似乎暗示保护刻石的小屋已遭毁坏。但野村荣三郎1909年4月28日和吉川小一郎1911年5月27日的日记清楚地记载着小屋当时仍在。除非野村和吉川所见到的小屋是1907年之后重建的,否则,我们有理由认为,伯希和所说的留有栅栏和绘画痕迹的山崖位置,在山口他处的崖面上,而不是刘平国刻石处。伯希和《伯希和旅行记(1906—1908)》,巴黎:吉美博物馆,2008年,165页。

③　参考朱玉麒《龟兹刘平国刻石的发现与近代新疆》,57—58页。

④　2016年,新疆文物工作者在距离刘平国刻石最近的村庄玉开都维村西南方向的赛开塔木古墓地,发现了一块刻有"徐鼎藩建"字样的刻石残片。如果残石上提到的徐鼎藩与1890年担任拜城县令的徐鼎藩即徐桂丛为同一人,那么此残石就可以被看作是徐鼎藩当年在博孜克日格附近活动的证据。关于该残石被发现的具体信息,参考朱玉麒、吐逊江《刘平国刻石的早期保护和拓本流传——以徐鼎藩为中心》。

要借助当地人的帮助,那么,有可能在他们雇用当地人作为向导帮忙,或者在向当地人打听这条通道的过程中,获知博子克勒克山口崖壁上有刻画的文字并将情况作了汇报。事实上,崖壁上的文字并不显眼,而且山口风急沙扬,匆匆经过的士兵反倒未必那么容易就能发现岩石上并不显眼的文字,当地传说的刻石最初由一土人发现这一说法反倒更有可能是正确的。关于刘平国刻石是如何被发现的故事,金石学家们有意无意给我们留下来不少版本,后文还会对这些说法进行进一步的检视和分析,现在我们只需要知道,认为刻石最初的发现者是戍卒或是当地土人的说法,实际上可能并非像看起来那样彼此冲突。

上面所引渡边哲信四月十三日的日记,也有助于我们解释为什么刘平国刻石在晚清被发现后,只短短一二十年就剥泐到令人难以辨识的地步。刘平国刻石刻于汉桓帝永寿四年(158),到十九世纪七十年代末重新被发现,其间经历一千七百多年,内容并无多大损坏,也不影响识读。发现之后经历这么短的时间就沦落到"字多剥蚀,不可尽辨"的地步①,以至于像"土人"因不堪捶拓纷扰、故而凿山毁刻的说法广为大家所接受,确实需要加以解释。其实,一千七百多年来,吹过博子克勒克河谷的风一直都是那么强劲,并没有在刘平国刻石发现后的几十或者十几年间变得更有或者更少破坏性,我们从崖壁的两片刻石处也看不到当地人故意使用暴力凿毁刻石的痕迹;综合考察各种情况,我们不难发现,其实渡边哲信日记里所描述的捶拓活动,才更有可能是造成刘平国刻石短时间内遭到严重损坏的最主要的原因。

渡边哲信所描述的拓片制作方式比较传统,今天也仍然还在使用,即先以清水濡湿富纤维、有弹性的纸,然后隔着护纸的毡片或其他丝毛制品充当的垫片,使用打刷一类的槌状物用力垂直敲打垫片,以使濡湿的拓纸均匀地嵌入岩面刻画的字缝里,直到确认所有待拓内容的阴面都着实有拓纸嵌入,然后揭开垫片,在拓纸未干(但也不宜太湿,以防墨迹浸透扩散形成模糊的墨团)之前,用蘸墨的拓包轻扑上墨,务要均匀。这整个过程中,对刻石损坏最大的,莫过于施墨前对濡湿的岩面进行用力捶打这一环节,而对于石灰岩来说,这样的槌打尤其致命;加上刻石的字迹较小,突起的汉字笔画在打刷或是木槌槌击的力量下,极易变酥粉化,导致字迹笔画的凹凸区别不再明显,从而造成了刻石字迹的模糊。也就是说,对刻石的每一次捶拓都对刻石造成了不可逆的损坏;拓本的制作越是精良,对刻石的损坏程度也就越大。从这个角度来说,人们对拓本的大量需求,正是造成刘平国刻石短时间内招致损毁的最直接的原因,金石学家和金石收藏爱好者们或许还没有意识到,他们在题记中所表达的对于刻石惨遭凿毁的悲叹,其实与他们对金石精拓的贪求有着不可分割的关系。

---

① 黄文弼《库车考古调查简记》,载作者著《西域史地考古论集》,北京:商务印书馆,2015年,88—89页。

值得指出的是,前面所引堀贤雄在其 1903 年 4 月 29 日的日记中,在通过查对年表纠正自己先前对刘平国刻石年代质疑的同时,他还根据年表对他之前所持刘平国刻石中提到的"乌累"并非指代《汉书》所记"乌垒"的想法也一并进行了否定。堀贤雄否定自己先前对刘平国刻石为唐代的猜测无疑是正确的,但确认刻石内容属于汉代却并不能证明其中的"乌累"即是"乌垒",更不能将刘平国刻石所在位置等同于"乌累"关的所在之地。而在对刻石内容的解释中,这一点却很容易被忽略,尤其是在金石学家的解读中,从一开始就随着施补华对刻石内容的释读和题记的流传而广为大家所接受:

> 按:文称永寿四年八月,永寿为后汉桓帝年号。《汉书·桓帝纪》凡年号六:建和、和平、永兴、永寿、延禧、永康。其称永寿凡三年,四年六月戊寅大赦天下,改元延禧。《汉书》:龟兹国"去长安七千八百四十里"。后汉都洛阳,视长安较远,其时当未奉改元之诏,故称永寿四年耳。云龟兹左将军刘平国,有左右将、左右都尉、左右骑君、左右力辅。左将军即左将,其下尊称之,非官号也。云东乌累关城,《汉书》乌累城,都护治所,在龟兹东三百五十里。按:温宿,今阿克苏;姑墨,今赛里木拜城;龟兹,今库车。赛里木至库车百余里,已越龟兹而东,距乌累城不远矣。云京兆长安淳于某作此诵,后汉虽都洛阳,长安乃其旧都,故仍称京兆[①]。

虽然以上施补华对刘平国刻石内容几个关键词的解释,自施氏题记流传以来,对后人产生了深刻的影响,但施氏的解释却并非没有问题。第一,东汉桓帝(146—168 年在位)的年号数目,并非只有施氏所列举的六个,而是还包括被施氏漏掉的元嘉年间(151—153)。第二,施氏对于刻石题款中"永寿四年"的解释,虽然大致正确,但刘平国刻石文字刻于山崖之际龟兹地区尚未改元这一点,恐怕并非因为洛阳距长安较远所致,而是与洛阳距龟兹较远相关。永寿的年号改为永康,发生在永寿四年(167)六月,刘平国刻石刻于当年八月份,改元的消息无论如何也可以在两个月内从洛阳传达到长安,毕竟两地相距不足千里,且都是帝国重要都城;但限于当时的交通和通讯水平,这一消息未能及时到达距离长安八千里外的边境地区,则属正常。第三是关于"东乌累关城"的位置,这也是施补华对刘平国刻石内容的注释中问题最大的一点。施补华在题记中一开始就说,刘平国刻石位于赛里木(该镇位于拜城县城东 28 千米处)东北二百里山中,在解释刻石中出现的"东乌累关城"这一内容的时候,关城位置也被默认是刻石所在的位置,而"乌累",则被看成是《汉书》所记西域都护治所所在地的"乌垒",据《汉书》所载位于龟兹(即今之库车)东三百五十里处。根据施补华的说法,赛里木距库车一百里,刘平国刻石位于赛里木东北二百里山中,因此,他推测,刘平国刻石所在地应该向东深入库车一百里处,距离乌垒只有二百五十里左右,用施补华的话来说,就是"距乌累城不远矣"。施补华这样推算的目的很明显,就是为了将"东乌累关城"与西域治所乌垒建立起联系。但施补华的推算犯了一个错误,即他将刘平国刻石在赛里木东北的位置误认为是接近于正东方向,这样的误差自然就会导致将刘平

---

① 施补华《泽雅堂文集》,315—316 页。

国刻石的位置延伸到拜城以外,向东深入库车一百里;但如果我们查看今天的地图,很容易就会发现,位于赛里木东北方向刘平国刻石所在的山口,并非向东延伸至库车,而是更多向偏北延伸,仍然位于拜城县境内。

虽然是一个误解,但施补华的这一解释在当时还是很有影响的,伯希和在其1907年8月11日的日记里提道:

> 猎人克拉姆的父亲于下午到来了。这个老人曾听人讲到过,我们将从科克苏前来至此,于是便到阿尔通霍什(Altoun-koch)山口前来迎接我们,并且确实在山顶上等到了我们。刘平国作亭颂似乎并不在阿尔通霍什山谷,而是在更靠西部的博孜克日格(Boz-kariga,其发音几乎相当于Boz-kerigê)河流域[①]。

伯希和日记里所说的阿尔通霍什山口,位于库车境内,将此地当作是刘平国刻石所在的山口,很有可能是受到了施补华刘平国题记中所持的刻石位于库车境内的说法的影响[②]。但到达阿尔通霍什山口后他才真正弄明白,原来刘平国刻石不在库车境内,而是位于更西的博孜克日格。我猜想,渡边信哲在1903年4月13日的日记中提到阿尔通伙什山(即阿尔通霍什山)和博子克勒克(即博孜克日格)的位置关系,或许是出于同样的原因。这样的认知错误,其实通过实地考察可以比较容易发现并得到纠正,但无论是施补华还是徐鼎藩,即使二人当时同在西北军中服务,而且后来徐鼎藩还担任拜城县令,自言曾亲访亲拓过刘平国刻石,但二人在题记中均表示,刘平国刻石"已越龟兹而东,距乌累城不远矣"[③]。究其原因,正如前面所说的,与实际的地理测量和科考探险相比,传统金石学者对刻石拓本的注重远远超过了对刻石具体位置等方面信息的考察。自1927年开始的中瑞西北科学考查团在我国西北考察期间,考查团的成员之一黄文弼对刘平国刻石以及其所在沟口的位置作了实地考察[④],并对此前大家对"东乌累关城"的地理位置及其与乌垒关系的误解进行了解释:

> 按此摩崖为龟兹将军刘平国在此建关、关城之诵词。其名曰乌累关者,以乌泥为营,累即垒,黑石作营,故即以名关,与汉西域之乌垒国及汉都护治所之乌垒城,非为一事。乌垒国及城地当轮台之东,今策特尔南,万难飞至龟兹国北,来建关者为龟兹将军,而非乌垒国将军,岂可混为一谈。且诵文明云,屯东乌累关,盖此关在龟兹之东

---

① 伯希和著,耿昇译《伯希和西域探险日记(1906—1908)》,北京:中国藏学出版社,2014年,268—269页。Boz-kariga,也写作Bozikerake,音译作汉字略有差别。

② 李铁将关于刘平国刻石所在地理位置说法的纷纭杂乱,都归结为施补华题记注释的误导,认为他为了附会"东乌累关位于古丝道"的说法,根据道听途说错置了刻石位置。见李铁《汉刘平国治关刻石小考》,《社会科学战线》1979年第4期,204页。

③ 刻石位于今拜城博孜克日格(即Bozikerake)山沟口处,据黑英山乡政府所在地(即明布拉克)约六十华里,离拜城县城约二百七十华里,离古龟兹城约二百五十里。参考李铁《汉刘平国治关刻石小考》,203页。

④ 参考黄文弼《西域史地考古论集》,88—91页。

也;若为乌垒国之关,当西乌累关,不得云东。龟兹国东有轮台,并不直接乌垒。又此关之东百余里,仍为古龟兹国地,例如阿羯田山,《西域记》已证其为龟兹山,此关即建阿羯田山之西南麓,此又可证其非乌垒国地。《访古录》谓"乌垒当今之喀拉沙尔之策特尔,其国属地当北至今拜属之明布拉克山,而建关于此",实为大误。又此建关之山今名额什克巴什,或称喀拉克塔格,明布拉山在其南,相距 70 余里,亦不得云北至明不拉山。建关处今名博者克拉格沟,即克孜尔河源处。循此沟可北通伊犁及山中草地,则此沟为龟兹在汉时北通乌孙,唐时北通突厥之要津,故在此作关。汉使至乌孙亦由此行,且必过其国都,故史称龟兹有截留乌孙公主之事也,此又可为反证。总之,此关为龟兹国所建,属龟兹,不属乌垒,决无疑义①。

与金石学家们的主张不同,黄文弼的这一段考论从不同角度雄辩地说明,刘平国刻石中之"东乌累关"并非《汉书·西域传》里的乌垒国或西域都护治所乌垒,原因是西域的乌垒国或乌垒城位于龟兹更东的轮台,不与龟兹直接相连,既不会在龟兹、更不会在库车以西的拜城地区建关建城;而且,乌垒国及乌垒城既然在龟兹以东,刘平国刻石所在之关及关城就不会在乌垒以东,断然难以称作是"东乌垒城"②。即使刘平国刻石所在的山谷果真深入龟兹一百里,也仍然不属于乌垒,而王树枏之《新疆访古录》所言乌垒在拜城之明布拉克山③,则是错上加错,因为此关距离明布拉克山七十余里,根本就不在明布拉克山。不仅如此,史册明确记载龟兹截留乌孙公主一事,而刘平国刻石所在之山口,正是汉代通往乌孙国的古道,地属龟兹,而非乌垒。所以任何将乌累和乌垒混为一谈的说法,都属于缺少依据的无根之说。乌累关既然不同于乌垒关,黄文弼又解释了乌累得名之由来。根据他的观察,乌累一名可能与筑造关营所使用的泥石材料的颜色有关:因为关营由"乌泥""黑石"叠垒而成,故称乌累。当然,这一解释并没有具体的证据支持,但无论这一说法是否成立,刻石所见之乌累与《汉书》所记之乌垒并无直接关系,则是很显然之事。

以上的分析让我们看到,科考探险语境下对刘平国刻石的研究,与金石学家们的关注点有着明显的不同。科考成员和探险家们注重对刻石地理位置、周围环境、保存状况等实际情况的记录,而金石学家们更看重刻石在史学研究中起到的补充史料的作用以及刻石拓本作为研究中介的审美和收藏价值。对刻石关注点的差异,导致这两种不同语境下针对刘平国刻石而展开的研究问题和研究方法的不同。比如,金石学家们非常注重根据相关历史记载对刻石内容进行解读,非常重视对拓本的质量以及拓本的来源和出处进行记

---

① 黄烈整理,黄文弼遗著《黄文弼蒙新考察日记(1927—1930)》,北京:文物出版社,1990 年,338—339 页。

② 任乃宏认为在"此东"之后断句,"此"即刻石所在山口,"乌累"即轮台乌垒,作为西域都护治所的乌垒正位于刻石所在山口以东几百里处,因此并不与刻石所记相抵牾。见作者著《东汉刘平国摩崖刻石补考》,《文物春秋》2020 年第 1 期,79 页。

③ 王树枏《新疆访古录》,5 页。

录,但对刻石的实际情况则不甚了解,甚至根据道听途说做出牵强附会的猜测,从而不可避免地导致了不少谬误的产生;但这些无根的猜测以及谬误,正可通过科考探险活动得以澄清,这一点在前面对刘平国刻石的地理位置和保存状况的考察中可以清楚地看到。当然,研究方法和关注点的差异也导致科考人员和探险家们对刻石历史研究的薄弱,尤其缺乏从刻石拓本的产生和流传方面展开的研究。当然,即使参与科考和探险的学者研究的是刻石拓本,但由于在金石学传统和科考探险语境下对刘平国刻石考察的主体不同,这两群人的交际与交叉较少,也导致他们的考察结果缺少充分的交流。比如,沙畹在 1902 年发表的关于刘平国刻石的介绍中,似乎并不知晓晚清的金石学家们关注刘平国刻石已有二十多年,还以为:"博安先生所提供拓片中的库车铭文,不见于《金石萃编》,也不见于我所参考的其他任何作品,似乎并不为中国学者所知。但该铭文确实非常重要,因为它为我们提供了公元 158 年中国人拥有库车的见证。"[①]几年后,伯希和到中亚和中国西北探险,接触到刘平国刻石拓本的机会也很多[②]。他虽然通过当地汉人了解到刘平国刻石很有名气,但在看到刻石三行十一字的题记拓本时,却还是得出了与沙畹类似的结论,认为"它们酷似石刻本身(即作亭诵文——本文作者注)上的文字,可能是参照了一方小石刻。后者(即十一字题记——本文作者注)至今尚不为人所熟知,可能是雕刻在石刻一侧的"[③]。这很显然是伯希和在尚未实地看到刘平国刻石时的想象:他似乎将刘平国刻石想象成碑刻,

① M. Ed. Chavannes, *Dix Inscriptions Chinoises de L'Asie Centrale: D'après Les Estampages de. M. Ch.-E. Bonnin* (Paris: Imprimerie Nationale, 1902), 37. 原文如下:"L'inscription de Koutcha, dont M. Bonin a repporté l'estam-page, n'est mentionnée ni dans le Kin che tsoei pien, ni dans aucun des autres ouvrages epigraphiques que j'ai consultes. Elle paraît donc être inconnue des érudits chinois; elle a cependant une réelle importance, puisqu'elle nous fournit le témoignage que les Chinois occupaient Koutcha en l'an 158 de notre ère."

② 从伯希和留下的日记和信中,我们知道他在不同场合得到过不少刘平国刻石的拓片。比如,他在 1906 年 9 月 14 日从喀什给色纳尔(Émile Senart, 1847—1928)的信中写道:"前天晚上,马继业都到了一箱写本和著作,系由他的一位当地通信人从库车寄出。……最后是刘平国作亭诵石刻的拓片,其中一种拓片是由博安(Bonin)自乌鲁木齐携归,已经由沙畹(Ed. Chavannes)发表。"见伯希和著,耿昇译《伯希和西域探险日记(1906—1908)》,603 页。1907 年 1 月 29 日给色纳尔的信中,伯希和写道:"现在尚待于考察摩崖石刻了。有人告诉我,数月之前,阿富汗领事(或使馆工作人员)曾去制作拓本。然而,'阿富汗领事'也正是库车的印度'领事'。我在喀什看到了由他寄出的刘平国颂亭碑的拓片。一旦有人另外还告知我说,该碑还包括只有几个字的很小的一段独立部分,我便不持任何怀疑。它就是由沙畹发表的那篇碑文,也是我们至今所知喀什地区最古老的碑文(被断代为公元 157 年)。"见伯希和著,耿昇译《伯希和西域探险日记(1906—1908)》,636—637 页。伯希和 1907 年 5 月 20 日的日记中说,"今天有人为我带来了阿克苏道台的一封信,其中包括对刘平国作亭诵的释读文";这位道台名叫潘震(1851—1926),随信赠送给伯希和"乌垒碑"拓片"大小拓各十张,以为大君子稽古之助";分别见伯希和著,耿昇译《伯希和西域探险日记(1906—1908)》,224 页;陶喻之《东汉刘平国刻石研究资料汇编》,416 页。相关记录还可见于伯希和 1906 年 10 月 27 日的日记,记述了玛喇尔巴什现县令向他们赠送刘平国作亭诵拓本一事,见伯希和著,耿昇译《伯希和西域探险日记(1906—1908)》,100—101 页。

③ 见伯希和著,耿昇译《伯希和西域探险日记(1906—1908)》,603 页。

而三行十一字的题记则刻于碑侧。不过,即使后来他亲自勘踏过刻石所在的山谷,他自己也并没有亲拓过刻石,而且对刻石本身的描述也极其简略,这可能是因为的他的兴趣不在刘平国刻石本身,而在于考察通过山口的通道:与刻石内容相比,他更关心对路线的险易程度和对通道地理坐标的记录①。

正因如此,科考探险者在记录刘平国刻石是如何被发现的时候,更注重对当时当地流传说法的记录。比如,我们在前面提到渡边哲信在日记里所说的刻石为当地一"土人(己故)"发现一事,就一定是从当地人那里了解到的情况:像渡边所记的发现刻石者已故这样的信息,则很明显是当地人向他透露的。伯希和在日记中也明确记录了他是从当地汉人那里了解到刘平国刻石的发现情况的,了解到大致的发现时间,但对发现刻石的细节似乎并不在意②。日本参谋本部派遣高级特工日野强于1907年7月间在库车和阿克苏地区活动时,虽然并未实地考察刘平国刻石的位置,但在阿克苏道台潘震(1851—1926)的帮助下,不但在地图上弄清楚了刻石的位置,收集到光绪五年张曜部下发现刻石的说法,而且还记录了金石学家传言刻石遭"土人斧之"的消息③。1909年日本另一探险家野村荣三郎还将民间传说的刘平国以戈镌刻关亭诵一说记录下来作为参考④。而黄文弼在这一问题上则采用了王树枏的说法,认为刘平国刻石是光绪三年由刘锦棠的部下所发现的⑤。从这个角度来看,虽然科学考察者和探险活动家们的实地考察在研究刻石的地理位置、保存状况等方面能够独立提供较有参考价值的信息,但在刻石的发现经过、内容释读、历史考证等方面的研究,则不如金石学家们那么关注,甚至直接采用金石学家们的某些说法。而金石学家们在这些方面的考察,不仅真假杂糅,而且众说纷纭,一直到今天也还在影响着人们对刘平国刻石的研究和解释。

---

① 伯希和1907年8月18日的日记中记述了他到达刘平国刻石所在山口的景象,对刻石的描写极其简短:"我们到达了大山的入口处,也就是刘平国作亭颂的地方。几乎就在对面的山崖上,我们还能发现古木的踪迹,它们可能形成了一种不太清楚的栈道遗踪。那里还有某些岩画。"见伯希和著、耿昇译《伯希和西域探险日记(1906—1908)》,273—274页。伯希和对经由博孜克日格沟口通往伊犁的路线更感兴趣,他在1907年8月23日的日记中说:"我认为阿勒通霍什这条路更比较容易开辟。相反,骑马通过阿克达坂和咯喇达坂之路,则比较困难。我不知道刘平国的队伍是否完全是步行。无论如何,这些路不经常有人来往。"见伯希和著、耿昇译《伯希和西域探险日记(1906—1908)》,279—280页。1907年8月31日给色纳尔的信中,伯希和向他介绍了他新发现的刘平国刻石所在沟口位置以及经由沟口的路线,比较了经由阿勒通霍什和博孜克日格两条路线的险易程度,怀疑"刘平国打通的那条路"是否走过骑兵,认为"他从来未曾'凿空'大山以使其骑兵翻越而过",见伯希和著、耿昇译《伯希和西域探险日记(1906—1908)》,680—682页。

② 同上,603页。
③ 日野强著,华立译《伊犁纪行》,哈尔滨:黑龙江教育出版社,2006年,176—177页。
④ 野村荣三郎《蒙古新疆旅行日记》,载上原芳太郎编《新西域记》,528—530页。
⑤ 黄文弼著,黄烈编《黄文弼历史考古论集》,北京:文物出版社,1989年,271页。

四、刘平国刻石的新金石学语境考察

我这里所说的新金石学,是相对于传统金石学而言的,在时间上指的是二十世纪五十年代以后对刘平国刻石的研究。传统金石学主要是指自宋代以来在文人士大夫中发展起来的对于零星发现的古代铜器和石刻材料的搜集、著录、研究以及鉴赏把玩的一门学问。在近现代以地层学和类型学为主要特征的科学考古学兴起之前,金石学是对以古物为代表的古代物质文化辑录和研究的最重要的手段之一,流传下来的著录为我们保存了很多有价值的古代铭刻和器物图像资料,有时也被看作是中国考古学的前身[1]。尤其是近代以来,在收藏与发掘等各方面都愈见发达的情况下,古物的发现越来越多,正如朱剑心所言:"殷墟之甲骨,燕齐之陶器,齐鲁之封泥,西域之简牍,河洛之明器,皆有专载;虽不尽属金石之范围,而皆得以金石之名赅之也。"[2]因此,从这个意义上说,金石学可以被看作是以金、石为名的古物学的代名词[3]。

尽管在器物的命名、搜集和整理等方面对我们了解古代社会做出了一定贡献,但传统金石学无法做到像现代考古学那样根据地层学和类型学等手段较为准确可靠地确定器物的年代,也无法基于准确的年代学信息对考古现象进行系统的分类和研究,因此无法做到像考古学研究那样较为精确地反映古代社会生活的某些方面。但是,传统金石学对铭文的解读和器物形制知识的积累,可以促进对考古材料的分析、整理和解释,因此逐渐演化为现代考古学研究的一部分,以至于有学者认为金石学作为独立的学问已经不复存在了[4]。

我所说的新金石学就是在现代考古语境下认同现代考古学研究方法和实践,但同时又保持了传统金石学注重古物(尤其是金石作品)的鉴赏、收藏和审美功能这一特点的学问。也就是说,现代考古作为一个学科虽然吸收了以往金石学的研究成果,在研究中借鉴了金石学研究的某些方法,但考古学的兴起和快速发展并没有导致金石学的消失,因为对铭刻书法作品的鉴赏、对器物形制和物质材料的识别研究以及对古物的收藏和把玩等等,在考古学快速发展的今天仍然大有市场。从这个意义上说,考古学的发展不但没有导致金石学的消失,反而促进了金石学对传统研究对象和研究内容的重新定位,并在方法上也借鉴吸收了考古学的研究成果,因此我们可以把新金石学看作是在自觉地吸收了考古学成果的条件下对传统金石学的继承和改造。就刘平国刻石的研究这一案例而言,既重视

---

[1] 王世民"金石学"条,夏鼐等编《中国大百科全书·考古学》,北京、上海:中国大百科全书出版社,1986年,236—237页。

[2] 朱剑心《金石学》,4页。

[3] 同上,4页;马衡《中国金石学概要》,作者著《凡将斋金石丛稿》,北京:中华书局,1977年,1—3页;刘节《中国金石学绪言》,《图书季刊》1934年第1卷第2期,2—16页。

[4] 王世民"金石学"条,236页。

刻石书法的鉴赏功能也顾及刻石位置关系,并有意识地强调刘平国刻石作为可靠史料在历史研究中的价值,就成为新的金石学语境下关注刘平国刻石的一个显著特点,而在对刻石的具体描述中,则体现出对刻石名称、发现位置、时间、形制、内容等"事实"的记录与刻石的书风、书法、韵味等审美特征的阐发并重的特点,比如:

> (A)中国东汉摩崖刻石。全称《汉龟兹左将军刘平国治路颂》,又名《龟兹刻石》《汉乌垒摩崖石刻》《刘平国治口谷关颂》《刘平国作关称颂》《刘平国碑》等。在新疆维吾尔自治区库[车]拜城东北喀拉克达格山麓岩壁间,因记道路之开凿,故又称《刘平国开道记》。永寿四年(158)八月刻。隶书。上刻3行,下刻8行,上3行似题额,但又非题额,颇剥落,文字模糊。清光绪五年(1879)为施均甫发现。初拓本4行首"谷关"2字清晰。有翻刻本。(B)该石书风淳古,布局上打破了碑阙形制上纵列横行的格式,章法灵动而富有生机,结体险夷、疏密①,敛纵多变化,气息高古。加之该石历时久远,斑驳和残泐更增添了意境上的神秘和朦胧感②。

这段文字很明确地将关于刘平国刻石的"事实"(A)和审美特征(B)两部分并列介绍,事实上就是前面我们所说的新金石学语境下对刘平国刻石的再定义。(A)部分所包括的"事实",是对关于刘平国刻石命名、地理位置、刻写年代、刻石字体、大小刻石位置关系、刻石发现人、发现时间、发现时的保护情况以及有无翻刻本的综述,尽管综述内容没有超出传统金石学的关注范围,但其叙述方式客观、综合、注重地名的现代转换和数据的运用,因此所描述的信息给人以科学实证的印象。但如果细究其中所使用的材料,(A)部分所包含的"事实"并不是实际勘察的结果,本质上仍然基于传统金石学者所提供的基于传说甚至想象的信息,比如,首先,从晚清发现到今天,刘平国刻石所在位置一直在拜城境内,库车的西北;就像我们在前一部分所说的,传统金石学者因试图将刘平国刻石中出现的"东乌垒关"与《汉书·西域传》里的西域都护治所乌垒相关联,所以才在想象中将刘平国刻石所在地点东移到库车境内。

另外,(A)部分对大小刻石的形制以及他们之间的位置关系的描述并不准确,显然没有参考过科考探险者实地勘踏刘平国刻石所在区域的相关记录,而只是摘编了从未到过实地进行考察的金石学家们人云亦云的说法。施补华所作的广为大家所接受的刘平国刻石题记中所说的八行一百多字的诵和三行十一字的题记大小二刻石,其实分别是八列和三列文字,仍然属于(B)部分里所说的"碑阙形制上纵列横行的格式",并没有什么"打破";而且,"三行十一字"的小刻石并不在"八行"治关亭诵刻石的上方,而是位于其下方靠北的位置,属于诵文部分的题记,根本就不是碑刻题额。这些错误,其实即使不是实地勘踏,仅查看对比一下科考探险者的记录,基本上就可以避免,最低限度也能够发现不同记录之间

---

① 这里的","应该为"、",否则句子难以理解。
② 李洁冰"刘平国治路颂"条,《中国美术百科全书》,北京:人民美术出版社,2009年,822—823页。(A)(B)为讨论方便,系本文作者所加。

的差异，并在此基础上将这种差异作为疑问提出，作为进一步研究的对象。此处的讹误，可能与其直接沿袭《汉碑全集》的说法有关，而《汉碑全集》又征引了《增补校碑随笔》的记载①。如果进一步追问，"上刻3行，下刻8行"这样说法的产生，很可能依据的是传统金石学者在制作刘平国刻石拓本时对大小刻石的拓本重新排列的结果，而这一重新排列并没有考虑到两块刻石的实际位置关系。顺着这个思路，该辞条的作者对待题款小刻石的模棱两可的态度——即认为"上3行似题额，但又非题额"的矛盾说法——也就迎刃而解了：我猜想作者可能既误解了大小刻石的位置关系，也受到了"刘平国碑"这一名称的误导，把大小刻石之间的位置关系想象成汉碑的形制，以至于产生了这样的混淆。

还有，(A)部分所说的刘平国刻石发现者为施均甫这一点，显然是受到了施补华分别于光绪八年(1882)和光绪十五年(1889)为刘平国刻石所写的释文及题记直接或者间接影响的结果。关于刻石的发现者，我们在前面分别对不同的说法作过检讨；其实即使施补华本人也并不讳言，他最先是从姓名不见记载的士兵那里听到消息并上报统帅的，他本人则自始至终从未去过刘平国刻石所在的山口进行过实地勘踏，因此更准确地说他只是最早对刻石拓本进行释读的研究者之一，而不能说是刻石的发现者。那么，是不是传递刻石消息的士兵就是刻石的发现者呢？值得再次指出的是，大谷光瑞第一次赴中国西北探险队伍中的成员之一渡边哲信在日记中说，他所考察地区的居民认为发现刘平国刻石的是当地一已故的"土人"，显然广为当地居民所知，但其名字却同样失于记载。就晚清刘平国刻石被重新发现的政治和军事背景而言，士兵发现和土人发现这两种说法都有可能，但一般来说，由更熟悉当地情况的"土人"告知前来打探道路的清兵，然后再由清兵上报施补华的假设似乎更加合理。与此相比，新金石学语境下对刘平国刻石重新得以发现的故事的记载，则大多经不起推敲，比如，《增补校碑随笔》中有这样的记载：

> 碑在天山南路赛里木城东北二百里大山岩壁间。光绪初张曜督师乌鲁木齐，尝遣数军人结队出役，探天山捷径以速南北之程。一卒失道，盲行乱山中，暮闻狼嗥，窜匿岩穴。明日仰视宿处，峭壁黝然，距地丈许微露斧凿痕，似有纵横字划者。后归告同伍，幕客施均甫闻之，连骑裹粮往穷其异，知为后汉摩崖，遂椎拓之。军中无良工，拓本皆极粗糙，摩崖拓本未久即为回民摧毁。因穷乡僻壤惊见华人，拓者往往显贵，路远地偏干粮不足，日暮投宿回民，骚扰甚苦，遂即凿毁以绝来者②。

这则随笔疏漏之处甚多，无需一一检讨，仅所谓失道之士兵于蔽匿岩穴之处仰视"距

---

① 《汉碑全集》中说："《刘平国摩崖刻石》，或称《刘平国碑》《龟兹刻石》《刘平国作关城诵》等。刻于东汉永寿四年(158)。石在新疆维吾尔自治区库车西。文记开凿道路筑关事。上刻三行，下刻八行，因剥落严重，文字多模糊。石在清光绪初被发现。书风淳古。已损毁。有施均甫刻本、杭州砖刻本。"《中国美术全集》"刘平国治路颂"一条内容，与这里的文字大致相同。见徐玉立《汉碑全集》(三)，郑州：河南美术出版社，2006年，860页。

② 王壮弘《增补校碑随笔》，上海：上海书画出版社，1981年，69—72页。

地丈许"处刘平国刻石遭斧凿毁坏之痕迹以及施补华"连骑裹粮往穷其异"、制作拓本不久刻石"即为回民摧毁"这两点，或者出乎作者想象，或者以讹传讹，与传统金石学者疏于实地考察、人云亦云的做法类似，基本上都属于经不起推敲的传言。施补华从未亲往勘踏刻石，回民不堪骚扰之苦凿毁刻石一事从未发生，刻石所在山崖也未发现有洞穴可以藏身，而且从未有记载刻石所在位置距地丈许的记载。流经山口的河水，在水流不稳的时候或者冲刷河床降低地面，或者堆积乱石抬高地面，但根据晚期以来的记载，刻石距地丈许的说法当纯属臆造。据当地文物工作者所说，现在刘平国刻石据地面的高度，是 2001 年后拜城地方文物保护部门逐步对刻石下方的乱石进行清理和对刻石进行保护的结果。晚清刻石被发现时距离地面的高度，估计和 1928 年黄文弼前去现场勘踏时所看到的情况相差不大，即诵文部分的刻石距离地尺许[①]。柯昌泗所说的"又东北五十里，曰博子克勒克山，入山五里，即摩崖也，距地六尺；下方'京兆长安淳于伯隐作此颂'，三行十一字，距地仅尺许"[②]，很显然不符合实际情况，因为实际观察大小刻石之间的垂直距离约 0.2 米，要远远小于柯昌泗在这里所说的五尺（六尺减去一尺）[③]。虽然如此，因为《增补校碑随笔》的作者并不清楚大小刻石之间的位置关系，误以为题款刻石位于大一点的诵文刻石的上方，所以将黄文弼所说的大小刻石之间的距离约四尺看作是二者之间的垂直距离[④]，用这个数字与柯昌泗所说的摩崖距地六尺简单相加，就得出刻石"距地丈许"的结论，然后又以此为依据，结合士兵在探路过程中发现刘平国刻石的传说，编造了士兵探路迷向、夜间洞穴避狼、天晓仰视凿痕于山崖高处发现刻石的故事。

让我们回到《中国美术百科全书》"刘平国治路颂"辞条（A）部分。该部分的最后，提到了刻石中包含"谷关"二字，并将这两个字在拓本中的清晰显示与拓本的时间联系起来考察，认为"谷关"二字清晰显现的拓本应该即是初拓。传统金石学者几乎无一例外都是通过拓本对刘平国刻石进行鉴赏和研究，因此就像前面我们看到的那样，刻石拓本的题记中

---

① 此信息来源于 2021 年 7 月 25 日与拜城县文化旅游局局长吐逊江的私人交流。黄文弼的估计见其 1928 年 11 月 26 日的工作日记，黄烈整理，黄文弼遗著《黄文弼蒙新考察日记（1927—1930）》，338 页。另外，堀贤雄在其 1903 年在 4 月 13 日的日记中也说，"然此碑距流水处仅二三尺"，小刻石距离地面则更低，与黄文弼所说的距地尺许相差不大。参考堀贤雄《堀贤雄西域旅行日记》，转引自陶喻之《东汉刘平国刻石研究资料汇编》，413 页。

② 叶昌炽、柯昌泗《语石 语石异同评》，98 页。

③ 崖角乱石被清理之后，靠南的诵文刻石距地面 1.6 米，靠北的题款刻石距地面 1.2 米，题款刻石的高度，黄文弼测量为 18.3 厘米，约为 0.2 米，所以两块刻石之间的垂直距离为 1.6 米－1.2 米－0.2 米＝0.2 米。数据来源于与拜城县文化旅游局局长吐逊江的私人交流以及黄文弼《塔里木盆地考古记》，北京：科学出版社，1958 年，99 页。

④ 黄文弼在 1928 年 11 月 26 日的工作日记中说："刻石在沟西岩石上，距地尺许，因岩石之隆洼屈折，凿刻有 2 块：南为诵文，宽营造尺 1 尺 2 寸，长 1 尺 4 寸 5 分，字为汉隶，体极工，约 1 寸建方，惜字多剥蚀，不可尽辨；以北为题名，与诵文相距约四尺，有字处约长 5 寸 5 分，宽 5 寸，隶体。每字 1 寸 2 分建方，共 3 行，一、二行各 3 字，可识者 6 字，三行 3 字，可全识。"黄烈整理，黄文弼遗著《黄文弼蒙新考察日记（1927—1930）》，338 页。

大都极力夸赞刻石拓本的质量,不遗余力地强调拓工制作之精良,拓本制作时间之早,由此来提升所题记拓本的权威和价值,因此对刘平国刻石的研究一开始就与对刻石拓本的鉴赏和收藏密不可分。自二十世纪八十年代初马雍关于刘平国刻石的集释考订发表以来,学界对于刘平国刻石拓本的分期多依据马雍在文中所使用方法,即根据拓本所保留字数以及拓本的清晰度将刘平国刻石拓本大致分成三个时期。第一期和第二期的拓本字迹都比较清晰,但第一期比第二期拓本要多保存八、九个字,具体来说,第二期无第一期第二列第二字的"秦"字;第二期仅保留第一期第三列倒数四个字"作列亭从"中的"作"字的一半;第二期仅保留第一期第四列首三字"□谷关"中"关"字的大半;第二期仅保存第一期第五列首三字"止坚固"中的"固"字;其他部分则大致相同。第二期与第三期拓本的区别在于字迹的清晰程度:与第一、二期的拓本相比,第三期拓本一片模糊,如果没有其他拓本作参照,字迹几乎无法辨认。

《中国美术百科全书》"刘平国治路颂"辞条中将"谷关"的清晰显现等同于刻石"初拓"的标识,类似于马雍根据拓本显示存字多少确定拓本早晚的做法,但显然对拓本的实际情况以及对拓本分期方法的复杂性失于考察,因此结论并不可靠。马雍在对刻石拓本进行分期之前很清楚,虽然一般来说早期的拓本可能保留更多的文字,"然而也有些早期拓本拓得不够精善,清晰程度反而不如后出之本。就是同一次同一手的几份拓本,也不能没有差别"[1]。这就导致根据拓本质量和存字多少对刻石拓本进行分期的困难。为克服这一困难,马雍采用的是对多种拓本进行相互比对的方法,但最终仍然没有超越根据拓本质量、存字多少以及字迹清晰度来对拓本进行分析的标准。比如,虽然他知道早期的拓本也有不如后出拓本之精良清晰的现象[2],但他并没有找出对其进行甄别的方法;对于他所说的第一、第二期拓本之间的细微差别,到底是因为拓工手艺的优劣还是刻石早晚不同的保存状况所致,其实仍然没有得到解决;而他自己也很清楚有些早期拓本质量较差,因此,严格地说,无论是拓本的保存字数、拓本质量还是字迹清晰度,都难以作为标准对具体某一个拓本进行分期。我们只能大致说,受到破坏的晚期拓本在保存字数和清晰度方面均不如早期拓本,但保存字数较少、清晰度较差的拓本却未必是晚期拓本;同理,根据个别字的保存与否、字迹清晰与否来判断某拓本属不属于"初拓",也未必可靠。因此,刘平国刻石的初拓不一定就是精良拓本,所以不一定会保存"谷关"二字;即使我们假设初拓本的确存在极其精良者,"谷关"二字也并非第四列首:根据马雍的描述,较好的拓本中,第四列首"谷关"二字之前仍有某一汉字的部分残留。"刘平国治路颂"辞条中的这种处理方式,无论在

---

① 马雍《〈汉龟兹左将军刘平国作亭诵〉集释考订》,47 页。

② 比如,施补华在题记中就明确表示,刘平国刻石光绪五年的拓本,因捶拓者为不通文墨的士兵,所以质量较差,反而不如他于光绪九年另派拓工制作的拓本精良。渡边哲信和堀贤雄在日记中对拓片的制作也有描述,比如渡边哲信就说:"土民忙于拓碑之际,余等舒毡烹茶,又蒸鸡蛋来食。"他们把捶拓的事情交给当地村民来做,自己则烹茶蒸蛋饮食,并没有显示出对于拓本质量的关注。陶喻之《东汉刘平国刻石研究资料汇编》,411 页。

传统金石学还是我所说的新金石学语境中,使用都比较广泛,但对这一方法的局限性,我们也必须保持谨慎。

"刘平国治路颂"辞条的(B)部分是从书法角度来介绍刘平国刻石的审美价值的,这是新金石学语境下考察刘平国刻石的一个非常重要的方面。这里辞条的作者强调刻石的"书体淳古""气息高古",强调刻石的"斑驳和残泐"所代表的年代久远为刻石所增添的"神秘和朦胧"的意境,总之,在辞条作者看来,刻石本身的古老构成其审美价值的重要方面。应该指出的是,辞条作者在这里对刘平国刻石所做出的古风、古气、古意的评价,都是以刘平国刻石的拓本为基础的。拓本是一种与刘平国摩崖刻石完全不同的全新的媒介,以拓本为基础就使得刘平国刻石脱离了博孜克日格山口自然环境,经过装帧、释读和题记,成为可以携带、把玩而且使观赏和收藏者们可据以互相交流、以之彼此赠送甚至可以进行买卖的"艺术品"。或许正是由于这种对于拓本的钟爱和过于依赖,新金石学者才会在这个问题上忽略现代科学考察和近代实地勘踏探险的成果,误将刘平国刻石想象成后来的"碑"的形制,以为它在"布局上打破了碑阙形制上纵列横行的格式",而事实上这一从审美角度得出的错误判断正是基于辞条作者对大小刻石位置关系的误解之上。有意思的是,根据辞条作者的说法,刻石保存状况的欠佳所导致的"斑驳和残泐",虽然为刻石的释读造成了不少困难,但从书法和审美的角度,却因其反映了时间的久远而增加了刻石的审美价值,为刻石拓本增添了"意境上的神秘和朦胧感"。也就是说,新金石学语境下研究刻石的两条路径——实证的和审美的——似乎还没有达到有效的统一。

对于书法艺术的重视,可以说是新金石学语境下对刘平国刻石研究的重中之重。事实上,《中国美术百科全书》中"刘平国治路颂"的辞条,正是根据《中国书法鉴赏大辞典》中同名辞条的改写①。《中国书法鉴赏大辞典》中的同名辞条同样包括两部分,被称作"简介"和"赏析","简介"部分是对刻石名称、位置、刻石年代、发现时间以及刻石形制等方面的描述,"赏析"部分则是对刻石书法的集中分析。虽然其增删或改变的地方多有讹误,《中国美术百科全书》中的相关辞条不仅袭用了这样的书写结构,就连行文语句也多有承袭,这也可以算作是新金石学时代的一大特点。

正如我们在前面看到的,新金石学者们在重视刻石书法研究和鉴赏的同时,自觉地对刻石的名称、历史、位置和形制等方面"事实"进行描述,然而对于这些信息的梳理和总结,

---

① 参考来一石"刘平国治路颂"条,《中国书法鉴赏大辞典》,北京:中国大地出版社,1989年,98—99页。内容如下:"简介:全称《汉龟兹左将军刘平国治路颂》,又称《刘平国碑》《刘平国开道记》《龟兹刻石》等。东汉永寿四年(158)八月刻。摩崖书。在新疆天山南路阿克苏属赛里木东北大山中。清光绪五年为施均甫发现。隶书。八行,行七至十五字不等。大小参差。后另有三行十一字。初拓本四行首'谷关'二字清晰。有翻刻本。上海《神州国光集》《中国美术全集·书法篆刻编(1)》收入。赏析:透过残泐与斑驳,一种线条和结体深刻的概括能力,在《刘平国治路颂》中表现得非常出色:东、此、亿、来等字在形态上,险夷、疏密、敛纵等诸种形像变幻在时间流动的瞬间定格,打破了碑阙形制上流水般的'字行'格式,使得整幅作品弥漫了生命气息。正是这种生命气息隐藏在斑驳和残泐的背后,使得全碑所创造的艺术意境上的神秘和朦胧,愈益诱人遐想。"

则不免有疏阔之嫌,很多时候甚至对所使用的材料不求甚解,导致对关于刻石"事实"方面内容的描述失于片面、残缺甚至谬误。比如同样以"事实"加书法赏析的二元结构写成的《中国美术全集·书法篆刻编1》中"刘平国摩崖刻石"一条,以北京图书馆(即今国家图书馆)藏的一个拓本为例,对刘平国摩崖刻石的年代、发现、内容、形制以及书法特点等都一一作了介绍,但在对刻石形制所作的描述——不知道其数据袭自何处——其中对大小刻石的尺寸的记录,与实际情况差距较大:

> 诵文分两段,由北向南,北段是作诵者题名,凡三行,共十一字,刻石面积约高、宽各一三厘米。南段是诵文,仅存八行,可辨认者百余字,刻石面积约高四三厘米,宽三四厘米①。

这里所作的"事实"描述,虽然并没有指出大小刻石其实不在同一水平线上的事实,但指出题名小刻石和诵文大刻石之间属于一北一南的位置关系则大致正确。有问题的是这里对大小刻石有字部分尺寸的记录。事实上,小刻石并非宽和高都相等的正方形,而是像黄文弼所测量的那样,大致上显示为一个"长一八.三,宽一六.六厘米"的长方形;同样,大刻石的长宽与黄文弼的实地测量也有挺大的出入,黄文弼测得大刻石有字处的尺寸为"长四八.三,宽四〇厘米",二者的差别是一目了然的②。

事实上,无论上述《中国美术全集》中"刘平国摩崖刻石"中的数据来源何处,这一辞条显然并没有参考像黄文弼所提供的那样的实地测量数据,至少没有将来源不同的各种不同数据进行比较。根据国家图书馆古籍部金石拓片组卢芳玉的说法,如依马雍对刘平国刻石三期分法的标准,国家图书馆藏十三个刘平国刻石拓本中,除了一种翻刻本之外,一期有四种,二期有二种,三期有三种,介于第一期与第二期之间的有三种,拓本墨心的尺寸与《中国美术全集》和黄文弼实地测量的数据对比,如下表所示③:

刘平国摩崖刻石	实测与拓本	诵文大刻石尺寸(厘米)		题名小刻石尺寸(厘米)	
		高	宽	高	宽
《中国美术全集》	未知	43	34	13	13
《塔里木盆地考古记》	黄文弼实测	48.3	40	18.3	16.6

① 东夷"刘平国摩崖刻石"条,《中国美术全集·书法篆刻编》第1册,北京:人民美术出版社等,1987年,129页。

② 黄文弼《塔里木盆地考古记》,99页。关于黄文弼所测大小刻石的高和宽,请拜城县文化体育广播电视和旅游局吐逊江先生实地测量过,与黄文弼所记大致相符。

③ 卢芳玉《国家图书馆藏〈刘平国治关亭摩崖〉拓本简述》,见本论文集《刘平国刻石与西域文明学术研讨会论文集》。

刘平国摩崖刻石	实测与拓本	诵文大刻石尺寸（厘米）		题名小刻石尺寸（厘米）	
		高	宽	高	宽
国图一期	锡纶旧藏本	50	39	26	21
	吴同远审定本	46	38		
	岳小琴旧藏本	50.3	39		
	彭秋旧藏本	47	35	18	17
国图一期、二期之间	梁启超旧藏本	50	39		
	缪继珊铁如意斋旧藏本	49	45		
	佚名	48.5	35.5		
国图二期	徐树钧旧藏本	46	35	18	16
	柯昌泗旧藏本	47	34	18	15
国图三期	各地 10296	48	41	19	17
	各地 7811	48	32		
	各地 7812	44	32		
国图翻刻本		51	40		

从表中所示数据来看，《中国美术全集》里所记录的刻石高、宽尺寸，无论是大一点的诵文刻石还是小一点的题名刻石，都显得过小，不仅与黄文弼实测所得的数据不符，与国家图书馆藏大部分的刻石拓本所显示的尺寸也差距较大，尤其与比较早的保存字迹较为完整的拓本相比就更为明显。其中所记较大刻石的尺寸——尤其是其宽度数据，似乎与被划分到第三期质量较差的刻石拓本（尤其是标号为"各地7812"的拓本）所反映的有字区域的数据大致相当，但对较小刻石面积的表述，则基本上属于误记，而误记的原因，或基于个人猜测，或由于材料来源的问题，应该都不是实地测量的结果。所以综合起来看，《中国美术全集》里所提供的关于刘平国大小刻石的尺寸不足为信，是又一个新金石学语境下以讹传讹的例子。

最后需要指出的是，即使在强调文物的考古价值的"事实"部分的叙述中，仍然面临着如何选择数据作为证据使用的问题。比如，在处理像刘平国刻石的发现时间和发现人这样的问题上，由于众说纷纭，如果不对这些说法做细致的考察而只是选择众多不同说法中的一种作为依据，就很容易得出错误的结论，我们以新疆维吾尔自治区文物局在自治区第三次文物普查中对刘平国刻石的描述为例：

[刘平国治关城诵石刻]位于拜城县黑英山乡玉开都维村北约 1.5 千米、喀拉塔格山麓的博子克日[格]沟口，凿刻在沟口西侧石壁上，旧称"乌累碑"。刻于东汉桓帝永寿四年（158），发现于清光绪三年（1877）。刻字有两处，南为诵文，北约 1 米为作诵

人题名，全文 119 字，主要记载了东汉时期西域都护府下属龟兹左将军刘平国在南北疆通道要隘凿关建城的事迹，是新疆归属祖国的历史见证。1957 年公布为自治区级文物保护单位①。

这段新金石学语境下对刘平国刻石的"事实"描述部分，至少有两处值得重新思考。第一处是对大小刻石之间距离的描述，认为二者之间约 1 米。根据黄文弼的说法，二者相距为营造尺 4 尺，约等于 1.3 米②，而据拜城县文化体育广播电视和旅游局吐逊江先生的实地测量（图 2），大小刻石之间相距约 2.4 米③，明显超过上面所说的 1 米。另外一处即这里所说的刻石发现时间，在纷纭的众说中选择的是光绪三年（1877）这一时间点。正如前面我们讨论过的，光绪三年这一时间点与王树枏的说法有关，即将刻石的发现者和发现时间与左宗棠平定阿古柏叛乱、南下西进合围伊犁的另一支部队的首领刘锦棠及其部将徐万福联系起来，比广为流传的施补华的说法——即将刻石的发现归功于同属左宗棠西进平叛、合围伊犁的将军张曜及其总兵王得魁——还要早二年。施补华的说法，既有流传至今的施氏本人留在刘平国刻石拓本上的题跋和其本人文集中的相关记述互佐，又有后来马雍等颇具影响力的学者的支持，因此在文物普查中涉及这一问题的时候，至少应该对这两种不同说法的优劣做出相应的解释，即对选择光绪三年这一时间点及其背后的理由作进一步必要的解释。

图 2　诵文刻石与题记刻石之间的距离以及大小刻石距地面的距离演示（展开双臂者为当地文物看护员玉山江先生，身高 1.64 米；手指题记刻石者为拜城县教科局阿孜古丽·肉孜女士，身高 1.65 米）。图片来源：拜城县文化体育广播电视和旅游局吐逊江先生拍摄。

---

①　新疆维吾尔自治区文物局《新疆维吾尔自治区第三次全国文物普查成果集成·阿克苏地区卷》，北京：科学出版社，2011 年，205 页。

②　1 营造尺折合等于 0.32 米，4 尺即 0.32×4＝1.28 米。但很明显，黄文弼提供的这一数据并不准确，很有可能属于误记。

③　这一数据来源于与吐逊江先生的私人交流。

当然，新疆维吾尔自治区文物局的编者应该也知道施补华所说的光绪五年的说法，他们在上文中选择光绪三年的时间点，或许与黄文弼的说法不无关系。黄文弼在其考古记录中，对刘平国刻石的位置、面积、字迹大小等"事实"记述完毕，又在按语中针对刻石的发现以及传统金石学背景下对碑文的解释进行了评价，他说：

> 按，此碑为清光绪三年刘锦棠部将徐万福所发现，并椎拓若干纸，传播于世。叶昌炽、王仁俊均有释文（见王树枏《访古录》），王树枏《访古录》及罗振玉《西陲石刻录》并录其文。但诸先生未亲至其地，又字迹漫漶，因多推测之辞。现碑文又损毁若干字，较原拓本更为模糊。余于一九二八年亲至该处，考察形势，并手拓数纸，知前人颇多误解，例如叶昌炽作"刘平国开道记"，《访古录》作"汉乌垒摩崖石刻"，皆不真确①。

黄文弼同样没有解释为什么没有采用施补华的说法，但提示他的说法本于王树枏的《访古录》，即王氏《新疆访古录》，里面有《汉乌垒摩崖石刻》一篇，讲述了刘锦棠部将徐万福根据营夫樵采发现手拓刘平国刻石和故事。不过黄文弼同样提到他也参考过罗振玉在其《西陲石刻录》中对于刘平国刻石的记录，其中较为详细地记载了罗氏于施补华处喜获刻石拓本以及施补华佐张曜西征、手拓刻石的说法，因此黄文弼从一开始就知道施补华与刘平国刻石的关系。但究竟为什么他没有继续追索施补华发现刘平国刻石这一说法，而是选择相信王树枏的《新疆访古录》，黄文弼没有给出解释。尽管黄文弼的选择也让后来相信施补华说的学者难免会发出智者之失的慨叹②，但或许正是因为他采用了王树枏的说法，就使得刘平国刻石于光绪三年被发现的说法更容易被人接受；前文新疆维吾尔自治区文物局编者们采用光绪三年的说法，或许与黄文弼在处理这一问题上的态度不无关系。正如前面所指出的，对于不同材料和观点的袭用，也算得上新金石学语境下对刘平国刻石研究的一大特点。

但是，需要指出的是尽管后来的学者可以参考前人的研究成果，按理说有可能在前人研究的基础上对过去令人困惑的问题加以澄清和深化，但我们不应该想当然地认为结果一定如此。事实上，如果缺少了对来源不一的材料进行必要鉴别的环节，晚出的解释，尽管可以包含更多的内容，但对问题的解决却无济于事。这方面，柯昌泗（1899—1952）在《语石异同评》中对刘平国刻石的评注就是一个很好的例子：

> （1）光绪庚辰，固始张勤果公曜驻兵阿克苏喀什噶尔，始访得汉刘平国造乌累关城摩崖，令捩兵王得魁携纸墨往拓之，即此石初拓本也。（2）石在今拜城县东北二百余里，曰希拉可庄，传为汉西域都护建牙之地，即乌垒关城。（3）又东北五十里，曰博子克勒克山，入山五里，即摩崖也，距地六尺。下方"京兆长安淳于伯隐作此颂"，三行十一字，距地仅尺许。（4）长沙徐叔鸿尚书（树钧）之弟桂丛刺史在勤果幕，得碑，其所目击，后权知拜城县事，乃叠石为屋以护之。曾见尚书题此拓本，记所言如此。（5）勤

---

① 黄文弼《塔里木盆地考古记》，99 页。

② 马雍《〈汉龟兹左将军刘平国作亭诵〉集释考订》，46 页。

果传拓此石，与裴岑纪功碑之传自岳襄勤者，先后为西征名将佳话^①。

柯昌泗的评注，如上文中括号内的数字所示，包括介绍刘平国刻石的发现时间和捶拓者、刻石所在位置、刻石在山崖上的位置、大小刻石位置关系、传闻刻石保护情况以及刻石发现的意义等几个方面，多袭用他人材料（比如对刻石发现年代、刻石发现者和捶拓者、刻石所在位置的描述），但也有亲身见闻（比如关于刻石保存状况的记述），或许也不乏个人猜测（比如对刻石在山崖上的位置以及大小刻石相对位置关系等）。作为一个信息的综合体，柯昌泗的评注对于我们了解刘平国刻石是有帮助的；但是，如果逐条仔细推敲这些信息，就会发现没有一条是没有问题的。

第一，关于刻石的发现时间，柯昌泗所说的光绪庚辰（即光绪六年，1880），显然与他所接受的刻石由张曜的军队所发现的说法不合。柯文虽然没有提到施补华，但张曜派总兵王得魁等前往捶拓刘平国刻石的说法是与光绪五年这一时间点联系在一起的，而且随着施氏的题跋的转抄广为流传。因此这里柯氏所说的刘平国刻石于光绪六年被发现，极有可能是根据徐鼎藩题记推测得出，即徐鼎藩所题的"光绪六年中夏，桂丛识于疏勒军次"。这一点，我们在第一部分已有讨论。第二，柯文对刻石位置的记述，袭用的是晚清金石学者将乌累解释成汉代西域都护治所乌垒的误解，前面亦有过论述。第三，在描述诵文刻石和题名刻石的位置关系以及其在山崖上的位置方面，因柯氏并未实地踏访博孜克日格沟，所以在综合相关信息时，难免会产生根据自己的想象而杜撰的成分。比如他所说的较大一点的诵文刻石距地六尺，应该是参考了他在文中所提到的徐桂丛鼎藩的记述，对刘平国大小刻石之间的位置关系并没有正确的了解，误以为大小刻石为上下垂直的关系，但大小刻石之间的垂直距离实际上只有二十几厘米。第四，柯昌泗所言桂丛任拜城知县"叠石为屋"以保护刘平国刻石一事，似乎并不像柯氏所说的来源于徐桂丛（即徐鼎藩）的堂兄"徐叔鸿尚书"（即徐树钧，1842—1910），而是很可能源于徐桂丛本人在刘平国刻石拓本上的题记^②。北京大学图书馆藏徐崇立所录徐桂丛以塞翁为号的题记中，明确说明自己"权〔拜城〕县事"后踏访乐石，至刘平国刻石所在地，"爰手拓数十本，分贻赏鉴家，并鸠工垒石为屋护之，额曰宝汉"^③。徐树钧虽然也有刘平国刻石题记，但并未提及"垒石为屋"的事^④。而细审柯氏的评注，这一部分的行文与徐桂丛的题记多有契合甚至是重合之处，因此柯昌

---

① 叶昌炽、柯昌泗《语石 语石异同评》，98 页。局部标点略有改变，括号及括号内数字系本文作者为行文方便所加。

② 关于徐桂丛和徐树钧的家族血缘关系，可以参考朱玉麒、吐逊江《刘平国刻石的早期保护和拓本流传——以徐鼎藩为中心》。

③ 北京大学图书馆藏徐崇立书徐鼎藩题跋及题记，参考汤燕《北京大学图书馆藏〈刘平国刻石〉概说》。

④ 徐树钧的题记涉及徐桂丛的部分如下所示："此碑当是为刘平国开山通道纪功而作。光绪五年，张朗斋军师曜使命军士椎拓。穷荒僻壤，以为惊扰，乃凿毁之。朗斋所拓，竟成广陵散矣。余弟桂丛，从军西域，得此二本，属余释其文。以一本归之，此本稍漫漶，海内孤本，宜珍秘之。"见徐树钧《宝鸭斋题跋》，宏文社石印本，1910 年，卷上，叶 8 背。

泗所说的"曾见[徐树钧]尚书题此拓本",恐怕属于误记。

评注的最后,柯昌泗强调张曜在刘平国刻石捶拓和传播过程中的重要性,并将刘平国刻石的发现视为张曜西征军功的点缀。这一评注虽然与施补华所说的光绪五年发现并获得第一篇刻石拓本大体一致,但显然忽略了施补华在题记中所写的、广为大家所接受的刻石发现于光绪五年之说。更重要的是,在处理刻石发现人和发现时间等这样关键的问题上,柯昌泗同样也只是袭用不同说法中的一种;这样的做法,虽然普遍,但客观上是对问题复杂性的忽略和回避。

总之,上面的这些例子告诉我们,虽然这里所说的新金石学是在现代考古学语境下对传统金石学的部分功能——包括鉴赏与收藏——的继承和强调,但由于传统金石学语境下所产生的大部分刘平国刻石拓本都已属于博物馆、图书馆以及大学研究所等研究机构的藏品而不能进入古物买卖收藏市场,所以新金石学语境下对刘平国刻石的研究转向了突出其作为书法艺术作品的审美功能。因此新金石语境下对于刘平国刻石的研究和介绍,一方面有意识地突出其作为古物的考古和历史价值,在对刻石的描述中注重对刻石地理位置、大小刻石位置关系、刻石发现者以及其刻石保护、周围环境等"事实"信息的记录,另一方面则是从碑刻书法的角度侧重刻石的形制、字体,甚至残泐模糊所体现出来的美感和历史感,即突出刻石的审美价值。将注意力转向书法审美,可以看作是新金石语境下对传统金石学学者所关注的古物鉴赏功能的发展。不过,这两个方面的书写在新金石语境下似乎并没有达到有效的统一,对刻石的审美价值的发掘其实并没有放在刻石的考古和历史价值的框架下展开;而且,新金石学语境下对刘平国刻石的"事实"信息的描述,仍然大多缺少实地勘踏的基础,对二十世纪早期科考和探险语境下关于刘平国刻石考察的成果,大都没有吸收,因此从整体上看缺少对不同信息的分辨和整合工作,在对待具体问题方面仍旧不能超越传统金石语境下所产生的缺少实证的知识体系,尽管与现代考古联系紧密的实证研究是定义新金石学语境下对刘平国刻石研究的一个重要维度。

五、结论与启示:材料与证据之间

通过以上的讨论,我们不难发现,虽然刘平国刻石很小很普通——小到让当年的日本探险队员失望地认为"裱成卷轴也是白花装潢费",普通到只是"一名军人开通道路,刻石纪功"所留下的遗迹而已——但此刻石一经发现,围绕它的发现者、发现时间、所包含内容、所在位置、保存状况以及如何被发现的等问题,就产生了种种互相抵触、令人困惑的说法,而这些矛盾和困惑,不但没有随着时间的推移而消失,却反而在以后层累的研究中越积越深,也似乎越来越难以梳理清楚了。

为解开这些困惑,本文首先从目前在学界占统治地位的施补华于光绪五年(1879)发现刻石的说法入手,将施补华在不同场合一再强调的发现刻石、制作拓本、考释题跋、再做精拓等时间点,与张之洞札记中提到的时间和徐桂丛对刻石内容进行考释题记的时间点进行分析比较,发现我们对施补华在不同场合所提到的那些时间点不可以轻信。根据施补华的说法,他对刻石内容的考释题跋作于光绪八年(1882),但张之洞的札记写作时间却显示,光绪七年(1881)二月之前,他就收到了施补华的考释,而且他本人还在施氏考释的基础上对刻石某些文字的释读提出了不同意见,把这些意见题写在潘祖荫所藏刘平国刻石拓本上,自己作文记之,而潘祖荫、盛昱等人也在同一拓本上留下了他们对张之洞的这些修改的评价。无独有偶,北京大学图书馆藏徐崇立所录徐桂丛的两则关于刘平国刻石的题记也显示,早在光绪六年(1880)农历五月,一份徐桂丛声称系由自己撰写、与施补华所说的自己于光绪八年所作的基本相同的考释就已经出现了。如果我们平等地看待这三个时间点,张之洞和徐桂丛的说法可以互证,反倒让人对目前较为普遍接受的施补华的说法产生了怀疑,从而动摇了自八十年代以来在学界一直占统治地位的施补华于光绪五年发现刻石的观点。

这一发现让我们摒弃权威观点的假设,将关于刘平国刻石的发现时间和发现者等问题的不同说法,重新放在一个平等的平台上来考量。根据历史上对刘平国刻石进行研究的不同方法和倾向,本文把刘平国刻石的发现和研究放进不同的语境——即传统金石学、科考探险、新金石学语境——中进行考察,并希望在具体的语境中来考察产生这些不同说法的真正原因。

从刘平国刻石的研究历史来看,在刻石被发现之后的最初一二十年里,人们对于刻石的认识和研究,基本上都是在晚清金石学的语境下进行的,因此施补华所持的刻石于光绪五年被发现的说法,就应该与刻石于咸丰末年、咸丰与同治间以及光绪初年、二年、三年、四年被发现等其他多种说法放在一起进行梳理和讨论。传统金石学者对刘平国刻石的研究几乎都是依据刻石的拓本,即使施补华本人也没有去实地进行过勘踏考察,因此石刻的拓本就是研究刻石的最重要的媒介。传统金石学语境下对刘平国刻石的研究,除了看中其证经补史的史料价值,更注重对刻石拓本的收藏和鉴赏以及通过这一文人雅好在拓本的赠予、交换、题记和把玩的过程中建构起来的关系网络。与对刻石的地理位置、位置关系甚至刻石内容和发现过程相比,传统金石学者可能更看重刻石拓本的质量、来源以及朋友同好在拓本上的题记、题记人的身份等等,而对刻石内容历史价值的评估,尽管有时候仅仅是根据传世文献史料的蛛丝马迹进行勾连并产生出似是而非的解释,也有可能在题记考释的传抄和点评过程中得以固定、成为权威。施补华的题记和考释就是在这样的背景下,首先在他的有钱有势有品位的朋友圈,而后在更广泛的金石爱好者当中得以流传的。值得指出的是,当人们更看重刻石拓本的收藏、鉴赏以及以此为基础在某一社会阶层进行沟通的功能时,关于刻石的具体发现时间、发现人、刻石形制、保存状况、自身位置及其与周围自然和人文景观的关系等信息和知识,反而变得不是那么重要了。不仅如此,人们还会迎合刻石拓本的收藏和鉴赏功能,为凸显拓本这些方面的价值而夸大拓本的质量,强调其"版本"在时间和版次上的权威,并不惜为此演绎、传播相关故事以支持其说法,最终给人留下疏阔、武断,甚至有时是偏听偏信、道听途说的印象。

在关于刘平国刻石的最初"发现权"(类似于文本的作者权 authorship)的问题上,有一个很有意思的现象,即围绕两个刻石发现时间点形成了两个平行的直到今天都很有影响的故事。一个是施补华的光绪五年说,即光绪五年张曜将军根据士兵的报告派遣总兵王得魁带人捶拓;另一个是王树枏的光绪三年说,即光绪三年刘锦棠将军根据士兵的报告派遣提督徐万福带人捶拓。这样的平行故事的形成,显然并非偶然,而是两个不同传承系统运作的生动反映,是两组不同的人群对刘平国刻石"发现权"的刻意争夺。究其原因,很有可能与张曜和刘锦棠两位军事将领在西北地区的地位和声望有关。就像主张张曜军发现了刘平国刻石的人所说的那样,"勤果传拓此石,与裴岑纪功碑之传自岳襄勤者,先后为西征名将佳话"①,主张系刘锦棠军发现了刻石的人们,自然也希望这一"佳话"与刘锦棠将军联系在一起。

与晚清金石学者的方法和趣味不同,十九世纪末到二十世纪二十年代的科考专家和探险家们更注重对刘平国刻石的实地考察。他们会收到当地官员赠予、或是自己的代理人所收集到的刻石拓本,但拓本并不是他们考察刘平国刻石的重要媒介;他们或许也会受到晚清金石学家的考释和题记的影响,但他们并不满足于搜求传世文献的记载与刻石内容方面可能存在的联系,而是更注重从实际勘察的角度来了解刻石的保存状况以及刻石周围的自然和人文景观,从实际观测的角度来确定刻石所在山口的地理坐标,从而考察刻石所在地与历史所记相关地名的关系,并能纠正金石学家在对刻石的考释中过于倚重传世文献而产生的误解。探险家和科考人员不会像施补华和大部分的晚清金石学家们那样,把刻石所在地博孜克日格沟口的城关看作是与西域都护治所乌垒直接相关,不会认为刻石所在关口深入库车境内、因此距离库车更东的乌垒不远,因为这些问题在实地考察中都可以很轻易地解决。同样,经过实地考察,科考探险者也不会混淆较大的诵文刻石与较小的题名刻石之间的位置关系,不会根据"刘平国碑"的名称就把刻石想象成石碑的形制;即使没有看到刘平国刻石之前确实产生过这样的想象——比如日本和法国的探险家们没有见到刻石之前都是这么想的——那么实地勘踏也会帮助他们纠正过去不正确的想法。更值得我们注意的是,在关于发现者(或者是"发现权")这一问题上,科考探险者更注重调查当地"土人",日本探险家日记里留下的刻石为当地居民发现的记录,与探路士兵迷途避狼偶然发现刻石的故事相比,似乎更加合理。当然也存在士兵把从当地"土人"那里听说的消息加以证实并报告给长官的可能,而这些都是晚清那些汇聚在远离边疆的都市、只研究刻石拓本的金石学者们所不可能知道的。

科考探险家们和传统金石学的关系比较复杂。一方面,正是因为法国和日本的学者有碑刻研究的基础和修养,所以他们才会对刘平国刻石感兴趣;另一方面,他们似乎与同时代有影响力的晚清金石学者们并没有实质的交往和交流,这就是为什么沙畹和伯希和都在刘平国刻石被晚清的金石学家们研究和欣赏了二十多年后,还会认为中国学者对刘平国刻石知之甚少的原因。当然,也有探险者会搜集接受金石学家对刻石内容的考释和研究的成果,这应该与他们来中国西北地区科考或探险的目的有关,比如日本间谍日野强仅靠当地官员提供的地

---

① 柯昌泗《语石异同评》卷二,叶昌炽、柯昌泗《语石 语石异同评》,98 页。

图就搞清楚了刘平国刻石的地理位置,而且收集到张曜军发现刻石以及土人因不堪捶拓之扰而破坏刻石的传言,但他本人并没有对刘平国刻石作过实地考察。伯希和虽然对刻石作过实地考察,但他更关注博孜克日格沟口的地理位置坐标以及经由沟口的山间通道的走向,所以在日记中只略提刻石位置,甚至都不屑于"手拓"一份留作纪念。总之,因为当时的东西方列强对中国西北地区的科考和探险都是在为其势力范围向该地区的延伸推进做准备工作的,所以他们注重对当地地理环境和政治文化的信息情报收集,以此为基础对刘平国刻石展开的考察,也比较客观实证。这与晚清金石学者对刘平国刻石关注的角度大异其趣,而科考探险的成果,在一定程度上纠正了晚清金石学者对刻石形制、内容以及位置关系等方面的某些误解,是对传统金石学语境下刘平国刻石研究的重要补充。

从对刘平国刻石进行研究的历史来看,我所说的新金石学语境是二十世纪五十年代以来,随着现代考古学的发展,人们在自觉地认同考古学的方法和实践的同时,强调传统金石学对刻石的收藏、鉴赏以及审美功能的研究取向。由于此时大多刻石拓本都已被博物馆、图书馆等部门收藏,拓本作为文物进行流通和买卖的功能基本丧失(除去近几年个别散落于民间的拓本的买卖和收藏),因此人们对拓本的研究和鉴赏就转移到了书法审美方面。在这样的语境下,对刘平国刻石的介绍和研究主要体现在对刻石名称、位置、内容、发现时间、发现者等"事实"的描述和对刻石的书法意境等方面的审美研究两个方面。如果细审新金石学语境下对"事实"的描述,我们不难发现,作为客观"事实"加以描述的那些知识,虽然在地名和术语方面大多完成了现代的转换,但从实质上来说仍然局限于对晚清金石学者研究成果的摘抄和汇编,甚至连自十九世纪末二十世纪初开始的科考探险的成果都疏于借鉴和吸收,因此,就刘平国刻石的研究而言,新金石学语境背景下对于考古方法和实践的认同仍然停留在表层,而原本应该建立在实证基础上的"事实"材料的描绘,并不是实地勘踏的结果。也就是说,虽然新金石学语境下对刘平国刻石的研究和书写有着众多前人成果的参考,但这种知识的积累却既没有以实证材料为基础,也没有带来方法的革新,而当一些轶闻性质的材料被当成客观"事实"被讲述的时候,却反而对人们的认识造成了不必要的混淆和障碍。

那么,关于刘平国刻石的研究这一案例给我们带来什么样的启示呢?我认为,首先,也是最重要的一点,这一案例提醒我们应该破除对第一手材料的迷信。以刘平国刻石的发现者和发现时间这两个相连的问题为例,自从该刻石拓本进入人们的视野,作为拓本题记的第一手材料就说法各异,而怎样区分哪一种说法更可靠更有权威就成为历史研究的首要问题。马雍认为施补华的张曜军光绪五年发现说更可信,理由是施补华本人在不同场合都这样说过,而至于为什么施补华的说法比王树枏所坚持的刘锦棠军光绪三年发现说更可靠,马雍却没有给出解释。实际上,马雍的论断,与其说是建立在牢固而有说服力的逻辑论证的基础之上,还不如说是出于他自己信念而作出的选择,也就是说,在纷纭众说之中,他不是通过验证而是选择宁愿相信施补华的说法。公平地说,按照同样的逻辑,人们也可以选择相信刘锦棠光绪三年发现说或者其他任何一种说法。因此,就像我们在

111

本文的第一和第二部分中所看到的那样,即使就同样的问题,这些一手材料本身所描述的"事实"也并不一致,这些"事实"所代表的观点尽管有时候存在相似性,存在相互影响的痕迹,但就整体而言,也往往彼此相异,甚至相互矛盾;所以我们不能仅凭信念就接受这些"事实"以及这些"事实"所代表的观点,而是应该将它们放在同样的平台上进行评估。一手材料既是有偏见的,同时也是无辜的,说它们有偏见,是因为这些"事实"的产生和书写都代表了一定的立场、观点和倾向;而说它们同时也是无辜的,是因为这些"事实"只是材料而已,只有经过适当的处理才能变成证据,为相应的观点服务。

其次,我们不仅应当破除对第一手材料的迷信,也应当破除对权威观点的迷信。这里我们仍然以马雍的《〈汉龟兹左将军刘平国作亭诵〉集释考订》一文为例。马雍在文中指出,对刘平国刻石拓本划分时期是一项困难而复杂的工作,他明白虽然一般来说早期拓本比晚期拓本可能保留更多的文字,但同时也知道,"也有些早期拓本拓得不够精善,清晰程度反而不如后出之本。就是同一次同一手的几份拓本,也不能没有差别"。尽管如此,他最终还是以拓本质量和拓本保存字数的多少为标准,将他当时所能找到的十几份刘平国刻石拓本和照片分为三期,而他所使用的比较的方法,并没有解决如何将质量欠佳、存字不多、字迹模糊的早期拓本从晚期的拓本里区分开来的问题,也没有办法将虽然出自"同一次同一手"、但仍然存在差别的拓本甄别看来,更不用提怎样才能将"同一次不同手"的拓本区分开来了。也就是说,按照马雍的分类法,晚期的拓本里也可能包含了质量差、存字少的早期拓本,而质量略有不同、存字稍有差别、被划分为不同时期的拓本却有可能出自"同一次"甚至"同一手"。比如国家图书馆所藏的被认为是介于马雍所划分的"第一期"和"第二期"之间的那三件刘平国刻石拓本,就以实际存在的例子进一步模糊了"第一期"和"第二期"之间的界线。这样的三分法只能够毫无争议地认定质量上乘、字迹清晰、存字最多的拓本为早期拓本,除此之外,一期与二期、一期与三期、二期与三期的甄别区分都存在难以克服的困难,因此这样的划分标准在具体的研究中并没有多大意义,也不值得迷信,研究者反而应该把更多精力花在研究为什么刻石在被发现的一二十年间就残损的如此厉害、是土人刻意毁坏刻石以避免叨扰还是其他原因所致的问题。

最后,更进一步,这一案例还从史学研究方法甚至研究范式转换的角度给我们深刻的启发。傅斯年在中研院史语所成立的发言中将历史学定义为史料学,认为"近代的历史学只是史料学"[1],他乐观地认为,只要我们"上穷碧落下黄泉",能"动手动脚"找到所有需要的材料,历史自然就会呈现在我们面前,因此对于史料的收集、汇编、发掘、整理,也就成了历史研究本身[2]。但从对刘平国刻石的研究这一案例我们可以看出,材料的汇集堆积本身

---

[1] 傅斯年《历史语言研究所工作之旨趣》,欧阳哲生编《傅斯年文集》第三卷,北京:中华书局,2017年,3页。

[2] 原文为"总而言之,我们不是读书的人,我们只是上穷碧落下黄泉,动手动脚找东西"。傅斯年《历史语言研究所工作之旨趣》,12页。傅斯年还强调:"我们只是要把材料整理好,则事实自然明显了。"同前,10页。

并不构成历史,并不能解答我们的困惑,它们甚至无法确切地告诉我们到底是谁、什么时候、在一个什么样的场合下发现了刘平国刻石这样最基本的问题。但是在傅斯年所描述的那个历史研究的范式内,真理(truth)就蕴含在这些一手资料或者说这些纷乱的"事实"(facts)当中,研究者被要求必须在这些不同的说法中进行选择,找出来一个最令人可信(credible)的"事实"作为进一步论述的基础;但是,从马雍对刘平国刻石的研究的例子中我们看到这种方法的局限,无论一手资料还是二手资料,其本身都无法赋予研究者这样的权威。如果我们公平地看待一手资料所包含的不同的"事实"及其所代表的不同观点,如果我们能拒绝二手资料的权威,将其与一手资料同等对待,那么,我们的历史研究,就不会再像过去那样必须凭借信念在诸多的"事实"中寻找逻辑和论证的起点,而是变成首先对材料所包含的不同"事实"及其所代表的诸多不同观点的处理,即考察这些不同的"事实"得以产生的背景和原因,把旧的学术范式下对"事实"的粗暴选择变成不同"事实"之间的对话,将旧的学术范式下彼此隔离和静止的"事实"变成可以沟通的动态要素,以求在这一过程中将材料激活,变成可以使用的有效证据。为了使这样的对话和沟通成为可能,研究者必须为这些材料搭建平台,提供语境,既考虑到不同"事实"间的共性,又考虑到它们作为群体或者个体的特殊性,努力促成"事实"间对话和沟通结果的联系和可比性,然后以此为基础,为解决特定的问题寻找答案。研究者的这一工作,介于材料与证据之间,可以说是对材料的中程处理(middle-ranged treatment)[①],为的就是对研究的问题作出有根有据的回答。本文为分析刘平国刻石相关"事实"以及为其研究的展开所提供的三重语境,可以看作是为解答什么人、何时、在什么地方什么场合下、怎样发现了刘平国刻石以及如何理解刻石的相关信息等问题而作出的尝试,如果这一尝试对回答以上问题是有帮助的,那么这一尝试在历史研究的实践中就被证明是有意义的,而这也正是本文的目标所在。

  (本文在写作过程中得到了拜城县文化体育广播电视和旅游局吐逊江先生的大力支

---

  ① 中程处理是我受罗伯特·莫顿(Robert Merton)和刘易斯·宾福德(Lewis Binford)的启发而造出的一个词。无论是莫顿在经济学领域还是宾福德在考古领域所提出的"中程理论"(middle-ranged theory),指的都是对数据和材料的处理,以使得这些数据和材料在对问题展开的论述中能够起到合理而且客观的支持作用。但是,正像二人都指出的那样,"中程理论"不是某个理论,而是对基本数据和材料进行分析的一套方法和理念,我在这里则直接以"处理"这一更能反映出实际操作含义的说法,来代替"理论"这一词汇,或许可以避免给大家带来不必要的困惑。对于这一方法,我有专文论述,详见张瀚墨《古史书写与史料的中程处理》(待刊稿);莫顿对社会学"中程理论"的论述见 Robert Merton, *Social Theory and Social Structure* (New York: Simon & Schuster, The Free Press, 1949), 39–53;宾福德对新考古学"中程理论"的论述散见于 Lewis Binford ed., *For Theory Building in Archaeology*, New York: Academic Press, 1977, 7; Lewis Binford, "Meaning, Inference, and the Material Record," in C. Renfrew and S. Shennan ed., *Ranking, Resource, and Exchange* (Cambridge: Cambridge University Press, 1982), 161; Lewis Binford, *Nunamiut Ethnoarchaeology*, New York: Academic Press, 1978; Lewis Binford, *Bones: Ancient Men and Modern Myths*, New York: Academic Press, 1981。

持,不但去现场对文章所需要的关键性数据进行了实地测量,而且为形象地展示大小刻石之间的距离提供了照片;中国人民大学国学院 2021 年春季学期的博士生研究指导课上的讨论是本文写作的缘起,全班同学——尤其是周澍、常宏伟、孙宁、陶然、刘晓婷等同学——都为文章写作所需材料的查找提供了很多帮助,对文章的修改提出了宝贵意见;北京大学历史学系暨中国古代史研究中心朱玉麒教授也为本文提供了重要材料:在此对大家慷慨相助一并表示衷心的感谢!)

Between Historical Material and Historical Evidence: An Examination on the Three Contexts in Which the Research on Liu Pingguo Inscription

Zhang Hanmo

Different、conflicting theories often risecentered on the Liu Pingguo Inscription since it was discovered and known in late Qing Dynasty scholarly circles. The debates continues to the present day about who discovered the inscription, how and when it was found, as well as what the inscription includes and how it has been preserved. To solve these problems, this article examines the three contexts—the context of antiquarian in the late Qing Dynasty, the context of modern scientific exploration, and the new, modern antiquarian context—in which all the different theories in discussion are included. These three contexts represent three different academic trends with their specific focuses. The late Qing Dynasty antiquarians relied on ink-rubbings of the Liu Pingguo Inscription to explore the historical significance and aesthetic value, while the modern explorers were mainly interested in the locus of the inscription and the description of its geographical features. Heavily influenced by the development of modern archaeology in China after 1950s, the new, modern antiquarian trend as discussed considers the inscription as newly discovered material and, in the meantime, emphasizes its aesthetic value as old calligraphic work. This case study further suggests a methodological reform in the field of Chinese history, in which the idea that acquiring historical materials amounts to historical study itself has long been hailed as a motto. This article proposes that historical materials can be used to answer specific historical questions only after the sort of middle-ranged treatment by which the previous separated, static materials or "facts" are transformed into contextualized dynamic evidence.

中国国家图书馆藏《刘平国治关亭摩崖》拓本简述

卢芳玉

中国国家图书馆古籍馆

一、原石的发现及传拓

刘平国治关亭摩崖,全称"龟兹左将军刘平国治关亭摩崖",东汉永寿四年(158)八月刻于龟兹国北境山崖(今新疆维吾尔自治区拜城县黑英山乡北部卡拉塔格山麓博孜克日格沟口西部)上。摩崖分两段刻,南段正文,存八行,可辨识者百余字,高43厘米,宽34厘米;北段为题款,共三行十一字,高、宽均13厘米;两段皆隶书,记载东汉桓帝时龟兹左将军刘平国率领孟伯山等六人修筑列亭和关城之事。龟兹地处西域交通枢纽,汉西域都护曾驻节于此,这通摩崖石刻的发现,揭示了汉代驻军在西域修亭隧以防备匈奴、维护丝绸之路畅通的史实。

此碑释文,综合前人成果,录文如下:

> 龜兹左將軍劉平國,以七月廿六日發家
> 從秦人孟伯山、狄虎賁、趙當卑、夏羌、
> 石當卑、程阿羌等六人,共來作列亭,從
> □谷關。八月一日始斫山石作孔,至廿日
> 止。堅固萬歲人民喜,長壽億年宜
> 子孫。永壽四年八月甲戌朔十二日
> 乙酉直建,紀此。東烏累關城,皆
> 將軍所作也。佐掖
> 京兆長安
> 淳于伯隗
> 作此誦。

此碑的发现和初拓,今人多据施补华《泽雅堂文集·刘平国碑跋》记载,光绪五年(1879)夏,张曜出师新疆征讨阿古柏匪帮,在探寻路径时,军人误入山沟,无意中发现崖壁

上有残字,归来告知张曜幕中的施补华,八月,张曜受施补华之请,派总兵王德魁、知县张廷楫等前往传拓,知为东汉刻石,此摩崖始得流传于世。遗憾的是因非专业拓工,这批初拓本多模糊难辨,刘鹗题跋曰:"己丑庚寅(1889—1890)之间,予在杭州张勤果公幕府,公出曩在新疆所拓各碑以贶,有此摩崖数纸,皆漫漶不清,据云地寒风燥,碰拓极难,盖碰未妥而纸已干矣,况左近无居人,驰马数十里,急拓数纸,匆匆驰回,过宴恐为猛兽所害云云。"①光绪八年施补华跋云"得点划完具者九十余字",亦可知这批初拓本质量不佳。

光绪九年(1883)施补华亲带拓工去往摩崖处,监拓数十纸而归,这次拓本可释读文字增加到了一百多,他分赠王懿荣、盛昱等友朋同好,《刘平国治关亭摩崖》也因此声名大增,引起了学者们的广泛关注和研究,叶昌炽《缘督庐日记》光绪甲申(1884)六月二十四日记载了从潘祖荫处获赠此碑拓本之事:"郑盦丈以刘平国石刻见赠,是碑施均甫得之赛里木,前无著录者,且闻石已毁矣。"②以此碑为契机,引发了关于汉代戍边制度、中外关系、古代官制、书法史和近代新疆战事等学术问题的讨论和研究。随着此碑声名日显,拓本的需求量益增,施补华光绪十五年跋云:"唯此刻既显,拓者踵至,咸以军人充其役。"③而传世所谓"初拓本"中之精品,多为光绪九年施补华所拓。

传世拓本中还可见徐树钧堂弟徐鼎藩手拓本,徐鼎藩,字桂丛,同治间跟随左宗棠入疆,光绪五年从军温宿时曾得张曜所赠《刘平国治关亭摩崖》拓本,光绪六年中夏在疏勒军营曾写过一则题跋。光绪十六年徐鼎藩左迁拜城知县,得以亲手传拓精本,分与同好,"余来权县事,省狱之余,遂访乐石,如见故人,躬剔薜苔,残缺第二行'卑'字上、第三行'谷'字上、第四行'固'字上,有斧凿痕,校原拓无'坚'字,幸余文如故。盖当土人锥毁,时赖王总兵救止之。文字历劫,神人呵护,益信宝物不磨。爰手拓数十本,分贻赏鉴家,并鸠工垒石为屋护之,额曰'宝汉',亦自幸清福墨缘,于兹不浅云"④。徐鼎藩在拜城任上,为保护此摩崖修建了亭子,新发现《徐鼎藩建残石》不知是否为此亭所刻⑤。拜城地属古姑墨,他刻了"姑墨令章"和"徐桂丛手拓本"两方印,钤盖在亲自传拓的墨本之上,我们今天称"徐桂丛手拓本",除国家图书馆藏徐树钧题跋本、柯昌泗旧藏本外,还有两次出现在北京保利拍卖会上的拓本⑥,公藏博物馆和网络拍卖也时有出现,可见其当时所拓不少。

为应付学者和收藏家之求索,当地驻军兵士和百姓得知摩崖珍贵,也有自行传拓的。至民国十七年(1928),黄文弼先生亲到此山手拓数纸,此时的摩崖经风沙侵袭和反复不甚

① 参下国图徐树钧旧藏本(裱轴1078)。

② 叶昌炽《缘督庐日记》第二册,南京:江苏古籍出版社,2002年,940—941页。

③ 仲威《龟兹左将军刘平国摩崖》(王懿荣藏本),作者著《善本碑帖过眼录》,北京:文物出版社,2013年,13页。

④ 《鲁迅手稿全集·辑校金石编·碑录》第三册,北京:国家图书馆出版社、文物出版社,2021年,134—153页,著录并抄录各家题跋;第九册,350页,摹写碑文。

⑤ 参本论文集《刘平国刻石的早期保护和拓本流传——以徐鼎藩为中心》篇。

⑥ http://auction.socang.com/collection/1401354.html。

科学地传拓,字迹已经受损不少。藏书有七厄,古碑亦然,尤其是摩崖石刻,地处野外,经历风吹日晒、自然灾害,加之酸雨和地面植被、流水及苔藓等侵蚀,损毁尤速。《刘平国治关亭摩崖》地处西北干旱地区,雨水侵蚀和植被破坏虽少,但摩崖位于山沟出口处,从河道吹过来的风一年四季都非常大,黄沙漫天飞舞是此地常态,这些砂石在强风的裹挟下,对摩崖表面冲击力很大,破坏力很强,即便没有人为破坏,自然状态下的泐损亦在所难免。初发现时,有记录此石刻距离地面两米左右,笔者看到拜城县政府已经建亭保护,摩崖前地面较山谷地面低一米左右,从光绪五年到现在,不过一百四十余年,摩崖下的砂石就积累了一米高,可见风沙之大、砂石之多,建亭可一定程度上减少风沙带来的伤害,希望现状能够多保存几年。

以上是对摩崖发现以来几次大规模传拓的简单梳理,目前各公私收藏及市面经见拓本,多为以上不同时期拓本,马雍先生曾经按照不同传拓时间所产生的拓本进行过三期的分类。

二、国家图书馆所藏不同时期拓本介绍

拓本版本的鉴定是一门综合学问,需要熟悉不同时期汉字的发展变化和字形特征,各种石刻形制出现的时间、变化和基本文例,历代金石家和收藏家的印鉴和笔迹特征,以及名碑丛帖的原刻、翻刻和补刻情况,甚至不同历史时期的纸张、装潢、印泥等相关知识。其中最常用也最重要的方法是考据字,古碑历时愈久,磨损愈甚,存字越少,所以同一碑帖的早拓本保存字多,晚拓本保存字少;某些字在早拓本中尚且完好,在晚拓上已经损泐;早期拓本字口清晰可辨,晚期拓本字口模糊,或与石花勾连;据以上特定字的变化可以判断拓本的早晚和优劣,这些特定字就是考据字。马雍先生即以考据字为依据将《刘平国治关亭摩崖》拓本分为三期①,其中列举了国家图书馆藏品多种,国家图书馆藏《刘平国治关亭摩崖》拓本13种,含原刻12种,翻刻1种。下面按马雍先生的分类分别介绍,马先生论文中提及者按其说法命名,论文中未提及者,依马先生命名方法命名。

(一)第一期拓本

马先生论文中第一期拓本举例有吴昌硕旧藏的芦芒同志藏本(简称"芦本")、王瓘旧藏的新疆博物馆藏本(简称"新博本")、锡纶旧藏的北京图书馆藏本(简称"北图锡本",即国图裱轴196)、谢国桢旧藏本(简称"谢本"),近年上海图书馆又发现了王懿荣旧藏施补华监拓本②,此本整幅装,墨心高48.8厘米,宽41.5厘米,清光绪九年拓,有盛昱录释文,徐继孺录施补华跋,樊增祥、端方、王瓘、徐郙、周大烈等人题跋,李文田题诗,潘祖荫

---

① 马雍《〈汉龟兹左将军刘平国作亭诵〉集释考订》,作者著《西域史地文物丛考》,北京:文物出版社,1990年,24—40页。

② 仲威《龟兹左将军刘平国摩崖》(王懿荣藏本)。

平、郑杲、于霖达、黄绍箕、黄国瑾等观款，2020年入选第六批国家珍贵古籍名录。题端，廖

第一期拓本有几个比较明显的考据字：第二行第二个字"秦"字十分清楚，第三行倒数四个字"作列亭从"尚可辨认，第四行前三个字"□谷关"后两字完整清晰，第五行前三字"止坚固"后二字十分清楚。馆藏第一期拓本有四种：

1. 锡纶旧藏本（图1 裱轴196）

即马雍先生文中的"北图锡本"，整幅裱轴装，1轴，轴高162厘米，宽61厘米，轴径5厘米；题记墨心高50厘米，宽39厘米；题款墨心高26厘米，宽21厘米。此本为清光绪初年拓本，分拓两纸，裱为一轴，1963年6月10日登记入藏。佚名正书题外签"汉刘平国碑"，有塔尔巴哈台参赞大臣锡纶光绪十一年(1885)题跋，讲此碑发现过程，考证了"永寿四年"和"乌累关城"事。两纸非同时所拓，题记部分浓墨精拓，第二行"秦"字、第四行"谷关"两字、第五行"坚固"二字完整清晰，第三行"作列亭从"可以辨认；题款墨淡，不甚清晰。锡纶旧藏本是馆藏此碑的最佳拓本。

附题跋：

后汉龟兹左将军刘平国碑

光绪五年(1879)己卯夏，有军人过阿克苏塞里木东北二百里，见石壁有字，以告施均甫太守，请于张朗斋副帅，其年八月，遣总兵王德魁裹粮往拓，得点画完整者九十余字。太守云，碑称"永寿"，为后汉桓帝年号，桓帝凡改元七：建和、和平、元嘉、永兴、永寿、延熹、永康，永寿凡三年，四年

图1 裱轴196

即改延熹，《汉书》龟兹国去长安七千四百八十里，后汉都洛阳，视长安较远，其时当未知改元，故碑称"永寿四年"。又《后汉书》：龟兹有左右将军、左右都尉、左右骑君、左右力辅。乌累关城都护治在龟兹东三百五十里，按：温宿今阿克苏，姑墨今塞里木、拜城，龟兹今库车。塞里木去库车百余里，至石刻处二百里，已越龟兹而东，当距乌累城不远矣。又"京兆长安淳于某作此诵"，后汉虽都洛阳，长安乃旧都，故仍称京兆也。太守名补华，乌程人。

光绪十一年(1885)乙酉，塔尔巴哈台参赞大臣锡纶记。

2. 吴同远审定本（图 2　裱轴 893）

整幅裱轴装，1 轴，高 163.5 厘米，宽 61 厘米，轴径 4.5 厘米；墨心高 46 厘米，宽 38 厘米。此本仅存题记部分，无题跋，钤"广荣之印"白文方印、"桐轩"朱文方印、"盱眙吴同远公坚父审定金石书画印记"朱文方印，为乐守勋捐赠，1986 年 5 月 27 日登记入藏。此本存字与锡纶旧藏本基本一致，唯传拓不精，字口内有洇染痕迹。

图 2　裱轴 893

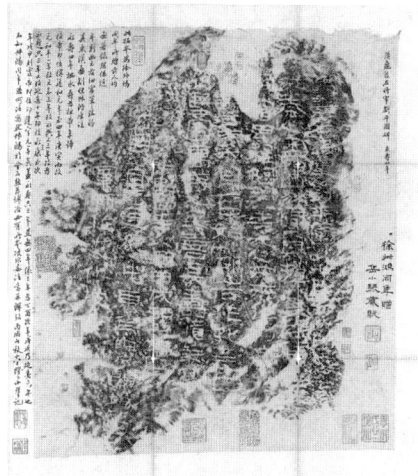

图 3　裱本 400

3. 岳小琴旧藏本（图 3　裱本 400）

此本为《朱博残碑》和《刘平国治关亭摩崖》的合装本，棉质花布书板。两纸托裱后折叠成册子大小，合装为一册，故外表看起来是册页装，实际皆为整幅本，两拓本皆有硬伤。《刘平国治关亭摩崖》仅存题记，高 56 厘米，宽 50.5 厘米；墨心高 50.3 厘米，宽 39 厘米。岳小琴隶书题外签，徐叔鸿、岳小琴题首，岳氏光绪十二年(1886)九月十八日题跋，钤"叔鸿金石"朱文方印、"汇泉"白文方印、"北平安仁汇泉图书"朱文方印、"恩波"朱文方印、"恩波"朱文长方印(紫色)、"恩波氏心一珍品"朱文方印、"清白"白文椭圆形小印、"怀褆室金石字画图书珍藏之印"白文长方印(朱、紫各一)。徐叔鸿捐赠，1961 年 9 月登记入藏。此本与锡纶旧藏本几乎完全一致，亦因传拓不精而品相略差。

附题跋：

岳小琴隶书题外签：

西汉朱博残石东汉刘平国碑合装。小琴珍赏秘玩。（钤"小琴金石印"朱文方印）

岳小琴隶书题内签：

东汉刘平国碑。（钤"小琴"朱文方印）

徐叔鸿题首：

汉龟兹左将军刘平国碑。永寿四年。

岳小琴题首：

徐叔鸿同年赠，岳小琴藏玩。（钤"小琴金石印""小琴眼福"朱文方印两方）

岳小琴题跋：

此拓本为徐叔鸿同年所赠，前人均无著录，想系近年新出土者。细审笔法，的真东汉无疑，但叔鸿原注"永寿四年"，按：永寿为桓帝年号，桓帝即位称建和元年，至四年庚寅而改元和平，一年改元嘉，三年改永兴，又三年改为永寿，只三年又改为延熹，十年即改永康（丁未），至次年戊申则灵帝即位，即建宁元年矣。盖永寿只三年，并无四年，缘三年为丁酉，次年戊戌乃延熹元年也。不知叔鸿同年凭何注写，然叔鸿于金石极为博洽，必有所本，决非妄注，当再详考。丙戌（1886）九秋十八日灯下，小琴记。（首钤"秋好轩金石文字"朱文长方印，尾钤"岳琪审定"朱文长方印、"秋好轩岳小琴珍藏书画金石书籍印"朱文方印）

4. 吴彭秋旧藏本（图 4　裱轴 195）

整幅裱轴装，1 轴，高 178 厘米，宽 61 厘米，轴径 5 厘米；题记墨心高 47 厘米，宽 35 厘米；题款墨心高 18 厘米，宽 17 厘米。此本为吴彭秋仰统楼旧藏，有其题签，两纸皆有罗振玉民国十二年（1923）冬题跋。钤"韦佩轩"朱文长方印、"亚屏"朱文方印、"韦佩轩珍藏书画之印"朱文方印、"东里逸民"朱文方印、"仰统楼"朱文方印、"堇封"白文方印、"金石长年"白文方印，1963 年 6 月 10 日登记入藏。此本两纸非同时所拓，题记淡墨拓，不甚精；题款浓墨精拓，神采奕奕，罗振玉说："此后来精拓，然与初出土本固无殊异。"此本被马雍先生评为第二期拓本，但仔细比勘，所有可辨识字与锡纶跋本并无不同，尤其是马雍先生所定考据字第二行"秦"字、第四行"谷关"两字、第五行"止坚固"之"坚"字都十分清楚，但整体视觉效果却远不如锡纶本，这是因为墨色太淡，加之传拓粗糙，很多字并没有将宣纸敲实在石头上，导致整体效果较差，所以被马雍先生下放到第二期中，今为其正名，置于第一期拓本中。

附题跋：

吴彭秋题外签：

汉平国刘将军治乌里关城颂残石。（下钤"仰统楼"朱文方印）

罗振玉题记拓本后题跋：

汉龟兹将军刘平国治乌累关城诵，吾乡章勤果公平定关陇时始传人间。往岁吴兴施均甫太守以墨本赠，乃佐勤果戎幕时所拓，苦不精致。十余年始有精拓，而字已有残损。此初拓本之精者，惜"京兆长安淳于□作此诵"款已失去，为可惜耳！壬戌纪岁（1922）冬，彭秋尊兄出此本见示，属题识于后，以存鸿爪。商遗罗振玉书于津门寓居之贞松堂。（钤"罗振玉印"白文方印、"罗叔言"白文方印）

罗振玉题款拓本后题跋：

此后来精拓，然与初出土本固无殊异，第二行"淳于伯"下一字不可识，初拓本亦然。雪翁又记于津门寓居。（钤"罗叔言"白文方印）

（二）第二期拓本

第二期拓本第二行"秦"字已毁，第三行"作列亭从"仅存半个"作"字，第四行"□谷关"仅存大半"关"字，第五行"止坚固"仅存"固"字，第二期拓本比第一期拓本少了八九个字。第二期拓本有吴趋祝氏藏本（简称"祝本"）、郭沫若引用本（简称"郭本"）、彭秋尊藏的北京图书馆藏本（简称"北图彭本"，即国图裱轴195）、陈修孝藏本（简称"陈本"）。馆藏第二期拓本有2种：

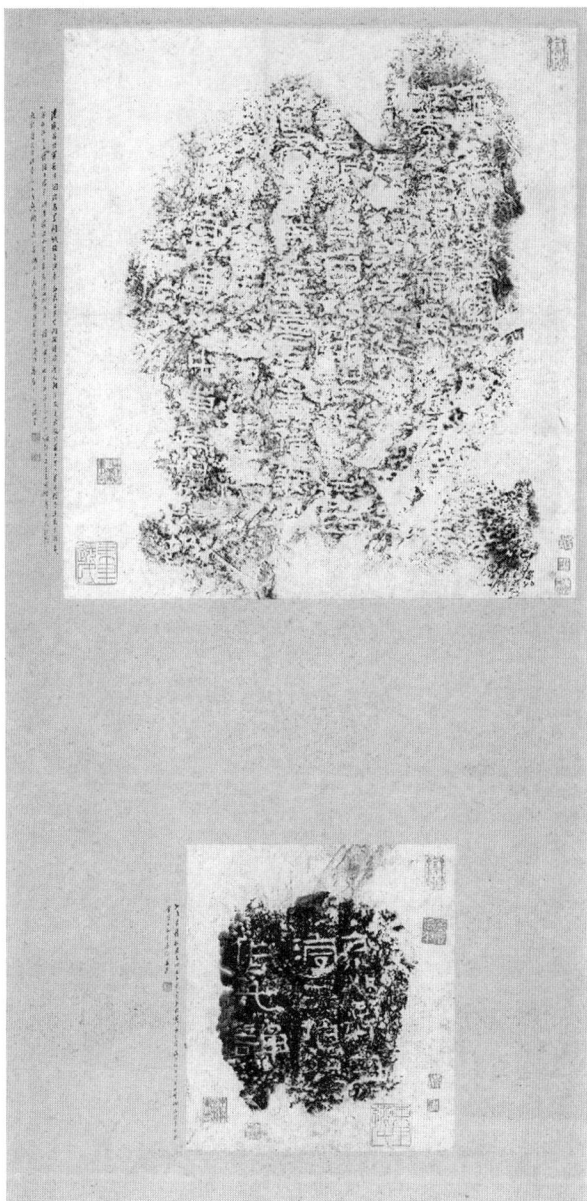

图4　裱轴195

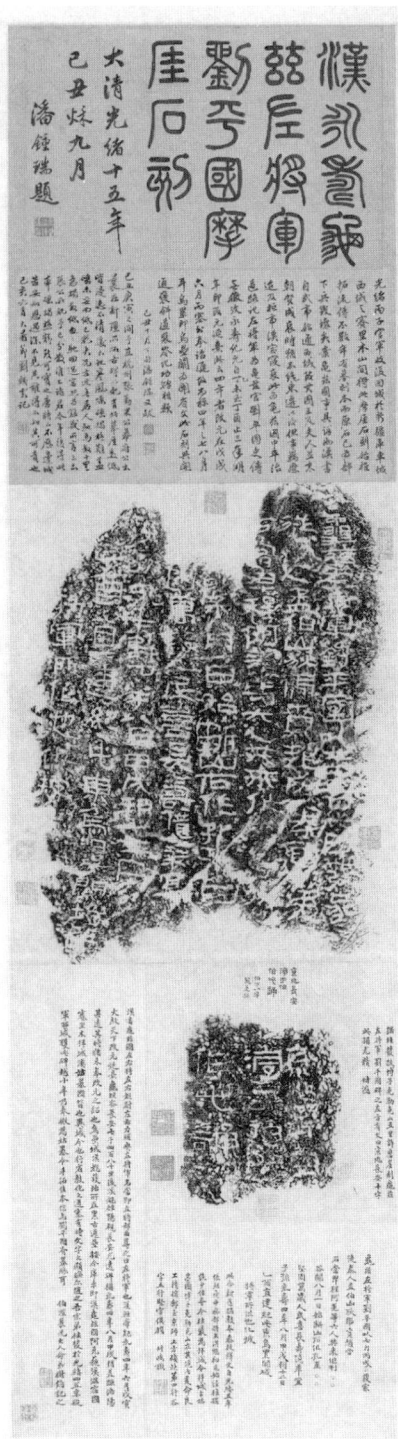

图5 裱轴1078

1. 徐树钧旧藏本（图5 裱轴1078）

整幅裱轴装，1轴，高266.5厘米，宽57.3厘米，轴径5.5厘米；画心高135厘米，宽38.5厘米；题记墨心高46厘米，宽35厘米；题款墨心高18厘米，宽16厘米。此本为光绪十五年徐鼎藩手拓本[①]，徐树钧题跋曰："吾宗弟桂丛，于光绪四五年从军西域，获此碑，越十年乃奉檄为姑墨令，手拓佳本。"有潘钟瑞篆书题端及光绪十五年（1889）十月下旬题跋，刘鹗光绪二十五年（1899）六月大暑节题跋及徐树钧释文和题跋。钤"桂丛手拓"朱文方印、"姑墨令章"白文方印、"作姑墨令"朱文方印、"鼎藩手拓"白文方印、"长沙徐氏"朱文印两枚、"叔鸿鉴赏之印"朱文方印、"金石长年"白文方印。此本是第二期拓本中的精拓本，题记部分第二行"秦"字已毁，第三行"作列亭从"仅存半个"作"字，第四行"□谷关"仅存大半"关"字，第五行"止坚固"仅存"固"字；题款部分亦为精拓，徐树钧专为表扬。清理积压所得，1986年6月2日登记入藏。

附题跋：

佚名题外签：

汉刘平国摩崖。

潘钟瑞篆书题端：

汉永寿龟兹左将军刘平国摩崖石刻。大清光绪十五年（1889）己丑秋九月，潘钟瑞题。（钤"庆生潘钟瑞印"白文扁方印）

潘钟瑞题跋：

光绪丙子（1876）官军收复回城，于新疆库车城、西域之赛里木山间得此摩崖石刻，始椎拓

---

① 据本论文集《刘平国刻石的早期保护和拓本流传——以徐鼎藩为中心》，有光绪十六年魏光焘《奏为委令吴光熊署理于阗知县徐鼎藩署理拜城知县事》，是徐鼎藩光绪十六年才署理拜城知县，据此处徐树钧题跋及潘钟瑞光绪十五年题端与跋语，疑徐鼎藩光绪十五年已在拜城县任上。

流传,不数年有摹刻本,而原石已为部下兵毁坏矣。案:龟兹国事具详两《汉书》,自武帝始通西域,致其国王及夫人并来朝贺,成、哀时犹不绝,东迁以后但事羁縻,迨及桓帝,汉室寝衰。此为龟兹国中平治道路记,"左将军"为龟兹官,刘平国史传无征,考永寿纪元,自乙未至丁酉,止三年,明年即改元延熹,此云"四年"者,改元在戊戌六月,而塞外奉诏迟,故尚称四年之七八月耳。乌累即乌垒,𨶭为"关"省文,此石刻与开通褒斜道、裴岑纪功碑相类。

己丑(1889)十月下旬,潘钟瑞又跋。(钤"瘦瘦"白文方印、"香禅"朱文长方印)

刘鹗题跋:

己丑、庚寅(1889—1890)之间,予在杭州张勤果公幕府,公出曩在新疆所拓各碑以贶,有此摹(摩)崖数纸,皆漫漶不清,据云地寒风燥,砳拓极难,盖砳未妥而纸已干矣,况左近无居人,驰马数十里,急拓数纸,匆匆驰回。过宴恐为猛兽所害云云。张公所贶,予已分散淮上诸君,今年复得此本,砳拓极精,致可宝也。唐诗云"不历边城苦,安知恩遇深",不见其难得,不知其可贵也。己亥(1899)六月大暑节,刘铁云记。(钤"云抟"朱文扁方印)

徐树钧题跋:

据桂丛跋,博子克勒克山五里许磨崖刻龟兹左将军刘平国碑之左方,有文曰"京兆长安"十字,此拓尤精。叔鸿。

徐树钧释文一:

京兆长安
淳于伯
作此诵

徐树钧释文后题跋:

伯下一字疑是孙

徐树钧释文二:

龟兹左将军刘平国以七月丙戌□发家
徒秦人孟伯山狄虎贲赵当
石当卑程阿羌等六人共来作刊□□
　谷关八月一日始断山石作孔至□□
　坚固万岁人民喜长寿亿年宜
　子孙永寿四年八月甲戌朔十二日
　　乙酉直建纪此东乌累关城
　　　将军所作也化披

123

徐树钧释文后题跋:

此合新旧拓数本参校释文,自光绪五年张朗斋中丞部将王得魁初见,始经椎拓,绝少佳本,今桂丛为拜城令,拜城古姑墨国,博子克勒克山在其境内,爰命良工精拓,邮至京师。上方残缺,第四行"谷"字、五行"坚"字俱损。叔鸿识。(钤"叔鸿"朱文方印)

又:

《汉书》:龟兹国左右将、左右都尉、左右力辅,无"左将军"名,当即左将,部曲尊之曰左将军也。《汉·桓帝纪》:永寿四年"六月戊寅,大赦天下,改元延熹",龟兹去长安七千四百八十里,后汉都洛阳,视长安尤远,碑称"永寿四年八月甲戌朔",盖距洛阳甚远,其时尤未奉改元之诏也。乌垒城,汉都护治所在,"累"古通"垒",按:今库车即汉龟兹国,阿克苏,汉温宿国,赛里木、拜城,汉姑墨国,昔也异域,今也行省,教化之通塞有时,文字之显晦亦随之。吾宗弟桂丛,于光绪四五年从军西域,获此碑,越十年乃奉檄为姑墨令,手拓佳本,信与刘平国有墨缘耳。

伯澄长兄大人命弟树钧记之。(钤"叔鸿"朱文长方印)

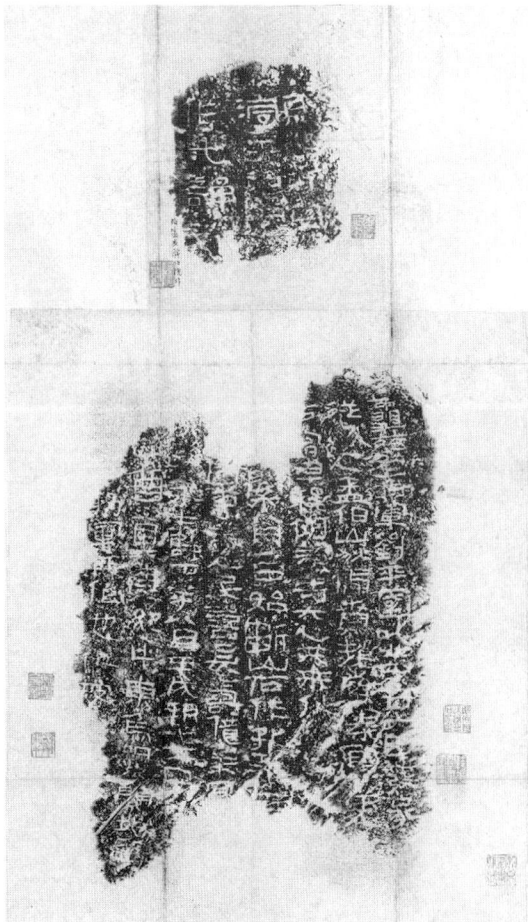

图6　各地9633

2. 柯昌泗旧藏本(图6　各地9633)

整幅托心本,两拓合裱为一纸,题记墨心高47厘米,宽34厘米;题款墨心高18厘米,宽15厘米。此本为柯昌泗旧藏,钤"金石长年""柯燕骎""胶州柯氏藏金石文字""轙华阁昆弟审定"等印。清理积压所得,1976年4月19日登记入藏。另有"姑墨令章"和"徐桂丛手拓本"两印,当与裱轴1078为同时拓本,皆徐拓本,亦是第二期拓本中之精品。题款拓本尾有柯昌泗校记曰:"伯隐或释伯隗,非。"柯昌泗在《语石异同评》卷二中对此碑有详细著录[1]。

(三)第三期拓本

第三期拓本则基本一片模糊,马雍先生以为几乎没有参考价值,对碑刻鉴定和

[1] 叶昌炽撰,柯昌泗评《语石　语石异同评》卷二,北京:中华书局,1994年,98页。

石刻保护而言,虽然文字无法辨识,至少保存了一个时间点的石刻状况,亦有版本意义。
第三期拓本有黄文弼拓本(简称"黄本")、北图各地7811、北图各地7812。馆藏第三期拓本
有3种:

1. 各地 10296(图 7)

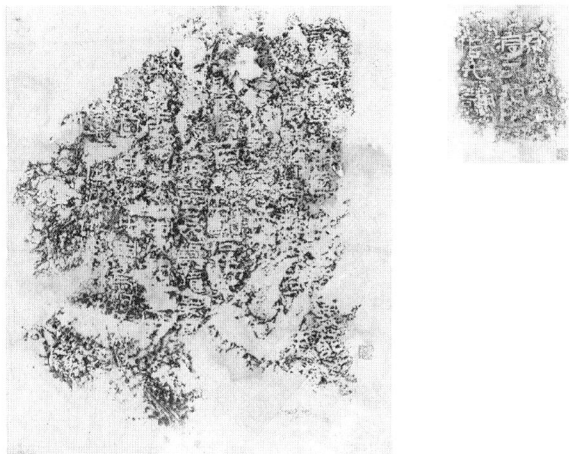

图 7　各地 10296

整幅本,2张,一墨心高48厘米,宽41厘米;一高19厘米,宽17厘米。已托为画心,
1981年5月22日登记入藏。此本为第三期之精拓者。

2. 各地 7811(图 8)

整幅本,1张,墨心高48厘米,宽32厘米,仅存题记部分。1963年6月25日登记入藏。

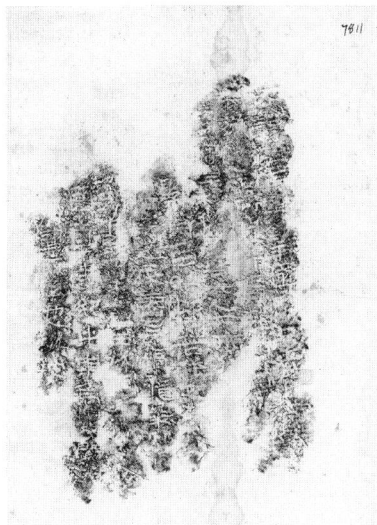

图 8　各地 7811

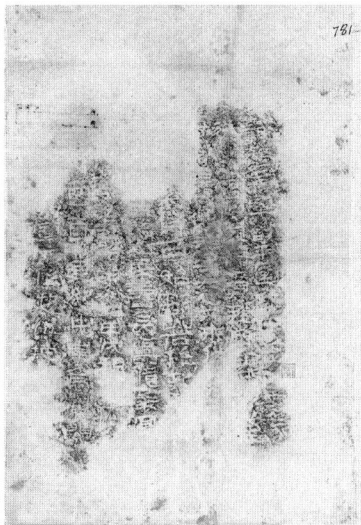

图 9　各地 7812

3. 各地 7812（图 9）

整幅本，1 张，墨心高 44 厘米，宽 32 厘米。朱拓，仅存题记部分。1963 年 6 月 25 日登记入藏。

（四）介于第一、二期之间的拓本

在比对馆藏拓本的时候，还发现了三种介于第一期与第二期之间的拓本，分别介绍如下：

1. 梁启超旧藏本（图 10　专藏 1491）

整幅本，1 张，仅存题记，墨心高 50 厘米，宽 39 厘米。有梁启超题签、题端和一则民国十四年二月题跋，钤"边臣祥印"朱文方印、"移孝作忠效力边陲"白文长方印、"启超籀读"白文方印。此本"秦"字完好无损（二期拓本"秦"字已毁）；"作列亭从"之"作"右半已损，"列"字全泐，"亭从"尚可识（二期拓本仅存半个"作"字）；"谷关"之"谷"字已佚去，"关"字完整（二期拓本仅存大半"关"字）；第五行"坚固"之"坚"右上角略损，"固"字内部泐，尚可识（二期拓本仅存"固"字）；从以上考据字可见，这个版本处于第一期和第二期之间。此本两方藏印的主人，梁启超先生以为"盖当戍边将校归装所载耶"，据朱玉麒考证[①]，是满族大臣祥麟，在他的日记稿本上皆有这两方印章。祥麟光绪九年十一月接到任命，至光绪十年五月二十八日始抵哈密，十一年七月卸任，回京路上即接到任乌里雅苏台参赞大臣之命，稍事休整即赴任乌里雅苏台，累官至察哈尔都统，其于光绪十六年五月返京任吏部侍郎职。此本当是光绪十年五月至十一年七月之间所拓。

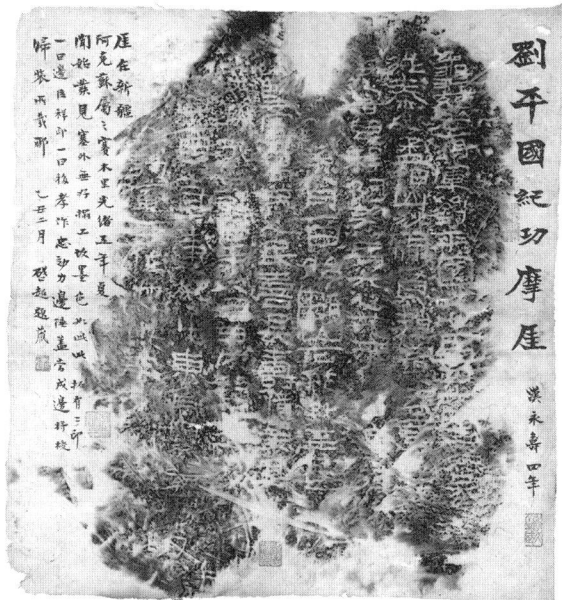

图 10　专藏 1491

附题跋：

梁启超题外签：

---

① 朱玉麒《散藏海内外的祥麟西北日记》，荣新江、朱玉麒主编《丝绸之路新探索——考古、文献与学术史》，南京：凤凰出版社，2019 年，392—409 页。

汉龟兹左将军刘平国摩崖。永寿四年,在新疆阿克苏属赛木里①。(钤"饮冰室"朱文椭圆形印)

梁启超题端:

刘平国纪功摩崖。汉永寿四年。(钤"饮冰室藏"朱文长方印)

梁启超题跋:

崖在新疆阿克苏属之赛木里,光绪五年夏间始发见,塞外无好拓工,故墨色如此。此拓有三印,一曰"边臣祥印",一曰"移孝作忠效力边陲",盖当戍边将校归装所载耶。乙丑(1925)二月,启超题藏。(钤"启超"白文方印)

2. 缪继珊铁如意斋旧藏本(图 11 专藏 1563)

整幅本,1 张,墨心高 49 厘米,宽 45 厘米,亦仅存题记。有缪氏题外签,钤"金石癖"白文方印、"沽上缪氏珍藏""缪"朱文方印。

图 11 专藏 1563   图 12 裱轴 883

3. 小红鹅馆旧藏本(图 12 裱轴 883)

另一整幅裱轴装,1 轴,高 131 厘米,宽 50 厘米,轴径 4.5 厘米;墨心高 48.5 厘米,宽 35.5 厘米,仅存题记。正书外签,拓本有水渍痕迹,清理积压所得,1986 年 5 月 27 日登记入藏。拓本左下角钤"小红鹅馆收藏"朱文方印,查清末姚元之(1773—1852,字伯昂,号荐青、小红鹅馆,安徽桐城人)有此斋号,但姚元之卒于清咸丰二年,此摩崖尚未出世,不当为姚氏所藏,或为其后人沿用。

---

① 赛木里,当作"赛里木",原文如此,下同。

（五）翻刻本

国家图书馆所藏《刘平国治关亭摩崖》拓本中,翻刻本只有一种,是缪继珊旧藏整幅本（图 13 专藏 1564）,仅有题记,墨心高 51 厘米,宽 40 厘米。有缪氏隶书所题外签及庚寅(1950)重阳题跋,钤"廉生秘玩"朱文方印,是王懿荣、缪继珊递藏本。据缪继珊题签和题跋,此本为王懿荣旧藏,从题跋可见,缪氏初得此本时,以为是原拓精本,后来发现是翻刻本的时候,又在原题签和题跋前各加了"翻刻"两字,并将跋文中的"旧拓之珍品"改为"翻刻之珍品",故此本入藏铁如意斋,当在另一本(专藏 1563)之前。

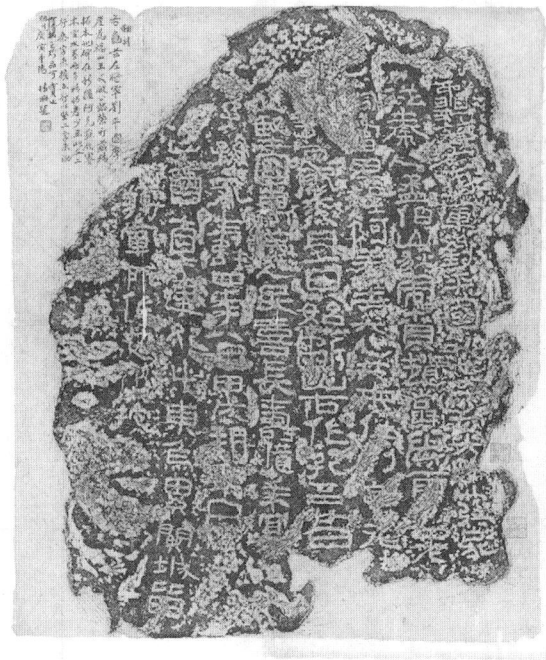

图 13 专藏 1564

翻刻本从何而来,迄无记载,1951 年 5 月,文化部文物局将天津缪继珊"铁如意斋"旧藏的石刻拓片 1102 余种 3051 件、汉魏石经残石 360 块拨交北京图书馆(今国家图书馆),此本即是其中之一。潘钟瑞题跋曰:"光绪丙子官军收复回城,于新疆库车城西域之赛里木山间得此摩崖石刻,始椎拓流传,不数年有摹刻本,而原石已为部下兵毁坏矣。"虽然对原石已毁的记载是以讹传讹,但是由此可知,摩崖发现几年之后即有摹刻本出现了,遗憾的是潘氏并未说明是何人所翻、刻在何地。王懿荣于光绪二十六年(1900)庚子事变中投井自尽,此翻刻或许在光绪十年至二十六年之间产生。

附题跋:

缪继珊隶书题外签:

> 翻刻刘平国摩崖。永寿四年八月,曾经福山王文敏公收藏精品也。沽上缪氏铁如意斋所得。(钤"金石癖"白文方印)

缪继珊题跋:

> 翻刻。
>
> 右龟兹左将军刘平国摩崖,为福山王文敏公懿荣所藏精拓本也。碑在新疆阿克苏属赛木里。水墨者多,精拓者少,且此本二行"秦"字未损,五行"以坚"二字未泐,翻

刻之珍品,可宝也。

　　庚寅(1950)重阳,继珊题。(钤"金石癖"白文方印)

三、小　结

　　在梳理馆藏拓本的时候,有三个小小的收获,汇报如下:

　　关于石刻的命名,自有著录以来,已渐渐形成固定模式,不同时代、不同作者的著录名称虽大体相同,细节却五花八门,从杨殿珣先生《石刻题跋索引》中可见一斑。大数据时代,规范统一的命名是最方便大众检索的方法,对石刻题名的著录,国家图书馆在《中国文献编目规则(第二版)》中早有规定。《刘平国治关亭摩崖》自发现以来,以其为汉刻,颇受学者重视,叶昌炽《语石》、王树枏《新疆访古录》、罗振玉《西陲石刻录》、王国维《观堂集林》、黄文弼《塔里木盆地考古记》、马雍《西域史地文物丛考》等书均有著录,但名称众多,一直未能统一,多数简单称为"刘平国碑",还有的称"龟兹刻石""乌垒碑""乌垒刻石"或者"乌垒摩崖";具体一点的称"刘平国斫孔记",严谨一点的称"刘平国刻石""东汉刘平国刻石""刘平国将军功德碑"或者"龟兹刘平国刻石",更详细一点的是"龟兹左将军刘平国碑""龟兹左将军刘平国刻石"或"龟兹左将军刘平国摩崖",交代了碑文内容的有"汉龟兹左将军刘平国作亭颂/诵""刘平国将军治关城诵刻石",还有更加复杂的著录为"汉龟兹左将军刘平国作东乌累关城记/纪",仔细阅读碑文,按照《中国文献编目规则(第二版)》第一部分第五章的规定,石刻的命名方式是"内容＋形制",此碑刻于自然山体之上,是摩崖无疑,碑刻内容主要讲刘平国率人修治乌累关列亭事,故从一个编目者的角度看,这通摩崖的规范题名应为"刘平国治关亭摩崖"。

　　一般而言,新拓不如旧拓,后拓不如初拓。但是有时囿于传拓条件和拓工的态度和技艺,后来精拓本反倒胜过旧拓本的情况也很普遍,叶昌炽早就发现了这个规律,《语石》卷九专设一条"近拓胜旧拓",列举近拓胜旧拓的例子,详细说明了道理:"(古碑)或藤葛纠缠,或苔藓斑驳,又或尘埃丛积,拓工未经洗濯,草草摹拓,安有佳本? 若为之刮垢磨光,则精神顿出矣。国学石鼓文,近时洗拓本,视国初拓转多字,此其明验也。"类似的例子在传世名碑拓本中也不少见,尤其是原碑石质好的古刻,短时期内,拓工的工作态度和传拓技艺才是决定精拓与否的关键元素。内行和不怕吃苦的拓工,才能将沦陷土中的古碑下部挖出来完整传拓;精益求精的拓工,才能将长满苔藓或布满泥土灰尘的碑版洗刷干净再行传拓;只有这样才能得到精拓本。国家图书馆藏吴彭秋旧藏本,题记部分因传拓不精,虽为初拓本,但却被马雍先生置于第二期拓本中,而其题款部分是后来精拓所补,罗振玉题跋云"与初拓无异",不过是出于对初拓本的迷信。世人皆以初拓本为贵,殊不知初拓未必皆佳,从《刘平国治关亭摩崖》的传拓历史梳理和传世拓本分析,亦可见良工的宝贵。

　　另"永寿"为东汉桓帝年号,有些题跋说"永寿凡三年",容易让人误以为三年即改元为延熹元年,其实是有第四年的,朔闰表显示永寿四年"六月戊寅改元",六月朔乙亥,戊寅即初四日,是永寿四年六月初四日改元为延熹的,此摩崖刻于八月十二日,距改元不过两月余,加之西域路途遥远,信息传递未及,故刻石中仍以永寿纪年。

最后,马雍先生对三期拓本传拓时间有个大致推测,他说:"可见第一期与第二期的划分就在光绪时代。"第二期与第三期拓本的分界线大概在民国十七年(其所著录第三期拓本中第一个黄文弼拓本是 1928 年所拓)。从可确定传拓时间的馆藏拓本看,光绪十六年徐鼎藩手拓本是第二期拓本中的精品,馆藏一二期之间的拓本,根据祥麟在新疆的行迹,可定为光绪十年五月至十一年七月之间所拓。综上所述,第一期拓本是光绪五年至九年之间所拓,可以称为"初拓本";光绪十年到十六年之间的拓本,在马先生所定一二期之间;第二期拓本大概是光绪十六年到民国十七年之间,期间石刻的变化,还可排比拓本细究;第三期拓本当在民国十七年之后了。

A Brief Introduction to the Rubbings of "Liu Pingguo Zhi Guanting Cliff Carving" in the National Library of China

Lu Fangyu

This article introduces the description and transfer process of the thirteen types of rubbings of "Liu Pingguo Inscription" in the National Library of China. Through sorting out several important rubbing process of "Liu Ping Inscription", the rubbings collected by the National Library of China are divided into three phases. It also emphasizes the importance of standardizing the descriptive title, and believes that according to the "Chinese Document Cataloguing Rules" (Second Edition), the standard title of this inscription should be "Liu Pingguo Zhi Guanting Cliff Carving" (The Liu Pingguo's Cliff Carving on the Construction of Guanting).

北京大学图书馆藏《刘平国刻石》拓本概说

汤 燕

北京大学图书馆

《刘平国刻石》刻于东汉永寿四年(158),在今新疆维吾尔自治区拜城县东赛里木以北的喀拉克达格山口。此山口地处偏远,人迹罕至,刻石历经一千多年不为世人所知,直至光绪初年被重新发现。光绪十九年(1893)出版的施补华《泽雅堂文集》,首次刊布了《刘平国刻石》于光绪五年(1879)的发现经过:

> 此碑在今阿克苏所属赛里木东北二百里山上。五年夏,有军人过其地,见石壁露残字,漫漶不可识,或以告余,疑为汉刻。秋八月,余请于节帅张公,命总兵王得魁、知县张廷楫具毡椎裹粮往拓之,得点画完具者九十余字[①]。

大多数学者认为这段文字是对《刘平国刻石》最早的记录。

《刘平国刻石》被发现不久,就以拓本的形式在境内外流传,被学者和金石收藏家所珍视,一直被认为是研究新疆地区古代历史的珍贵史料之一,对此石刻的研究代不乏人。随着更多拓本的披露,能对该石刻拓本版本的变化有更加系统的认知,从而借助拓本推断刻石本身的变化。基于此,本文将北京大学图书馆藏《刘平国刻石》拓本及相关题跋、翻刻本等,逐一介绍,以飨学者。

一、原石拓本

第一份:典藏号 A1254(图 1)

拓片 2 张,尺寸:48 cm×36 cm,27 cm×15 cm(淳于伯题记)。此本为缪荃孙艺风堂旧藏,钤印"荃孙所得金石"朱文印,有淳于伯题记部分。拓本用宣纸拓制,纸色白,较厚,质地光洁。捶拓不良,大部分铭文难辨清,有墨色洇入字口。二行"秦"字、五行"以坚"、四行"谷"虽模糊,尚可见存。

---

① 施补华《泽雅堂文集》卷七,光绪十九年(1893)湖州陆心源刻本,叶一。

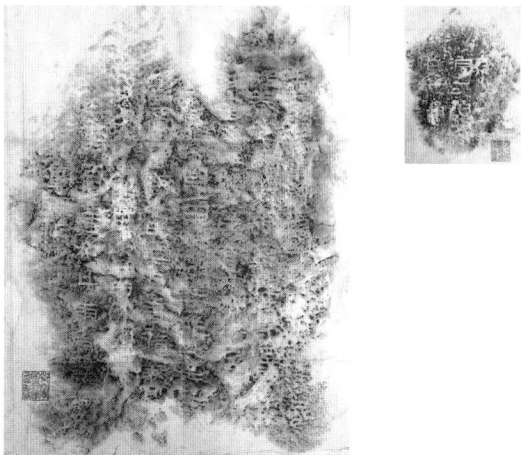

图 1　A1254

缪荃孙(1844—1919),初字小珊,号楚㧑,后改字炎之,号筱珊,晚年又号艺风,江苏江阴人。他是清末著名学者,在史学、教育、藏书、目录、校刊等领域卓有建树,他积极从事近代教育和文化事业,新建多所学堂,是中国近代图书馆的创始者,筹办并主持江南图书馆、京师学部图书馆,可以说是传统文化的领军人物。他也是近代藏书家,其中拓本收藏成就最大,马衡先生称近代收藏拓本者以缪氏艺风堂为最富。夏孙桐《缪艺风先生行状》称:"酷嗜金石,先后得刘燕庭、韩小亭、马砚孙、瑛兰坡、崇雨舲、樊文卿、沈韵初诸家所藏拓本。宦游所至,又得打碑人李云从、聂明光等,并善搜访,于畿辅、山右、山左、大江南北及皖中石刻,椎拓几遍。"[1]他的拓本收藏编纂为《艺风堂金石文字目》十八卷,于光绪三十二年刊刻出版,对后世影响很大。1925 年前后,艺风堂拓片售归北大研究所国学门。

现存《缪荃孙日记》从光绪十四年开始,没有此份拓片的入藏信息。《刘平国刻石》远在新疆,拓本得之不易,依照缪荃孙习惯,入藏难得拓本在日记中会有所涉及,据此可以推测入藏《刘平国刻石》拓本在光绪十四年以前。

上海图书馆藏王懿荣旧藏《刘平国刻石》拓本,上有施补华题跋云:"九年,命工拓数十纸,分贻海内朋好,伯希祭酒、廉生太史所得皆是也。十五年,至京师,祭酒、太史皆装为大卷,属题其后。"[2]"伯希祭酒"为盛昱,"廉生太史"为王懿荣。可知施补华将拓于光绪九年的几十份拓本带到京师赠予同好。从《缪荃孙日记》看,缪荃孙与王懿荣、盛昱来往不疏,可是,观察上海图书馆藏王懿荣旧藏拓本的纸张,以及近些年拍卖会出现的数种《刘平国

---

①　夏孙桐《缪荃孙先生行状》,闵尔昌《碑传集补》卷九,民国十二年(1923)燕京大学国学研究所铅印,叶二八背。

②　仲威《汉碑善拓过眼之三》,《书法》2013 年第 2 期,94 页。

刻石》初拓本的纸张[①]，颜色均为浅黄色，可以推断，施补华光绪"九年命工拓数十纸"所用纸张颜色为浅黄色。因此，此本缪氏旧藏非施补华光绪九年拓本，虽然此本拓工不佳，由于属于早期拓本，又是早期新疆碑刻少见的用宣纸捶拓的拓本，因此也是非常珍贵的。

我馆及拍卖会出现的早期新疆碑刻拓本，所用纸张绝大多数为较粗糙的皮纸，肉眼可见杂质，颜色是浅黄色，推测当是新疆当地生产的。

第二份：典藏号 A32251－2（图2）

拓片1张，已托，47 cm×37 cm。附件：王运长跋1张，石印（见下）。此本无淳于伯题记。纸色浅黄，较薄，质地粗，肉眼可见纸浆杂质。捶拓欠精良，部分铭文有墨色洇入字口。二行"秦"字、五行"以坚"、四行"谷"存。

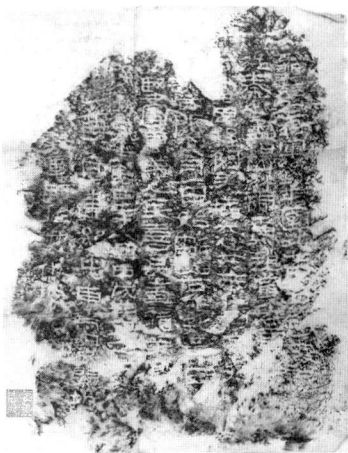

图2　A32251－2　　　　　　图3　A32251－3

第三份：典藏号 A32251－3（图3）

拓片1张，49.5 cm×37 cm。此本无淳于伯题记。纸色浅黄，皮纸，较厚，质地较粗，不均匀，帘纹清楚，肉眼可见纤维及纸浆杂质。捶拓好，很少铭文有墨色洇入字口。二行"秦"字、五行"以坚"、四行"谷"清楚可见，末行"仇披"可见。状态非常接近上海图书馆藏王懿荣旧藏和中国嘉德拍卖公司2016年春拍2198号拍品。

第四份：典藏号 A32251－4（图4）

拓片1张，49.5 cm×37 cm。此本无淳于伯题记。纸色浅黄，皮纸，较厚，质地较粗，

---

① 北京东方大观拍卖公司2015年秋拍第0758号、中国嘉德拍卖公司2016年春拍2198号、2017年春拍2249号拍品。

不均匀,帘纹清楚,肉眼可见纤维及纸浆杂质。捶拓相对较好,少数铭文有墨色洇入字口。二行"秦"字、五行"以坚"、四行"谷"清楚可见,末行"仇披"可见。

与 A32251‑3 用纸相同,捶拓状态近似,捶拓于同一时间,或出于同一拓工。状态略逊上海图书馆王懿荣旧藏和中国嘉德拍卖公司 2016 年春拍 2198 号。

图 4 A32251‑4

图 5 A32251‑9

第五份:典藏号 A32251‑9(图 5)

拓片 1 张,49 cm×39 cm。此本无淳于伯题记。纸色浅黄,薄软,帘纹明显,纸浆杂质较少。捶拓好。二行"秦"字、五行"以坚"、四行"谷"清楚可见,末行"仇披"可见。

第六份:典藏号 C3225‑2(图 6)

立轴 1 轴,48 cm×40 cm。陆和九旧藏。陆和九题签,有陆和九抄录叶昌炽(鞠裳)释文并题跋①,钤"拜城县印"满汉文官印,"绪斋监藏古刻善本""禾九""禾九氏""曾在陆和九处"朱印,"禾九四体书"白印。纸色黄。二行"秦"字清楚可见,五行"以坚"、四行"谷"不存,末行"仇披"清晰可见。

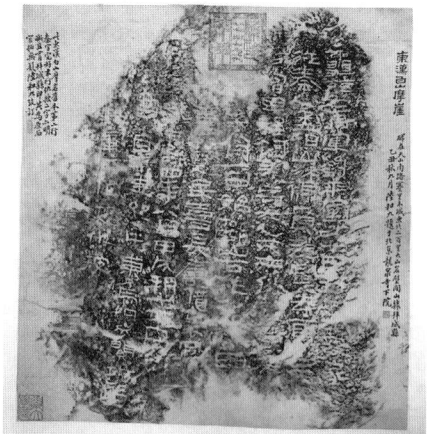

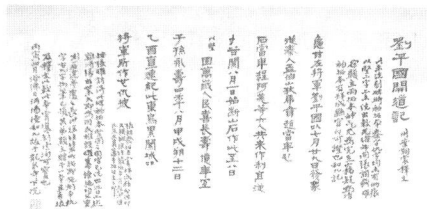

图 6 C3225‑2

① 陆和九题跋可参陶喻之《东汉刘平国刻石研究资料汇编》,荣新江、朱玉麒主编《西域考古·史地·语言研究新视野——黄文弼与中瑞西北科学考查团国际学术研讨会论文集》,北京:科学出版社,2014 年,401 页。

"绪斋监藏古刻善本"之印,现不明所属。《清人室名别称字号索引》有一条"连诚,舒穆禄氏",字号"绪斋"。我馆有一份拓片,同时有"绪斋监藏古刻善本"和"圣清宗室盛昱"两枚印章,绪斋是舒穆禄·连诚的可能性比较大,与盛昱同是宗室,互有来往。

陆和九(1883—1958),本名开钧,以字行,别署墨盒,湖北沔阳人(今仙桃)。能文而兼工书画,历任湖北襄阳第三师范国文教员、武昌大学汉文科长;中年迁居北京,任中国大学国学系讲师等教职,讲授金石学、古器物学、文字学及书法、篆刻等课程,收藏碑刻拓本甚富。晚年被聘为中央文史研究馆馆员。陆和九过手的拓本非常多,他有个习惯,过手的拓本会钤上他的印章,他有一方印章印文是"曾在陆和九处",现在市场上经常看到钤有他这方印章的拓本。

清代后期有个现象,地方官会将当地著名的碑刻拓本作为赠送的礼物,上面加盖官印,用以表明拓本的权威性。此份拓本上有官印,应当是属于此类情况。

第七份:典藏号 C3225‑3(图 7)

立轴 1 轴,46.5 cm×40 cm。此本盛昱旧藏,钤"圣清宗室盛昱"白印,王福庵题外签:"汉刘平国开道记刻石旧拓本。盛伯羲藏,褆厂题。"内签作"汉刘平国断山作孔诵",有陆和九释文及题记。纸色浅黄。二行"秦"字清楚可见,五行"以坚"、四行"谷"不存,末行"仇披"清晰可见。

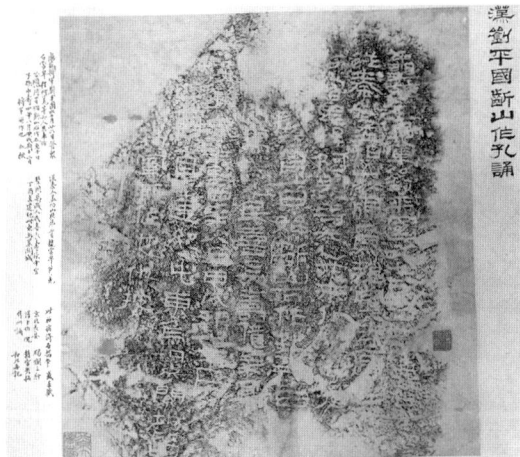

图 7　C3225‑3

盛昱(1850—1899),宗室,字伯熙,又作伯希、伯羲、伯兮、伯蕴、韵莳,号意园,满洲镶白旗人。光绪二年进士,授编修,累迁国子监祭酒。他精于经史舆地及清代掌故,与缪荃孙、沈曾植被称为谈故三友,著有《郁华阁遗集》《意园文略》《雪履寻碑录》等。

王福庵(1880—1960),原名褆、寿祺,字维季,号福庵,以号行,别号印奴、印佣,别署屈瓠、罗刹江民,七十岁后称持默老人,斋名麋研斋。浙江杭州人。现代书法篆刻家,"西泠印社"创始人之一。

此本非施补华赠盛昱拓本。上海图书馆藏王懿荣旧藏《刘平国刻石》拓本上施补华题跋云:"九年,命工拓数十纸,分赍海内朋好,伯希祭酒、廉生太史所得皆是也。十五年,至京师,祭酒、太史皆装为大卷,属题其后……唯此刻既显,拓者踵至,咸以军人充其役,手与纸墨夙不相习,椎毡又复未具,往往点画不可辨识,甚者脱去'京兆''淳于'数行",从中可以得知,第一,施补华赠盛昱拓本与赠王懿荣拓本同为光绪九年拓,此本版本不对,五行"以坚"、四行"谷"不存,非早期拓本;

135

第二,施补华赠盛昱拓本亦当有施氏光绪十五年题记,此本无;第三,施补华赠盛昱拓本当有"京兆淳于"题字,此本未存,故陆和九题记云:

> 此初访得拓本。盛昱藏。碑侧三行数字失拓。和九再记。

此轴的装裱较简单,天头地头没有设计预留写题跋的长度,陆和九释文题写在边上,推测是后人得到盛昱旧藏为出售而装裱成轴,请陆和九题记、王福庵题签。

第八份:典藏号 A32251/SB(图 8)

拓片 2 张,51 cm×40 cm;25 cm×22 cm;钤"徐鼎藩印""塞翁""金石长年"白印、"徐桂丛手拓本""姑墨旧令"朱印。附徐崇立书《徐鼎藩题跋及题记》1 张,石印;王运长临摹及跋 1 张,石印。此本有淳于伯题记。捶拓精良。纸色浅黄,厚薄不均匀,皮纸,肉眼可见树皮纤维,极薄处隐约可见帘纹。上方呈方形缺口,第二行"秦"、五行"以坚"、四行"谷"不存,末行"仇披"可见。据徐崇立题记:"越庚寅,先君权拜城县事,碑即在辖境。复手拓数十本以贻海内金石家。"庚寅即光绪十六年,此拓本当在此时所拓。

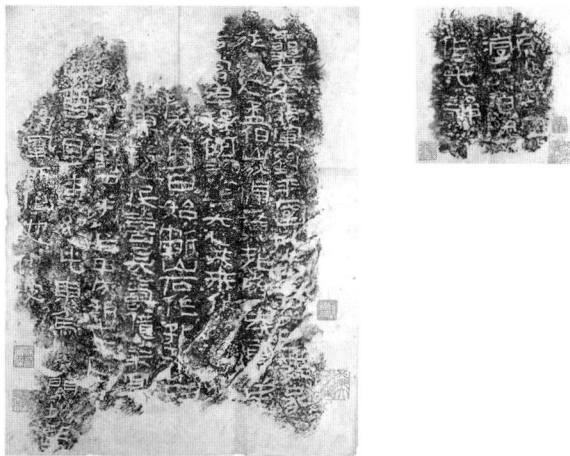

图 8 A32251/SB

徐鼎藩,原名树琨,字桂丛,号塞翁。长沙人。附贡生。甘肃候补知州,补用直隶州知州,赏加四品衔,升用知府。光绪年间在新疆做幕僚,后曾任拜城、阜康等县知县。

此份拓本附有其子徐崇立抄录的徐鼎藩题跋石印本(见下),徐鼎藩题跋是题写在自己的初拓本上,可以提供许多相关细节,包括下面三点:第一,徐鼎藩光绪五年初拓本是张曜所赠;第二,徐鼎藩手拓本拓于光绪十六年;第三,徐鼎藩曾筑屋保护《刘平国刻石》。

徐鼎藩曾筑屋保护《刘平国刻石》,在柯昌泗《语石异同评》中也有所记载:

> 长沙徐叔鸿尚书(树钧)之弟桂丛刺史,在勤果幕,得碑其所目击。后权知拜城县

事,乃迭石为屋以护之。曾见尚书题此拓本,记所言如此①。

勤果即张曜。

第九份:典藏号 **C3225**(图 9)

立轴 1 轴,46 cm×33 cm,18 cm×17 cm(淳于伯题记)。为北京大学原文科研究所旧藏。有"拜城县印"满汉文官印,宣统元年五月李晋年题跋,钤"子昭"白印,"国立北京大学文科研究所"朱印。此本有淳于伯题记。纸色黄。装裱之前有破损。第二行"秦"、五行"以坚"、四行"谷"不存,末行"仇披"清晰可见。

李晋年(1860—1929?),字子昭,滦南县人。光绪二十八年举人,后入太学。外放新疆,在镇西、沙雅、墨玉等处任知县。其简介参见朱玉麒《汉和堂藏〈裴岑碑〉旧拓考》一文②。

我馆 9 份《刘平国刻石》拓本的基本情况,可以用下面的简表来对比(表 1)。

据表中的存字情况,结合马雍《〈汉龟兹左将军刘平国作亭诵〉集释考订》③和仲威《汉碑善拓过眼之三》二篇文章,可以得出结论:第二行"从秦"之"秦"字,第五行"以坚"二字和第四行"谷关"

---

① 叶昌炽撰,柯昌泗评《语石 语石异同评》,北京:中华书局,1994 年,98 页。

② 朱玉麒《汉和堂藏〈裴岑碑〉旧拓考》,原刊《中国民族博览》2014 年 11—12 合期,30—41 页;收入作者著《瀚海零缣:西域文献研究一集》,北京:中华书局,2019 年,33—47 页;李晋年的考证见 40—47 页。

③ 马雍《〈汉龟兹左将军刘平国作亭诵〉集释考订》,《文物集刊》2 集,北京:文物出版社,1980 年,45—58 页。

图 9　C3225

之"谷"字作为考据字,可以是判断早期拓本的依据。早期拓本中,又可以用第二行"从秦"之"秦"字为初拓本的考据字,该字最迟到光绪十六年已损。

表1 北京大学图书馆藏刘平国刻石拓片关键文字存佚对照表

序号	典藏号	是否有淳于伯题记	第二行"秦"字	第四行"谷"	第五行"以坚"	拜城县官印	纸色
1	A1254	有	有	有	有	无	白
2	A32251-2	无	有	有	有	无	黄
3	A32251-3	无	有	有	有	无	黄
4	A32251-4	无	有	有	有	无	黄
5	A32251-9	无	有	有	有	无	黄
6	C3225-2	无	有	无	无	无	黄
7	C3225-3	无	有	无	无	无	黄
8	A32251/SB	有	无	无	无	无	黄
9	C3225	有	无	无	无	有	黄

二、相关题跋

比较难得的是,我馆入藏有施补华撰《刘平国碑跋》隶书木刻拓本和石印徐崇立书《徐鼎藩题跋及题记》、王运长书《临摹〈刘平国刻石〉并跋》等文献,它们是与《刘平国刻石》密切相关的资料。

施补华撰《刘平国碑跋》木刻拓本(图10)

施补华撰,落款为光绪八年(1882)十月。隶书,27行,行19字。拓片1张,41 cm×58.5 cm。刻于木板。校对光绪十九年刻本《泽雅堂文集》卷七《刘平国碑跋》,年款同,个别文字有差异。录文如下:

刘平国碑跋

此碑在今阿克苏所属赛里木东北二百里山上。五年夏,有军人过其地,见石壁露残字,漫漶不可识,或以告余,疑为汉刻。秋八月,余请于节帅张公,命王军门得魁、张大令廷楫具毡椎裹粮往拓之,得点画完具者九十余字。按,文称"永寿四年八月","永寿"为后汉桓帝年号,《后汉书·桓帝纪》凡改年号六:建和、和平、永兴、永寿、延熹、永康,其称永寿凡三年,四年六月戊寅大赦天下,改元延熹。《汉书》龟兹国去长安七千四百八十里,后汉都洛阳,视长安较远,其时当未奉改元之诏,故称永寿四年耳。云"龟兹左将军刘平国",《汉书》龟兹国有左右将、左右都尉、左右骑君、左右力辅。左将

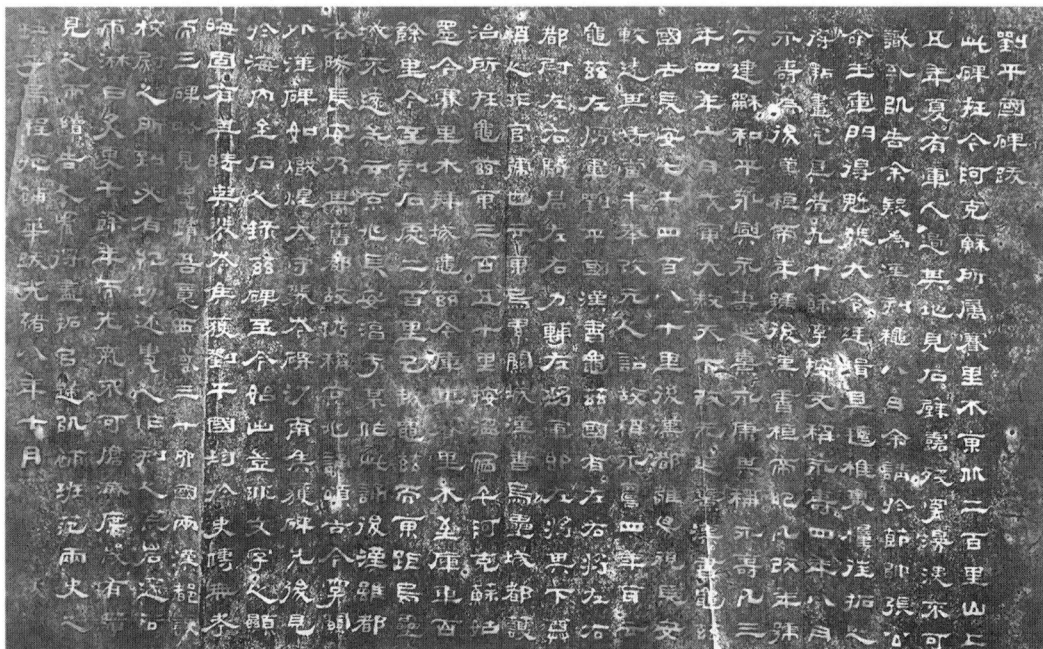

图 10　施补华撰《刘平国碑跋》木刻拓本

军即左将,其下尊称之,非官号也。云"东乌累关城",《汉书》乌垒城,都护治所,在龟兹东三百五十里。按,温宿,今阿克苏;姑墨,今赛里木、拜城;龟兹,今库车。赛里木至库车百余里,今至刻石处二百里,已越龟兹而东距乌垒城不远矣。云"京兆长安淳于某作此诵",后汉虽都洛阳,长安乃其旧都,故仍称京兆。"诵""颂",古今字。关外汉碑如敦煌太守裴岑碑、沙南侯获碑,先后见于海内金石之录。兹碑至今始出,岂非文字之显晦,固有其时与? 裴岑、侯获、刘平国,均于史传无考,而三碑略见事迹。吾意西域三十六国,两汉都护校尉之所,到必有纪功述事之作,刻之荒岩邃谷,雨淋日炙,更千余年而光气不可磨灭。庶几有续见之而续告之者,得尽拓以归,以补班、范两史之缺乎! 乌程施补华跋。光绪八年十月。

徐崇立书《徐鼎藩题跋及题记》(图 11)

徐崇立书,民国七年书,石印本 1 张。附于典藏号 A32251/SB 的《刘平国刻石》拓片中。

分为三段,第一段徐鼎藩录施补华《刘平国碑跋》,款为"光绪六年中夏桂丛识于疏勒军次";第二段徐鼎藩又跋,落款"塞翁";第三段徐崇立题记,款为"戊午冬十月十四日",当民国七年(1918)。

第一段是徐鼎藩原跋,有"适余从军温宿,朗帅惠余是本"及款"光绪六年中夏桂丛识于疏勒军次"句,可知徐鼎藩与施补华光绪初年同在张曜军中,曾随军在温宿和疏勒驻扎。

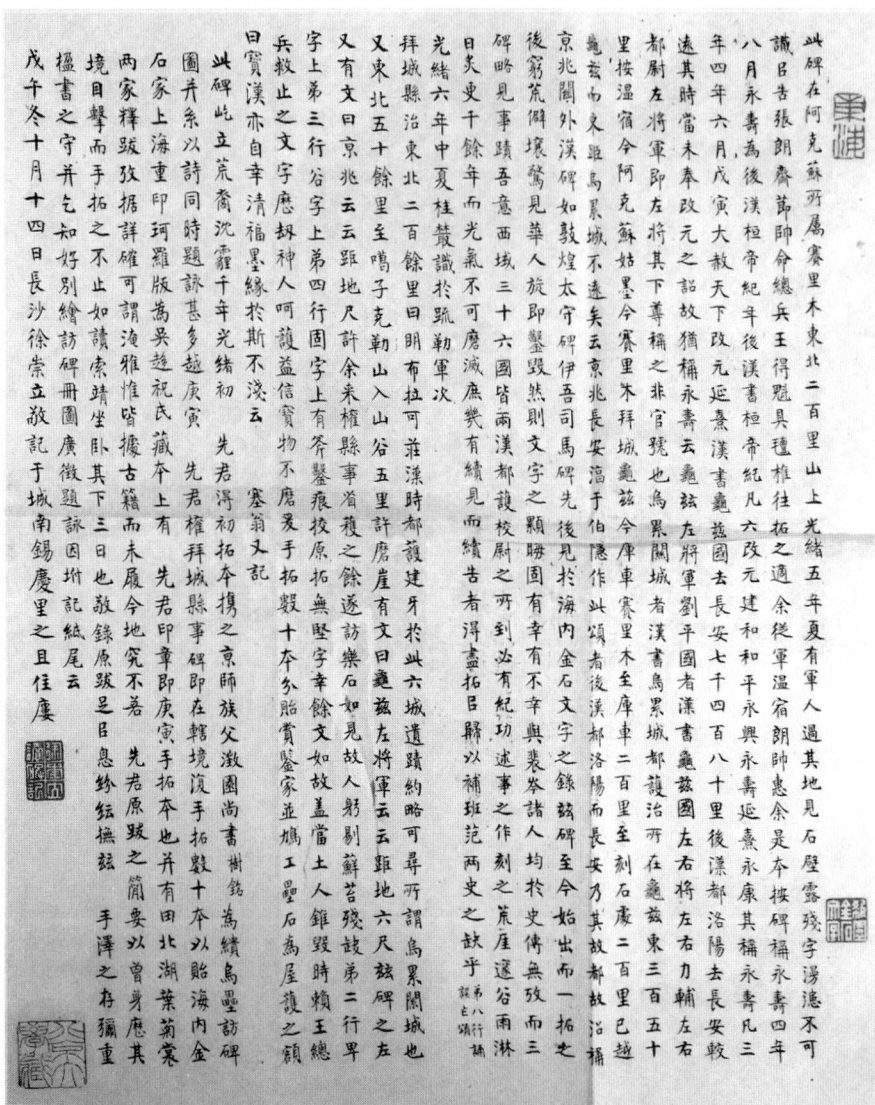

图 11　徐崇立书《徐鼎藩题跋及题记》

徐鼎藩的光绪五年初拓本为张曜所赠,此段题跋原题写于该拓本之上。徐鼎藩与施补华同为张曜幕僚,关系密切,故其题跋主要内容是施补华所撰,落款是光绪六年,比施补华《泽雅堂文集》中的和木刻本的《刘平国碑跋》落款光绪八年还早二年。

第二段是徐鼎藩又跋,有"余来权县事,省获之余遂访乐石,如见故人""爰手拓数十本分贻赏鉴家,并鸠工垒石为屋护之,额曰宝汉。亦自幸清福墨缘于斯不浅云"句,清楚表述了拓碑和建屋保护《刘平国刻石》的事实。

第三段是徐鼎藩之子徐崇立抄录其父跋语后的题记,有"越庚寅,先君权拜城县事,碑即在辖境。复手拓数十本以贻海内金石家……上有先君印章,即庚寅手拓本也"句,庚寅为光绪十六年,明确说明了徐鼎藩手拓本的年代。其后有"敬录原跋足以息纷纭"之语,未明是何纷纭。结尾说明了抄录的目的"并乞知好别绘访碑册图,广征题咏,因附记纸尾云"[①]。

徐崇立(1872—1951)字健石,一字剑石,号兼民,一号瓻园,晚号瓻叟、瓻庐老人。长沙人,徐鼎藩之子。清光绪二十九年举人,次年考取内阁中书。民国后曾任行政院秘书,常宁、江华、华容等县县长,1940年任湖南省政府顾问参事专员。工诗文,善书法,专习魏碑,能以碑法作小楷,又善篆刻,精研金石文字,对碑版考证题跋甚为精赅。楷书苍劲浑厚,名于一时。有《西域与地三种汇刊》《鉴古斋文存》《素心室杂钞》《印丛》《瓻叟印册》《瓻园印编》《岭海雪泥》《瓻园日记》《五朝绘林神品明清名人字迹集锦》及大量书稿、书法作品传世。徐崇立1951年卒于长沙,其遗嘱将藏书和碑帖字画,以及自著抄稿本等,悉数捐赠给湖南图书馆。徐鼎藩旧藏光绪五年初拓本《刘平国刻石》以及徐崇立题跋中提及的访碑图册或在其中。徐鼎藩在刊布的文献中留存的事迹极少,有待《徐崇立日记》对其事迹提供更多细节。

王运长书《临摹〈刘平国刻石〉并跋》(图 12)

王运长书,石印本1张。同徐崇立书石印本同附于典藏号 A32251/SB 的《刘平国刻石》拓片中。

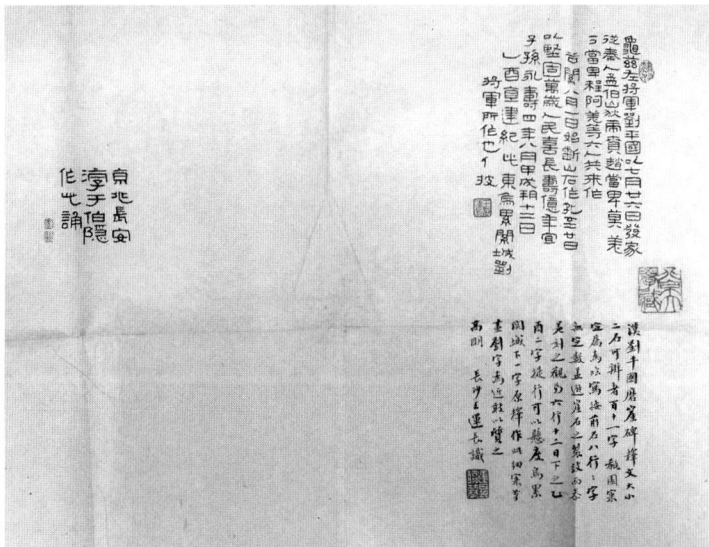

图 12　王运长书《临摹〈刘平国刻石〉并跋》

---

① 以上三段题跋全文,可参本论文集朱玉麒、吐逊江《刘平国刻石的早期保护和拓本流传——以徐鼎藩为中心》。

王运长(1874—1928),字翊钧,号寄瓻、长公、瓻头陀。湖南长沙人。光绪贡生。湘中名儒叶德辉弟子。宦游于吴越蜀燕诸地。辛亥后,流寓海上,鬻书自给。工书法,擅长隶书。晚年返里,乞书者纷集。跋文如下:

> 汉刘平国磨崖碑释文,大小二石可辨者百十一字。瓻园寀定,属为临写。按,前石八行,行字无定数,盖避崖石之裂纹,而参差刻之,观第六行十二日下之乙酉二字提行,可以悬度焉。乌累关城下一字原释作此,细寀笔画,刘字为近,敢以质之高明。长沙王运长识。

王运长与徐崇立同为长沙人,年龄相当,以书法名于世。此跋云"瓻园寀(审)定,属为临写",推测当与《徐崇立书〈徐鼎藩题跋及题记〉》同时印制。

三、翻刻二种

《刘平国刻石》地处偏远,原石拓本得之不易,与《裴岑碑》等著名新疆古代刻石一样,为解决供求,也出现了翻刻。我馆入藏有二种《刘平国刻石》的翻刻本。

第一种翻刻之一:典藏号 A32251‑5F(图 13)

拓片 2 张,45 cm×31 cm,17.5 cm×15 cm(淳于伯题记)。四周及石花周边轮廓墨迹清楚,字迹不变形,石花呆板,当照相制版。上方呈方形缺口,二行"秦"字、五行"以坚"、四行"谷"不存。据马雍文二期拓本翻制。此本纸色白,纸质细,较厚。

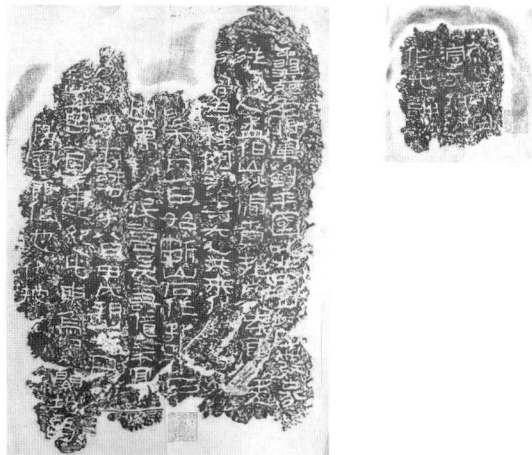

图 13　A32251‑5F

第一种翻刻之二:典藏号 A32251‑6F(图 14)

拓片 1 张,45 cm×31 cm。翻版同上。此本无淳于伯题记。用纸、墨色与 A32251‑

5F 相同,当捶拓于同一时期,或出于同一拓工。

图 14　A32251-6F

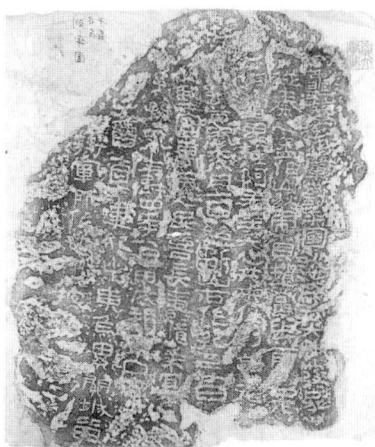

图 15　A32251-7F2

第二种翻刻之一:典藏号 **A32251－7F2**(图 15)

拓片 1 张,已托,50 cm×39 cm。二行"秦"字、五行"以坚"、四行"谷"存,据马雍文一期拓本为底本翻刻,石花呆板。此本纸色黄,薄,帘纹清楚,纸浆杂质肉眼可见。

第二种翻刻之二:典藏号 **A32251－8F2**(图 16)

拓片 1 张,48 cm×39 cm。翻版同上。此本纸色发灰,很薄,软,帘纹清楚,纸浆杂质肉眼可见。

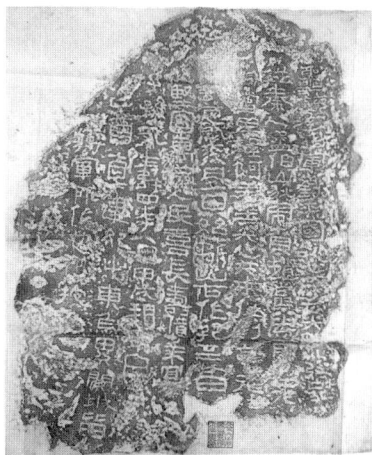

图 16　A32251-8F2

四、结　语

　　综上所述,北京大学图书馆所藏《刘平国刻石》拓本有存字较多、捶拓较工的初期拓本,对于辨识文字、比较对勘,有较大的帮助;也有非常重要的早期发现和保护人员的重要题跋拓本、印本,对于了解刻石拓本的流传至为关键;后期的两种翻刻本,也为比勘传世拓本的各种复制流传,提供了借鉴。

　　总之,对于馆藏各种拓本和相关资料的揭示,有助于与其他更多存世《刘平国刻石》拓本的对比,推进对《刘平国刻石》的进一步研究。

**A Brief Introduction to the Liu Pingguo Inscription Rubbings
from Peking University Library**

Tang Yan

As one of the rarely survived ancient inscriptions in Xinjiang province, the Liu Pingguo Inscription is regarded as one of most precious documents for studying ancient history of Xinjiang province. As the medium, the rubbing of the Liu Pingguo Inscription made in different ages is a focus point of the study. There are 9 copies of rubbings of the Liu Pingguo Inscription collected in Peking University Library. They are from the former collections of famous connoisseur Miao Quansun, Sheng Yu and the others, made from the years very closed to the time when the inscription was discovered to the end of Qing Dynasty. They have the typical changes of different periods happened to the inscription before 1919. Many details of each rubbing, and other concerned documents, are introduced in this article for providing more information to perfect the spread chain of Liu Pingguo Inscription rubbings.

古代龟兹地区矿冶遗址的考察与研究

李　肖[1]　吐逊江[2]　陈　藩[1]　周　澍[1]

[1]中国人民大学国学院　[2]新疆维吾尔自治区拜城县文旅局

一、前　言

龟兹古国,中心区域在今新疆维吾尔自治区阿克苏地区库车、拜城、新和、沙雅及巴音郭楞蒙古自治州轮台县一带,盛期占有整个塔里木盆地北缘。汉唐时期龟兹是与塔里木盆地南缘于阗并立的大国,两汉西域都护府和唐代安西大都护府均设于此,在汉唐西域史中占有非常重要的地位(图1)[①]。古代龟兹国的辖境,是今新疆四大古代文化艺术宝库之一(其他三者为高昌、于阗、疏勒)。其灿烂的物质文化,内涵丰富,风格独特,与周边地区和东西方文化艺术交流关系密切,是著名的考古胜地。龟兹国地处丝绸之路北道中部,它既是塔里木盆地北缘东西向交通的枢纽,也是由盆地向北翻过天山到达伊犁河谷,向南渡过塔里木河沿克里雅河、和田河穿越塔克拉玛干沙漠到达盆地南缘的重要孔道。汉唐时期这里一直是中原王朝控制西域的重点地区。

古代龟兹所辖的库车绿洲和拜城盆地矿藏资源十分丰富,在西域三十六国中位居前列。龟兹国曾经雄霸丝路北道,强大的国势与其雄厚的矿产资源,特别是金属资源,是分不开的。据史料记载,至迟在公元前2世纪,龟兹地区的冶铸业在西域三十六国中已享有盛名。《汉书·西域传》曾记载龟兹"能铸冶"。《魏书·西域传》曰:"(龟兹)饶铜、铁、铅……沙、盐绿、雌黄、胡粉。……其国西北大山中有如膏者流出成川,行数里入地,如醍醐,甚臭,服之发齿已落者能令更生,病人服之皆愈。"《水经注》卷二引《释氏西域记》中所载:"屈茨北二百里,有山,夜则有光,昼日但烟。人取此山石炭,冶北山铁,恒充三十六国用。"[②]经过地质勘查,证明龟兹境内蕴藏着丰富的金、铜、铁、铅、锡、硼砂、煤、石油等自然资源,且主要分布在库车、拜城两地的天山南麓及却勒塔格山中。

---

①　谭其骧主编《中国历史地图集》第二册,北京:中国地图出版社,1982年,13—14页。

②　(北魏)郦道元注,杨守敬等疏,段熙仲等复校《水经注疏》,南京:江苏古籍出版社,1989年,109页。

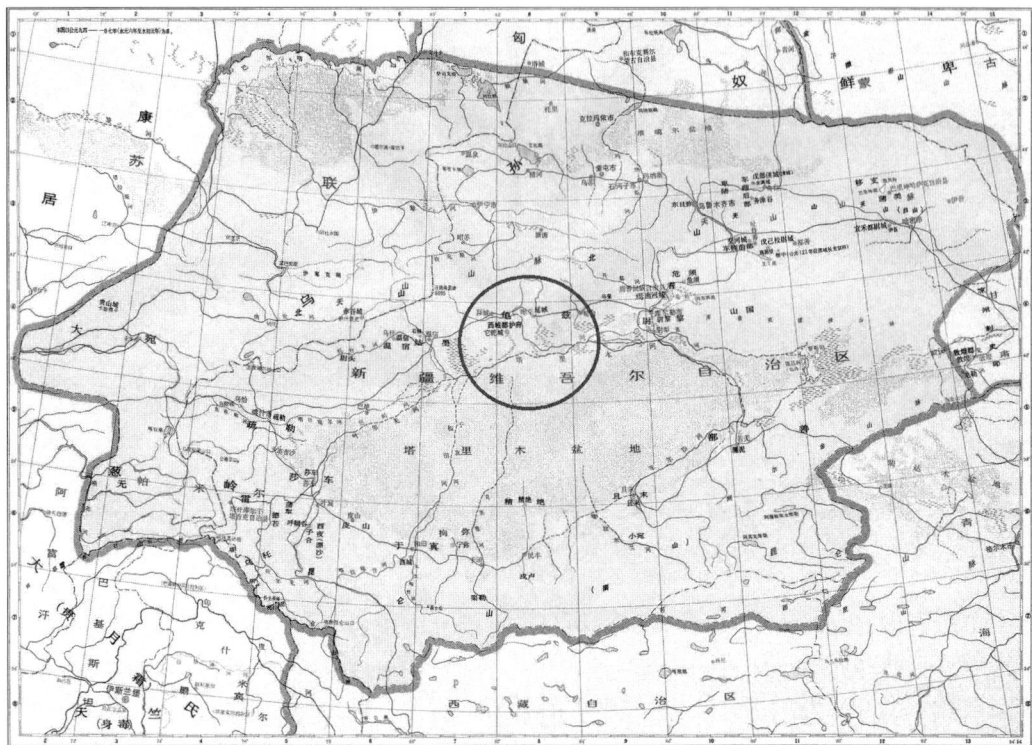

图 1　西汉时期龟兹王国位置示意图

二、研究简介

　　龟兹地区青铜时代文化遗存的发现,始于 20 世纪 30 年代,50 年代曾调查、发掘过阿克苏东遗址、喀喇玉尔衮遗址和库车的哈拉墩遗址[①]。20 世纪 80 年代以来,随着文物普查的深入,在古龟兹文化区域内发现了大量青铜时代至早期铁器时代的文化遗存。通过对龟兹地区的群巴克墓地(轮台县群巴克乡)[②]、克孜尔墓地(拜城县克孜尔乡)[③]、多岗墓地(拜城县亚吐尔乡)[④]、新疆库车县库俄铁路沿线考古发掘等[⑤],可以证实早在公元前 8 世纪

---

　　① 黄文弼《塔里木盆地考古记》,北京:科学出版社,1958 年;《新疆考古发掘报告(1957—1958)》,北京:文物出版社,1983 年。

　　② 中国社会科学院考古研究所新疆队、新疆巴音郭楞蒙古自治州文管所《新疆轮台群巴克古墓葬第一次发掘简报》,《考古》1987 年第 11 期;《新疆轮台群巴克古墓葬第二、三次发掘简报》,《考古》1991 年第 8 期。

　　③ 新疆文物考古研究所《新疆拜城克孜尔吐尔墓地第一次发掘》,《考古》2002 年第 6 期。

　　④ 中国社会科学院考古研究所等《拜城多岗墓地》,北京:文物出版社,2014 年。

　　⑤ 新疆文物考古研究所《新疆库车县库俄铁路沿线考古发掘简报》,《西部考古》2016 年第 1 期。

至公元前 7 世纪,该地区已经进入青铜时代,稍晚些时候则进入早期铁器时代。自张骞凿空西域后,中原地区先进的冶铁技术传入西域,提高了龟兹国的冶炼能力,更使其铜铁产量和质量位居西域各国之首。除满足本国之需外,还能供应周边国家。

经过全国第三次文物普查,在古龟兹国地域范围的今阿克苏地区发现矿冶遗址 53 处①。本课题这次在该区域共发现矿冶遗址 36 处,其中 13 处为采炼铁的遗址,21 处为采炼铜的遗址,既炼铜又炼铁的 1 处,石油矿 1 处。史料中所记的黄金、铅、盐绿、卤沙、雌黄、胡粉等矿产的开采遗址虽有线索,但尚未寻找。煤矿遗址由于鉴别困难,故未作为本课题的主要研究方向。

近三千年的采矿冶金业给这一地区留下了极为丰富的矿冶遗迹,近百年来对龟兹地区的考古学调查已经积累了较为丰富的金属器物标本,这两方面的成果为我们今天系统地研究龟兹乃至整个西域的矿冶史提供了非常完整的实物资料。以前对新疆境内矿冶遗址及古代金属器的金相学研究主要集中在天山以北地区,如对位于天山腹地的新源县 71 团鱼塘出土铜器②、尼勒克县努拉赛铜矿、准噶尔盆地周缘所出铜器的分析研究③。近年来虽对古龟兹地域内的这一课题进行了各种探讨,但由于受时代和专业领域的局限,其研究要么偏重于自然科学的成分分析,要么流于历史学科的史料考证,导致这项研究长期处于没有内在联系的两层皮状态,即文献考证和冶金分析互不相干,致使古代龟兹矿冶学的研究远远落后于龟兹石窟艺术、龟兹古代史的研究步伐,成为龟兹学领域中的一个短项。

自 20 世纪 90 年代起,龟兹考古学又逐渐为学术界所重视。在先贤们辛勤构筑的基础上,利用考古学方法,对龟兹地区古代矿冶遗址进行系统研究的条件已基本具备。

本文涉及的时代上自该地区的青铜时代,下止于清末。"矿冶遗址"是指采矿遗址和冶炼、铸造遗址,因为在古龟兹地区,开采和冶炼、铸造遗址并不都是结合在一起的。特别是铸造遗址,如铸币遗址,往往位于城内或寺院周围,这与其独特的社会经济制度密切相关。对古代龟兹地区矿冶遗址的考察与研究以考古学为基础,除了对相关遗址进行地层学和标形学研究外,还进行冶金学方面的研究,使二者有机地结合在一起,最终对龟兹地区矿冶技术的发展和规模有一个较为客观、全面的认识。

三、相关遗迹

由于古代龟兹地区矿冶遗迹主要集中于库车拜城两县境内,且以采、冶铜铁的遗迹为

① 新疆维吾尔自治区文物局编《新疆维吾尔自治区第三次文物普查成果集成·阿克苏地区卷》,北京:科学出版社,2011 年,60 页。

② 巴依达吾列提、郭文清《伊犁哈萨克自治州新源县出土一批青铜武士俑等珍贵文物》,《新疆大学学报》1983 年第 4 期,86 页。

③ 陈藩等《新疆伊犁博物馆藏史前时期铜器的初步科学研究》,《中国文物科学研究》2016 年第 3 期,49—53 页。

主,其他各县有关遗址的数量极少,故本文将所有遗址统一编号后,以县为单位进行介绍。

(一)库车县

库车县境内的矿冶遗迹,特别是采矿遗迹,主要集中于库车河上游地区的河谷两岸,即苏巴什山口以北的流域范围内。这一带属于却勒塔格山及天山南麓的前山地带,因造山运动活动剧烈,这里的地质结构非常复杂,为各种矿物矿床的产生奠定了地质条件。2009年7月至8月,为配合库车县库俄铁路工程建设,新疆文物考古研究所对工程建设涉及的遗址、古墓葬进行了抢救性考古发掘。发掘地点分为4处,即提克买克冶炼遗址及墓地、贝迪勒克冶炼遗址、可可沙依冶炼遗址和苏巴什佛寺墓地,共计发掘遗址近500平方米,墓葬30座[①]。

1. 康村冶铜遗址

康村属于库车县阿格乡,位于乡政府所在地的南侧。遗址地处库车河西岸台地上,东、北为农田、林带,西邻独(山子)—库(车)旧公路,地理坐标:东经83°02′50″,北纬41°56′50″,海拔高度1360米。遗址均位于康村居民区内,共有4处,其中康村二组、三组各2处。康村二组的2处均位于居民院落内,大的一处不过20米见方,已被严重扰动。文化堆积主要是铜炼渣,几乎不见风管和陶片。小的一处几乎被当地老乡倾倒的垃圾所掩埋。康村三组的2处位于二组的南面约300米处,这2处也呈南北向分布,南端的遗迹为面积约20米见方的堆积,最高处约2米,北端的只有5—6米见方,堆积几乎与地表齐平。以康村三组最南端的冶炼遗迹为例,从现代地面起,下部0.6米厚为原始堆积,有保存完好的地层(图2),

图2　库车阿格乡康村南部炼铜遗址

---

① 新疆文物考古研究所《库车县库俄铁路沿线考古发掘简报》,《新疆文物》2012年第1期。

其炼渣堆积的上部 1 米多为二次堆积。遗址原来的面积可能很大,有可能当初四个点是连在一起的。当地老乡也证实,矿渣的面积原来很大,后因在其周围建房,将矿渣或埋或堆,形成了现在的四个区域。

调查初步认定康村遗址为古代冶铜遗址。即是将附近山岭矿脉中蕴藏的铜矿石采出后运至此地进行冶炼,具体开采地点位于遗址南部约 5 千米处,库车河西岸的山上。从地表遗存的堆积类型看,这里为单纯的冶炼遗址,即只有熔炼矿石、提取粗铜后的炼渣、风管、炉壁、木炭灰烬和作为熔剂的石灰石等遗物,而无坩埚、铸范等与深加工工艺有关的痕迹。看来这里只提供最初级的冶炼产品,即只是将铜矿石冶炼成粗铜或冰铜(?),再运至别处进行深加工。所出炼渣属于同一时代、同一文化内涵的堆积,四处遗迹的炼渣的色泽基本上呈蓝色或蓝灰色,从造渣的情况看,冶炼过程控制尚可。较高的炉温、成分及比例适当的熔剂使炼渣具有良好的流动性,内部所含杂质如矿石、石灰石、木炭的比例极低,凝固后多呈现为玻璃态。

可能是因为炼炉较大的缘故,炼渣凝固后结块较大,大者边长可达 0.3 米左右,很多被当地老乡拿去砌墙。由于遗址堆积以炼渣、木炭、红烧土为主,风管、炉壁、陶片等和断代有关的遗迹极少,故康村遗址的上下限尚未能准确把握。

2. 贝迪勒克炼铁遗址

贝迪勒克,维吾尔语意为"苜蓿地"①。遗址地处库车县阿格乡政府驻地北偏东 18.5 千米,位于库车河西岸,217 国道东侧约 500 米处,东南距克孜利亚炼铜遗址约 4.5 千米。地理坐标:东经 83°09′15″,北纬 42°06′13″,海拔高度 1580 米。

遗址沿河分布,其范围南北长约 500 米,东西宽约 150 米,以分布在地表以上的炼渣堆积为主。在遗址中部有一条冲沟将其分为南北两区。南区有南北向排列的两大堆炼渣及一处房屋遗迹,南端的最大,周长约 66 米,高约 6 米;两座堆积中除炼渣外还含有大量风管及少量陶片。房屋遗址位于两堆炼渣之间,共有三间,一列呈南北向排列,总长度约 30 米,宽约 7 米。房屋墙壁多已坍塌,残存的墙体基部宽约 1.5 米,残高约 0.5—1 米。墙体以夯筑为主,间或有土坯砌筑,土坯规格为 0.5 米×0.3 米×0.12 米。北区由一座建筑遗址和几小堆炼渣组成。建筑遗迹位于最北端,现存面积东西长约 20 米,南北长约 23 米。墙垣大部分无存,仅在东南角残留有一小部分。墙体夯筑,夯层厚约 0.1 米,基部宽约 2 米,残高近 3 米。北区堆积的文化内涵与南区基本相同,只是风管所占比例较小。

贝迪勒克遗址为单纯的炼铁而非铸造遗址(图 3)。冶铁所需的矿石采自河东岸山中的铁矿脉,距遗址的直线距离不到 1 千米。遗址堆积虽位于地表以上,但主体部分并未扰动,文化层内涵基本清晰。南区的堆积中,除炼渣外,还含有大量黄土和红烧土。另外,风管所占比例极大,在西侧一处断面上如同用风管砌成的一堵墙(图 4)。

①　库车县地名委员会编《新疆维吾尔自治区库车县地名图志》,内部资料准印证(新出)字第 2225号,1994 年。

图 3　库车县阿格乡贝迪勒克冶铁遗址

图 4　库车县阿格乡贝迪勒克冶铁遗址中的风管堆积

图 5　库车县阿格乡贝迪勒克冶铁遗址中的风管及陶片

南北两区的炼渣块均不太大,质地均匀,多呈黑色或蓝黑色的玻璃态,所含未熔矿石或熔剂、木炭极少,说明技术成熟,熔炼过程控制较好。遗址中的风管是除炼渣之外和冶炼有关的第二大类遗物。风管的总长度约 0.4 米,均为曲尺形,粗细各占一端且直角相交。粗的一端较短,长约 0.1 米,顶端内径约 0.06—0.08米;细的一端长约 0.3 米,顶端内径约 0.03—0.05 米(图 5)。这里未发现完整的炼炉遗迹,只见有残存的炉壁,厚度约 0.1 米,内侧多呈琉璃状,外侧呈红烧土状,从炉壁的弧度看,炉体的直径在 1 米左右。陶片出土不多,以夹粗砂红陶为主,轮制,有些外壁施淡黄色陶衣,未见纹饰,器形较大,以大缸类为主。位于遗址区内的两处建筑遗迹,从所处位置及层位上看,当和炼渣属于同一时代,而且是和冶炼活动有关的遗迹。只是由于其本身破坏严重,又未经解剖,故具体用途不明。

采集到的陶片具有塔里木盆地魏晋至唐时期的特征,故遗址的下限至少到这一时期。

3. 克孜勒亚炼铜遗址

遗址位于库车县阿格乡境内,217 国道路标 1021 处西侧。"克孜勒亚",维吾尔语意为"红色的山崖",名称源自公路西侧的东北—西南向山脉,山壁陡峭,通体呈紫红色。遗址位于山体东崖下的台地上,东侧是 217 国道,再向东则是库车河西岸。地理坐标:东经 83°05′50,北纬 42°06′13″,海拔高度 1527 米。

遗址分布在南北长约 500 米,东西宽约 200 米的范围内,总面积约 10 万平方米。以炼渣堆积为主,最厚处可达 3 米左右,除此之外,还有少量的矿石、熔剂、风管、陶片和残破的马鞍形石磨盘等遗物。在遗址西侧与山根相交处残存有炼炉的痕迹(图 6)。从遗址南端再向南约 100 米的台地上有一石堆墓群,墓葬基本上呈东西向链状分布,大者直径约 4 米,小者约 1 米,可以分辨出的有 14 座,均未被盗掘。

图 6　库车县阿格乡克孜勒亚炼铜遗址

从堆积的炼渣看,克孜勒亚遗址为单纯的炼铜遗址,其遗迹遗物多与炼铜有关。这里所出炼渣色泽上呈黑色或蓝黑色,体积不大,极少超过 0.1 米见方的,多呈薄片形玻璃状,表面带细波纹(图 7)。炼渣中几乎不含未熔之物,也没有什么铜锈,与康村冶铜遗址相比,这里的造渣技术要超过前者。炼渣堆积中风管所占的比例较康村遗址少,且直径、长度也小于康村遗址,这可能和时代、冶炼技术及炼炉规模有关。冶炼所需的铜矿石来自遗址西侧的红山崖体中,露天即可开采。由于常年的风雨侵蚀,山体下部矿脉多被冲击下来的沙石

图 7　库车县阿格乡克孜勒亚炼铜遗址铜炼渣遗迹

151

掩埋,致使开采地点和开采工具已无迹可寻。但从约 10 万平方米的炼渣堆积来看,当时开采矿石的规模也不会小。在山崖的顶部尚可看到黑紫色的铜矿矿脉。发现的两处炼炉遗迹均位于遗址西侧边缘,紧挨着山根,仅存基部,圆形,直径约 1.2 米,炉壁厚约 0.1 米,已成红烧土状。

由于该遗址使用时代较长,陶片也各具特征。早期以夹沙红褐陶为主,手制,有单耳罐和鋬耳罐,陶色不匀,外表往往呈现红色,胎质则为黑褐色。其形制特征与龟兹地区早期文化,如库车喀拉敦下层[①]、拜城克孜尔水库墓地[②]、拜城多岗墓地[③]所反映的,该地区青铜时代到早铁器时代中的陶器相符。晚期以轮制的夹沙红陶为主,多为缸、罐形器(图版 1),其形制特征具有塔里木盆地周缘地区魏晋时期陶器的共性。

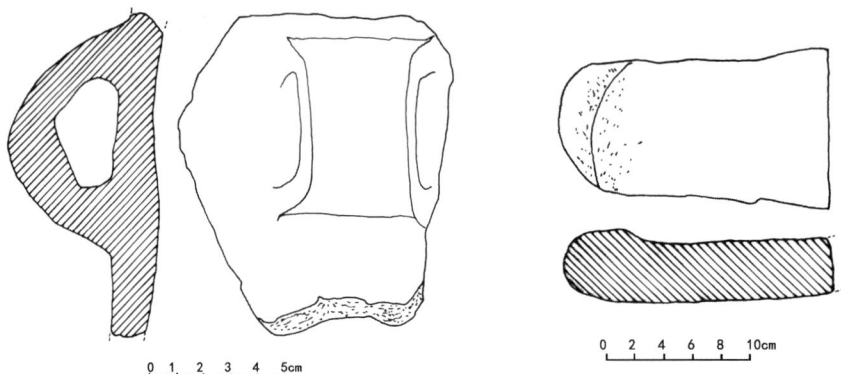

图版 1　克孜勒亚东铜矿遗址夹砂红褐陶器耳(01KAKY:1) 石磨盘(残)(01KAKY:4)

通过初步调查认定,克孜勒亚炼铜遗址为一处延续时间长、性质单一且基本未被晚期扰动的古代炼铜遗址。其时代上限约与拜城县克孜尔水库墓地及拜城县多冈墓地相同,即大致在公元前 770—前 221 年,废弃原因不明。

4. 阿格村炼铁遗址

遗址位于库车县阿格乡北部,217 国道西侧。阿格村炼铁遗址位于阿格村东西两侧;村东有 3 处,均位于阿格河北岸的山坡上,自东向西依次为 Ⅰ、Ⅱ、Ⅲ 号遗址。其中Ⅲ号遗址东端的 GPS 地理坐标:北纬 42°09′45.5″,东经 83°05′13.8″。Ⅳ号遗址位于村西,阿格河谷南岸的山坡上,地理坐标:北纬 42°10′50.3″,东经 83°03′26.3″。

与贝迪勒克炼铁遗址不同,阿格村 Ⅰ—Ⅳ 号炼铁遗址均为采炼一体的作业方式。这里的铁矿脉外表为铁锈色,呈层状夹在山体岩层中,由山体一直延续到山脚下的坡地。因

---

① 黄文弼《塔里木盆地考古记》,北京:科学出版社,1958 年;《新疆考古发掘报告(1957—1958)》,北京:文物出版社,1983 年。

② 新疆文物考古研究所《新疆拜城克孜尔吐尔墓地第一次发掘》,《考古》2002 年第 6 期。

③ 中国社会科学院考古研究所等《拜城多岗墓地》,北京:文物出版社,2014 年。

矿脉暴露在地表,露天即可开采,就地便可砌炉冶炼。从炼渣堆积的巨大规模看,阿格村炼铁遗址延续的时间很长,开采—冶炼的规模惊人。之所以形成这种情况,其原因大致有以下三点:一是铁矿石储量大,埋藏浅,能够长年露天开采;二是矿脉的海拔高度接近天山山脉中的主要树种——云杉的生长线,易于获取燃料,便于就地冶炼;三是靠近河谷,为生活及物资、产品的流动提供了便利的条件。

Ⅰ号遗址靠近 217 国道,位于库车县煤矿西侧约 2 千米处,沿着河谷北侧山坡有三堆炼渣堆积,分布在长约 30 米,宽约 20 米的范围内(图 8)。西侧的那堆最小,所含炼渣颗粒较细小,残存的炉壁、风管也较破碎。中间那堆的面积和堆积厚度最大,最厚处可达 3 米。堆积以炼渣为主,从形态上大致分为两类:一类是熔炼后出渣情况较好的炼渣,体积小,密度大,外表呈铁锈色,和红烧土、黄土、破碎的炉体、风管共存,堆积主要是由此类遗存构成。所出风管的形制和尺寸,在外观上和贝迪勒克遗址的没有什么差别。另一类是熔炼极差的炼渣,外观上如同一个大铁球,里边的包含物为未充分提炼出的铁质、未燃烧尽和熔化的木炭、熔剂等,似乎是些不成功冶炼产品(图 9)。它们在堆积中所占比例不高,集中在一处,故时代可能较晚,可能所使用的冶炼技术也不尽相同。西侧的那堆从内涵上看,和中间那堆的前一类堆积相同,但堆积较薄,有残存的炼炉基部暴露于地表,圆形,直径 1 米左右,炉壁厚约 0.15 米。

图 8　库车县阿格乡阿格村Ⅰ号炼铁遗址

图 9　库车县阿格乡阿格村Ⅰ号炼铁遗址块状炼渣

Ⅱ号遗址位于Ⅰ号遗址西侧约 300 米处,面积 30 米左右,炼渣堆积的内涵与Ⅰ号遗址中第一类堆积相同。

Ⅲ号遗址东端位于Ⅱ号遗址西侧约 400 米处,为 4 处遗址中最大的一处。遗址位于阿格河谷最宽处,这里近似一个小盆地,遗址在盆地北侧边缘,其南侧是农田和阿格村的居民区。Ⅲ号遗址的炼渣堆积长度将近 1 千米,宽度在 50—200 米之间,从断面上看,炼渣堆积最厚处可达 3 米多,向北一直延伸到半山腰处,向南分布到河岸边。总体上看,其堆积内涵和Ⅰ、Ⅱ号遗址并无太大差别,但在遗址最西端有一处堆积较为特殊。这里炼渣的体积很大,可达 0.2—0.3 米见方,出渣情况也较好,炼渣呈玻璃态,里边几乎不含木炭、矿石和熔剂。风管外径可达 0.15 米,内径可达 0.05 米,明显粗于别处。风管为夹粗砂质地,夹砂的比例很高,如果不是烧成温度较高,这种风管可能很难成型。这处堆积可能反映出冶炼技术的改变和时代上的差异。

Ⅲ号遗址由于规模巨大,其时代肯定延续很长。但由于调查仅限于地表观测,从堆积断层上一时也看不出有明显的时代变化,断代的参照物以地表采集的陶片为主,故对整个遗址的时代判断不免带有局限性。

Ⅳ号遗址是这次调查新发现的一个地点。它位于阿格村西端,河谷南岸山间的一个小盆地中,盆地直径约200米,遗址主要集中于盆地西坡上,面积约40米见方,主要是炼渣堆积。保存最好的一堆炼渣高2米多,从断面上看,里面的炼渣有很清楚的分层堆积,在底层的堆积中有束腰形石磨盘,石锤和灰陶片。石锤的形制和新疆尼勒克县奴拉赛铜矿中出土的非常接近。灰陶片表面磨光,为夹粗砂或细砂陶,烧成温度较高。陶器的器耳、半月形堆纹等表现出与拜城县克孜尔水库墓地及多冈墓地陶器的传承关系。而陶质、陶色及纹饰与其西侧温宿县包孜东墓地的陶器更为接近。通过这些年的发掘及研究证明:塔里木盆地周缘地区大约从西汉初期起,烧造的陶器,其陶色由红陶转为灰陶或灰褐陶,温宿县包孜东墓地、库车县麻札普塘墓地的陶器就是如此。故由此初步推断Ⅳ号遗址的时代至少在西汉早期,这里的开采及冶炼方式、炼渣的外观指标和前三处遗址没有什么差别,所不同的是由于遗址保存较好,地面上和炼渣断层中遗留有大量的陶片,为确定遗址的时代提供了大量佐证。Ⅳ号遗址是本次调查中为数不多的在地层中发现采矿工具的一个地点,从这一点看,该遗址具有非常重要的学术意义(图版2)。

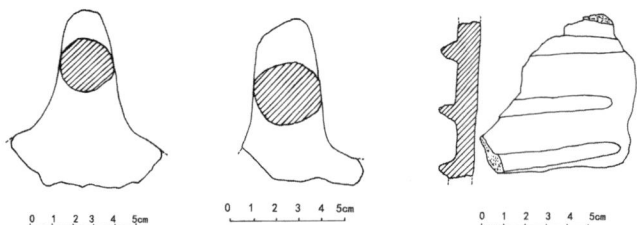

图版2　库车县阿格乡阿格村冶炼遗址出土陶器(01KAACⅠ-Ⅴ号)

5. 提克买克炼铁遗址[①]

遗址所在的提克力克放牧点在阿格乡西北部,东距阿格村直线距离约6千米,为一个自然村落。有一条石油部门修建的公路从遗址边上向南经过村庄,穿过克孜勒亚山区,在巴什开其克与217国道会合。该遗址为此次调查发现的新点,位于村北的山坡上,长约

①　新疆维吾尔自治区测绘局编制《中华人民共和国新疆维吾尔自治区地图集》,1995年印制(内部用图)。在第142页《库车县图》中,该地名被标为"提克买克",而库车县地名委员会编《新疆维吾尔自治区库车县地名图志·居民地类》第174页中,写作"提克力克",本文为和《阿克苏地区文物普查报告·冶炼遗址》中的库车县提克力克炼铁遗址相区别,地名从前者,称为"提克买克炼铁遗址"。

200 米,宽约 40—50 米。从初步调查的情况看,该点矿石埋藏和采炼方式与阿格村遗址没有什么差别。GPS 地理坐标为:北纬 42°10′47.8″,东经 83°00′43.5″。

6. 提克力克炼铁遗址

"提克力克",维吾尔语有两种含义,一是"陡峭的地方",一是"高高耸立"。遗址位于库车县阿格乡北部,库车河谷的西岸,国道 217 线从遗址中间穿过。遗址以炼渣堆积为主,南北长 700 米,东西宽 400 米,炼渣一直延伸到库车河边。遗址现已破坏殆尽,仅在公路边上可以看见被推土机堆起的炼渣,其形制与贝迪勒克炼铁遗址的在外观上无大差别。

7. 巴什开其克铜矿遗址

"巴什开其克",维吾尔语意为"上头的渡口"。遗址位于库车县阿格乡北部,库车河谷的西岸,阿格乡政府驻地以北 14 千米,217 国道里程碑 1030 处。在山谷西侧崖壁上有 4 个矿洞,自上而下排列;东侧崖壁上有 3 个矿洞,均悬于半山腰。东西两侧崖壁陡峭不可攀,我们这次调查受条件所限,也未能进入洞内。据《库车县地名图志》记载,该采矿遗址已有七八十年历史,古代也在此采矿,时间当在唐代之前[①]。但该资料未注明此说的出处。

8. 阿艾古城炼铁遗址

古城位于库车县阿格乡北部,县东风煤矿南约 1 千米处(图 10)。地处库车河西岸台地上,西侧 60 米为 217 国道,北侧为养路段工作站,南侧有小片耕地。古城东城垣外直到库车河岸边;北城垣外向北延伸约 100 多米的范围内,均为炼铁矿渣的堆积层。其中北部的大部分堆积经平整后,被压在养路段的院址下,层位已严重扰乱。东侧的保存较好,在河边断崖上可以看出未被扰动过的炼渣层,地面上也可见到残存的炼炉基部以及陶片。古城地理坐标:北纬 42°08′45″,东经 83°06′30″,海拔高度 1650 米。

图 10　库车县阿格乡阿艾古城远眺

---

① 库车县地名委员会编《库车县地名图志·名胜古迹》,内部资料准印证(新出)字第 2225 号,1994 年,316 页。

图 11 库车县阿格乡阿艾古城卫星影像

图 12 库车县阿格乡阿艾古城东垣城门及门外瓮城遗迹（内—外）

古城基本上呈正方形，东西长约124 米，南北长约 114 米，西城垣方向为北偏东 10°（图 11）。城垣保存基本完好，墙基宽约 8 米，墙体高约 6—8 米（内侧）。城垣四角各有一段墙体伸出，长宽各 8 米左右，可能是角楼遗存。西、北、南三面城垣上各有两座马面，基部长约 4 米，宽约 4.5 米；顶部长约 3 米，宽约 2.5 米。西城垣偏南有一处豁口，宽约 4 米，从周围的情况看，应是废弃后所为。东城垣正中有一处豁口，宽约 7 米，当为城门痕迹，门外有瓮城，东西宽约 14 米，南北长约 20 米，残高约 4 米，瓮城门向南开，宽约 8.5 米（图 12）。

北城垣东端已损毁，与东城垣之间有一缺口，在东北角楼上有一废弃的现代窑炉。城垣用夹杂细小砾石的黄土夯筑而成，夯层厚约 0.12—0.2 米，以厚 0.18 米的居多。墙体分内外两层，内层横截面基本上是长方形，外层是护城坡，横截面为直角三角形。城内已辟为农田，散布有炼渣、风管和少量的陶片。炼渣和风管集中在古城的西南角，形制大小和贝迪勒克炼铁遗址的基本一致；陶片则散布于城内各处，多为夹砂质红陶的缸形器，其口沿有一些和吐鲁番交河故城出土的回鹘时期的陶缸口沿形状接近，还有一些则具有唐代陶器的特征，据考察过该城的专家研究，这座小城有可能修建于唐代（图版 3）[1]。

① 黄烈编《黄文弼历史考古论集》，北京：文物出版社，1989 年，257 页。

156

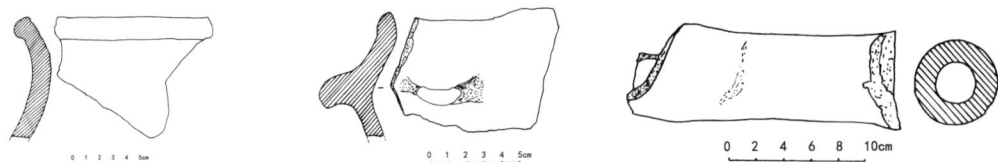

1. 夹砂红褐陶口沿(01KAA:01)　　2. 夹砂青灰色陶扳耳(01KAA:04)　　3. 浅灰色夹砂风管(01KAA:05)

图版 3

城外北、东两侧的炼渣堆积体积巨大,延续时代可能较长。其中的包含物以炼渣为主,其次为风管、红烧土、残破的炉壁等,从初步观测的情况看,和附近的几处炼铁遗址,如可可萨依、苏博依、阿格村相比,并无什么差别。但这里出土的石器、陶片等遗物为遗址时代的判定提供了重要线索。

在北城垣外的地面上采集到一个石斧,形制和奴拉赛铜矿、阿格村 3 号地点出土的石斧基本一致,故其时代也应和上述遗址相当(图 13)。东城垣外至库车河岸边为未被扰动过的区域,发现许多重要的遗迹遗物。其中一座炼炉的痕迹较为清楚,炼炉仅存基部,直径约 1 米,炉壁厚约 0.2 米,修建在炼渣层中(图 14)。

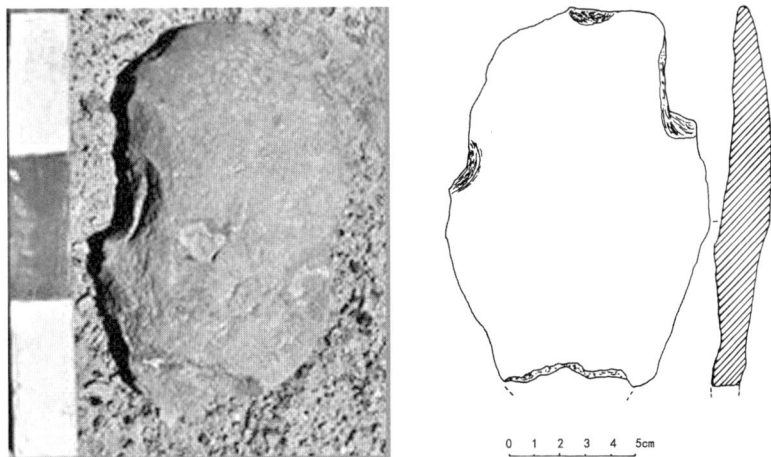

图 13　三系石斧(残),阿艾古城内(01KAA:03)

通过观察发现,现在城内的地面已低于城外的 1.5—2 米,从城内侧看,城垣的夯土墙基已悬挂于墙体之上,非常明显。除城垣尚存外,城内已无任何建筑遗存,和古城有关的遗迹多已消失。但我们在西城垣南端的内侧,发现了与古城时代有关的地层叠压关系。这一段的夯土城垣叠压在包含有风管的炼渣之上,说明古城的建造时代要晚于这处炼渣堆积的时代(图 15)。另外,在靠近城内东北角处由于要埋电线杆,挖了一个边长 1 米,深约 2 米的坑,从坑口向下 1 米左右为淤土层,其下为含有大量木炭、灰土的文化层,如果考虑到城内地面已被减去至少 1.5 米这个因素,那么这个新发现的文化层距现代地表至少在 2 米以上,经中国社会科学院考古研究所[14]C 实验室测定,该文化层时代在公元 650—720 年间。所以,早在阿艾古城建立以前,这里已是龟兹地区主要的冶铁中心之一,而作为一个早期的聚落,其时代可能更早,充分研究这个遗址,将有助于解决该地区何时进入金属时代等一系列问题。

图 14　阿艾古城内炼炉底部残余

图 15　古城城墙体基部的炼渣堆积层

9. 可可萨依炼铁遗址

遗址位于库车县阿格乡北部,库车河的北岸,苏博依村西侧约 500 米处的河谷二级台地上,西北距阿艾古城约 3 千米。遗址东西长约 500 米,南北宽约 130 米。文化层堆积以炼渣为主,最厚可达 3 米。其中包含有大量风管、陶片及石磨盘残块等。遗址东端的 GPS 地理坐标:北纬 42°08′04.5″,东经 83°08′59.9″,海拔高度 1620 米。遗址南边与 1958 年“大炼钢铁”时遗留的炼渣、炼炉、残窑洞、破房相连,也可能被后者打破或叠压,仅从地表观察无法探清。但遗址的主体部分保存尚好,未被晚期活动干扰。

所出陶器均为夹砂红陶,轮制为主,部分器物为分段制成后套接,一些小件器物为手制。器表多施红黄色或红褐色陶衣,以素面为主;纹饰主要有玄纹、网格纹、莲瓣纹、贴塑莲瓣纹、三角纹内填并列玄纹、植物纹、“S”形连环纹、附加堆纹、锥刺纹等。器型主要有缸、高领罐、盆和碗形灯盏等。从各式陶器所占比例来看,该遗址的鼎盛时期可能在晋—唐时期,而出土的绿釉陶器则说明其下限可能延续到宋元时期。

10. 苏博依冶炼遗址

遗址位于库车县阿格乡北部,库车河的北岸,苏博依村北侧的河谷二级台地上,西侧隔一条冲沟与可可萨依炼铁遗址相邻,实际上可视为同一遗址。遗址东西长约 1000 米,南北宽约 100 米,以炼渣堆积为主,薄厚不均,厚处可达 3 米左右。堆积的文化内涵与西侧的可可萨依遗址基本一致,但部分炼渣中含有绿色铜锈,说明该遗址除炼铁外,可能还利用附近所出的铜矿石冶铜。GPS 地理坐标:北纬 42°08′11.9″,东经 83°08′47.0″。

陶器类型与可可萨依的风格基本一致,但在这里采集到一些釉陶器,说明该遗址的使用下限可能要晚于可可萨依(图版 4)。

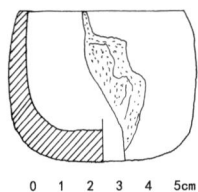

1. 泥质红褐陶杯(01KAS:01)

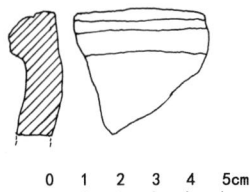

2. 泥质红陶口沿(01KAS:02)

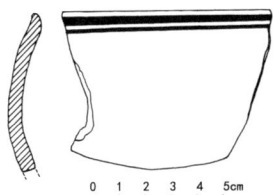

3. 泥质红陶钵,口沿外饰两条绿色流带,通身饰黄色(01KAS:03)

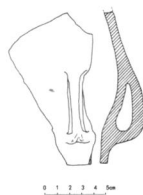

4. 泥质黑陶器耳(01KAS:04)

图版 4

11. 唐王城铸钱遗址

唐王城位于库车县塔里木乡英达里亚村东北约 11 千米处,西南距乡政府驻地约 12 千米,东距苏博东遗址约 9 千米。地理坐标:北纬 41°15′10.0″,东经 83°39′23.0″,海拔 956米。在古城西北部外侧 100 多米处有三座南北向排列的大土丘,上有建筑痕迹。在最北端的土丘东侧有一窑址,已塌,仅为一堆红烧土,其中含有炼渣、木炭、窑体残片及残砖等。在该土丘顶部散布有许多龟兹小钱的铸范。根据以上遗迹分析,这里可能曾经是一处铸币作坊遗址[①]。

(二)拜城县

拜城县的矿冶遗址多分布于拜城盆地的周边地带,即却勒塔格山中及天山的南麓一带。其特点是分布地域广,遗址点多,炼铜的遗址要多于炼铁的遗址。除冶炼遗址外,尚有铸造遗址,且往往和城址连在一起。

12. 卡勒玛克阔坦冶铜遗址

遗址位于拜城县温巴什乡阿特博依那村南约 1 千米,却勒塔格山北麓的一个小盆地中。地理坐标:北纬 41°41′17.3″,东经 82°3′12.8″。遗址位于盆地南部半山腰上,距盆地底部约 6 米,由炼渣和一个窑洞组成。炼渣堆积约 20 立方米,厚度约 1 米,炼渣为紫色的玻璃态,体积较大,最大的直径约 0.2 米,未发现水波纹状炼渣。采集到轮制的夹沙红陶片

---

① 史树青《新疆文物调查随笔》,《文物》1960 年第 6 期。

一块。窑洞在炼渣北侧，依山崖凿成，由入口、烟道、壁龛组成，面积约 5 平方米，可能和冶炼遗迹有关。

该冶炼遗址面积不大，堆积也很薄，使用的时间应该较短，有可能是在这个小盆地附近发现有铜矿脉露头，便试探性地开采冶炼，但由于种种原因，使用不久便遭废弃，其时代可能已超出本文讨论的范围。

13. 温巴什炼铜遗址

遗址位于拜城县温巴什乡政府驻地西北约 1 千米处，属于约库鲁盖依温巴什村的地界，地处木扎特河南岸的二级台地上，南邻却勒塔格山北麓。遗址总面积约 6 万平方米，被一条冲沟分为东西两部分。东部遗址区南北宽约 100 米，东西长约 300 米；西部遗址区南北宽约 150 米，东西长约 200 米。从剖面上看，文化层自地表向下深约 1.5 米，堆积以炼渣为主，夹杂有红烧土、铜矿石料、木炭、破碎的炉壁、龟兹小铜钱等遗物，未发现建筑遗迹。地理坐标：北纬 41°39′50″，东经 81°44′26″。

炼渣的形制较为复杂，既有和库车县克孜勒亚冶铜遗址相似的薄片形带水波纹的炼渣，也有像库车县康村冶铜遗址那样的块状炼渣，这也从一个侧面说明该遗址使用的时代很长。遗址地表上具有断代特征的遗物，如陶片等极少，给初步判断遗址的历史上下限带来了一定困难。但至少说明在龟兹小五铢钱流通的时代里，该遗址尚在使用之中。

14. 温巴什千佛洞窟前铸币遗址

遗址位于拜城县温巴什乡吉格代勒克村南，却勒塔格山北麓山谷中的温巴什千佛洞窟前区。地理坐标：北纬 41°34′09″，东经 81°37′08″（图 16）。

图 16　拜城县温巴什石窟寺

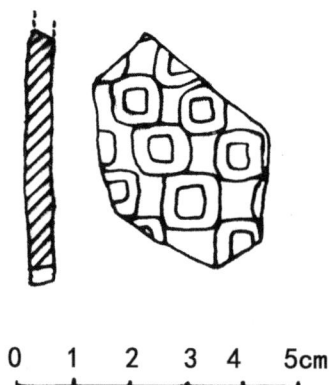

图版 5　拜城县温巴什千佛洞窟前区铸币遗址出土泥质红陶钱范（01BWBS：1）

在窟前区台地的东南角，保存有面积约 10 平方米的铸钱遗址，其四周散布有许多夹砂红陶片、动物骨殖等。遗址西南部有炼渣、窑址遗迹。20 世纪 80 年代末文物普查时，发现铸钱遗址已被人为破坏,地表布满了铸钱的陶范残片(图版5)。其中少量的钱范上还带有没有取下来的龟兹小铜钱。从采集的钱范观察,均为单范,许多钱范上尚保存有浇铸口。我们这次调查时只发现有铸造后留下的炼渣和灰烬,龟兹小钱和铸钱的陶范已踪迹皆无,所采用的标本是由拜城县文管所提供的。

该遗址对研究古代龟兹地区的铸币技术、寺院经济具有重要意义。综合从已发现的铸币遗址来看,我们不难发现,在古代龟兹文化圈的范围内,一些特殊的阶层或集团拥有铸造货币的权利。对于他们所拥有铸币权的使用范围,是在一定条件下的定量铸造还是无限制地铸造,受目前资料所限尚不明了。但从属于古代龟兹地区的众多遗址中出土的大量龟兹钱币和本地铸造的中原王朝的货币来看,龟兹地区出产的铜,除了出口到周边国家外,很大一部分都用于钱币铸造方面了。

15. 冬买里冶铜遗址

拜城县温巴什乡冬买里村有3处冶铜遗址,都是清代的遗迹,距今已有150多年的历史了。据当地老乡说,这都是他们祖辈冶铜时留下的遗迹。当时的人们从南边的却勒塔格山中将铜矿石采出后运至村里进行冶炼,规模巨大,几乎是村村炼铜,户户冒烟。冬买里村在乡政府西南约3千米处。地理坐标:北纬41°38′26″,东经81°43′40″。

冬买里村3小队冶铜遗址。位于3小队村北农田中的一株老桑树旁,为一处炼渣堆积,据当地老乡称,遗址原来的面积是现在的数倍。遗址高约1米,直径约6米,除炼渣外,还包含有木炭、风管等遗物。所出矿渣的形制和大小与温巴什炼铜遗址的基本一致,在未充分玻璃化的炼渣中包含有未燃尽的木炭。在炼渣堆的顶部可见一残存的炼炉基部,直径约1米。

冬买里村2小队A号冶铜遗址。位于村内居民院落内,面积约100平方米,厚约1米,堆积内涵与3小队的相同。

冬买里村2小队B号冶铜遗址。位于号A东侧约300米处,牙生·斯迪克老人家的果园内。遗址原面积很大,堆积很高,现已被房宅、果园等建筑打破。现存的堆积为圆锥形,直径约30米,高2米,内涵与A号遗址相同。

16. 协依和买里斯冶铜遗址

遗址位于拜城县温巴什乡协依和村的中心小学东南隅。遗址区大部分已成麦田,堆积以炼渣为主,长约35米,宽约22米,高约4米。遗址时代与文化内涵与冬买里冶铜遗址相当。地理坐标:北纬41°38′34″,东经81°45′43″。

17. 乌堂村2小队冶铜遗址

遗址位于温巴什乡乌堂村2小队的一座老麻扎东侧,又名麻扎里亚冶铜遗址。堆积以炼渣为主,基本上全部被扰动,现存面积约100平方米,高约1.2米。遗址时代与文化内涵与冬买里冶铜遗址相当。地理坐标:北纬41°38′26″,东经81°42′30″。

18. 乌堂村2小队东侧冶铜遗址

遗址位于温巴什乡乌堂村2小队东侧,堆积以炼渣为主,已被严重扰动,总面积约100

平方米,最高处可达 5 米。遗址时代与文化内涵与冬买里冶铜遗址相当。

19. 阔纳协海尔冶铜遗址

遗址位于拜城县克孜尔乡克孜尔吐尔村东,地处克孜尔河西岸台地上。地理坐标:北纬 41°47′27″,东经 82°23′45″。向南约 100 米为阔纳协海尔古城,其间隔着一条自然冲沟和泉水;向北约 50 米为阔纳协海尔墓地,其间也隔着一条大冲沟和泉水。冶铜遗址和居住遗址位于其中间。遗址已被老乡取土造田所破坏,现存范围东西宽约 50 米,南北长约 100 米。遗址范围内的炼渣、矿石、坩埚、陶片、石器、炭屑均暴露于地表。尤其是堆积了大量的人工粉碎后呈颗粒状的孔雀石、尚未熔炼的矿石及废料等。地表上的陶器残片均为夹砂红陶,手制,有部分彩陶片。石器有石磨、石杵、砍砸器等。

20. 米斯买里冶铜遗址

遗址位于拜城县克孜尔乡政府驻地西北直线距离约 2 千米,地处克孜尔河西岸台地上。地理坐标:北纬 41°50′26″,东经 81°25′53″。米斯买里,维吾尔语意为"铜村"。调查表明,这是一处由集中炼铜而发展形成的一个自然村落。村内到处可见炼渣、矿石及废料的堆积。据文献记载,清代咸丰年间,库车开局铸钱,光绪时铸量大增。此处冶铜遗址即是光绪四年后人口增多而形成的冶铜村落。

21. 米斯铁米村喀拉墩遗址

遗址位于拜城县米吉克乡政府驻地西南,直线距离约 7 千米。地处却勒塔格山北麓,木扎尔特河北岸台地,隔河与温巴什乡相望。地理坐标:北纬 41°41′50″,东经 81°43′09″。米斯铁米,维吾尔语意为"炼铜房"。据调查,过去曾有人在此炼过铜,并有炼铜的工房痕迹。现在,这里的冶铜遗址已被扩建的房屋所毁坏,村内仅能见到散落的铜矿石、炼渣等遗物。村南原有一座烽燧,时代大约在清代。

22. 一滴泉冶铜遗址

遗址位于拜城县察尔齐镇西部,地处乔尕布拉克泉的北侧,拜城至阿克苏公路北侧的山坡上。GPS 地理坐标:北纬 41°33′39.9″,东经 81°13′38.9″,海拔 1430 米。乔尕布拉克泉,汉语称之为"一滴泉",是周围几十里范围内仅有的一处泉眼。古人利用这眼清泉提供的生活便利,开采附近的矿石来冶铜。遗址除炼渣堆积外,还有一座依崖开凿的石窑洞,面积约 10 平方米,可能是当时冶炼工人的住处。在窑洞的周围堆积有大量的铜炼渣,外观上多为酱紫色的玻璃态,说明出渣情况良好。除此之外,还有一些带米黄色陶衣的轮制红陶片。

这处冶铜遗址延续了很长时间,附近山中铜矿石的蕴藏量相当丰富,号称"铜山"。据清代文献记载,拜城开采和冶铜规模最大者,有上、下二铜场。上铜厂在今察尔齐镇附近的牙哈艾日克,当时谓之"察尔齐厂",有滴水崖和巩伯两个矿点;下铜厂亦即今温巴什乡,矿点名托和奈旦。上述清人所记的开采、冶炼遗址,都同这里历史上的相关活动有着密不可分的联系。

23. 派斯达坂铜矿遗址

遗址位于拜城县托克逊乡北部,喀拉苏河中游东岸约 2 千米的低山地带,地名为派斯达坂,维吾尔语意为"矮达坂"。地理坐标:北纬 41°57′47″,东经 82°09′17″。遗址为开采铜矿石用的矿坑,位于一座小山的半山腰(图 17)。山体的相对高度约 30 米,上半部为胶结的砾石层,下半部为砂岩结构。铜矿脉就位于砾石层的底部,与砂岩相接的地方。从小山的西侧看,在其西侧的断崖上有两个很规整的洞口,距地面约 20 米,因为我们只有简单的绳索而无法攀登至这个洞口并由此进入洞内。在山体南侧的半山腰上还有一个矿洞可进入主矿洞,但已被淤积的泥土掩埋的只剩下 0.5—0.8 米的空隙。据向导说,向里爬行约 1 个小时后,洞体变得开阔,人可以在里直立或弯腰行进,矿井很深,从未有人走到尽头。洞内有通风口直达山顶,因为发现有亮光自洞顶泄露,但在山顶并未找到这个通风口。我们向里爬行了约 40 分钟,由于支巷太多,所带的 50 米绳索已不够用,担心在里边迷路;再加上越向里爬,空气越稀薄,害怕万一体力不支,连爬回去的力量都没有,于是便退出洞口。由于矿洞是开凿在胶结状况良好的砾石层和砂岩之间,整个老窟都未用巷木支护。在洞顶和侧壁尚可见到开采后残存的铜矿石,表面布满了绿色的氧化铜,具体成分要待分析测试后才能知道。在矿坑口的周围和矿洞内均未发现开采工具的遗存。

图 17 拜城县托克逊乡派斯达坂铜矿遗址

这个矿洞是清代所开,开采出的矿石运至山外的村庄进行冶炼,在这一带的许多村庄、地名都和开采冶炼铜矿石有关,如坎其铁米村等。

24. 铁再克卡哈村冶铜遗

遗址位于拜城县托克逊乡铁再克卡哈村中,为清代炼铜遗址的炼渣堆积。

25. 阿热买里村冶铜遗址

遗址位于拜城县托克逊乡阿热买里村,为清代炼铜遗址的炼渣堆积。

26. 坎其铁米村一小队冶铜遗址

遗址位于拜城县托克逊乡坎其铁米村一小队村东路边,卡拉苏河西岸附近,为清代炼铜遗址的炼渣堆积。

27. 坎其铁米村二小队冶铜遗址

遗址位于拜城县托克逊乡坎其铁米村二小队,集中于农田里,为清代炼铜遗址的炼渣堆积。

28. 亚木古鲁克冶铁、冶铜遗址

遗址位于拜城县老虎台乡羊场二连居民区的东北,吐鲁木塔依艾肯河口东岸的高地上。遗址分为两部分:冶铁遗址位于亚木古鲁克城堡内,冶铜遗址位于城堡南侧的台地上。亚木古鲁克城堡,当地老乡又称为"卡勒玛克协依和"或"阔太克吐尔",汉语意思为"蒙古城"或"埂地上的烽火台"。城堡建在东河岸的断崖边上,城北以一座孤立的小石山为天然屏障,城堡依小山的山势而建,故城内地势北高南低。城垣用夯土筑成,每层厚约0.2—0.3米。西城垣紧邻河岸山崖,长约110米,宽约2—3米,残高约2.5米。东城垣因所处地势较低缓,故墙体相应较宽且高,全长约100米,宽约4—6米,残高5—6米。西城垣长约90米,宽约2—3米,中部偏东有一豁口,宽约6米,当为城门痕迹。GPS地理坐标:北纬41°52′52.9″,东经81°13′18.9″。

城堡内文化堆积很厚,但经过历年的人为破坏,到处是盗掘后形成的大坑,从剖面上看,地表向下1—2米处均为文化层,甚至北城墙外侧小石山较为倾斜的半山坡上也有很厚的文化层。东城垣的夯土墙叠压在文化层之上,说明遗址的上限要早于城堡的始建年代。堆积内含陶片、石磨盘、灰烬、动物骨骸、铁炼渣和已经锈蚀的铁器。

陶器多为夹砂红陶,灰陶较少,还有一些带绿釉的红陶片。夹砂红陶均为轮制,器形以罐类为主,还有钵形碗、大陶瓮等,皆为平底器。纹饰以素面的为主,另有刻画的几何纹、弦纹、附加堆纹、变形莲纹、圆圈纹等。陶器中以竖颈、溜肩的高领罐较为典型。所出的大陶缸,其口沿和吐鲁番交河故城中回鹘时期的同类器物非常近似,而绿釉陶片的出现则可能预示该城堡的下限时代较晚。普查资料认为,从陶器的质地、陶色、形制、纹饰以及大量的圆形石磨盘等因素来看,城堡为唐代的遗址。

通过这次调查,我们对于这座偏居于拜城盆地西北角的小城堡中,为何遗留有大量的石磨盘这一现象有了进一步的认识。在所发现的部分石磨盘的沟槽中还粘有褐色的石粉,与磨盘胶结得很紧,难以抠下来,且与城中的土质土色不同,故不可能是埋藏后粘上去的。结合遍布城内外的铁炼渣来看,这些石磨盘中的绝大部分可能是用来研磨铁矿石的,

而不是用来加工粮食的。当然这一结论最终确认尚待实验室的分析结果。

冶铜遗址位于城堡南侧约 100 米的台地上,西邻河岸,为一处炼渣堆积,长约 250 米,宽约 180 米。在遗址地表上散露着炼渣、陶片等遗物。

在城堡东侧约 1 千米多处有阔太克吐尔古墓群,位于老虎台乡阔太克吐尔村北的天山山前坡地上。这一带分布有许多南北走向的鱼脊形小台地,墓葬皆建在上边,总数有 50 余座,分散在较大的范围内。墓葬为土石混合结构,较大的墓直径约 10—15 米,小的直径在 3—5 米左右,有些墓呈东西向链状排列。从墓葬形制和地表上残留的陶片看,该墓地的时代和文化内涵与其东侧的多岗墓地、克孜尔墓地基本一致。故叠压在城堡下的早期文化层和城堡南侧的炼铜遗址,在时代及文化面貌上应和墓地有着内在的联系。

29. 阔太克吐尔河口冶铜遗址

遗址位于拜城县老虎台乡,羊场二连居民区的东北方向,吐鲁木塔依艾肯河西岸的山脚下。GPS 地理坐标:北纬 41°53′6.2″,东经 81°13′17.1″。遗址为炼渣堆积,不甚集中,分布在约 100 米见方的范围内。炼渣体积较大,出渣状况好坏不均,有些炼渣中含有未燃尽的木炭;有些则为紫色的玻璃态。从周围的情况看,该遗址是人们在附近山上开采铜矿石后,就近冶炼形成的,可能是由于矿石品位不高或储量不大,没用多久便废弃了。因为缺少陶片等断代因素,确定其时代尚有困难。

30. 克乌鲁克萨勒代铜矿遗址

遗址位于拜城县老虎台乡羊场二连居民区的东北方向,吐鲁木塔依艾肯河河口向内约 5 千米,西岸的一条东西向山谷的北侧山坡上。遗址有两处,均为矿洞遗迹。Ⅰ号矿洞规模较大,洞口朝南开在人工修平的山崖上,距沟底约 20 米,洞口外有一平整出来的平台。矿洞为窑洞形,高、底宽各 2 米左右。因洞内积水较深,故无法进入。洞壁上和洞口周围的地面上可见到带绿色铜锈的铜矿石。据当地老乡介绍,矿洞很深,有许多支巷,无人走到尽头,洞内没有支护用的巷木。矿洞所在山体的岩石非常坚硬,以至于洞中不需要巷木支护。在如此坚硬的岩石中并不是完全顺着较软的矿脉进行开采,而是为了满足大量矿石的输出,开凿出规整的矿洞,如果没有大量的铁制工具是无法做到的。因此Ⅰ号的时代可能不会太早。Ⅰ号矿洞 GPS 地理坐标:北纬 41°53′9.2″,东经 81°12′40″。

Ⅱ号矿洞位于Ⅰ号的西南方向,直线距离约 50 米处,高出Ⅰ号约 20 米,洞口朝东。Ⅱ号的开采方式有别于Ⅰ号,是严格按照矿脉在岩石中的走向进行开采的,故洞口与洞体的形状也就是矿脉在岩体中的形状。洞口为不规则的四边形,面积约 4 平方米,洞体基本上为长条形,总长约 20 米,最宽处约 4 米,高约 5—6 米,狭窄处仅能一人侧身通过。洞壁很光滑,几乎不见铜矿石的痕迹,说明当时开采得较彻底。在矿洞中部的两侧有现代人用风镐和炸药开出的盲巷,目的是利用这条深入山体的老窿来寻找新的铜矿。GPS 地理坐标:北纬 41°53′9.7″,东经 81°12′35.7″。

在Ⅰ、Ⅱ号遗址及附近地区未发现陶片、开采工具等具有断代价值的遗物。矿洞所在的山谷中可见散乱的铜炼渣,大小及形制和其南侧的阔太克吐尔河口冶铜遗址基本一致。II号遗址的开采方式似乎较为古老。参考新疆尼勒克县努拉赛古铜矿的开采方式,如果利用非常原始的工具(如石器等),开采夹在较为坚硬岩层中的矿脉时,是严格按照矿脉的走向来采掘的,除非矿脉已狭窄到难以通过时才挖掉有碍的岩体。因为用原始工具开凿岩石是件很费力的事情。故从矿坑的形制看,II号矿洞的时代可能较早。

31. 麻扎古勒嘎冶铁遗址

遗址位于拜城县老虎台乡羊场二连居民区的东北方向,地处吐鲁木塔依艾肯河西岸的二级台地上,隔河与亚木古鲁克城堡相望。GPS 地理坐标:北纬 41°52′41.8″,东经 81°13′10.5″。遗址略呈方形,边长约 100 米,地表已无建筑遗迹,从遍布地面的大坑可以观察到厚约 1 米的文化层,内含灰烬、陶片和铁炼渣。采集到的红陶片与其东侧城堡中的基本一致,另外还有一些破碎的石膏建材,形制与温巴什千佛洞窟前遗址中的很接近。在遗址南端有一炼炉遗迹,只残存有基部。炼炉残高约 0.7 米,直径 2 米,外表用砾石砌成,炉壁涂有厚约 0.1 米的泥土,已烧成琉璃状。从所出遗迹、遗物的特征看,该遗址的时代与东侧城堡的时代相当。

32. 亚布依遗址

遗址位于拜城县老虎台乡开普台尔哈纳村三小队,木扎尔特河东岸台地上。地理坐标:北纬 41°47′00″,东经 81°02′45″。遗址呈长条状,西侧靠近河岸边的部分已被木扎尔特河水冲走。现存范围南北长约 200 米,东西宽约 60 米,遗址附近有大量的炼铁遗迹。遗址内有早晚两期文化性质不同的堆积,早期堆积以石球、石砧、砺石、马鞍形石磨盘、敲砸石器、手制夹砂灰陶和炼铁遗迹为代表;晚期堆积以圆形刻槽石磨、轮制红陶为代表。从所出陶片等遗物来看,早期堆积的文化性质与时代和其东侧的多岗墓地晚期墓、西侧的温宿县包孜东墓地相近;晚期堆积的文化性质与时代和其东侧的亚木古鲁克城堡相近。

33. 瓮古鲁吉勒尕冶铁遗址

遗址位于拜城县黑英山乡克其克果勒河上游谷地中。遗址所在的畜牧点地名为"瓮古鲁吉勒尕",维吾尔语意为"有洞的山沟",因为在此处河谷西岸的山坡上有一个山洞,故有此地名。我们深入这条河谷调查的初衷是针对这个山洞,但意外地发现了两处冶铁遗址和一处早期居住遗址。

I号冶铁遗址位于河流东岸的一级台地上,为两堆炼渣堆积,直径分别为 15 米、10 米左右,高约 0.5 米。堆积除炼渣外,还有残破的炉壁和风管等遗物。GPS 地理坐标:北纬 42°16′11.0″,东经 82°16′18.6″。

II号冶铁遗址位于河流西岸的一级台地上,为两堆炼渣堆积,直径均为 10 米左右,高约 1.2 米。除炼渣外,风管和炉壁的残片极少,但发现一座炼炉的遗迹。GPS 地理坐标:北纬 42°15′40.8″,东经 82°16′51.8″。

瓮古鲁吉勒尕洞穴位于 I 号冶铁遗址的南侧,河流西岸的一条东西向小山沟的北坡上。GPS 地理坐标:北纬 42°16′11.0″,东经 82°16′1.8″。

洞口为不规则的裂隙状,宽约5米,因洞口淤土堆积,现高约0.6米。洞内曲折蜿蜒,洞体的形状、高度、宽度均变化不定。除主洞外,还有许多支洞,加在一起的总长度约200米。洞壁很光滑,表面多凝结有水泡状的碳酸钙结晶。由于在洞内外没有发现明显的人工开凿的痕迹和工具遗物,洞体形状又不规则,特别是无法断定该洞是开采何种矿物的遗迹,所以要待分析出从洞内带出的岩石标本后,才能确定该洞的性质。但该洞系天然形成的可能性同样不大,这里的山体均为火成岩,降水量又不是太大,被水冲击侵蚀的条件也不具备。另外,到目前为止,新疆境内尚未发现典型意义上的溶洞,所谓的山洞不过是一些较深较大的裂隙或风力吹成的洞穴。

瓮古鲁吉勒尕居住遗址位于河流西岸的二级台地上,Ⅱ号冶铁遗址的北侧。GPS地理坐标:北纬42°15′49.6″,东经82°16′38.7″。遗址为连成一片的房屋及院落基址,用砾石砌成,砾石表面已形成黑褐色的太阳漆皮,说明时代较为久远。其中最大的一间为长方形,长20米,宽8米,内部被分割为基本上相等的两间。遗址的形制和建筑方法与新疆巴里坤县兰州湾子遗址较为接近。在遗址周围还有一些石堆墓、石围墓和土墩墓,时代可能延续较长。

34. 亚尔叶黑露天石油矿遗址

遗址位于拜城县黑英山乡米斯布拉克村东侧的丘陵地带中。露天石油矿地处一个小盆地中,由黑英山乡到米斯布拉克村的简易公路从遗址旁边经过。GPS地理坐标:北纬42°08′43.8″,东经82°26′49.7″。遗址由若干眼原油泉组成。原油从地下裂隙中渗出,在接近地表处形成一个个如同水池一般的大坑,表面为沥青所覆盖,中央为向外缓慢流淌的油泉(图18)。目前仅有一眼还在向外流淌,其余的几眼已在漫长的历史时期被人采光,仅剩下大坑的遗迹(图19)。遗址周围未发现陶片等断代遗物,但据当地老乡说,这个油矿谁也说不清已存在了多少年,他们的祖辈就在这里挖沥青和原油。沥青多用于修补器物,原油用来润滑车轴。还有的人将原油涂在头上,据说可以治疗谢顶。遗址本身虽未发现和古人活动直接相关的证据,但作为古代龟兹地区一种独特的矿产品,该遗迹的发现可以印证史料中的有关记载。据《北史·西域传》记载:"(龟兹)其国西北大山中有如膏者,流出

图18 拜城县黑英山乡石油泉

图19 拜城县黑英山乡石油矿坑

图 20 拜城县黑英山乡石驼溺遗迹

成川,行数里入地,状如醍醐,甚臭。服之,发齿已落者,能令更生,疠人服之,皆愈。"[1]《魏书·西域传》中也有同样记载[2]。《酉阳杂俎·物异》记载:"石驼溺,拘夷国北山有石驼溺,水溺下,以金、银、铜、铁、瓦、木等器盛之皆漏,掌承之亦透,唯瓢不漏。服之令身上臭毛落尽,得仙。出《论衡》。"[3]从地理位置看,亚尔叶黑油矿正处在库车县龟兹古城西北方向的大山中,直线距离 60 多千米,与文献记载相符。在油泉的旁边有一座巨大的风蘑菇石,如同一只天然雕成的骆驼(图 20),所谓"石驼溺"的来历可能与这块骆驼形的风石有关。

温宿县

温宿县境内尚未发现古代采矿遗迹,仅发现有冶炼遗址,但温宿县紧邻拜城县的老虎台乡,又都处于天山南麓,故地质环境不会相差很大,发现古代采矿遗迹只是时间问题。

35. 拱拜孜窑址

遗址位于温宿县东北约 19 千米的伊希来木其乡拱拜孜村东北部,地处柯柯牙河两岸台地上。遗址依山而建,可分为东西两区。地理坐标:北纬 42°29′52″,东经 80°16′50″。

西区,位于河流西岸,现存两座,均坍塌呈土丘状,原有形制已不可考。土丘周围散布着大量陶片、炼渣、钱币、风管和石器等。从窑址西侧被水冲毁的断面观察,窑壁底部为就地挖筑的生土壁,上部为土坯砌筑。在西区的西南约 500 米另有一片遗址,地表散布有少量陶片石器等遗物,1983 年 6 月,村民平整土地时曾推出一只大陶缸,高约 1.6 米,腹径约 1.5 米,现存于阿克苏地区博物馆展厅中。

东区,位于河流东岸的二级台地上。为一座南北长 25 米、东西宽 20 米、高约 3 米的土台,其四角均有红烧土墩向外突出,长约 5 米。其中西南角及东北角的红烧土墩明显是窑址堆积,东南角的窑址尚存部分窑室及火膛,附近散布着大量陶片、陶质铸范、石膏构件、铁器残片等。遗物有陶器、石器、铁器及钱币等。

阿瓦提县

阿瓦提县地处阿克苏河流域的冲积平原上,故仅有冶炼遗址存在。

---

① 《北史》卷九七《西域》,北京:中华书局,1974 年,3217—3218 页。
② 《魏书》卷一〇二《西域》,北京:中华书局,1974 年,2266—2267 页。
③ 段成式《酉阳杂俎》前集卷之二"物异",北京:中华书局,1981 年,98 页。

36. 伯什力克古城

古城位于阿瓦提县东北,伯什力可乡牙马伦村,地处阿克苏河流域,科纳达里亚旧河的台地上。地理坐标:北纬 40°42′57″,东经 80°26′11″。古城北城垣外紧邻通往县城的公路,西、南城垣约 5 米外均有护城壕的遗迹,宽约 5 米,内有水深度不详。古城平面呈方形,长、宽约 110 米。夯土城垣基部宽约 4—5 米,剖面呈梯形,残垣高 3—4 米。东南隅有一阙口,宽约 4 米,应为城门遗迹。在南城垣的中部有向外凸出的高台建筑遗迹,基部长约 20 米,宽约 10 米,残高约 4 米。由于近几十年来,当地老乡不断在城内修建墓地,故将城内地层深处的文化层翻至地面。被掘出的土层中含有大量文化遗物,如陶片、残石磨、铁炼渣和动物骨殖等。陶器有夹砂红陶、红褐陶的平底器,轮制,部分器物表面有刻画纹饰。铁炼渣中含有杂质,如硫磺、木炭颗粒等,似以木炭为助燃剂冶炼矿石。

综上所述,从古城建筑形制的特点以及陶器的陶质、陶色和器形特征观察分析,古城的建筑时代约在唐代。

四、结　语

这次调查的初衷是想澄清一些围绕古代龟兹地区矿冶技术、时代、规模等诸领域,长期似是而非的看法,为古代龟兹史的考古学及相关领域的研究提供一个新的生长点。虽然调查之后产生的新问题远远多于所能解决的老问题,但作为一个阶段性的成果,这次调查的结论在今后一段时间内,将不失其参考价值。

首先,调查认定史料中关于龟兹金属工业规模巨大的记载不是虚构的。史书记载"(龟兹)人取此山石炭,冶此山铁,恒充三十六国用"。故郭义恭《广志》云:"龟兹能铸冶。"①而阿格村Ⅲ号遗址的炼渣堆积的巨大规模与这项记载是相吻合的(图 21)。

其次,史书记载该地区的冶铁技术在汉代有了质的飞跃,如《汉书·陈汤传》曰:"夫胡兵五而当汉兵一,何者? 兵刃朴钝,弓弩不利。今闻颇

图 21　库车县阿格乡阿格村Ⅲ号冶炼遗址

得汉巧,然犹三而当一。"这段记录说明,西域地区在汉朝势力进入之前,其金属工艺较为原始,所制备的武器性能很差;然而在接触了中原地区先进的加工技术后,武器的质量有所提高,军队的战斗力也随之提高。这一划时代的技术变革,可以视作该地区早期铁器时

---

① 郦道元注,杨守敬等疏《水经注疏》,109 页。

代的结束。这次调查的冶炼遗迹虽不能判定所采用的是块炼铁还是铸铁技术,但从炼渣的形态上看,大多出渣状态良好,说明技术是成熟的。

最早记录塔里木盆地周缘地区的史料当为《史记》《汉书》。有些学者根据《史记·大宛列传》中"其地皆无丝漆,不知铸钱(铁)器,及汉使亡卒降,教铸作他兵器"的记载,就推测说西域地区汉代以前尚不知冶铁技术,是受了中原文化的影响才学会了冶铁技术。但近百年来的考古调查则证明中亚地区冶铁技术的出现早于中原地区,于是又有学者置疑上述史料的准确性。通过这次调查,得出的感受是考古资料固不容置疑,史料记载也无太大偏差,只是后人理解有误。现代人对于同时代的文字资料在解释上还产生出许多歧义,况且是两千多年前的记载。问题的关键是如何全面客观地理解这些史料。《史记·大宛列传》中所说的"不知铸铁器",其前文是:"自大宛以西至安息……其地皆无漆丝,不知铸铁器。"所指地域并不是塔里木盆地周缘地区,而是今费尔干那盆地至伊朗高原一带①。但上述地区又早已进入铁器时代,与"不知铸铁器"的记载相悖,我们认为问题的关键在于所谓的"铸铁器"上。当时这一地区已经掌握块炼铁技术,但在汉朝使卒的帮助下,掌握了冶炼铸铁的技术。而对于塔里木盆地周缘地区来说,史料记载和考古发掘的结果均证明这里在汉代已进入铁器时代。因此,龟兹地区的青铜时代和早铁器时代的矿冶技术受中原文化的影响有限。

(一)考古调查成果

由于地表主要是炼渣堆积,虽然发现有炼炉的痕迹,但因为此次调查不能动土,故对于该地区冶炼铜、铁的技术源流、具体方式尚无法详细掌握。虽然目前无法了解龟兹地区从块炼铁发展到铸铁的过程及时代,但从黄文弼调查阿艾古城的有关记录看,在古城北墙外的地层中包含有大量装满铁汁的坩埚,当为铸铁的实证②。而通过这次调查证明古城的时代晚于魏晋时期,很可能建于唐代③,坩埚位于城内地面,当和古城属于同一时期或晚于古城的时代,因此,仅就该遗址来说,至少在唐代或稍晚时期已掌握了坩埚炼铁的技术。

(二)自然科学分析

由于调查只限于地面观测,对于该地区矿冶技术的金相学研究尚无法展开,故对于铜铁矿石的具体冶炼方式还有待于下一步的研究。

(三)讨论

燃料问题——这一带现在已是童山濯濯,是否跟当年大量砍伐树木作为冶炼燃料有关?冶炼遗址和燃料获取地的关系如何?与库车河上流采矿冶炼遗址相邻的拜城县黑英

---

① 冯承钧原编,陆峻岭增订《西域地名》(增订本),北京:中华书局,1980年,27页。
② 黄文弼撰,黄烈编《黄文弼历史考古论集》,北京:文物出版社,1989年,257页。
③ 标本由中国社会科学院考古研究所14C室测定,时代为公元650—720年前后。

山乡,在与前者纬度大致相当的山谷中至今仍生长着茂密的天山云杉,而这些山谷恰巧都没有古代的冶炼遗迹,这是否可以成为前者呈现荒山地貌的反证? 当然,这个问题的根本解决仍需靠考古发掘,需要通过分析当时地层中的孢粉和其他遗迹才能解决。

虽然《水经注》引《释氏西域记》的记载,魏晋时期这里已使用煤炭作为燃料来冶炼金属,但从采集到的炼渣标本来看,尚未能够确定当地在清代以前的冶炼活动使用了煤炭;虽然有些地方煤层和铁矿层交错分布,如阿格村Ⅲ号遗址,冶炼遗迹就位于煤层旁边,但炼渣中残留的燃料仍为木炭。

从采集的标本看,各遗址出土的风管均是事先烧制而成,为耐烧裂的夹粗沙陶质。从保存较为完整的标本看,为了增加其耐热性及防止漏气跑风,风管烧好后,外表还再敷一层泥土,有些还是草拌泥。由于发现的风管均已使用,而随着这一炉矿石冶炼的完成,炼炉即被拆毁,风管因为在高温下已和炉壁烧结在一起,故极少能发现保存完整的风管。较为完整的风管呈曲尺形,两端粗细不同,细的一端和炉壁相通,在高温的作用下往往烧熔变形,多呈玻璃状或与炼渣烧结在一起;粗的一端与鼓风皮囊相通。

在此基础上,首先力争对龟兹地区不同时期的矿冶品种、技术、规模有较为准确的认识。其次将矿冶遗迹中的标本进行分析测试,再与该文化区域内墓葬、遗址所出标本对比研究,搞清它们之间的联系程度;揭示出矿冶遗迹与周边遗迹,如古城、屯田、寺院的内在关系。再次通过和周边地区的比较,如东侧的焉耆绿洲、南侧的和田绿洲、北侧的伊犁河谷,摸清古龟兹矿冶炼技术的源流和影响范围。最后,结合文献资料和考古学成果,指出历史上龟兹国得以雄居丝路北道,汉唐时期中央政府选择龟兹一带作为控制西域的中心地区,这一切都和其境内蕴藏着丰富的矿产资源和发达的冶炼、铸造业是分不开的。

该项目为中国社会科学院考古研究所 2001 年度所级重点课题。课题实施得到了新疆文物局、新疆文物考古研究所、新疆石窟研究所、阿克苏地区文化局及地区文管所、库车县文管所、拜城县文管所及中国社会科学院考古所科技中心、成都市文物考古研究所、日本学术振兴会、德国考古研究院欧亚研究所的大力支持,在此一并表示感谢。

作者四人,吐逊江任职于新疆维吾尔自治区拜城县文旅局,其余三人任职中国人民大学国学院。

参加调查工作的有(按姓名首字的拼音顺序):

傅明方　郭　物　李　肖　梅建军　吐逊江　颜　松

绘图:陈连同　王　云

附：

古代龟兹地区矿冶遗址的实验研究报告

一、导　言

古代龟兹地区即今新疆维吾尔自治区库车、拜城、新和、沙雅和轮台诸县一带。至迟从汉代起，这一地区即是古代西域的一个重要的政治和文化中心，有大量的古城和石窟遗迹为证。近年来的考古发现更揭示出，这一地区还存在丰富的早至青铜和铁器时代的文化遗存。龟兹古代文明的一个突出特点是其金属冶铸业的发达，这不仅有《汉书·西域传》《魏书·西域传》和《水经注》等古代文献的记载为证，而且有考古发现的大批金属文物及矿冶遗迹为证。近年来，学者们已开始关注龟兹地区古代矿冶的发展及其与该地区古代文化演进的关系[①]。但因研究手段所限，有关研究尚未深入，我们对古代龟兹地区矿冶技术的发展仍缺乏清晰的认识。

为了更深入地研究古代龟兹地区矿冶技术的发展，2001年8月，我们对库车和拜城地区的十余处古代矿冶遗址进行了较全面的调查和研究，采集了大批矿冶遗物的标本，包括矿石、炉渣、炉壁、鼓风管和金属块等。本报告就是有关这批标本的初步的实验研究结果。在这项研究中，我们采用X射线荧光光谱仪（XRF）对有关标本（主要是炉渣）进行成分定性检测，以确定其化学组成特征。由于受测试标样的局限，这项分析尚不能给出样品的准确的化学成分，而只能够给出其化学元素组成或半定量的化学成分。尽管如此，这项初步的实验研究仍有多方面的意义，它不仅有助于判定相关遗址遗物的基本技术特征，而且便于有针对性地展开进一步的田野调查或发掘以及实验室的检测分析。必须说明，这里报告的实验分析结果是非常初步的，要想对冶炼遗物的性质有较全面而准确的认识，尚需对其显微组织进行观察，并对其金属夹杂物进行分析。因实验条件所限，我们目前尚未能展开这种观察和分析。希望在下一步的研究中将有条件进行更深入的检测分析。以下将按遗址分述实验分析结果。

二、检测分析结果

1. 库车县阿格乡康村冶铜遗址（2001KC）

这处遗址共见四处较为集中的炉渣堆积。炉渣的形态以块状玻璃态为主，呈红、棕红、深蓝、蓝灰和黑等各种色彩，少量炉渣夹杂有木炭。所取样品共计21件，包括炉渣、炉壁、矿石和金属块，实验室编号KC01－KC21。XRF分析结果如表1所示：

---

① 张平《从克孜尔遗址和墓葬看龟兹青铜时代的文化》，《新疆文物》1999年2期，59—65页。

表 1　康村遗址冶炼遗物的 XRF 定性分析结果

编号	XRF 定性分析结果
KC01	深蓝色玻璃态炉渣,属 $SiO_2 - FeO - CaO - Al_2O_3$ 系,SiO_2 含量高,估计在 35% 以上,渣中还含有少量的 K_2O(c. 1%?),另外还明显测到铜的谱峰,表明为炼铜炉渣。
KC02	深蓝色玻璃态炉渣,亦属 $SiO_2 - FeO - CaO - Al_2O_3$ 系,SiO_2 含量高,估计在 35% 以上,渣中还含有少量的 Na_2O,K_2O 和 MgO,铜的谱峰也很明显,为炼铜炉渣无疑。
KC04	棕红色玻璃态炉渣,属 $SiO_2 - CaO - Al_2O_3$ 系,SiO_2 含量高,估计在 35% 以上,CaO 含量比 KC01 和 KC02 略高一些,FeO 含量低,不含 Na_2O,但含有少量的 K_2O 和 MgO,铜的谱峰明显,为炼铜炉渣。
KC05	蓝色玻璃态炉渣,属 $SiO_2 - CaO - Al_2O_3$ 系,SiO_2 含量高,估计在 40% 以上,CaO 含量略高,FeO 含量低,不含 Na_2O,但含有少量的 K_2O,有明显的铜谱峰。
KC07	黑色玻璃态炉渣,属 $SiO_2 - CaO - Al_2O_3$ 系,SiO_2 含量高,估计在 40% 以上,CaO 含量略高,FeO 含量低,不含 Na_2O,但含有少量的 K_2O 和 MgO,铜峰低。
KC08	铜矿石,由 CuO 和 CaO 构成,并含少量的 FeO,CuO 含量约在 30%—50%。
KC09	黑色多孔炉渣,表面有铜锈,属 $SiO_2 - CaO - Al_2O_3$ 系,CuO 含量高,估计在 25% 以上,FeO 含量低。
KC11	小铜块,Cu 96.3%,Fe 3.7%。
KC12	炉壁上所附炉渣,表面有铜锈,属 $SiO_2 - Al_2O_3 - CaO - FeO$ 系,CuO 含量较高,估计在 5%—20%,不含 Na_2O,但含有少量的 K_2O;炉壁材料含有较高的 SiO_2,Al_2O_3,Na_2O 和 MgO。
KC13	浅蓝色炉渣,夹杂有木炭,属 $SiO_2 - CaO - Al_2O_3$ 系,SiO_2 含量高,估计在 40% 以上,FeO 含量低,含有少量的 K_2O,可见明显的铜峰。
KC19	黑色玻璃态炉渣,属 $SiO_2 - CaO - Al_2O_3$ 系,SiO_2 含量较高,估计在 30% 以上,渣中还含有较多的 Na_2O 和 MgO,少量的 K_2O 和 FeO 含量低,铜峰低。
KC20	蓝色玻璃态炉渣,属 $SiO_2 - CaO - Al_2O_3$ 系,SiO_2 含量高,估计在 40% 以上,FeO 含量低,有少量的 K_2O,铜谱峰明显。
KC21	炉壁,属 $SiO_2 - CaO - Al_2O_3 - FeO$ 系,有少量的 K_2O 和 MgO,几乎不见铜峰。

　　由表 1 可知,康村遗址为冶铜遗址无疑,多数炉渣中均检测到铜的存在,铜矿石(KC08)和小铜块(KC11)的分析结果也证实了这一点。绝大多数炉渣均属 $SiO_2 - CaO - Al_2O_3$ 系或 $SiO_2 - FeO - CaO - Al_2O_3$ 系;SiO_2 含量高,估计在 30%—45% 之间,这可能是形成玻璃态的主要原因;在多数炉渣中均被检测到少量的 K_2O,在某些炉渣中还检测到少量的 Na_2O 和 MgO。炉壁材料则属 $SiO_2 - CaO - Al_2O_3 - FeO$ 系,含有少量的 K_2O 和 MgO。炉渣呈现出不同颜色的原因仍不清楚,与组成成分究竟有何对应尚有待进一步地分析研究。

2. 库车县阿格乡克孜勒亚炼铜遗址(2001KZ)

　　这处遗址的炉渣堆积规模较大,总面积约 10 万平方米。除炉渣外,堆积中还可见到少量的小铜块、矿石、熔剂、风管、陶片和炼炉等遗物和遗迹。炉渣主要呈黑色薄片状、玻璃态，体积一般较小，表面多带流动形成的波浪纹样，质地纯净，极少见夹带木炭或其他未熔物者。也有少量炉渣呈块状。所取样品共计 23 件，包括炉渣、小金属块、炉壁和矿石等，实验室编号为 KZ01—KZ23。XRF 分析结果列于表 2：

表 2　克孜勒亚炼铜遗址冶铜遗物的 XRF 定性分析结果

编号	XRF 定性分析结果
KZ01	小铜块，断面可见残留的铜芯。Cu 88.5％，Fe 11.4％，Pb 0.1％。
KZ02	锈蚀小铜块，Cu 94.5％，Fe 5.4％，Pb 0.1％，另检测到 CaO 和 K_2O。
KZ03	锈蚀小铜块，几乎为纯铜。
KZ04	锈蚀小铜块，几乎为纯铜（Cu 99.9％，Fe 0.1％）。
KZ05	黑色片状炉渣，表面带铜锈，属 SiO_2 - FeO - Al_2O_3 系，含少量 CaO 和 MgO，Cu 或 CuO 的含量较高。
KZ06	黑色片状炉渣，表面带铜锈，属 SiO_2 - FeO - Al_2O_3 系，Cu 或 CuO 的含量很高。
KZ08	黑色片状炉渣，表面带波纹流痕，属 SiO_2 - FeO - Al_2O_3 - CaO 系，FeO 含量高，另外还含有少量的 K_2O、MnO 和 MgO，以及 Cu 或 CuO。
KZ09	黑色片状炉渣，表面带波纹流痕，属 SiO_2 - FeO - Al_2O_3 - CaO 系，FeO 含量高，另外还含有少量的 MnO、Na_2O 和 MgO，铜峰低。
KZ10	黑色片状炉渣，表面带铜锈，属 SiO_2 - FeO - Al_2O_3 - CaO 系，另含有少量的 K_2O 和 MnO，铜峰较高，表明含有较多的 Cu 或 CuO。
KZ12	黑色块状炉渣，属 SiO_2 - FeO - Al_2O_3 - CaO 系，CaO 含量高，另含少量的 MgO 和 K_2O，铜峰明显。
KZ13	块状多孔炉渣，夹杂未熔物，属 SiO_2 - FeO - Al_2O_3 系，SiO_2 含量高，估计在 35％以上，FeO 和 Al_2O_3 较低，另外含有少量的 CaO、Na_2O 和 MgO，检测到铜的谱峰。
KZ15	黑色块状炉渣，属 SiO_2 - FeO - Al_2O_3 - CaO 系，另含少量的 K_2O，铜峰低，含铜少。
KZ16	黑色块状炉渣，夹杂未熔物，表面及内部带铜锈，属 SiO_2 - FeO - Al_2O_3 系，SiO_2 含量高，估计在 35％以上，FeO 和 Al_2O_3 较低，另含少量的 CaO，铜峰高，表明含有较多的 Cu 或 CuO。
KZ19	砂石，主要成分为 SiO_2，另含少量的 CaO 和 FeO。
KZ20	砂石，主要成分为 SiO_2，另含少量的 CaO 和 FeO，不含 CuO。
KZ22	锈蚀小铜块，几乎为纯铜，CuO 98.0％，FeO 2.0％。

由表 2 可知，克孜勒亚炼铜遗址的渣系为 SiO_2 - FeO - Al_2O_3 - CaO 系，FeO 含量高，这与康村炼铜遗址的渣系 SiO_2 - CaO - Al_2O_3 明显不同。遗址中所出小金属块均为铜，含有少量的铁，确证此处为炼铜遗址。冶炼所用的矿石种类及工艺过程目前尚难推断，还有待进一步检测渣中的金属夹杂物。表面带波纹的片状炉渣均为 SiO_2 - FeO - Al_2O_3 - CaO 系，夹杂未熔物的块状炉渣则为 SiO_2 - FeO - Al_2O_3，表明 CaO 在造渣中起到重要的

"熔剂"作用,当不含 CaO 或 CaO 含量过低时,炉渣的流动性将明显减小,而黏性增加,故易形成团块状,并多夹带未熔物。

3. 拜城县温巴什乡温巴什炼铜遗址(2001WB)

这处遗址的炉渣堆积总面积约 6 万平方米。炉渣形态复杂多样,主要是彩色的玻璃态块状炉渣,体积一般较大。遗址上见有少量的小铜块、矿石、木炭、炉壁和炼炉等遗物及遗迹。用于检测的样品共计 12 件,包括炉渣和小金属块,实验室编号为 WBS01—WBS12。XRF 分析结果列于表 3:

表 3　温巴什炼铜遗址冶铜遗物的 XRF 定性分析结果

编号	XRF 定性分析结果
WBS01	金属块,Cu 86.6%, Fe 12.4%, Ca 1.0%。可能为冶炼的中间产品。
WBS02	黑色块状玻璃态炉渣,带铜锈,属 SiO_2 - FeO - Al_2O_3 - CaO 系,SiO_2 含量估计在 35% 以上,铜峰很高,表明含有多量的 Cu 或 CuO。
WBS04	黑灰色块状多孔炉渣,表面及内部带铜锈,属 SiO_2 - CaO - FeO - Al_2O_3 系,CaO 含量明显较高,铜峰很高,表明含有多量的 Cu 或 CuO。
WBS05	锈蚀金属块,Cu 92.9%, Fe 7.1%。
WBS06	蓝色块状玻璃态炉渣,属 SiO_2 - Al_2O_3 - CaO 系,SiO_2 含量估计在 35% 以上,另含有少量的 FeO、Na_2O、MgO 和 K_2O,并检测到铜的谱峰。
WBS07	棕红色块状玻璃态炉渣,属 SiO_2 - Al_2O_3 - CaO 系,SiO_2 含量估计在 35% 以上,另含少量的 FeO、K_2O、MgO 和 Na_2O,并检测到铜峰。MgO 和 Na_2O 含量低于 WBS06。
WBS08	棕色块状玻璃态炉渣,属 SiO_2 - Al_2O_3 - CaO 系,SiO_2 含量估计在 35% 以上,另含少量的 FeO、K_2O、MgO 和 Na_2O,并检测到铜峰。MgO 和 Na_2O 含量均低于 WBS06。
WBS11	黑色块状玻璃态炉渣,属 SiO_2 - Al_2O_3 - CaO 系,SiO_2 含量估计在 35% 以上,另含较多的 FeO 和少量的 K_2O、MgO 和 Na_2O,铜峰低。

由表 3 可知,温巴什炼铜遗址所出玻璃态炉渣的渣系多为 SiO_2 - CaO - Al_2O_3,这与康村炼铜遗址的渣系相同,而不同于克孜勒亚炼铜遗址。就块状多孔炉渣而言,尽管渣系为 SiO_2 - CaO - FeO - Al_2O_3,但其 FeO 含量低,仍与克孜勒亚炼铜遗址的炉渣有区别。炉渣的颜色差异可能与 FeO 和 MgO 的含量多少及 Cu 的赋存状态有关。

4. 拜城县温巴什乡冬买里炼铜遗址(2001DM)

这处遗址的炉渣主要是彩色玻璃态块状炉渣,体积较大。共取样品 9 件,实验室编号为 DM01—DM09。XRF 分析结果列于表 4:

表 4　冬买里炼铜遗址炉渣的 XRF 定性分析结果

编号	XRF 定性分析结果
DM01	黑灰色块状玻璃态炉渣,属 SiO_2 - Al_2O_3 - CaO 系,CaO 含量较高,另含少量的 FeO、TiO_2、MgO、Na_2O 和 K_2O,并检测到铜的谱峰。

续表

编号	XRF 定性分析结果
DM02	棕色块状玻璃态炉渣,属 $SiO_2 - Al_2O_3 - CaO - FeO$ 系,Al_2O_3 含量较高,另含少量的 TiO_2、K_2O 和 MgO,并检测到铜的谱峰。
DM03	棕红色块状玻璃态炉渣,属 $SiO_2 - Al_2O_3 - CaO$ 系,另含少量的 FeO、MgO、K_2O 和 TiO_2,并检测到铜的谱峰。
DM04	灰色块状多孔炉渣,属 $SiO_2 - Al_2O_3 - CaO$ 系,并含较多的 Na_2O 和 MgO 及少量的 FeO 和 K_2O,并检测到铜的谱峰。
DM06	深棕色块状玻璃态炉渣,属 $SiO_2 - Al_2O_3 - CaO$ 系,并含较多的 FeO 及少量的 Na_2O、MgO、TiO_2 和 K_2O,并检测到铜的谱峰。
DM07	黑色块状玻璃态炉渣,属 $SiO_2 - Al_2O_3 - CaO$ 系,CaO 含量较高,并含较多的 Na_2O 和 MgO 及少量的 K_2O,并检测到铜的谱峰。
DM08	黑色块状炉渣,表面及内部带铜锈,属 $SiO_2 - FeO - Al_2O_3 - CaO$ 系,FeO 含量较高,Al_2O_3 和 CaO 含量较低,含少量的 MgO 和 K_2O,铜峰很高,表明含较多的 Cu 或 CuO。

由表 4 可知,冬买里炼铜遗址所出炉渣多为 $SiO_2 - CaO - Al_2O_3$ 系,与康村及温巴什炼铜遗址所出炉渣大体相同。也有少量的炉渣属 $SiO_2 - FeO - Al_2O_3 - CaO$ 系,与克孜勒亚炼铜遗址所出相近。但外观形态仍不太相同。炉渣中的其他组分主要有 Na_2O、MgO、K_2O 和 TiO_2。TiO_2 的存在似与其他遗址略显不同。

5. 拜城县温巴什乡卡勒玛克阔坦冶铜遗址(2001KL)

这处遗址的冶铜遗物主要包括炉渣和小金属块。炉渣多呈块状玻璃态,体积较大,以棕色和黑色为多。共取样品 16 件,实验室编号为 KL01—KL16。XRF 分析结果列于表 5:

表 5　卡勒玛克阔坦冶铜遗址冶铜遗物的 XRF 定性分析结果

编号	XRF 定性分析结果
KL01	金属块状物,主要成分为铜、铁氧化物,CuO 46.6%,FeO 42.3%,CaO 10.7%,TiO_2 0.4%。
KL02	金属块状物,主要成分为铜、铁氧化物,CuO 73.6%,FeO 23.5%,CaO 2.7%,TiO_2 0.2%。
KL03	灰黑色块状炉渣,带铜锈,属 $FeO - SiO_2 - Al_2O_3 - CaO$ 系,另含少量的 MgO、K_2O 和 TiO_2,并检测到铜的谱峰。
KL04	金属块状物,主要成分为铜、铁和钙的氧化物,CuO 60.7%,FeO 23.7%,CaO 14.7%,TiO_2 1.0%。
KL07	灰黑色块状炉渣,带铜锈,属 $SiO_2 - CaO - FeO - Al_2O_3$ 系,含 Cu 或 CuO 较多。
KL08	黑色块状炉渣,带铜锈,属 $SiO_2 - Al_2O_3 - CaO - FeO$ 系,另含较多的 Cu 或 CuO。

编号	XRF 定性分析结果
KL09	深棕色块状玻璃态炉渣,属 $SiO_2 - Al_2O_3 - CaO$ 系,SiO_2 含量较高,估计在 35％以上,并含少量的 FeO、MgO 和 K_2O,以及 Cu 或 CuO。
KL11	黑灰色块状炉渣,带铜锈,属 $SiO_2 - CaO - Al_2O_3$ 系,含少量的 FeO、MgO 和 K_2O,Cu 或 CuO 的含量也较高。
KL12	深棕色块状玻璃态炉渣,属 $SiO_2 - CaO - Al_2O_3$ 系,并含较多的 Na_2O 和 MgO 以及少量的 FeO 和 K_2O,并检测到铜的谱峰。
KL13	黑色块状玻璃态炉渣,属 $SiO_2 - Al_2O_3 - CaO$ 系,含少量的 MgO、FeO 和 K_2O,并检测到铜的谱峰。
KL14	黑灰色片块状炉渣,带铜锈,属 $SiO_2 - FeO - CaO - Al_2O_3$ 系,FeO 含量高,另含较多的 Cu 或 CuO。
KL16	黑色块状玻璃态炉渣,属 $SiO_2 - CaO - Al_2O_3$ 系,SiO_2 含量高,另含少量的 MgO、FeO 和 K_2O,并检测到铜的谱峰。

由表 5 可知,卡勒玛克阔坦冶铜遗址所出炉渣大致有两种,一种是棕色或黑色玻璃态炉渣,属 $SiO_2 - CaO - Al_2O_3$ 系,与康村、温巴什和冬买里炼铜遗址所出炉渣很相似;另一种是黑色或黑灰色片块状炉渣,多带铜锈或夹杂物,属 $SiO_2 - FeO - Al_2O_3 - CaO$ 系,与克孜勒亚炼铜遗址所出相似,但外观形态有很大差异,克孜勒亚所出多为玻璃态,而此处所出显然熔态不佳,不利于铜与渣分离,故此类渣表面多带铜锈。此遗址所出小金属块多为铜铁氧化物,可能与使用的矿石为含铁的铜矿有关。炉渣中的其他组分主要有 Na_2O、MgO、K_2O。

6. 拜城县托克逊乡阿热买里村冶铜遗址(2001AR)

这处遗址的冶铜遗物主要包括炉渣、炉壁和金属块状物。炉渣多呈彩色玻璃态,块状;类似炉壁的土块上附有炉渣。共取样品 12 件,实验室编号为 AR01 - AR12。XRF 分析结果列于表 6:

表 6 阿热买里村冶铜遗址冶铜遗物的 XRF 定性分析结果

编号	XRF 定性分析结果
AR01	深棕色块状玻璃态炉渣,表面呈淡粉色,属 $SiO_2 - CaO - Al_2O_3$ 系,SiO_2 含量较高,估计在 35％以上,并含少量的 FeO、MgO 和 K_2O,以及 Cu 或 CuO。
AR02	深蓝色块状玻璃态炉渣,属 $SiO_2 - CaO - Al_2O_3$ 系,SiO_2 含量当在 35％以上,并含少量的 FeO、MgO、Na_2O 和 K_2O;铜的谱峰明显可见。
AR03	灰黑色块状玻璃态炉渣,属 $SiO_2 - CaO - Al_2O_3$ 系,SiO_2 含量在 40％以上,并含少量的 FeO、MgO 和 K_2O;铜峰明显。
AR04	蓝色块状玻璃态炉渣,属 $SiO_2 - CaO - Al_2O_3$ 系,SiO_2 含量在 40％以上,并含少量的 FeO、MgO 和 K_2O;检测到铜峰。

编号	XRF 定性分析结果
AR05	棕红色块状玻璃态炉渣,属 SiO_2 - Al_2O_3 - Na_2O - CaO - MgO 系,SiO_2 含量在 35％以上,并含少量的 FeO;铜峰明显可见。
AR08	金属块状物,表面带铜锈,主要成分为铜、铁氧化物,并与炉渣相混,半定量成分如下:CuO 49.0％,FeO 9.1％,SiO_2 34.3％,Al_2O_3 5.0％,CaO 2.5％,TiO_2 0.1％。
AR11	黑灰色块状炉渣,带铜锈,金属比重高,属 SiO_2 - CaO - Al_2O_3 系,含大量的 CuO 和 FeO,半定量成分如下:CuO 24.0％,FeO 5.81％,SiO_2 51.9％,Al_2O_3 7.6％,CaO 10.6％,TiO_2 0.2％。

由表 6 可知,阿热买里村冶铜遗址所出彩色玻璃态炉渣基本上属于 SiO_2 - CaO - Al_2O_3 系,与康村、温巴什、冬买里和卡勒玛克阔坦几处炼铜遗址所见大致相同,表明冶炼所用的矿石、熔剂及工艺也应相去不远;仅有一块玻璃态炉渣显出较高的 Na_2O 和 MgO。另外,这处遗址还见到一些铜、铁含量较高的金属或炉渣块状物,表面多带铜锈,可能属于冶炼过程后期阶段的产物。

7. 拜城县托克逊乡铁再克卡哈村冶铜遗址(2001TZ)

这处冶铜遗址所出遗物主要是彩色玻璃态块状炉渣,以深棕色、棕红色和黑色为主。也有炉渣和木炭混在一起的块状物。共取样品 7 件,实验室编号为 TZK01—TZK07。XRF 分析结果列于表 7:

表 7　铁再克卡哈村冶铜遗址冶铜遗物的 XRF 定性分析结果

编号	XRF 定性分析结果
TZK01	黑色块状玻璃态炉渣,表面呈淡粉色,属 SiO_2 - Al_2O_3 - CaO 系,SiO_2 含量在 35％以上,并含少量的 FeO、MgO、Na_2O 和 K_2O。铜峰明显。
TZK02	深棕色块状玻璃态炉渣,谱峰所示与 TZK01 基本相同。
TZK03	块状炉渣,金属比重高,属 SiO_2 - CaO - Al_2O_3 系,半定量成分如下:CuO 17.9％,FeO 17.9％,SiO_2 54.0％,Al_2O_3 6.2％,CaO 3.8％,TiO_2 0.2％。
TZK04	棕红色块状玻璃态炉渣,属 SiO_2 - CaO - Al_2O_3 - Na_2O - MgO 系,SiO_2 含量在 35％以上,并含少量的 K_2O 和 FeO;检测到铜峰。
TZK06	深棕色块状玻璃态炉渣,属 SiO_2 - Al_2O_3 - Na_2O - CaO - MgO 系,SiO_2 含量在 35％以上,并含少量的 K_2O 和 FeO;铜峰明显可见。
TZK07	蓝色块状玻璃态炉渣,同 TZK06 非常相似,亦属 SiO_2 - Al_2O_3 - Na_2O - CaO - MgO 系,SiO_2 含量在 35％以上,并含少量的 K_2O 和 FeO;铜峰明显可见。

由表 7 可知,铁再克卡哈村冶铜遗址所出彩色玻璃态炉渣大致上属于 SiO_2 - CaO - Al_2O_3 系和 SiO_2 - CaO - Al_2O_3 - Na_2O - MgO 系。与前述几处炼铜遗址所见的炉渣大同小异。非玻璃态的块状渣熔态差,混杂有木炭,期渣系也属于 SiO_2 - CaO - Al_2O_3 系,但铜、铁的含量高。

8. 拜城县托克逊乡康旗唐木一小队冶铜遗址（2001KQ）

这处冶铜遗址所出炉渣多为彩色玻璃态，有块状，也有片状；有的熔态好，有的则较差，颜色也较混杂，但以深棕色为主。共取样品 7 件，实验室编号为 KQ01—KQ07。XRF 分析结果列于表 8：

表 8　康旗唐木一小队冶铜炉渣的 XRF 定性分析结果

编号	XRF 定性分析结果
KQ01	淡绿色块状炉渣，接近玻璃态，属 $SiO_2 - Al_2O_3 - CaO$ 系，SiO_2 含量在 45％以上，并含少量的 FeO、MgO 和 K_2O；铜峰明显。
KQ02	棕色玻璃态块状炉渣，与 KQ01 相近，亦属 $SiO_2 - Al_2O_3 - CaO$ 系，SiO_2 含量在 40％以上，并含少量的 FeO、MgO、K_2O 和 Na_2O；铜峰明显。
KQ03	深棕色玻璃态块状炉渣，与 KQ02 情形完全相同。
KQ04	深棕色玻璃态片状炉渣，与 KQ02 和 KQ03 情形完全相同。
KQ05	棕色块状玻璃态炉渣，属 $SiO_2 - Al_2O_3 - CaO$ 系，SiO_2 含量在 40％以上，并含较多的 MgO、FeO、K_2O 和 Na_2O；铜峰明显可见。
KQ06	蓝色块状玻璃态炉渣，属 $SiO_2 - Al_2O_3 - CaO$ 系，SiO_2 含量在 40％以上，并含少量的 MgO、FeO 和 K_2O；铜峰明显可见。
KQ07	灰色块状炉渣，接近玻璃态，与 KQ06 情形相似，属 $SiO_2 - Al_2O_3 - CaO$ 系，SiO_2 含量在 40％以上，并含少量的 MgO、FeO 和 K_2O；铜峰明显。

由表 8 可知，康旗唐木一小队冶铜遗址所出炉渣基本上均属 $SiO_2 - CaO - Al_2O_3$ 系，与前述几处炼铜遗址所见的炉渣大体一致。SiO_2 含量较高，一般都在 40％以上；另外都检测到 MgO、FeO、K_2O 和 Na_2O 的存在，唯多少略有差异；铜的存在也甚明显，在 7 件样品中均被检测到。

9. 拜城县温巴什乡千佛洞窟前冶铜铸钱遗址（2001ZQ）

这处冶铜遗址所出冶铜遗物包括炉渣和小金属块状物。炉渣形态较复杂，大多呈大块状，黑色，但有的表面呈棕色；有的接近玻璃态，有的熔态差，呈混结状；金属块状物表面均带铜锈。共取样品 9 件，实验室编号为 ZQ01—ZQ09。XRF 分析结果列于表 9：

表 9　温巴什乡千佛洞窟前冶铜铸钱遗址遗物的 XRF 定性分析结果

编号	XRF 定性分析结果
ZQ01	混杂有木炭的块状炉渣，属 $SiO_2 - Al_2O_3 - CaO$ 系，SiO_2 含量在 35％以上，含较多 MgO 及少量的 FeO 和 K_2O；含铜低。
ZQ02	黑色玻璃态块状炉渣，表面呈棕色，属 $SiO_2 - Al_2O_3 - CaO$ 系，但 SiO_2 含量很高，在 50％以上，另含少量的 FeO、MgO 和 K_2O；铜峰明显；表面组成中 SiO_2 明显减少，而 Na_2O 和 MgO 增加。
ZQ03	块状炉渣，表面带铜锈，分析表明铜、铁含量高。

编号	XRF 定性分析结果
ZQ04	黑灰色块状炉渣,接近玻璃态,属 $SiO_2 - CaO - Al_2O_3$ 系,SiO_2 含量在 35％以上,并含少量的 MgO、FeO、K_2O 和 Na_2O;铜峰较低。
ZQ06	黑色块状炉渣,非玻璃态,属 $SiO_2 - Na_2O - CaO - Al_2O_3$ 系,SiO_2 含量在 30％以上,并含较多的 MgO、FeO 和 K_2O;铜峰较低。
ZQ07	流块状炉渣,表面带铜锈,属 $SiO_2 - FeO - Al_2O_3 - CaO$ 系,SiO_2 含量在 30％以上,并含较多的 MgO 和 K_2O;铜峰高。
ZQ09	小铜片,表面带铜锈;半定量成分如下:CuO 89.2％,FeO 1.0％,CaO 9.8％。

由表 9 可知,温巴什乡千佛洞窟前冶铜铸钱遗址所出炉渣主要为 $SiO_2 - CaO - Al_2O_3$ 系,也有炉渣含较高的 Na_2O 和 FeO,成为四元渣系。$SiO_2 - FeO - Al_2O_3 - CaO$ 渣系中,铜含量明显较高。小铜片经测定主要为铜,另有少量的铁和钙,或为表面污染。此处冶炼所获当为纯铜。

10. 拜城县的其他几处铜矿冶遗址

老虎台乡乌鲁克萨勒代铜矿遗址:在这处遗址取得三件金属块状物样品,实验室编号为 KW01—KW03。XRF 分析结果表明,KW01 为铁的氧化物,并含钙、锰和铜的氧化物,可能是铁矿石。KW02 为铜铁矿石,其成分为:CuO 56.4％,FeO 42.1％。KW03 为铜矿石,表面全为铜锈色,含有少量的铅、锰和钙的氧化物,成分分析结果如下:CuO 72.4％,FeO 15.5％,MnO 6.1％,PbO 3.9％,CaO 2.0％。

老虎台乡阔太克吐尔河口冶铜遗址:从此遗址取得两件炉渣样品,实验室编号为 KT01—KT02。KT01 呈黑色玻璃态,而 KT02 为灰色块状,多气孔。XRF 分析结果表明,这两块炉渣的化学组成很接近,均属 $SiO_2 - Al_2O_3 - Na_2O - CaO - MgO$ 系,SiO_2 含量在 35％以上,并含少量的 FeO,铜峰明显可见。

温巴什乡乌堂村二小队冶铜遗址及乌堂古城遗址:从冶铜遗址采得两件样品,实验室编号为 WT01—WT02;从古城遗址获得两件样品,实验室编号为 WT03—WT04。WT01 为金属块状物,成分分析结果为:Cu 75.2％,Fe 24.6％,Pb 0.1％;WT02 为炉渣,夹杂有木炭,非玻璃态,XRF 分析结果表明,其化学组成属 $SiO_2 - Al_2O_3 - Na_2O - CaO - MgO$ 系,SiO_2 含量在 40％以上,含少量的 FeO,铜峰明显可见。WT03 为铜的氧化物,表面见有大量绿色的铜锈,表面分析也主要为铜;WT04 则为铁的氧化物,并含大量氧化钙和少量的铜。

老虎台乡古城亚木克鲁克冶铜遗址:从此遗址取得一件炉渣样品,实验室编号为 YM01。此样品呈淡绿色,块状,非玻璃态,气孔很多,夹杂有木炭、石英和石灰石。XRF 分析结果表明,其化学组成属 $SiO_2 - CaO - Al_2O_3 - Na_2O - MgO$ 系,SiO_2 含量在 35％以上,并含少量的 FeO 和 K_2O,铜峰很低。

米吉克乡米斯铁米村喀拉墩遗址:从此遗址采集得到两件样品,实验室编号为

KD01—KD02;KD01 为金属铜块,其成分如下:Cu 98.7%,Zn 0.9%,Fe 0.3%;KD02 为铁块,已氧化锈蚀,含有少量的钙和钛。

察尔齐农场乔喀布拉克冶铜遗址:从此遗址取得两件炉渣样品,实验室编号为QK01—QK02。两件样品均呈灰黑色,块状,多气孔,XRF 分析结果表明,两件样品化学组成相近,均属 SiO_2 - CaO - Al_2O_3 系,SiO_2 含量在 35% 以上,并含少量的 FeO、K_2O 和 MgO;QK02 含铜较高。

三、结　语

通过以上对库车和拜城地区十余处铜矿冶遗址所出遗物的初步分析检测,可以形成以下几点粗浅的认识:

1. 所出遗物绝大部分可以确定为炼铜炉渣。尽管炉渣的外观形态,尤其是色彩,多种多样,但其化学组成主要有两大系统:一是 SiO_2 - CaO - Al_2O_3 系(也包括 SiO_2 - CaO - Al_2O_3 - Na_2O - MgO 系),大部分遗址所出的彩色炉渣均属这一系统;二是 SiO_2 - FeO - Al_2O_3 - CaO 或 SiO_2 - FeO - Al_2O_3 系,这类炉渣呈黑色,多为流片状,主要见于库车县的克孜勒亚遗址,个别的也见于其他遗址。炉渣中常见的其他组分主要有 K_2O、MgO 和 Na_2O。绝大部分炉渣都检测到铜的谱峰,故可确认为炼铜炉渣。

2. 大部分彩色炉渣均呈团块状玻璃态,其原因当与 SiO_2 的高含量有直接关系。估计冶炼的温度应比较高,所以炉渣能完全熔融,冷却后形成玻璃态。炉渣所呈现的多种多样的颜色可能与 FeO 和 MgO 的含量多少及 Cu 的赋存状态有关。这一问题比较复杂,尚有待进一步的研究。尤其是关于 Cu 的赋存状态,有待对炉渣的显微组织进行观察和测定。克孜勒亚遗址所出炉渣多呈流片形态,表明其造渣技术已达到较高水平,炉渣的流动性好,将有利于渣铜的分离。

3. 部分炉渣夹杂有木炭、石英和石灰石,表明冶炼的燃料为木炭无疑,而石英和石灰石很可能是作为熔剂加入的。从外观形态上看,大部分遗址所出炉渣很相近,而 XRF 分析也表明多数炉渣均属相同或相近的渣系,这可能表明这些遗址所用的铜矿石、熔剂和熔炼工艺应大致相同或相去不远。唯克孜勒亚炼铜遗址所出炉渣在形态和渣系上均具有特色,其炼铜工艺也当与其他遗址有所不同。这是下一步的研究中应给予特别注意的。

4. 除炉渣外,所出遗物中还有一小部分金属块状物。分析表明,它们多是铜铁或铜铁氧化物或含铜较高的炉渣,这些可能是冶炼过程不同阶段的产物。这些金属块状物中除铜铁外,偶尔可见很少的铅或锌,显示出这些遗址所冶炼的金属当是纯铜,而不太可能是铜和其他金属的合金。有必要进行进一步的金相观察和显微成分测定,以便确定它们的组织和成分特征。

本报告由梅建军执笔写成。本项实验研究得到日本学术振兴会特别研究员奖励费的资助；金泽大学文学部高滨秀教授对研究工作给予了支持和鼓励；东京国立文化财研究所平尾良光博士和早川泰弘博士对实验测定给予了大力支持和热情帮助，谨此一并致以衷心感谢！

The Investigation and Research of Ancient Mining and Metallurgical Sites in Kuci Area

Li Xiao，Tursunjan，Chen Fan，Zhou Shu

The Kuci Kingdom is situated in the middle of the north branch of Silk Road. It is not only the east-west traffic hub at the northern edge of the Tarim Basin，but also an important north-south pass，from which to the north through the Tianshan Mountains to the Ili River Valley，and to the south across the Tarim River along the Keriya river and Hotan River，through the Taklamakan Desert to reach the southern edge of the basin. During the Han and Tang Dynasties，Kuci has always been a key area for the Central Plains Dynasties to rule the Western Regions.

The Kuqa Oasis and Baicheng Basin under the rule of Kuci Kingdom had rich mineral resources，ranking in the forefront of the 36 Kingdoms in the Western Regions. Kuci Kingdom dominated the North branch of Silk Road，which was inseparable from its rich mineral resources，especially metal resources. According to historical records，by the 2nd century BC，the smelting and founding industry in the Kuci Kingdom had already enjoyed a high reputation among the 36 Kingdoms in the Western Regions. According to geological survey，it is proved that the abundant natural resources in Kuci region mainly distributed in the southern foot of Tianshan Mountains and Kül-Tagh Mountain in Kuqa and Baicheng.

Through years of archaeological investigations，this paper gives a detailed introduction to 36 known mining and metallurgical relics in the ancient Kuci area.

从考古资料分析吐鲁番盆地史前环境与古遗址变化

张永兵

吐鲁番学研究院

引　言

　　吐鲁番盆地是新疆天山山脉东段一个大型的山间盆地,其地理坐标为东经 87°16′—91°55′,北纬 41°12′—43°40′,总面积约为 7 万平方千米。该盆地北界为博格达山(北天山),南界是觉罗塔格山(中天山),西与喀拉乌成山相接,东部在瞭墩隆起封闭。从平面上看,吐鲁番盆地呈东西向延伸的椭圆形,地势西高东低,北高南低;在盆地中部,发育近东西向的火焰山—盐山隆起,它把盆地分隔为南、北两部分。北部的博格达山峰为盆地的最高峰,不仅海拔高达 5445 米,而且地形险峻;而南边的觉罗塔格山地势较为低缓,海拔仅 1400—1800 米,并在山顶可见保存较好的夷平面,整体上由西往东缓倾斜。盆地的最低处是吐鲁番盆地南部的艾丁湖,其紧靠觉罗塔格山山脚,海拔为负 155 米,面积约 5 万平方米,四周发育着沼泽盐碱地,为我国陆地上海拔最低点。

　　火焰山又名克孜勒塔山(即"红山"之意),源于其出露的地层以红色的侏罗纪、白垩纪、古近纪和新近纪砂岩、沙砾岩层和泥岩为主。在夏季,当炎热的阳光照射在山势曲折的红色砂岩和泥岩上,红光闪耀,云烟缭绕,犹如阵阵烈焰,火焰山由此而得名。作为盆地中部最显著的山体,其西起吐鲁番桃儿沟,东至鄯善县苏格沟,近东西向带状延伸约 100 千米,南北宽约 5—8 千米,最高点位于中部吐峪沟一带,该山体有由北向南切穿的小型的河谷,如桃儿沟、葡萄沟、木头沟、胜金口沟、吐峪沟、连木沁沟、苏格沟等。这些谷地中,中新生代地层出露很好。

　　该盆地地处大陆腹地,位于西风带,同时地形低凹闭塞,因为西北气流下沉迅速,地面辐射热量不易蒸发造成盆地内部高温,因此,离盆地中心越近,气温越高。其次,由于盆地与博格达山和喀拉乌成山之间的相对高差大,焚风效应也对该盆地起着增温的作用。6 月份均温 37.2℃—39.5℃,最高气温可达 49.6 ℃,成为我国夏季气温最高的地区。同时吐鲁番盆地极为干旱,年均降水量很少,吐鲁番市平均年降雨量仅 16.6 毫米,而蒸发量却高达 3000 毫米,有时雨滴在降落过程中即被蒸发,巨大的蒸发量与微弱的降水量造成了吐鲁番盆地典型的温带干旱沙漠气候。

一、气候变化与土遗址的变迁

吐鲁番地区遗址丰富,墓葬数量多,大部分有机质文物在埋葬后可迅速脱水,极大地抑制了微生物活动,降低或避免了进一步腐朽,从而保存了大量的珍贵文物和植物遗存,是名副其实的地下博物馆。

截止到 2020 年,吐鲁番地区有世界文化遗产 2 处,全国重点文物保护单位 13 处,自治区文物保护单位 56 处,其他不可移动文物遗址点 1200 余处。其中,大部分为土遗址,著名的遗址有高昌故城、交河故城、坎儿井、吐峪沟、柳中古城等。

在距今 5500 年前后气候呈现的干旱趋势贯穿于吐鲁番盆地的青铜至早期铁器时代,各种地质记录都表明距今 3000 年是新疆环境演变的一个重要界限,北半球第三新冰期在新疆的表现是湖泊、冰川、泥炭的发育,沙漠固定、古土壤形成及人类文化的进一步发展。而到了距今 3000 年以后,湖泊普遍快速退缩,显示了干旱程度的增强。由于干旱,水资源对这一时期的人类显得尤为重要,博格达山区的降水不仅供给吐鲁番大小河流,而且把北天山水系延伸到了盆地中央,依靠火焰山山体,形成了一道地下水库的天然大坝,地下水便在被切割的河沟沟壁及沟底溢出,形成许多泉流,这些泉流汇集形成了火焰山水系的各条河流,火焰山水系为泉水型水流,是博格达水系的复现。由于火焰山的阻隔形成的泉水,在河谷中汇成泉水河,其流量一般稳定,季节性变化小。这些相对丰富而稳定的水源为火焰山南北麓绿洲上的植被生长提供了充足的水分。

二、环境、生态变化及其影响因素

洋海古墓位于火焰山南麓、火焰山泉流的泉水溢出带上,即北部天山冲积扇的中部。冲积扇中下部土质和水分最为适宜,多是古绿洲所在地。这种自然环境背景为种植和畜牧的产生提供了有利的条件,洋海与哈拉和卓阿斯塔那墓地的考古资料显示出这一趋向,是新疆已经发现出土文物最精美的墓地。洋海古墓群的埋葬时间从青铜时代至唐代,已出土了大量的干尸、有穿孔的头骨及不同历史时期的骨器、石器、青铜器、铁器、彩绘陶器、木器、编织物等文物。相继出土了箜篌、最早的丝绸残片、泥制吹风管和刻有各类动物图案的木桶等一些珍贵文物。

在出土的木桶外壁,有阴刻、线刻的动物形象,它们均成组分布,用以组成一个完整的画面,北山羊、盘羊、马、狼、虎、狗、梅花鹿、骆驼、野猪、麋鹿等。这些栩栩如生的动物画面,说明早在 3000 多年前新疆虎就已存在,并且在十六国时期的阿斯塔那古墓中同样也发现木刻老虎,据记载,直到 20 世纪初新疆虎才绝迹。诚然,气候变化是导致环境变化的

184

因素之一。但是我们应该清楚意识到,人类活动是更为主要的原因。我们在挖掘整理过程中有一个最重要的发现——2500年前的葡萄藤,这表明早在那时,葡萄已从地中海、埃及东传到了新疆吐鲁番。这是迄今为止发现的吐鲁番地区种植葡萄最早的实物见证。吐鲁番位于天山东部的山间盆地,以其独特的气候和特有的沙质土壤造就了悠久的种植历史,这一点在考古中也得到了印证。历年来,吐鲁番出土的葡萄实物标本都是新疆最多的,证明从东汉至唐高昌王国时期,吐鲁番地区种植葡萄就已十分普遍。

出土的弓箭和制作弓箭的工具,证明洋海人是了不起的能工巧匠,他们制作的弓箭即使放到今天仍能大放异彩。洋海的弓是世界上时代最早、保存最好、数量最大的一批弓箭文物标本。最出彩的是那一束箭,有铁、角、骨、木质的四种箭头,箭杆的粗细也不相同,想必可来射猎大小不同的走兽和飞鸟。射箭是很需要锻炼的技艺,这也与生存息息相关,所以洋海人对孩子的训练从很小就开始了。从墓中出土的儿童专用的小弓也是上好的艺术品,弓体结构很复杂,工艺水平也很高。即使是孩子用的弓,依然一丝不苟地使用了专用木材,箭杆也要用兴都库什山的木头才合适。弓弦用牛筋合成,两端有扣,可以很方便地挂上或取下。

洋海一号墓地的年代为青铜时代晚期,^{14}C测年显示其年代为公元1050年左右,出土了大量毛织品、马具、弓箭、纺轮,粮食作物如青稞、小麦及黍子等。从出土的农作物来看,当时的栽培是粗放式的。在一座墓葬陪葬陶器盛的食物遗存中,杨益民教授的研究团队通过红外光谱分析,首先鉴定其为淀粉类物质,应为面食。进一步的淀粉粒和表皮横细胞分析表明,该面食遗存是由小麦和大麦经碾磨成粉混合后加工制作而成的熟食,断面较为致密,说明未经发酵,从而证实这是迄今为止发现的我国最早利用小麦和大麦制作面食的证据。这一研究成果印证了麦类植物在吐鲁番先民生活中的重要地位,为了解古代大麦和小麦的利用方式演变、面食的加工工艺以及东西方文化交流提供了重要信息,丰富了我国悠久的面食文化。

横亘吐鲁番盆地北麓的火焰山有数条南北向的冲沟,吐峪沟是靠东的一条沟,沟内河水由北向南过,河沟北口、南口开阔地带,绿草成茵,树木茂盛,沿河小路贯穿火焰山,给古代居民提供了必要的生存环境。苏贝希古墓地位于沟北西侧台地上,北距苏贝希村2.5千米,西邻连心路。台地是由雨水集聚冲刷后形成数块较大的土丘组成,墓葬即分布在呈树叶状的土丘上,地势西高东低。土丘中部一条自然低洼的浅沟将墓地分为东、西两片。苏贝希古墓群共发掘墓葬上百座。其中一号墓地地势呈西高东低状,墓地长约157米、宽约88米,面积15752平方米,共分布约45座墓。经考古挖掘出土的遗物有毛织品、皮制服、陶片、角弓、箭杆、木器和人骨等,其中出土的小米、面条更是惊艳世界,被选入过2011年"世界十大考古发现"。二号墓地地势呈南高北低状,东西长约300米,南北宽约150米,约有30座墓;一小部分则分布在东南一侧一低矮的长条山梁上,山梁呈西高东低长漫坡,宽约50米,长约150米,地表为土石沙砾层,下为黄土,约有十座墓,总面积约4575平方米。经发掘,全部为陶器残片和人骨。其中陶器残片为夹砂红陶,其中一部分为彩陶片,饰黑彩,内口沿绘倒三角弧纹、外绘弧线纹,以及正反交替三角弧线纹,内填弧线纹等,个别施红色陶衣。三号墓地集中在台地中部,分布较均匀,发掘有 1 座竖穴侧室墓,29 座竖穴土坑墓。出土的有衣物、陶器、木器、铁器、铜器、石器、骨器、角器等。

胜金店墓地位于吐鲁番市胜金乡胜金店村南郊胜金店水库与火焰山之间的坡地上,出土了一批珍贵文物,主要有木器、陶器、金属器、皮毛制品、丝织品和保存完好的古尸等,部分出土文物尚属首次发现。墓地所处火焰山一带,沙质的土层,干燥少雨的气候,使难以保存的木制品、毛皮制品等有机物均完好无损地悉数保存下来。还发现了大量完整而新鲜的小麦,世界上最早的假肢,奇异的木床罩和男女不同的木冠饰,以及精美的丝织品等。此次发掘出土的随葬品中,陶器多为素面,彩陶较少。有的陶器外施红色陶衣,打磨光洁,器物造型十分规整,主要有杯、碗、钵、壶、盆、双耳罐等。出土金属器物有铁刀、铁带钩、铜刀、铜耳环、金耳环、金质动物纹饰等。皮质品主要有皮靴、皮扣、扳指、护套、刀鞘、弓袋箭囊等。木器所占比例很大,个别墓葬出土随葬品均为木器,器型也较丰富,加工制作工艺精湛,已掌握打磨、钻孔、雕刻、榫头卯眼和拼接等技术。木器种类主要是日常生活用具,如劳动生产工具、狩猎工具等。说明当时社会劳动已经有了明显分工,有相当一部分人专门从事手工业木器加工业等劳动。随着木器加工工具的进步和技术的日渐成熟,木器的作用和功能逐渐显现出来。况且木器有比陶器更便于携带、不易破碎、使用时间长等优点,所以在草原地区,无论早期游牧民族或现在生活在草原地区的牧民,依然主要以木器具和皮具为主要工具,这与他们不断迁徙、逐水草而居有关。

洋海与胜金口遗存位于火焰山南、北麓,火焰山泉流的泉水溢出带上,即北部天山冲积扇的中部,冲积扇中、下部土质和水分最为优宜,多是古绿洲所在地,潜水层的深度在 1—5 米之间,适宜多种植物生长,地表景观表现为植物种类组成众多,生长密集,覆盖度大,高、中、低层次的植物均有分布,呈现出生长良好的天然植被景观。这种自然环境背景为种植和畜牧提供了有利的条件,洋海和胜金口的考古资料也显示出这一趋向:从出土的作物来看,当时的栽培是粗放式的。

盆地河流在入艾丁湖之前,先于湖滨沉积而成三角洲;湖泊历年既久,湖底不断积升,以致湖面淤平,由此形成的绿洲,细土物质深厚肥沃,尤宜植物生长。艾丁湖与喀克恰克、英亚依拉克墓地遗存正是位于艾丁湖湖积平原的南北两岸绿洲带上,艾丁湖古墓地墓葬中出土有陶器、石器、铜器、铁器、金器等。陶器绝大多数为夹砂红陶,手制。器形有壶、罐、钵、杯、碗、豆、鼎、碟、盂、盆、缸、匀和纺轮等,出土彩陶为红彩、黑彩,陶器的口沿内外多饰三角纹,器腹则主要饰以圆涡纹,石器有纺轮、磨石,铜器有铸成动物牌饰状的带扣、带钩、镜、镞、簪等。而喀克恰克古墓地出土有陶器、木器、石器和毛织物等,其中陶器占绝对多数,均为夹砂红陶,手制,器形以圜底单耳器为主,陶器大多为彩陶,有三分之二的陶器施有图案。喀格恰克墓地的周边发现有用土坯砌垒的居住遗存。

三、史前地理环境与经济形态

吐鲁番盆地的植被类型反映了干旱环境特有的垂直地带性分布规律。与天山北坡相比,缺乏连续成片的森林带,植被稀疏矮小,分布零星,主要有人工种植的白杨、葡萄,以及天然生长的骆驼草、沙棘、芨芨草、芦苇、红柳等。通过对吐鲁番盆地木材、禾本科粮食作物、草本植物等植物遗存,以及孢粉和植硅体等考古发掘,2000 年前的绿洲有河流、耕地和湿地。农耕地是先民发展农业、求生存的宝地;湿地上生长着喜湿的草本植物,河道旁有胡杨、柳等乔木树种;绿洲外围分布有以蒿属、麻黄属等植物为优势的干草原,在绿洲外的高山上分布着云杉等针叶林。

吐鲁番盆地文化遗存在不同时期对环境的适应方式与气候、地理变化直接关联。不同时期遗存的分布状况首先体现的是环境特征,其次是人类根据环境而进行的生产活动。盆地内分布于山前、河道和湖滨地带的天然绿洲,野生动植物资源相对富集,决定了盆地有早期人类的采集、渔猎活动,而绿洲采猎孕育出了原始的种植与畜牧方式,其后随着人口数量的增加以及人类针对环境变化变换的生存方式,种植与畜牧方式开始各自在适宜的范围内发展,从而形成了盆地内各有侧重的绿洲经济生产方式。

如果把这一时期盆地内几处相似因素较多的遗存作为一个文化单元对其生产方式进行分析,则不难发现,绿洲区域内的畜牧不是处于游牧状态,而是以绿洲为中心依托农业定居生活而存在,畜牧范围应该以绿洲边缘为主,盆地天然草场由两部分组成,即盆地底平原草场和周围山地草场。平原草场多集中分布在平原绿洲至艾丁湖北缘之间。草场植被中占优势地位种类有根茎禾草、多年生杂类草以及盐生灌木和半灌木。山地草场分布在盆地北部和西部的天山南坡。山地区域的畜牧处于原始的游牧状态,畜牧仍以绿洲为依托,畜牧范围开始逐步脱离绿洲,并与周边地区开始发生交流。因此二者之间的关系可以概括为共存关系和发展关系,这正如这一时期遗存中出土的遗物那样,既有粮食作物和农业生产工具,又有用于骑射的马具。可以确定的是,从青铜时代中晚期开始,盆地内已经开始逐渐形成和发展起了具有相同文化特征的共同体,这正是其后车师国家形成的基础。

结　语

综上所述,将吐鲁番盆地文物遗址放入当时古文化的大环境、大背景中去理解,把思路从区域的局限性中解放出来,宏观着眼、微观求证的思路和方法,有助于解读古人的生产和生活环境,加深对古代文明和文化的理解。将环境遥感监测与管理信息系统应用于吐鲁番盆地文物遗址保护是十分必要和可行的,可以揭示当时的自然环境,有很高的史料价值,有助于田间考古发掘,更重要的是它对环境保护的现状提供了十分翔实的细节,可以从根本上解决文物保护与开发利用的矛盾。土遗址是人类在一定历史自然环境条件下生产、生活的遗迹。土遗址的存在与其所处的环境密切相关，这些环境条件作用于土遗址，对土遗址的持续存在影响。因此，土遗址的保护要充分考虑其所在的环境特征和环境的变化规律，根据环境特征和变化规律制定合理的保护措施，在对土遗址本体进行保护时，要注重对其所依存条件和体现其文化特征的环境条件加以保护。

An Analysis of Changes of the Prehistoric Environment and Ancient Remains in Turfan Basin from Archaeological Data

Zhang Yongbing

The adaptation methods of the prehistoric culturalremains in Turfan Basin to the environment in different periods are not only directly related to climate and geographical changes, but also determine the survival way of prehistoric humans in the basin. The distribution of the remains in different periods firstly reflects the characteristics of the environment, and secondly, the production activities carried out by humans based on the environment. This paper interpret the cultural relics in Turfan Basin from the general environment and background of ancient culture, and liberates the thinking way from the limitations of the region. The thinking and methods of focusing on the macro and verifying from the micro are helpful to understand the production and living environment of the ancients and deepen the understanding of ancient civilization and culture.

试析北庭故城遗址发现的"悲田寺"刻字陶器残片

郭　物

中国社会科学院考古研究所

2021 年 5 月以来,中国社会科学院考古研究所、新疆文物考古研究所与北庭学研究院组成的北庭故城考古队又开启了新的发掘季,发掘对象是北庭故城子城西南部的 10、11 号遗址(图 1)。7 月 27 日,考古队在北庭故城 11 号遗址中发现了几片陶器底部的残片,内侧有刻画的汉字,考古工作人员娄朋飞经过现场拼对,发现陶器底部原来刻有三个字,辨认确认为"悲田寺"(图 2)。11 号遗址现在是高于周围的一个台地,面积约 1200 平方米,位于北庭故城子城的西南部,不在子城的中心部位,但在整个北庭城中是比较重要的位置,台地南部现在还残存一道夯筑的围墙。城址废弃后,遗址已经被严重破坏,大部分区域已经暴露出原生土,台地及周边被挖了不少坑和沟。遗址出土了大量残破的瓦片、砖块和陶片,差不多都是这个遗址原来的建筑构件和器物,其中就包括这几片刻字的陶片。

图 1　北庭故城遗址以及 11 号遗址位置示意图

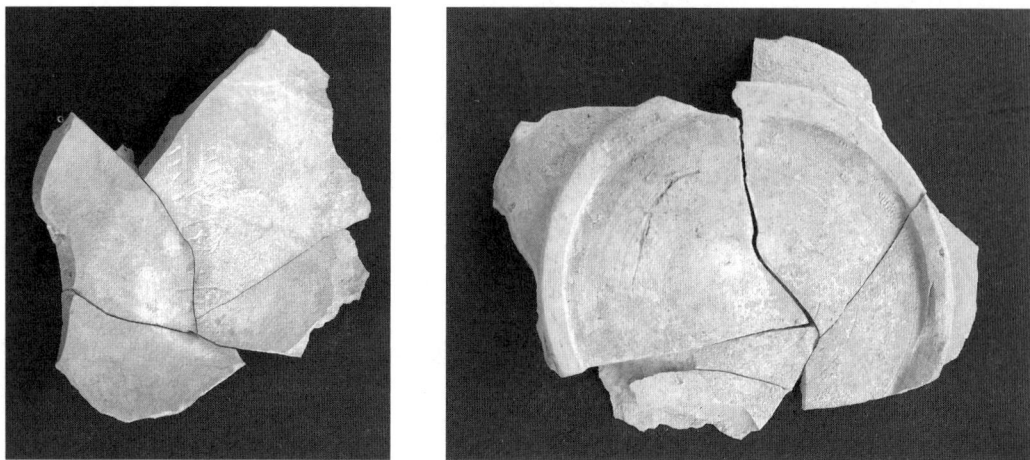

图2 刻画"悲田寺"陶器底部残片(左:器底内侧 右:器底外侧)

一、从"悲田"思想到"悲田养病坊"

"悲田"是佛教用语,"三福田"之一。南京大学哲学系圣凯法师曾以悲田养病坊和居养院为例介绍了唐宋佛教救济事业,悲田养病坊是设置在寺院之内的一种半官半民的疗养所,包括悲田院、疗病院、施药院三院,相当于今日免费住宿诊疗所、养老院、孤儿院,是一种对贫困者、孤独者、疾病者免费诊视、收容助救的设施。这种设施后来逐渐演变为寺院的慈善事业,包含了救济贫困、疗养疾病、施药、抚慰孤独等功能。宋代政府更为重视慈善事业,先后设置了居养院、安济坊、慈幼局、漏泽园等机构,有针对性地对老弱、疾病、孤幼、死者进行救助,其计划之详尽、规模之宏大、设施之齐全、内容之广泛,在中国历史上是空前绝后的[①]。

中国古典传统文化中早就有关心帮助社会中的极弱势群体的思想,利用民间和国家力量,对丧失家庭支撑的极困难人群开展救济既是社会理想也是各个朝代努力完成的工作,比如孔子有"老有所终,壮有所用,幼有所长,鳏寡、孤独、废疾者皆有所养"的仁政思想(《礼记·礼运》篇)。《管子·人困篇》记载的慈幼、恤孤、养老和问疾等事,显然包括了养老保健等诸多方面的内容。《礼记·王制》记载:"夏后氏养国老于东序,养庶老于西序;殷人养国老于右学,养庶老于左学。"这里提到的"序"与"学",就是夏殷时代养老的最初机构,也兼有教育下一代的职能。西汉初期,国家刚刚恢复安定,皇帝就颁布了养老诏令,凡

---

① 王卫平《唐宋时期慈善事业概说》,《史学月刊》2000 年第 3 期,95—102 页。此外,2011 年 10 月 18 日,第十届"觉群文化周"在上海玉佛禅寺隆重举行,南京大学哲学系圣凯法师在文化周期间发表题为《从悲田养病坊到居养院——唐宋佛教的救济事业》的论文,详细阐述了唐宋时期佛教救济事业的体制及其发展变迁。

80 岁以上老人均可享受"养衰老、授几杖、行糜粥饮食"的待遇。汉文帝诏曰:"老者非帛不暖,非肉不饱。今岁首,不时使人存问长老,又无布帛酒肉之赐,将何以佐天下子孙孝养其亲? 今闻吏禀当受鬻者,或以陈粟,岂称养老之意哉! 具为令。"①很多汉画像石和考古发现都能证明汉朝的确授予老人鸠杖。比如,1959 年,甘肃武威磨嘴子 18 号墓出土了一根木竿鸠杖,木杖上还系着 10 枚东汉明帝时期颁发的《王杖诏书令》木简,其中规定年七十以上者"赐王杖","年六十以上"、无子女的鳏寡老人,如果经商,可以免交一切捐税。愿意领养孤寡老人的家庭,可以得到政府的物质帮助②。

随着佛教传入中国,并在中国逐渐扎根,为救济事业在国家层面和民间的广泛实施提供了方便之门。西晋以降,中国出现敬田、恩田、悲田等观念,敬田是指佛、法、僧三宝,恩田是指父母师长,悲田是指贫穷者,苦田是指畜生。敦煌莫高窟第 296 窟和第 302 窟的两幅壁画《福田经变》为此提供了形象的佐证,北周第 296 窟北坡上段中部的《福田经变》采用上下并列的横卷式构图,绘有"广施七法"中的五件事,第三件事是"病则医药救",画面为一患重病者由二人扶坐,一人正在给病人喂药,身后有人用药臼捣药,正是《福田经变》中"常施医药,疗就重病"的体现。信仰佛教的统治集团率先开始实践福田的修行,北魏孝文帝太和二十一年(497),令将司州、洛阳两地贫病老者别坊居住,备有药物,给以衣食,宣武帝设馆收容近县内外的疾病者。齐文惠太子和其弟竟陵王子良共同设立六疾馆,收容病人。各种相似设施的建立可从齐文帝《给孤独园记》、竟陵文宣王《福德舍记》《施药记》等文中看出。南朝梁武帝普通二年(521)正月,梁武帝萧衍下诏宣布:"凡民有单老孤稚不能自存,主者郡县咸加收养,赡给衣食,每令周足,以终其身。又于京师置孤独园,孤幼有归,华发不匮。若终年命,厚加料理。"(《梁书・武帝本纪》)梁武帝创设的"孤独园",既收养无家可归的孤儿,也收养无人赡养的老年人,并且负责为收养的老年人料理后事。这与梁武帝萧衍是一个既笃信道教、佛教也提倡儒学的皇帝有很大关系。他在江南制礼作乐,连北朝的东魏权臣高欢也说:"江东有萧衍老翁,专讲究文章礼乐,中原士大夫南望羡慕,认为正统所在。"对于老年人的专门救济收养机构,自得到梁武帝的提倡创立,就成为后世仿效的榜样。佛寺也兼具医院的功能,远路来治病的患者可以留宿寺中,直到痊愈为止。南朝陈朝的大市寺,设有"大药藏",就是药房。

6 世纪时流行的经典《像法决疑经》,对福田思想有更进一步的阐释。经中以布施在六度、四摄中的重要地位,阐明布施为成佛的法门。同时,经中更特别强调布施贫穷孤老的"悲田",远胜于施予佛法僧的"敬田":"善男子,我于处处经中,说布施者,欲令出家人、在家人修慈悲心,布施贫穷孤老乃至饿狗。我诸弟子不解我意,专施敬田,不施悲田。敬田者即是佛法僧宝,悲田者贫穷孤老乃至蚁子。此二种田,此田最胜。"这些认识直接推动了

---

① 潘春华《略说古代养老院》,《文史杂志》2018 年第 1 期,120 页。

② 朱红林《汉代"七十赐杖"制度及相关问题考辨——张家山汉简〈傅律〉初探》,《东南文化》2006 年第 4 期,61—65 页。郭浩《汉代王杖制度若干问题考辨》,《史学集刊》2008 年第 3 期,94—99 页。王晓轩《近十年来汉代王杖制研究综述》,《洛阳师范学院学报》2011 年第 1 期,62—64 页。

佛教徒从事慈善事业。唐代高僧法藏的《华严经探玄记》卷八认为,福田总有恩田、敬田、德田、悲田、苦田五种。如来及塔、菩萨、知识并父母等为恩田亦敬田,圣僧二乘为德田亦敬田,其余乞食及贫人为悲田亦苦田。

唐代的悲田养病坊应当是自孤独院和疾馆发展而来,隋末唐初,南方有寺庙设立了疠人坊,专门收容麻风病人。二者不同之处在于唐代悲田养病坊的经办权是在唐政府和佛教寺院之间频繁更迭,唐代悲田养病坊最初的设立,是佛教界主办,但是也得到政府的支持。汤用彤先生曾在《隋唐佛教史稿》中提到,唐代曾置专司救济贫病,并恒设病坊,因悲田养病本于释教,故病坊多分置于诸寺,曰悲田坊。武则天长安年间,开始创办悲田养病坊,并设置悲田使,监督寺院病坊的工作,确立了"寺理官督"的悲田管理体制。这标志着释门悲田社会救助功能的成熟[1]。悲田养病坊先在长安、洛阳开办,后来渐及诸道诸州乃至全国。唐朝前期,"悲田院"主要收养病人,发展到唐朝中期,除了病人之外还包括了孤儿和乞丐,有史记载:"成都乞儿严七师,幽陋凡残,涂垢臭秽不可近,居西市悲田坊。"开元二十二年,唐玄宗下令"京城乞儿,悉令病坊收养,官以本钱收利给之",朝廷赋予养病坊收容乞儿的责任,养病坊成为官办孤儿院,虽仍由寺僧操理,但经费由国家官本放贷之利息提供。寺院可以用官府给的钱放贷收利[2]。敦煌文书中,有几份唐天宝年间(744—758)敦煌郡会计帐(P. 2862 背),记载了唐代官府利用病坊安置乞丐的真实状况。这时寺院同时具备了官方同意的收容乞丐、治疗病患的功能[3]。韦应物曾有《同德精舍养疾寄河南兵曹东厅掾》一诗,写到自己罢官后在同德寺养病之事:"逍遥东城隅,双树寒葱茜。广庭流华月,高阁凝余霰。杜门非养素,抱疾阻良宴。孰谓无他人,思君岁云变。官曹亮先忝,陈躅惭俊彦。岂知晨与夜,相代不相见。缄书问所如,酬藻当芬绚。"这些记载也透露了悲田坊在城市中的位置,比如西市、东城隅,一个在闹市,一个在僻静之处,北庭的悲田寺在子城西南隅,可以说是在一个僻静的地方。

唐肃宗至德二年,又于两京市各置普救病坊,由官府经办。唐末武宗时,僧尼敛财,寺庙经济严重挤占国家田地和财政,因此武宗下诏灭佛,勒令天下僧尼还俗。"会昌法难"后,为了让养病坊有稳定资金粮食来源,李德裕奏请每坊给田五至十顷,其他诸州由观察使视贫病者多少而定,田产以充被收济者之粥食。李德裕的《论两京及诸道悲田坊状》载:"诸道僧尼尽已还俗,悲田坊无人主管,必恐病贫无告……缘悲田出于释教,并望更为养病坊。其两京及诸州……拣一人有名行谨信为乡间所称者,专令勾当。其两京望给寺田十顷,大州镇望给寺田七顷,其他诸州望委观察使量贫病多少给田五顷、三二顷,以充粥饭。加州镇有羡馀官钱,量与置本收利最为稳便。"李德裕的奏状获准后,武宗专门颁布诏令,规定长安洛阳两京的悲田院,由国家拨给相当的没收的寺院田产作为赈济开支来源,地方各州府则分别拨给本地悲田院七顷到十顷田地,以供开支,并由各地长官选派年高德劭的

① 张弓《汉唐佛寺文化史》,北京:中国社会科学出版社,1997 年,1031—1039 页。
② 杜正乾《唐病坊表徵》,《敦煌研究》2001 年第 1 期,121—127 页。
③ 葛承雍《唐代乞丐与病坊探讨》,《人文杂志》1992 年第 6 期,89—91 页。

老年人一名负责日常事务(《旧唐书·武宗纪》)。因此,悲田院成为国家救济机构的代称。

唐宣宗以后,甚至连县里的佛教寺院也都有了悲田养病坊,在全国形成了一个庞大的半官半民的释门悲田网络。《全唐文》卷八四载有关于养病坊的敕文。据敕文来看,全国收容贫儿多的养病坊由政府给米十石,少者按比例给七石、五石、三石。负责管理的僧人在有道行的僧人中挑选,每三年轮换一次。如遇风雪日,病人不能出外行乞求食,则取养病坊基金的利息买米煮粥,以供饥饿病人。对患疾病者,买药治疗,其费用从官署户部省领取。从敕文中我们可以知道的是,全国州县内大多数的养病坊都由僧尼经营,作为一种佛教社会福利事业,有半官半民的性质,费用虽有国家负担,但国家的负担费用只是养病坊经营的部分补助,实际经营仍由养病坊自己筹措。如无风雪之日,收容者需要自己出外求食,或由僧尼出外行乞,以供食需。比如四川成都的收容者每日持具在街头巷尾捡拾废铁,维持生计。陕州龙光寺洪昉禅师,自己行乞以养龙光寺附设养病坊的收容者。依此看来,政府对养病坊的补助只是一部分,养病坊大都由寺院本身独自经营。尽管如此,仍然有僧人自置病坊,收容贫病。但是,唐末佛教寺院所经办的悲田养病坊已经无法重现以前的宏大局面。总之,悲田养病坊是唐代的慈善机构,其经历了贞观时的雏形,武后时的初创,玄宗时期的系统化,肃宗、武宗、宣宗时的网络化,懿宗时的法律化,最后随着社会的动荡而消亡①。

隋唐时期还出现了许多以治病而著称的神僧,其中比较有名的有法进、波颇、法喜、神智等人,他们本身就有非常精湛的医术,同时又能通晓梵文,这样一来,他们就把天竺的"医方明"介绍到中国,并和中国的传统医学结合起来,在佛教寺院里或者是民间的村落之间行医,为病人解除痛苦。这些治病救人的医僧在民间的影响很大,以至于在唐玄宗开元年间的时候开始流传"药王菩萨"的传说②。

中国对于悲、敬二福田供养惠施的文化也影响到了东瀛日本,日本多处设有悲田院、敬田院。圣德太子创立的大阪四天王专设有敬田院、悲田院、疗病院、施药院四院。鉴真和尚曾在扬州大明寺设立悲田院,会见过鉴真和尚的日本光明皇后也在奈良建立了悲田院,同样用于收留无家可归且生活贫苦的老年人。现在日本的大阪地区有悲田院街,京都东山区有一座"悲田院"。

二、北庭故城遗址"悲田寺"刻画残陶器发现的意义

贞观四年(630),东突厥汗国灭亡,唐太宗获得了"皇帝天可汗"的地位,成为农牧世界的共主。唐王朝为有效管理西域,在当年设立伊州。贞观十四年(640)收复今天的吐鲁番

---

① 綦中明《浅论唐代的悲田养病坊》,《西安文理学院学报》2006 年第 1 期,43—45 页;陈靖华《略论唐宋时期佛教的医疗救济慈善机构"悲田养病坊"》,《湖南科技学院学报》2012 年第 1 期,72—76 页;周湘雁翔、龙浩《略议佛教悲田养病坊》,《五台山研究》2012 年第 3 期,25—28 页。

② 王晓丽《浅谈隋唐佛教寺院的公益活动》,《烟台师范学院学报》2005 年第 3 期,24—25 页。

地区和昌吉州后,唐太宗李世民力排众议,亲自决策,设立西州、庭州,伊、西、庭三州均按中原地区唐制进行统治。庭州是唐朝在天山北麓、北疆草原设立的第一个行政权力机构,下辖金满、轮台、蒲类(西海)三县。

龙朔三年(663)十月以后,金山都护府创立,金山都护府是朝廷任命的唐军正式建置,与安西都护府有了密切的行政关系,天山北麓的防务因此大为加强。长安二年(702),随着突骑施、吐蕃、东突厥威胁的加剧及重新出现,武则天为了进一步巩固西北边疆,改庭州为北庭都护府,无论军政均进行了大幅度升级,主要负责天山以北地区的防卫,由此与安西都护府一起,成为唐朝维护西域繁荣安稳、丝绸之路畅通的中流砥柱①。

北庭是唐代天山以北的中心城市,除了承担最主要的军政功能以外,宗教文化的功能也是其有机的构成,自唐至高昌回鹘时期,各大宗教都曾流行于此②。北庭佛寺的历史主要根据悟空、王延德和丘处机的相关见闻,《悟空入竺纪》中留有龙兴寺名③,宋使《王延德行纪》中留有高台、应运大宁两座寺名,丘处机《长春真人西游记》中留有龙兴、西寺两座寺名,因此北庭城内外至少存在四座佛寺,即应运大宁寺、龙兴寺、西寺、高台寺。1908年10月14日,日本大谷探险队的野村荣三郎率人在北庭古城西北隅一处遗址挖掘时,获得16块碑刻残块,其中有刻有"龙兴寺"的碑刻残块,始建于神龙元年的龙兴寺的位置大致可以确认④。中国社会科学院考古研究所1979—1980年对西寺进行了发掘,西寺的位置也得以确认(图3)⑤。

现在需要寻找的是应运大宁寺和高台寺的位置。太平兴国六年(981)王延德、白勋率领的北宋使团出访高昌回鹘王国,记载其地佛教很隆盛。"佛寺五十余区,皆唐朝所赐额,寺中有《大藏经》《唐韵》《玉篇》《经音》等。"王延德一行"度岭一日至北庭,憩高台寺",从吐鲁番翻越天山出他道以后,用时一天到达北庭,憩高台寺。七月,王延德等受到师子王的热情接待,"其王烹羊马以具膳,尤丰洁"。接见盛况更是空前:"其王及王子、侍者皆东向拜,受赐。旁有持磬者击以节拜,王闻磬声乃拜,既而王之儿女亲属皆出,罗拜以受赐,遂张乐饮宴,为优戏至暮。""明日泛舟于池中,池四面作鼓乐。""又明日游佛寺,曰应运泰宁之寺,贞观十四年造。"这些记载大致反映了王延德一行到达北庭,与高昌回鹘王会面进行的相关活动,共三天。王延德一行在北庭停留的时间不短,在天山以北看到的寺院主要

① 刘子凡《瀚海天山:唐代伊、西、庭三州军政体制研究》,上海:中西书局,2016年,145—154、219—220页。

② 荣新江《唐代北庭都护府与丝绸之路》,《文史知识》2010年第2期,25—31页。

③ 杨建新主编《古西行记选注》,银川:宁夏人民出版社,1987年,126页。

④ 上原芳太郎编《新西域记》,东京:有光社,1937年,491页。香川默识编《西域考古图谱》,北京:学苑出版社,据日本国华社1915年版影印,1999年,第214页。奥雷尔·斯坦因著,巫新华等译《亚洲腹地考古图记》(第二卷),桂林:广西师范大学出版社,2004年,795页。郭富纯、王振芬《旅顺博物馆藏西域文书研究》,沈阳:万卷出版公司,2007年,250页。彭杰《唐代北庭龙兴寺营建相关问题新探——以旅顺博物馆藏北庭古城出土残碑为中心》,《西域研究》2014年第4期,6372页。

⑤ 中国社会科学院考古研究所编《北庭高昌回鹘佛寺遗址》,沈阳:辽宁美术出版社,1991年。

图 3　北庭诸佛寺位置推测示意图

是高台寺和应运大宁寺,没有看到西寺,说明西寺可能还没有建设①。有学者认为王延德
一行在高台寺住宿一夜,推测这个寺院位于今天吉木萨尔县的千佛洞一带,其根据如下:
清乾隆三十五年(1770)有民人拾柴山上,土崩见洞。初发现时"门里甚黑暗,取烛照之,洞
形如半月,见一卧佛,身长丈六,金面跣足,衣服颜色如新,又有铜佛,大、小不计其数,自尺
余至三五寸不等,土花锈锈蚀者极多"(吴丰培校订本《乌鲁木齐事宜》),其后集资盖庙。
首任乌鲁木齐都统索诺木策凌曾将此洞发现的铜佛九尊,作为贡品进献北京。故宫中有
可能保存其原始藏品。索诺木策凌本人也曾于乾隆四十九年利用巡阅营伍之便,来过此
洞。此后香火日盛,庙会渐兴。佛洞门为半月形,内有赤脚大卧佛一尊,身长一丈六尺。
还有众多铜佛像,大者尺余,小者三五寸。这里出土佛像以千佛为主,具有鲜明的藏传密
宗色彩,应为唐时所建,同治之乱,这里似属于孔才所部汉族民团的势力范围,千佛洞并未
遭到任何破坏,光绪四年(1878)于千佛山重建一座集庙、观、殿、阁为一体的宏大寺院,每
年农历六月初六开始举办历时半个月的千佛洞诵经大会,善男信女、僧俗人等云集寺院,
祈福禳灾。1933年寺庙毁于马仲英之乱,但古洞卧佛等仍存。1937年,募捐重修了部分
建筑。1958年仍有佛像出土,1967年千佛洞及其建筑均遭毁灭性破坏。有不少小铜佛流
入奇台,被变卖为废铜。现今当地居民又重修此窟,再绘壁画,但已非复旧观了。这座千
佛洞的位置正在南通泉子街山口,北通县城的要道上,翻山即达吐鲁番,宋使王延德自高

---

①　孟凡人《北庭高昌回鹘佛寺遗址的初步研究》,《北庭高昌回鹘佛寺遗址》,172—173页。文献见
《宋史》卷四九○《高昌传·王延德使高昌记》。

昌北上,必途经此洞,依此判断,应即王延德憩足的高台寺故址。且其建置地点正是在一高台之上,与寺名完全相合①。

由于有新的考古发现,我们认为这个推测有一些值得仔细斟酌的地方。首先,他从地道出天山北麓山口至北庭,比较顺畅的路线是沿现在的吉木萨尔河向北直达北庭,或者是顺泉子街东面的吾塘沟北行,这两条道路今天仍是吉木萨尔县城到车师古道的主要道路,大约 50 千米,在古代一天刚好能完成这一段路程。如果要到千佛洞,则要向西偏离主线,略微绕路。其次,王延德一行是大规模的使团,处于山间谷地的佛寺要完成接待任务,可能有一定难度。再次,现在的千佛洞已经面目全非,近年周围建设了较大规模的现代古建筑群,我曾现场踏查,可能这是一个以洞窟为主体的佛寺,但没有发现大规模佛寺的遗迹,在近现代佛寺的位置的确还残留有一座中心柱窟,前厅、中心柱窟及廊道比较清楚,这个窟可能就是清代发现的洞窟,可惜近年又被重新粉饰一遍,只能看到残留的中心柱窟的结构。总之,王延德使团达到北庭时,也许这个洞窟还在使用中,但是这个以洞窟为主的佛寺的时代、规模和形制布局现在还不清楚。从公布的材料看,除了这个中心洞窟外,其他的都非常简陋,可能这个佛寺的规模并不大。这个以洞窟为主的佛寺的确是在山谷台地之上,王延德一行也可能在此憩息,因而此地被认为是高台寺之所在。不过,根据新的考古发现,我们还有一种新的看法,即高台寺很有可能是由北庭外城南门内的 5、6 号佛寺遗址构成的佛寺。理由如下:

从迄今的考古发现看,地面还保留 5、6 号遗址,5 号遗址是八角形的佛塔,遗址曾出土了不少高规格的建筑构件、佛教塑像。6 号遗址是一座高台佛殿,即在夯土高台之上用土坯修筑佛殿。东西残长 24 米,南北残宽 21 米,残高 6.5 米。北侧、西侧探沟发现半环绕佛殿遗址的人工池子,深 1—5 米,西侧还发现一段夯土墙,可能是佛寺的院墙。出土文物有釉彩龙身建筑构件、塑像残块、瓷片等等。6 号建筑基址与之前发掘的 5 号佛塔遗址构成了北庭故城外城南门内一个规模较大的重要佛寺遗址,时代可能属于高昌回鹘时期。在高台佛殿的北侧和西侧有取土以后留下的环绕水坑,这种佛寺特点在后来建设的西寺得到发扬光大。因此,这个佛寺可能是高昌回鹘王国改信佛教以后,在北庭新筑的一座佛寺,而且位于南门内侧,因此,作为王延德在北庭的住宿地比较合适,由于书中也没有提到别的住处,本文推测,王延德一行在北庭停留的时间不短,可能一直都住在这个佛寺。由于主佛殿建于夯土高台之上,可能也因此被命名为高台寺。根据佛寺规模和时代,在西寺建成以前,这座佛寺很可能是高昌回鹘王国北庭佛教团体最高领袖"都统"的驻锡寺院②。

1221 年,全真派道士丘处机受成吉思汗征召,途经鳖思马大城(即北庭故城),丘处机在北庭停留时间不长,可能是八月二十八日到,九月二日离开,《长春真人西游记》的相关

---

① 薛宗正《北庭春秋》,乌鲁木齐:新疆人民出版社,2006 年,368—371 页。

② 付马《丝绸之路上的西州回鹘王朝:9—13 世纪中亚东部历史研究》,北京:社会科学文献出版社,2019 年,189 页。

记载是:"王官士庶僧道教数百,具威仪远迎。僧皆赭衣,道士衣冠与中国特异。泊于城西蒲萄园之上阁,时回纥王部族劝蒲萄酒,供以异花杂果名香,且列侏儒伎乐,皆中州人。士庶日益敬,侍坐者有僧、道、儒,因问风俗。乃曰:此大唐时北庭端府,景龙二年,杨公何为大都护,有德政,诸夷心服,惠及后人,于今赖之。有龙兴、西寺二石刻在,功德焕然可观,寺有佛书一藏。唐之边城,往往尚存。"①丘处机在北庭停留了 4 天,实际参观休息的时间是两个整天,时间是非常充分的,具体参观了哪些地方不得而知,看了几座佛寺也不知道。《长春真人西游记》记载中,除了龙兴寺,新出现了西寺,说明的确是有龙兴寺和西寺。问题是丘处机看到的是二石刻,但也提到"寺有佛书一藏",而且"侍坐者有僧",因此,有可能有一座寺院已废弃,仅存石刻。总之,由于文字记载太少,我们只能猜测这个时候可能西寺尚存,龙兴寺仅剩石刻了。奇怪的是他没有提到我们推测的高台寺。有学者根据丘处机所提示的道士衣冠与中国特异,推测这些所谓的道士可能是摩尼教徒②。我们曾在 5、6 号佛寺附近探沟中发现也里可温教(景教)十字架,2021 年在属于北庭下辖的蒲类县城的奇台县唐朝墩子遗址发现了也里可温教寺院,说明这个时期也里可温教在北庭地区还比较盛行。因此,有可能原来的高台寺已经部分改为也里可温教寺院,"侍坐"的道士也可能是也里可温教教徒。

1768 至 1771 年间,纪昀谪戍乌鲁木齐,曾因故前往吉木萨,调查了北庭古城。他踏查了一座佛寺遗址,"寺已圮,尽石佛,自腰以下陷入土,犹高七八尺。铁钟一,高出人头。四围皆有铭,锈涩模糊,一字不可辨识,唯刮视字棱,相其波磔,似是八分书耳"③。寺中铁钟上的文字连纪晓岚都不认识,很可能是高昌回鹘时期流行的回鹘文。由于西寺早已掩埋于土,不为人知,因此,这个佛寺最有可能是外城南门内侧被废弃的高台寺。当然,也可能是被高昌回鹘沿用的唐代旧寺遗址,比如应运大宁寺、龙兴寺等。

根据这些文献记载和以前的考古发现,可以确知的是,北庭城内及周围先后有应运大宁寺(贞观十四年/640 年建)、龙兴寺、高台寺和西寺。北庭故城新发现的"悲田寺"刻字陶器残片证明北庭城核心区还曾经有一座"悲田寺",这是北庭考古的一个重要新进展,在全国范围内也是第一次在唐代遗址中通过考古发掘发现与"悲田养病坊"相关的文物。考虑到悲田养病坊设置的历史背景,北庭的这个悲田寺有可能是安置在原有佛寺之中④。这座佛寺很有可能就是公元 640 年在设置庭州之初,建于子城内的应运大宁寺。当然,悲田寺也可能安置在其他性质的建筑中,应运大宁寺也有可能在庭州城的其他位

① 李志常《长春真人西游记》,杨建新主编《古西行记选注》,201—202 页。
② 薛宗正《北庭历史文化研究:伊、西、庭三州及唐属西突厥左厢部落》,上海:上海古籍出版社,2010 年,557 页。
③ 纪昀《阅微草堂笔记》,上海:上海古籍出版社,1986 年,319 页。
④ 邵佳德、王月清《从借医弘道到悲田养病——试论汉唐之际中国佛教医学的发展及其贡献》,《医学与哲学:A》2009 年第 10 期,71—73、81 页。

置,迄今尚未发现①。总之,这样两种推测都有待将来考古新发现的证实。

结　语

原中国佛教协会会长赵朴初生前曾经说过:在古代"佛教为救济贫病,每有福祉事业之设施,如隋唐之悲田院、养病坊、施药坊等,慈济为怀,具载史册。降及近世,佛徒更以'庄严国土,利乐有情'为己任,利济人群之事方兴未艾。举凡扶助伤残、救济灾荒、敬老慈幼、施医舍药等.莫不尽心尽力,广作饶益"。北庭故城新发现的"悲田寺"刻字陶器残片,可能和武则天长安年间开始创办悲田养病坊,并在全国推广的历史背景有关系。这说明,即使在西北边疆,这一政策还是得到了很好的贯彻和落实,而且命名为"悲田寺"。把"悲田寺"安置在北庭最重要的子城内部,充分体现了武周和大唐在国力强大时,无论是在都城还是在边疆,通过国家力量,对社会中孤老贫病等极弱势人群的帮扶照顾,这既反映了佛教福田思想对中国文化的充实与影响,也是中国古代社会追求小康社会与天下大同理想的充分体现。

另外,通过对相关文献的梳理和对考古发现的分析,本文对北庭先后存在的佛寺以及大致的位置进行了一些推测,特别是对高台寺和应运大宁寺的位置进行了新的讨论,认为外城南门内的5号高台佛殿、6号佛塔遗址为组合的佛寺可能是王延德一行在北庭期间憩息的高台寺,11号遗址及其周围可能是应运大宁寺所在,"悲田寺"一度设置于此(图3)。

An Analysis of the Pottery Fragments Engraved with "Beitian Temple" in Beiting Ancient Town

Guo Wu

In July 2021, the archaeological team ofBeiting Ancient Town found the fragments of a pottery basin at the No. 10 site in the southwest of inner-city of Beiting Ancient Town. "Beitian Temple" is carved on the inside of the bottom of vessel. "Bei Tian" is a buddhism term referring to the poor. With the introduction of Buddhism into China, the

---

① 比如,据孟凡人先生所述,根据一些出土文物的特点,在子城东北部的北墙外、内城城墙之内,可能有一座佛寺遗址。如果这里的确有一座佛寺的话,在庭州城内,因此,也可能是应运大宁寺。孟凡人《论别失八里——兼论北庭故城遗址的形制布局》,作者著《北庭史地研究》,乌鲁木齐:新疆人民出版社,1985年;收入作者著《北庭和高昌研究》,北京:商务印书馆,2020年,183、186页。从发现的佛像残块和壁画的风格看,可能是高昌回鹘时期的佛寺,而且这个位置在子城北墙和内城北墙之间,空间比较狭窄,不适合建造大型的佛寺,因此,这座佛寺可能是高昌回鹘时期新建的一座小型佛寺。

"Beitian Yuan" system has gradually taken root in China, providing an approach for the widespread implementation of the relief at the national level and among the people. This paper discusses the development of the "Beitian Yuan" system in the Tang Dynasty, and believes that the newly discovered pottery fragments of "Beitian Temple" in Beiting Ancient Town may have relations with the historical background at that time.

This paper also discusses the Buddhist temples inBeiting Ancient Town and their approximate locations. It is speculated that the No. 11 site and its surroundings may be the Yingyun Daning Temple built in the 14th year of Zhenguan (640), and the "Beitian Temple" was later set up here. The Buddhist temple composed of the No. 5 Buddhist Hall and the No. 6 Buddhist Pagoda site in the south gate of the outer-city is probably the Gaotai Temple where envoy Wang Yande and his entourage rested during their stay in Beiting.

中亚彩陶类遗存的考古发现与研究综述

林铃梅

中国社会科学院考古研究所

本文的中亚彩陶类遗存,指的是中亚地区青铜时代晚期至早期铁器时代(约公元前14—前7世纪)以手制彩陶为特征的一类遗存。这里的中亚,指的是中亚五国,包括哈萨克斯坦、乌兹别克斯坦、吉尔吉斯斯坦、塔吉克斯坦、土库曼斯坦,以及阿富汗北部地区。20世纪初,庞佩里(R. Pumpelly)为首的美国考古队在土库曼斯坦南部的安诺丘发掘,发现了安诺Ⅳ期遗存,地层中出现了与此前安诺Ⅲ期(纳马兹加Ⅴ—Ⅵ期)轮制陶器截然不同的粗糙的手制陶器,部分手制陶器绘彩[①]。庞佩里认为土库曼斯坦南部这一时期遗址数量的锐减及陶器质量的下降是由于生态危机和游牧部落的入侵。在之后的时间里,在土库曼斯坦南部及中亚其它绿洲都陆续发现了这类以手制彩陶为特征的遗存(图1),由此开始了学界长达一个世纪对这类遗存性质、来源等的讨论。尤其在20世纪20年代安特生主持在河南仰韶村的发掘,将发现的彩陶与安诺丘的彩陶联系在一起,提出彩陶文化西来说,使得中亚和新疆发现的彩陶类遗存受到了国内外学者极大的关注。中亚彩陶类遗存处于中亚青铜时代至早期铁器时代转变的重要节点,是中亚文明史上备受关注的一个时期。新疆与中亚地域上相邻,无论在史前时期还是历史时期都有着频繁的联系与交流,新疆发现的彩陶类遗存沿天山一带分布,年代从青铜时代至早期铁器时代。对中亚和新疆彩陶类遗存的对比研究,是新疆史前考古学研究的一项重要课题。

本文旨在梳理中亚彩陶类遗存的发现情况、遗存的特征及年代判定,以及国外学者对中亚彩陶类遗存的来源、国内外学者对中亚彩陶类遗存与新疆彩陶类遗存关系的讨论,以期为将来相关问题的研究奠定基础。

---

① Pumpelly R. , *Explorations in Turkestan*, Washington, 1908, pp. 49, 106 - 108.

中亚青铜时代晚期至早期铁器时代彩陶类遗存代表性遗址分布图 1.楚斯特遗址 2.达维尔津遗址 3.奥什遗址 4.吐依布古斯遗址 5.科克特佩 6.库楚克特佩
7.米尔沙杰遗址 8.扎库坦遗址 9.康古尔杜特遗址 10.特古萨克遗址 11.卡里木-别尔迪遗址 12.蒂利亚特佩 13.雅孜特佩 14.安诺遗址 15.艾勒肯特佩 16.乌鲁格特佩

图 1　中亚青铜时代晚期至早期铁器时代彩陶类遗存代表性遗址的分布图

一、中亚彩陶类遗存的发现情况以及遗存特征、年代判定

1. 费尔干纳盆地（楚斯特文化）

　　楚斯特文化的遗存主要分布于费尔干纳盆地东部和北部，目前共发现了 80 多处，以楚斯特遗址（Чустское поселение）[①]、达维尔津遗址（Дальверзинское поселение）[②]、奥什遗址（Ошское поселение）[③]的发掘最系统，楚斯特遗址和达维尔津遗址有防御墙包围，居址有半地穴式房屋、地面骨架式建筑、夯土或土坯房屋。出土陶器以束颈鼓腹罐、锥形罐、卵形罐、折肩钵（盆）、高颈折肩罐为特征，彩绘陶器占陶器总量约 1%—10%，多红衣黑彩，有三角形、菱形、棋盘格纹、网格纹、下垂的楔形纹、交叉带纹、线纹。其他遗物还包括刀、带孔镰刀、矛、箭镞、针、凿等青铜器，石镰、石锄、磨具、石磨盘、权杖头等石器，以及包括马镳在内的少量骨器。扎德涅普罗夫斯基（Ю. А. Заднепровский）将达维尔津遗址划分为三个

---

①　Заднепровский Ю. А. , *Древнеземледельческая культура Ферганы*，Материалы и исследования по археологическии СССР, no. 118，Издательство академии наук СССР, М. , Л. , 1962, с. 37 - 42.

②　Заднепровский Ю. А. , *Древнеземледельческая культура Ферганы*，с. 11 - 37.

③　Заднепровский Ю. А. , *Ошское поселение к истории Ферганы в эпоху поздней Бронзы*，Мурас，Бишкек，1997.

时期,但不同层位上并不能显示出物质文化面貌的明显区别。斯普利舍夫斯基(В. И. Сришевский)[①]和扎德涅普罗夫斯基[②]都将楚斯特文化的年代定在公元前2千纪末—前1千纪初,年代下限在公元前8—前7世纪。1992年公布的达维尔津遗址的一个[14]C测年数据约在公元前14—前12世纪[③](见表1)。

表1 中亚青铜时代晚期至早期铁器时代彩陶类遗存的[14]C测年数据(校正年代 BC2σ=95.4%)

遗 址	样品	实验室编号	年代(BP)	校正年代(BC)	发表年代(BC)	出 处
雅孜特佩	木炭	Beta—33566	3120±90BP	1608—1129BC	1512—1309BC	Hiebert 1993
库楚克特佩	木炭	LE773	2850±60BP	1251—848BC	1120—890BC	Kohl 1992
玛伊达特佩	木炭	Pr. BX-1	3017±25BP	1386—1133BC		Görsdorf 2007
	木炭	Pr. BX-2	3071±31BP	1415—1265BC		
	木炭	Pr. BX-16	2964±22BP	1292—1116BC		
	木炭	Pr. BX-17	3032±39BP	1409—1132BC		
达维尔津遗址	木炭	LE323	3050±120BP	1605—938BC	1435—1230BC	Kohl 1992
科克特佩	木炭	Beta-259548	2610±40BP	894—592BC	820—760BC	Lhuillier 2013
	木炭	Beta-259549	2590±40BP	831—552BC	810—670BC	
	木炭	Beta-259550	2860±40BP	1191—914BC	1010—980BC	
	木炭	Gif-12273	3025±30BP	1396—1135BC	1193—1140BC	
	木炭	Gif-12274	3030±30BP	1393—1133BC	1395—1138BC	
	木炭	Gif-12275	2650±35BP	896—787BC	894—786BC	
	木炭	Gif-12276	2950±35BP	1295—1046BC	1292—1046BC	
桑吉尔特佩	木炭	Gif-12277	2985±30BP	1371—1122BC	1369—1121BC	Lhuillier 2013

2. 塔什干绿洲(布尔古留克文化)

主要发现于西部的阿汉格浪河流域,以吐依布古斯遗址(Туябугузское поселение)[④]为代表。居址主要为半地穴式。陶器多圜底器,有圜底钵、管流釜、圜底鼓腹罐、束颈鼓腹罐、盘、杯、器盖及小件陶器。典型器物是管流釜和管流罐,有时在另一侧有平錾。陶器带

---

① Сришевский В. И., "Раскопки Чустского поселения эпохи бронзы в 1957 г.", *ИАН УзССР*, no. 6, 1958, c. 70.

② Заднепровский Ю. А., *Древнеземледельческая культура Ферганы*, c. 65.

③ Kohl P. L., "Central Asia (Western Turkestan): Neolithic to the Early Iron Age", in: Erich R. W. (dir.), *Chronologies in Old World Archaeology*, vol. I, University of Chicago press, Chicago, Londres, pp. 179–196.

④ Дуке Х., *Туябугузские поселения бургулюкской культуры*, Издательство 《ФАН》 УзССР, Ташкент, 1982.

鋬耳的情况很常见。彩绘陶片占陶片总数 1%,浅色陶衣上绘红褐彩,有实心色块、网格和斜线的三角纹,还有点纹、交叉斜线纹等。还出土了箭镞、镰刀、刀、锥等铜器及研磨器、石磨盘等石器。根据遗址出土器物与中亚其他地区同类型遗存的对比分析,杜克(X. Дуке)将这支文化年代定在公元前 9—前 7 世纪[①]。

3. 粟特地区

包括撒马尔干和卡什卡达利亚地区,以科克特佩 I 期(Коктепа I)为代表[②]。居址形态为地穴或半地穴式。陶器器形有束颈鼓腹罐、圜底鼓腹罐、盆、管流罐、罐流釜、杯子等。陶器多见带鋬耳,有少量乳突形耳。彩陶占陶器总量 14%,彩绘粗糙,绘褐色—红色彩,有三角形纹、圆点纹、斜线纹等。还发现了大量石磨盘、石镰、石刀、磨刀石等石器。科克特佩 I 期有 7 个 ^{14}C 测年数据,集中分布在公元前 14—前 8 世纪[③]。

4. 西北巴克特里亚

乌兹别克斯坦南部,以库楚克特佩 I—II 期(Кучуктепа I—II)[④]、米尔沙杰遗址(Миршаде)[⑤]、扎库坦城堡(Джаркутан)上层遗存[⑥]为代表。有部分轮制陶器,手制陶器常见器形有束颈鼓腹罐、圜底鼓腹罐、杯、圜底钵、带流罐(釜)、浅腹盘、带钮器盖、碟、缸形器。部分陶器有彩绘,在黄白或浅—粉色陶衣上绘粉色—红色彩。纹饰有内填网格、斜线或实心的三角纹、斜线纹、圆圈纹。圜底钵的口沿处常见各式倒三角纹或斜线纹。遗物还有箭镞、镰刀和刀等铜器,以及石磨盘、石杵、研钵、磨棒、权杖头等石器。阿斯卡洛夫(А. А. Аскоров)将库楚克 I 期定在公元前 11 世纪末—前 8 世纪中叶,II 期年代在公元前 8 世

① Дуке X., *Туябугузские поселения бургулюкскок культуры*, с. 70.

② Исамиддинов М. X., Рапен К., "К стратиграфии городища Коктепа", *ИМКУ*, вып. 30, 1999, Самарканд;Ранэн К., Исамиддинов М., "Коктепа и процесс урбанизации долины Зерафшана в эпоху железа", в сб.:*Древняя и средневековая урбанизация Евразии и возраст города Шымкент*, *материалы международной научно-практической конференции 16 октября 2008 г.*, Шымкент, 2008.

③ Lhuillier J., Rapin C., "Handmade painted ware in Koktepe: some elements for chronology of the early Iron Age in northern Sogdiana", in Marcin Wagner (ed.), *Pottery and chronology of the Early Iron Age in Central Asia*, Warszawa, 2013, p. 32.

④ Аскоров А. А., Альбаум Л. И., *Поселение Кучуктепа*, Издательство《ФАН》Узбекской ССР, Ташкент, 1979.

⑤ Пугаченкова Г. А., "Археологические исследования Узбекистанской искусствоведческой экспедиции", в сб.:*Археологические открытия 1970 года*, М., 1971, с. 421;Пугаченкова Г. А., "Новый памятник древнебактрийской культуры", в сб.:*УСА*, вып. I, Л., 1972, с. 47 – 49.

⑥ Аскаров А. А., "Расписная керамика Джаркутана", в сб.:*Бактрийские древности*, *предварительные сообщения об археологических работах на юге Узбекистана*, Издательство《Наука》Ленинградское отделение, Л., 1976, с. 17 – 19. Johanna LHUILLIER, *Les cultures à cèramique modélée peinte en Asie centrale méridionale*, *Dynamiques socio-culturelles à L'âge du Fer ancien*(1500 – 1000 *av. n. è*), Editions De Boccard, 2013, planche. 88 – 91.

纪中叶—前 7 世纪[①]。1992 年公布的库楚克特佩的[14]C 数据为公元前 1100—前 890 年[②]；桑吉尔特佩（Sangir-tepe）的[14]C 数据为公元前 1300—前 1100 年[③]；玛伊达特佩（Majdate-pa）的[14]C 数据在公元前 1400—前 1100 年左右[④]（见表 1）。

5. 东北巴克特里亚

塔吉克斯坦西南部，以康古尔杜特遗址（Кангурттут）上层[⑤]、特古萨克遗址（Teгузак）上层[⑥]、吉洛瓦国营农场遗址（совхоз им. Кирова）上层[⑦]、卡里木 - 别尔迪遗址（Карим Берды）[⑧]为代表。器形包括管流罐（釜）、圜底钵、圜底鼓腹罐、束颈鼓腹罐、缸形器。彩绘匮乏，一些陶器残片上有暗红色彩，图案为不闭合的侧向三角纹。还发现了少量石磨盘、石杵和铜锛。维诺格拉达娃（Н. М. Виноградова）认为这类遗存是由于土库曼斯坦和乌兹别克斯坦南部雅孜Ⅰ期文化人群进入这一地区形成的，年代在公元前 2 千纪末—前 1 千纪初[⑨]。

6. 南巴克特里亚

阿富汗北部地区，以蒂利亚特佩（Тилля-тепа）Ⅰ、Ⅱ期遗存为代表[⑩]。兼有轮制和手制陶器。器形以圜底钵为主，还有圜底鼓腹罐、杯、盘、带耳器盖等。部分手制陶片有彩绘，浅色陶衣上绘褐—黑色彩，主要有线纹、实心三角纹、菱形纹、棋盘格纹、植物纹。还发现了少量铜箭镞、铜镰、铜刀、铜锥。В. И. 萨瑞安尼迪通过与周边遗存对比进行了大致的年代划分：Ⅰ期公元前 1300—前 1000 年；Ⅱ期公元前 1000—前 600 年[⑪]。

---

① Аскоров А. А. , Альбаум Л. И. , *Поселение Кучуктепа* , c. 17，18.

② Kohl P. L. , "Central Asia（Western Turkestan）：Neolithic to the Early Iron Age", pp. 179 - 196.

③ Johanna LHUILLIER, *Les cultures à cèramique modelée peinte en Asie centrale méridionale* , *Dynamiques socio-culturelles à L'âge du Fer ancien*（1500 - 1000 *av. n.è*）, p. 210.

④ Görsdorf J. , "Information zu den 14C-Dalierangsergebnissen von Majdatepa（Bandixon I）", *Trudy Bajsunskoj nauchnoj ekspditsii* , 2007, no3, P. 132.

⑤ Виноградова Н. М. , *Юго-Западный Таджикистан в эпоху поздней бронзы* , М.：Институ востоковедения РАН, 2004, c. 41.

⑥ Виноградова Н. М. , *Юго-Западный Таджикистан в эпоху поздней бронзы* , c. 60 - 61.

⑦ Литвинский Б. А, Соловьев В. А. , "Стоянка степной бронзы в Южном Таджикистане", в сб.：*Успехи Среднеазиатской археологии* , вып. 1，Л. , 1972, c. 41.

⑧ Виноградова Н. М. , "Работы отряда по изучению памятников эпохи бронзы ЮТАЭ весной 1979 г.", *АРТ* , вып. ⅩⅨ, Душанбе, 1986, c. 80 - 85; Pjankova L, "The settlement of Karimberdy", *Information Bulletin* , IASCCA, 20, 1996, pp. 195 - 210.

⑨ Виноградова Н. М. , *Юго-Западный Таджикистан в эпоху поздней бронзы* , c. 7.

⑩ Сарианиди В. И. , *Древние земледельцы Афганистана* , Издательство《Наука》, М. , 1977.

⑪ Сарианиди В. И. , *Храм и некрополь Тиллятепе* , Издательство《Наука》, Москва, 1989, c. 38.

7. 马尔吉亚纳

穆尔加布绿洲,以雅孜(Яз)Ⅰ期遗存为代表[①]。兼有轮制和手制陶器。手制陶器中彩陶占 3%—6%,器形以束颈鼓腹罐和鼓腹罐为主,有个别杯和豆形器。黄—白陶衣绘红褐色或粉色彩。纹饰主要为三角形,内有多样化的填充几何纹。陶器口沿下偶尔有乳突装饰。其他遗物还有箭镞、锥、针、牌饰、手镯等铜器及权杖头、石杵、研钵等石器。马松(B. M. Массон)将雅孜Ⅰ期遗存年代在前 900—前 650 年[②]。1993 年公布的[14]C 测年数据约在公元前 15—前 13 世纪(见表 1)[③]。

8. 科佩特塔格山北麓

以艾勒肯特佩(Елькен Депе)[④]和乌鲁格特佩(Улуг Депе)[⑤]为代表。第一时期的遗存兼有轮制和手制陶器。典型器物有卵形罐、鼓腹罐、钵和器盖。部分陶器在浅色陶衣上绘黑或红彩。在粉色—黄或绿—白底上绘淡红色、黑—灰彩。纹饰以各种三角纹组合为主,填充网格纹、斜纹或实心彩。遗物还发现了铜箭镞、铜锥、石锤、磨石、研钵、磨盘、小锉刀、石杵等。马鲁申科(A. A. Марущенко)将艾勒肯特佩的彩陶类遗存年代定在公元前 12—前 7 世纪[⑥]。

二、关于中亚彩陶类遗存来源的讨论

继庞佩里等在安诺丘Ⅳ期遗存中发现了手制彩陶,马鲁申科发掘了土库曼斯坦南部的艾勒肯特佩,划分出了艾勒肯Ⅱ期和Ⅲ期。他将艾勒肯Ⅱ期和雅孜Ⅰ期称为"野蛮人入侵时期"("the Epoch of Barbarian Occupation",简称"EBO")[⑦]。甘亚林(A. F. Ganyalin)[⑧]和库兹米娜(E. E. Кузьмина)支持这一观点[⑨]。起先马松将安诺划分为安诺Ⅳ和ⅣA[⑩],后来他研究

---

① Массон В. М., *Древнеземледельческая культура Маргианы*, ж.：МИА, no. 73, 1959.

② Массон В. М., *Древнеземледельческая культура Маргианы*, с. 48.

③ Hiebert F. T., "Chronology of Margiana and Radiocarbon Dates", *IASCCA Information Bulletin*, no. 19, 1993, pp. 136 - 148.

④ Марущенко А. А., "Елькен-Депе", в сб.：*ТИИАЭ АН ТуркмССР*, т. Ⅴ, 1959, с. 54 - 109.

⑤ Сарианиди В. И., "Исследование слоев раннежелезного века на Улуг-Депе", в сб.：*Археологические открытия 1970 года*, М., 1971. Johanna Lhuillier, Julio Bendezu-Sarmiento and Olivier Lecomte, "Ulug-Depe in the frame of Turkmenistan Iron Age：an overview", *Iranian Archaeology*, Vol. 4, 2013, pp. 78 - 89.

⑥ Kuz'mina E. E., *The origin of the Indo-Iranians*, edited by Mallory J. P., Brill, Leiden • Boston, 2007, p. 415.

⑦ Марущенко А. А., "Елькен-Депе".

⑧ Ganyalin A. F., *Tekkem-Tepe*, TIIAE AN TurSSR, T. Ⅱ, 1956, pp. 83, 84.

⑨ Кузьмина Е. Е., "О некоторых аспектах проблемы культурных этнических связей Средней Азии и Ирана в эпоху поздней бронзы и раннего железа", в сб.：*Искусство и археология Ирана：Всесоюзная конференция, посвященная 2500-летию иранского государства. Доклады*, М., 1971, с. 175.

⑩ Массон В. М., *Древнеземледельческая культура Маргианы*, с. 102.

了雅孜特佩的材料之后,主张将"野蛮人入侵时期"的文化统称为雅孜Ⅰ期文化。

"野蛮人入侵时期"这一词也受到了批判,学者们纷纷根据自己的研究对象提出了代替的术语,萨瑞安尼迪(В. И. Сарианиди)称这个时期的文化为"东呼罗珊文化"[①],扎德涅普罗夫斯基称之为"楚斯特文化联合体"[②],阿斯卡洛夫称之为"青铜时代晚期的彩陶文化"[③],法兰克福(H. -P. Francfort)称之为"铁器时代的阿姆河文化"[④],吕里耶(Johanna Lhuillier)称中亚这一时期的文化为"彩陶文化"(The painted ware cultures)[⑤]。

关于中亚青铜时代晚期的彩陶类遗存的来源,有几种假说:

1. 草原人群迁入的假说

马鲁申科最早将中亚彩陶类遗存的年代和伊朗的纳迪阿里(Nad-i-Ali)、锡亚克(Sialk)Ⅴ期和Ⅵ期、吉延(Giyan)Ⅰ期年代等同,并将它定在公元前12—前7世纪,他强调在中亚彩陶类遗存的形成中安德罗诺沃文化和塔扎巴格亚卜文化部落的迁入起着重要作用[⑥]。甘亚林赞同这一观点,并总结道:"这一新的考古学文化的形成是土著农耕文化和外来的畜牧文化结合的产物。"[⑦]库兹米娜也支持这一迁徙的假说,但是她指出彩陶与纳马兹加Ⅵ期的轮制陶器、木椁墓文化及安德罗诺沃文化的陶器的区别,她将中亚南部和伊朗东部的彩陶文化和北边草原的附加堆纹类遗存联系在一起,指出它们都有陶器上装饰附加堆纹的因素[⑧]。她认为,青铜时代晚期,中亚南部和阿富汗地区的农业文化遭遇危机(这种危机可能是生态环境恶化触发的),游走在沙漠边缘的这些畜牧人,他们使用附加堆纹的陶器,他们开始进入绿洲地区。这些畜牧人创造了彩陶文化。有时候他们与农业人群建立了和平的关系,有时候他们摧毁了农业人群的聚落继而建立起自己的聚落。他们开始的时候保持自己的生活方式,从事畜牧业,生产手制陶器,一部分是附加堆纹陶器,但逐渐地,尤其到了前10—前9世纪,他们转变为更加定居的生活方式,与当地土著混居并采用了它们的经济方式和文化。这种文化面貌的转变的重要证据是附加堆纹陶器逐渐被弃用。这些畜牧人是操东伊朗语的人[⑨]。

---

① Сарианиди В. И. , *Древние земледельцы Афганистана* , с. 107 - 116.

② Заднепровский Ю. А. , *Чустская культура Ферганы и памятники раннежелезного века Средней Азии* , автореф. докт. дис, М. , 1978, с. 44, 45.

③ Аскоров А. А. , Альбаум Л. И. , *Поселение Кучуктепа* , с. 68 - 74;Пьянкова Л. Т. , "Культуры степной бронзы" , *ИТС* , 1998, с. 204 - 211.

④ Francfort H. -P. , "The archaeology of protohistorical Central Asia and the problems of identifying Indo-European and Uralic-speaking populations", *ECUIE* , 2001.

⑤ Johanna LHUILLIER, *Les cultures à cèramique modelée peinte en Asie centrale méridionale , Dynamiques socio-culturelles à L'âge du Fer ancien*(1500 - 1000 *av. n.è*), p. 255.

⑥ Марущенко А. А. , "Елькен-Депе" , с. 65.

⑦ Ganyalin A. F. , *Tekkem-Tepe* , p. 84.

⑧ Kuz'mina E. E. , *The origin of the Indo-Iranians* , p. 426.

⑨ Kuz'mina E. E. , *The Origin of the Indo-Iranians* , pp. 446 - 447.

2. 本土发展假说

以马松为代表,认为彩陶类遗存是在此前以轮制陶器为特征的绿洲农业文化的基础上发展起来的。他指出,中亚青铜时代晚期彩陶类遗存,无论是灌溉、堡垒的建筑,以及对建筑传统和轮制陶器的保存,都取得了进步[①]。同时他也不否认安德罗诺沃文化部落可能参与到了这一过程中[②]。他指出,中亚南部的伊朗化可能不是在彩陶类遗存发生的时期,而是在更早,在公元前两千纪。而后他又指出,前两千纪下半叶在土库曼斯坦的文化反映了当地土著被印度伊朗部落的语言同化过程[③]。

3. 东呼罗珊迁徙假说

萨瑞安尼迪认为蒂利亚特佩的文化层厚度比土库曼斯坦南部厚,所以应该比后者年代老。他提出假设,中亚彩陶文化的形成中心是在伊朗[④],依据仅仅是在伊朗呼罗珊地区的阿特雷克(Atrek)河谷发现的少量的彩陶,他将中亚所有的彩陶类遗存都纳入东呼罗珊文化,并反对将中亚的彩陶类遗存的起源与草原部落的影响直接联系在一起[⑤]。但是Л. И. 赫洛平(Л. И. Хлопин)和И. Н. 赫洛平(И. Н. Хлопин)反对这一设想,他们指出蒂利亚特佩Ⅰ期和Ⅱ期是碎屑冲击层[⑥]。阿斯卡洛夫和阿里鲍姆(Л. И. Альбаум)也反对蒂利亚特佩Ⅰ期和Ⅱ期超长的时间跨度[⑦]。扎德涅普罗夫斯基指出呼罗珊的遗址缺乏可信的信息[⑧]。萨瑞安尼迪的设想没有得到认同。

4. 文化融合与转化理论

阿斯卡洛夫和阿里鲍姆认为中亚的彩陶类遗存属于青铜时代,将库楚克Ⅰ期、雅孜Ⅰ期、艾勒肯Ⅱ期、安诺ⅣA期和蒂利亚特佩Ⅰ期定为同一个时期的遗存,年代在公元前11、10至前8世纪。他们认为,在中亚南部,彩陶文化的形成是基于原本的古代农业文化,是对先前的彩陶传统的复兴,同时融合了外来的草原文化;在中亚北部,没有更早的农业居民的区域如粟特、塔什干和费尔干纳盆地,则基于本地畜牧居民向定居农业居民转变[⑨]。

---

① Массон В. М. , *Древнеземледельческая культура Маргианы* , с. 48; *Средняя Азия в эпоху камня и бронзы* , Отв. ред. В. М. Массон , Наука , М. , Л. , 1966, с. 182.

② *Ранны железны век Средней Азии и Индии* , Ашхабад , 1984, с. 6.

③ Массон В. М. , *Древнеземледельческая культура Маргианы* , с. 118 - 121.

④ Сарианиди В. И. , *Раскопки Тилля-тепе в северном Афганистане* (*Материалы к археологической карте Северного Афганистана*) , Наука , М. , 1972, с. 29 - 33.

⑤ Сарианиди В. И. , *Раскопки Тилля-тепе в северном Афганистане* (*Материалы к археологической карте Северного Афганистана*) , с. 33.

⑥ 转引自 Kuz'mina E. E. , *The origin of the Indo-Iranians* , p. 427.

⑦ Аскоров А. А. , Альбаум Л. И. , *Поселение Кучуктепа* , с. 56.

⑧ Заднепровский Ю. А. , *Проблемы происхождения культуры раннежелезного века юга Туркменистана* , ИАН ТуркССР , СОН , 5, 1986, с. 27.

⑨ Аскоров А. А. , Альбаум Л. И. , *Поселение Кучуктепа* , с. 17, 56, 59, 67.

扎德涅普罗夫斯基也赞成这一理论①。

关于中亚彩陶类遗存的起源地也有诸多分歧,其原因在于不同彩陶类遗址的发掘者都强调自己遗址的重要性,坚持自己的遗址是同类遗存中年代最早的。

1. 土库曼斯坦南部

扎德涅普罗夫斯基认为楚斯特文化的来源受到更加发达的中亚西南部的农业定居文化、土库曼斯坦南部的部落的影响②。斯普利舍夫斯基将楚斯特文化的彩陶和土库曼斯坦南部的彩陶联系在一起③。但他也指出,两者的联系可能只能通过一些中介者如生活在中间地带的部落来实现④。但伊萨科夫(А. И. Исаков)指出凯拉克库姆(Кайрак Кум)和扎曼巴巴文化(Заманбаба)都无法作为楚斯特文化和土库曼斯坦南部文化的中介,因为它们的差异太大了⑤。马松指出,楚斯特文化不是土库曼斯坦南部部落迁徙的直接结果。与土库曼斯坦南部的联系可能在楚斯特文化的形成中扮演了一定的角色,但是总体而言,楚斯特文化还应该是费尔干纳盆地本地的部落向农业定居生活转变的结果⑥。

2. 费尔干纳盆地

卡萨尔(J. M. Casal)认为彩陶的创造者是费尔干纳盆地东部的居民⑦。库兹米娜提出中亚有两个彩陶文化来源中心:第一个在阿富汗南部(蒙迪加克(Mundigak)Ⅴ期),另外一个在中亚北部,一部分在费尔干纳盆地,一部分在新疆⑧。阿斯卡洛夫认为中亚青铜时代晚期的手制彩陶文化最早起源于费尔干纳地区,继而向中亚南部扩散,影响到北巴克特里亚地区。他指出楚斯特文化不可能是以一种非常完备的形态从别处迁徙而来的,相反,费尔干纳盆地存在大量深厚的地下水储备、肥沃的黑土、优越的生态环境条件,为古代农业文化的发生提供了条件。这一时期一部分土著居民逐渐过渡到了定居的生活方式,开始从事农业,在此基础上形成了楚斯特文化。他强调从楚斯特文化相关遗址的文化层厚

---

① Заднепровский Ю. А. , *Чустская культура Ферганы и памятники раннежелезного века Средней Азии*,автореф. докт. дис,М. ,1978,с. 48.

② Заднепровский Ю. А. , *Древнеземледельческая культура Ферганы*,с. 200.

③ Спришевский В. И. , *Чустское поселение: к истории Ферганы в эпоху бронзы*,автореф. диссердация канд. истор. наук. Ташкент,1963,с. 12.

④ Спришевский В. И. , *Чустское поселение: к истории Ферганы в эпоху бронзы*,с. 16.

⑤ Исаков А. И. , *Саразм/К вопросу становления раннеземледельческой культуры Зеравшанской долины(раскопки 1977 - 1983 гг.)*,Душанбе,Издательство "Дониш",1991,с. 101.

⑥ Массон В. М. , "Изучение энеолита и бронзового века Средней Азии",*СА*,1957,no. 4,с. 53.

⑦ Casal J. M. , *Fouilles de Mundigak*,vol. I,C. Klincksieck,Paris,1961,pp. 104 - 109.

⑧ Кузьмина Е. Е. , "К вопросу о формировании культуры Северной Бактрии",*БДИ*,1972,no. 1,с. 138.

度来看,是中亚同类遗存中年代最古老的[①]。杜克也赞同阿斯卡洛夫的说法,并认为布尔古留克文化是塔什干绿洲本地部落向农业—畜牧生活逐渐转变的结果,同时也受到了费尔干纳、苏尔汉河地区和土库曼斯坦南部定居农业部落的影响[②]。

3. 阿富汗北部

萨瑞安尼迪认为阿富汗北部是中亚青铜时代晚期彩陶类遗存的源头,后来传播到乌兹别克斯坦南部和马尔吉亚纳地区[③],费尔干纳地区的彩陶文化因素是受到中亚南部的影响形成的[④],并认为中亚彩陶文化的来源应该到伊朗东北部呼罗珊地区甚至伊朗西南部寻找[⑤]。

4. 泽拉夫善河上游

伊萨科夫指出萨拉子模有着悠久的彩陶传统,承接土库曼斯坦南部的早期彩陶文化而来,它在中亚青铜时代晚期彩陶的传播中扮演了重要角色,这里可能是晚期手制彩陶文化中心,随后传播到费尔干纳、马尔吉亚纳和巴克特里亚北部[⑥]。

早期关于中亚青铜时代晚期彩陶文化的起源地的分歧,很重要的一个原因是缺乏[14]C测年数据,学者往往是通过与周边同类型遗存对比进行大致的年代判定。但即使到后来有一些遗址进行了[14]C数据测定,仍无法很好地解决这一问题,因为这些遗存年代都比较接近,不容易准确判断出年代早晚。

三、关于新疆彩陶类遗存的来源、中亚彩陶类遗存与
新疆彩陶类遗存关系的讨论

1921 年,瑞典地质学家、考古学家安特生主持河南渑池仰韶村发掘,被认为是中国史前考古学的开端,但也由此引发了有关东西方文化交流、传播的方向问题的讨论。他将仰韶遗址出土的彩陶与东南欧特利波里、中亚安诺等遗址出土的彩陶联系起来,并中国西北地区进行了考察,得出了仰韶彩陶源自近东的结论[⑦]。这种仰韶彩陶西来的论调在当时影响很大,多数国外学者"都认为新石器时代晚期,有一支以彩陶为代表的先进农业集团进入

① Аскаров А., *История происхождения Узбекского народа*, перевод с узбекского, ИПТД 《УЗБЕКИСТАН》,Ташкент, 2018, с. 176,177,182.

② Дуке Х., *Туябугузские поселения бургулюкскок культуры*, с. 89,90.

③ Сарианиди В. И., *Раскопки Тилля-тепе в Северном Афганистане*(*Материалы к археологической карте Северного Афганистана*), с. 29-36.

④ Сарианиди В. И., *Храм и некрополь Тиллятепе*, с. 41,42.

⑤ Сарианиди В. И., *Храм и некрополь Тиллятепе*, с. 38-41.

⑥ А. И. Исаков, *Саразм/К вопросу становления раннеземледельческой культуры Зеравшанской долины*(*раскопки 1977-1983 гг.*), с. 88.

⑦ 安特生著,乐森璕译《甘肃考古记》,《地质专报》甲种第五号,北京,1925 年,42 页。

中国的黄河流域,汇入原有的文化中并成为中国的史前文化[1]"。但这一论调很快就遭到了中国考古学界的质疑和反对。1926 年,李济先生指出:"考较现在我们所有的材料,还没有得到十分可靠的证据,使我们断定在中国所找到的带彩陶器确发源于西方。"[2]在彩陶文化传播方向的问题上,新疆作为中间地带,自然成为学界讨论的焦点。1946 年,裴文中先生指出新疆彩陶较黄河流域彩陶晚,对"彩陶文化西来"提出了质疑[3]。1965 年,苏秉琦先生指出仰韶文化、马家窑文化等彩陶文化在甘肃境内的移动方向是自东向西而非反向[4]。1978 年,严文明先生梳理了甘肃彩陶文化的起源、发展及演变,清晰展现了彩陶文化自东向西渐次扩展的图景,澄清了仰韶文化西来说的谬误[5]。1982 年,陈戈先生指出新疆彩陶东多西少、东早西晚的现象,显然彩陶传播的主导方向是"西去"而非"西来",同时,他也认识到楚斯特彩陶与新疆彩陶两者之间可能有一定的联系[6]。穆舜英也指出伊犁河流域的彩陶的造型和纹饰都与中亚楚河流域的彩陶相似[7]。

李水城先生分析天山北路一期遗存的文化因素,认为河西走廊的四坝文化和过渡类型遗存是它的重要来源之一,并且融合了可能来自阿勒泰地区的文化因素[8]。梅建军先生认为新疆四道沟下层文化、新塔拉文化的西渐,是公元前两千纪末中亚手制彩陶兴起的原因之一[9]。郭物先生引法兰克福的假设,认为中亚青铜时代晚期的手制彩陶来源于新疆,但他也意识到新疆和中亚的彩陶文化缺乏考古学文化的中间环节[10]。

韩建业先生研究认为,起源于陕甘地区的彩陶文化,经历了四波向西扩散的过程。第三波扩张时,马厂类型可能已经抵达新疆东部,约公元前 1900 年以后,河西走廊中西部和新疆东部差不多同时出现了面貌近似的四坝文化和哈密天山北路文化。约公元前 1300 年焉不拉克文化形成之后彩陶文化沿北道进行开始了第四波西进。焉不拉克文化的高颈壶、弧腹杯、弧腹钵、豆、直腹杯、直腹筒形罐等彩陶因素西传,导致新疆中部自东而西形成苏贝希文化、察吾呼文化、伊犁河流域文化等彩陶文化,察吾呼文化晚期向南以及扩展到

① 陈星灿《中国史前考古学史研究(1895—1949)》,北京:生活·读书·新知三联书店,1997 年,116—133 页。

② 李济《西阴村史前遗址》,清华学校研究院丛书第三种,1927 年,28—29 页。

③ 裴文中《新疆之史前考古》,《中央亚细亚》第一卷,1942 年,33—39 页。

④ 苏秉琦《关于仰韶文化的若干问题》,《考古学报》1965 年第 1 期,51—82 页。

⑤ 严文明《甘肃彩陶的源流》,《文物》1978 年第 10 期,62—76 页。

⑥ 陈戈《略论新疆的彩陶》,《新疆社会科学》1982 年第 2 期,77—103 页。

⑦ 穆舜英《新疆彩陶》,北京:文物出版社,1998 年,16 页。

⑧ 李水城《天山北路墓地一期遗存分析》,《东风西渐——中国西北史前文化之进程》,北京:文物出版社,2009 年,219—228 页。

⑨ Jianjun Mei, *Copper and Bronze Metallurgy in Late Prehistoric Xinjiang-Its cultural context and relationship with neighboring regions*, BAR International Series 865, 2000, p.75.

⑩ 郭物《新疆史前晚期社会的考古学研究》,上海:上海古籍出版社,2012 年,398—402 页。

塔里木盆地南缘[①]。

至此，国内学者对新疆彩陶的传播问题形成了主流的观点，即从东往西传，新疆地区彩陶主要受到甘青地区彩陶的影响形成。同时，也有一些国内学者发表了不同观点，如水涛先生认为青铜时代晚期的文化以费尔干纳盆地到塔里木盆地南北缘的东向传播为主。但并不是指的彩陶类遗存，而是指素面灰黑陶类遗存[②]。在另一处，他表示，新疆的彩陶曾经历了一个很长的发展过程，一方面接受了来自甘青地区早期彩陶文化的影响；另一方面也接受了来自中亚地区若干彩陶文化的影响；可能还有一部分产生于当地的土著文化因素[③]。邵会秋先生认为新疆的彩陶和中亚青铜时代晚期出现的彩陶差异很大，分布地域上有脱节，两者的来源不同[④]。吕恩国、魏久志先生认为伊犁河流域文化的彩陶主要是受楚斯特文化的影响而产生的[⑤]。遗憾的是，文章中并没有提供令人信服的证据。

国外学者在新疆与中亚彩陶类遗存的比较研究上也做出了一些尝试，如马松[⑥]、扎德涅普罗夫斯基[⑦]、安东诺娃（E. В. Антонова）[⑧]、法兰克福[⑨]、戴寇琳（C. Debaine-

① 韩建业《"彩陶之路"与早期中西文化交流》，《考古与文物》2013 年第 1 期，28—37 页。

② 水涛《新疆青铜时代诸文化的比较研究——附论早期中西文化交流的历史进程》，《中国西北地区青铜时代考古论集》，北京：科学出版社，2001 年，34—36 页；Shui Tao, "On the Relationship Between the Tarim and Fergana Basin in the Bronze Age"，《中国西北地区青铜时代考古论集》，58—60 页。

③ 水涛《20 世纪中国西部与中亚史前考古学的主要进展》，《中国西北地区青铜时代考古论集》，北京：科学出版社，2001 年，191 页。

④ 邵会秋《东西方文化早期的碰撞与融合——从新疆史前时期文化格局的演进谈起》，《社会科学战线》2009 年第 9 期，149—150 页。

⑤ 吕恩国、魏久志《伊犁河谷地与费尔干纳盆地彩陶文化之交流》，王林山主编《伊犁河谷考古文集》，乌鲁木齐：新疆大学出版社，2012 年，440—449 页。

⑥ Массон В. М., "Изучение энеолита и бронзового века Средней Азии", СА, 1957, no. 4, с. 53. В. М. Массон, *Культурогенез древней центральной Азии*, под ред. Л. Б. Кирчо, СПБ, Филологический факультет СПбГУ；Издательство Санкт-Петербургского государственного университета, 2006, с. 108‐110.

⑦ Заднепровский Ю. А., *Древнеземледельческая культура Ферганы*, с. 67, 106, 107.

⑧ Антонова Е. В., "Бронзовый век", в сб.：*Восточный Туркестан в древности и раннем средневековье. Очерки истории*. Под редакцией С. Л. Тихвинского и Б. А. Литвинского, М., 1988, с. 136‐155.

⑨ Francfort H.-P., "The Cultures with Painted Ceramics of South Central Asia and their Relations with the Northeastern Steppe Zone (late 2nd-early 1st Millenium BC)", in：*Migration und Kulturtransfer：Der Wandel vorder-und zentralasiatischer Kulturen im Umbruch vom 2. zum 1. Vorchristlichen Jahrtausend. Akten des Internationalen Kolloquiums, Berlin, 23. bis 26, November* 1999, Bonn, 2001, S. 221‐235.

Francfort)①、吕里耶②、耶特马尔(K. Jettmar)③、库兹米娜④、哈弗因(C. B. Хаврин)⑤、斯维尔曲科夫(Л. Сверчков)等⑥。

综合国内外关于中亚彩陶类遗存与新疆彩陶类遗存关系的讨论,大致可以分为三种观点。

第一种观点认为彩陶文化是从新疆向中亚传播。新疆彩陶来源于甘青地区的彩陶文化,向西影响到了费尔干纳等地。如韩建业先生认为楚斯特文化的彩陶纹饰和器类均与察吾呼文化相似。楚斯特文化的彩陶和早先的纳马兹加文化Ⅰ—Ⅲ期彩陶存在很大缺环,而察吾呼文化的彩陶则上承甘青文化系统,有着完整的演变序列,所以推测当时彩陶的传播大势是自东往西,察吾呼文化曾对楚斯特文化产生过强烈影响⑦。库兹米娜指出,楚斯特文化、布尔古留克、雅孜Ⅰ、库楚克、蒂利亚特佩等的文化来源可能都受到了新疆文化的影响。所有这些文化都有相似形制的石磨盘、石镰、石刀和铜镰、铜刀,以及陶器是在红底上绘黑彩(楚斯特)或白底上绘棕色彩(雅孜Ⅰ)⑧。

第二种观点认为彩陶文化是从中亚向新疆传播。多数西方学者,包括苏联学者,都认为楚斯特文化和新疆的彩陶文化属于同一文化圈,即是中亚青铜时代末至早期铁器时代的手制彩陶文化,并且认为它们来源于中亚西南部科佩特塔格山前的新石器时代和铜石

① Debaine-Francfort, C. "Archéologie du Xinjiang des Origines aux Han", Ⅰ. *Paléorient* 14/1, 1988, pp. 5 - 29. Debaine-Francfort, C. "Archéologie du Xinjiang des Origines aux Han", Ⅱ. *Paléorient* 15/1, 1989, pp. 183 - 213. Debaine-Francfort C., "Xinjiang and Northwestern China around 1000 BC: Cultural Contacts and Transmissions", in: *Migration und Kulturtransfer: Der Wandel vorder-und zentralasiatischer Kulturen im Umbruch vom 2. zum 1. Vorchristlichen Jahrtausend. Akten des Internationalen Kolloquiums*, *Berlin*, 23. *bis* 26, *November* 1999, Bonn, 2001, S. 57 - 70.

② Johanna LHUILLIER, *Les cultures à cèramique modelée peinte en Asie centrale méridionale*, *Dynamiques socio-culturelles à L'âge du Fer ancien*(1500 - 1000 *av. n.è*), pp. 189 - 192, 257.

③ Jettmar K., "Archäologie in Xinjiang und ihre Bedeutung für Südsibirien", *Beiträge zur allgemeinen und vergleichenden Archäologie*, 12, 1992, S. 141 - 144.

④ E. E. Kuzmina, "Cultural Connections of the Tarim Basin People and Andronovo Culture: Shepherds of the Asian Steppes during the Bronze Age", in Victor H. Mair(ed), *The Bronze Age and Early Iron Age Peoples of Eastern Central Asia*, volume 1, Washington, Institute for the Study of Man, Philadelphia, University of Pennsylvania Museum Publications, 1998, p. 82.

⑤ Хаврин C. B., "Памятники андроновской культуры на территории Северного Китая", в сб.: *Северная Евразия от древности до средневековья. Тез. конф. к* 90-*летию М. П. Грязнова.* СПб, 1992, с. 45 - 46.

⑥ Леонид Сверчков, Тохары. *Древние индоевропейцы в Центральной Азии*, Ташкент, SMI - ASIA, 2012, с. 43 - 46.

⑦ 韩建业《新疆的青铜时代和早期铁器时代文化》,北京:文物出版社,2007 年,113—114 页。

⑧ Elena E. Kuzmina, "Cultural Connections of the Tarim Basin People and Andronovo Culture: Shepherds of the Asian Steppes during the Bronze Age", p. 82.

并用时代的文化①。关于新疆彩陶和甘青地区的关系,他们不否认哈密天山北路文化与四坝文化的联系,但将这种联系视为在新疆东部和甘肃西部交汇的两支族群文化、两支彩陶传统②。

第三种观点认为中亚彩陶和新疆彩陶有各自独立的来源。持这种观点的学者以法兰克福、戴寇琳和吕里耶为代表。法兰克福将公元前二千纪晚期至公元前一千纪初的中亚南部和周边地区划分为:中亚南部彩陶区、费尔干纳彩陶区、新疆彩陶区和南哈萨克斯坦彩陶区,这些彩陶区彼此独立③。戴寇琳将新疆史前文化分为三种类型:1. 青铜时代至早期铁器时代的新疆西北部持续被安德罗诺沃文化部落占据,之后进入到塞人文化时期,更晚些进入到乌孙文化时期。2. 塔克拉玛干沙漠南缘、西缘和西北缘分布着"灰陶"遗存,以阿克塔拉类遗存为代表。3. 在新疆中部,南至塔克拉玛干沙漠以北,北至天山,西至库车,东至哈密盆地,包括东部天山地区,分布着彩陶文化遗存④。她认为新疆彩陶的源头来自东边,而当时的冶金传统则显示出受到北边草原的影响⑤。吕里耶对中亚彩陶类遗存有深入的研究,并支持戴寇琳的观点,指出新疆彩陶和中亚彩陶之间有一些共同之处,也显示出一些联系,但没有证据表明它们之间有文化来源上的联系。新疆彩陶的来源应该追溯到甘青地区的新石器时代的彩陶文化⑥。

还有一种观点认为费尔干纳盆地的楚斯特文化和中亚南部的雅孜I文化差异较大,楚斯特文化的来源可能在新疆。这种观点以马松为代表,主要是以彩陶纹饰和石镰等因素为依据⑦。

---

① Массон В. М., *Древнеземледельческая культура Маргианы*, с. 114 – 118; Киселев С. В., "Неолит и бронзовый век Китая(по материалам научной командировки в КНР)", *CA*, 1960, No. 4, с. 251 – 253, 264; Массон В. М., *Средняя Азия и Древний Восток*, Издательство《Наука》, М., Л., 1964, с. 186; Masson V. M. and Sarianidi V. I., *Central Asia: Turkmenia Before the Archaemenids*, Thames and Hudson, London, 1972, p. 164; Антонова Е. В., "Бронзовый век", с. 155.

② Леонид Сверчков, *Тохары. Древние индоевропейцы в Центральной Азии*, с. 44.

③ Francfort H. -P., "The Cultures with Painted Ceramics of South Central Asia and their Relations with the Northeastern Steppe Zone (late 2nd-early 1st Millenium BC)", S. 221 – 235.

④ Corinne Debaine-Francfort, "Xinjiang and Northwestern China around 1000 BC: Cultural Contacts and Transmissions", S. 57 - 70.

⑤ Corinne Debaine-Francfort, "Xinjiang and Northwestern China around 1000 BC: Cultural Contacts and Transmissions", S. 67.

⑥ Johanna LHUILLIER, *Les cultures à cèramique modelée peinte en Asie centrale méridionale*, *Dynamiques socio-culturelles à L'âge du Fer ancien*(1500 - 1000 av. n.è), pp. 189 – 192, 257.

⑦ Массон В. М., *Культурогенез древней центральной Азии*, с. 108 – 110.

四、总结与展望

国外学者主要是苏联学者对中亚彩陶类遗存的研究获得了丰富的成果,重要的有代表性的遗址多有报告和研究性论著发表,对中亚彩陶类遗存的起源也有很多有益的讨论。但由于早期没有 ^{14}C 测年数据作为遗存年代判定的依据,导致对各个地区的彩陶类遗存的孰早孰晚众说纷纭。但即使后来有了一些可参考的测年数据,由于遗存年代相近,这一问题仍未能很好地解决。近年来的一些考古新发现与研究也为这一问题的讨论提供了新契机,如费尔干纳盆地东南部发现的沙根姆(Шагым)墓葬表明早到公元前三千纪,费尔干纳盆地就已经有活跃的居民,且出土的器物与泽拉夫善河上游的萨拉子模文化联系最明显。学者指出,很可能在这一时期泽拉夫善河上游的农业居民(萨拉子模文化人群)迁徙进入费尔干纳盆地东南部[1]。中亚南部早期农业向费尔干纳盆地的传播,可能为后者青铜时代晚期定居文化的来源提供了可能性。马克苏多夫(Ф. А. Максудов)也从古环境气候、植被、地貌水文条件、考古发现等多方面论证费尔干纳盆地在新石器时期具备从狩猎采集自主转变至农业生产的可能性[2]。

国外学者将中亚彩陶和新疆彩陶的关系问题放在中亚彩陶的来源问题的框架内进行讨论,但早期的讨论限于当时新疆发现的零散的材料及缺乏 ^{14}C 测年数据,往往停留在彩陶的纹饰和石镰、石磨盘、权杖头等个别因素上面,没有综合考虑文化的方方面面。随着新疆地区开展的考古发掘工作越来越多,测年数据越来越完善,且一些国外学者主要是法国学者进入新疆开展工作,对新疆的遗存掌握更加深入,在对这一问题的考量也更有说服力。关于新疆彩陶类遗存来源的讨论,国内学者在新疆东部与甘青地区的联系方面有很多的建树,但对新疆彩陶类遗存与中亚彩陶类遗存的关系的讨论仍有较多空间,也存在一些问题,突出表现为对中亚的考古发现及研究现状缺乏系统了解,导致出现将年代早、晚的遗存,或不同类型的遗存混为一谈的情况。中亚地区日益规范的考古发掘以及日渐完善的测年数据、越来越多新疆地区的考古发现,以及国内外学者日益频繁的交流及信息的畅通,都为这一问题的讨论提供了前所未有的契机。对中亚和新疆地区的彩陶类遗存进行葬俗、陶器制作方法、陶器器形及纹饰、经济生活方式及使用石器、铜器等方面综合考察,分清同异的主次关系,是解决这一问题的一个思路。

---

[1] Рузанов В. Д., Рогожинский А. Е., "Результаты исследований металлических изделий могильника Шагым", *Археология Узбекистана*, 2018, no. 1(16), с. 3 – 10.

[2] Максудов Ф. А., "К проблеме сложения производящего хозяйства в Ферганской долине", *История и археология Турана*, no. 3, Самарканд, 2016, с. 44 – 58.

The Discoveries and Research Overview of Painted Ware Remains in Central Asia

Lin Lingmei

The discovery of painted ware remains from late Bronze Age to early Iron Age was of special status in civilization of Central Asia, and has started the continuous discussion on its characteristics and origin. Especially when J. G. Anderson directed the excavation in Yangshao, Henan in 1920s, he connected the painted ware discovered with those from Anau in Central Asia, and proposed the theory on the western origin of painted ware culture. As the intermediate zone, Xinjiang gained a lot of attentions on its painted ware remains, and triggered the discussion on the relationship between the painted ware remains from Central Asia and those from Xinjiang among the Chinese and foreign scholars. The paper combs the discoveries of painted ware remains, their characteristics and chronology, and then the discussion mainly of foreign scholars on the origin of these remains from Central Asia, also the discussion of both Chinese and foreign scholars on the relationship between the painted ware remains from Central Asia and Xinjiang, in order to lay some foundation for the future researches on related subjects.

"玄津"非"玄事"

——云冈造像铭文札记之一

刘建军

云冈研究院

恰逢借云冈石窟第 11 至 13 窟进行日常文物保护维修工程时机,2020 年笔者有机会亲临这部分附属洞窟,对第 11 至 13 窟的这部分处于大型洞窟前立壁崖面上的附属窟龛进行了调查,在核查和校对第 12:1 窟这座小型洞窟中的这则造像铭文时,发现前贤移录铭文的文字有误,通过细心揣摩、仔细观察后,重新识读这则造像铭文,整理成札记一则,一方面助力推动近年来的云冈研究向更深入、更广的方向发展,补充《云冈金石录》录文;另一方面就相关的一些问题进行探讨,借参加 2021 年新疆拜城"刘国平刻石与西域文明学术研讨会"之机,向诸位专家请教,敬请批评指正。

一

这则造像铭文雕刻在云冈石窟第 12:1 窟[1],因洞窟位于大型洞窟前立壁崖面之上,其位置比较特殊,如果没有专门设施的话,一般不易攀登。为了对这些文物进行科学研究,分布在云冈石窟洞窟外立壁崖面的小型窟龛,在过往的中外学者进行的调查与研究过程中,一般对这些小型窟龛的一部分进行过编号,将其列为附属窟龛。

云冈第 12:1 窟(日人编号第 12:a 窟)造像铭文最早发现于 20 世纪 30 年代。1952 年日本学者水野清一、长广敏雄在《雲岡石窟:西曆五世紀における中國北部佛教窟院の考古學的調查報告》(以下简称《雲岡石窟》)第十卷第十三窟考古报告文本的第四章《第 11 至 13 窟外壁窟龛》,对第 12:1 窟(日人编号第 12:a 窟)洞窟的基本情况进行介绍,指出"入口处刻有基台,其中央有方形的铭文区,左右各对称排列五尊比丘像,两端配置狮子。中

---

① 李雪芹《云冈石窟新编窟号说明》,《中国石窟·云冈石窟》一,北京:文物出版社,1991 年,209—211 页。

央铭文区上缘残缺,下部风化,但六厘米大的字历历在目。共六行,各行字数不明"①,同时辨读了这则造像铭文的残存文字,录文如下:

> 玄事?凝?寂?……
> 现其□□……
> 以显……
> 必内……
> 造像……
> 元年……②(图1)

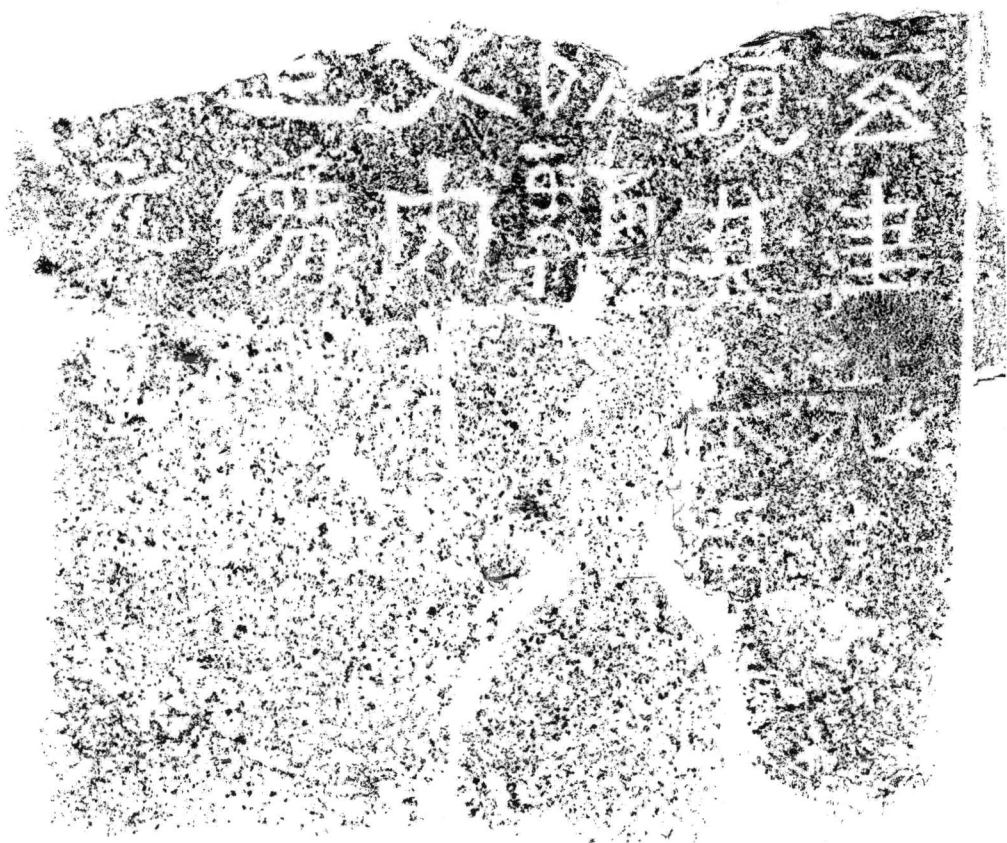

图1　第12:1窟造像记　拓本　水野清一、长广敏雄《雲岡石窟》第十卷·文本·拓本Ⅷ

---

① 京都大学人文科学研究所:水野清一、长广敏雄编,中国社会科学院考古研究所编译《云冈石窟》第十卷第十三窟,文本,北京:科学出版社,2016年,29页。

② 京都大学人文科学研究所:水野清一、长广敏雄编,中国社会科学院考古研究所编译《云冈石窟》第十卷第十三窟,文本,科学出版社,2016年,29页。

从上述识读后移录的造像铭文可以看出,第一行仅存的"玄事凝寂"四字中,后三字上面都标有"?",说明当时对识辨的文字存在着疑问。1955 年两位学者又在《雲岡石窟:西曆五世紀における中國北部佛教窟院の考古學的調查報告》附录《雲岡金石录》(以下简称《金石录》)收录了这则造像铭文。在《金石录》中在第二行"现其"二字之后,又重新识别出"寂"字,形成了第二行文字"现其寂……"①,但是新增加的"寂"字上同样标有"?",说明许多字残损比较严重,不太容易进一步地辨别,所以难以确定。

这则造像铭文六行文字中每行仅存 2—4 字,因为字迹模糊,且风化严重,甚至有些字也不容易分出究竟是石花,还是笔画,再加上内容又十分有限,所以并未引起学界重视。直到 21 世纪初,2006 年中国学者张焯编撰《云冈石窟编年史》将该条造像铭文移录到太和十三年(489)条下的附注之中②。嗣后,有学者照原文移录③。近年也有学者进行重新识读④,冈村秀典教授在《云冈石窟》第十九卷第十一窟—第十六窟考古报告文本的图版说明也认为"作为赞叹佛法的优美词句,应该更加合适"⑤。不过,我们发现目前识别出的造像铭文除了文字上有错误之外,甚至解释也颇有出入,且难以进行句读解意。为此笔者专门对造像铭文进行了实地考察,并参照 70 年前拍摄或拓制的照片、拓本等资料,在前贤们识读的基础上重新审慎地辨读,并整理第 12:1 窟造像铭文移录如下(图 2):

······玄津凝寂······/

······镜?其荫修?······/

······以显······/

······必?内······/

······造像······/

······明元年······

关于首行"玄津凝寂"四字中的"津"字。过去有两种识读:一种为日本学者在《雲岡石窟》和《金石录》都将该字辨别成"事",构成"玄事"且与"凝寂"共同组成"玄事凝寂",其文意还似乎可以解释为"深奥的事理",正如晋支遁《大小品对比要抄序》中"余今所以例玄事以骈比,标二品以相对,明彼此之事所在,辩大小之有先"⑥。另一种为近年有学者在《楹联》一书中重新

---

① 京都大学人文科学研究所:水野清一、长广敏雄编著,中国社会科学院考古研究所编译《云冈石窟》第二卷第五窟,文本,附录《云冈金石录》,科学出版社,2014 年,4 页。

② 张焯《云冈石窟编年史》,北京:文物出版社,2006 年,126 页。

③ 王恒编《云冈石窟辞典》,南京:江苏美术出版社,2012 年,527 页。

④ 员小中《云冈石窟铭文楹联》(以下简称为《楹联》),太原:山西科学技术出版社,2014 年,50 页。

⑤ 《云冈石窟》第十九卷第十一窟—第十六窟,文本,图版说明 142、143。京都大学人文科学研究所、中国社会科学院考古研究所编《云冈石窟》第十九卷第十一窟—第十六窟,北京:科学出版社,2018 年,107 页。

⑥ (晋)支道林《大小品对比要抄序》,《大正藏》,第 55 册,《出三藏记集》卷八,No. 2145,56 页。

图2　第12:1窟造像记　照片　张焯《云冈石窟全集》第十卷·第12窟·图版302

识读成左右结构的"律"字,将"氵"偏旁识别成"彳"偏旁,这样使得造像铭文的含意更加模糊。不过,提示我们这个字形结构为左右构成,如果参考过去拓片,结合造像铭文细致观察,通过细审笔划及字迹应为"氵"和"聿"两部分偏旁组成,辨读为"津"字应该无误,这里"玄津"一词在铭文中比喻佛法。第五行的造字残存下半字"辶"和"口"的局部,与下字"像"组合为"造像"无疑。第六行字第一字残,仅存"日"和"月"的下半部分的局部笔画,推测为"明"字。下面"元"字又十分清晰,其下面"年"字以"禾"与"干"上下结构为常见写法。

二

"玄津"比喻佛法。因佛法深远难识,又为度化世人的津筏,故称佛法为"玄津"。"玄津"一词据笔者所知最早出现佛教经典系鸠摩罗什(344—413)于弘始十一年(409)译出《十二门论》序文中,《十二门论序》为罗什的四大弟子之一——僧叡撰述"真可谓运虚刃于无间。奏希声于宇内。济溺丧于玄津。出有无于域外者矣"[1]。

除佛经外,"玄津"在六世纪初的佛教碑文也已出现,诚如梁萧统编《文选·王中〈头陀寺碑文〉》记载曰:"释网更维,玄津重柂。"[2]唐李善注《文选·王中〈头陀寺碑文〉》曰:"僧叡师十二法门序曰奏希声于宇内,济溺丧于玄津。"[3]唐代张铣注《头陀寺碑文》曰:"释网、

---

[1]　(晋)僧叡《十二门论序》,《大正藏》,第30册,No.1568,159页。

[2][3]　(梁)萧统编,(唐)李善注《文选》,中华书局,1977年,下册,816页。

玄津,并佛法也。"①

高僧道世在《法苑珠林》卷一七《敬法篇》第七中颂曰:"教传三藏,慈训八因。含情普洽,机悟玄津。"②

其实,隋·吉藏撰《十二门论疏》文中将序文初设标大宗、释题目、叙造论之意、赞论之功能、赞论之利益、作者谦让等六科。其中,在"赞论之功能"论述中专门对"济溺丧于玄津"进行了十分详细阐述与解释,曰:

> ……济弱丧于玄津者第二得益。初得益次离益。庄周云。少失乡土名弱丧。丧失也。弱少也。即六道与三乘皆是失中道本乡之人也。别正取二乘为弱丧。即穷子是也。故云譬如童子幼稚无识舍父逃逝久住他国也。玄津即是斯论。入此论之津归中道本乡也……③

这里,吉藏在《十二门论疏》中不仅是对"济溺丧于玄津"文句的解释,而且运用了比喻方式讲述了一个十分动人的故事,揭示了僧叡撰述《十二门论序》文中的佛典"玄津"含义,与第12:1窟造像铭文中"玄津"内容相符。如果透过铭文的文字材料,仿佛是一则有形事件、人物和信仰的叙述,而且在这个窟龛造像铭文内容和图像风格背后,似乎将云冈与龙门的北魏造像联系起来,也反映了两地相互影响,这是我们专门需要讨论的另外一个问题。

The Note on the Statue Inscription in Yungang Grottoes Ⅰ: "Xuanjin" is not "Xuanshi"

Liu Jianjun

The note is accroding to the field investigation of the statue inscription in cave 12:1, combined with published photos and rubbing materials, etc., to re-read the statue inscription on the basis of previous readings. This note not only reads and objectively analyzes some of the remaining characters from the aspects of font structure, radical combination, etc., but also re-reads the word "Xuanjin". Based on the comparison and research of Buddhist scriptures, inscriptions and documents, I propose a new understanding that "Xuanjin" is neither "Xuanlv" nor "Xuanshi".

---

① 日本东京大学东洋文化研究所藏,朝鲜版《五臣注文选》(梁)萧统选编,(唐)吕延济等注,南京:凤凰出版社,2018年。张铣注《文选》卷三○,《王简栖·头陀寺碑文》,803页。

② (唐)道世撰,周叔迦、苏晋仁校注《法苑珠林校注》(全六册),中华书局,2003年,二册,583页。

③ (隋)吉藏撰《十二门论疏》,《大正藏》,第42册,No.1825,174页。

论西域"秦人"称谓[*]

王子今

中国人民大学国学院

在西汉时期称为"西北边"的方向^①,对于中原人,曾经通行"秦人"称谓。战国至秦代,秦人在西北方向的历史文化影响,使得匈奴人西域人习称中原人为"秦人"。西汉时期西域"秦人"称谓见于《史记》《汉书》这种具有经典意义的史籍文献。从新疆拜城刘平国刻石文字看,东汉时依然使用"秦人"名号。我们不仅看到匈奴人与西域人习称中原人为"秦人"的历史语言现象,西域中原人指代中原人也使用"秦人"称谓的情形,尤其引人注目。这一文化现象可以说明丝绸之路的作用在秦人于西北方向形成影响的时代已经显现。作为社会称谓、民族代号和文化标识的"秦人",是可以说明中华民族交流、交往、交融历史的具有典型性意义的语言标本。讨论西域"秦人"称谓与汉地"秦胡""秦虏""秦骑"称谓的关系,也是有学术意义的话题。

一、匈奴使用"秦人"称谓

《汉书·匈奴传上》有关汉与匈奴战争的记载,出现"秦人"称谓:

> 卫律为单于谋:"穿井筑城,治楼以藏谷,与秦人守之。汉兵至,无奈我何。"即穿井数百,伐材数千。或曰胡人不能守城,是遗汉粮也,卫律于是止^②。

对于"与秦人守之"之所谓"秦人",颜师古注:"秦时有人亡入匈奴者,今其子孙尚号'秦人'"。又《汉书·西域传下》记载汉武帝"下诏,深陈既往之悔",表达了进行重要政策转变

---

* 本文系 2020 年度国家社科基金中国历史研究院重大研究专项("兰台学术计划")"中华文明起源与历史文化研究专题"委托项目"中华文化基因的渊源与演进"阶段性研究成果。

① 王子今《秦汉边政的方位形势:"北边""南边""西边""西北边"》,《中央民族大学学报》2021 年第 3 期,144—151 页。

② 《汉书》卷九四上,北京:中华书局,1962 年,3782 页。

的决心①。其中写道：

> 曩者，朕之不明，以军候弘上书言"匈奴缚马前后足，置城下，驰言'秦人，我匄若马'"，又汉使者久留不还，故兴遣贰师将军，欲以为使者威重也。

这是匈奴人直接称呼汉人为"秦人"的明确的史证。文字出自汉武帝诏书，体现出其中信息发表的郑重庄严，尤其值得注意。颜师古解释说："谓中国人为'秦人'，习故言也。"②这样，我们看到颜师古对匈奴"秦人"之称有两种解说：（一）"秦时有人亡入匈奴者，今其子孙尚号'秦人'。"（二）"谓中国人为'秦人'，习故言也。"

顾炎武《日知录》卷二七《汉书注》就匈奴"谓中国人为'秦人'"情形有所讨论。他写道：

> "卫律为单于谋：'穿井、筑城、治楼以藏穀，与秦人守之。'"师古曰："秦时有人亡入匈奴者，今其子孙尚号'秦人'。"非也。彼时匈奴谓中国人为秦人，犹今言"汉人"耳。《西域传》："匈奴缚马前后足，置城下，驰言：'秦人，我匄若马。'"师古曰："谓中国人为'秦人'，习言故也。"是矣。其言"与秦人守"者，匈奴以转徙为业，不习守御，凡"穿井、筑城"之事，非"秦人"不能为也。《大宛传》"闻宛城中新得秦人，知穿井"，亦谓中国人也③。

"秦人"称谓所指代的对象，按照顾炎武的说法："亦谓中国人也。""犹今言'汉人'耳。"

二、西域使用"秦人"称谓

汉代北方和西北方向国家部族称中原人为"秦人"，因秦经营西北联络各族曾经形成长久的历史影响。"秦人"称谓的使用明确见诸史籍，较《汉书》为早，有《史记·大宛列传》的记载：

> 贰师与赵始成、李哆等计："闻宛城中新得秦人，知穿井，而其内食尚多。所为来，诛首恶者毋寡。毋寡头已至，如此而不许解兵，则坚守，而康居候汉罢而来救宛，破汉军必矣。"军吏皆以为然，许宛之约。宛乃出其善马，令汉自择之，而多出食食给汉军。④

"新得秦人"，"食给汉军"，所谓"秦人"和"汉军"之"秦""汉"区别是明白的。这是成书早于

---

① 田余庆《论轮台诏》，《历史研究》1984年第2期，3—20页。
② 《汉书》卷九六下，3912—3913页。
③ 原注："《后汉书·邓训传》：'发湟中秦、胡。'《袁绍传》：'许赏赐秦、胡。'秦者，中国人。胡者，胡人。犹后人之言'蕃、汉'也。"（清）顾炎武著，黄汝成集释，栾保群、吕宗力校点《日知录集释》（全校本），上海：上海古籍出版社，2006年，1546页。
④ 《史记》卷一二三，北京：中华书局，1959年，3177页。

《汉书》的《史记》的记载。所记述语言现象的空间背景又在更为遥远的"宛城"。

然而《汉书·李广利传》关于同一史事的文字记录,说法却略有不同:

> 是时,康居候视汉兵尚盛,不敢进。贰师闻宛城中新得汉人,知穿井,而其内食尚
> 多。计以为来诛首恶者毋寡,毋寡头已至,如此不许,则坚守,而康居候汉兵罢来救
> 宛,破汉军必矣。军吏皆以为然,许宛之约。宛乃出其马,令汉自择之,而多出食食
> 汉军[1]。

《史记》"闻宛城中新得秦人,知穿井",《汉书》则作"闻宛城中新得汉人,知穿井",所说"秦
人""汉人",其实都来自汉地无疑。

"秦人""汉人",虽文字有异,但指代的对象是一致的。大概大宛人称"秦人",而汉远
征军方面称之为"汉人"。

《史记·大宛列传》的记载,说明当时西域人对中原人使用"秦人"为代号。

三、刘平国石刻文字所见"秦人"

新疆拜城发现的刘平国石刻文字,提供了有关"秦人"称谓的确定的文物实证。

据黄文弼《释刘平国治关城诵》记述:"出拜城东北约 100 千米,喀拉塔格山麓、博者克
塔沟口岩石上。凿字者凡二处:北为题识,有字处长 18.3、宽 16.6 厘米。三行,第一、二行
各四字。第三行三字,隶体,每字 4.2 厘米见方。南为诵文,有字处长 48.3、宽 40 厘米。
隶体,每字约 3.4 厘米见方,凡八行,行十二字至十六字不等,镂刻颇工。"黄文弼还写道:
"按此碑为清光绪三年刘锦棠部将徐万福所发现,并椎拓若干纸,传播于世。叶昌炽、王仁
俊均有释文(见王树枏《访古录》),王树枏《访古录》及罗振玉《西陲石刻录》并录其文。但
诸先生未亲至其地,又字迹漫漶,因多推测之辞。现碑文又损毁若干字,原拓本更为模糊。
余于 1928 年亲至该处,考察形势,并手拓数纸。知前人颇多误解,例如叶昌炽作'刘平国
开道记'、《访古录》作'汉乌垒摩岩石刻'皆不真确。"[2]

王炳华对新疆博物馆藏"刘平国刻石"拓本的研究,注意到乌程施补华跋叙述刻石发
现及初拓情形。施说当时清军"过其地",发现这处摩崖石刻,"字迹漫漶不可识,以告余,
疑为汉刻。余请于节帅张公,命总戎(兵)王得魁,大令张廷楫具毡椎裹粮往拓之,得其点
划……"王炳华写道:"关于'刘平国刻石'的发现经过,王树枏《新疆访古录》称是光绪三年
刘锦棠部将徐万福发现。黄文弼在《塔里木盆地考古记》中从其说。与这里的施补华题跋
不同,似应以施补华题跋为准。"施补华曾"命工拓数十纸,分贻海内朋好"。陈叔通所得初
拓赠予新疆博物馆。施补华记录了文字比较清晰的部分。王炳华又综合叶昌炽、王仁俊、

---

① 《汉书》卷六一,2701 页。

② 黄文弼《释刘平国治关城诵》,收入黄文弼著,黄烈编《西域史地考古论集》,北京:商务印书馆,
2015 年,397—402 页。文末注:"原载《塔里木盆地考古记》。"

王树枏、王国维及黄文弼各家释文,提出了新的释读意见:

> 龟兹左将军刘平国以七月廿六日发家,从秦人孟伯山、狄虎贲、赵当卑、万□羌、石当卑、程阿羌等六人,共来作列亭,得谷关,八月一日始斫山石,作孔,至廿日。坚固万岁人民喜长寿亿年宜子孙,永寿四年八月甲戌朔十二日乙酉①,直建纪此东乌累关城皆将军所作也②。

王炳华的"判释",很可能是比较接近原意,也最为合理的释文。我们考虑到"直建"应与"乙酉"连读,则释文应作:

> 龟兹左将军刘平国以七月廿六日发家,从秦人孟伯山、狄虎贲、赵当卑、万□羌、石当卑、程阿羌等六人,共来作列亭,得谷关,八月一日始斫山石,作孔,至廿日。坚固万岁人民喜长寿亿年宜子孙,永寿四年八月甲戌朔十二日乙酉直建,纪此。东乌累关城,皆将军所作也。

"直建",言当"良日"③。"良日"即"吉日"。《礼记·祭义》:"世妇卒蚕,奉茧以示于君,遂献茧于夫人。夫人曰:'此所以为君服与?'遂副袆而受之。因少牢以礼之。古之献茧者,其率用此与? 及良日,夫人缫,三盆手,遂布于三宫夫人、世妇之吉者,使缫,遂朱、绿之,玄、黄之,以为黼黻文章。"孔颖达疏:"良日,谓吉日,宜缫之日。明缫更择吉利之日,日至而后,乃夫人自缫。"④"良日""大吉",是战国秦汉社会通行理念。《吕氏春秋·音初》:"夏后氏孔甲田于东阳萯山,天大风晦盲,孔甲迷惑,入于民室,主人方乳,或曰'后来,是良日也,之子是必大吉'。"⑤《淮南子·兵略》:"夫以巨斧击桐薪,不待利时良日而后破之。"⑥在提示"良日"的同时,又说到"利时"。汉代行事"择良日"之例,有汉王拜将故事。《史记·淮阴侯列传》:"王必欲拜之,择良日,斋戒,设坛场,具礼,乃可耳。"⑦又《史记·龟策列传》:"今日良日,行一良贞。"⑧刘邦称帝,亦"谨择良日"。《汉书·高帝纪下》:"诸侯王及太尉长安

---

① 王炳华指出:"这里的'十二日'应为'廿二日'之误。""摩岩刻字十分漫漶,难以辨清,而且'十'与'廿'只一笔之差,至有此误。"今按:刻石当时之"误"不好理解,很可能是因"漫漶"过甚判读之"误"。

② 王炳华《"刘平国刻石"及有关新疆历史的几个问题》,《新疆大学学报》1980 年第 3 期,56—62 页。

③ 睡虎地秦简《日书》甲种:"建日,良日也。可以为啬夫,可以祠。利枣不利莫。可以入人、始寇、乘车。有为也,吉。"(一四正贰)睡虎地秦墓竹简整理小组《睡虎地秦墓竹简》,北京:文物出版社,1990 年,释文注释 183 页。此所谓"建日,良日也",放马滩秦简《日书》甲种和乙种均作"建日,良日殹"。即:"建日:良日殹。可为啬夫,可以祝祠,可以畜大生,不可入黔首。"(甲一三,乙一四)甘肃省文物考古研究所编《天水放马滩秦简》,北京:中华书局,2009 年,83、87 页。

④ (清)阮元校刻《十三经注疏》,北京:中华书局,据原世界书局缩印本,1980 年,1598 页。

⑤ 许维遹撰,梁运华整理《吕氏春秋集释》,北京:中华书局,2009 年,139 页。

⑥ 何宁撰《淮南子集释》,北京:中华书局,1998 年,1081 页。

⑦ 《史记》卷九二,2611 页。

⑧ 《史记》卷一二八,3240 页。

侯臣绾等三百人,与博士稷嗣君叔孙通谨择良日二月甲午,上尊号。汉王即皇帝位于氾水之阳。"①又汉帝"立诸子""以为王"同样。《汉书·贾谊传》:"择良日,立诸子洛阳上东门之外,毕以为王,而天下安。"②所谓"直建,纪此",即"良日""吉利之日""纪此",体现了追求"行一良贞""是必大吉"的意识③。

《龟兹左将军刘平国作关城诵》中"龟兹左将军刘平国以七月廿六日发家,从秦人孟伯山、狄虎贲、赵当卑、万口羌、石当卑、程阿羌等六人,共来作列亭……"所见"秦人"称谓出自汉人书写的纪念性文书"诵",当然是值得研究者认真关注的。

四、刘平国石刻称谓史意义之一:东汉西域"秦人"称谓实例

有学者曾经发表论说,认为《龟兹左将军刘平国作关城诵》记录的工程"在当时影响重大",其意义超越工程史和交通史,也可以作为行政史及边疆史的实证,"这一石刻证明直到东汉晚期中原王朝仍对西域实施着有力的管辖。该石刻是新疆目前发现最早的摩崖石刻,是新疆归属汉王朝统治的历史见证"④。其实,这一重要的石刻文字资料还有值得认真探索的其他历史文化信息。比如,前引匈奴人、西域人称"秦人"均见于西汉时期。其时距秦不远,颜师古注所谓"习故言也"或许可以成立。然而刘平国石刻作为出土文献资料告知我们,至于东汉时期,西域地方依然"谓中国人为秦人"。这一历史文化信息有特别值得重视的文献学意义和民族史意义。

东汉以后的正史文献中,已经不见称中原人为"秦人"的情形。刘平国石刻文字"秦人",可以作为称谓史的重要时代标志。

拜城在"宛城"东方约700千米。可以说与"大宛国"相邻⑤。刘平国石刻所见"秦人"字样,也可以看作称谓史记忆中可以为东汉西域"秦人"称谓使用进行空间定位的有意义的信息。

五、刘平国石刻称谓史意义之二:汉人使用"秦人"称谓实例

前引《史记》《汉书》所见"秦人"称谓的使用,见于汉人历史记述。有些相关记述,可以作"秦人""汉人"不同称谓的比照。如《史记》"闻宛城中新得秦人,知穿井",《汉书》则作

① 《汉书》卷一下,52页。

② 《汉书》卷四八,2260页。

③ 王子今《〈龟兹左将军刘平国作关城诵〉考论——兼说"张骞凿空"》,《欧亚学刊》新7辑,北京:商务印书馆,2018年,68—80页。

④ 闫雪梅《从考古资料看汉晋时期的龟兹》,中国社会科学院考古研究所、新疆文物考古研究所编《汉代西域考古与汉文化》,北京:科学出版社,2014年,43页。

⑤ 谭其骧主编《中国历史地图集》,北京:中国地图出版社,1982年,37—38页。

"闻宛城中新得汉人,知穿井"。

贰师与赵始成、李哆等计:"闻宛城中新得秦人……"这里所谓"秦人",从字面看,应是汉人"贰师与赵始成、李哆等"使用的称谓。

然而前引《汉书·李广利传》:"是时,康居候视汉兵尚盛,不敢进。贰师闻宛城中新得汉人,知穿井,而其内食尚多。计以为来诛首恶者毋寡,毋寡头已至,如此不许,则坚守,而康居候汉兵罢来救宛,破汉军必矣。军吏皆以为然,许宛之约。宛乃出其马,令汉自择之,而多出食食汉军。"称"贰师闻宛城中新得汉人"与前引《史记·大宛列传》"闻宛城中新得秦人,知穿井"不同。"汉人""汉兵""汉军"同时使用。

可知贰师与赵始成、李哆等言"秦人",应是来自"宛城"中敌方情报。"秦人"应是"大宛"人使用的称谓。而《汉书》所谓"汉人""汉兵""汉军"则是李广利远征军通行的说法。前引《汉书·西域传下》载录汉武帝诏文所见"秦人",引"军候弘上书言"转述"匈奴"语。

刘平国石刻作为汉文文书,明确出现"秦人孟伯山、狄虎贲、赵当卑、万口羌、石当卑、程阿羌等六人"字样,似可说明当时西域地方的汉人,竟然也使用"秦人"称谓。

至于"龟兹左将军刘平国"的族属,据内藤湖南说:"龟兹左将军姓刘氏可疑。然此时汉人在西域者颇多,《后汉书·西域传》载莎车大人休莫霸与汉人韩融等杀都末兄弟事,则汉人之居西域可见也。"朱玉麒注:"则汉人之居西域可见也,日文本作'刘平国亦汉人韩融之类乎'。"有关刘平国碑的研究,内藤湖南生前公开发表的言论,是见于《支那上古史》尾声处的一小段结语:"班超年迈之后,其子班勇曾居西域。因此,至东汉中期为止,汉与西域的关系是清楚的。但此后的情况,就不得而知了。近年,龟兹将军刘平国的摩崖石刻被发现,为班勇以后之物。从中可见,班勇之后,西域仍有通解汉文的人。不过,与汉是否有从属关系,无从了解。"[1]

刘平国石刻所见"秦人"或许可以理解为汉人互称语例。这有可能主要是受当地语言习俗影响。但是也很可能继承了中国"北边""西北边"复杂民族文化背景下的称谓传统。历史语言的惯性的作用,使得"秦"的字义有复杂的内涵。

六、"秦胡""秦虏""秦骑"

《后汉书·皇甫张段列传》记载,段颎西域战事,叙说涉及"秦胡"字样,应指关联边疆史与民族史的特殊身份:"(建宁)三年春,征还京师,将秦胡步骑五万余人,及汗血千里马,生口万余人。诏遣大鸿胪持节慰劳于镐。军至,拜侍中。"[2]《后汉书·袁绍刘表列传》记载:"(袁)尚使审配守邺,复攻谭于平原。配献书于谭曰:'至令将军忘孝友之仁,袭阋、沈之迹,放兵钞突,屠城杀吏,冤魂痛于幽冥,创痍被于草棘。又乃图获邺城,许赏赐秦胡,其

① 朱玉麒《内藤湖南未刊稿〈龟兹左将军刘平国碑考证〉研究》,孟宪实、朱玉麒主编《探索西域文明——王炳华先生八十华诞祝寿论文集》,上海:中西书局,2017年,339—357页。

② 《后汉书》卷六五,北京:中华书局,1965年,2153页。

财物妇女,豫有分数。'"①而《三国志·魏书·董二袁刘传》裴松之注引《汉晋春秋》写作:"又乃图获邺城,许赐秦、胡,财物妇女,豫有分界。"②"秦""胡"分断。《后汉书·董卓列传》:朝廷征董卓为少府,遭到拒绝。董卓上书言:"所将湟中义从及秦胡兵皆诣臣曰:'牢直不毕,禀赐断绝,妻子饥冻。'牵挽臣车,使不得行。羌胡敝肠狗态,臣不能禁止,辄将顺安慰。增异复上。"③《后汉书·董卓列传》中"秦胡"称谓与"羌胡"称谓几乎同时出现,同时见于董卓上书,是值得注意的。《后汉书·邓寇列传》提示的历史信息,则出现"秦胡羌兵"字样,可以读到"秦胡",而"胡羌"则与前引《后汉书·董卓列传》"羌胡"语义相近:"(邓)训因发湟中秦、胡、羌兵四千人,出塞掩击迷唐于写谷……"④《资治通鉴》记录同一史事,标点则不同:"(邓)训因发湟中秦、胡、羌兵四千人,出塞掩击迷唐于写谷,破之。"胡三省注就其中"秦"字的族别意义有所解说:"秦威服四夷,故夷人率谓中国人为秦人。"⑤就是说,"秦、胡、羌兵"的"秦",语义依然如同前说《史记》《汉书》所说"秦人"。

居延汉简中可以看到明确出现"秦胡"字样的简文。学界讨论热烈。对"秦胡"的多种理解,以方诗铭"'秦'和'胡'"说及邢义田"秦人入胡"说最值得重视⑥。也许"秦胡"名义接近历史真实的理解,还需要更多资料的提示方能确定。居延汉简又可见"秦虏"称谓。"秦胡"与"秦虏",反映当时边塞戍防人员对于敌对军事力量的称谓习惯。现在看来,作为民族称谓的"秦虏",与"胡虏""羌虏""僰虏"等构词形式大体一致。"秦胡"之"秦"与"秦虏"之称谓指代,大致是与西北民族形成融合,在生产方式、生活礼俗诸方面与内地民族传统显现一定距离的原中原民众。通婚,可能是实现这种融合的重要路径之一⑦。

肩水金关汉简又可见并列出现"胡骑"和"秦骑"简文的题为"名籍"的文书:

　　　　▢所将胡骑秦骑名籍▢(73EJT1:158)⑧

对于"胡骑",我们曾经有所讨论⑨。而"秦骑"名号,或许可以与"秦人""秦虏"等联系起来理解。

　　① 《后汉书》卷七四下,2414页。

　　② 《三国志》卷六,北京:中华书局,1959年,202页。

　　③ 《后汉书》卷七二,2322页。

　　④ 《后汉书》卷一六,610页。

　　⑤ (清)司马光编著,[元]胡三省音注《资治通鉴》卷四七,北京:中华书局,1956年,1865—1866页。

　　⑥ 方诗铭《释"秦胡"——读新出居延汉简"甲渠言部吏毋作使属国秦胡卢水士民"札记》,《中国历史博物馆馆刊》1979年第1期,37—39页。邢义田《"秦胡"小议——读新出居延汉简札记》,《秦汉史论稿》,台北:东大图书公司,1987年,317—3322页;《地不爱宝:汉代的简牍》,北京:中华书局,2011年,68—83页。

　　⑦ 王子今《早期丝绸之路跨民族情爱与婚姻》,《陕西师范大学学报》2016年第1期,25—35页;《草原民族对丝绸之路交通的贡献》,《山西大学学报》2016年第1期,52—63页。

　　⑧ 甘肃简牍保护研究中心等编《肩水金关汉简》(壹),上海:中西书局,2011年,下册11页。

　　⑨ 王子今《两汉军队中的"胡骑"》,《中国史研究》2007年第3期,23—33页。

《晋书·乐志下》载《明君篇》："邪正不并存，譬若胡与秦。胡秦有合时，邪正各异津。"①又见《宋书·乐志四》②。所谓"胡秦有合时，邪正各异津"，其"合"与"异"，有益于我们理解和说明"秦胡"与"胡虏""秦虏"以及"胡骑""秦骑"称谓的内涵。而就两汉时期西北民族语言通行的"秦人"称谓的认识，对于解读相关文化现象应当有所帮助。

On the Appellation "Qin Ren" in the Western Regions

Wang Zijin

Due to the historical and cultural influence of the Qin state in the northwest region during the Warring States Period, the Xiongnu people and other people in the Western Regions called the Central Plains people "Qin Ren (Qin People)". The appellation of "Qin Ren" in the Western Regions not only prevailed in the Western Han Dynasty, but according to the stone inscriptions of Liu Pingguo, it was still used in the Eastern Han Dynasty. The Central Plains people use the appellation "Qin people", which is particularly eye-catching. This cultural phenomenon shows that the role of the Silk Road has already appeared when the Qin people influenced the northwest region. "Qin Ren" is a typical language specimen that shows the history of exchanges and interactions of the Chinese nation. It is also meaningful to discuss the appellation relationship between the "Qin people" and "Qin Hu", "Qin Lu" and "Qin Qi".

---

① 《晋书》卷二二，北京：中华书局，1974 年，213 页。
② 《宋书》卷二二，北京：中华书局，1974 年，632 页。

北齐《刘氏造像记》与刘桀出使粟特考

张庆捷

山西大同大学云冈学学院

北齐《刘氏造像记》拓本（图 1）①，分别藏于中国国家图书馆、北京大学图书馆与台湾史语所。拓片高 123 厘米，宽 73.2 厘米。观察拓片照片，原石漫漶严重，致使拓本前几列脱字较多，难以识别；后面大半部分保存较好，字迹清晰，可被识读。造像记全文隶书，夹杂个别篆字，全文分四个部分，第一部分，为卷首语，谈佛法兴起，"圣化流移，传于东夏"。第二部分，追述刘氏起源、历代功勋和后世分布。第三部分，谈刘氏宗人，求福造像由来，描述造像精彩。第四部分，是造像记铭。从头至尾，既是礼佛祈福，也是为刘氏歌功颂德。

引起笔者关注的是，该造像记追述祖上功德时，提到从祖刘桀及其事

---

① 中国国家图书馆拓本名称为《刘氏宗人造浮图铭》，北京大学图书馆拓本名称为《刘氏造浮图铭》，台湾史语所拓本名称为《刘氏造像记》，本文拓片录文采自台湾史语所，因此顺其称为《刘氏造像记》，但本文图片采用北京图书馆（今中国国家图书馆）拓本，特此说明。

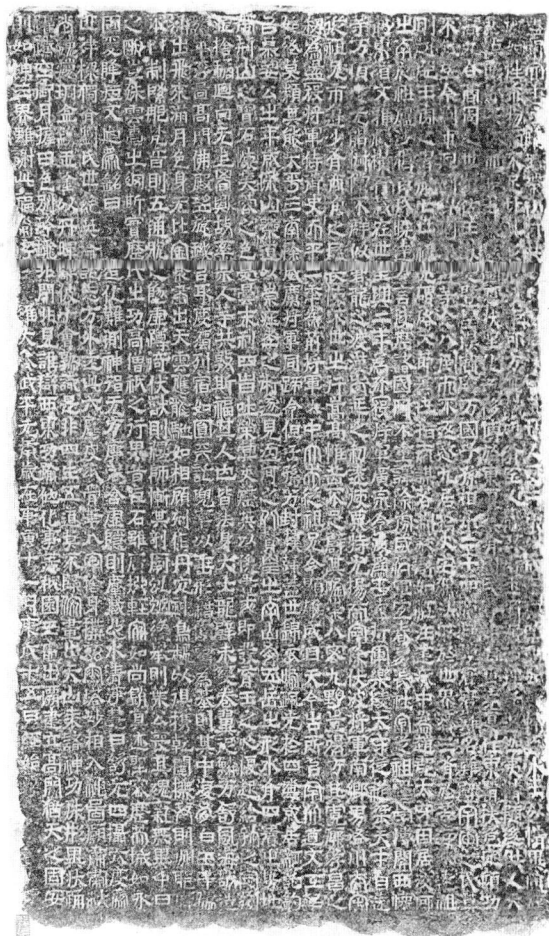

图 1　北齐《刘氏造像记》拓本

迹,内容简单,却很重要,可补史书记载之缺。因疫情阻隔,无法去核对原拓,暂时采用颜娟英先生主编的《北朝佛教石刻拓片百品》录文,在已经断句基础上,试加标点,转录如下,然后探讨刘桀事迹。

刘氏造像记

盖闻□垂□□□□山河□□□□□□□□□□人□二□□□□□□□□□□□□□□□□

□情异庭尘□如性乖扬□不足比其□。□□讵可方其识。唯有至人□□□□□□□□□□迦□□□随后供人天悲悼□□□□□□□□□□□□状。圣化流移,传于东夏。(以上为第一部分)

其有刘氏□□自□尧□□□□扶危定倾,功尚九合。商周之世,□佐王□。□暨皇族,君临万国。子孙相承,二十四帝。□□□唐,难名难譬。宇宙之民,莫不□□。今□市回刘□□□□等。念八倒而不返,愍九居于火宅。□法□于世界,济三有于苦海。□远祖则赵郡王虎之胄胤。七世祖亮,碌硲大节。为世指南,谋若渊凝,□如江注。建平中,为赵郡太守,因居淡河之南。从祖卢,涉猎百氏,晓达方言,使历诸国,闳不重译,除虎威将军、宜春男、长社令。从祖□,学博关西,怀迈东首,文推□横,□藏在世。皇兴二年,为殄寇将军、广宗令,后为平远将军、乐陵太守。从祖桀,天才自远,荣万顷之光□;俶傥不群,似仓龙之渡汉。太延之初,远使粟特,光扬天命。除伏波将军、南乡男、洛州太守。从祖兄市遵,少有商角之风,长怀不世之行。嵩高惟岳,不足譬其隆崇。八紘九野,岂得方其宽廓。孝昌之初,为荡寇将军、侍御史。天平二年,为前将军、太中大夫。从祖兄令显,雄威自天,今古所以罕比。道文互起,始终莫类其能。天平三年,除威厉将军、同蹄令。但子孙分封,获蔬盖世,锦衣鸣珮,光于四海。或居河托钓,心慕姜公之年;或深山乐道,以崇庄老之术。遂见洒河之北,赞皇之南。山有五岳之形,水有四渎之势,地带荆山之宝,石怀芙蓉之色。(以上为第二部分)

忧昙末利,四时吐荣。冀英芳英,以像昼夜。即发育王之心,复起给孤之念。剜金舍璠,回向无上者欤。故率宗人等,共敦斯福。其人也。皆法身大士,龙璧未变,卷翼促鳞,方舒风海。敬造龙华浮图,高门佛殿,望旋玑以取度,法列宿如圆天,托兜率以垂形,藉□鸳为基则。其中复有白玉等像,涌出飞来,满月色身,无比金聚。画出天云,应龙驰如相顾。刻作丹穴,神鸟翻以俱携。干闺抚琴,则伽耶广不自制。紧那梵音,则五通耽之坠虚。蹲倚伏兽,则楼师惭其剞劂。虬蛇才举,则叶公丧其魂气。无异千日之明,岂殊云台之网。斯实历代之功高,僧祇之行果。昔巨石虽广,拂轻衣如尚销。真迹圣容,历芥城如永固。爰降短文,迺为铭曰:(以上为第三部分)

造化难测,神智无方。廓若含虚,隐则尘藏。心水清净,慧日舒光。四摄六度,□匪津梁。

独有刘氏,世绝英伦。托志方外,远此六尘。皮纸骨笔,八□舍身。构兹灵塔,妙相入神。

　　图庙肃肃,法堂巍巍。琱金镂玉,涂以丹晖。譬彼十会,熟识是非。四生五道。莫不归依。

　　画出天山,表诸神功。殊形异状,踊跃腾空。御月握日,色别玲珑。非闭非见,谁辩西东。

　　功瑜他化,事等祇园。玉龟出灞,建立高门。犹天之固,安则如练。三界虽谢,此福常存。

　　维大齐武平元年、岁在庚寅、十一月庚戌十五日经始(以上为第四部分)①

　　该造像碑阴面,刻着刘氏宗人百余人姓名官爵,也是隶书,因与本文无关,暂不录入。

　　观此拓本,有几个问题需要澄清。

一、造像碑原在何处

　　据拓本看,刘氏乃赵郡刘氏,"远祖(八世祖)则赵郡王虎之胄胤"。七世祖刘亮,"建平中,为赵郡太守,因居洨河之南"。后来"子孙分封,获蔬盖世。锦衣鸣珮,光于四海……遂见沔河之北,赞皇之南"。由此文中"赵郡""洨河""赞皇"等地名和河名观察,皆在今河北省地界,根据此线索推析,该造像碑原当在河北。

二、造像记提到的刘桀、刘卢事迹

　　《刘氏造像记》提到的八世祖刘虎,乃两晋时期匈奴铁弗部人,匈奴人刘猛之孙。七世祖刘亮,史书不载,此二人非本文考察重点,恕不详述。

　　文中从祖刘卢与从祖刘桀值得关注,其叙刘卢,"涉猎百氏,晓达方言,使历诸国,罔不重译"。刘卢学识渊博,语言能力很强,似精擅外语,通晓多国语言,出使多国。刘桀与刘卢为兄弟,文中记载他"太延之初,远使粟特,光扬天命"。太延(435—440)是北魏太武帝拓跋焘年号,粟特是西域著名国家,这句话是说,刘桀曾在太延初年,代表北魏,出使粟特,"光扬天命"。此人此事,事关北魏外交,诸史均无记载,可补史载之缺。造像记表明,刘卢语言能力超群,那么,刘桀的语言能力究竟如何?造像记不载,如果刘桀与其兄刘卢一样,有多国语言能力,则这可能是派他出使粟特的原因之一。关于刘桀出使粟特一事,至今为止,是北魏派专人出使粟特的唯一记载,可使北魏外交史更为充实和生动,显而易见,这是极重要且有价值的。

　　更有趣的是,北齐、隋代的刘世清也通晓外语。西安发现的《隋刘世清墓志》按语说:"刘玄(534—592),字世清,生前以字行。《北齐书》卷二〇有传。据本传记载,刘世清为当世第一突厥语翻译家,齐后主'命世清作突厥语翻《涅槃经》,以遗突厥可汗,勒中书侍郎李

---

①　颜娟英主编《北朝佛教石刻拓片百品》,"中研院"历史语言研究所,2008年,第一册,No.0088。

德林为其序'。据《隋刘世清墓志》,他是'河间鄚人'。"①河间,隶属于河北省沧州市,鄚即鄚州,位于河北沧州任丘北部。

造像记记载,刘氏子孙开枝散业,居于"沔河之北,赞皇之南",赞皇县隶属于石家庄市,地处河北西南。赞皇以南无沔河,仅有泜水。造像记中的沔河怀疑即泜水,请教河北学者,也持相同意见。《元和郡县志》曰:泜水在赞皇县西南三十五里。即韩信斩陈余处②。隋刘玄是"河间鄚人",鄚州和赞皇同位于今河北省,相距不远,刘玄家所在地是不是刘桀家族开枝散叶的结果,虽然没有看到直接证据,然而从他们都擅长外语考虑,不排除他们是一个宗族的可能性。

三、刘桀"太延之初,远使粟特"的背景

刘桀远使粟特,是《刘氏造像记》中特意记载的一件史实,发生在北魏太武帝拓跋焘太延初年。北魏迁都平城初期,北方混乱,稳固第一,无暇顾及西域。《魏书·西域传》记载:"太祖初,经营中原,未暇及于四表。既而西戎之贡不至,有司奏依汉氏故事,请通西域,可以振威德于荒外,又可致奇货于天府。太祖曰:'汉氏不保境安人,乃远开西域,使海内虚耗,何利之有?今若通之,前弊复加百姓矣。'遂不从。历太宗世,竟不招纳。"③可见北魏太祖、太宗两朝,都弃用远开西域之策,集中精力争夺中原。

太武帝拓跋焘即位后,北魏已经在中原立足,随着版图扩大和政权巩固,北魏政权开始有人将目光转向西域,恰好西域诸国受到柔然的压迫,频频派使者与北魏接触,以壮大自己声势。《魏书·西域传》记载:"太延中,魏德益以远闻,西域龟兹、疏勒、乌孙、悦般、渴槃陀、鄯善、焉耆、车师、粟特诸国王始遣使来献。"面对西域诸国使者的到来,太武帝拓跋焘清楚对方是有求而来,初期甚感犹豫,"世祖以西域汉世虽通,有求则卑辞而来,无欲则骄慢王命,此其自知绝远,大兵不可至故也。若报使往来,终无所益,欲不遣使"④。

部分政治眼光敏锐的大臣看到通西域的利益,建言接纳西域。"有司奏九国不惮遐崄,远贡方物,当与其进,安可豫抑后来。乃从之。"⑤拓跋焘认识到此时通西域的重要性,于是改变策略,"于是始遣行人王恩生、许纲等西使,恩生出流沙,为蠕蠕所执,竟不果达"⑥。出使西域是大事,史书有多处记载,《魏书·世祖纪》太延元年条也载:"夏五月庚申……遣使者二十辈使西域。"⑦由于柔然的阻挠,王恩生、许纲被柔然扣留,"竟不果达"。太武帝派人斥责柔然国主吴提,吴提畏惧北魏,将王恩生、许纲等放还。可惜许纲身体状况很糟,返至敦煌,不幸病重身亡⑧。

① 李明等主编《长安高阳原新出土隋唐墓志》,北京:文物出版社,2016年,27页。
② 《元和郡县图志》卷二一《赵州》,《四库全书》第468册,上海:上海古籍出版社,1987年,385页。
③④⑤⑥ 魏收《魏书》卷一〇二《西域传》,北京:中华书局,1984年,2259页。
⑦ 《魏书》卷四《世祖纪上》,85页。
⑧ 《魏书》卷一〇二《西域传》"车师"条,2264页。

为打通与西域的来往,太武帝再次派遣散骑侍郎董琬、高明等携带锦帛,出鄯善,招抚西域诸国。《魏书·西域传》载:"又遣散骑侍郎董琬、高明等多赍锦帛,出鄯善,招抚九国,厚赐之。"《北史·世祖纪》也载:太武帝太延元年,仍有焉耆、车师、粟特、鄯善诸国"遣使朝贡"。太武帝拓跋焘除"遣使者二十辈使西域"外,次年八月,再次"遣使六辈使西域"。到太平真君五年三月,又"遣使者四辈使西域"①。至此,仅太武帝太延元年至太平真君五年,记录史册者,派遣使者出使西域已达三十辈,这就是刘桀等人出使西域乃至粟特的历史背景。

在这种背景下,许多使者奔赴西域。《魏书·西域传》和《北史·西域传》记载了出使西域的有王恩生、许纲、董琬、高明诸人,没有记载刘桀等人,可能是因王恩生、许纲、董琬、高明官职较高,出使时间较早。对于官职较低的刘桀等人,史书没载。刘桀出使粟特任什么官职,碑文略过,但是返回后"除伏波将军南乡男洛州太守",官职仍然低于董琬、高明的散骑侍郎,由此可以推定,出使粟特时,他可能仅是董琬诸人使团的副使,或者是二十六辈使者中的某一队正使。不管是副使还是正使,毕竟发现一个北魏使者出使粟特的证据,而且填补了一个使者的姓名和事迹,对还原这一段历史价值很大。

太武帝派出的使团不仅走遍西域来访的九国,还顺带访问了沿途其他国家,如破洛那、者舌等,史载:"已而琬、明东还,乌孙、破洛那之属遣使与琬俱来贡献者十有六国。自后相继而来,不间于岁,国使亦数十辈矣。"②大大拓宽了北魏与西域诸国的联系。更重要的是,搞清了汉代以后西域诸国的消长沉浮情况。《魏书·西域传》载:"始琬等使还京师,具言凡所经见及传闻傍国,云:西域自汉武时五十余国,后稍相并。至太延中,为十六国,分其地为四域。自葱岭以东,流沙以西为一域;葱岭以西,海曲以东为一域;者舌以南,月氏以北为一域;两海之间,水泽以南为一域。内诸小渠长盖以百数。"摸清西域各国的数量与分布情况,是制定外交政策的基础,无疑是太武帝时期的重大外交收获。

从太武帝起,北魏正式拉开与西域交往的序幕。西域外交并不是一帆风顺,中间也发生过一些波折,如北凉主沮渠牧犍屡屡从中作梗,"切税商胡,以断行旅"③。阻止东西方顺利来往。太延五年(439),太武帝为了消除人为阻隔,派军攻取北凉。之后,占据丝路要道的鄯善感到唇亡齿寒,心生二意,也开始对抗北魏。拓跋焘又派大将万度归陆续攻克对抗北魏的鄯善、焉耆和龟兹④,维护了丝路安全通畅。

《魏书·西域传》记载了六十余国,超出西域范围,好像有重复或后世补入之嫌,如康国条记载:"米国、史国、曹国、何国、安国、小安国、那色波国、乌那曷国、穆国皆归附之。"⑤

---

① 《北史》卷二《世祖太武帝》,北京:中华书局,1983 年,49、51、57 页。
② 《魏书》卷一〇二《西域传》,2260 页。
③ 《魏书》卷九九《沮渠牧犍传》,2207 页。
④ 《魏书》卷 一〇二《西域传》,2261、2265、2267 页。
⑤ 《魏书》卷一〇二《西域传》,2281 页。

据马雍先生研究，米国就是《魏书·西域传》中的迷密国①，米国之称，隋代才有。而且这条也见于《隋书·西域传》，可证这条是来自后人的移植。《魏书·西域传》专门记载有迷密国，"迷密国，都迷密城，在者至拔西，去代一万一千六百里。正平元年，遣使献一峰黑橐驼。其国东有山，名郁悉满，山出金玉，亦多铁"。

北魏曾派出专使前往迷密，二十世纪八十年代，学者马雍考察巴基斯坦，在洪扎河南岸石崖上发现一个北魏石刻题记，即"大魏使者谷巍龙今向迷密使去"②。这条石刻非常重要，可与刘桀"太延初年，远使粟特"相媲美。两者都有明确的使者姓名和出使的国家，《刘氏造像记》的可贵之处是，除记载使者和出使国家外，还记载了较准确的出使时间。谷巍龙石刻的可贵之处是，通过石刻证明，谷巍龙是去迷密的正使，而且留下了路过的地点。缺憾之处是，仅记载了使者姓名和国家，没有记载确切时间，引起多方猜测。谷巍龙出使时间很重要，不过据马雍先生考证，"无论属于何种情况，我们将谷巍龙出使迷密的时间定在公元四四四至四五三年之间，大致是不会错的。这段时间正属北魏世祖太武帝拓跋焘统治时期的晚年。其时北魏新平凉州，大破吐谷浑，又征服了鄯善、焉耆、龟兹等地，声威大振"③。现在发现《刘氏造像记》刘桀出使粟特的记载，提供了新的视角，两条互相对照补充，可据刘桀"太延初年，远使粟特"推析，谷巍龙和刘桀一样，是三十辈使者之一，区别在于出使对象不同，一个是粟特，一个是迷密。假如真是如此，谷巍龙出使时间的上限，则应该比马雍先生推测的要早，当与刘桀相差不远，提前到太延年间。他出使的下限时间可以维持马先生判断，那他出使迷密的时间，即在 435 年至 453 年之间。

《北史·西域传》载有迷密国，与《魏书·西域传》记载相同。迷密国即隋唐米国，位置在康国之东南④，距中原较近。粟特国却在康居之西北，距中原较远，两国相差 4000 余里。粟特国虽小，因历史久远，名气很大，可以称为该地区的代表，《魏书·西域传》记载："粟特国，在葱岭之西，古之奄蔡，一名温那沙，居于大泽，在康居西北，去代一万六千里。"⑤由上文，可知刘桀出使地，要比谷巍龙出使地路途更为遥远艰难。

四、北魏与粟特的关系

粟特与北魏一直保持友好交往、互惠互利的关系，根据《魏书·诸帝本纪》中的记载，自太延元年（435），到太和三年（479），44 年间，粟特国 8 次至平城朝贡北魏。简列如下：

1. 太延元年（435），粟特国遣使朝贡。（《魏书·世祖纪》）
2. 太延三年（437），粟特遣使朝贡。（《魏书·世祖纪》）

①②③　马雍《巴基斯坦北部所见"大魏"使者的岩刻题记》，《南亚研究》1984 年第 3 期，1—8 页。

④　《隋书》卷八三《西域传》："米国，都那密水西，旧康居之地也。无王。其城主姓昭武，康国王之支庶，字闭拙。都城方二里。胜兵数百人。西北去康国百里，东去苏对沙那国五百里，西南去史国二百里，东去瓜州六千四百里。"北京：中华书局，1973 年，1854 页。

⑤　《魏书》一〇二《西域传》"粟特"条，2270 页。

3. 太延五年(439),粟特遣使朝贡。(《魏书·世祖纪》)

4. 太平真君五年(444),粟特国遣使朝贡。(《魏书·世祖纪》)

5. 太安三年(457),粟特遣使朝贡。(《魏书·高宗纪》)

6. 皇兴元年(467),粟特国遣使朝贡。(《魏书·显祖纪》)

7. 延兴四年(474),粟特遣使朝贡。(《魏书·高祖纪》)

8. 太和三年(479),粟特遣使朝贡。(《魏书·高祖纪》)

粟特的八次"朝贡",有的被《北史》记载,有的没被《北史》记载。通过历次粟特来平城"朝贡"的记载,可以发现,粟特使者来平城,没有规律,频繁时两年一次,如建交初期;萧瑟时十数年一次,如文成帝初期。之所以如此,当与两国关系时冷时热或外部事件有关,《北史》《魏书》记载的粟特商人被劫一事,很可能是冷落缘故之一。《魏书·西域传》记载:"粟特国……其国商人先多诣凉土贩货,及魏克姑臧,悉见房。文成初,粟特王遣使请赎之,诏听焉。自后无使朝献。"①此事对两国关系必然发生不良影响,好在没有引起质变,很快又重新修好。事实上,两国依然保持来往,互通有无。这种情况,对相隔一万六千里的两个国家来讲,能长期维持,实在很不容易。使者来往,往往携带物品,北魏方面盛产丝绸,又深受西域欢迎,所以使者出使。多是携带各种锦帛。而粟特使者携带的,多是当地特产。如《宋书·索虏传》记载,粟特使宋,携带的有狮子、汗血马、火浣布等②。照此推测,粟特使北魏,携带礼品,大概也不外乎如此。

五、刘桀出使途经龟兹

刘桀出使粟特,走的当是龟兹古道,虽然《刘氏造像记》没有明载,然而历史和地理决定龟兹是必经之地。龟兹是北魏通西域的交通要道,也是西域的重镇,位于西域中部,公元前 60 年(西汉神爵二年),汉廷就在龟兹东乌垒城设西域都护,《汉书·西域传》载:"都护之起,自(郑)吉置矣。"③由他管理西域军政,"都护督察乌孙、康居诸外国动静,有变以闻。可安辑,安辑之;可击,击之。都护治乌垒城,去阳关二千七百三十八里,与渠犁田官相近,土地肥饶,于西域为中,故都护治焉"④。东汉承袭西汉制度,《后汉书·西域传》记载:"(东汉建初)三年,班超遂定西域,因以超为都护,居龟兹。"⑤龟兹迅速得到发展。

魏晋南北朝,龟兹仍是东西来往的交通要道,《魏书·西域传》载:"龟兹国,在尉犁西北,白山之南一百七十里,都延城,汉时旧国也,去代一万二百八十里。……其南三百里,有大河东流,号计式水,即黄河也。东去焉耆九百里,南去于阗一千四百里,西去疏勒一千

---

① 《魏书》一〇二《西域传》"粟特"条,2270 页。

② 《宋书》卷九七《索虏传》,北京:中华书局,1983 年,2357 页。

③④ 《汉书》卷九六《西域传上》,北京:中华书局,1983 年,3874 页。

⑤ 《后汉书》卷八八《西域传》,北京:中华书局,1982 年,2910 页。

五百里,北去突厥牙帐六百余里,东南去瓜州三千一百里。"①龟兹是西域大国,其时,姑墨国、温宿国和尉头国都是其附属国。《魏书》记载:"姑墨国,居南城,在龟兹西,去代一万五百里。役属龟兹。温宿国,居温宿城,在姑墨西北,去代一万五百五十里。役属龟兹。尉头国,居尉头城,在温宿北,去代一万六百五十里。役属龟兹。"②

焉耆位于龟兹之东,两国都处于丝路要道,相距九百里,焉耆是小国,地形复杂,"恃地多险,颇剽劫中国使,世祖怒之"③,派大将万度归攻破。由文中"恃地多险,颇剽劫中国使"可知,焉耆、龟兹一线是北魏使者常来往的路线。

龟兹西去,下一个大国是疏勒,《隋书·西域传》载:疏勒"东去龟兹千五百里,西去钹汗国千里,南去朱俱波八九百里,东北去突厥牙帐千余里,东南去瓜州四千六百里"④。

从汉以来,去疏勒需经过龟兹,两地一西一东,相距较近,且有道路连接。《魏书·西域传》载:"其出西域本有二道,后更为四。"文中两道之说,起于两汉,《汉书·西域传》记载:"自玉门、阳关出西域有两道:从鄯善傍南山北,波河西行至莎车,为南道;南道西逾葱岭则出大月氏、安息。自车师前王廷随北山,波河西行至疏勒,为北道;北道西逾葱岭则出大宛、康居、奄蔡焉。"⑤龟兹位于疏勒与车师之间,疏勒国在汉代很有名,"西当大月氏、大宛、康居道也"⑥。出玉门至车师、焉耆、龟兹,再西行,至疏勒,继续西行,则过大宛、康居,到达奄蔡,奄蔡即后世粟特。汉代,奄蔡国力颇强,"其康居西北可二千里,有奄蔡国。控弦者十余万人。与康居同俗。临大泽,无崖,盖北海云"⑦。上文显示,两汉时到康居和奄蔡,走北道比较便捷。

四道说是魏晋后形成的,始见于北魏,"出自玉门,度流沙,西行二千里至鄯善,为一道;自玉门度流沙,北行二千二百里至车师,为一道;从莎车西行一百里至葱岭,葱岭西一千三百里至伽倍,为一道;自莎车西南五百里,葱岭西南一千三百里至波路,为一道焉"⑧。龟兹正处于第二道中,出玉门赴车师(今吐鲁番)至焉耆,再至龟兹,然后去粟特。刘桀到达龟兹,距离粟特,仍有六千余里,一路跋山涉水,历尽险阻,不能不令人敬佩,值得我们纪念他。

---

① 《魏书》卷一〇二《西域传》,2266 页。

②③ 《魏书》卷一〇二《西域传》,2267 页。

④ 《隋书》卷八三《西域传》,1852 页。

⑤ 《汉书》卷九六《西域传上》,3872 页。

⑥ 《汉书》卷九六《西域传上》,3898 页。

⑦ 《汉书》卷九六《西域传上》,3893 页。

⑧ 《魏书》卷一〇二《西域传》,2261 页。

A Postscript to the Statue Inscription of Liu Family in the First Year of Wuping in Northern Qi Dynasty

Zhang Qingjie

The Northern Qi Dynasty's "Statue Inscription of Liu Family" traces the merits of the ancestors, and mentions the ancestor Liu Jie and his deeds. Its content is simple but very important. This paper examines the origin of the statue inscription, and interprets the multilingual ability of the Liu family and the background of Liu Jie as an envoy to Sogdiana during the "beginning of Taiyan" in the Northern Wei Dynasty. It also analyzes the road of Liu Jie's envoy to Sogdiana, and believes that the "Kuci Ancient Road" is the only way to go.

文籍传抄与文化传播

——以敦煌写本白居易、李季兰、岑参作品为例

孟彦弘

中国社会科学院古代史研究所暨敦煌学研究中心

一

出自敦煌藏经洞的法藏写本 P. 2492 是一件抄录白居易诗的册子本,有九张对折页、另有半页(原为一张撕裂,此留了其中一半)。就装帧而言,是每张纸对折;对折后,在折处相粘连(所谓类似蝴蝶装),正反两面书写①。所抄写的诗作有《寄元九微之》(署白乐天)、《和乐天韵同前》(署微之)、《上阳人》、《百炼镜》、《雨珠阁》、《华原磬》、《道州民》、《别母子》、《草茫茫》、《天可度》、《时世妆》、《司天台》、《胡旋女》(题注"天宝年中外国进来")、《昆明春》、《撩绫歌》、《卖炭翁》、《折臂翁》、《盐商妇》(仅 1 行)。王重民先生称之为"白香山诗集":

> 此敦煌小册子,似即当时单行之原帙。所可疑者,寄元九一诗,不应列入讽谏之内;更以时代考之,同为元和四年作品,由此小册子,盖据元和间白氏稿本。白氏诗歌,脱稿后即传诵天下,故别本甚多,即白氏所谓通行本也②。

这显然是将此抄本视作当时流行的白居易的诗集。

但俄藏 Дx. 3865 写本的发现,使学者对这一抄本的性质不得不作重新审视。P. 2492 的最后一个半页是撕裂的;接续它的,正是 Дx. 3865。撕裂的这页,是《盐商妇》(如图 1,左边半页是 Дx. 3865,右边半页是 P. 2492):

---

① 写本的相关样态,详参荣新江、徐俊《新见俄藏敦煌唐诗写本三种考证及校录》(原刊 1999 年)描述,此据徐俊《鸣沙习学集:敦煌吐鲁番文学文献丛考》,北京:中华书局,2016 年,237 页。

② 王重民《敦煌古籍叙录》卷五集部,北京:中华书局,1979 年,295 页。此篇叙录作于 1936 年。

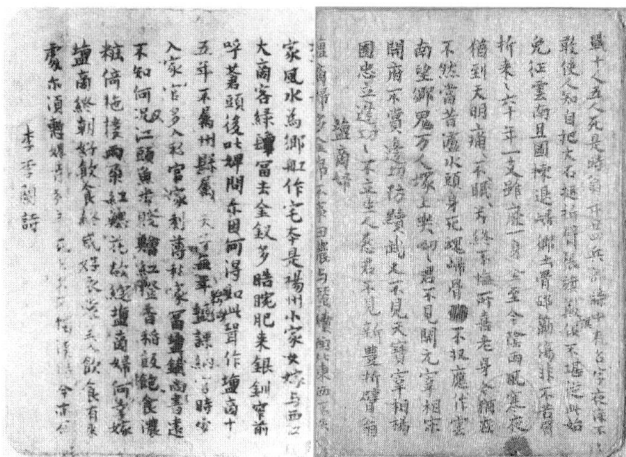

图 1　Дx. 3865＋P. 2492

俄藏写本,"影印件为三拍,前后两拍均为单页,中为对折页,实存册页 4 页(page)"①。《盐商妇》之后,在同一页,抄录的是《李季兰诗》;《李季兰诗》之后,接抄了白居易的《叹旅雁》和《红线毯》;这之后,又接抄了"《招北客词》岑参"(图 2)。

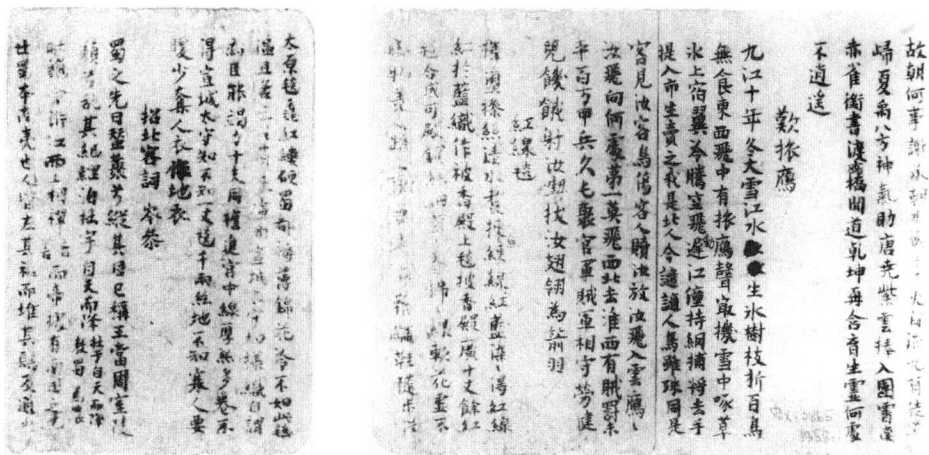

图 2　Дx. 3865 后三页

这显然不是白居易的诗集。荣新江、徐俊针对法藏、俄藏抄本的拼合,指出:

> 敦煌写本非但不是《白氏讽谏》,也不是白氏别集的通行本,而是一个既钞有元白唱和诗、白氏《新乐府》,又钞有岑参《招北客词》及女冠李季兰等多人作品的诗文丛钞。

---

① 　徐俊《鸣沙习学集:敦煌吐鲁番文学文献丛考》,238 页。

根据写本的这一实际情况,作者又对前此用通行的所谓总集、别集的概念所界定的敦煌诗集作了反省:

> 严格的合传统意义上的集部概念的敦煌本诗集,确实非常之少,即便是在典型的别集类写本中,有些也可能只是某一诗歌总集(包括专集和选集)的残段,称之为别集或具有别集特征,只是依据诗卷残存部分所作的一种推测①。

这是在充分体认到写本特点的基础上而得出的非常高明且非常中肯的结论。

伏俊琏最近发表文章,旧话重提,认为这仍是白居易个人的集子,即所谓别集②。对抄录了李季兰诗和岑参《招北客词》,他的解释是:

> 《李季兰诗》,抄在白居易《盐商妇》和《叹旅雁》之间。《盐商妇》写不劳而获,享受荣华富贵的盐商妇。《叹旅雁》借旅雁喻人心难测,彼此相食者时有发生。季兰曾出入宫中,优赐甚厚,而一经战乱,即为刀下冤鬼。所以,编者在此插入季兰诗,是一种警醒和关注。作为一种过渡,表达编集者彼时彼地的心情。而岑参的《招北客词》,实际上是一篇招魂词,表达一种心灰意冷,近乎绝望的心情。编集者在这里是作为结束的标志,是一种呐喊,也是一种呼救。而写本《招北客词》存双行小注,标注音训,说明编者是很在意这篇作品,悠悠涵泳,低沉吟诵,长歌当哭!

> 我们认为,写本的编集者是一位忧国忧民的文人,吐蕃攻占河西以后,他有家难回,流落敦煌。他集录白居易的诗,是表达对下层劳苦人民的关注。中间插入李季兰的诗,是表达对人生无常的感悟,对战乱频仍的忧虑,而下篇接着抄白居易的《叹旅雁》,就是通过白氏对淮西兵变的担忧,来呼应他此时的心情。不然,我们就无法理解:编者本来是集录白居易《新乐府》诗的,却偏偏在《盐商妇》《红线毯》(二首皆《新乐府》之一)中间,夹抄《李季兰诗》和不是《新乐府》的《叹旅雁》。

> ……

> 写本所集白居易《新乐府》17首,次序与今本不同,题目也多与今本相异,而且没有今本的小序。说明敦煌本《新乐府》不是按照白氏编定的《新乐府五十首》抄录的。

在我们看来,伏先生的解释实在是太牵强了。荣、徐已经考证,李季兰的诗,是首反诗,是建中四年(783)泾原兵变、朱泚称帝后,李氏献给朱泚的;德宗返京,将李氏扑杀。白居易《叹旅雁》作于元和十五年(815)③。这是吐蕃占领敦煌时期,所谓"写本的编集者是一位忧国忧民的文人",他忧的是吐蕃还是李唐呢?"吐蕃攻占河西以后,他有家难回,流落敦煌",似乎忧的是李唐。但李季兰所作之诗,是首反诗,他选一首反诗来忧李唐吗?伏氏称

---

① 徐俊《鸣沙习学集:敦煌吐鲁番文学文献丛考》,240—241页。

② 伏俊琏《P. 2492＋Дх. 3865,别集还是总集?》,《古典文学知识》2021年第1期,116—124页。按,作者又在其领衔所著《敦煌文学写本研究》(上海:上海古籍出版社,2021年)前言中,以"P. 2492＋Дх. 3865,一部文学别集"为题,重申了这个意见。

③ 徐俊《鸣沙习学集:敦煌吐鲁番文学文献丛考》,240—242页。

"下篇接着抄白居易的《叹旅雁》,就是通过白氏对淮西兵变的担忧,来呼应他此时的心情",在伏氏看来,这位编者是了解内地情势的,似乎又不能用交通断绝、于内地隔膜来作解。现在所见的这个抄本的最后一篇是岑参《招北客词》,伏氏认为"编集者在这里是作为结束的标志,是一种呐喊,也是一种呼救"——《招北客词》都是残本,何以能确定这篇文章就是这位编者所编的整个(如果有"整个"的话)抄本的最后一篇呢?

我想,问题的症结,就出在伏氏仍旧认为"编者本来是集录白居易《新乐府》诗的"。他之所以不同意荣、徐将此钞本视作"多人作品的诗文丛钞"的认识,大概是因为现在所见的这个抄本所抄写的 22 首诗文中,有 19 首是白居易的作品,且多属《新乐府》。

我们要说,目前所见到的这件钞本,并不一定是原本完整的一个编集本。即使这个册子是完整的一册,也不能肯定作为一个完整的编集本,就仅此一册。如果还有其他部分(册子),那些我们迄今未见的部分,是一个怎样的样态,我们并不了解。就像现在的一些诗的选集,选录的每位作者的作品数量,常常差别很大。这固然与选者的爱好有关,也与作者的作品总量有关——作品多的,自然就会被选的多,作品少的,选出的自然会少。如果一本诗的选集,偶然撕下若干页,正好是被选的作品多的一位作家,我们会认为这几页就是这位作家的作品集的一部分吗[①]? 就目前所见到这件敦煌残册,认定为"诗文丛钞"比认定为白居易的别集要合理得多,也可信得多。

二

这个小册子,究竟是编集,还是抄录呢? 编集与抄录,并不好严格加以区分。我们为叙述方便,略作区分。编集,是指有意识地、选择或是依据的是一个渊源有自的底本,加以挑选;编就后,即表现出一定的系统性。比如,宋敏求在谈到孟郊集的编集,说:

> 东野诗世传汴吴镂本五卷一百二十四篇,周安惠本十卷三百三十一篇,别本五卷三百四十篇,蜀人蹇濬用退之赠郊句纂咸池集二卷一百八十篇,自余不为编秩杂录之,家家自异。今总括遗逸、摘去重复若体制不类者,得五百一十一篇[②]。

万曼在谈宋代杜甫集的编集,也说:

> 当时杜甫集子是很零乱的,既有各种样的古本,又有当时各家自行编辑的别集、外集、后集之类的本子,而这些本子又都是靠彼此传抄流布,这就给予读杜诗的人很大的

---

① 比如钱钟书《宋诗选注》(北京:人民文学出版社,1988 年),苏轼选了 18 首,从第 75 页至 86 页。排在苏轼之前的晁端友,只选了 1 首,仅占 1 页(70 页);之后的秦观,选了 4 首,也仅占 2 页(89—90 页)。倘若有人撕下这些页,我们能说这是苏轼的诗集吗? 即使如此,钱先生仍说,"在一切诗选里,老是小家占便宜,那些总共不过保存了几首的小家更占尽了便宜"(《序》,26 页)。

② 《孟东野诗集》卷末,四部丛刊初编景印明弘治己未本,上海:上海书店,1989 年。

不方便。到嘉祐四年王琪就王洙本重新编定,镂版刊行,才初步地解决了这个困难①。

抄录,是指兴之所至的随意摘抄,所依据的可能是流传有自的集子,也可能是就邻里、同好所抄录者,再作辗转抄录。抄录的,可能是整篇,也可能是片断;可能是集中收集自己所喜欢的某一作家的一些作品,也有可能是收集自己所喜爱的不同作家的某类作品。打个不太恰当的比方,抄录就像是我们读书时抄写的名人名言、好词好句、妙文名篇,或者像是我们所做的略加归类的剪报。

敦煌所出的这个小册子,如果是编集,显然不是依据内地如长安已有的一个传到敦煌的集子;内地不可能将反逆诗编入。如果是当地人编集,像伏俊琏所说的那样,"他集录白居易的诗",能不能视作"别集"呢? 如果是别集,不仅收录了李季兰的诗,还收入了岑参的并非诗的作品(有的称"文",有的称"词";这个写本即标作"词");编就别集,将唱和文编入,是常态,但编入不相干的人的、不同体裁的作品,能视作别集吗? 当然,如果敦煌这件小册子,将来能刊刻流传,则成为一个选本似的"总集"了。但就目前残存的样貌来说,我们仍旧认为,这就是当地的一位文学爱好者的一个诗抄小册,既没有抄序,也没有按照当时流传的白居易的集子的顺序来抄,而是将他认为好的或自己喜欢的作品抄录下来,粘连为册,如此而已。换言之,这个小册子,既非总集,也非别集,而是一位读者抄录了自己所喜欢的作品。这种抄录有很大的偶然性、随意性。既跟他个人的喜好有关,也跟他能寓目的作品有关;既有可能抄录了一篇完整的作品,也有可能抄录的是他所喜爱或需要的片断。他可能是根据某个流传的选集来抄录,也可能是遇到什么就抄下了什么。

这样一来,伏俊琏所无法理解的,也就可以理解了。他说"我们就无法理解:编者本来是集录白居易《新乐府》诗的,却偏偏在《盐商妇》《红线毯》(二首皆《新乐府》之一)中间,夹抄《李季兰诗》和不是《新乐府》的《叹旅雁》"——这位抄录者只是对白居易诗更有偏好,但并不妨碍他抄录别家他认为好的作品。伏氏又说,敦煌这个小册子所抄写的白居易诗,"次序与今本不同,题目也多与今本相异,而且没有今本的小序。说明敦煌本《新乐府》不是按照白氏编定的《新乐府五十首》抄录的"——这就更属自然不过之事了。他本来就不是依据或拿到了《新乐府五十首》这部编集有序的集子来抄的,大概是从不同的渠道,看到了他喜欢的白居易的新乐府诗,然后就把这些诗抄在了一起。

总集、别集的分类,早已存在。如阮孝绪《七录》有"文集录",其下便有别集部、总集部②。但我们仍需区分总集、别集,还是抄录。流传至今的王勃的作品写本,恰可提供这样区分的例证。

《王勃集》,日本藏有两种钞本③。一在写卷护首自题其名为"诗序一卷",抄 41 首

① 万曼《唐集叙录》,北京:中华书局,1980 年,109 页。

② 《广弘明集》卷三,国学基本典籍丛刊影印思溪藏本,北京:国家图书馆出版社,2018 年,第 1 册,118—119 页。

③ 见《日本藏汉籍古钞本丛刊》,上海:华东师范大学出版社,2020 年。

"序";另一种,是卷廿八、廿九和卅。其中卷廿八,钞本首题"墓志下",尾题"集卷第廿八"(图3);除中间因残而缺一纸外,首尾应该是完整的一卷。卷廿九和三十,卷尾分别题"集卷第廿九""卷第卅"。卷卅之首,题"行状"(一首)、"祭文"(目录为六首,但最后一篇《祭高祖文》,疑因粘叶脱离,误粘在了卷首。这应该也是完整的一卷。而粘在《为霍王祭徐王文》之后的《……与诸弟书》以下,应该是卷三十的后半部分;也就是说,卷三十的前半部分缺失,粘在卷二十九之后)(图4)。

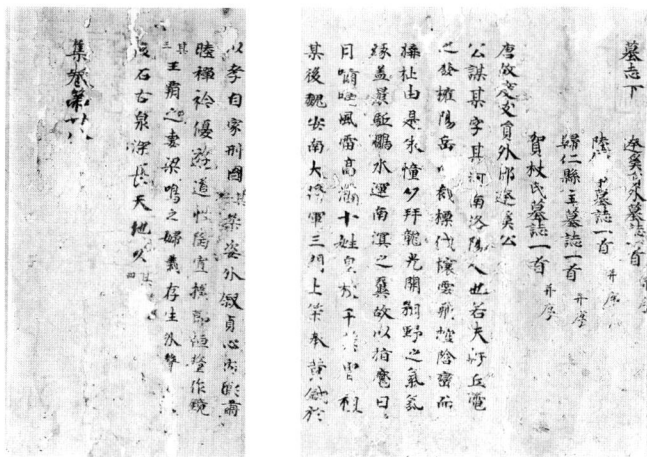

图3 日藏王勃集卷廿八,右:首题,左:尾题

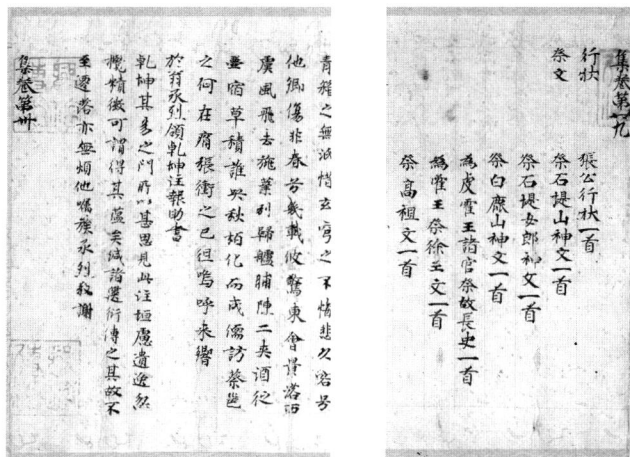

图4 日藏王勃集卷廿九首题(右)、卷卅尾题(左)

这个写本,卷廿八、卷廿九基本是完整的;卷卅缺了前半。总之,题为"集卷第廿八""集卷第廿九""集卷第卅",无疑是王勃的文集,也就是所谓的"别集",这应该是没有问题的。

两相比较,护首题为"诗序一卷"的写本,就不应该是王勃的别集了,虽然抄写的是王

243

勃一个人的作品,而且是称之为"诗序"的同一类作品。卷末题记"用纸贰拾玖张/庆云四年七月廿六日",与唐人写经题记极类似(图5)。庆云是日本文武天皇的年号,庆云四年即公元707年。它的性质,应该与上引敦煌文书的这件主要抄录了白居易诗的册子本,是相同的。《文苑英华》卷六九九至七三八收录的是"序"。写本《诗序》见于《文苑英华》者,又分在不同的小类中(表1)。

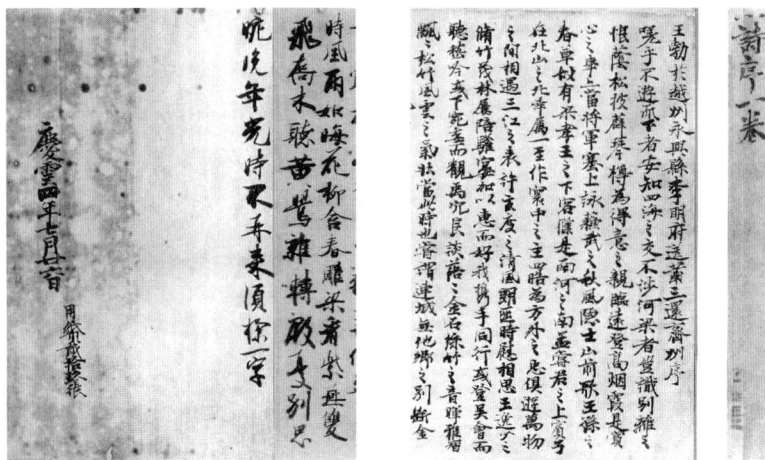

图5 日藏王勃集诗序卷,右:护首与卷首,左:尾题

表1 日本藏唐钞本王勃《诗序》与《文苑英华》对照表

序号	《诗序》	《文苑英华》题	《文苑英华》"序"之卷次及小类	《全唐文》(《唐代散文作品》编号)
	护首题"诗序一卷"			
1	王勃于越州永兴县李明府送萧三还齐州序	越州永兴李明府送萧三还齐州序一首	718 饯送	4672
2	山家兴序(文末注"末阙"2页)	山亭兴序	735 杂序	4667
3	秋日宴山庭序("若夫争名于朝廷者")5	秋日宴季处士宅序	708 游宴	4687
4	三月上巳祓禊序6	三月上巳祓禊序	708 游宴	4673
5	春日序("夫五城高映")(文末注"末阙")8			
6	秋日送沈大虞三入洛诗序"夫鸟散背飞"10			
7	秋日送王赞府兄弟赴任别序("夫别也者")11			
8	夏日喜沈大虞三等重相遇序("地屈天边")12			

序号	《诗序》	《文苑英华》题	《文苑英华》"序"之卷次及小类	《全唐文》(《唐代散文作品》编号)
9	冬日送闾丘序("夫鳌山巨壑")13			
10	秋晚什邡西池宴饯九陇柳明府序("若夫百江千里")14			
11	上巳浮江燕序16	上巳浮江宴序	708 游宴	4674
12	圣泉宴序("玄武山趾有圣泉")18			
13	江浦观鱼宴序("若夫辩轻连茧")19			
14	与邵鹿官宴序("邵少鹿少以休沐")20			
15	仲家园宴序21	仲氏宅宴序	708 游宴	4684
16	梓潼南江泛舟序22	梓潼南江泛舟序	708 游宴	4663
17	饯宇文明府序23	饯宇文明序	718 饯送	4685
18	夏日仙居观宴序("咸亨二年四月孟夏")23			
19	张八宅别序("仆尝览前古之致")24			
20	九月九日采石馆宴序("孔文举洛京名士")25			
21	卫大宅宴序("盖闻凤渚参云")26			
22	乐五席宴群公序("乐五官情悬水镜")27			
23	杨五席宴序("盖闻胜赏不留")28			
24	与员四等宴序29	与员四等宴序	708 游宴	4677
25	登绵州西北楼走笔诗序("山川暇日")30			
26	秋日登洪府滕王阁饯别序30	秋日登洪府滕王阁饯别序一首	718 饯送	4695
27	送劼赴太学序33	送劼赴太学序	718 饯送	4670
28	秋夜于绵州群官席别薛升燕序("神明所贵者")36	秋夜于绵州群官席别薛升华序	734 别	4698
29	宇文德阳宅秋夜山亭宴序37	宇文德阳宅秋夜山亭宴序	708 游宴	7691
30	晚秋游武担山寺序39	晚秋游武担山寺序	708 游宴	4692

序号	《诗序》	《文苑英华》题	《文苑英华》"序"之卷次及小类	《全唐文》(《唐代散文作品》编号)
31	新都县杨乾嘉池亭夜宴序 41	越州秋日宴山亭序	708 游宴	4686
32	至真观夜宴序("若夫玉台金阙")42			
33	游庙山序 43	游山庙寺	708 游宴	4694
34	秋晚入洛于毕公宅别道王宴序 45	秋晚入洛于毕公宅别道王宴序	734 别	4699
35	别卢主薄序 49	别卢主簿序	734 别	4669
36	秋日楚州郝司户宅遇钱霍使君序 50	秋日楚州郝司户宅遇钱霍使君序	718 饯送	4696
37	江宁县白下驿吴少府见饯序 53	江宁吴少府宅饯宴序	718 饯送	4703
38	秋日登冶城北楼望白下序("仆不才怀古人之士也")54			
39	冬日送储三宴序("储学士东南之美")56			
40	初春于权大宅宴序("早春上月连襟扼腕")58			
41	春日送吕三储学士序("宇宙之风月旷矣")60			
	题记"用纸贰拾玖张/庆云四年七月廿六日"			

类似的情形,也见于敦煌所出对佛典的抄录。

法藏敦煌遗书 P. 2130,据《法藏敦煌西域文献》,此件写本共有三种文献,一是《唐五台山竹林寺法照传》,二是《净土五会念佛诵经观行仪》,三是《佛说观佛三昧海经本行品第八》;卷末有题记,有"三界寺道真经不出寺门"①。这几种文献是不是都是道真所抄,尚不能肯定,但就写本而言,它们是连着抄写,合抄在一起的。

佛经中经常有钞录不同的经而集为一卷或册的例子。比如日本《敦煌秘笈》羽 387号。这原是李盛铎的藏品②。《敦煌遗书总目索引》"四、敦煌遗书散录",将此编为三个号,

① 商务印书馆编《敦煌遗书总目索引》,定名为"残佛经",解题称"廿八行。背为梵文",北京:中华书局,1983 年,254 页。敦煌研究院编《敦煌遗书总目索引新编》,此号著录了后两种,未将法照传单独拟题著录,北京:中华书局,2000 年,225 页。

② 关于杏雨书屋羽田亨收集的敦煌文书的来历,参荣新江《李盛铎藏敦煌写卷的真伪》(1997 年初刊)、《追寻最后的宝藏——李盛铎旧藏敦煌文献调查记》(2007 年初刊)二文,均收入作者著《辨伪与存真:敦煌学论集》,上海:上海古籍出版社,2010 年。

即第 519 号、520 号、521 号,分别著录为《般若波罗蜜多心经一卷》、《佛说天请问经一卷》(首尾全)、《佛说救护身命经一卷 又普门品》①。据现藏北京大学图书馆的《李木斋氏鉴藏敦煌写本目录》,此小册编为第三八七号,即此册所谓"首尾全 线装巾箱本",细目作"般若波罗蜜多心经一卷 佛说天问经一卷 佛说救护身命经一卷 普门品"②。《敦煌秘笈》则依内容分别作著录③:

(1) 般若波罗蜜多心经(首题)

(2) 佛说天请问经一卷 三藏法师玄奘奉诏译(首题)

(3) 佛说救护身命经一卷(尾题)

(4) 妙法莲华经观世音菩萨普问品第廿五(首题)大慈悲救苦观世音经一卷(尾题)

(5) 最妙定胜经(首题)

这是将不同的经,抄在了同一个册子中。该写本中间至少脱落了 5 叶,内容是《佛说天请问经》的后大半、《佛说救护身命经》的前大半。如果我们只是看到了这个小册子的若干叶,我们该会如何认定呢?

常常有摘录不同的诗文、典籍。徐俊《敦煌诗歌残卷辑考》中所收录的大量名为"诗钞""诗丛钞""诗词丛钞""诗文丛钞"均属此类。还有更为杂乱的,有诗文,有文书,还有杂写、习字等。如英藏 S. 329＋S. 361,正面抄录《书仪镜》,背面有杂写、诗钞、书仪、信状、曲子名、社司转帖抄、儿郎伟驱傩之法抄、裙帔绫锦抄等。这是游通信用其背面抄写各种诗歌、杂文以及用作草稿等④。从分类整理文献的角度,当然可以将背面所钞写者分别录出,归入诗、社司转帖等类,但从写本实际状态来看,这就是一个整体,是抄写者所收集、抄录下来他喜爱或认为有用的文献,更像是日常所使用的随手抄录的"笔记本"。这才是日常

① 商务印书馆编《敦煌遗书总目索引》,323 页。

② 该目录附荣新江《李盛铎藏敦煌写卷的真伪》文后,作者著《辨伪与存真》,56—73 页;第三八七号,见 71 页。荣新江指出,这是 1935 年李氏子女出售其所藏敦煌写本时目录底本,现藏北京大学图书馆;《敦煌遗书总目索引》的散录四,是王重民雇人抄录此目录,但错讹颇多(51—52 页)。按,这件写本的实际情况与《敦煌遗书总目索引》著录的差异,正可证实荣氏的判断。

③ 《敦煌秘笈·目录册》,武田科学振兴财团杏雨书屋,2009 年,135—137 页。

④ 赵和平在随周一良整理敦煌书仪文书时,已发现了这两件正面所写《书仪镜》可以拼合,见周一良《敦煌写本书仪考》(之二,初刊 1987 年),作者著《魏晋南北朝史论集续编》,北京:北京大学出版社,1991 年,229 页。写本形态的分析等,见方广锠《敦煌遗书中多主题遗书的类型研究:写本学札记》(原刊 2012 年),作者著《佛教文献研究十讲》,上海:复旦大学出版社,2020 年,196—200 页。按,背面文献中有一件是毛诗残片,二块、各 2 行,是抄写在背面古代裱补纸上(字迹向里,是对原抄写在正面的《书镜仪》所作的裱补),故本文不视作背面抄写的文献。正面顺序是 S. 329→S. 361,背面文字顺序是 S. 361→S. 329;背面的写本,有几件是自左向右逆书,还有抄写两遍以及杂抄或习字;相关具体情况及拟名、录文等,详见郝春文主编《英藏敦煌社会历史文献释录》第 2 卷,北京:社会科学文献出版社,2003 年,84—113 页。另,方广锠文还举了 S. 343,情况与此类似,正面是《斋意文》258 行,利用正面的废弃纸,于背面抄写若干文献,详见该书 200—202 页。S. 343 背面文字录文,见上引郝氏《释录》,147—164 页。

社会一般民众接受知识或传播文化的载体。

三

就研究史而言,荣新江、徐俊的研究,是推进了一大步,纠正了前人仅从内容着眼、罔顾写本实态的研究偏差,强调敦煌写本中的所谓别集、总集,与流传有自的所谓别集、总集,存在着很大的差异①。伏俊琏的研究则是倒退,虽然没有倒退到内容与写本割裂的程度,但仍旧用别集、总集的标准和眼光来衡量敦煌所出的这件册子写本,可谓胶柱鼓瑟。

我们之所以要强调,与"编集"(大致相当于后世所谓的"选集")相比,它属于"抄录",是想进一步讨论"抄录"这一方式,在知识接受、文化传播上的作用。

印刷术发明之后,文化传播主要是通过书籍流通的方式实现。在写本时代,则主要是靠传抄。刻本的流通,主要是用商业形式实现;写本的传抄与之不尽相同——既有职业的写手,同时又有大量的出于自身需要的抄写。典籍传播形式的不同,会在相当程度上影响文化传播的广度、深度和效果。

就古书的流传而言,正经正史、总集别集,可以流传有序、不绝如缕。但生活在写本时代的人,有机会、有能力得到整部书,或者进行系统阅读者,也许不会太多,识字率、理解力等,尚在其次。社会一般民众的阅读,更多地,应该是通过更为随意、更为偶然地抄录某篇某卷,甚至摘抄某个片断,来实现的。直至今日,有多少人是通过系统阅读正经正史,或总集别集来接受文史知识呢? 恐怕更多的,是通过各式各样、品类繁多的所谓选本来实现的吧。写本时代的抄录,大概相当于今天印刷时代的各类选本。——这只是就知识传播的方式而言。在现今机器印刷时代,个人的摘抄、剪报,在知识接受和文化传播中,已不再起主要作用。因此,伏俊琏所说的"编集",与现今印刷时代的选本更为相似。但与写本时代的个人的抄录,有实质性的差别。

荣新江曾发表过一篇名为《丝绸之路也是一条"写本之路"》的文章②,谈丝绸之路上的文书、契约、账目、行记、诗文创作等。李季兰诗,作于建中四年(783),《叹旅雁》作于元和十年(815)。这正是在吐蕃切断河西走廊,直至完全控制敦煌的时期。在商旅通行都不甚畅通的情况下,诗歌,这些并非衣食必需之物,却能由长安传到敦煌。文化的传播似乎比商品流通的力量更强。

文化传播的载体多种多样,比如有图像、有文字,或者通过口头念诵等③。以文字为载

---

① 详细的讨论,参徐俊《敦煌诗集残卷辑考·前言》,北京:中华书局,2000 年。

② 荣新江《丝绸之路也是一条"写本之路"》,《文史》2017 年第 2 期,75—103 页。

③ 口头传诵,除我们习知的如史诗等之外,有学者认为佛教早期的经典传承是靠口授,有所谓"持诵师制度";而且从口授进入到笔录之后,才更有可能作改动和添加,参肯尼斯·罗伊·诺曼《佛教文献学十讲:佛教研究的文献学途径》(陈世峰、经赞译)第三讲"佛教与口授传统"和第五讲"佛教与书写",上海:中西书局,2019 年。

体,既有整部典籍的抄写流传,也有单篇单卷甚至是片断式的抄录、杂写式的流传。抄录,是当时一般社会民众知识接受的主要方式,在文化传播中,不亚于正经正史、总集别集流传所发挥的影响,作用不容低估。

二〇二一年五月初稿
六月廿五日改定
于新都槐荫室

Transcription and Cultural Communication: An Example of the Works of Bai Juyi, Li Jilan, and Cen Shen in Dunhuang Manuscripts

Meng Yanhong

P. 2492＋Дx. 3865 , the manuscript from Tunhuang, is not a poetry collection of Bai Juyi, but a transcription of Bai Juyi, Li Jilan and Cen Shen's works. This type of transcription is highly arbitrary and accidental. It is quite similar to the excerpts or clippings of good phrases and famous articles in nowadays. In the manuscript time, this type of transcription was one of main ways in which the public received knowledge. It played an important role in cultural communication that should not be underestimated.

高昌供食文书及传供帐的文书学研究

裴成国

西北大学历史学院

汉唐时期绿洲丝绸之路是欧亚大陆上的交通大动脉。西域的绿洲国家为过往的使者、商旅、僧侣提供物资的补给,从而维系着丝绸之路的畅通。敦煌的悬泉汉简、楼兰晋简和吐鲁番的晋唐文书都保存了一些客使供食文书,为我们研究汉唐时期西域绿洲的供给模式提供了宝贵资料,其中内容最丰富的即是吐鲁番出土的晋唐时期的供食文书及传供帐。本文将主要从文书的登录格式角度对十六国到高昌国时期的供食文书和传供帐作一研究。

十六国高昌郡时期的吐鲁番文书中实际上已经存在类似供应客使的文书。虽然留存文书的信息有残缺,但高昌郡时期存在外来客使的供应制度①,也是确定无疑的。哈拉和卓 91 号墓所出有纪年文书起西凉建初四年(408),止缘禾五年(436),其中两件有关粮食的文书,一件名为《祠吏翟某呈为食麦事》,文书内容有"超度一人,从田地来,住祠八日,日食麦八升,合陆斗四升。都合拾玖斛捌斗四升",文书涉及该寺院两笔粮食支出,其中第二笔是供应从田地郡来的僧人超度,从记录看,也是以一日食量为单位,与楼兰晋简相同。同组的另一件文书《奴婢月禀麦帐》,应当也是该寺帐目,帐目以月为单位,"奴文德婢芳容二人,人日禀麦五升,合给麦三斛"。可知也是以月作为会计单位。这也与楼兰晋简中的制度相同。

高昌国时期将客使接待作为国家事业,这个绿洲国家因此积累了大量财富②,这从高昌国时期的客使接待制度中也可看出端倪。前魏氏高昌国时代的客使接待文书只有一

---

① 《北凉玄始十一年(422)马受条呈为出酒事》中供应的对象除了隰骑、箱直等人之外,还有"十一月四日,□酒三斗,赐屠儿〔 〕使"供应对象的名字有阙文,但使用"赐"字和名字后面的"使"值得注意,联系魏氏高昌国时期的传供帐中存在"赏食若干人"及"南厢可汗使""何国王儿使"这样的表述,这一条很可能是供应外来客使的记录。

② 参阅裴成国《丝绸之路与高昌经济——以高昌国的银钱使用与流通为中心》,朱玉麒主编《西域文史》第 10 辑,北京:科学出版社,2015 年,148—169 页。

件,就是吐鲁番整理小组定名为《高昌主簿张绾等传供帐》①,而笔者认为应该改题为《阚氏高昌仓部织物及毯等支出帐》(以下简称"《仓部支出帐》")②,文书除第 6、15 两行之外,其余每一行应该都是以"出"字起始。先依据本人的修订移录文书如下。

（前缺）

1　　　］匹,毯六张半,付索 寅 义,买厚绢,供 涞 □。

2　　　］半斤,付双爱,供□涞。

3　 出 行緤卅匹,主簿张绾传令,与道人昙训。

4　 出 行緤五匹,付左首典(兴),与若愍提懃。

5　 出 赤违一枚,付爱宗,与乌胡慎。

6　 王 阿钱条用毯六张,买沽缬。

7　　　］匹,付得钱,与吴儿折胡真。

8　　　　］赤 违一枚,付得钱,与作都施摩何勃。

9　　　］緤 一匹,赤违一枚,与秃地提懃无根。

10　　　　］月 廿五日,出 緤 二 匹,付□ 富 买 宍 (肉)供□□。

11　 出 毯一 张

12　 出 行緤□

13　　　］行緤

14　　　］行 緤三匹,赤违三枚,付隗巳隆,与阿祝至火下。

15　　　］张 绾传令,出 疏 勒锦一张,与处论无根。

16　　　　　　　　　　　　　　　　　摩何丘□。

17　　　　］緤一匹,毯五张,赤 违 □枚,各付巳隆,供鍮头

尽管由于本件文书涉及的都是织物和毯,但供应对象几乎都是来自柔然的客使,是当时高昌国官方接待的客使,粮食的供应自然是必不可少的。我们看到第 10 行明确记载支出行緤是为了买肉供给某位客使,而粮食因为是仓部直接支出,无需购买,所以另帐登记。支出数量最多的行緤和毯在当时都是高昌国的流通货币,我们推测是为了让这些高级客使可以随意购买所需物品,明显看出当时高昌国对客使供应的周到和殷勤。因为这一时

①　唐长孺主编《吐鲁番出土文书》(壹),北京:文物出版社,1992 年,122—123 页。
②　裴成国《〈高昌主簿张绾等传供帐〉再研究——兼论阚氏高昌国时期的客使接待制度》,《西域研究》2013 年第 4 期,67—71 页。

期的客使供应文书我们只有这一件，所以用它来分析文书登录格式上的特点。

《仓部支出帐》共 17 行，每行是一条支出记录，没有接连书写，似乎还可看出汉晋简牍在书写习惯上的影响。每一条支出记录的登录格式是我们分析的重点。本件文书涉及的物品登录方式包括"出某物若干付某人买某物供某人"（第 1 行、第 10 行）、"出某物若干付某人供某人"（第 2 行、第 17 行）、"出某物若干付某人与某人"（第 4 行、第 5 行、第 7 行、第 8 行、第 14 行）、"出某物若干与某人"（第 9 行）。因为不是粮食支出记录，不涉及日食标准及供应天数等信息，但登记的格式与汉晋简牍还是基本一致的。汉晋简牍中只在个别条目中著录的交付对象信息"付某人"在《仓部支出帐》中成为重点内容。最为特殊的是第 3 条"出行緤卅匹，主簿张绾传令，与道人昙训"、第 6 条"王阿钱条用毯六张，买沾缯"和第 15 条"张绾传令，出疏勒锦一张，与处论无根"。第 6 条中"条用"的"条"是一种公文书形式，可能与十六国时期吐鲁番文书中的"条呈"相近①。"条用"表示此笔支出曾经报请部门负责官员或者国王审核批准。第 3、15 条中的"张绾传令"所传只能是高昌王的令②。两条支出记录在程序上有显著区别，即"传令"是自上而下，"条用"是自下而上，可能都要经过高昌王。之所以这三条有"传令"和"条用"的特别程序，应当与涉及的织物数量很大（行緤卅匹、毯六张）或价值很高（疏勒锦一张）有关③。此外各条登记的织物和毯的支出，实际上都是满足客使的特殊需求，理论上应该也需要审核批准；既然不用"传令"和"条用"的说法，可能审批的层级不同，无须国王亲自审批，经过仓部官员核准即可。

与此件文书同出的还有《高昌惠宗等入緤毯帐》，其中第 1 行记载"]下□惠宗緤两匹，毯一张，□□"，明显是入緤和毯。第 2 行记载"]十张，王高隆入緤两匹"，这一条是入毯和緤。第 3 行记载"]锦十张，三张与画智、张阿双"，这一条应该是支出织物。所以这件文书的性质应该也是"仓部出入緤毯及锦帐"，并且第 3 行的格式与《仓部支出帐》的一些条目是相同的。这件伴出文书的信息也有助于我们确定《仓部支出帐》的性质。

阚氏高昌时期的文书太少，涉及客使供食的相关文书所见有限。由《仓部支出帐》可知，应当还有类似"条呈"的条用文书、传令文书，以及粮食的支出帐，它们和《仓部支出帐》一起构成阚氏高昌时期客使供食文书的系统。

阚氏高昌时期高昌立国时间尚短，中央机构和地方郡县建制尚不完善，文书系统可能也不完善。麴氏高昌国时期的客使供应文书涉及的种类多，数量大，值得作细致分析。阚

---

① 裴成国《〈高昌主簿张绾等传供帐〉再研究——兼论阚氏高昌国时期的客使接待制度》，《西域研究》2013 年第 4 期，70—71 页。

② 麴氏高昌时期的阿斯塔那 152 号墓出土的《高昌延昌六年（566）吕阿子求买桑葡萄园辞》《高昌延昌十七年（577）史天济求买田辞》《高昌延昌三十四年（594）吕浮图乞贸葡萄园辞》等文书中都有"门下校郎""中兵参军"等通传高昌王令的例证。唐长孺主编《吐鲁番出土文书》（贰），北京：文物出版社，1994 年，140—142 页。

③ 第 1 条记录涉及毯六张半，另外还有行緤若干匹，涉及的织物数量也很大，本行的开始部分有残缺，可能也有"条用"的内容。

氏高昌时期的"条用"文书类型在麴氏高昌文书中也被保存下来。《高昌义和六年(619)伯延等传付麦、粟、床条》可以让我们了解更多的细节内容。

据文书解题可知本组文书由十三件纸条粘连成卷,时间从义和六年(619)九月七日至十七日,系十三条条奏记录。每一条文书的笔迹风格大小都不尽相同,应当是不同人书写。文书有固定的书写格式。先移录文书如下再作分析。

(一)60TAM331:12/1,12/8,12/6,12/3

(前缺)

1 □和六年己卯岁九月七日□

2 门下校郎 高□

3 □伯延传,大麦五斗,用买落贰斗,供萨

4 　　　　　己卯岁九月八日条

5 　　　　　门下校郎高□

6 主簿元相传,床拾斛、粟拾斛,付令狐延护,用作沫

7 　　　　　　　　　　　条

8 　　　　　□□□□高宝

9 　　　　　给与明威隆怀。义和六年己卯岁九月十□□

10 　　　　　门下校郎高宝

11 　　　　　　斛,给与中郎子□　　

12 　　　　□下校郎高宝

13 萨薄□□传,粟□斛给与车不六多。义和六年□

14 卯岁九月十一日□

15 　　　门下校□□□

16 □□珍传,粟壹斛,给与孟摩弥。

17 义和六年己卯岁九月十一日条

18 　　　　　门下校郎高□

(二)60TAM331:12/2

1 唐绍太传,小麦壹斛,给与白仏救。

2 义和六年己卯岁九月十日条

3 　门下校郎高宝

(三)60TAM331:12/4

1 威远欢住传,粟壹斛,给与巩延轨。

2 义和六年己卯岁九月十二日条

3 　　　　　　门下校郎高宝

（四）60TAM331:12/7

1 □□□□己卯岁九月十五日□

2 门下校郎高宝

3 　　　　　　　　　　给与氾明祐。义和

4 　　　　　　　　　　十七日条

5 门下校郎高宝

（五）60TAM331:12/5

1 　　　　壹 酐（斛）, 给 与

2 □和六年己卯岁九月十六日□

3 　门 下 校 郎 高宝

4 　传,麦壹 酐（斛）,给谏议怀愿,次传麦 壹

5 　延住。

6 □□□□卯岁九月十五日□

文书格式可以概括为:"某人传粮食(大麦、小麦、粟、床)若干斛斗,给与(或给)某人(或用买某物若干供某人;付某人用做某事;次传粮食若干斛斗给与某人)　义和六年己卯岁九月某日条(日期有的条是直接接着写,有的是转行写)门下校郎 高　宝(转行写)。"文书中涉及的粮食数量多少不一,大多仅为"粟一斛""小麦一斛""大麦五斗",多者为"床拾斛、粟拾斛"。文书涉及的供应对象以国内百姓居多,但第13行传令者为"萨薄□□",供应对象是车不六多,可能是一个商胡①。13条中,第1、4、5、10、11条残缺,第2、3条购物或作其他用途,第6条斛斗数字残缺(也很可能是"壹"),其余的7、8、9、12、13五条全都是供给某一个人,不管粮食是小麦或粟,数量全都是壹斛,这让人想到高昌国时期一人日食一斗,壹斛正是一个人十天的食量,供食对象的身份或许不同,但供食标准都一致。值得注意的是这里的基本会计单位也是用"日",而不用"一食"。

文书中的"条"含义清楚,是上报请求批准之意,可以算作上奏文书的一种。每件文书首行首先写某人传,涉及的人名有"主簿元相""威远欢住""口伯延""唐绍太",可以看出既有低级官吏,也有没有官职的普通百姓。理论上来说,"传"是指"传令",在高昌国门下系

---

① 此人又见于阿斯塔那514号墓所出的《高昌内藏奏得称价钱帐》,在彼处他"买丝六十斤",只是名字写作"车不吕多",应该是同一个人名的不同译写。

统中门下校郎、通事令史、通事舍人等官员的职责是通传敕令①,普通百姓不应参与王令通传。高昌国上奏文书是学界尚有争议的研究领域,比较难以理解②。笔者认为高昌国虽是小国,也不可能每一笔细小的粮食支出都需要国王亲自审批,该组文书中的"传"只是象征性的表述,意即该笔粮食支出是经国王批准的,实际上都是按照仓部或相关部门的供食规定支出。该组文书最后一行都是列"门下校郎高宝",笔者认为这里门下校郎并未执行他们通传敕令的职责,而是执行他们的另一个职能即审核文书。这些文书的性质并非支出之前的报告审查,而是支出之后的确认和备案。之所以仍然采用"条"这种文书形式,应当是对阚氏高昌时期"条用"文书形式的继承。值得指出的是,阚氏高昌时期《仓部支入帐》仅有个别支出经过了国王的亲自审核,其余由仓部核准即可;麹氏高昌时期所有支出都以"传"令的方式登记,反映了高昌王权威的提升,是王权强化在文书行政领域内的体现。

高昌国时期外来人口的消费供应情况集中地反映在供食文书中③。如哈拉和卓33号墓所出的《高昌众保等传供粮食帐》④,阿斯塔那307号墓所出《高昌竺佛图等传供粮食帐》⑤《高昌虎牙都子等传供食帐》⑥《高昌□善等传供食帐》⑦《高昌令狐等传供食帐》⑧,阿斯塔那517号墓所出《高昌都子等传供食帐》⑨《高昌曹石子等传供食帐》⑩《高昌元礼等传供食帐》⑪,阿斯塔那329号墓所出《高昌虎牙元治等传供食帐》⑫,阿斯塔那154号墓所出的《高昌传供酒食帐》⑬等文书都有相关记录。吴玉贵先生认为文书大致可分为两类。第一类供食对象较为复杂,除客使外,还有供"上现"者,供"碑堂"者等,供应种类也较多,除主食、副食外还有日用品。第二类文书供食对象较为单一,绝大多数为客使,供应品种也基本都为主食,对于供食情况的记载,这类文书较为详尽,对供食客使一般按其身份高下

---

① 陈仲安《麹氏高昌时期门下诸部考源》,唐长孺主编《敦煌吐鲁番文书初探》,武汉:武汉大学出版社,1983年,7—13页。

② 参阅孟宪实《汉唐文化与高昌历史》,济南:齐鲁书社,2004年,148—171页。

③ 重要的研究参见吴玉贵《试论两件高昌供食文书》,《中国史研究》1990年第1期;收入作者《西暨流沙——隋唐突厥西域历史研究》,上海:上海古籍出版社,2020年,151—172页;王素《高昌史稿·交通编》,北京:文物出版社,2000年,555、559—560页;裴成国《丝绸之路与高昌经济——以高昌国的银钱使用与流通为中心》,朱玉麒主编《西域文史》第10辑,148—162页。

④ 唐长孺主编《吐鲁番出土文书》(壹),238—240页。

⑤ 唐长孺主编《吐鲁番出土文书》(壹),412—413页。

⑥ 唐长孺主编《吐鲁番出土文书》(壹),414页。

⑦ 唐长孺主编《吐鲁番出土文书》(壹),415页。

⑧ 唐长孺主编《吐鲁番出土文书》(壹),418—419页。

⑨⑩ 唐长孺主编《吐鲁番出土文书》(壹),263页。

⑪ 唐长孺主编《吐鲁番出土文书》(壹),264—266页。

⑫ 唐长孺主编《吐鲁番出土文书》(壹),461页。

⑬ 唐长孺主编《吐鲁番出土文书》(壹),368页。

分为上、中、下三等。第二类供食文书可能是高昌客馆接待外来客使的供食记录①。

哈拉和卓 33 号墓所出的《高昌众保等传供粮食帐》的年代在延昌二十七年（587）前后，阿斯塔那 307 号墓文书的年代，吴玉贵定在开皇三年至开皇七年（583—587），即高昌国延昌二十三年至二十七年。阿斯塔那 517 号墓因为出土了《高昌延昌三十一年（591）张毅妻孟氏墓表》和《高昌延昌三十七年（597）张毅墓表》，所以文书年代当不晚于延昌三十七年②。

阿斯塔那 329 号墓未出土墓志及随葬衣物疏，文书亦无年代，吴玉贵根据其中出现的可汗名号，判断文书的年代在 604—611 之间，即麹伯雅延和三年至延和十年。阿斯塔那 154 号墓无墓志及随葬衣物疏，所出文书有纪年者为高昌重光二年（621）。根据笔者的研究，阿斯塔那 517 号墓所出的《高昌都子等传供食帐》《高昌曹石子等传供食帐》《高昌元礼等传供食帐》《高昌虎牙元治等传供食帐》涉及的食物以斛斗计却不具体说明，其实是酒，所以四件供食帐都应该改称为"供酒帐"③。

出自哈拉和卓 33 号墓的六件文书，都与供食有关，值得进行综合研究。值得一提的是，该墓葬没有出土纪年文书，吐鲁番出土文书整理小组根据《高昌奇乃等粗细粮用帐》中出现的人物"奇乃"和"严佛图"又见于阿斯塔那 48 号墓所出的《高昌延昌二十七年（587）四月兵部条列买马用钱头数奏行文书》，所以将哈拉和卓 33 号墓列于延昌二十七年之后④。该墓葬所出六件文书都涉及粮食供应，其中有一件被定名为"传供帐"的文书，就是《高昌众保等传供粮食帐》，这件文书是比较标准的传供帐。墓葬所出的其他文书还有五件，分别是《高昌付张都堆等供粮食帐》《高昌张□禾等粗细粮帐》《高昌奇乃等粗细粮用帐》《高昌付思相等粗细粮用帐》《高昌大胡等粗细粮用帐》，可以看出其实都是粮食帐。

以下分别对六件文书的格式和内容进行描述和研究。

六件文书实际上是八片组成，其中六片皆正背面皆有内容，而书写《高昌大胡等粗细粮用帐》的 69TKM33：1/5（b）和 69TKM33：1/1（b）背面内容不详，不知是否因涂墨未经清洗所致。其余文书中，书写连贯的有三件，即《高昌众保等传供粮食帐》《高昌大胡等粗细粮用帐》和《高昌付思相等粗细粮用帐》。

《高昌大胡等粗细粮用帐》以日为单位，可以看到的日期有"十三日""十四日""十五日""十六日""十七日""廿五日""廿七日""廿八日"等。基本格式是"次某日某人粗（细）若干斛若干斗，次某人粗（细）若干斛若干斗"，编为第一类型。个别地方明确提到供应的粮

---

① 吴玉贵《高昌供食文书中的突厥》，《西北民族研究》1991 年第 1 期；收入作者《西暨流沙——隋唐突厥西域历史研究》，78—79 页。

② 文书解题称该墓经盗掘因而混入了唐代开耀二年（682）等唐代文书。

③ 裴成国《丝绸之路与高昌经济——以银钱的使用与流通为中心》，朱玉麒主编《西域文史》第 10 辑，155 页。

④ 唐长孺主编《吐鲁番出土文书》（壹），238 页。

食是"米",粮食的数量从几斛到十几斛。一些人名反复出现如"大胡""永保""酉儿""青儿""弘庆"等,其中"大胡"的名字出现了九次(其中一次因文书残缺只可见到"胡"),几乎是每天都有记录,这些不可能是大胡供入的粮食,而应该是大胡经手供出粮食数量的统计。《高昌张□禾等粗细粮帐》书写在一个鞋底上,存4行,除了未见时间之外(或许承前省略,或许因文书残缺),格式也与《高昌大胡等粗细粮用帐》相同。

《高昌付思相等粗细粮用帐》由两个鞋底拼接而成,文书存11行,第1行之前存约2行的空白没有书写内容。尽管字体都相同,但明显可以看出有三种登录格式。第1、2行和第6、7行为一种,其格式除没有日期之外,与《高昌大胡等粗细粮用帐》相同,供应的粮食类型包括了床细米,其中也出现了人名如"大胡""弘庆""永保"等。第3、4、5行和第8、9行为一种(以下称"第二类型"),第10、11行为一种(以下称"第三类型")。第二类型的格式是"某日粮食(籹)若干付某人供某人",看到的日期是"廿七日"和"六日"。理论上来讲,第二类型包含供应对象和交付对象,信息更为具体详尽,是具体的供食记录,而第一类型应该是供食数量的统计,不过就目前保存较为完整的第3、4、5三行和第6、7行来看,内容并无明显的关联。第三类型的格式是:"粮食若干供某人几人尽;粮食若干付某人供某人几人尽。"供应的对象"时别奇耐""婆个"等显然都是少数族群,可能也是外来客使。其中第10行的行间在人名"时别奇耐"的旁边又夹写了"米一斗"。由八斗供八人,一斗供一人可以看出,这是以一天为单位的供应。三种类型的文书登录在一纸上,虽然可以确定都是供食文书,但格式差别明显,似乎缺乏合理的逻辑。

《高昌奇乃等粗细粮用帐》是《高昌付思相等粗细粮用帐》的另一面,也由两个鞋底拼接而成。存8行,格式明显有两种,第1至4行为一种类型,第5至8行为另一类型。第4行和第5行中间是两个鞋底中间位置的1行空白。前一类型的格式除未见日期之外,大致与《高昌大胡等粗细粮用帐》相同,但主体既有人,也有寺院如"宿卫寺""□崇寺",人名之前又有官职,如"主簿""参军"等。文书解题提示其中第3、4行是淡墨另写的,字迹模糊。后一类型的格式为"次某日某人传粮食(粟米、床米、面)若干供某人",编为第四类型。行间有三处补写的交付对象。这里的第四类型如果将夹写的交付对象置入行内,就内容而言与《高昌付思相等粗细粮用帐》中出现的"第二类型"非常相近,区别只在于这里有"某人传"而"第二类型"则没有。总体而言,与正面《高昌付思相等粗细粮用帐》文书字体相同、书写连贯相比,背面的《高昌奇乃等粗细粮用帐》更像是备忘性质的登记。

《高昌付张都堆等供粮食帐》由四片文书组成,其中三片的正面书写的是《高昌众保等传供粮食帐》。主体部分的登录格式是"某日粮食若干付某人供某人",与《高昌付思相等粗细粮用帐》的"第二类型"相同。第2行的末尾见到"苟扫传[中缺]三人尽"。供应的对象中有"僧顺客""亡来人"等,也见于《高昌付思相等粗细粮用帐》。需要说明的是,《高昌付张都堆等供粮食帐》的第二片文书的后半部分和第三、四两片上书写的内容以方位加人名的组合信息为主,不清楚是否也与供食文书有关,也更像是一种备忘性质的记注。

《高昌众保等传供粮食帐》由三片文书组成,其中两片可见纸缝。登录格式是"某日

（前面有，后面可以省略）某人传粮食（面、麨、粟米、小麦）若干供某人（某人几人道粮或某种用途如"祀诸天"）"，个别条的最后注明"尽"；除末尾的"尽"，这一格式与第四类型相同。供应对象中有不少外国客使，如"何国王儿使奚["“叜吴吐屯使"等。此件文书的一个突出特点是正文中的传供记录中没有写明交付对象，交付对象和一些交付细节大量地夹写在行间，应当是后来补写。这件文书中出现的供应对象既有外国客使，也有"祀诸天"“伎女（供伎女别迎婆["，文书后缺，可能是前行出现过的"提懃婆演使乌练那"）"“狱囚"“亡来人"等。外国客使的供应也没有标注客使等级和人数，看不出外国客使和国内人员供应方面的区别。作为用粘连好的纸张书写在正面的此件传供帐，所涉及的外国客使等级也很高，应该可以视为客使供食的典型文书，但文书中同时出现的其他供应对象及用途，说明本件传供帐也并非专门的客使供食文书。文书在登记供食信息之后事后又进行了核查，并将交付对象等信息补写在了行间，反映的应当是传供程序的整个过程。总体而言，这类传供，有传令者、交付对象和供应对象或用途，并且对象不限于外来客使，重点仍是粮食的支出。

根据以上分析我们对哈拉和卓 33 号墓所出文书做一梳理。首先，六件文书涉及的登录格式有四种，兹罗列如下：

第一类型："次某日某人粗（细）若干斛若干斗，次某人粗（细）若干斛若干斗"

第二类型："某日粮食（麨）若干付某人供某人"

第三类型："粮食若干供某人几人尽；粮食若干付某人供某人几人尽"

第四类型："某日某人传粮食（面、麨、粟米、小麦）若干供某人（或某种用途）"，个别条的最后注明"尽"。

可以看出除第一类型较为特殊，其中的粮食不记具体类型，只记"粗"“细"，也不记载交付对象和供应对象，粮食本身的斛斗数是最重要信息，这类记载的重点显然就是会计统计帐。在高昌仓部的会计系统中，这类文书有其自在的价值。后三种类型都是供食文书；按照上文的分析，高昌国供食文书中的"传"只是象征意味，三种类型的供食文书虽然格式有差异，并无实质不同。即便是第一类型，因为也和第二、三类型书写在同一件文书（《高昌付思相等粗细粮用帐》）上，可以认为也与供食文书有关，只是服务于不同环节或有特定的用途。如何看待后三种登录格式中前两种没有"某人传"，最后一种有"某人传"呢？"某人传"的主体可能是依据主客指令从仓部支取粮食的人，应该是每一笔粮食支出都不可或缺的。笔者认为因为"传"只是象征意味，很可能是官方对文书格式的要求。高昌国的文书行政水平有限，所以执行不严，是不是著录，当事书手有一定的随意性。我们举两件文书中都出现的"亡来人"为例来说明。《高昌众保等传供粮食帐》中有两条记录"田武崇传，面一斗供来人"“次虎牙阿□传麨一斛供亡来["，《高昌付思相等粗细粮用帐》中有"廿七日麨二斗付守文，供亡来人"“六日麨一斗天救供亡来人"[①]。我们摘录两件文书中的四条记

---

① "天救"的前面显然是省略了"付"字。

录,从后两条推测前两条供应的应该也是亡来人。既然都是同一个群体,高昌国的供食政策应该是相同的(第三、四条供麨,第二条也是供麨,并且数量也相当),为什么前两条需要"传",后两条不需要。我们只能认为这是不同帐目的书手书写方式不同导致的。《高昌付张都堆等供粮食帐》文书残缺较多,其中我们看到有一处"苟扫传",还有两处"付苟扫"①,应当是同一个人,可见在粮食支出中支取者和交付对象的界限也不是很严格。

如果我们综合后三种类型,可以总结出一种最完备的登录格式:某日某人传粮食若干付某人供某人,几人尽。但实际上这种最完备的格式没有出现在上述三种的任何一种之中。最接近完备格式的是第四类型,但这件的交付对象基本都夹写在行间,可以看出是事后添加的。

其次,不管是国内供应,还是外来客使,都登录在一件文书中,并不区分。这种情形在《高昌众保等传供粮食帐》中反映得最为清楚。这在一定程度上反映出这件传供帐本质上仍然是粮食支出帐,粮食是它登录的重点,而供应给谁是其次。就登录格式而言,高昌国时期的这一类传供帐没有摆脱汉晋简牍以来的"出米若干""出行縢若干"的登录格式(尽管文书中没有使用"出"字,第三类型在开头,第二类型在开头的时间之后都可以加一个"出"字),而第四类型的"某人传"的登录格式也正是阚氏高昌时期的《仓部支出帐》当中出现的登录格式。

我们在文书中看到大量供应"道粮"的记录,尽管文书残缺,目前所见就有如"供垔吴吐屯使由旦五人道粮""]耆、遮殖二人道粮""供提勲[ ]道粮""]五人道粮""供提勲婆演使乌□那十人道粮""往移瓠门头道粮"等七处之多。这说明高昌国不仅免费供应客使在高昌的食粮和酒②,还供给他们离开之后的旅途用粮。我们在文书中还看到"供伎女别迎婆[",文书后缺,可能是前行出现过的"提勲婆演使乌□那"。说明高昌国既供应外来客使的饮食,给他们提供旅途用粮,甚至给他们安排在高昌的娱乐活动。客使接待是高昌的国家事业,也是经济命脉,官方对客使接待可以说殷勤备至。我们在汉晋简牍中看到的供食文书都是官府根据相关规定依据客使的等级供应,悬泉置和西域长史府都是执行中央的政令,高昌在客使接待中体现出的积极主动性是我们在汉晋简牍中看不到的。如果和阚氏高昌时期的《仓部支出帐》相比,麴氏高昌时期的传供帐还有一个变化非常明显,就是阚氏高昌时期官府还支给客使毯、縢等实物货币以供他们购买个人所需;但到麴氏高昌时期,对于最高级别的使者应该是供给非常全面,尤其饮食方面应该全都由高昌供应,这是比阚氏高昌时期更加周到的地方。

总体上来说,哈拉和卓33号墓的供食帐都是仅限一天或一次性的,而许多客使在高昌都会停留,在这种情况下,连续多日的供应需要有不同格式的传供帐来登录。集中反映

---

① 在《高昌众保等传供粮食帐》的第 2、3 行之间还夹写有"付康苟扫、张阿祐二人",其中出现的"康苟扫"应该是同一人。

② 参见裴成国《丝绸之路与高昌经济——以高昌国的银钱使用与流通为中心》,朱玉麒主编《西域文史》第 10 辑,148—159 页。

高昌国后期政府客馆给外来客使供食情况的四件文书都出自 1960 年发掘的阿斯塔那 307 号墓。吴玉贵先生根据文书中出现的可汗号,将文书年代判定为延昌二十三年至二十七年(583—587)[①]。四件供食文书依次为:①《高昌竺佛图等传供食帐》;②《高昌虎牙都子等传供食帐》;③《高昌□善等传供食帐》;④《高昌令狐等传供食帐》。格式与哈拉和卓 33 号墓所出供粮食帐和传供帐已经有明显区别。我们移录《竺佛图等传供食帐》的部分内容如下。

《高昌竺佛图等传供食帐》

(一)60TAM307:5/3(a)

1　　　]人,尽十五日,合用面十三斛二斗,床米

2　　]升。次竺佛图传:面五斗六升,床米九升,供婆瓠吐屯牛儿浑,上二人,中三人,

3　尽十三日,合用面五斛六斗,床米九斗。次吕僧忠传:面六斗,床米一斗二升,供鸡弊零

4　苏利结个妇,中四人,下二人,尽十五日,合用面七斛二斗,床米一斛四斗四升。次六日,令狐

5　□僧传,面三斗六升,床米三升,供乌浑摩河先使河干,上二人,中一人,尽十日,合用[②

《高昌竺佛图等传供食帐》与《□善等传供食帐》两件格式相同,时间前后相接,为一个半月的供食帐;供食内容主要为面、粟、床米等,其中第三片供应食物以"斤"计;供食对象绝大多数都是外来游牧部族的首领和客使,其中出现了"阿博珂寒""贪涅提懃使""栈头大官"等高级客使。记账格式为(1) 住进日期(前面已有,后面可以省略),(2) 接待人姓名(有的省略)及指示,(3) 日供食物品种数量,(4) 所供客人姓名及类别数目,(5) 住至日期,(6) 前后供食总数。这件文书的第三片也可见前两片文书中出现的"栈头",但供应的食物以"斤"论,而非"斛斗",应该是肉类。供应时间有"尽卅日""尽十七日""尽廿二日",可见肉类也是高级客使的日常供应内容。从文书看,肉类的供应也分为上、中、下三个等级。三片文书字迹相同,原本可能是接连书写的。与《高昌众保等传供粮食帐》不同的是,《高昌竺佛图等传供食帐》不管前两片供应的粮食,还是第三片供应的肉,都详细标注了等级和人数,但不管行内还是行间都没有登录交付对象。前文论及的《高昌众保等传供粮食帐》中交付对象大量夹写在行间,应该是供食完毕后复核时所添加,可以看出文书仍然保留粮食支出帐的部分色彩。

---

① 对此文书王素有不同观点,他根据背面文书《高昌延寿九年(632)调薪车残文书》的纪年,将《高昌□善等传供食帐》的年代定为"延寿九年闰八月初至十月初前";而将其他三件同出供食文书定为"延寿九年前后"。王素《吐鲁番出土高昌文献编年》,台北:新文丰出版公司,1997 年,291—293 页。

② 唐长孺主编《吐鲁番出土文书》(壹),412—413 页。

此件文书的年代与《高昌众保等传供粮食帐》相当,但登录格式确有明显区别。首先,客使依据身份不同,供应标准也出现差别,有上、中、下三个等级。三个等级的供应粮食及肉的标准都不同。其次,传供帐中正式以半个月作为会计结算的单位。再次,粮食和肉类开始单列。最后,粮食和肉类供应记录中,交付对象不再出现,不仅正文中不记,行间夹写也不记。如果与《高昌众保等传供粮食帐》相比,《高昌竺佛图等传供食帐》等四件文书中供应的对象都是外来客使(其中有一例"供亡来人",也属外来人员),而《高昌众保等传供粮食帐》中虽然也有大量客使,但也出现了"祀诸天"和"狱囚"等完全属国内消费情况。如何理解这种不同呢? 高昌国负责粮食等供出的应该是仓部,而负责外来客使接待的则应是主客,综合以上诸条差异,本人认为哈拉和卓 33 号墓所出的《高昌众保等传供粮食帐》及其他几件粮食帐都属仓部文书,而阿斯塔那 307 号墓所出的《高昌竺佛图等传供食帐》则应属主客文书,其中涉及的肉类非仓部所能存储,只能由主客购买调拨供应。两类《供食帐》记录重点有差别,反映在格式与内容上也就有了区别,其余与客使供食有关文书也可以据此进行分类。高启安认为,将客使分为三等是中原王朝的一贯做法[①],高昌国采用了这种区分,使得接待和供应制度更加周到和完备。

如果说从《高昌众保等传供粮食帐》我们已经可以看出高昌传供帐的特殊性,那么在《高昌竺佛图等传供食帐》这种特征就更加显著。可以说,因为高昌国官府的重视,高昌的主客使用了专门的传供帐文书登录客使的招待情况,这类登录客使接待信息的文书已经完全跳脱粮食支出账的系统[②],具有了崭新的形态和意义。

这类完备的传供帐文书的出现是汉晋以来西域客使供食文书内容及形式发展并升级的结果,也是高昌国以客使接待作为国家事业在文书形式上的反映,文书格式上的升级也是高昌国吸纳汉晋制度合理元素做出的重要创新。新型传供帐文书的出现固然体现了高昌在制度创新方面的可贵努力和优秀成果,但正如前文提示的,作为绿洲小国文书行政水平不高却是基本事实。在这种背景下高昌能借鉴中原制度,结合高昌实际,主客部门创制出新型的传供帐,归根究底还是因为客使接待是国家的经济命脉,完善的客使接待制度催生了这种富有特色的传供帐文书。由此反观阚氏高昌时代的《仓部支出帐》反映的客使接待制度,当时也不可能存在真正意义上的以客使接待为中心的传供帐文书。

---

① 高启安《敦煌吐鲁番文书中三等次供食问题研究》,高田时雄主编《敦煌写本研究年报》第 4 号,2010 年,64—77 页。

② 需要说明的是,与《高昌竺佛图等传供食帐》相关的粮食传供应当也有相应的仓部支出帐存在。

A Diplomatics Study on the Documents of Food Supply and Delivery Account in Gaochang Kingdom

Pei Chengguo

The food supply documents of guest envoys on the Silk Road during theJin and Tang Dynasties preserved in Turpan are very valuable materials. During the Sixteen Kingdoms period, there should have been a supply system of foreign envoys in Gaochang county. In essence, the transmission account preserved by Kan clan's Gaochang period is still the fabric expenditure account of the warehouse department. During Qu clan's Gaochang period, the documents of food supply were the most abundant. There were not only the grain accounts in the warehouse department on a daily basis or one-time, but also the transfer accounts of the host and guest department supplied for many consecutive days. According to the identity, the guest envoys were divided into three levels: upper, middle and lower. Accounting is based on half a month. Grain and meat began to be listed separately. These new characteristics make the registration of the transfer account in the Gaochang period completely different from system of grain expenditure, with a new form and significance.

北宋与龟兹的交通

李华瑞

首都师范大学历史学院

一、北宋时期陆路东西交通格局的嬗变

唐、宋之际,北宋和龟兹势力消长的变化是当时中原王朝与西部广大地区的政治地理格局发生重大变化的一个缩影。作为中原王朝的北宋继承了晚唐以来政治地理格局日趋缩小的局面,放弃了汉唐以来积极经营西部的政策,"不勤远略","不越秦凤"。而龟兹作为丝绸之路新疆段塔克拉玛干沙漠北道的重镇,自汉以来的西域大国,唐安西四镇的治所,更是唐朝统治西域的中心。及至公元840年以后,随着回鹘人西迁,进入龟兹,龟兹逐渐成为西州回鹘的重要组成部分,并被宋国史列入了《外国传》,是所谓的"化外之地"。

从严格意义上讲,宋朝陆路没有汉唐式的丝路交通。首先,北宋建国时,其经营的陆路东西交通重新回到了秦朝和汉武帝之前经营东西陆路交通的原点,即实际分成了两部分,一是经营在河西地区所建各民族政权:西凉吐蕃、甘州回鹘、沙州曹氏归义军、党项、西夏的交通,一是河西走廊以西的"外国",即《宋史·外国传六》记述的天竺、于阗、高昌、回鹘、大食、龟兹、沙州(回鹘)、拂菻等。亦即《宋本历代地理指掌图》"辨西域"所言:"隋之世,来朝者四十余国。唐破吐蕃,复四镇,诸国贡献,侔于前代。本朝建隆(960—963)以来,通贡者于阗、高昌、龟兹、大食、天竺。"[①]而这两部分恰恰大都在唐前期的境内,也是在现今中国的版图内,而阿拉伯及西亚真正的外国已转向海上丝绸之路。

北宋对陆路东西交通的经营主要分成太宗和神宗两个阶段。前一段宋太宗改变宋太祖的对辽和平政策而为积极进攻,曾派遣王延德出使高昌,试图联合西域诸国牵制辽朝,在东面也曾派遣使者出使高丽,希望高丽出兵夹击辽朝。但因宋朝与辽朝两次战争的失败,促使太宗改变对内对外政策的倾向性,遂以守内虚外定型。

不过真正影响北宋经营陆路中西交通的动因主要来自西夏的崛起和建国。当西夏攻

---

① 《宋本历代地理指掌图》,上海:上海古籍出版社,1989年,134页。

占夏州、灵州、河西走廊等陆路中西交通路线和枢纽过程中,宋朝没有对来自西凉吐蕃、甘州回鹘、瓜沙归义军的寻求支持的呼声给以积极回应和经略,致使坐大西夏,宣告北宋经略陆路中西交通主干道的失败,迫使西域诸国绕道青唐道。西夏的坐大给北宋造成巨大的边患,所谓:"夏国自祖宗以来,为西方巨患,历八十年。朝廷倾天下之力,竭四方财用,以供馈饷,尚日夜惴惴然,惟恐其盗边也。"①是故到宋神宗继位后欲改变这种耻辱状况,随着实施以"富国强兵"为宗旨之一的王安石变法,经制西夏成为北宋朝廷议事日程上的大事,北宋经营陆路东西交通进入后一阶段。为了断西夏右臂,北宋将目光投向占据青唐路的河湟唃厮啰及其子孙所建政权,从神宗熙宁年间王韶开熙河,至徽宗政和年间郡县河湟之地,北宋对青唐路的经营可谓精心和倾力,虽有所反复,但终究保障和维护了陆路东西交通东段的畅通。

西夏割据、建国过程对以河西诸政权、西域诸国朝贡宋朝为主的陆路交通产生了两次重大影响。

其一,李继迁攻占灵州造成中唐以来形成的以灵州为中转的中西交通路线衰落②。《宋会要辑稿》方域二一之一四《西凉府》记事云:

> 太祖乾德四年,知(西)凉府折逋葛支上言:"有回鹘二百余人、汉僧六十余人,自朔方来,为部落劫略,僧云欲往天竺取经,并送达甘州讫。"诏书褒答之。

> 开宝六年,凉州令步奏官僧吝毡声、遣勝拉蠋二人求通于泾州以申朝贡。诏泾州令牙将至凉州慰抚之。

从这两段记事来看,宋太祖建隆、乾德年间,回鹘、天竺僧人和汉僧等通过朔方往来于宋朝、河西走廊、天竺之间。此处所言的朔方即是灵州,而开宝六年(973)又在泾州至西凉府之间开辟了西凉府朝贡使的通道。此外,还有经夏州通往西域的路线,如太平兴国六年(981),供奉官王延德等奉命出使高昌,即经此道。可见,灵州、泾州和夏州在宋初是中西交通三个重要的中转枢纽。不过在宋初40年间,灵州作为国际贸易枢纽地更显得重要。因为夏州自太平兴国七年(982)李继迁反宋以后,此道遂渐阻绝。而泾州道虽在开宝六年开通,但在灵州被攻陷之前,回鹘、于阗、天竺等朝贡使和游僧很少走这条线路,直到灵州陷落,泾州道才取代灵州道而日益显得重要起来。

以下简要叙述经由灵州的交通路线。据研究,经由灵州的交通路线可划为东西两段。东段出洛阳、长安,沿泾河北上抵邠州(今陕西彬县),再循马岭水(今泾河支流环江)继续北上,经宁州(今甘肃宁县)、庆州(今甘肃庆阳)至通远军(淳化五年改置环州,今甘肃环县),再由此继续西北行,沿白马川出青岗峡,经清远军,再沿灵州川附近的傅乐城和耀德城,抵达灵州,此为东段。环州以南、以东的交通线,因北宋能够行之有效地统治,驿站、邸

---

① 《续资治通鉴长编》卷三四九"元丰七年十月癸巳",北京:中华书局,2004年,8376页。
② 参见严耕望《长安西北通灵州驿道及灵州四达交通线》,作者著《唐代交通图考》第一卷"京都关西内区",上海:上海古籍出版社,2007年,175—228页。

店为商旅、使人、游僧饮食住宿提供了诸多方便。而环州以北、以西的地区散居着广大的党项、吐蕃等部族。"向来使人、商旅经由,并在部族安泊,所求赂遗无几,谓之'打当',亦如汉界逆旅之家宿食之直也。"(《宋史·宋琪传》)可见灵州东段是畅通无阻的。

在灵州中转以后,商旅、使人渡黄河,越过腾格里沙漠抵民勤绿洲,再沿白亭河(今石羊河)折向南下而至西凉府(凉州)。由此穿过河西走廊,从沙州"西行三十里入鬼魅碛,行八日出碛至伊州",即由敦煌县向正北方向走,鬼魅碛即现在穿越青墩峡以北的大沙漠。北上至现在的红柳河,由此偏西进入今新疆境,再向北达伊州,即现在的哈密。由伊州向西至高昌,由高昌西去经月氏(今焉耆)、龟兹、割鹿(即葛逻禄,以民族名),南下至于阗。由于阗再北至疏勒,转向西南,经现在的塔什库尔干,越过葱岭,进入加湿弥逻(今克什米尔),达北印度、南印度。此为西段。西段的交通也基本上是畅通无阻的[1]。

宋初自建隆二年(961)至咸平五年(1002)的40余年间,中原与西域、天竺之间通过灵州枢纽交通线的交往十分频繁。据统计约95次,其中西凉府吐蕃政权15次,甘州回鹘政权15次,瓜、沙曹氏政权及回鹘19次,高昌(西州回鹘)5次,龟兹3次,于阗7次,塔坦(鞑靼)2次,大食15次,天竺14次[2]。大食和天竺有时从南海方向前来朝贡,这是需要特别指出的。

其二,元昊攻占河西走廊使河西诸政权朝贡中断、西域诸国朝贡再次改道。

公元1032年元昊继承夏国王位,是夏国发展史上的重大转折。元昊继续德明以来西掠吐蕃健马,北收回鹘锐兵的扩张政策,迅速兼并河西走廊,至公元1038年称帝,建立大夏国。

元昊公开与宋对立之时,谏官吴育就曾上书说:"汉通西域诸国,断匈奴右臂。诸戎内附,虽有桀黠,不敢独叛。……元昊第见朝廷比年与西域诸戎不通朝贡,乃得以利啖邻境,固其巢穴,无肘腋之患。跳梁猖獗,彼得以肆而不顾矣。"[3]

清人吴广成在综合宋人材料基础上指出:"回鹘土产,珠玉为最。帛有兜罗锦,毛氎、狨锦、注丝、熟绫、斜褐;药有腽纳脐、硇砂。香有乳香、安息、笃褥。其人善造宾铁刀、乌金银器。或为商贩,市于'中国'、契丹之处,往来必由夏界。夏国将吏率十中取一,择其上品,贾人苦之。"[4]

特别是元昊建立大夏国后,宋廷不能再如此前回访或出使西域诸国。宋前期的中西交往虽然大多数都是西域诸政权遣使来朝贡,但有时宋朝也派使者回访。

太平兴国六年(981),高昌国王阿厮兰汗始自称西州,遣外甥都督万逊来贡,宋太宗遂

---

① 参见陈守忠《北宋通西域的四条道路的探索》,《西北师大学报》1988年第1期,75—82页;罗丰《五代、宋初灵州与丝绸之路》,《西北民族研究》1998年第1期,8—26页。

② 前田正名撰,陈俊谋译《河西历史地理学研究》,北京:中国藏学出版社,1993年,383—387页。

③ 《宋史》卷二九一《吴育传》,9728页。

④ 吴广成撰,龚世俊等校证《西夏书事校证》卷一五"天授礼法延祚四年",兰州:甘肃文化出版社,1995年,175页。

派供奉官王延德及殿前承旨白勋两人为使,回访高昌,出使四年,雍熙元年(984)四月王延德回到东京。出使途中,王延德撰有著名的《西州使程记》①,该游记是研究高昌回鹘王国及由中原至高昌沿途情况的宝贵资料。另外,王延德出使途中"所过蕃部,皆以诏书赐其君长紫衣、金带、缯帛,其君长各遣使谢恩"②。可见延德此次出使大有收获,既扬了国威,又与西域诸政权发展了友好关系。

王延德出使高昌之后,见于史载记录的还有大中祥符六年(1013)宋曾派供奉官刘渥出使龟兹,但《宋会要》与《续资治通鉴长编》的记载略有歧异:

> (大中祥符六年)六月,秦州上言:"回纥怀化司戈兰逋质遣弟室腊丹赍状诣州,称押领龟兹进奉般次,为蕃部阻隔,且寓逋质家,供奉官刘渥以疾先出蕃。望别差使迎接般次,兼赐逋质官告。"朝议以尽依所请,虑蕃部告求无厌,止令秦州就差使臣并译语官取接出蕃。仍谕逋质,候般次至京,当议恩泽。刘渥,前奉使龟兹者,还京而卒。诏官借供帐什物,并赐其家,随行公人悉优改转③。

> 大中祥符六年六月丙戌,秦州言押领龟兹国进奉回鹘首领、怀化司戈林布智行至黄河北,为蕃部所隔,望遣使臣接导,仍赐迁秩告身。上曰:"戎人无厌,不可悉如其请。"令秦州就遣使臣量加赐与,引伴出蕃。供奉官刘渥前使龟兹,以疾先还,至京而卒。上闵其在道艰阻,诏以供帐物赐其家。从行人第迁补之④。

这两段材料的主要歧异表现在,是刘渥出使龟兹完成后回到东京才去世,还是出使中途因病返回东京后去世?笔者目前掌握的材料尚无法解决这个问题。但无论如何,结合太宗时派遣王延德出使西州(高昌),在宋仁宗明道天圣之际西夏占领河西走廊之前,北宋不仅仅只是接受西州、龟兹的朝贡,而且也会礼尚往来主动回访。

但是,宋仁宗以后宋廷再未有回访性质的交通。

西夏建国对西行求法产生重大影响。宋代是中国佛教史上译经的重要时期。李焘对宋初译经院的建立始末有如下记述:

> 唐自元和以后,不复译经。江南始用兵之岁,有中天竺摩伽陀国僧法天者至鄜州,与河中梵学僧法进共译经义,始出《无量寿尊胜》二经、《七佛赞》,法进笔受缀文,知州王龟从润色之。遣法天、法进献经阙下。太祖召见慰劳,赐以紫方袍。法天请游

---

① 北宋太宗太平兴国六年(981),西州(高昌)回鹘王国向宋廷遣使朝贡,宋廷派殿前承旨、供奉官王延德回访西州回鹘,出使四年,于雍熙元年(984)四月返回开封,撰有《西州使程记》一卷(亦称《王延德使高昌记》),宋代以来文献李焘《续资治通鉴长编》、王明清《挥麈录》、马端临《文献通考》、《宋史》都有不同程度的收录,近代以来学者对该篇文献有较多研究和注释,如王国维《古行记校录·王延德使高昌记》,程溯洛《〈宋史·高昌传〉笺证》,杨建新主编《古西行记选注·西州使程记》。
② 《续资治通鉴长编》卷二五"雍熙元年四月",579页。
③ 《宋会要辑稿》蕃夷四之一四。
④ 《续资治通鉴长编》卷八〇"大中祥符六年六月丙戌",1831—1832页。

名山,许之。上即位之五年,又有北天竺伽湿弥罗国僧天息灾、乌填曩国僧施护继至,法天闻天息灾等至,亦归京师。上素崇尚释教,即召见天息灾等,令阅乾德以来西域所献梵夹,天息灾等皆晓华言,上遂有意翻译,因命内侍郑守钧就太平兴国寺建译经院。是月,院成,诏天息灾等各译一经以献,择梵学僧常谨、清沼等与法进同笔受缀文,光禄卿汤悦、兵部员外郎张泊参详润色之,内侍刘素为都监①。

大量译经需求和译经院的建立为宋与五天竺(印度)间的文化交流搭建了平台,因而在太祖朝至仁宗朝双方僧侣往来于丝绸之路络绎不绝。

据有关文献记载,咸平五年前,宋僧曾9次去天竺(印度)求法。其中大规模的有两次。范成大《吴船录》卷上载,僧王继业,"耀州人。隶东京天寿院。乾德二年,诏沙门三百人,入天竺求舍利及贝多叶书。业预遣中。至开宝九年,始归寺。所藏《涅盘经》一函,四十二卷。业于每卷后,分记西域行程,虽不甚详,然地里大略可考,世所罕见,录此,以备国史之阙"②。如此大规模的西行求法,且在印度游学长达10余年,这在中国历史上,至少在宋以前的中国历史上是极不多见。《宋史·天竺传》载,乾德四年,"僧行勤等一百五十七人诣阙上言,愿至西域求佛书,许之。以其所历甘、沙、伊、肃等州,焉耆、龟兹、于阗、割禄等国,又历布路沙、加湿弥罗等国,并诏谕其国令人引导之。开宝后,天竺僧持梵夹来献者不绝。八年冬,东印度王子穰结说啰来朝贡"③。又据《宋史·大食传》,行勤等僧徒还带着宋太祖赐大食国王书。他们不辱使命,以宋朝国书奉达大食。他们最远到了印度最南端的宝陀洛山,沟通了大食、印度和宋朝的来往。开宝元年十二月,大食来贡。开宝四年七月,大食遣使来贡,宋以其使者李诃末为怀化将军。特以金花五色绫纸写官告以赐④。其后,大食贡使络绎不绝。可见宋僧在西行求法的过程中,还充当了外交使节的角色。

另外,值得一提的是沧州僧道圆。道圆是在后晋天福年间西行求法的,"乾德三年,沧州僧道圆自西域还,得佛舍利一水晶器、贝叶梵经四十夹来献。道圆晋天福中诣西域,在涂十二年,住五印度凡六年,五印度即天竺也。还经于阗,与其使偕至。太祖召问所历风俗山川道里,一一能记"⑤。"至是冬,沙门道圆自西域还,经于阗,与其朝贡使至。"⑥可见,在这里僧道圆也充当了外交使节的角色。

上述这类频繁而众多的宋朝与五竺(印度)的双向交往却在元昊建国前夕戛然而止。据已故著名学者梁天锡先生的研究,北宋翻译佛经的译材,除太平兴国七年,以禁中所有梵夹(压盛贝叶经夹)经付译经院者外,其主要源自宋初四朝五(东南西北中)天竺(印度)僧来贡,或宋僧游天竺经西域还所献。据《传法碑》统计,自宋初至仁宗景祐二年(1035)其

---

① 《续资治通鉴长编》卷二三"太平兴国七年六月丙子",522页。

② 《范成大笔记六种》,北京:中华书局,2002年,204页。

③ 《宋史》卷四九〇《天竺传》,14104页。

④ 《宋史》卷四九〇《大食传》,14118页。

⑤ 《宋史》卷四九〇《天竺传》,14103页。

⑥ 《宋史》卷四九〇《于阗传》,141107页。

贡经五竺(印度)僧自法军至法称 80 人,(景祐三年 9 人及皇祐中 2 人),取经还华僧自辞潮(一作幹)至栖秘 138 人。(宝元二年 4 人)。宋僧游天竺取经还,太祖至仁宗朝 13 次,共 70 人次以上。番僧及南海使贡经,太祖至仁宗共有 31 次,约 85 人次。宋僧与番僧共进 2 次①。

值得注意的是,西夏建国与宋对峙,使宋人对西域诸国政治地理的看法,也发生了很大变化。笔者曾在十多年前发表文章论宋初西部边疆政策,认为宋初不积极疆理秦凤以西的西部地区,造成了西夏崛起并与宋敌对的严重后果。从前揭史实而言,宋虽然没有疆理西部地区,特别是西夏兴起之时,河西诸政权、西域诸国纷纷向宋靠拢,而宋没有给以积极响应,但这并不意味着宋完全放弃对河西和西域的经营,并不意味着放弃对汉唐已王化之地的认同。但是西夏的建国,使这种认同在宋仁宗西夏建国前后的地理书和军事典籍中有不同表述方式。

宋初建国规模虽然远逊于唐代的政治辖境,但是宋太宗雍熙之前对政区的划分仍然是采用唐代开元以后的十五道制中的十三道叙述天下的地理范围(除去京畿道和都畿道),故乐史《太平寰宇记》"陇右道七"详述了河西诸郡及安西大都护府(龟兹、高昌、焉耆、于阗等)的建制。这种记述方式表达出来的政治含义,即是宋的统一大业还在进行中,北边的燕云地区,西部的陇右地区还没有完全被摒弃在统治者的视野之外。乐史在叙述完"陇右道七"后加按语说:"右西域诸国分置羁縻州军府,皆属安西都护统摄。自天宝十四载已前朝贡不绝,今于西安府事末纪之,以表环宇之志也。"②

曾公亮等撰《武经总要》撰著于宋仁宗康定年,亦将河西、西域之地作为"边防"中的"西蕃地界",这与《通典》的叙述方式相类。如记述"安西都护府":

> 唐太宗开西域,初置府。高宗开四镇,西境开拓数千里,得于阗、焉耆、龟兹、疏勒诸国。明庆中,移都护于龟兹。东接焉耆,西连疏勒,葱岭七百里。后西陲不守,并陷吐蕃。如意初,王孝杰大破吐蕃,克复龟兹、于阗、疏勒、碎叶四镇。郭元振、郭知运辈并相次为都护府。后为安西节度,抚宁西域,统领四国。今龟兹,即安西都护治所③。

乐史叙西域"以表环宇之志也"和曾公亮等人所言"今龟兹,即安西都护治所",即是对汉唐开拓疆域的一种认同。

二、龟兹与北宋陆路交通考

龟兹与北宋的交往主要是贡使贸易,《宋史·龟兹传》只记载了 7 次,程溯洛先生在

---

① 梁天锡《北宋传法院及其译经制度》,香港:志莲净苑出版,2003 年,91—96 页。
② 乐史《太平寰宇记》卷一五六。文渊阁四库全书景印本,台北:商务印书馆,1986 年。
③ 曾公亮等《武经总要》前集卷一八下。文渊阁四库全书景印本,台北:商务印书馆,1986 年。

《〈宋史·龟兹传〉补正》中辑录《宋会要辑稿》蕃夷四、七两部分以及《宋史》之《回鹘传》《真宗纪》《仁宗纪》《神宗纪》等有关材料连同《宋史·龟兹传》,共辑出 27 条,对于认识龟兹与北宋的交往,功莫大焉。当然限于当时读书的条件,没有现今这样方便,因而还有一些遗漏,笔者在程先生的基础上,又参考了李焘《续资治通鉴长编》(简称长编)、章如愚《群书考索》(简称考索)、王应麟《玉海》等文献,对龟兹回鹘与北宋的交往重新辑录,共辑出 35 条,比程先生多辑出 8 条,现按年代先后列表如下:

纪元年代	交往史实	资料出处①
太平兴国元年(976)	龟兹回鹘别种(自称师子王),兴国元年五月,遣使来贡。	《玉海》卷一五四《太平兴国龟兹来贡》
太平兴国六年(981)	六月六日,龟兹国僧义修来献梵夹、菩提印叶、念珠、舍利。赐紫方袍、束带。	《辑稿》蕃夷四之一四
太平兴国六年(981)	十一月,(龟兹)遣使来贡。	《辑稿》蕃夷四之一四
太平兴国九年(雍熙元年 984)	西州、龟兹遣使来贡。自是可汗王、克韩皆遣使贡良玉、名马、橐驼、犬(大)尾白羊、乳香等物。	《考索》后集卷六四(以下简称《考索》)
真宗咸平四年(1001)	二月,大回鹘龟兹国安西州大都督府单于军克韩王禄胜遣使曹万通奉表,贡玉勒名马、独峰无峰橐驼、宝刀、宾铁剑甲、琉璃器、石鉼等。万通自言任本国枢密使,本国东至黄河,西至雪山,有小郡数百,甲马甚精习,愿朝廷命使统领,使得缚继迁恶党以献。因降诏禄胜曰:"贼迁凶悖,人神所弃。卿世济忠烈,义笃舅甥,继上奏封,备陈方略,且欲大举精甲,就覆残妖,拓土西陲,献俘北阙。可汗功业,其可胜言!嘉叹尤深,不忘朕意。今更不遣使臣,一切委卿统制。"特授万通金紫光禄大夫、授检校太师、左神武军大将军、兼御史大夫、上柱国,封谯县开国子,食邑五百户。万通入辞,帝召至便殿谕之曰:"归语可汗王,得所奏事,备观忠荩。今赐晕锦衣一袭、金带一、金花银酒器二百两、锦绮、绫罗二百匹,以贡奉物价三十万优给之。"初,回鹘西奔,族种散处,故甘州有可汗王,西州有克韩王,皆其后也。	《辑稿》蕃夷四之一三、四之一四;《玉海》卷一五四;《考索》
咸平四年(1001)	四月丙辰,西州回鹘可汗王禄滕遣使曹万通来贡玉鞍勒名马宝器等物。	《考索》
咸平四年(1001)	十一月二十八日,龟兹国遣使来贡。	《辑稿》蕃夷七之一四;《宋史》卷六,116 页;《考索》
咸平六年(1003)	六月六日,龟兹国僧义修来献梵夹、菩提印叶、念珠、舍利。赐紫方袍、束带。	《辑稿》蕃夷四之一四

---

① 以下《宋会要辑稿》简称《辑稿》,《续资治通鉴长编》简称《长编》,《群书考索》后集卷六四《四夷方贡》简称《考索》。

纪元年代	交往史实	资料出处
咸平六年(1003)	十一月,遣使来贡。	《辑稿》蕃夷四之一四
景德元年(1004)	五月十日,西州龟兹国回纥白万进来贡。	《辑稿》蕃夷七之一五,《长编》卷五六
景德元年(1004)	六月,龟兹遣使金延福来。	《辑稿》蕃夷四之一四
景德元年(1004)	十月,度龟兹国石报进为僧,从其请也。	《辑稿》蕃夷四之一四;《宋史》卷七,127页;《考索》
景德三年(1006)	五月,以白万进为怀化司戈。	《辑稿》蕃夷四之一四
大中祥符三年(1010)	闰二月二十一日,国王可汗遣使李延胜、副使安福等贡乳香二百四十九斤、花布二匹、硇砂三百七十一斤、独峰橐驼一、大尾白羊十五。李延胜贡马十匹、玉鞍勒、金玉二百一十二斤。李安福贡琥珀四十斤、瑜石十二斤。监使翟进贡乳香六十九斤、瑜石二斤、胡黄连十四斤。判官曹信贡乳香七十六斤,都监杨嘉贡乳香三十九斤,僧智圆贡琥珀四十五斤、瑜石四十六斤。	《辑稿》蕃夷四之一四、七之一八;《长编》卷七三;《宋史》卷七,145页,卷四九〇,14116页;《考索》
大中祥符四年(1011)	以(龟兹)李延胜为左屯卫将军。	《辑稿》蕃夷四之一四
大中祥符六年(1013)	六月丙戌,丙戌,秦州言:"押领龟兹国进奉回纥首领怀化司戈林布智,行至黄河北,为蕃部所隔,望遣使臣接导,仍赐迁秩告身。"上曰:"戎人无厌,不可悉如其请。"令秦州就遣使臣量加赐与引伴出蕃。供奉官刘渥前使龟兹,以疾先还,至京而卒。上闵其在道艰阻,诏以供帐物赐其家,从行人第迁补之。〔六月,秦州上言:"回纥怀化司戈兰通质遣弟室腊丹赍状(诸)〔诣〕州,称押领龟兹进奉般次,为蕃部阻隔,且寓通质家,供奉官刘渥以疾先出蕃。望别差使迎接般次,兼赐通质官告。"朝议以尽依所请,虑蕃部告求无厌,止令秦州就差使臣并译语官取接出蕃。仍谕(通)〔通〕质,候般次至京,当议恩泽。刘渥,前奉使龟兹者,还京而卒。诏官借供帐什物,并赐其家,随行公人悉优改转。〕	《长编》卷八〇;《辑稿》蕃夷四之一四
大中祥符六年(1013)	十一月,(龟兹)克韩王遣使李延庆等三十六人来朝,贡方物:玉六十团、橐驼、名马、弓箭、鞍勒、香药等。优诏答之。	《辑稿》蕃夷四之一四至五、七之一九;《宋史》卷八,154页,卷四九〇,14116页;《考索》
大中祥符九年(1016)	正月十二日,资政殿学士晏殊言:"占城、龟兹、沙州、邛部川蛮至有挈家入贡者,请如先朝故事,令馆伴访其道路、风俗,及绘人物、衣冠以上史官。"从之。	《辑稿》蕃夷七之二〇

续表

纪元年代	交往史实	资料出处
天禧元年(1017)	四月二十六日,龟兹国克韩王智海遣使贡玉及马、香药等。	《辑稿》蕃夷七之二一;《考索》
天禧元年(1017)	六月二十九日,龟兹国进奉使张复延等贡贺先天节,玉鞍勒马。	《辑稿》蕃夷七之二一;《宋史》卷八,163页
天禧四年(1020)	十二月,可汗师子王智海遣使来朝,贡大尾白羊。	《辑稿》蕃夷四之一五;《考索》;《宋史》卷八,170页,卷四九〇,14116页
乾兴元年(1022)	五月,仁宗即位,未改元。龟兹国僧华严自西天至,以佛骨舍利、梵夹为献。	《辑稿》蕃夷四之一五;《考索》
仁宗天圣二年(1024)	三月十七日,龟兹国王智海等贡独峰驼、五香药、杂物。	《辑稿》蕃夷七之二二;《考索》
天圣二年(1024)	四月,可汗王智海遣使来贡橐驼、马、玉、乳香。	《辑稿》蕃夷四之一五
天圣四年(1026)	龟兹来贡。	《宋史》卷九,181页
天圣七年(1029)	六月二十一日,龟兹国遣金乌塔名、钝噎似、吴索温等来贡方物。	《辑稿》蕃夷七之二三;《考索》
天圣八年(1030)	十一月十五日,龟兹国遣使李延庆贡玉带、真珠、玉越斧、团牌、花蕊布、金(渡)[镀]铁甲、乳香、硇砂、马、独峰驼、大尾羊。	《辑稿》蕃夷七之二四
天圣九年(1031)	正月十八日,龟兹国王智海遣使李延庆等贡硇砂、乳香、名马。	《辑稿》蕃夷七之二四;《考索》。
景祐四年(1037)	正月九日,龟兹国遣使李延贵贡花蕊布葛、乳香、硇砂、玉、独峰驼、马。	《辑稿》蕃夷七之二五;《宋史》卷一〇,203页
景祐四年(1037)	六月,遣大使李延贵、副使李沙州入贡。	《辑稿》蕃夷四之一五
康定元年(1040)	四月,龟兹遣使来贡。	《辑稿》蕃夷四之一五
皇祐四年(1052)	正月癸巳,龟兹国、沙州并遣人贡物。	《考索》
神宗熙宁四年(1071)	九月,遣大使李延庆、副使曹福等入贡。	《辑稿》蕃夷四之一五
熙宁五年(1072)	二月二日,大回鹘龟兹可汗王遣使卢大明、督都奉表,贡玉、象牙、翡翠、乳香、花蕊布、宿绫、硇砂、铁甲皮、团牌、马、刀剑。	《辑稿》蕃夷七之三二、四之一五;《长编》卷二三〇;《宋史》卷一五,281页
哲宗绍圣三年(1096)	十月十五日,熙河兰岷路经略安抚使司言:据洮西沿边安抚司申:"发遣到龟兹师王国进奉大首领阿莲撒罗等三人表章及玉佛等。本国未尝进奉,欲许令于熙、秦州买卖,仍将赍到玉佛估价,回赐钱物遣回。"从之。	《辑稿》蕃夷七之四二;《宋史》卷四九〇,14123页,卷一八,345页

三、北宋与龟兹的交往

由于现今对于龟兹回鹘与西州回鹘的关系还有纷争,故为了准确反映真实情况,交往史实尽量保持原文,并对资料出处也尽量注出文献来源。

从上表可以看出,从龟兹初次朝贡到神宗熙宁五年的近百年中,平均每三年就有一次朝贡交往,说明双方的交往还是很频繁的,特别是在仁宗前期更为频繁,平均两年就有一次。从宋朝西部政治发展格局来讲,如前揭有两次大的政治事件影响宋朝与龟兹的交往。一是宋明道天圣之际,西夏元昊崛起先后占领甘、凉州,1038年又建立大夏国,俗称西夏,在地缘上隔断龟兹延河西走廊古丝绸之路到北宋的路线,但并不能阻绝龟兹通过南线经河湟地区唃厮啰政权辖境到达北宋①。龟兹与吐蕃有良好的关系。二是宋神宗时期王安石变法,起用王韶经略吐蕃,开辟熙河,及至重创唃厮啰政权,建立熙河路之时,龟兹与北宋的交往也基本停止,个中原因是巧合还是北宋重创吐蕃,使龟兹失去对北宋的信任,与吐蕃结盟抵抗北宋也未可知。绍圣三年(1096)十月十五日,"熙河兰岷路经略安抚使司言:据洮西沿边安抚司申:'发遣到龟兹师王国进奉大首领阿莲撒罗等三人表章及玉佛等。本国未尝进奉,欲许令于熙、秦州买卖,仍将赍到玉佛估价,回赐钱物遣回。'从之"②。从这条材料也透露出龟兹转道青唐而不进奉北宋和龟兹商人在北宋境内做交易的消息。另外,从崇宁三年(1104)四月北宋军攻陷青唐城"伪龟兹公主及其酋豪,率回纥、于阗诸族开门出降"③,由此龟兹一直与河湟吐蕃保持友好关系却不进奉北宋也可得到些许证实。当然,需要指出,《辽史》不载与龟兹交通的事迹。

龟兹与宋的交往主要是通过使臣、僧人传递政治信息,交换经贸利益、交流文化,增进友好关系。当然从绍圣三年(1096)的那条材料也透露出商人在北宋境内做交易的消息。

宋朝与各个朝贡国家和地区的关系,表现在宴饮诸朝贡国坐席安排上,主要考量与宋的利害关系,宋前期龟兹与夏州、交州地位相近,西夏建国后,龟兹地位次于辽和西夏④:

> 宴飨之设。……凡国有大庆皆大宴,遇大灾、大札则罢。天圣后,大宴率于集英殿,次宴紫宸殿,小宴垂拱殿,若特旨则不拘常制。……凡外国使预宴者,祥符中宴崇

---

① 《宋史》卷四九二《外国传》,14161页。"及元昊取西凉府,潘罗支旧部往往归厮啰,又得回纥种人数万。厮啰居鄯州,西有临谷城通青海,高昌诸国商人皆趋鄯州贸卖,以故富强。"龟兹受阻于西夏,朝贡宋朝想必也是走这条道。

② 《宋会要辑稿》蕃夷七之四二。

③ 陈均《皇朝编年纲目备要》卷二七,680页。

④ 吴晓萍《宋代外交制度研究》认为宋朝对外关系,其地缘外交对象大致可分为三个层次:一是辽金对等地位的国家;二是西夏、高丽、交趾等地缘关系密切的国家;三是大理、于阗、回鹘、吐蕃等地缘关系较弱的国家。合肥:安徽人民出版社,2006年,7页。

德殿,夏使于西廊南赴坐,交使以次歇空,进奉、押衙次交州,契丹舍利、从人则于东廊南赴坐。四年,又升甘州、交州于朵殿,夏州押衙于东廊南头歇空坐。七年,龟兹进奉人使歇空坐于契丹舍利之下。其后又令龟兹使副于西廊南赴坐,进奉、押衙重行于后,瓜州、沙州使副亦于西廊之南赴坐,其余大略以是为准①。

在元旦朝会中,"回纥皆长髯高鼻,以疋帛缠头,散披其服。于阗皆小金花毡笠,金丝战袍束带,并妻男同来,乘骆驼毡毡铜铎入贡"②。这里所提及的"回纥"是在宋徽宗时期,其时已不见龟兹朝贡,但当年龟兹朝贡的情形与此大致相仿。

宋朝与各个朝贡国家和地区的关系,表现在递交国书仪式的礼遇上,则主要考量朝贡国家和地区朝贡疏密程度。宋真宗时期龟兹与宋交往频繁,故当注辇国第一次派使臣朝贡宋朝,宋朝"待其使者,例同龟兹国"③,以示重视。在宋哲宗元祐二年(1087)以前,龟兹与北宋的关系属于最为疏远的一类,这是自熙宁五年(1072)以后十多年中龟兹"不常至"的结果。

> 诸国朝贡。其交州、宜州、黎州诸国见辞,并如上仪。惟迓劳宴赉之数,则有杀焉。其授书皆令有司付之。又有西蕃唃氏、西南诸蕃、占城、回鹘、大食、于阗、三佛齐、邛部川蛮及溪峒之属,或比间数岁入贡。层檀、日本、大理、注辇、蒲甘、龟兹、佛泥、拂菻、真腊、罗殿、渤泥、邈黎、阇婆、甘眉流诸国入贡,或一再,或三四,不常至④。

北宋与龟兹的关系还表现在北宋继承隋唐以来的音乐舞蹈文化上,虽然现尚没有看到宋直接从龟兹引进音乐舞蹈的记载,但是宋的宫廷音乐舞蹈在增损唐朝制度基础上,有相当多的继承。如开封繁塔第二层内壁上数第二排正南和西南两壁,嵌有20方伎乐塑像砖,其中就很清晰地表现了龟兹乐器:"招牢与鸡娄鼓伎乐人左手持靶牢,并于大小臂间夹一鸡娄鼓,右手持祖作敲击状。""琵琶演奏者左手按弦,右手持拨,横抱乐器于怀中。""琵琶发源于西域,南北朝时期传入中原,是龟兹乐部中的主要乐器,故又称龟兹琵琶或胡琵琶。""繁塔伎乐中的两件貂牢……龟兹乐队所用乐器因时代不同有所增减,而繁塔伎乐正好反映了宋代龟兹乐队的特征,是一个典型的宋初龟兹乐队演奏的形象。"⑤宋宫廷乐中的常用的打击乐:羯鼓、揩鼓、靴牢等都是从龟兹传入唐朝以后被宋朝继承⑥。据研究,北宋"贺全恩"舞蹈就是高昌回鹘地区以及龟兹、焉耆、康国等地流行的一种乞寒舞"苏莫遮",

---

① 《宋史》卷一一三《礼志一六》,2688 页。

② 孟元老撰,伊永文笺注《东京梦华录笺注》卷六,北京:中华书局,2006 年,516—517 页。

③ 《续资治通鉴长编》卷八五"大中祥符八年九月己酉",1948 页。

④ 《宋史》卷一一九《礼志二二》,2813 页。

⑤ 赵为民、黄砚如《开封宋代繁塔伎乐砖析评》,《河南大学学报》1988 年第 4 期,42—48 页。

⑥ 李亚娟《论北宋教坊乐中的打击乐组合》,《音乐艺术》(上海音乐学院学报)2011 年第 2 期,109—113、5 页。

继续在民间流传①。而且"苏幕遮"成为唐宋词曲的词牌名,许多名家都有创作。在北宋军体的"打球"游戏活动中,龟兹乐具有现代啦啦队的作用:"打球,本军中戏。太宗令有司详定其仪。三月,会鞠大明殿。有司除地,竖木东西为球门,高丈余,首刻金龙,下施石莲华坐,加以采缋。左右分朋主之,以承旨二人守门,卫士二人持小红旗唱筹,御龙官锦绣衣持哥舒棒,周卫球场。殿阶下,东西建日月旗。教坊设《龟兹部》鼓乐于两廊,鼓各五。……"②

尽管宋朝继承了龟兹的音乐舞蹈,但是宋的士大夫高倡"华夷之辨",重振儒学,以孔孟正宗传人自居,对隋唐广泛采纳包括龟兹的西域音乐舞蹈,多采取批评态度,如马端临《文献通考》多引用宋徽宗初期编撰《乐书》的陈旸的观点评论隋唐及宋朝的"胡乐":

> 乐苑又以清乐、西凉、龟兹、天竺、康国、疏勒、安国、高丽,礼毕为九部,必当损益,不同始末,异制不可得而知也。……隋唐之乐,虽有雅胡俗三者之别,实不离胡声也。历代沿袭,其失如此。圣朝宜讲制作,削去而厘正之,实万世利也③。

> 唐全盛时,内外教坊近及二千员,梨园三百员,宜春、云韶诸院及掖庭之伎不关其数。太常乐工动万余户。圣朝教坊裁二百员,并云韶、钧容、东西班不及千人。有以见祖宗勤劳庶政,罔淫于乐之深意也。然均调尚间以燕乐胡部之声,音器尚袭法曲龟兹之陋,非先王制雅颂之意也。革而正之,岂非今日急务邪④?

> 自长寿、天授、鸟歌、万岁、龙池、小破阵等舞,皆用龟兹乐,舞人皆穿皮鞾,惟龙池舞备用雅乐,而无钟石,舞人蹑履,燕乐等六舞皆坐奏之,乐府谓之坐部伎也。唐之雅乐,其杂夷蛮之制如此,然则卒致胡维之祸者有以也夫⑤。

以上所反映的宋朝对龟兹音乐舞蹈文化的态度,正如近人傅乐成先生所指出:"唐代文化,上承魏晋南北朝。魏晋南北朝时期的文化对唐代文化直接发生影响的重要因素,不外三端;即老庄思想、佛教、和胡人习俗。其中后两种因素自外族传入,而且是经历数百年的流播而形成的。唐代对这三种文化因素的承袭,也以后两种为主,在有唐三百年的大半时间中,它们是文化的主流,造成唐代文化的异彩特色。""宋代对外交通,甚为发达,但其各项学术,都不脱中国本位文化的范围;对外来文化的吸收,几达停滞状态。这是中国本位文化建立后的最显著的现象,也是宋型文化与唐型文化最大的不同点。"⑥斯言甚确。

---

① 周菁葆《五代宋辽时期的新疆乐舞》,《新疆师范大学学报》1983年第2期,105—112页。
② 《宋史》卷一二一《礼志二四·军礼》,2841—2842页。
③ 陈旸《乐书》卷一五九《九部乐》,文渊阁四库全书影印本,211—739页。
④ 陈旸《乐书》卷一八八《教坊部》,文渊阁四库全书影印本,211—849页。
⑤ 马端临《文献通考》卷一四五《乐舞》,北京,中华书局,2011年,4381页。
⑥ 傅乐成《唐型文化与宋型文化》,中国通史教学研讨会编《中国通史论文选》,台北:华世出版社,1979年,314、350页。

The Transportation between the Northern Song Dynasty and Kuci Kingdom

Li Huarui

From late Tang to early Song dynasties, the rise and decline of the power between Northern Song and Kuci Kingdom was a microcosm of the political geography structure of the Central Plains Dynasty and the Western Region. The operation of east-west land transportation in the Northern Song Dynasty was mainly divided into two stages: Taizong and Shenzong period. The exchanges between Kuci and the Northern Song Dynasty were mainly tribute trade. It was only recored 7 times in the Kuci Biography of Song History. Cheng Suluo compiled 27 pieces of materials from various documents, which contributed a lot to understanding the exchanges between Kuci and the Northern Song Dynasty. On this basis, this papar has compiled 35 pieces of materials. Kuci Kingdom and the Northern Song Dynasty mainly relied on envoys and monks to convey political information, exchange culture and promote friendly relations. The relationship between the Northern Song Dynasty and Kuci Kingdom is also reflected in the music and dance culture. Although it is no documented that the Northern Song Dynasty directly introduced music and dance from Kuci, indeed the court music and dance of the Northern Song Dynasty inherited from the Tang Dynasties.

新疆伊吾县下马崖古城与天山东路交通研究

刘志佳

中国社会科学院中国边疆研究所

一、地理位置

新疆维吾尔自治区伊吾县坐落于天山北麓东段,南邻哈密市,西接巴里坤哈萨克自治

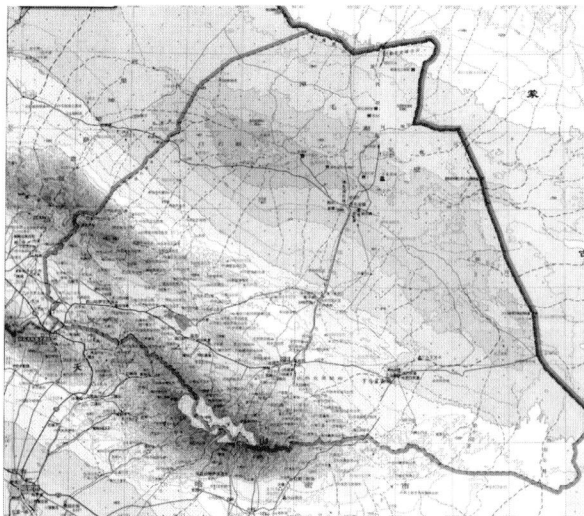

图1　伊吾县地图

县,东北部与蒙古国交界。下马崖乡位于县境的最东部(图1),坐落在新疆莫钦乌拉山脚下的山涧谷地,地势较为平坦,距县城48千米,东西长约95千米,南北宽约57千米,面积4780.44平方千米。西部系戈壁荒漠,与苇子峡、吐葫芦乡毗连,南与哈密为邻,东部为高山峻岭,与蒙古国交界。最高海拔2355.4米,最低海拔405米,乡政府驻地高程是917米。该地气候干燥,属荒漠、半荒漠中暖干旱地带,降水量少,年均仅有40.4毫米,且蒸发量大。

二、下马崖古城及周边遗迹

下马崖古城,位于下马崖水库南侧,东北距乡政府驻地约3千米(图2)。周围地势平坦开阔,西部略高,有泉眼数孔。泉眼西侧一百多米处,地形略高。古城呈方形,边长101—103米(图3)。城墙高近4米,夯筑而成,夯层厚约7—10厘米。城墙为上下两部分,下部墙基高近2.5米,厚约2.5米,墙基上又筑女墙,高1.3米,厚约0.5米,每隔3米左右有一城垛。有南、北两城门,北门高3米,宽5.5米,城门墙厚6.7米。城墙四角分筑角楼,

276

角楼长 7.2—7.6 米,宽 6.4—6.7 米。城墙上有瞭望孔,约相距一丈一个,直径 0.24 米。城内尚存部分房屋的墙垣遗迹,布局以南、北城门轴线为中心,房屋多为长方形,屋间有过道相连[①]。此处居高临下,视野开阔,便于瞭望,又可控制水源长期驻守,兼具屯田,是天山北麓理想的要塞。

图 2　古城位置图

图 3　下马崖古城平面图(来源:谷歌卫星地图)

古城遗址为清前期抵御准噶尔所建兵城,属县级文物保护单位,未经发掘。城北有泉水自坎下流出。城西侧约 500 米,仍有一处遗址,名"艾斯克协海尔",当地人称之为"破城子"(图 4),现有仅存夯土的墙基,年代早于下马崖古城。古城西北方 1 千米有墓葬地,碎

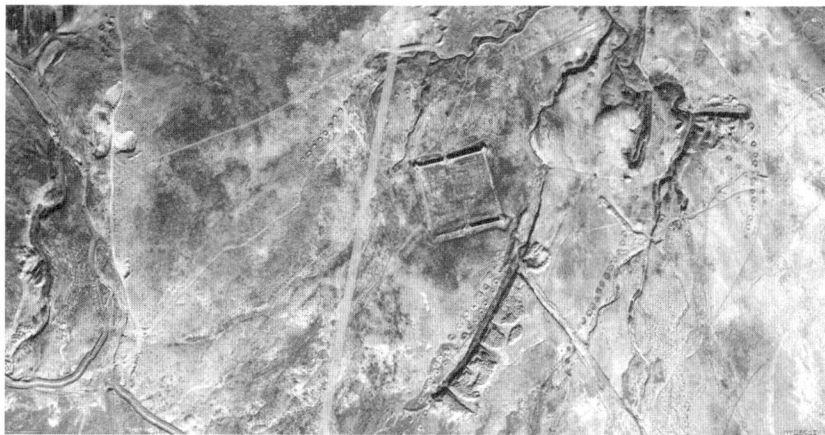

图 4　下马崖古城与艾斯克协海尔的相对位置

---

①　新疆维吾尔自治区文物局编《新疆维吾尔自治区第三次全国文物普查成果集成·哈密地区卷》,北京:科学出版社,2011 年,93 页。

陶片甚多，多为红陶，少数为彩陶。该村居民曾在此挖出完整的陶罐、水壶，陆续出土的有铁箭镞、铜钱、石臼、石球等。

距古城东北1.5千米有下马崖烽燧一座，烽燧平面呈长方形，基础南北长8.3米、东西宽7米，残高2.7米，占地面积57.4平方米。墙体系土坯错缝平砌而成。土坯长0.37米、宽0.18米、厚0.08米。根据其建筑技术及其与下马崖古城的相对位置判断，下马崖烽燧应为下马崖古城的附属军事设施。

三、下马崖地名考证

17世纪中叶，准噶尔已成为一支强大部落力量。康熙十年（1671）噶尔丹取得准噶尔部的统治权后，四处扩张。康熙十八年，噶尔丹发兵侵吐鲁番，前哨已至哈密[1]。准噶尔侵占哈密后，以哈密回部人额贝都拉为达尔汉伯克，隶准噶尔[2]。康熙三十五年（1696），清军在昭莫多大败噶尔丹，同年六月，额贝都拉遣纳林伯克贡驼马并奉表，并谓："厄鲁特数徙牧，或肆掠已辄窜。臣，城郭居，焉敢为逆。"十二月，康熙帝命侍卫阿南达遣人偕来使，传谕："尔等可照常安居，噶尔丹已为我军击败遁逃，若有一应声息，俱著来报，力似可能。当即擒解，必加恩赏。"额贝都拉奏曰："若噶尔丹来，臣等相机竭力以擒之，若闻声息，陆续奏闻。"[3]次年，噶尔丹派其子色布腾巴勒珠尔等，到哈密征粮并围攻巴里坤，被额贝都拉遣长子郭帕伯克将兵三百擒获，又遣次子白奇伯克献俘清廷[4]。此举被准噶尔部贵族忌恨，数遣人至额贝都拉处索要，另一面兴兵威胁哈密。鉴于额贝都拉的积极态度，清政府决定仿蒙古例，设哈密为旗，"诏以额贝都拉为一等札萨克，仍达尔汉号"[5]。

康熙五十四年，策妄阿拉布坦叛清，并"遣兵二千，袭哈密城，掠城北寨五"[6]，清军以驻防兵二百，率回卒奋击，迫使准噶尔兵败退至城南20里。肃州清军闻报后，总兵路振声驰援哈密，策妄阿拉布坦遁逃。为加强哈密驻防，以路振声率军三千屯沁城等地，后又命西安将军席柱、礼部尚书富宁安率军屯巴里坤。雍正五年（1727）至十年，策妄阿拉布坦子噶尔丹策零数派军进犯哈密[7]，均在清军与哈密回王的严加防范下击退。此后，准噶尔部长

---

① （清）温达纂《亲征平定朔漠方略》，清康熙四十七年（1708）内府刻本，卷一"康熙十八年七月甲辰"，叶三二。

② （清）佚名《钦定外藩蒙古回部王公表传》，清乾隆四十四年（1779）武英殿刻本，卷一〇九《扎萨克一等达尔汉额贝都拉列传》，叶一正。

③ 《亲征平定朔漠方略》，卷三四"康熙三十五年十二月乙未"，叶一五。

④ 《亲征平定朔漠方略》，卷三六"康熙三十六年二月癸巳"，叶三五。

⑤ （清）钟方撰《哈密志》卷三《舆地志一》，《中国方志丛书》据民国二十六年铅印本影印，台北：成文出版社，1968年，23页。

⑥ （清）祁韵士著，刘长海整理《皇朝藩部要略》卷一五《回部要略》，太原：三晋出版社，2015年，334页。

⑦ （清）董诰辑《皇清文颖续编》卷二三《平定回部颂》，清嘉庆十五年（1810）武英殿刻本，叶一一正。

期不敢侵犯哈密。

从准噶尔与清军及哈密回部的对峙情况,以及喀尔里克山北的"多都摩垓""图古里克"等地地名源自蒙古语来看①,清初,准噶尔部曾在喀尔里克山北一带游牧,并以此为据点,不时南下侵犯哈密。因此,清人史籍中沿用了准噶尔部游牧时所用的蒙古语地名。从康熙末年清军布防哈密、沁城、巴里坤的情况来看,"下马崖"这一战略要塞不得不引起清军重视,准噶尔部占据此地南可下哈密,西可进巴里坤。

(一)"多都摩垓""德都摩垓"考证

下马崖系由蒙语演化而来。"马崖"为"摩艾(垓)图""摩垓""莫艾""莫爱"的音译,《西域同文志》卷二的解释:

> 德都摩垓,准语,德都谓上,摩垓蛇也,其地产蛇故名。
> 多都摩垓,准语,多都谓下,地与德都摩垓相属,故分上下以名之②。

"图"蒙语意为"有……地方",故"摩垓图"意为有蛇的地方。18世纪中叶以前,准噶尔人曾在此地游牧。准噶尔占据北山与清军及哈密回部对峙时,今上马崖位于对峙的前方,而下马崖位于上马崖东北,处于后方,恰如《西域同文志》所指"地与德都摩垓相属,故分上下以名之"。因此,清人史籍中的"多都摩垓""德都摩垓"应分别为今之下马崖、上马崖。

但是清人地志中关于"多都摩垓""德都摩垓"的道里远近,以及在舆图中相应标注的方位与实际分布不符,文献档案中"摩垓图""莫艾"的具体指向也不是很清晰,在二地名使用时亦出现互相混淆的现象。因而,在讨论"多都摩垓"(下莫艾、下马崖)地名演变过程时,必须同时考证"德都摩垓"(上莫艾、上马崖)的地名变化情况。

最早对这两个地名方位的描述见《皇舆西域图志》(下文简称《图志》)卷九"疆域二":

> 多都摩垓在哈密城东二百十里,东西皆有泉,源出天山北麓,夹流过多都摩垓,北合流百余里潴为大泽。
>
> 德都摩垓在多都摩垓东北七十里,西南距哈密城二百八十里,东西皆有泉,即塔勒纳沁河之北流也,为哈密东北境。自德都摩垓西北行一百二十里至图古里克,接镇西府界。
>
> 塔勒纳沁在哈密城东北二百二十里,土城一③。
>
> 图古里克在呼济尔台东一百四十里,西距宜禾县治二百九十里,又东南行一百二

① "图古里克"(Tuguliq),(清)傅恒等纂《西域同文志》卷一《天山北路地名》:"图古里克,蒙古语,物之圆者。地形圆,故名。"《影印文渊阁四库全书本》第235册,台北:商务印书馆,1982年,4页。

② 《西域同文志》卷二《天山南路地名一》,《影印文渊阁四库全书本》第235册,26页。

③ (清)傅恒纂,(清)英廉增纂《皇舆西域图志》卷九《疆域二·安西北路一》,清乾隆四十七年(1782)武英殿刻本,叶一二。

十里至多都摩垓，接哈密界①。

图5 "安西北路图一·哈密属"（局部）②

通过《图志》的描述以及舆图所示（图5），可以看出，多都摩垓与德都摩垓均位于哈密城的东北方位，这与今地分布的大致方位相当。但是多都摩垓距哈密城东仅"二百十里"，德都摩垓却相距"二百八十里"，德都摩垓位于多都摩垓东北"七十里"。根据舆图所示，多都摩垓与德都摩垓均位于塔勒纳沁（今沁城乡）西北，依据《图志》记载的道里计算，塔勒纳沁西北距德都摩垓"六十里"，且三地分布在喀尔里克山北侧。上述均于今地分布、道里远近及相对方位不符。另外《图志》所载"自德都摩垓西北行一百二十里至图古里克"，但在描述"图古里克"一地时，又说"又东南行一百二十里至多都摩垓"，此处德都摩垓与多都摩垓距图古里克道里远近一致，略显混乱。

虽然方位及道里描述有误，但是《图志》关于多都、德都摩垓二地受水的记载与今地大致相当。《图志》认为多都摩垓东西皆有泉，源出天山北麓。多都摩垓，即今下马崖，位于莫钦乌拉山沟谷凹地与两盆地间③。下马崖冬季寒冷，夏季炎热，昼夜温差大，气候干燥，地表水资源匮乏，但此地却有泉水自坎下流出，因此需要开挖坎儿井作为饮用水的主要来源，并且用泉水养殖牲畜，种植瓜果。伊吾县现存坎儿井约有11道，均分布在下马崖乡，是坎儿井文化保留最为完整的地方，号称坎儿井文化的"活标本"④。"北合流百余里潴为大泽"，当指下马崖的地下潜流汇集至迤北的淖毛湖一带。

《图志》中认为德都摩垓东西亦皆有泉，"即塔勒纳沁河之北流也"。对应《图志》中关于"塔勒纳沁郭勒"的记载："其北流出山亦分两源，东流界塔勒纳沁、德都摩垓之间，行十五里而伏。"⑤"行十五里二伏"即是指流经德都摩垓，即今上马崖后不再继续前行。

另外，《嘉庆重修一统志》（下文简称《一统志》）亦记载了这两个地点，其史源与《图志》相同，在传抄的过程中亦有错误。《一统志》卷五二一"哈密"条：

① 《皇舆西域图志》卷九《疆域二·安西北路一》，叶二一。
② 《皇舆西域图志》卷一《图考一·安西北路图一》，叶一五。
③ 伊吾县地方志编纂委员会编《伊吾县志》，乌鲁木齐：新疆大学出版社，1994年，36页。
④ 翟源静《新疆坎儿井传统技艺研究与传承》，合肥：安徽科学技术出版社，2017年，22页。
⑤ 《皇舆西域图志》卷二四《水一·安西北路》，叶二二。

属境。多都摩垓,在哈密城东一百十里。德多摩垓,在哈密城东二百八十里,又北至图古里克,接镇西府界①。

哈密城东一百十里当为《图志》"二百十里"之误,其"西域新疆全图"(图 6)中所绘"多都摩垓、德多摩垓、塔勒纳沁"相对方位与《图志》有别,但仍不够准确。根据图中所示,"德多(都)摩垓"位于"多都摩垓"以东,均位于塔勒纳沁东南部。

根据《图志》与《一统志》关于二地道里与方位的描述,似乎德都摩垓为今下马崖,而多都摩垓为上马崖。钟兴麒亦在《西域地名考录》中指出:"上莫艾,又写作上马崖、上麻崖……此处本是《西域图志》所指的多都莫垓。"③《伊吾县地名图志》也谓:"'德都'是下部的意义,所以德都莫艾,便就叫作下莫艾和下马崖。"④崔乃夫《中华人民共和国地名大词典》"下马崖乡"条,认为"下马崖"系由蒙古语"德都莫垓"转译而来。"德都"意为下面⑤。

然而实际并非如此,除却《西域同文志》对二地名明白无误的解释。通过文献的记载,亦可判断"上莫艾"确系《图志》与《一统志》的"德都(多)摩垓",即今上马崖,那么其中的"多都摩垓"相应即是"下莫艾",今之下马崖。如《一统志》中记载哈密协营所管十八处卡伦中收有"上莫艾卡"⑥。乾隆二一年七月,乾隆皇帝曾发上谕:"现在准噶尔全部底定,无庸于此等地方更设卡座,著施恩将德都摩垓、图古哩克地方,仍赏给回人耕种。"⑦根据《新疆识略》卷三"卡伦"条:"上莫艾卡伦,距城二百八十里,附塔勒纳沁城。"⑧《三州辑略》卷五"卡伦":"哈密协管理卡伦十处……上莫艾卡伦,距城二百八十里。"⑨道光二十五年,林则徐奉命赴哈密查勘地亩,亦曰:"德都摩垓,即今之上莫艾;图古哩克,即今

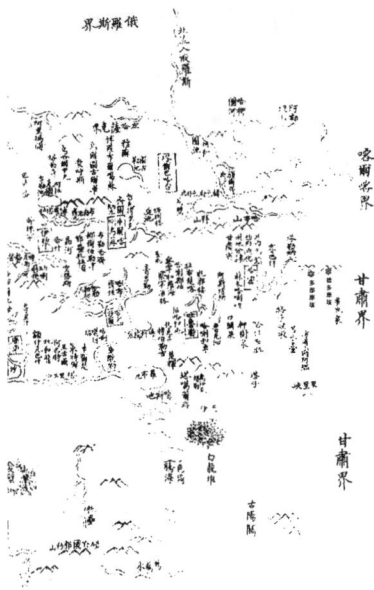

图 6 "西域新疆全图"(局部)②

---

① 《嘉庆重修一统志》卷五二一《哈密》,945 页;关于"哈密"条记载,乾隆《大清一统志》同。

② 《嘉庆重修一统志》卷五一六《西域新疆全图》,《四部丛刊续编·史部》第 29 册,上海:上海书店出版社,1984 年,709 页。

③ 钟兴麒《西域地名考录》,北京:国家图书馆出版社,2008 年,820 页。

④ 伊吾县地名委员会编《伊吾县地名图志》,武汉:湖北科技出版社,1987 年,79 页。

⑤ 崔乃夫主编《中华人民共和国地名大词典》第 3 卷,北京:商务印书馆,2000 年,5799 页。

⑥ 《嘉庆重修一统志》卷二八〇《卡伦》,《四部丛刊续编·史部》第 16 册,1134 页;《嘉庆重修一统志》卷五二一《哈密》,《四部丛刊续编·史部》第 29 册,947 页。

⑦ 《清高宗实录》卷五一七"乾隆二十一年七月甲午",北京:中华书局,1987 年,535 页。

⑧ (清)松筠等撰《新疆识略》卷三《卡伦》,清道光元年(1821)武英殿刻本,叶八九正。

⑨ (清)和宁撰《三州辑略》卷五《卡伦》,《中国方志丛书》据嘉庆十年(1805)修旧抄本影印,台北:成文出版社,1968 年,193 页。

之土古鲁,专指二处给为世业,则此外之非世业可知。"①陶保廉《辛卯侍行记》中亦谓:"二十一年,准部底定。旧设汛哨之德都摩垓,今名上莫艾……二地罢戍。"②

(二)"摩垓图"考证

"摩垓图",根据《西域同文志》,意为"有蛇的地方"。而此地系指"多都摩垓",抑或"德都摩垓",史籍并未言明。雍正九年春二月丙寅,准噶尔分兵侵扰图古里克、塔勒纳沁、哈密等处,阻截营站。宁远大将军岳钟琪为办理军营事宜,曾将肃州驻扎之固原宁夏兵丁二千五百名,以及拨出口之西安兵一千名,加上凉州兵五百名,"驻扎图古里克、摩垓图等处,若北路一有调遣,即将此兵丁从库克托木一路赴阿济卡伦应援"③。虽然岳钟琪此举被雍正皇帝批为"错谬",但此四千兵丁似乎并未调离。从雍正皇帝的上谕来看,岳钟琪"欲以图呼鲁克、毛(摩)垓图,及安西之满洲、蒙古官兵,由无(乌)克克岭合会,夹击贼人"④,以及"军营现在马步车兵约有一万九千余名,加以安西、甘肃之兵六千名,续派兵四千名,共二万九千名"⑤,可知岳钟琪确曾在图古里克、摩垓图等处驻扎兵营,而此"续派兵四千名",即是岳钟琪所留驻扎兵丁额数,目的是为防守准噶尔以大队全赴西路,攻击巴里坤军营。

从岳钟琪在哈密布防的情况来看,此"摩垓图"当为"多都摩垓"。首先,在今下马崖留有清代兵城遗址,从兵城遗址规模来看,足够驻军。"图古里克"(今吐葫芦乡)与"多都摩垓"(今下马崖乡)地势宽阔,足可作为屯兵之所,又地处哈密北山(喀尔里克山)西进巴里坤的要冲。反观"德都摩垓"(今上马崖),地势不甚开阔,仅适合设汛卡座,居高临下,但并不适宜多驻兵丁,且在今上马崖亦未发现有清代军城遗迹。

其次,"图古里克"与"多都摩垓"均地处喀尔里克山以北。雍正十年,准噶尔兵袭哈密,宁远大将军岳钟琪奏报援剿击贼情形,"令总兵官曹勷等于西喇呼鲁苏一带扼据险要,相机掩杀。臣又虞贼或由摩垓图、图尔库勒诸路窜入北山,逃遁归巢⑥。"图尔库勒"亦名"吐尔库勒""托勒库勒",位于伊吾县盐池乡政府以北2千米处,即"古盐池海"⑦。从地理位置来看,"图尔库勒"亦位于喀尔里克山北,岳钟琪所虑"窜入北山",即是指准噶尔敌军

① 《查勘哈密地亩严禁私垦勒租索费告示》(道光二十五年十一月上旬),林则徐全集编辑委员会编《林则徐全集》第五册,福州:海峡文艺出版社,2002年,326—328页。

② (清)陶保廉著,刘满点校《辛卯侍行记》,兰州:甘肃人民出版社,2000年,376页。

③ 《以宁远大将军岳钟琪折奏军营事宜》,(清)傅恒纂《平定准噶尔方略·前编》卷二二"雍正九年春二月丙寅",清乾隆三十一年(1766)武英殿刻本,叶一二正。

④ 《清世宗宪皇帝实录》卷一〇四"雍正九年三月丙寅",373—374页。

⑤ 《训饬宁远大将军岳钟琪等》,(清)傅恒纂《平定准噶尔方略·前编》卷二二"雍正九年春二月乙亥",叶一四至叶一六。

⑥ 《宁远大将军岳钟琪奏报援剿击贼情形》,《平定准噶尔方略·前编》卷二十九"雍正十年春二月庚子",叶五背;《钦定外藩蒙古回部王公表传》记为"窜出北山",系"窜入"之误,参见《钦定外藩蒙古回部王公表传》卷一〇八《哈密回部总传》,叶八。

⑦ 冯志文等编著《西域地名词典》,乌鲁木齐:新疆人民出版社,2002年,462页。

由"摩垓图、图尔库勒"诸路窜入喀尔里克山。因此从"摩垓图"与喀尔里克山的相对位置来看,"摩垓图"当为"多都摩垓",即今之下马崖。

上述可以推断,至迟在雍正九年左右,清军便在下马崖驻扎兵营,而下马崖古城亦可能在此时修建。雍正十三年,撤大军,还哈密。陕西总督查郎阿奏:"哈密、巴里坤路隔南山大坂,两地各留兵二千……设汛莫艾、舒鲁逊、大坂等处。"①塔勒纳沁河源为塔勒纳沁要口,应于驻兵中拨二百人驻河源小堡,"于莫艾、舒鲁逊大坂等二处各设斥堠,拨兵瞭望"②。而《东华录》的记载却为"于莫艾舒鲁孙、大坂三处,各设斥堠"③。此处有两个问题,一是设汛"莫艾"是指"德都摩垓",还是"多都摩垓";二是所设斥候为"二处",抑或是"三处"。

至乾隆十六年(1752),清军于哈密的卡汛布防,从天山西北之乌克克岭,正北之东大坂,及东北之河源小堡等处,均可大队行走,并挖沟筑栅,势难飞越。而塔勒纳沁距哈密二百余里,向来派兵驻扎,但地势颇低,尤其是北山一带由"上摩垓可绕至哈密城",从塔勒纳沁瞭望不能有效防御,因此只能选择高处设汛哨,且"由坡子泉、金钩峡可直抵桥湾,瞭望俱不能及。是上摩垓等处尤为紧要,现亦各设防卡"④,可见"上(德都)摩垓"才是理想的设卡汛地点。乾隆二十年,哈密回部兵百人从西路军征达瓦齐,伊犁定,撤归。陕甘总督黄廷桂奏,哈密贝子玉素布呈称:"从前哈密人耕种德都摩垓,图古哩克等处地方,仍请赏级耕种等语。"⑤二十一年,乾隆皇帝发布上谕:"哈密生齿日繁,准噶尔全部底定,哈密属邑德都摩垓、图古里克地不必复设汛哨,其仍给回民为世业。"⑥据此可以判断,"莫艾"即是指"德都摩垓"。

乾隆十七年,调任安西提督绰尔多奏称:"哈密塔勒纳沁之东北,有河源小堡,向设千总一员,卡兵五十名,而又分布莺膀山、三道大坂、舒鲁松卡等处,冬月仍撤归堡,倘准夷由上、下摩垓等处潜来,河源小堡已隔贼人之外,莫若塔勒纳沁地方形踞险要。"⑦此处"舒鲁松卡"即是前文中的"舒鲁逊";前文中"大坂"系指此处"三道大坂",古称"羊角达坂"⑧。因

① 《钦定外藩蒙古回部王公表传》卷一〇八《哈密回部总传》,叶一〇;《蒙古王公功绩表传》卷一〇八、《哈密志》卷三《舆地一》同。

② 《议西路驻兵事宜》,《平定准噶尔方略·前编》卷三八"雍正十三年夏六月丙子",叶四背;此处孙刘长海整理为"设汛莫艾舒、鲁逊大坂等处"。参见(清)祁韵士著《皇朝藩部要略》,342—343页;孙文杰将其标为一地"设汛莫艾舒鲁逊大坂等处"。参见(清)和宁撰、孙文杰整理《回疆通志》卷二《哈密回部总传》,北京:中华书局,2018年,27—28页。

③ (清)蒋良骐撰,林树惠、傅贵九点校《东华录》卷三二,北京:中华书局,1980年,542页。

④ 《筹画未尽事宜》,《平定准噶尔方略·前编》卷五三"乾隆十六年冬十月乙酉",叶三四背。

⑤ 《清高宗实录》卷五一七"乾隆二十一年七月甲午",535页。

⑥ (清)傅恒纂《平定准噶尔方略·正编》卷三一"乾隆二十一年甲午",叶一四背至一五正;《钦定外藩蒙古回部王公表传》,卷一〇八《哈密回部总传》,叶一二。

⑦ 《清高宗实录》卷四二九"乾隆十七年十二月癸卯",602—603页。

⑧ "三道大坂",因通道内有三道平缓的山梁,又称"三个达坂",最高处海拔1300米,为哈密东端地势较为平缓的南北通道。它北连下莫艾,南接河源小堡和塔勒纳沁。中有暗门(上莫艾,或德都摩垓)。这些关隘要地历代设有防卡,稽查过往行人,是古代哈密东北部的官防屏障。参见哈密地区地方志编纂委员会编《哈密地区志》,乌鲁木齐:新疆大学出版社,1997年,1049页。

此,《东华录》中所载"于莫艾、舒鲁孙（逊）、大坂"设斥候系"三处"方为正确。

另外，除哈密一处"摩垓图"，伊犁亦有一地称为"摩垓图"，需要略作区分。乾隆二十九年，阿奇木公茂萨呈称，巴尔托辉地方，泉甘土肥，回人情愿出力筑一大城移往驻扎。经伊犁将军明瑞详勘地形，认为"如回人所种之地稍迁迤西，可空出摩垓图、阿里玛图两处水泉，为满洲兵屯田之用，且伊犁、哈什二水之间，筑一大城，驻扎回众，声势愈觉联络，于回人生计亦甚有益"①。《西域图志》卷一三在"伊犁西路"下列有"哈讨、摩垓图、哲克得"等地："摩垓图，摩垓图在哈讨东北一百里，库克乌苏、哈喇勒两河之间。哲克得，哲克得在摩垓图东北八十里，逾河至其地。"②《西域同文志》卷一亦将"摩垓图"放在"伊犁西北路"条下解释。因此，在哈密与伊犁均有名为"摩垓图"的地方，系准噶尔部游牧时的命名。

（三）"拜城"称谓由来及其行政归属

根据当地民间艺人口述史的材料，"在350余年前，曾有新疆拜城的维吾尔族奴鲁孜等叔侄三人到关内经商，途经伊吾县下马崖乡时，被当地优美的环境吸引，决定在此建立家园，又将远在千里之外的拜城的家眷接到此地"③，由于思念家乡，便将此地命名为"巴依"，即"下马崖"。《伊吾县地名图志》亦曰："维吾尔语称此地为'巴依'，即拜城，意为富饶。约二百多年前，南疆拜城人最早迁入此地定居，所以人们习惯称拜城人住的地方为'巴依'。"④《伊吾县志》进一步指出下马崖是当地维吾尔人最早聚居的地方，并由此逐步向其他地区扩散，开发了整个伊吾⑤。

上文已知，在18世纪中叶以前，这里曾是准噶尔人游牧的地方。实际上，南疆维吾尔人迁入此地，应该与哈密回王玉素甫随清军在南疆平定大、小和卓之乱的事迹有关。乾隆二十三年（1758），玉素甫请兵随从大军赴南疆平叛，得到乾隆皇帝的嘉许，并诏授领队大臣：

> 玉素卜系回部望族，今闻办理叶尔羌、喀什噶尔等回部，情愿率兵效力，深可嘉奖。著照所请，同雅尔哈善、额敏和卓前往。所有应得分例，照蒙古贝子例赏给，回兵照绿旗兵丁例赏给。果能奋勉剿贼，朕将格外施恩。诏授领队大臣，会靖逆将军雅尔哈善奏，俟取库车、乌什、阿克苏等城，以从军之库车伯克鄂对等驻其地。……霍集占寻携贼五千余援库车，复为大军所败。赐币，诏叙绩。秋七月，赛里木、沙雅尔回人乞

---

① 《清高宗实录》卷七〇九"乾隆二十九年四月庚子"，919页。

② 《皇舆西域图志》卷一三《疆域六·天山北路三》，叶二正。

③ 《从三重语境管窥伊吾县下马崖乡维吾尔族"苏乃孜"的当代文化变迁》，见王建朝《乐起田野：以维吾尔族、哈萨克族传统音乐研究为例》，成都：西南交通大学出版社，2017年，53页。

④ 《伊吾县地名图志》，79页。

⑤ 《伊吾县志》，28—29页。

降,玉素卜抚其众,携从军营近地,愿留者以户籍献①。

可见,在平叛过程中,玉素甫曾收抚赛里木与沙雅尔的乞降回人,并编入户籍。取库车、阿克苏等城后,"阿克苏城守有绿营旗兵一千余名,令副将定柱等管领。乌什、赛里木、拜有贝子玉素富及丑达分领"②。清廷平定大、小和卓之乱后,玉素甫因从征有功,清廷册封其为郡王,大批的维吾尔人由天山以南迁入本地,在适于农牧的乃楞格尔(前山)、吐尔库勒(盐池)、图乎鲁克(吐葫芦)、阿达克(苇子峡)、下马崖、诺木托罗盖(淖毛湖)等地从事农牧业生产,哈密回王曾在这里设官治理③。

但是,在行政归属上,一方面,下马崖为哈密回部札萨克所领。如《钦定外藩蒙古回部王公表传》(下文简称《表传》)卷一〇八《哈密回部总传》:"哈密回部,邑十有三,曰苏门哈尔辉……曰下莫艾,曰上莫艾……皆哈密属,今设札萨克领之。"④另一方面,哈密直隶厅对此地亦有管辖权。

根据《表传》的记载,乾隆二十一年,"哈密属邑德都摩垓、图古里克地不必复设汛哨,其仍给回民为世业"⑤。这里所谓"给回民为世业",并非意味土地全归哈密札萨克所有。但哈密最先归附,多次承受恩赏,便有徇私之辈,将《回部王公表传》影射附会,以为哈密土地曾奉恩旨免粮,即混指为回王私地,以至于有"所有新田皆系现任札萨克承袭郡王伯锡尔私垦专利,喝阻民人不得耕种"的纠纷⑥。道光二十五年,经林则徐等查阅《表传》后,对伯锡尔侵占土地的行为痛加驳斥,认为"该处地土随在由官拨给,非札萨克所得自私……德都摩垓,即今之上莫艾;图古哩克,即今之土古鲁,专指二处给为世业,则此外之非世业可知"⑦。

根据林则徐的调查结果,德都摩垓(上莫艾、上马崖)应为"回子世业及历届报部册内指明回庄地方",可以判断,多都摩垓(下马崖、下莫艾)并非报部世业,甚至概系官地,实际上亦可视为清廷对哈密回王领地的限制。因此,在《清国史》卷一九八《地理志》"哈密直隶厅"条中,将属邑十有三,改为"十有二",保留有下莫艾⑧,将上莫艾从属邑中移出,以其为回王世业。至新疆建省以前,哈密王统治机构已经发展到比较完善的程度,形成上、中、下

① (清)佚名撰《蒙古王公功绩表传》卷一〇八,清乾隆文渊阁四库全书本,叶六正;《皇朝藩部要略》卷一五《回部要略一》,350页。

② 《参赞大臣舒赫德疏奏起程策应日期》,《平定准噶尔方略·正编》卷六六"乾隆二十三年十二月戊寅",叶一七正。

③ 《伊吾县志》,316页。

④ 《钦定外藩蒙古回部王公表传》卷一〇八《哈密回部总传》,叶一;《新疆识略》卷三《哈密》、《回疆通志》卷二《哈密回部总传》同。

⑤ 《平定准噶尔方略·正编》卷三一"乾隆二十一年甲午",叶一四背至叶一五正;《钦定外藩蒙古回部王公表传》卷一〇八"哈密回部总传",叶一二。

⑥ 《查勘哈密地亩严禁私垦勒租索费告示》(道光二十五年十一月上旬),《林则徐全集》第五册,326页。

⑦ 《查勘哈密地亩严禁私垦勒租索费告示》(道光二十五年十一月上旬),326—328页。

⑧ 《清国史》卷一九八"地理志",北京:中华书局,1993年影印嘉业堂抄本,第三册,487页。

三级组织形式,哈密王统治机构系统中有四个行政区及所辖 27 个小区,其中就包括伊吾区(行政区)中的下马崖区(伊吾六区之一)。

清末马达汉(Carl Gustaf Emil Mannerheim)西域考察行程中,曾记载过哈密回王领地以及村落分布情况,在哈密至巴里坤的路上,南山口以东与东北的山里的居民点中有"罗姆 Lom,从阿达克引水(回王的土地,流放地),1 durag 区;巴伊 Baj,罗姆以东,1 durag 区"[①]。1914 年,斯坦因(M. Aurel Stein)新疆考察时,亦称"Bai,这就是我的目的地"[②]。马达汉与斯坦因提到的"Baj""Bai"均是指"巴依",即今下马崖。西方探险家的调查,基于当地百姓的采访,因此,其调查报告中并没有使用下马崖的官方称谓,而使用民间俗称的"巴依"或"拜"。

在 1922 至 1928 年哈密回王领地的政权组织中,下马崖区中设置"米拉甫"一人,名艾的尔,还有"胡尔马"一人,名铁良;"毛提子"一人,名保苏克[③],进行基层管理[④]。1929 年,金树仁于淖毛湖、下马崖、吐葫芦、盐池分设稽查局。1935 年为伊吾设局属下的六行政村之一。新中国成立以后,1950 年改为区,1953 年撤区为乡,1958 年成立人民公社,实行政社合一,1984 年恢复乡的建置。可见民国以后,以往"多都摩垓""下莫艾"等名称不再使用,建置地名改为"下马崖",并延续至今。

四、下马崖与天山东路交通

(一) 清以前的交通状况

从哈密翻越天山有四条通道,中间两条,东西各一条,东道是从沁城经小堡、上马崖至下马崖,由下马崖向西达巴里坤。西道从七角井经色皮口至下涝坝。中道柳树沟翻越天山哈梅岭哈尔木达坂至海子沿,此道略险;或从南山口翻天山庙至口门子,此道甚为便捷。东道略远,却是天山以北通向内地或经蒙古草原到达京、津等地的主要通道之一,历来驻有重兵防守。

---

① [芬兰]马达汉著、王家骥译《马达汉西域考察日记(1906—1908)》,北京:中国民族摄影艺术出版社,2004 年,330 页;"罗姆 Lom"为今淖毛湖,蒙语称"诺木托罗盖",意为弯弓山,当地维吾尔人沿袭蒙语称谓并简称为"诺木"(参见《伊吾县志》,28 页),即马达汉所谓"罗姆 Lom"。另根据日记内所载其实际考察路线,马达汉提及的大部分村落他本人并未亲履其地。

② [英]奥雷尔·斯坦因著《亚洲腹地考古记》第一卷,巫新华等译,桂林:广西师范大学出版社,2004 年,766 页;[英]奥雷尔·斯坦因著,巫新华、秦立彦译《踏勘河西走廊古遗址》,桂林:广西师范大学出版社,2020 年,233 页。

③ 刘世义《哈密回王志》,见中国人民政治协商会议哈密市委员会文史资料委员会编《哈密市文史资料》第二辑,1989 年,87—88 页。"米拉甫"亦作"密喇布伯克",负责水利,管理水渠;"胡尔马",管理农耕与庄稼;"毛提子",即"茂特色布伯克",管理宗教事务。关于伯克职权,参见《西域图志》卷三〇。

④ 陈慧生主编《中国新疆地区伊斯兰教史》(第二册),乌鲁木齐:新疆人民出版社,2000 年,153—154 页。

在下马崖乡通往沁城、哈密的公路附近，分布有方形石围基址、长方形石结构墓6座，散布在公路西侧、石围基址东侧和南侧的山坡上，在公路东侧的山坡上，亦发现有数量较多的岩画①，说明至少自公元前5世纪以来，这一带便有人类活动迹象。

汉元狩二年（前121）与匈奴的军事斗争中，"骠骑将军逾居延，至祁连山，捕首虏甚多"，《索引》曰："祁连山，即天山也，匈奴谓天为祁连。"②可知汉朝军队并非都是西出玉门关寻找战机，而走内蒙古草原、戈壁流沙，由额济纳（居延）穿越瀚海盆地，从肃北马鬃山经明水到东天山。到了东天山以后，主要战场都在今沁城、下马崖、吐葫芦和松树塘、石人子一带，其中一条行军道路即是由山北西行下马崖，直捣匈奴漠北腹地。东汉以后，汉朝军队方由山南进入伊吾（今哈密），然后直下车师前后部。

唐代文献多次提到天山东北部有"墨离军"，其具体方位所在，根据旧《唐书》记载"墨离军，在瓜州西北千里，管兵五千人，马四百匹"③，"墨林军本月氏国"④。因此，林梅村先生判断，墨离城就在伊州北部天山，北魏称"木来"，唐称"墨离"，元代称"篾济邻"，明代称"乜克力"⑤。和田清也认为墨离城就是明朝中期"乜克力"（或"野乜克力"）的驻地，位于甘肃边外至哈密北山一带，明代称"麦克零"或"乜克力"（Mie-k'o-li）⑥。

《全边略记》中所谓"哈密麦种乩加思兰"⑦，即是指野乜克力部。乩加思兰是出现在蒙古地方，一时控制过北虏命运的大酋，《皇明北虏考》谓其故居在"哈密北山"⑧。关于野乜克力与哈密的相对道里，俞浩谓其"居哈密东北，仅二日程"⑨。结合史籍，野乜克力的驻地大致在哈密东北，巴里坤以东天山东段喀尔里克山（Karlik Tagh）附近⑩，且这个"Mekri（Mekrin）即乜克力部族，从唐代直到明代，继续保持天山东端，从没有离开过"⑪。

据此，林梅村曾判断，新疆东境伊吾县的下马崖古城即是唐代的"墨离军城"，亦是明代的乜克力城。但需要注意的是，今天下马崖绿洲地形狭窄，地表缺水，很难容纳"管兵五千人"之巨，因此墨离军与乜克力部的活动范围当涵盖伊吾、下马崖、淖毛湖喀尔里克山东

①　王建新《中国西北草原地区古代游牧民族文化研究的新进展——古代月氏文化的考古学探索》，黄留珠、魏全瑞主编《周秦汉唐文化研究》第三辑，西安：三秦出版社，2004年，247页。

②　（汉）司马迁《史记》卷一一一《卫将军骠骑列传》，北京：中华书局，1962年，2931页。

③　（后晋）刘昫等撰《旧唐书》卷三八《地理》，北京：中华书局，1975年，1386页；（宋）欧阳修、宋祁撰《新唐书》卷四〇《地理四·陇右道》："西北千里有莫离军。"北京：中华书局，1975年，1405页。

④　（宋）司马光编著《资治通鉴》卷二一五《唐纪三十一》，北京：中华书局，1956年，6848页。

⑤　林梅村《稽胡史迹考——太原新出隋代虞弘墓志的几个问题》，《中国史研究》2002年第1期，77—80页。

⑥　［日］和田清著，潘世宪译《明代蒙古史论集》（下），呼和浩特：内蒙古人民出版社，2015年，708页。

⑦　（明）方孔炤辑《全边纪略》卷一二《师中表》，明崇祯元年（1628）刻本，叶二五。

⑧　（明）郑晓《皇明北虏考》，参见薄音湖、王雄编辑点校《明代蒙古汉籍史料汇编》（第1辑），呼和浩特：内蒙古大学出版社，1993年，214页。

⑨　（清）俞浩《西域考古录》卷六《安西州》，清道光二十七年（1847）刻海月堂杂著本，叶七。

⑩　《明代蒙古史论集》（下），709页。

⑪　《明代蒙古史论集》（下），713页。

段以北的一线区域。而且目前并无更多证据表明下马崖古城建造的年代早于清朝的证据，从其形制布局以及采集的钱币标本来看，此城确系清代古城遗址。不过在位于下马崖古城遗址西北四五百米处仍有一座遗址"艾斯克协海尔"，当地人称之为"破城子"，现有仅存夯土的墙基，年代早于下马崖古城。因此，如果墨离军城或乙力克城位于此地，或许是"艾斯克协海尔"，而非下马崖古城。明朝末年，嘉峪关一度闭关，西域商人与贡使多沿天山北麓东进，有的从巴里坤到伊吾下马崖经东部的乌吉台泉过明水，然后再至嘉峪关。

（二）清代下马崖及天山东路交通

至清，下马崖的交通作用更加明确。康熙五十年（1711）以后，清军陆续在哈密布防。雍正八年（1730），清军在喀尔里克山北图古里克等处驻扎兵营[1]，准噶尔叛军时常从多都摩垓（下摩垓、下马崖）翻越北山，穿越德都摩垓（上摩垓、上马崖），并向南袭扰塔勒纳沁、哈密城。而清军构筑的防御体系则是从塔勒纳沁、小堡、德都摩垓、多都摩垓、图古里克一线设卡驻兵，防止准噶尔叛军南下。

关于下马崖距清代哈密城的道里远近，《西域图志》等文献所记，多都摩垓位于哈密城东仅"二百十里"，德都摩垓距哈密城二百八十里，德都摩垓在多都摩垓东北七十里，与实际分布有较大出入，究其原因，可能是在清中期以前多未能亲自履勘其地有关。随着清晚期以后，经历督办军务，加上许多文人又能亲履其地，随后又有相对科学的测算，关于多都摩垓（下莫艾、下莫爱）和德都摩垓（上莫艾、上莫爱）与哈密城的相对位置的标记才大致准确。

在19世纪后期，清朝曾组织过两次全疆性的地图测绘活动。其中《新疆四道志》的成书就与光绪年间的舆地图测绘活动有直接的关系，有可能是新疆舆图图说的最终定本[2]。根据《新疆四道志》"哈密厅图说"所载：

> 上莫爱水，在城东北三百五十里。其源出塔勒纳沁城，北阿里铁洛山口。北流三十里至上莫爱庄，分荫营地。下莫爱水，在城东北四百二十里。其源出卡旁泉穴，北流一十余里，分荫营地[3]。

通过村庄营地受水情况计算，上莫爱庄距城东北三百八十里，下莫爱庄距城东北约四百三十里，这个距离与陶保廉《辛卯侍行记》所记道里基本一致。《辛卯侍行记》卷六：

> 城东八十里下庙儿沟（北十余里上庙尔沟，有回王避暑宫。又北四十里至上游，曰：巴达什水，讹呼八大石）。七十里芨芨台，三十里乌拉沟，五里四屯庄，五里阿敦

---

① 《驻哈密办事郎中文保等奏报准噶尔人出没巴里坤哈密等处已将各卡伦内移增添兵丁严加防守折》，中国第一历史档案馆编《清代新疆满文档案汇编》（一），桂林，广西师范大学出版社，2012年，5页。

② 刘传飞《清光绪前中期新疆普通地图的绘制及其相关问题研究》，《中国历史地理论丛》2016年第2期，133页。

③ （清）佚名《新疆四道志》"哈密厅图说"，《中国方志丛书》据清光绪抄本影印，台北：成文出版社，1969年，161页。

沟,五里照壁沟,五里头道沟,二十里沁城(稍西有旧城址,东北五十里河源小堡庄,有石城古迹。又东北逾塔什岭,一百里上莫艾旧卡,讹称刺梅花泉。折西一百三十里土古里克,一百里土墩子,西北经盐池一百里西安泉,一百里奎素驿,镇西厅界。若从上莫艾东北行六十里下莫艾,其西距苇子峡,其西北距诺穆湖均一日程)①。

根据陶保廉的记载,哈密城东至上莫艾旧卡为三百七十里,与《新疆四道志》所记上莫艾庄三百八十里基本一致。加上"上莫艾东北行六十里下莫艾",哈密城东距下莫艾四百三十里,与《新疆四道志》所记一致。

另外,《新疆图志》的记载也基本一致:"沁城稍西有旧城址。东北五十里河源小堡庄,有石城古迹。又东北逾塔什岭,一百里上莫艾旧卡,按:上莫艾旧名德都摩垓,今讹为刺梅花泉。"②加上塔勒纳沁距哈密二百余里,又东北五十里设有河源小堡③,折算道里亦与《新疆四道志》相同。

而且《新疆全省舆地图》中标示出的"上莫爱庄""下莫爱庄"(图7)相对位置来看,与志文一致。但是图中文字用"爱",志文用"艾",似乎《新疆全省舆地图》与《新疆四道志》的图说有关系。而成文出版社1968年影印出版的《旧刊新疆舆图》,虽然学界一直认为这是坊间刊本,其中颇多错误,但是其"哈密厅图"(图8)中"上莫爱""下莫爱",及其与沁城、哈密的分布道里来看,其图说亦曾参考过《新疆四道志》。

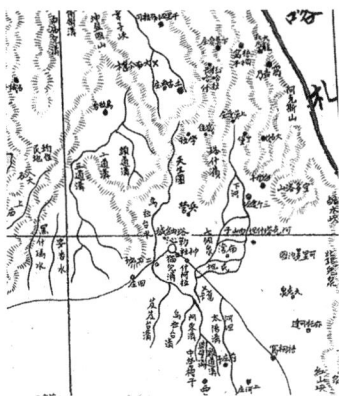

图7 "哈密厅图"(局部)④　　　　图8 "哈密厅图"(局部)⑤

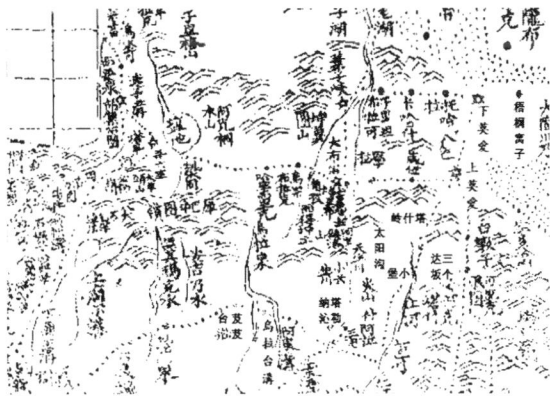

---

① 《辛卯侍行记》,376页。

② (清)王树枏等纂修、朱玉麒等整理《新疆图志》卷八〇《道路二》,上海:上海古籍出版社,2018年,1529页。

③ 《议塔勒纳沁防卡事宜》,《平定准噶尔方略·前编》,卷五十四"乾隆十七年冬十二月癸卯",叶二七正。

④ (清)王树枏等纂修、朱玉麒等整理《新疆图志》(附《新疆全省舆地图》)。

⑤ (清)佚名《旧刊新疆舆图·哈密厅图》,《中国方志丛书》据清光绪抄本影印,台北:成文出版社,1969年。

（三）探险家笔下的天山东路交通

伯希和(Paul Pelliot)从新疆到沙州的考察时，曾路过哈密。在伯希和于 1908 年 2 月 3 日自沙湾子写给法国地理学会的信中提道：

> 俄文地图将通向 Khadamoutamou 的小路，又与从汉文地图中借鉴来的两条路最偏东部的一条重新联系起来了。此名同样地载于武昌版地图上。但我们可参照与该名为邻而写于原文献中的地名。这就是黑具玛(Qochmâq)和乌拉台(Oulataï)。乌拉台位于哈密东北约 90 千米左右的地方。黑具玛则是将哈密与硕波利(Choploy)分隔开的一个山口的名字，俄文地图中指出了此地，科兹洛夫也曾考察过此地。根据汉语对音的原则，我们由此便会看到，Khadamoutamou 在俄文地图上仅出现过两次，这是一个已知名称 Khâtoun-tam 的误写形式，地图中载于哈密北部 120 千米的地方。然而，确有某些羊肠小道从星星峡和苦水通向 Khâtauntam[①]。

伯希和信中指出，俄文地图曾两次出现"Khadamoutamou"的地名，并将这条小路与汉文地图中最偏东部的一条联系起来，但根据对音原则，这个地名应该是"Khâtoun-tam"的误写形式，耿昇先生的译文为"多都摩垓"[②]。勒寇克(Albert von Le Coq)在哈密期间考察时，亦曾提及"当我们正在犹豫是否探查第二处遗迹 Khotun-Tam 时"[③]，收到柏林的电报，被要求赴喀什噶尔协助格伦威德尔。斯坦因由河西向天山东路考察时，抵达明水时曾派助手穆罕默德·亚库卜带一队沿哈密大道，经 Tāsh-bulak(即塔勒纳沁)与 Khotun-tam 赴哈密[④]。

根据伯希和的记载，"Khâtoun-tam"的两个相邻的地名为"黑具玛(Qochmâq)与乌拉台(Oulataï)"[⑤]。根据《哈密厅图》中所示，如果"Khâtoun-tam"为"多都摩垓"，其位置不可能与"黑具玛"与"乌拉台"相邻，而与其相邻的应是"苃苃台"，而苃苃台的哈密维吾尔语方言正是"Khotun-tam"(xotuntam)[⑥]。

---

① Paul Pelliot, *Chronique*, *Toung Pao*, vol. 9, No. 4, 1908, pp. 630 - 631.

② ［法］伯希和《从新疆到沙州的考察记》，郑炳林主编、耿昇译《法国西域史学精粹》(1)，兰州：甘肃人民出版社，2011 年，162—163 页。

③ 此处译者仅标出 Khotun-Tam 的汉语发音"廓图坦"，并未指出具体是何地名。参见［德］阿尔伯特·冯·勒寇克著，刘建台译《新疆地埋宝藏记》，北京：中国青年出版社，2002 年，111 页。

④ 斯坦因认为 Tāsh-bulak 是与下马崖一样的堡垒，因此，在《斯坦因中国新疆与甘肃考察地图》(*Index To Maps of Portions of Chinese Turksitan and Kansu*：*From Surveys Made During The Exploration of Sir Aurel Stein. K. O. I. E* (1900 - 01, 1906 - 08, 1913 - 15))中特意标出了这个地点；另外，斯坦因《亚洲腹地考古记》中指出"是中国人建的，不久以前仍有驻军，以保卫从下马崖和伊吾方向来的穿越喀尔里克山道路的南口"。参见《亚洲腹地考古记》第一卷，765 页。

⑤ 根据《哈密厅图》(《新疆全省典地图》)，黑具玛应在其标出的"黑什玛水"附近，乌拉台应为图中所示之"乌拉台沟"。

⑥ 艾买提·艾合买提《浅谈哈密土语中保留的一些古语词——以〈突厥语大辞典〉为例》，《北方文学》2019 年第 4 期，55 页。

相对而言,斯坦因 1914 年对天山东路考察的目的就很明确,甚至在甘肃金塔时就指出其目的地为下马崖(图 9):

> 我们将穿过无人考察过的沙漠走很远的路程,而离我们最近的有人居住的地方就在喀尔里克山的东北部。考虑到在水和牧草方面将遇到困难的问题,5 月我第一次过毛目沿黑河而下时,就想打听关于俄国地图上哪些道路的可靠信息,还想知道有没有熟悉那些道路的向导,但得到的消息简直少得可怜。毛目的一些汉族客商说,驼队有时沿某几条道去哈密和下马崖(Bai,这就是我的目的地)②。

斯坦因一行在明水找到了从肃州经十二墩到哈密的路,除派穆罕默德·亚库卜带

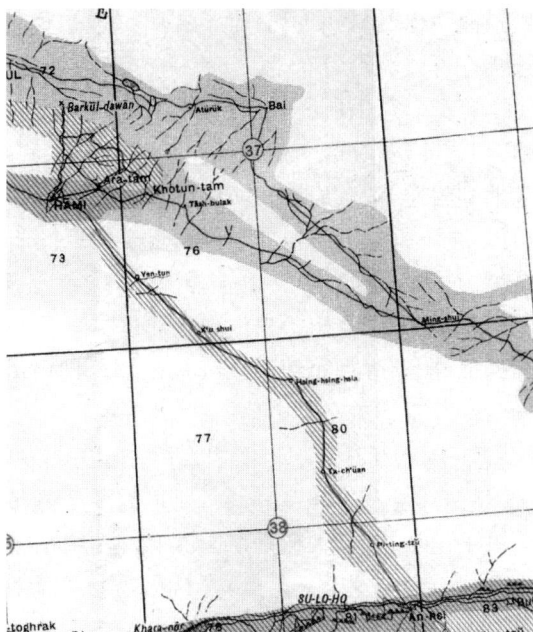

图 9 "斯坦因中国新疆与甘肃考察地图"(局部)①

一队沿哈密大道分途赴哈密外,而斯坦因本人则带领考察队从明水经镜儿泉、大石头,而后北上翻过喀尔里克山最东端的沟谷直赴下马崖的路:

> 我穿过喀尔里克山雪峰以远的天山最东段(那里还从来没有人考察过),一直到下马崖。根据俄国地图和卡鲁特斯先生的考察,下马崖是喀尔里克山东北最后一个永久性居民点。过了下马崖以后,我计划沿着喀尔里克山的北坡,经过人们相对来讲比较熟悉的地面,到巴里坤和古城去。的确,格卢姆·格里什迈罗先生的地图与俄国边境地图中标了一条道(关于那条道的信息,他们是从当地人那里听说的)③。

因为不是成熟的商道,过大石头后,斯坦因考察队在戈壁与山谷中迷失了方向,历经 4 天艰辛,考察队翻过喀尔里克山最东端的山崖后,方抵达目的地④。就这条道路在中国内地同天山最东端地区的关系史上,斯坦因认为:"就普通的交通与军队转移来讲,它的重要性从来都是无法与穿越北山的安西—哈密道相比的。"⑤而且耗费的时间几乎是安西—哈

---

① 图中标红之编号 37,即是斯坦因由明水至下马崖(Bai)的路线。参见《斯坦因中国新疆与甘肃考察地图》[*Index To Maps of Portions of Chinese Turksitan and Kansu:From Surveys Made During The Exploration of Sir Aurel Stein. K. O. I. E*(1900-01,1906-08,1913-15)]。

② 《亚洲腹地考古记》第一卷,766 页;《踏勘河西走廊古遗址》,233 页。

③ 《踏勘河西走廊古遗址》,250 页。

④ 《亚洲腹地考古记》第一卷,766—770 页。

⑤ 《亚洲腹地考古记》第一卷,771 页。

密道的两倍。另一方面,对于一些悍匪来说,这条道不会有太多障碍,甚至小规模的部族迁徙也可能会沿着它走。

正如斯坦因所言,自乾隆朝平定准噶尔后,经由下马崖的这条线路的重要性便已衰落,但在特殊情况下,这条线路仍有重要的军事意义。如同治回乱期间,河西至新疆的交通遇到阻碍,清政府在长城以北经过内蒙古的阿拉善旗、额济纳到新疆巴里坤一线设新的台站,对下马崖的防御亦显现出重要性。同治十一年(1827),肃州逆匪窜向哈密东山,"由马鬃山分股扰至下莫艾地方,经文麟派令统领魏忠义等带队追剿,斩馘甚多;生擒回逆马乙麻木正法,匪党出哈尔山向东北逃窜"①。1875 年,清王朝为反击阿古柏入侵,左宗棠奉命西征,所需大批军粮、物资,有一部即由瀚海商道驼运进疆,送到巴里坤与哈密,下马崖为新辟粮道的必经之地②。

1914 年 9 月 26 日,斯坦因翻越峡谷抵达下马崖考察时,曾派助手阿弗拉兹·古尔先去"堡垒遗址"(下马崖)考察,斯坦因根据阿弗拉兹·古尔带回的草图与照片,判断下马崖古城不是很古老,大概是在康熙、乾隆年间同准噶尔部斗争的时候修建的堡垒之一,用意即是保卫哈密这个立足点,并认为哈密对清朝经略新疆具有重要的作用。虽然在抵达下马崖的路途中历经艰辛,斯坦因并未在下马崖过多停留,甚至本人并未亲履下马崖古城勘察,仅隔一天便踏上了赴巴里坤的路程,或许是因为他认为这座城不是"很古老"③。

1927 年 12 月,黄文弼西北考察团出额济纳,行至内、外蒙古交界,曾向过路商队打听线路,并详细记录了自起自合黎河西行至巴里坤的线路,从线路中"至大石头 20 里,有井水;至刺梅花图 100 里,有泉水;至千站 70 里,无水"④。这条线路应该是经肃北出明水,经大石头、上马崖,折向西至图古里克(今吐葫芦乡)的线路,并非是经上马崖东北行至下马崖,再折向西行的线路。不过考察队进疆后,并未按照这条线路行进,而是到了沁城后,由"猫儿沟"西去哈密⑤。

五、结　语

由沁城经小堡、上马崖至下马崖,再由下马崖向西达巴里坤的这条线路,是哈密翻越天山以北的重要通道之一。唐代的墨离城,以及明代的乜力克城或许就分布在此地附近。18 世纪中叶以前,准噶尔人曾在此地游牧,因此留有蒙语地名"摩垓图""多都摩垓""德都摩垓"等。至迟于雍正九年,宁远大将军岳钟琪驻扎图古里克、摩垓图时,修建了这座军

---

① 《清穆宗实录》卷三四四"同治十一年十一月乙酉",528 页。

② 中国人民政治协商会议哈密市委员会文史资料委员会编《哈密市文史资料》第十二辑,2009 年,232—236 页。

③ 《亚洲腹地考古记》第一卷,772 页。

④ 黄文弼著,黄烈整理《黄文弼蒙新考察日记(1927—1930)》,北京:文物出版社,1990 年,128 页。

⑤ 《黄文弼蒙新考察日记(1927—1930)》,146 页。

城。雍正十三年撤换大军,清军亦在此地留有汛哨防守。至乾隆二十一年,阿睦尔撒纳被清军击败后,此地撤卡汛,划归哈密回民为世业,此城遂废。

关于地名演变,此地初称"摩垓图"。至乾隆初年,清军与准噶尔对峙之时,称为"多都摩垓",不过在具体使用时地名前部为汉语意译,后部则是音译,成为汉蒙合璧的地名,即方位"上、下",加"摩垓、莫艾"字样。如乾隆十六年,军机大臣议覆陕甘总督黄廷桂在筹议防范事宜内奏称:"其塔勒纳沁距哈密二百余里,形势颇低,北山一带,由上摩垓可绕至哈密城。"①十七年,李绳武奏到巡查哈密情形一折:"臣因今岁准夷贸易一事新定章程,恐在哈防员办理不实,是以从上莫艾回至哈密,就近查办。"②同年十二月,军机大臣议覆,调任安西提督绰尔多奏称:"倘准夷由上、下摩垓等处潜来,河源小堡已隔贼人之外,莫若塔勒纳沁地方形踞险要。"③而嘉道以后,则多使用"上、下莫艾(爱)",将"德都摩垓"视为旧名。如林则徐指出"德都摩垓,即今之上莫艾",陶保廉《辛卯侍行记》"旧设汛哨之德都摩垓,今名上莫艾"。可见,随着历史发展,下马崖地名大约经历了摩垓图,多都摩垓,下摩垓,下莫艾(爱)到下马崖的发展过程,而今当地维吾尔族百姓俗称此地为"巴依""拜"。

A Study on Shanmoy Ancient City and the Traffic Across the Eastern Part of Tianshan in Yiwu County, Xinjiang

Liu Zhijia

Shanmoy ancient city, which on the transport routes crosses Tianshan from Hami to the north, is about 3 kilometers southwest of Shanmoy township, Yiwu County, Xinjiang Uygur Autonomous Region. This site occupies a commanding position which is the ideal fortress in the northern foothills of Tianshan for convenient defense by vision open, as well as control the water sources and military cultivation for long-term guard. Shanmoy was evolved from Mongolian with the transliteration of "Mogai"or"Moai". The city was built by the time of the 9th year of Yongzheng for defending Junggar, and was abandoned by the 21st year of Qianlong after pacified the Junggar around northern Hami. The name of the site has experienced the process of Mogaitu, Dodu Mogai, Xiamogai, Xiamoai, Shanmoy, and local people call this place Bay.

---

① 《清高宗实录》卷四〇〇"乾隆十六年十月甲辰",267—268 页。
② 《清高宗实录》卷四一五"乾隆十七年五月戊寅",431—432 页。
③ 《清高宗实录》卷四二九"乾隆十七年十二月癸卯",602—603 页。

"嚈哒灭佛"与"末法兴起"[*]

刘 屹

首都师范大学历史学院

一、引 言

嚈哒(Hephthalitai),中国史籍称作"滑""嚈哒""挹怛"等,国外史籍称"白匈奴"。兴起于塞北,约 370 年,越过阿尔泰山,西迁至索格底亚那;约 420 年,渡过阿姆河进入吐火罗斯坦。此后嚈哒以此为基地,主要朝两个方向发展:向西与萨珊波斯展开长期的争夺拉锯,向南越过兴都库什山与笈多王朝争夺印度西北之地。到 510 年左右,嚈哒兵锋曾直抵恒河流域的华氏城,成为继贵霜之后,同时掌控中亚、占领印度西北大部,甚至控制塔里木盆地部分地区的一个大帝国。约 560 年,在新崛起的突厥与波斯的联攻下,嚈哒灭国,族人逐渐融入其他各族,消失在历史长河之中[①]。

嚈哒从兴起到衰落的时间并不算长,但因地控东西交通要道,与贵霜帝国一样,对中亚、印度和中国的历史都曾产生重要影响。因传世史料有限,考古资料缺乏,嚈哒历史本身还有很多重大问题处在迷雾之中。在这种情况下,却有一种关于嚈哒历史似是而非的观点得以长期流行。不少佛教学者,特别是日本佛教学者认为:公元 6 世纪初在位的那位嚈哒王,曾经在其所控地域内,特别是在印度西北地区佛教兴盛之地,推行严酷的"灭佛"政策;印度西北地区的佛教遭受灭顶之灾,因而此地佛教兴起了"末法"来临的意识;这样的观念体现在《大集经·月藏分》《莲华面经》等佛经之中,又被那连提黎耶舍(Narendraya-śas,517—589)把这些佛经在中原译出,从而使得"末法思想"正式传入中国。这种观点认为"末法思想"的源头是在印度佛教,因由"嚈哒灭佛"的刺激而促成了这一思想从印度到

---

[*] 本文是国家社科基金重点项目"中国佛教末法思想的历史学研究"(19AZS015)阶段性成果。

[①] 关于嚈哒历史,参见余太山《嚈哒史研究》,1986 年初版,此据北京:商务印书馆,2012 年。以及B. A. 李特文斯基《嚈哒帝国》,李特文斯基主编《中亚文明史》第三卷《文明的交会:公元 250 年至 750年》,英文 1996 年,此据马小鹤汉译本,中国对外翻译出版公司、联合国教科文组织,2003 年,107—132 页。

中国的传播。本质上说,这还是以印度佛教为一切教理、学说的本源所在,认为东亚佛教尊奉的"正像末三时说",只是对印度佛教既有观念的转述和发扬而已。

　　然而,现在越来越多的证据表明,"正像末三时"俱全的"末法思想"很大程度上可以说是中国佛教的产物[1]。那连提黎耶舍(以下简称"耶舍")的译经之中,根本就没有出现过"正像末三时"俱全的"末法"意识,何谈"末法思想"因其译经而传入中国?"嚈哒灭佛"这一疑点重重的说法,至今仍是学界讨论相关问题的重要背景[2]。这恐怕不只是嚈哒究竟是否曾经"灭佛"? 这种"灭佛"行为是否导致了"末法思想"的产生? 耶舍究竟是否翻译了体现"末法思想"的佛经? ……历史事实层面的问题,更多是学术史层面需要反思的问题。

　　在嚈哒历史和考古材料没有新增的情况下,要想从历史事实层面解决嚈哒是否曾经"灭佛"的难题,是很困难的,但也并非毫无进展的空间。本文在史实层面的论证,可做的工作有限,更多需要从学术史的角度探究"嚈哒灭佛—耶舍译经—末法思想传入中国"这一看似环环相扣的传统认知,究竟是怎样建立起来的? 以及为何现在需要抛却对此观点的执着。

二、"嚈哒灭佛说"的争议

　　关于嚈哒人控制中亚和西北印度时期,对佛教采取镇压政策导致佛教衰亡的说法,其实远非某种定论,而是在学界一直存在争议。"嚈哒灭佛说"没有直接的证据,认可这一说法的学者,主要依据是《付法藏因缘传》(472 年汉译)、《莲华面经》(584 年汉译)和《大唐西域记》(646 年成书)这三种佛教资料。它们都提到罽宾有一位"灭佛"的国王,而且从名字上看,似乎指的是同一个人;而这位国王被认为即公元 6 世纪初在位的嚈哒王。

　　《付法藏因缘传》卷六云:

> 复有比丘,名曰师子,于罽宾国,大作佛事。时彼国王,名弥罗掘,邪见炽盛,心无敬信。于罽宾国,毁坏塔寺,杀害众僧。即以利剑,用斩师子。顶中无血,唯乳流出。相付法人,于是便绝[3]。

师子比丘被中国佛教的部分宗派尊为西天佛法传来的第二十四祖,亦即佛陀灭度之后,从大迦叶算起的第二十四代传法之人。依《付法藏因缘传》之说,佛法的传承,在师子比丘之后,就出现了中断[4]。然而从大迦叶时代算起,佛法传承二十四代到师子比丘,至少也要在

---

① 刘屹《佛灭之后:中国佛教末法思想的兴起》,荣新江主编《唐研究》第 23 卷,北京:北京大学出版社,2017 年,493—515 页。

② 最近仍有学者将"嚈哒灭佛"作为导致犍陀罗佛教艺术衰微的主要原因,见张栁潭《两丝视阈下的犍陀罗艺术衰落探析——以摩醯逻矩罗毁佛为中心》,《中国美术研究》2020 年第 2 期,88—92 页。

③ (北魏)吉迦夜、昙曜译《付法藏因缘传》卷六,《大正藏》,T. 50, No. 2058, 321c 页。

④ 河南安阳宝山大住圣窟的窟内南壁,就刻画了这二十四位传法圣师的图像,并配有题记。其"弟廿四,师子比丘,于罽宾国大作佛事,为王所绝",应该就是依据《付法藏因缘传》而来的。

《付法藏因缘传》汉译的 472 年之前。而嚈哒占据印度西北,有可能采取"灭佛"的举动,要迟至公元 6 世纪初。从时间上讲,杀害师子比丘、中断佛法传承的这位罽宾国王,一定不会是嚈哒王①。在印度历史上,确曾有过一位被认定曾经迫害佛教的君王,即公元前 2 世纪接替孔雀帝国兴起的巽伽王朝的建立者弗沙密多罗(Pushyamitra),他被认为是支持婆罗门教而镇压佛教②。《付法藏因缘传》中的"弥罗掘",更有可能是影射弗沙密多罗,而与"嚈哒灭佛"无关。

《莲华面经》并非是耶舍在其刚到中国的北齐时代,而是他在开皇四年才译出的。其经卷下云:

> 佛告阿难:于未来世,罽宾国土,当作如是大法会。阿难! 彼五天子灭度之后,有富兰那外道弟子,名莲花面,聪明智慧,善解天文,二十八宿,五星诸度,身如金色。此大痴人,已曾供养四阿罗汉。当供养时,作如是誓:"愿我未来,破坏佛法!"以其供养阿罗汉故,世世受于端正之身。于最后身,生国王家,身为国王,名寐吱曷罗俱逻,而灭我法。此大痴人,破碎我钵。既破钵已,生于阿鼻大地狱中。此大痴人命终之后,有七天子,次第舍身,生罽宾国,复更建立如来正法,大设供养③。

"富兰那"是与佛教同时并存的"六师外道"之一。依此经说,此外道弟子中有名为"莲花(华)面"者,聪明智慧,善解天文,身如金色。其外道本性不改,即便在供养阿罗汉时,还立下将来"破坏佛法"的誓愿。正因他有供养阿罗汉的功德,所以能够转世投生王家,出生为罽宾国王,名为"寐吱曷罗俱逻"。此王果真在罽宾国破灭佛法,破碎佛钵。也因此而受到恶报,投生于阿鼻地狱。"寐吱曷罗俱逻"虽然破坏佛法的意图一度得逞,但其后有"七天子",依次舍身在罽宾国,使得此地佛法得以重建再兴。

玄奘《大唐西域记》对此王的记载最为详细,云:

> 至奢羯罗故城……数百年前,有王号摩醯逻矩罗,唐言大族,都治此城,王诸印度。有才智,性勇烈,邻境诸国,莫不臣伏。机务余闲,欲习佛法,令于僧中推一俊德。时诸僧徒,莫敢应命。是时王家旧僮,染衣已久,辞论清雅,言谈瞻敏,众共推举,而以应命。王曰:"我敬佛法,远访名僧,众推此隶,与我谈论。常谓僧中贤明比肩,以今知之,夫何敬哉!"于是宣令五印度国,继是佛法,并皆毁灭,僧徒斥逐,无复孑遗。摩揭陀国,婆罗阿迭多王,唐曰幼日,崇敬佛法,爱育黎元。……大族王治兵将讨……幼日王守其阨险……生擒大族……大族失位,藏窜山野,北投迦湿弥罗国……矫杀迦湿弥罗

---

① 《付法藏因缘传》并非是一部没有疑问的译经,马伯乐曾认为这是一部"疑伪经"。也有学者认为其中罽宾王"灭佛"的情节,是在汉译完成后新添加的。但若《付法藏因缘传》原本没有的内容,不太可能凭空加入,尤其是师子比丘之死这样关键性的情节。

② [印度]S. R. 戈耶尔著,黄宝生译《印度佛教史》,1987 年英文初版,此据北京:中国社会科学出版社,2020 年,442—447 页。

③ (隋)那连提耶舍译《莲华面经》卷下,《大正藏》,T. 12,No. 0386,1075c 页。

王,而自尊立。乘其战胜之威,西讨健驮罗国,潜兵伏甲,遂杀其王。国族大臣,诛锄殄灭。毁窣堵波,废僧伽蓝,凡一千六百所。兵杀之外,余有九亿人,皆欲诛戮……于是以三亿上族,临信度河流杀之,三亿中族,下沈信度河流杀之,三亿下族,分赐兵士。于是持其亡国之货,振旅而归。未曾改岁,寻即殂落。于时云雾冥晦,大地震动,暴风奋发。时证果人愍而叹曰:"枉杀无辜,毁灭佛法,堕无间狱,流转未已!"①

玄奘在此的记述掺杂了很大的故事性和夸张成分,因而很难完全信从。他说"摩醯逻矩罗"(大族王),是早于他几百年前的人物。玄奘是 7 世纪初到天竺,若将此王比定为嚈哒王,就应只比玄奘早一百年左右。玄奘为何会把只比他早了一百多年的人物说成是"数百年前"?他真的是在暗示这位大族王就是嚈哒王吗?此王都城在"奢羯罗(Sagala)",位于今巴基斯坦锡亚尔科特(Sialkot)附近,是一座佛教历史名城。按照玄奘的记述,大族王在奢羯罗时就已开始破灭佛法;随后在其南侵印度时,被笈多王朝的幼日王击败,大族王逃亡至迦湿弥罗,还能篡位称王,继续破坏佛法。一般认为,"摩醯逻矩罗"王被笈多王朝"婆罗阿迭多王"打败,从此嚈哒势力收缩到印度河以西,这还是有史实依据的。至于玄奘的其他记述,都太过离奇,难以取信②。

以上佛教方面的三条资料,都并未指明这位"灭佛"的国王,就是嚈哒王。但根据其他史料,可知 6 世纪初嚈哒王权更替的情况:510 年左右,嚈哒国王 Toramana 在占领华氏城后因病去世,传位给其子 Mihirakula,即佛教文献中的"摩醯逻矩罗"。而"寐吱曷罗俱逻"则是与之非常接近的另一音译,二名所指应是同一人。520 年,北魏使者宋云西行至犍陀罗时,曾与当时的这位嚈哒王见过面,并且提及嚈哒与罽宾的战争。

《洛阳伽蓝记》卷五云:

至正光元年(520)四月中旬,入乾陀罗国。土地亦与乌场国相似,本名业波罗国,为嚈哒所灭,遂立敕勤为王。治国以来,已经二世。立性凶暴,多行杀戮,不信佛法,好祀鬼神。国中人民,悉是婆罗门种,崇奉佛教,好读经典。忽得此王,深非情愿。自恃勇力,与罽宾争境。连兵战斗,已历三年。……王常停境上,终日不归。师老民怨,百姓嗟怨。宋云诣军,通诏书。王凶慢无礼,坐受诏书。宋云见其远夷不可制,任其倨傲,莫能责之③。

---

① (唐)玄奘、辩机原著,季羡林等校注《大唐西域记校注》卷四,北京:中华书局,1985 年,354、355—356、361—362 页。

② 关于玄奘此处的记述与印度历史的对照,参见《大唐西域记校注》,359—361、363 页。《中亚文明史》的作者提醒,玄奘在此记述的细节可能不是历史事实,但大的轮廓仍然值得注意。

③ (魏)杨衒之撰,周祖谟校释《洛阳伽蓝记校释》,上海书店出版社,2000 年,209—210 页。

这位"凶暴""凶慢""倨傲"的嚈哒王,就是 Mihirakula①。从宋云的记载可知:嚈哒南下攻灭乾陀罗国,在此地立国"已经二世"。此王"不信佛法,好祀鬼神",且向罽宾用兵,"已历三年"。宋云也是赶到此王在边境线上的军营中,才得见此嚈哒王。与宋云时代相去不远的埃及基督教徒科斯马斯(Cosmas),6世纪初曾远航到过印度。550年左右,他写成了《基督教世界地理志》,书中第十一章,记述了"白匈奴"一位名叫 Gollas 的国王,正虎视眈眈要入侵笈多王朝的印度②。学界都认可这位"Gollas"就是"Mihirakula"的另一种译音。摩醯逻矩罗率领的嚈哒,先是与罽宾作战,然后大约在公元533年,又与笈多王朝开战失败,遂以印度河为界与笈多对峙。最终在542年左右,摩醯逻矩罗王去世。

"摩醯逻矩罗"之名,还见于12世纪的克什米尔《王统记》(Rājataraṇgiṇī)。书中他被描述为是相当于公元前8—7世纪时,一位 Mlecchas("蔑立车",野蛮人)的国王,从克什米尔远征斯里兰卡,残暴嗜杀③。斯坦因认同此前西方学者们的判断,即书中这位 Mihirakula 国王的原型,就是6世纪初的那位嚈哒王。《王统记》的成书时代较晚,所记克什米尔早期诸王的年代,也有很多不可靠之处。很难想象12世纪时《大唐西域记》会传至克什米尔地区,并被《王统记》所因袭。所以《王统记》与《大唐西域记》应该分别受到印度西北地区某种传说的影响,即曾经有一位来自外族的罽宾国王,在此地进行过残暴的统治。宋云见过的那位6世纪初的嚈哒王摩醯逻矩罗,可靠的历史记录说他应该是先东征罽宾,然后南侵笈多。当其被笈多王朝击败后,既不可能越过笈多王朝去征伐斯里兰卡,也不可能再转去曾经的敌国罽宾(迦湿弥罗)作国王,掀起二度"灭法"。所以《王统记》所记的远征斯里兰卡的 Mihirakula,既有可能是另外一位印度历史上的王者,也有可能是把其他印度王者的功业混入了这位 Mihirakula 的事迹。严格说来,《王统记》的记述只能证明克什米尔地区曾出现过一位名叫 Mihirakula 的外族暴君,却不一定能和《大唐西域记》构成"双重证据",说明此王确曾在罽宾发起"灭佛"运动。

余太山认为,所谓的"嚈哒灭佛",主要就是依据玄奘的记载而得出的印象。6世纪初的嚈哒王不信佛教是事实,却不可能像玄奘所言,先在奢羯罗、再到迦湿弥罗,两度掀起灭佛运动④。余太山还注意到,宋云一路西行,经过嚈哒治下的于阗、朱俱波、汉盘陀、乌苌(场)等国,所见所闻,仍是佛事兴盛之象,完全看不到毁佛、灭佛的景象。由此证明"嚈哒

---

① 也有学者否认宋云所见即嚈哒王 Mihirakula,参见山田明爾《ミヒラクラの破佛とその周辺(上)》,《佛教史学》第11卷第1号,1963年,44—58页;(下)《佛教史学》第11卷第2号,1963年,40—56页。

② *The Christian Topography of Cosmas*, *an Egyption Monk*, *Translated from the Greek*, *and edited with notes and introduction by J. W. Mc Crindel*, London: Printed for the Hakluyt Society, 1897, pp. 370 - 371.

③ *Kalhaṇa's Rājataṇgiṇī*, *A Chronicle of the Kings of Kaśmīr*, *Translated*, *with an Introduction*, *Commentary and Appendices by M. A. Stein*, Vol. Ⅰ, Westminster: Archibald Constable and Company Ltd., 1900, Introduction, pp. 78 - 79; First Book, pp. 43 - 49.

④ 余太山《嚈哒史研究》,110—120页。

灭佛说"是完全站不住脚的[1]。

无独有偶,桑山正进根据耶舍游履印度各地佛教圣迹的经历,认为至少在耶舍离开北印度之前,中亚和犍陀罗之地的佛教圣迹,依然保存完好,信佛的国王仍然可以殷懃供养三宝。耶舍所到之处,根本看不出当时已属嚈哒管辖的犍陀罗地区佛教,有任何遭逢"灭佛"破坏的迹象[2]。但不可否认的是,晚于宋云百年的玄奘,经历犍陀罗地区之时,确实所见已尽是佛教衰败之象。若犍陀罗的佛教衰亡并非由于"嚈哒灭佛"所致,又是基于何种原因? 桑山氏通过考察犍陀罗与中国之间的交通路线提出:在公元 3—6 世纪,犍陀罗与中国主要通过"罽宾道"往来,可以直接从塔里木盆地西缘出发,历经"悬度",越喀喇昆仑山直达印度河上游的犍陀罗。但 6 世纪中期以后,"罽宾道"由盛转衰,在兴都库什山西麓(或北侧)兴起了新的商路,也带动了巴米扬、迦毕试等地取代犍陀罗而成为新的佛教中心[3]。桑山氏这项研究,可说是对消解"嚈哒灭佛说"提供了重要的依据。假如亲历其境的宋云和耶舍都未曾感受到"嚈哒灭佛",中亚和犍陀罗佛教的衰亡又不一定非要归结于"嚈哒灭佛",则所谓"嚈哒灭佛"无疑将会面临彻底的质疑甚至是否定。

我认同这样的看法:支持"嚈哒灭佛"的证据,主要来自玄奘的记载,《王统记》实际上并未强调 Mihirakula 有"灭佛"之举。也有学者认为印度历史上曾有过两个名称相近的"摩醯逻矩罗",玄奘所记的传说就混淆了这两位历史人物[4]。这恐怕也并非产生"嚈哒灭佛说"的主要原因。在印度佛教历史上,有一种刻意树立佛教对立面"恶王"的传统。如在公元前 4 世纪至公元 1 世纪,希腊人(Yavanas)、塞种人(Sakas)、帕提亚人(Pahlavas),都曾入侵并占领过印度的西北地区。尽管他们都没有做过明显破坏佛教的事情,却都

① 余太山《嚈哒史研究》,179—184 页。

② 桑山正进《カービシー=ガンダーラ史研究》,京都:京都大學人文科學研究所,1990 年,132—133、150—154 页。并参《ナーレンドラヤシャスと破佛》,载《オリエント學論集:日本オリエント學會創立三十五周年記念》,东京:刀水書房,1990 年,133—177 页。"The Hephthalites in Tokharistan and Gandhara", firstly published in 1991, in S. Kuwayama, *Across Hindukush of the First Millenium: A Collection of the Papers*, Institute for Research in Humanities, Kyoto University, 2002, pp. 107 - 139. Shoshin Kuwayama, "The *Mofa* 末法 or the End-period of the Dharma: An Echo of the Hephthalite Destruction of Gandhara Buddhism?",古正美主编《唐代佛教与佛教艺术》,新竹:觉风佛教艺术文化基金会,2006 年,275—289 页。

③ 桑山正进《バーミヤーン大仏成立にかかおるふたつの道》,《東方學報》第 57 册,1985 年,109—209 页。(此文有王钺编译《巴米扬大佛与中印交通路线的变迁》,《敦煌学辑刊》1991 年第 1 期,83—94 页。)后收入氏著《カーピシー=ガンダーラ史研究》,33—162 页。Shoshin Kuwayama, "Pilgrimage Route Changes and the Decline of Gandhāra", in Pia Brancaccio and Kurt Behrendt eds., *Gandhāran Buddhism: Archaeology, Art, Texts*, Vancouver: UBC press, 2006, pp. 107 - 134. 随着喀喇昆仑公路两侧岩刻资料的发现和研究,桑山氏这一观点似乎也面临挑战,见 Jason Neelis, *Early Buddhist Transmission and Trade Networks: Mobility and Exchange within and beyond the Northwestern Borderlands of South Asia*, Leiden, Boston: Brill, 2011, pp. 257 - 287.

④ 余太山《嚈哒史研究》,115—120 页。

被印度佛教视为对佛教不利的"恶王"①。嚈哒的"摩醯逻矩罗"是入侵的外族之王,再加上他本人不信佛教,因而印度的佛教信徒很容易将其刻画成一位废佛、灭佛的外族"恶王"。玄奘听到并记录下类似的传说故事,远非历史真实,无法作为"嚈哒灭佛说"的坚实证据。

三、耶舍的生年和行历问题

如前所述,宋云出访见到嚈哒王的时间,可以确定在 520 年。那时还不见有"嚈哒灭佛"之象。桑山氏认为从耶舍的行历,也可看出直到耶舍离开故乡乌场国之时,犍陀罗之地的佛教都没有遭受过嚈哒的破坏。不过,桑山氏认为耶舍生于 490 年,他周游印度各地,礼拜佛迹的时间大概是在 520 年。若按桑山氏的看法,耶舍的游历也只能进一步印证宋云的同时或宋云离开后不久,嚈哒王并未在犍陀罗地区展开"灭佛"。若进一步追问:520 年以后的嚈哒会不会有"灭佛"行为?恐怕桑山氏也不能拿出足以证明 520—542 年间嚈哒未曾"灭佛"的直接证据。其实桑山氏对耶舍行年推算略显保守,我认为通过梳理耶舍的行历,完全可以印证嚈哒直到 6 世纪中期,都没有在犍陀罗等地发动"灭佛"运动。但首先要对耶舍生年记载的矛盾给予合理的解决。

道宣《续高僧传·那连提黎耶舍传》云:

> 那连提黎耶舍,隋言尊称,北天竺乌场国人。……舍年十七,发意出家。寻值名师,备闻正教。二十有一,得受具篇。闻诸宿老,叹佛景迹,或言某国有钵,某国有衣,顶骨、牙齿,神变非一。遂即起心,愿得瞻奉。以戒初受,须知律相。既满五夏,发足游方。所以天梯、石台之迹,龙庙、宝塔之方,广周诸国,并亲顶礼,仅无遗逸。曾竹园寺一住十年。通履僧坊,多值明德。……耶舍北背雪山,南穷师子,历览圣迹,仍旋旧壤。乃觌乌场国主,真大士焉。……三十余年,斯功不替。……释种余风,胤流此国。但以寺接山阜,野火所焚。各相差遣,四远投告。六人为伴,行化雪山之北。……到芮芮国。值突厥乱,西路不通。返乡意绝,乃随流转。北至泥海之旁,南岠突厥七千余里。彼既不安,远投齐境。
>
> 天保七年(556),届于京邺。文宣皇帝极见殊礼,偏异恒伦。耶舍时年四十,骨梗雄雅,物议惮之。缘是,文宣礼遇隆重,安置天平寺中,请为翻经三藏。殿内梵本,千有余夹,委舍翻之,勑送于寺,处以上房。为建道场,供穷珍妙。别立厨库,以表尊崇。……耶舍每于宣译之暇,时陈神咒,冥救显助,立功多矣。未几,授昭玄都,俄转为统。……
>
> 建德之季,周武克齐。佛教与国,一时平殄。耶舍外假俗服,内袭三衣,避地东

---

① 刘屹《恶王传说——"法灭故事"诸版本的时代线索》,2019 年 6 月复旦大学"丝绸之路写本文化与多元文明"国际会议论文,待刊。

西，不遑宁息。五众凋窘，投厝无所。……

有隋御寓，重隆三宝。开皇之始，梵经遥应。爰降玺书，请来弘译。二年(582)七月，弟子道密等，侍送入京，住大兴善寺。其年季冬，草创翻业。……后移住广济寺，为外国僧主。存抚羁客，妙得物心。忽一旦告弟子曰："吾年老力微，不久去世。及今明了，诫尔门徒。佛法难逢，宜勤修学。人身难获，慎勿空过。"言讫就枕，奄尔而化，时满百岁。即开皇九年(589)八月二十九日也。……

凡前后所译经论，一十五部，八十余卷。即《菩萨见实》《月藏》《日藏》《法胜毗昙》等是也。……寻耶舍游涉四十余年，国五十余，里十五万。瑞影灵迹，胜寺高僧，驭水深林，山神海狩，无非奉敬，并预征降。事既广周，未遑陈叙。沙门彦琮为之本传，具流于世①。

细读之下，在这篇耶舍的传记中，包含了其生年的两种矛盾信息。若按耶舍在 556 年到达邺城时年 40 岁计算，则其生年应在 517 年。但若按他开皇九年去世时"时满百岁"计算，则其生年应在 490 年。经过比较，桑山氏取信了 490 年说。他认为"天保七年，届于京邺""耶舍时年四十"，指的是他在到达邺城之前，四方游历了 40 年，正与传尾所言"耶舍游涉四十余年"相对应。我认为这个理解是有问题的。如果相信耶舍生于 490 年，当他到邺城时，已是 67 岁。不仅无法与其"时年四十"相对应，而且从其母国乌场出发后，一路颠沛流离，纵横万里之遥，恐非一位高龄老僧所能承受。再加上一位年近七旬的老人，到北齐后才学习汉语，勤于译经，直至百岁奄化，这多少令人感觉不可思议。

若从比较可靠的耶舍抵达邺城时间，反推其离开乌场的时间，则耶舍在 556 年到邺城，是因为他和同伴在离开乌场国到达柔然时，"值突厥乱"。这是指 552—555 年突厥攻击柔然的事件。战乱使他无法归乡。"乃随流转"，北到泥海(所指不明，余太山推测是贝加尔湖)，然后才往北齐境内而来。从乌场(斯瓦特地区)出发到柔然辖地，所用时间显然无需以年计数。从乌场出发后，虽然目的地不是直接到邺城，但总计也就在雪山北的草原地带"流转"三四年的时间，然后于 556 年到达邺城。这样算来，耶舍离开乌场的时间，应该在 552 年左右②。

再比较两种生年所对应的耶舍行历，21 岁(510 或 537 年)受具足戒；又过 5 年，耶舍大约从 25 岁(514 或 541 年)开始，巡礼印度各地佛迹。在位于摩揭陀的竹园寺停留 10 年之后，他回到家乡乌场国，其时应在 524 或 551 年左右。551 年这个时间，正与前述从其到邺城的时间反推离开乌场的时间可以衔接。假若他 524 年左右就回到乌场，还要等二十多年才从乌场出发去柔然。但这段时间在其传记中根本没有体现出来。因此，两相比较，我

① 此据郭绍林点校本《续高僧传》卷二《译经篇》二《那连提黎耶舍传》，北京：中华书局，2014 年，33—36 页。

② 桑山氏推测耶舍离开乌场国的时间，是在 540 年代在最后几年，而他认为耶舍到达柔然王庭的时间是 552 年以后。见前揭《唐代佛教与佛教艺术》，285、283 页。这就意味着年逾五旬的耶舍，要用几年的时间，才翻越葱岭、抵达柔然，遭逢突厥战事。这是不合情理的。

认为还是应以 517 年为耶舍的生年。这样,552 年左右,时年 36 岁(而非 63 岁)的耶舍返回乌场不久,就因野火焚寺,而非"嚈哒灭佛",被迫离开乌场,"行化雪山之北"。"雪山"即葱岭,耶舍等人离开乌场国,原本打算北上去草原地带的柔然传教。"值突厥乱"后,就在 556 年到达邺城,时年 40 岁。这样按时间线顺行梳理下来,基本上可以与前面按时间线逆推时间节点应合上。至于传末所言的"游涉四十余年",应该是从其"既满五夏,发足游方",即 541 年左右开始算起,直至其去世的 589 年,大约 48 年。

但为何道宣会在耶舍传记中,记其奄化"时满百岁"?这大概是因为道宣参考了费长房最早留下的一篇耶舍的传记。费长房说:

> 北天竺乌场国三藏法师、高齐昭玄统那连提耶舍,隋言尊称译。舍少出家,五天游四。大小诸国,经六十余。但是释迦胜迹处所,无不必践。既穷南海,还反北天。复之茹茹,逢彼国破。因入邺都,正值文宣,时始四十。……时亦出经,备《齐世录》。齐被周灭,仍憩漳滨。开皇元年,新经至止,勅便追召。……至五年十月,勘校讫了,舍九十余矣。至九年而卒[1]。

可见,费长房这里记述的耶舍生卒年,就已经自相矛盾了:耶舍 556 年到邺城时 40 岁(517 年生),与开皇五年(585)超过 90 岁(为达到开皇九年满百岁,开皇五年耶舍要有 96 岁,才能符合 490 年出生的条件),实际上是无法吻合的。道宣正是按照费长房的说法,既然开皇五年耶舍已经 90 多岁(96?),到开皇九年奄化时满百岁,就是合理的。但费长房和道宣都承认耶舍到邺城时是 40 岁,说明这个时间点并非孤证,应该得到确信。以此为前提,到 589 年耶舍去世时,无论如何也不可能到百岁。这样看来,只可能是费长房留下的"九十余矣"是有问题的。费长房这里的"九十余矣",本应作"七十余矣"才符合前面他自己说的"因入邺都,时始四十"。道宣在引用费长房的记述时,没有注意到这段记述中隐含的时间差,以至于道宣笔下的耶舍,比其实际年岁多活了 20 多年[2]。

如果确认耶舍的生年是 517 年而非 490 年,则他在 21 岁开始遍历印度各地佛教圣迹,对应的时间就是 537 年开始计数。到 552 年,他 36 岁左右,离开乌场。从宋云到访的 520 年至耶舍离开的 552 年之间,大约 30 多年。《续高僧传》说乌场国王虔诚奉佛三十余年,《洛阳伽蓝记》也有对此王信佛的记述[3]。证明受嚈哒控制的乌场国,未曾发生过"灭佛"运动。前述耶舍的传记中说他 17 岁就想出家,说明 533 年前后,身在乌场国的耶舍,还有出家为僧的自由。21 岁受具足戒后,耶舍"闻诸宿老,叹佛景迹,或言某国有钵,某国有衣,顶骨、牙齿,神变非一"。这是说耶舍在乌场国时,听到佛门耆宿讲到很多佛陀生前留下的圣

---

① 费长房《历代三宝纪》卷一二《译经·大隋》,《大正藏》T. 49,No. 2034,102c—103a 页。

② 彦琮(557—610)为耶舍作传应在 602 年,费长房为耶舍所作的小传应早于彦琮。道宣关于耶舍的传记也不是完全引用费长房的文字。道宣在唐初还说彦琮留下的传记"具流于世"。故道宣更有可能较多依据的是彦琮的传记。彦琮所作的耶舍传记中是如何记载其行历、年纪的,因材料阙如,无法确认。

③ 《洛阳伽蓝记校释》,199 页。

迹传说,颇为神往。这些佛陀圣迹基本上可分两大类。一类是在恒河流域、中印度地区佛陀生前真正足履经历过各地留下的"圣地",如佛诞、成道、初转法轮、涅槃等地。另一类是佛陀生前未曾亲履其地,但犍陀罗佛教兴起后自己宣扬如来在印度西北地区展示各种神变之地。耶舍最先听闻的,应该是那些离自己家乡不远的印度西北地区圣迹。如"叹佛景迹",既可以认为是笼统地对佛陀圣迹的一种概称,也可以认为是指在那竭国,今贾拉拉巴德一带"佛影窟"。"佛钵"所在地,当时是在弗楼沙国,今白沙瓦。"佛衣",应指乌场国的如来晒衣,在石上留下衣纹之处。佛"顶骨",也在那竭国。佛"牙齿"舍利,则在多处都有,但此处也应是指在乌场、那竭等地的佛牙舍利遗迹。这些耶舍最初听闻到的佛陀圣迹,主要分布在其家乡乌场和临近的那竭等地,都是属于佛教传到印度西北地区后才新产生出来的圣地崇拜。

在他"既满五夏"后,即 26 岁(542 年)以后,"发足游方",所到之处,就是往恒河流域、中印度地区传统的佛教圣地去了。所谓"天梯",指的是佛上忉利天为母说法后下降人间,沿"三道宝阶"而下。此遗迹在恒河流经的僧伽施国(玄奘译"劫比他国",今印度北方邦法鲁迦巴德)。所谓"龙庙",有可能是指在摩揭陀国前正觉山的龙窟影像,也可能是为纪念佛陀在憍赏弥国(今印度北方邦阿拉哈巴德的科桑村)教化毒龙而建造的石窟。印度佛教圣地,通常都修建佛塔(窣堵波)或石柱作为纪念,所以塔柱可说遍布各地。不过这里所谓"宝塔",有可能是指菩提伽耶那座与众不同的大塔。"石台"之称,则暂未详所指。或许是佛陀生前某个降魔、神变所坐的石台。正因耶舍一路向印度的"中国"之地而去,所以才能在摩揭陀国王舍城的迦兰陀"竹园寺"一住 10 年之久。

总之,生长、游历在西北印度和印度"中国"的耶舍,比宋云短暂出使所见,更能说明问题:从 533—552 年,耶舍可以根据自己的意愿,自由出家,寻访名师;自由巡礼印度西北和中印度地区几乎所有的佛教圣地;回到乌场国后,还能得到奉佛国王的礼遇。这都说明即便是在嚈哒控制的犍陀罗地区,耶舍在离开乌场之前的行历中,从未受到过所谓"嚈哒灭佛"的影响。耶舍的例子,可以说是对"嚈哒灭佛说"最好的反证。

耶舍生平事迹	耶舍年岁	桑山正进说	刘屹说	备注
出生		490	517	
发意出家	年十七	506	533	
得受具篇	二十有一	510	537	
既满五夏 发足游方	二十六	514	542	
竹园寺一住十年	三十五	524	551	
仍旋旧壤(乌场)	三十六		552	
行化雪山之北	三十六	540 年代末	552	

耶舍生平事迹	耶舍年岁	桑山正进说	刘屹说	备注
到芮芮国 值突厥乱	三十六		552	
天保七年 届于京邺	时年四十	66岁?	556	
开皇五年	九十余矣		585	"九十余""七十余"
开皇九年奄化	时满百岁	589	589	
游涉四十余年		516—556	542—589	

四、耶舍译经与"末法思想"

耶舍在北齐文宣帝时进入中国,历经齐、周、隋三朝,先后译经15部,80余卷。其中比较重要的经典有《大方等大集经》中的《月藏分》《日藏分》以及《莲华面经》《德护长者经》《月灯三昧经》等。根据上文的介绍,可知耶舍并非从乌场出发,就随身带着犍陀罗地区的佛经,一路颠沛流离,直到邺城,再将其逐一译出。相反地,他到邺城后受命翻译的,是北齐从于阗等西域之地请来的佛经,如《月藏经》,里面有明显的于阗当地佛教特色。但耶舍来华的路线,恰恰是没有经过于阗的。所以,耶舍翻译的经典,如《月藏经》,与其说反映的是西北印度的佛教,不如说是于阗佛教的思想和观念[1]。而且耶舍的译经中也从未出现过"正像末三时"俱全的"末法思想"[2],但他却长期被认为是将"末法思想"从印度西北带入中国的关键性人物[3]。这种误解究竟是如何形成并固定化的?

早在1927年,矢吹庆辉研究三阶教时,就认定耶舍译《大集经·月藏分》是反映"末法思想"最重要和最典型的经典[4]。他列举诸种"末法说"的不同表述,认为隋唐时期多种佛教义疏都引用或阐发《月藏经》中的"末法"观念。他没有注意到的是:诸家义疏作者,的确频繁引用《大集经·月藏分》来解说"正像末三时说",但《月藏分》本身却恰恰是没有出现

---

① 参见刘屹《〈赞巴斯塔〉书第24章的"法灭"故事》,朱玉麒主编《西域文史》第13辑,北京:科学出版社,2019年,65—82页。

② 那连提黎耶舍在天保八年(557)译出的《月灯三昧经》中,确实使用过"末法"一词。如卷七出现了"末法恶世中""菩萨末法中";卷八出现"正法灭后,末法之中"。他在开皇五年(585)译出的《日藏经》中,也出现"末法世时"的用例。但从这两部译经使用"末法"一词的上下文中,都没有"正像末"三时相续的观念。因而并非"正像末三时"俱全的"末法思想"。

③ 较近的论述,如船山彻《佛典汉译史要略》中,还认为那连提黎耶舍翻译了宣说末法思想的《大集经·月藏分》。参见冲本克己编《新亚洲佛教史》第6卷《中国Ⅰ·南北朝:佛教的东传与中国化》,日文初版2010年,此据辛如意汉译本,台北:法鼓文化,2016年,245页。

④ 矢吹庆辉《三阶教之研究》,东京:岩波书店,1927年,213—217页。

"正像末三时说"的。

1935 年,塚本善隆研究房山石经时,把对于"末法"的忧虑和危机感,作为静琬刻经的重要思想背景①。在追寻静琬"末法佛教"来源时,塚本氏也十分强调耶舍译《月藏经》对于北方佛教接受"末法思想"所带来的巨大影响②。他首先引用了两段《大集经·月藏分》中关于"法灭"的文字:

> 于我灭后,五百年中,诸比丘等,犹于我法,解脱坚固;次五百年,我之正法,禅定三昧,得住坚固;次五百年,读诵多闻,得住坚固;次五百年,于我法中,多造塔寺,得住坚固;次五百年,于我法中,斗诤言颂,白法隐没,损减坚固③。

> 今我涅槃后,正法五百年,住在于世间。众生烦恼尽,精进诸菩萨,得满于六度,行者速能入,无漏安隐城。像法住于世,限满一千年。剃头着袈裟,持戒及毁禁,天人所供养,常令无所乏④。

这两段文字也经常被学者们引用来说明"末法"的问题。但显然以上两段文字中,只有"正法"和"像法",却未提及"末法"。《月藏经》在《分布阎浮提品》和《法灭尽品》中,分别提出了佛灭之后至"法灭"的两种不同纪年方式:《分布阎浮提品》说的是佛灭之后,每 500 年为一阶段,共经历五个 500 年后,总计 500×5＝2500 年,佛教的"白法"即清净之法隐没,而非佛法的消亡。《法灭尽品》只提及"正像二时",是 500＋1000＝1500 年。这两个品都认可佛法会逐渐走向衰落,但如何推算佛法消亡的时间,却是两种互不相通的计算方法。说明《月藏经》的文本应该是由不同人写出,在某一时刻汇集成经。而这两种说法,都与"正像末三时说"从佛灭之年算起的 11500 年或 12000 年后佛法消亡之说不符。《月藏经》实际上只有"五坚固"2500 年说和"正像二时"1500 年说,既没有"正像末三时说",也没有"末法"字眼的出现。

促成塚本氏得出耶舍译经带来"末法思想"结论的证据,主要是他引用道绰(562—645)《安乐集》的两段文字。道绰云:

> 计今时众生,即当佛去世后,第四五百年。正是忏悔、修福,应称佛名号时者。若一念称阿弥陀佛,即能除却八十亿劫生死之罪。一念既尔,况修常念?即是恒忏悔人也⑤。

> 是故《大集月藏经》云:"我末法时中,亿亿众生,起行修道,未有一人得者。"当今

---

① 塚本善隆《石経山雲居寺と石刻大蔵経》,1935 年初刊于《東方學報》京都第五册副刊,后收入《塚本善隆著作集》第 5 卷《中国近世佛教史の諸問題》,东京:大东出版社,1975 年,291—610 页。

② 同上,343—359 页。

③ 《大集经·月藏分·分布阎浮提品》,《大正藏》,T.13,No.0397,363a—b 页。

④ 《大集经·月藏分·法灭尽品》,《大正藏》,T.13,No.0397,379c 页。

⑤ 《安乐集》卷上,《大正藏》,T.47,No.1958,4b 页。

末法,现是五浊恶世,唯有净土一门,可通入路①。

道绰承认在其当世,已进入"正像末三时"中的"末法"时期,是故提倡适应"末法"时代信佛之人根机的修行方法,即"称佛名号",口念阿弥陀佛号。道绰依据什么来断定当时已处"末法"? 道绰本人是认可"正像末三时说"的,他同时也认可《月藏经·分布阎浮提品》中的"五坚固"说。他认为自己所处的时代是佛灭之后的第四个五百年,即佛灭之后的1500—2000年间。这里不仅隐含了道绰对《月藏经》中两种不同的"法灭"时间推算方式的融通之举,而且也暗示了他对于唐初佛灭年代的认可。只有接受佛灭年代在西周穆王五十二年壬申岁,才会推算出唐初已经离佛灭之年有1500多年。这个时间段,既是第四个五百年之期,也是经历"像法"结束后,开始进入"末法"的阶段。

但是,道绰的"正像末三时说",并不是来自他所征引到的《月藏经》。遍检《大集经》的文字,只在耶舍入隋后才译出的《日藏经》中出现过"末法世时"的用法②,还不是在与"正像二时"连用的语境之下。因此,道绰的引文是有问题的,《月藏经》不仅没有"我末法时中,亿亿众生,起行修道,未有一人得者"这句话,而且也并未出现过"末法"一词③。现在所有征引到这句话的佛教著作,都是根据道绰的著作,而非根据《月藏经》而来的。不排除道绰是为了强调净土宗念佛修行的唯一正确性,才杜撰了《月藏经》的经文。也不排除他写作时并未经过仔细的引文核验,只是凭着自己的印象落笔。当然,如果将来有《月藏经》的佚文发现,证明确是因版本的问题,导致现存的《月藏经》都丢失了这句话,则又另当别论。以现有的条件看,应该是塚本氏误信了道绰的引文,认为既然《月藏经》明确有"正像二时"1500年说,又有"末法"一词出现,则《月藏经》无疑具备了"正像末三时"观念下的"末法"。这其实是被道绰不严谨的引文所误导出的一个错误结论。

然而塚本氏的这一看法,对后来学者影响很大。其后有山田龙城氏,更进一步论证耶舍译经对于"末法思想"从西北印度传入中国的重要意义。也正是山田氏,不仅提出《付法藏因缘传》《莲华面经》和《大唐西域记》中的罽宾灭佛的国王,很可能都是那位"摩醯逻矩罗";而且还认为耶舍之所以会翻译这些反映"末法"的经典,正是因为他经历了在西北印度发生的"嚈哒灭佛"运动④。当然,山田氏的这些理解其实也是那时学界的普遍认知。此

---

① 《安乐集》卷上,《大正藏》,T. 47,No. 1958,13c 页。

② 《大集经·月藏分·护持品》,《大正藏》,T. 13,No. 0397,267a 页。

③ 那体慧(Jan Nattier)、桑山正进等学者都确认了《大集经·月藏分》中并无"末法"一词出现这一事实。

④ 山田龍城《蓮華面経について》,《印度学仏教学論叢》第 5 號,1955 年初刊;收入氏著《大乘佛教成立論序説》,京都:平乐寺书店,1959 年。《末法思想について—大集経の成立問題—》,《印度學佛教學研究》第 8 號,1956 年初刊,收入氏著《大乘佛教成立論序説》,580—592 页。川勝義雄对山田氏的论说有过驳论,见《中國的新仏教形成へのエネルギー—南岳慧思の場合—》,福永光司主编《中國中世の宗教と文化》,京都大学人文科学研究所,1982 年,501—538 页。余太山对山田氏观点的批评,见《嚈哒史研究》124—125 页。

后,有多位日本学者都强调耶舍译经对"末法思想"传入中国的重要性①。"嚈哒灭佛—耶舍译经—末法思想传入"这一错误搭建起来的证据链,就这样成为一个固定无疑的结论,一直流传至今。

五、结　语

关于"嚈哒灭佛"与"末法兴起"的话题,本文的结论是:所谓"嚈哒灭佛"很可能只是现代学者们在过度解释有限史料时产生的一种误读,远非历史的真实情况。所谓耶舍译经为中国佛教带来"末法思想"的看法,也是缺乏经本依据的一种误读。不仅这两个命题各自难以成立,而且长期以来认定两者存在的前因后果的关联性,更是无从谈起。本文的目的并不在于尝试回答嚈哒史研究中一个悬而未决疑问,真正的用意在于:如果能破除"嚈哒灭佛"导致"末法兴起"这一长期固定化的认知模式,则我近年提出的"正像末三时"俱全的"末法思想"本是中国佛教在公元6世纪中叶才新创造而出的观点,就可以更加顺理成章。显然,本文以上的研讨,并未以我关于"末法思想"如何在中国佛教兴起的新观点作为全篇论证的出发点。只是不同的论题要旨、论证角度所得出的结论,刚好可以互相印证而已。

当然,本文所使用的材料,基本上不出当年前辈学者们所罗列和爬梳所得的范围。他们当年对此问题研究,无疑具有开创奠基之功。本文之所以使用与前辈学者大体相同的材料而得出不同的结论,至少有以下两方面的不同思考:

第一,重新确定概念边缘。塚本氏先入为主地认定:静琬一定是受北魏太武帝和北周武帝"灭佛"运动的冲击,所以才宣称"末法"来临,刻石存经。他是通过静琬之例,先把"末法"与"灭佛"牵连起来,此后的论证大都由此而发。而山田氏也是以因为有"灭佛"才会有"末法"这一逻辑为前提展开论证。实际上,所谓"灭佛"运动,只是人间帝王对佛教暂时性的破坏,与佛教自己承认的"末法"含义不同。"灭佛"导致"末法"只是当代学者的看法,而非佛教自身的看法。如前述公元前2世纪巽伽王朝的弗沙密多罗,发动迫害佛教的"灭佛"运动。但那时甚至还没到"正法"结束之时。足见人间帝王对佛教的态度,与佛灭之后佛教"正像二时"或"正像末三时"的历史阶段性划分,本就没有什么关联度。佛教历史上一次次真正的"灭佛""灭法"运动过后,佛教总能很快得到恢复。这也说明"灭佛"固然是佛教历史阶段性、短时间的厄运,但与整个佛教命运最终走向的"末法"之间,并无必然的因果关系。一旦撇清了"灭佛"与"末法"的关联性,则前辈学者大部分相关的论证思路就都要重新调整。

① 橋爪觀秀《末法思想に關する社會的由因—〈大集月藏經〉の譯出者を問題點として—》,《西山学報》第18號,1967年,51—78页。雲井昭善《法滅思想の源流》,横超慧日編《北魏佛教の研究》,京都:平乐寺书店,1970年,287—297页。佐藤心岳《那連提耶舍と末法思想》,《日本佛教學會年報》第49期,1983年,129—145页。藤善真澄《末法家としての那連提黎耶舍:周隋革命と德護長者經》,1987年初刊於《東洋史研究》,收入氏著《道宣伝の研究》,京都:京都大学出版会,2002年,487—521页。等等。

第二,更加注重史实细节。宋云说嚈哒王不信佛教,是否就意味着嚈哒王一定会"灭佛"? 是否只有"嚈哒灭佛"才会导致犍陀罗佛教衰亡? 的确,玄奘记录了一位名叫"摩醯逻矩罗"的"灭佛"国王,但玄奘并未指明这就是一百年前的嚈哒王。也是现代学者根据此王的名字而将其认定是早于玄奘百年的那位嚈哒王。耶舍究竟在何时? 因何理由离开乌场国向柔然而去? 耶舍译经中究竟有没有明确的"末法"意识? 很多学者对这些史实的理解,只停留在表层的关联性,满足于字面逻辑的自洽:嚈哒王不信佛,所以必然会"灭佛";当玄奘提到"摩醯逻矩罗"时,一定就是指百年前的那位嚈哒王;耶舍离开故地到北齐来,一定是因为"嚈哒灭佛"的缘故;耶舍译出的经典必然会反映这段佛教痛苦的经历,从而给中国佛教带来"末法思想";正因"嚈哒灭佛",所以犍陀罗佛教衰落;诸如此类。看似头头是道,环环相扣,但如果仔细琢磨,每个逻辑前提和推导出的结论,几乎都可以提出质疑,甚至加以推翻。

或许本文的论证和结论,也不一定能够为此问题的争议画上圆满的句号。不过在某些学术问题上,其实并不总是依靠新材料才能推进学术进步。有时,彻底而深刻地梳理和反思相关问题的学术史,同样也会带来某些新知见和新启发。

Hephthalitai Destruction of Gandhara Buddhism Resulting in the Rising of *Mofa* Theory?

Liu Yi

Since the early period of 20th century, many Japanese Buddhist scholars believed that Narendrayaśas(那连提黎耶舍) translated *Candragarbha-sūtra*(《月藏经》) which brought the *Mofa* theory into China firstly in AD. 566. In 1950s, YAMADA Ryūjō(山田龍城) tried to confirm that Hephthalitai(嚈哒) had destructed Buddhism in Gandhara areas where was the homeland of Narendrayaśas, so that Narendrayaśas had fled from Gandhara into China, and brought the theory of *Mofa* which means Buddhism would be persecuted by the secular powers. From then on till now, YAMADA's conclusion has been doubted by several scholars, but still been an important premise in *Mofa* theory studies. This paper will correct YAMADA's conclusion from two aspects: First, Did Hephthalitai really destruct Gandhara Buddhism in 520s to 540s? Just based on the traveling experience of Narendrayaśas, there was no any evidence to verify Hephthalitai had destructed Buddhism in Gandhara, and Narendrayaśas left his homeland not for the destruction of Buddhism. Second, there was no *Mofa* theory in *Candragarbha-sūtra* actually, so that Narendrayaśas was not the first monk who had introduced *Mofa* theory into China. Then, why so many scholars insisted such a misunderstanding on the rising of *Mofa* theory in China? This paper will try to analyse the reasons too.

吐鲁番出土《宝楼阁经》钞本残卷小考
——《袁复礼新疆出土文书未刊稿研究》书后

刘卫东、刘子凡发表《袁复礼新疆出土文书未刊稿研究》一文（下称"刘文"）[1]，整理刊布袁复礼关于新疆出土文书的两篇未刊稿，并附以文书解题，校录精审，引证详确，为治佛教史与文献学者保留了珍贵的资料。二稿题为《新疆出土之"唐"经（未完稿）》《"唐"人写经十五种志略》，分别论及四件与十五件文书。其中，除了黄文弼《吐鲁番考古记》中刊布的三件[2]，其余十六件文书此前皆未见著录。虽然目前不能排除原件或照片将来重见天日的可能性，但在此之前，袁氏二稿中的录文与描述仍是学界研究此十六件文书的唯一书证。

刘文解题部分考订袁氏二稿中所述及的文书，信而有征。凡内容可以勘同者，皆标示《大正藏》或敦煌文书中的平行文本。除《"唐"人写经十五种志略》中袁氏存而不论的第十五件文书之外，绝大多数文书皆得以定名及勘同。其中，《新疆出土之"唐"经（未完稿）》中所录第三件文书，题为《广博(←傳)严净陀罗尼神咒》（图 1），颇为罕见，其性质未易明也。今不揣谫陋，敢附刘卫东、刘子凡二先生之骥尾，略为疏证，以就正于方家。

关于此文书之性质，刘文考证如下：

> 1—3 号文书。此经似未入藏，亦不同于目前已知的各种疑伪经。苏颋《唐河南龙门天竺寺碑》中有："天竺寺者，天竺王子避位出家，三藏法师宝思惟之立也。……始憩西明寺，译《金光明楞伽文殊师利咒藏》《广博严净陀罗尼》《浴像功德》《大宝积》等经七部。"这里记载唐代天竺僧人宝思惟曾在长安西明寺翻译过《广博严净陀罗尼》，或许与 1—3 号文书……有所关联[3]。

---

[1] 刘卫东、刘子凡《袁复礼新疆出土文书未刊稿研究》，朱玉麒主编《西域文史》第十四辑，北京：科学出版社，2020 年，1—18 页。
[2] 黄文弼《吐鲁番考古记》，北京：中国科学院，1954 年，26—27 页，图 9；27—28 页，图 10；47—48 页，图 53；63 页，图 88。
[3] 《袁复礼新疆出土文书未刊稿研究》，15 页。

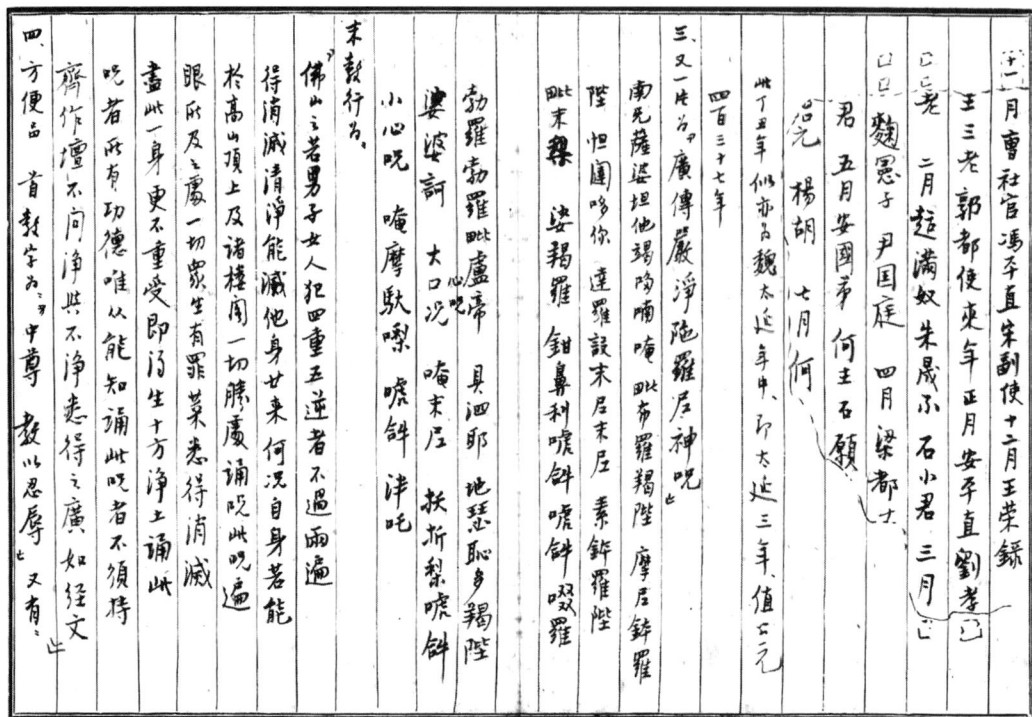

图1 《新疆出土之"唐经"（未完稿）》第二叶

要言之：一、此经文出处未明。二、宝思惟似曾译出同题佛经。该文书残存经文，据《新疆出土之"唐"经（未完稿）》移录如下①：

南无萨婆坦他竭哆②喃唵　毗布罗羯陛　摩尼钵罗

陛　怛闼哆你　达罗设末尼末尼　素钵罗陛

毗末梨　娑③羯罗　钳鼻利唬饼　唬饼　啜罗

勃④罗勃罗毗卢帝　具泗耶　地瑟耻多羯陛

娑⑤婆诃　大心咒⑥　唵末尼　抚折梨唬饼

小心咒　唵摩駃喫　唬饼　泮吒

末数行为：

---

① 此据《袁复礼新疆出土文书未刊稿研究》，4页。校之以原稿影印本件（2页，图1）。行款、标点一仍其旧。

② 刘文作"啗"，据图1改。

③⑤ 刘文作"婆"，据图1改。

④ 此处"勃"疑为"啜"字之误录。

⑥ 此二字录文初作"口况"，后行间小字订正为"心咒"。

"佛山之①若男子女人犯四重五逆者不过两遍

得消灭清净能灭他身廿来②何况自身若能

于高山顶上及诸楼阁一切胜处诵咒③此咒遍

眼所及之处一切众生④有罪业悉得消灭

尽此一身更不重受即得生十方净土诵此

咒者所有功德唯从能知诵此咒者不须持

齐(←斋)作坛不问净与不净悉得之广如经文"

由末四字可知,此文书乃一佛经之钞本,而非写本⑤。其所钞佛经,似属陀罗尼经类。钞取经文大体可分为四部分:一、根本咒;二、大心咒;三、小心咒;四、流通分。前三咒见于《大宝广博楼阁善住祕密最胜密仪轨王陀罗尼》(*Mahāmaṇivipulavimānasupratiṣṭhitaguhyaparamarahasyakalparāja-dhāraṇī*;下称《宝楼阁经》),现存汉译三种及藏译一种:

汉一:不空《大宝广博楼阁善住祕密陀罗尼》T. 1005A

汉二:菩提流志《广大宝楼阁善住祕密陀罗尼经》T. 1006

汉三:失译《牟梨曼陀罗咒经》T. 1007

藏译:'Phags pa nor bu chen po rgyas pa'i gzhal med khang shin tu rab tu gnas pa gsang ba dam pa'i gsang ba'i cho ga zhib mo'i rgyal po zhes bya ba'i gzungs⑥

此外,《大正藏》还收入一二种悉昙字梵本,可资参校⑦。现将此三咒诸本逐词细勘一过,以明其同源关系:

---

① "山之"疑即"言"字俗写之误。

② "廿来"疑即"业"字俗写之误。

③ 此处"咒"字疑衍。

④ 此处疑阙一"所"字。

⑤ "六朝隋唐学术界之汉籍纸卷文化中,照本不动而誊录者谓之'写';部分摘录且可作改动者谓之'钞'。"详参童岭《"钞"、"写"有别论——六朝隋唐书籍文化史"关键词"考辨》,作者著《六朝隋唐汉籍旧钞本研究》,北京:中华书局,2017年,56—78页。

⑥ [日]宇井伯寿等编《东北图书馆藏版(德格版)西藏大藏经总目录》,仙台:东北帝国大学法文学部、财团法人斋藤报恩会,1934年,90页,506号;148页,885号。樱部文镜等编《大谷大学图书馆藏(北京版)西藏大藏经甘殊尔勘同目录》,京都:大谷大学图书馆,1930—1931年,52—53页,138号;163页,510号。

⑦ 此经梵本残片亦出土于吉尔吉特(Gilgit),但可惜不包括本文论及部分。参见松村恒《ギルギット写本备忘録》,《印度学佛教学研究》第31卷第2号,1983年,852页;同氏《ギルギット所传の密教图像文献》,《密教图像》第2号,1983年,71—79页。

一、根本咒（或云"根本陀罗尼"）

袁录①	南无	萨婆坦他竭哆喃	唵	毗布罗羯陛	摩尼钵罗陛
汉一②	曩莫	萨嚩怛他引蘖多去南引一	唵二	尾捕攞蘖陛	麼抳钵啰二合陛四
汉二③	那慕	萨婆怛他揭多去南去一	唵二	肥布罗孽鞞三	摩尼去钵腊二合鞞四
汉三④	那麼	萨啰婆二合怛他竭多去喃	乌唵二合	毗布罗揭陛	摩尼波嚛陛
藏译⑤	⑥		oṃ	bipu la gar bhe	maṇiprabhe
梵一⑦	namaḥ	sarvatathāgatanāṃ	oṃ	vipulagarbhe	maṇiprabhe
梵二⑧	namaḥ	sarvatathāgatanāṃ	oṃ	vipulagarbhe	maṇiprabhe

袁录	怛闼哆	你达罗设	末尼末尼	素钵罗陛	毗末梨
汉一	怛他多五	你捈舍宁六	麼抳麼抳七	苏上钵啰二合陛八	尾麼黎九
汉二	怛他上多去	那捈你舍泥五	摩尼摩尼六	苏钵腊鞞七	肥摩丽八
汉三	怛他多去	达啰二合设你平	摩尼平摩尼平	素钵啰陛	毗末梨
藏译	tathā ga ta	ni rde sha ne	maṇi ma ṇi	suprabhe	bi ma le
梵一	tathāgata	nidarśane	maṇi maṇi	suprabhe	vimale
梵二	tathātā	nidarśane	maṇi maṇi	suprabhe	vimale

袁录	娑羯罗钳鼻利	唬𤘡唬𤘡	啜罗⁺啜罗
汉一	娑引蘖啰⁺俨鼻嚟十一	吽十二吽十三	入嚩二合攞入嚩二合攞十四
汉二	娑孽啰钳鼻去囄九	吽吽十	什嚩羅什嚩羅二合十一

---

① ⁺ 标示笔者对袁氏录文校改之处。

② T. 1005A，19.624a22-28。

③ T. 1006，19.640c9-14。

④ T. 1007，19.658c2-7。

⑤ 德格版《甘珠尔》87卷，rgyud [da] 299a6-7。

⑥ 此咒前二词藏译本意译为 de bzhin gshegs pa thams cad la phyag 'tshal lo "顶礼一切如来"。

⑦ T. 1005A，19.625b3-7("依灵云寺版普通真言藏载之")。该藏所收梵字真言为江户中期真言宗高僧净严(1639—1702)所集。录文据《大正藏》本，不作校改。

⑧ T. 1005B，19.634b23-28("承安元年写东寺三密藏本")。此本当藏于东寺宝菩提院，写于平安末期(承安元年即1171年)。录文据《大正藏》本，不作校改。

袁录	娑羯罗钳鼻利	唬觯唬觯	啜罗⁺啜罗
汉三	娑竭啰钳苾㘑	虎觯_{二合}虎觯_{二合}	什伐_{二合}啰什伐_{二合}啰
藏译	sā ga ra gam bhī re	hūṃ hūṃ	dzwā la dzwā la
梵一	sāgaragambhīre	hūṃ hūṃ	jvāla jvāla
梵二	sāgaragambhīre	hūṃ hūṃ	jvāla jvāla

袁录	勃罗毗卢帝	具泗耶地瑟耻多羯陛	⁺娑婆诃
汉一	没驮尾卢枳帝_{十五}	麌呬夜_{二合}地瑟耻_{二合}多_上蘗陛_{十六}	娑嚩_{二合引}诃_{引十七}
汉二	勃陀嚩㗚枳瓱_{十二}	麌醯夜_{二合}地瑟耻_{二合}多孽鞞_{十三}	莎诃_{十四}
汉三	勃陀毗路帝	炬醯_{血桂反}耶地瑟耻多竭陛	莎_引诃
藏译	buddha bi lo ki te	gu hya a dhiṣṭhi ta ga rbhe	swā hā
梵一	buddhāvilokite	guhyādhiṣṭhitagarbhe	svāhā
梵二	buddhāvilokite	guhyādhiṣṭhitagarbhe	svāhā

二、大心咒（或云"心咒""心陀罗尼"）

袁录	唵	末尼	抚折梨	唬觯
汉一①	唵_一	麼抳	嚩日礼_{二合二}	吽
汉二②	唵	摩你	跋社黎	吽
汉三③	唵	摩_上尼_上	拔折㘑_{二合}	虎觯_{二合}
藏译④	oṃ	maṇi	ba dzre	hūṃ
梵本⑤	oṃ	maṇi	vajre	hūṃ

---

① T.1005A，19.624b27。

② T.1006，19.641a10。

③ T.1007，19.659b2。

④ 德格版《甘珠尔》87卷，rgyud〔da〕300a3。

⑤ T.1005B，19.634c1。

三、小心咒（或云"随心咒""随心陀罗尼"）

袁录	唵	摩驮唎	唬䛃	泮吒
汉一①	唵一	麽抳尼轸反 驮上礼二	吽	泮吒半音
汉二②	唵	摩你达哩	吽	铵吒
汉三③	乌唵二合一	摩尼达哩二合二	虎䛃二合三	泮吒半声四
藏译④	oṃ	maṇi dha ri	hūṃ	phaṭ
梵本⑤	oṃ	maṇindhare	hūṃ	phaṭ

细节上虽不无出入，然此三咒皆本自《宝楼阁经》，当无疑问。而诸汉译之中，此《广博严净陀罗尼神咒》与《牟梨曼陀罗咒经》（即汉三）最为接近。

此外，袁氏所录"末数行"（即前述"流通分"），似亦本自《宝楼阁经》。兹举二例如下：

袁录	若能于高山顶上及诸楼阁一切胜处诵+此咒，遍眼所及之处，一切众生+所有罪业，悉得消灭。
汉一⑥	若有人登大高山顶，诵此陀罗尼，尽眼所见处，所有众生灭一切罪业。
汉二⑦	若有人登大高山峰上，诵此陀罗尼，尽眼所见处，所有众生灭一切罪业。
汉三⑧	若于高山顶上而诵之者，所有一切山谷水陆诸众生等，眼见境处及见咒师，其诸族类，尽其报命，终不更堕于三恶道。
藏译⑨	ri khar 'dzegs te bzlas brjod byas na / mig gis gang du bltas pa der sems can rnams kyi sdig pa thams cad 'jig par 'gyur ro // "若[有人]登高山而诵[此咒]，凡眼所见处，彼处诸众生一切罪业将消灭。"

---

① T. 1005A，19.624b29。

② T. 1006，19.641a12。

③ T. 1007，19.659b4。

④ 德格版《甘珠尔》87卷，rgyud [da] 300a3。

⑤ T. 1005B，19.634c3。

⑥ T. 1005A，19.624c18 - 20。

⑦ T. 1006，19.641a29 - b1。

⑧ T. 1007，19.658a10 - 12。

⑨ 德格版《甘珠尔》87卷，rgyud [da] 300b4 - 5。

袁录	诵此咒者,不须持[+]斋作坛,不问净与不净[①],悉得之。
汉一[②]	若诵持根本陀罗尼者,不假拣择时日宿曜,不限斋戒。
汉二[③]	根本咒者,不假简择吉祥星宿日斋戒。
藏译[④]	rtsa ba'i rig sngags kyi cho ga ni / tshes grangs ma yin rgyu skar min / smyung ba yang ni bya mi dgos // "根本咒之仪轨,非关时日,非关星宿,亦不必斋戒。"

由此可见,此"流通分"内容上与诸本部分吻合;但无论具体措辞,还是排列次序,似皆与诸本同流而异趣。

此外,《牟梨曼陀罗咒经》(即汉三)与其他诸本相比,似乎差异较大。高田顺仁认为,今本《牟梨曼陀罗咒经》代表《宝楼阁经》一个早期阶段,而其阙失部分皆为晚出[⑤]。与之相对,大塚伸夫则认为存在一部相对完整的"原《牟梨曼陀罗咒经》"(即《宝楼阁经》祖本),而今本《牟梨曼陀罗咒经》乃一节本[⑥]。二说未知孰是。然自一宗教史视角观之,二说或许都低估了《宝楼阁经》这类实用性较强的陀罗尼咒经,在写/钞本时代的文本流变性。理论上,预设一部完美无阙的祖本诚然可备一说;但或许亦可预设在该经成立之初就存在一套松散系联的、以特定陀罗尼咒为中心的文本模块,在实践中可以根据具体的仪轨语境与用户需求组合、笔削抑或增广。由此观之,此《广博严净陀罗尼神咒》钞本或许恰好反映了《宝楼阁经》于实践中产生的常见形态之一。

此《广博严净陀罗尼神咒》于传世藏经中未见,袁氏所录钞本残篇亦无译人名。刘文据苏颋(670—727)《唐河南龙门天竺寺碑》推测宝思惟(721年卒)有同题译经,此说有待商榷。宝思惟生平及其译经,富安敦(Antonino Forte)考证颇详[⑦],此不赘述。苏颋《碑》文作于景云二年(711),其中有述及宝思惟所译佛经一句,如下(经题标点从略):

> 始憩西明寺,译金光明榜迦文殊师利咒藏广博严净陀罗尼浴像功德大宝积等经七部[⑧]。

[①] 此处"净"疑指"白月"或"明分月"(*śukla pakṣa*),即从朔至望;而"不净"疑指"黑月"或"黑分月"(*kṛṣṇa pakṣa*),亦称"非白月"(*aśukla pakṣa*),即从望至朔。

[②] T. 1005A,19.624c1-2。

[③] T. 1006,19.641a11-12。

[④] 德格版《甘珠尔》87卷,rgyud[da]300a3-4。

[⑤] 高田顺仁《〈牟梨曼陀羅呪経〉所説のマンダラ》,《密教図像》第19号,2000年,2页。

[⑥] 大塚伸夫《〈牟梨曼陀羅呪経〉における初期密教の特徵》,《高野山大学密教文化研究所紀要》第17号,2004年,25—27页。

[⑦] Antonino Forte, "The Activities in China of the Tantric Master Manicintana (Pao-ssu-wei 寶思惟: ?-721 A.D.) from Kashmir and of his Northern Indian Collaborators", *East and West*, vol. 34, no. 1/3 (Sept. 1984), pp. 301-347.

[⑧] 《文苑英华》卷八五六,北京:中华书局,1966年,第6册,4519页。

刘文释"等"为列举未尽,将此处经题标点作"《金光明楞迦文殊师利咒藏》①《广博严净陀罗尼》《浴像功德》《大宝积》"②,即所举不过四经而已。而富安敦释"等"为列举煞尾,将此处经题标点作"《金光明》《榜迦》《文殊师利咒藏》《广博严净》《陀罗尼》《浴像功德》《大宝积》"③,即所举七经俱足。

苏颋《碑》文与智昇《开元释教录》相映成趣。后者编于开元十八年(730),著录宝思惟译经七部;除《浴像功德经》(T.697)外,无一与苏颋《碑》文所列经题重合。富安敦认为,这一差异的原因之一是智昇对译者归属的判准与苏颋不同;换言之,苏颋归于宝思惟名下的部分译经很可能是团队协作的成果;是故智昇将其判定为宝思惟参与的译经,但译者另有其人④。举例而言,苏颋《碑》文所谓"金光明"与"文殊师利咒藏",富安敦分别勘同为义净名下的《金光明最胜王经》(T.665)与《曼殊室利一字咒王经》(T.1182)⑤。此外,"榜迦"与"大宝积",据富安敦考证,则分别指据称为宝思惟与菩提流志合作的《瑜迦法镜经》与《大宝积经》(T.310)⑥。其说可从。因此,苏颋《碑》文所列经题之中,除"广博严净陀罗尼"之外其余五经,皆可大致确定。若释"等"为列举未尽,则七经中仅略去一经,殊不可解。由是观之,释"等"为列举煞尾,似更为妥帖;诚如是,则《广博严净》《陀罗尼》为二经而非一经,可得而明矣。

苏颋《碑》文中论及《广博严净经》,语焉不详。然《广博严净陀罗尼神咒》当别为一经,不待详述。富安敦推定此《广博严净经》为《广博严净不退转轮经》(*Avaivartikacakra-sūtra*)之异译⑦,聊备一说。尽管存世宝思惟译经主体由密教及三阶教相关文献构成,鉴于其与义净与菩提流志合作《金光明经》《大宝积经》,于此类大乘经当无隔膜。然史料阙如,孤证难立,姑识于此,以俟知者刊正焉。

综上所述:一、袁氏《新疆出土之"唐"经(未完稿)》中所录《广博严净陀罗尼神咒》为《宝楼阁经》某一失传汉译之钞本。二、此经与苏颋《碑》文所记宝思惟译经当无关系。

---

①　此处《文苑英华》本作"榜迦",《全唐文》改作"楞迦",刘文从之。而富安敦读作"瑜迦",并将其勘同为三阶教疑伪经《瑜迦法镜经》(Forte, "The Activities in China of the Tantric Master Manicintana", p. 322)。

②　《袁复礼新疆出土文书未刊稿研究》,15 页。

③　Forte, "The Activities in China of the Tantric Master Manicintana", pp. 315 - 316.

④　Forte, "The Activities in China of the Tantric Master Manicintana", p. 316.

⑤　Forte, "The Activities in China of the Tantric Master Manicintana", p. 317.

⑥　Forte, "The Activities in China of the Tantric Master Manicintana", pp. 318 - 319. 关于《瑜迦法镜经》,参见曹凌《中国佛教疑伪经综录》,上海:上海古籍出版社,2012 年,452—457 页。

⑦　Forte, "The Activities in China of the Tantric Master Manicintana", p. 317.

Notes on a Fragment of a Chinese Dhāraṇī Text from Turfan

Chen Ruixuan

This paper investigates an unidentified Chinese Buddhist fragment, presumably unearthed from Turfan (Xinjiang). The whereabouts of the fragment remains unknown, but its content has come down to us through a newly published transcription by Yuan Fuli, a geologist who participated in the Sino-Swedish Scientific Expedition to the North-Western Provinces of China (1927 – 1933). In this paper, I have proposed to identify the fragment as an abridged version of a hitherto unknown Chinese translation of the *Mahāmaṇivipulavimānasupratiṣṭhitaguhyaparamarahasyakalparāja-dhāraṇī*. As for the translator of this work, the fragment itself does not afford any clue to this identify, but it has been demonstrated that the hypothetical attribution of the translation to the 7th/8th-century Tantric Master *Maṇicintana is highly unlikely.

《佛说安宅神咒经》在西域的流布
——兼论佛教伪经在非汉族群中的信仰实态

余　欣

浙江大学古籍研究所

　　"安宅系伪经"是宣扬安宅信仰及镇宅术的一类汉传佛教伪经。敦煌写本中有以《佛说安宅神咒经》为题名者,目前发现有 S. 2110、P. 3915、BD14952。数量虽不多,所幸篇幅短小,内容得以完整保存。经比勘,与《大正藏》收录的同名伪经的内容大异。吐鲁番文献中可比定出 Ch 3009、大谷 4412,与《大正藏》本文字基本一致。此外,日本大阪金刚寺一切经中发现一卷,内容与敦煌本较为接近。《大正藏》本题后汉失译①,其实应该是相对较为晚出的中国人杜撰的伪经②。牧田谛亮曾讨论过《大正藏》本其历代经录著录的情况,并从书法上推断敦煌本 S. 2110 为晚唐时期的写本,又据尾题,认为所宣扬的是书写二十一遍,便可获得宅舍安稳的功德的思想③。但是对于具体内容,并未作进一步的考察。王文颜也做过类似的工作,但更为简略,也同样未对此经本身进行讨论④。熊娟校理了金刚寺本,并做了语料学分析⑤。然而全面收集材料,超越文献学与佛学研究的论考,似乎至今未见。中国佛教史视域下的西域佛教研究,多聚焦于佛典翻译、石窟艺术等佛教东传中原诸面相,而对于汉传佛教伪经西传入西域,并在非汉族群中的历史性影响,则尠有及之,爰作是篇,略作笺解。

---

　　① 《大正藏》第 21 册,911—912 页。

　　② 黄心川仍认为这是最早的杂密经典,显示了佛教的密咒、方术在东汉初传入中国后首先依附于中国的阴阳五行、谶纬、神仙、鬼神信仰等等,以后又与儒、道等相交融。参看黄心川《中国密教的印度渊源》,黄心川《东方佛教论》,北京:中国社会科学出版社,2002 年,49 页。

　　③ [日]牧田谛亮《疑经研究》,京都:京都大学人文科学研究所,1976 年,325—326 页。

　　④ 王文颜《佛典疑伪经研究与考录》,台北:文津出版社,1997 年,124—125 页。

　　⑤ 熊娟《汉文佛典疑伪经研究》,上海:上海古籍出版社,2015 年,222—245 页。

一、"安宅系伪经"古写本概观

（1）英藏敦煌文献 S. 2110[①]。卷子本，存三纸，似非完帙，然第三纸后半余白，未见残损。《佛说安宅神咒经》为完整一纸，纸缝后同卷抄有《佛说要行舍身经》，也是常见的伪经。行书。书法草率稚拙，疑为归义军时期学郎所抄。首题"《佛说安宅神咒经》"，尾题"《佛说安宅咒经》。愿为宣流，今五浊世，加请三七遍，令一切宅舍安隐（稳）也"。正文内容起"尔时佛告一切大众，世人愚惑，信者者少，信邪者多"，至"诸在会一切大众闻经欢喜，作礼而去"。《佛说要行舍身经》首题全，所存内容起"如是我闻"句，至"亦为达驽太子布施，妻"，似未抄完。

（2）法藏 P. 3915。册子本，共 50 页，高 38.5 cm，宽 9 cm，纸张为贝叶形制，上半部打有圆孔，以穿绳松散装订。有乌丝栏，天头、地脚约 1.6 cm 上下，每页 5 行，行约 33字。正背面接抄多种佛教文献：前五件为佛教赞文及大乘佛教中最流行的三部经典，包括《乐入山赞》《乐住山赞》《金刚般若波罗蜜经》《妙法莲华经观世音菩萨普门品》《佛说阿弥陀经》。其后接抄《佛说安宅神咒经》《佛说八阳神咒经》《八名普蜜陀罗尼经》，前两篇为伪经，后者为玄奘所译之密教经典。有字迹因打孔而残损，表明文本抄写在前，打孔装订在后。书法草率，抄写格式也不合写经之规范[②]。每页天头有汉字书写页码，中缺"三十二""三十三"。从写本物质形态及书风字体看，当属归义军时期。《法藏敦煌写本目录》定为十世纪[③]，近之。

以上两件写本的内容和形制，无不表明这是敦煌普通民众抄集的日常应用佛经小手册，而非出于正规的佛藏[④]。

（3）中国国家图书馆藏 BD14952 号 2。卷子本，同卷前抄陀罗尼经咒，现编号为

① 《敦煌宝藏》（台北：新文丰，1981 年，第 16 册，208—210 页）编号标为"斯二一一〇号"。敦煌研究院编《敦煌遗书总目索引新编》（北京：中华书局，2000 年，64 页）将《佛说安宅神咒经》和《佛说要行舍身经》分别著录为 S. 2110a、S. 2110b。方广锠、吴芳思主编《英国国家图书馆藏敦煌遗书》（桂林：广西师范大学出版社，2014 年，52—54 页）著录为 S. 2110 号 1，S. 2110 号 2。IDP 所收图版却为《大乘无量寿经》，盖扫描上传之误。

② 关于敦煌写本学研究，藤枝晃、张涌泉的论著极有参考价值，参看藤枝晃撰 "The Tunhuang Manuscripts：A General Description"（Part Ⅰ），*Zinbun* No. 9, 1966, pp. 1 - 32；（Part Ⅱ），*Zinbun*, No. 10, 1970, pp. 17 - 39. 中译文藤枝晃《敦煌写本概述》，徐庆全、李树清译，荣新江校，《敦煌研究》1996 年第 2 期，96—119 页；张涌泉《敦煌写本文献学》，兰州：甘肃教育出版社，2013 年。

③ Michel Soymié éd., *Catalogue des manuscrits chinois de Touen-houang Fonds Pelliot chinois de la Bibliothèque Nationale*, vol. Ⅳ, Paris：École Française d'Extrême-Orient, 1991, p. 404.

④ Jean-Pierre Drège, "Les Cahiers des manuscrits de Touen-houang", in Michel Soymié, éd., *Contributions aux études de Touen-houang*, Genève-Paris：Librairie Droz, 1979, pp. 17 - 28.

BD14952 号 1,《国家图书馆藏敦煌遗书》拟题为《陀罗尼杂咒集》①。首残尾全。卷首残缺部分裱纸下钤"罗振玉印""抱残翁壬戌岁所得敦煌古籍"②,显见原为罗振玉 1922 年所得旧藏。护首题签"晋魏人书安宅神咒经等残卷 雪堂"。然卷中有《大云经咒请雨》,不可能为魏晋写本,罗振玉的定年不足为据。《安宅神咒经》文本,包括首尾题均与 S.2110 几乎全部相同,甚至尾题中的"安稳"亦同样写作"安隐",只是少了"也"字。由此可以推测,BD14952 号 2 与 S.2110 有共同的来源,或为同时期抄自同一底本。

(4) 德藏吐鲁番文献 Ch 3009r/v。10×18 cm 的残片,原编号为 T Ⅲ 1120,出土地为吐峪沟。2005 年 5 月,笔者曾检视柏林国家图书馆藏原卷。西脇常記拟题为《仪礼祭词》《佛说安宅神咒经》③。笔者认为前一部分内容应拟题为《镇宅文》,其文如下:"维岁次丁丑年十月己未廿四日,爰有某甲谨以青酌之奠敬祭。"④但是未抄完,空一行之后接着抄《佛说安宅神咒经》,字体虽有些不同,但似乎出自同一人手笔。正背面文字可以接续,正面:"然灯续明,露出中庭,读是经典。某等安居立宅以建立南雅北堂,东西之□(厢),槌(碓)磨仓库,井灶门墙,园林池沼,六畜之兰(栏)。惑(或)复移。"背面:"房动土,穿凿非时,惑(或)犯触土龙地朕,青龙白虎,朱鸟玄武,六甲禁忌,十二时神,门庭户伯,井灶清(精)灵,堂上、房中、溷边之神。"隔四行,有一行粟特文。除个别文字外,几乎完全与《大正藏》本相同,可以肯定出自同一系统。

(5) 大谷 4412。有丝栏,甚残,仅存 3 残行。图版收于《大谷文书集成》⑤,相应内容见于《大正藏》本。录文如下:

前缺

1. 一足众生莫恼我,二足众生莫恼我,
2. 三足众生莫恼我,四足众生莫恼我,
3. 我有一切大悲,愍念一切众生……

① 图版见中国国家图书馆编《国家图书馆藏敦煌遗书》第 138 册,北京:北京图书馆出版社,2010 年,46—50 页。

② 陈红彦《北京图书馆藏敦煌遗书中近现代印鉴印主考》,《敦煌吐鲁番研究》第 3 卷,北京:北京大学出版社,1998 年,298 页。

③ Tsuneki Nishiwaki, *Chinesische und Manjuriche Handschriften und Seltene Drucke*, Teil 3, Stuttgart: Franz Steiner Verlag, 2001, p.112. 西脇常記此后出版的专著,讨论了柏林藏吐鲁番文献中的伪经《新菩萨经》和《劝善经》,但未涉此件。西脇常記《ドイツ将来のトルファン漢語文書》,京都:京都大学学術出版會,2002 年,99—107 页。

④ 新近出版的荣新江、史睿主编《吐鲁番出土文献散录》(北京:中华书局,2021 年)搜集世界范围收藏的吐鲁番文献,汇为一编,极便学者研究利用。盖因该书所收为非佛教文献的典籍和文书,本件或被视为佛教文献而失收,实则《镇宅文》当依体例收入集部。

⑤ [日]小田義久编集《大谷文书集成》(二),京都:法藏館,1990 年,圖版七六,錄文,250 页。

后缺①

唯一一处有意义的异文为第 3 行"有一切大悲愍念",今本作"有一切大慈大悲愍念"。大谷本当为古本,文字颇为简略质朴,今本改"大悲"为"大慈大悲",或受《法华经》影响,也更符合汉语佛经常见的句式,应是润饰加工的后出本子。

(6)大阪金刚寺一切经,录外 Kgx003 - 001。卷子本,首尾俱全,首题"佛说安宅神咒经",尾题"安宅经"。存三纸,每纸二十七行,每行十七字,正规的佛教写经款式。全卷有日本写经常见的虫蚀,无抄写题记和明确时代特征,目录编撰者定为平安—镰仓时期②。金刚寺本为不同于敦煌本、《大正藏》本的另一版本系统③。内容上与敦煌本较为接近,但文字颇有异同,与《大正藏》本则差异甚大。

二、《安宅咒经》与《佛说安宅神咒经》辨正

关于《佛说安宅神咒经》的作者、年代,《大正藏》本题"后汉失译人名",学者多袭此旧说④。张齐明认为经文中的安宅观念和神煞体系均源于汉代本土信仰,进一步将该经坐实为后汉时期创制的一部伪经⑤。然而,依据其中某些神煞、禁忌在东汉时代就已存在,就断为文献创制年代,从逻辑上而言,这是无法成立的。因为这仅仅表明其对早期观念的承袭,而非撰作时代。从"伏龙""腾蛇""土府""将军"等名词术语的使用情况来看,《佛说安宅神咒经》的年代上限不能早于南北朝⑥。自然,考镜源流,应从文本结构、字词文风、社会语境诸层面分析,不仅要看具有时代特征的标志性术语,而且要看整体社会文化氛围。综合考虑《佛说安宅神咒经》,当是武周时期密宗渐盛影响下新造作的伪经。

张齐明将《大正藏》本直接考定为僧祐《出三藏记集》所著录《安宅咒》,并认为即《大周刊定众经目录》以后改称之《佛说安宅神咒经》⑦。与此同时,曹凌从敦煌文献中检出国图 BD14952,持论较为审慎:"至于敦煌本《安宅神咒经》与藏内所存之同名经典的关系,由于

---

① 刘安志、石墨林比定并补字录文。见刘安志、石墨林《大谷文书集成佛教资料考辨》,《魏晋南北朝隋唐史资料》2003 年第 1 期,245 页。

② [日]落合俊典(研究代表者)《金剛寺一切経の総合的研究と金剛寺聖教の基礎的研究》研究成果报告书第二分册《金剛寺一切経目録》,東京:国際仏教学大学院大学,2007 年,419 页。

③ Ochiai Toshinori, "Newly Discovered Old Scriptures of the Kongōjiï Canon", Communication to the 37th International Congress for Asian and Northern African Studies, Moscow, August 2004.

④ 如夏广兴、张琳称"据可考文献记载,我国最早译出的密咒经典是后汉失译的《佛说安宅神咒经》"。夏广兴、张琳《密教咒术的流播与咒术经典的传译》,《古籍研究》2005 年卷上,307 页。

⑤ 张齐明《〈佛说安宅神咒经〉所见安宅观念及其影响》,《宗教学研究》2011 年第 3 期,84 页。

⑥ 相关术语考证,参看余欣《神道人心:唐宋之际敦煌民生宗教社会史研究》,北京:中华书局,2006 年,196—211 页。

⑦ 前揭牧田諦亮《疑経研究》。张齐明近作亦袭此说,见张齐明《〈佛说安宅神咒经〉所见安宅观念及其影响》,83—84 页。

其中部分文字以及表达接近，或有一定的因袭关系，但形态差距极大，是否同一经典在流变中的不同异本，现在还难以判断。"①

鉴于此经文字不长，且至今未见校本问世，今以 S.2110 为底本，以 P.3915、BD14952 为参校本，校勘如下，以为进一步讨论之基础：

> 尔时佛告一切大众：世人愚惑，信佛者少，信邪者多。邪者师说欺诳，致使世人无所归趣（趋），浅识愚迷，如牛随主。后不吉利，诸不谐偶，请师安宅，煞生祷祀。此皆诳惑凡人，获罪不少。吾今愍之，略教安宅之法：施设高坐（座），县（悬）缯幡盖，烧众名香，任力所堪，设斋作会，露出庭中，在星月下，合家大小，敬礼十方诸佛，长跪叉手，敬白十方诸佛："为某甲安宅，燃灯烧香，供养请福，求愿福祐，诸神安隐（稳），大圣普安，一心归命。忏悔十方诸佛，称南无佛、南无法、南无比丘僧，诸天龙神、廿八部，一切善神，今日皆受弟子某甲请，愿神力祐助弟子，使宅神安稳，所向谐偶。复礼十方诸佛，忏悔先罪，愿求福祐。我今持尊经般若波罗蜜神力，尽其形寿，不复请命邪神。一切诸神，证明弟子。请高明沙门一人，在高坐（座）上安隐（稳）而坐，转读此经七遍。大地十方，岁月劫煞，四时五行，六甲禁忌，十二时神，青龙白虎，朱雀玄武，土府将军，伏龙腾蛇，宅中守神，门吏户伯，井灶精灵，堂上、户中、溷边之神，庭中力士，家王父母，宅前宅后，宅左宅右，舍宅八神，神子神女，因托形声，倚名附着，各自休止，不得妄称。某甲兴功立宅，安居井灶，天道荡荡，周游广远，洋洋无际，无所置寻。某甲自今以后，动土造舍，碓硙井灶，六畜兰（栏）槽，垦土墙壁，治门破户，从意所为，一切任意。魑魅魍魉，不得妄来侵近。"佛说经已，一切大众心意开解，得未曾有。

> 佛言：若我弟子，有闻此经，能专心精进，求愿诸佛及僧众、贤圣，请求安宅，心不散乱。安宅之后，一心归依三宝，更无余想，转经行道，心如常佛心，万恶都去，无有凶患，祸害消灭，灾怪不生，诸天覆护，地清内外，无不吉祥，四方翼翼，诸天都见，宗族蒙祐，人天爱敬，无所忌讳，不相娆（扰）搅。日月星宿，诸天神王，皆共称善，阴阳五行，天下鬼神，各各自安，无不善利。天圆地方，虚空无限，等同实际，性相一味，有情之类，虽有六道异名，终其所趣（趋），寂漠（寞）无为，心净会理，一切众邪，无有能奸，慎护恶友，亲近智者，从是结愿，渐渐入道，普及群生，广度一切。诸在会一切大众闻经欢喜，作礼而去。

> 《佛说安宅咒经》。愿为宣流，今五浊世，加请三七遍，令一切宅舍安隐（稳）也②。

将敦煌本与《大正藏》本比较，细察之，则二者文本存在如下异同：

一、敦煌本篇幅仅为《大正藏》本的二分之一，凸显其"方便法门"之特质。

二、《大正藏》本情节较为丰富，先以离车长者子心怀忧惧至佛说法所，问家宅吉凶作为铺垫，敦煌本则以"尔时佛告一切大众"直接切入正题。

---

① 曹凌编著《中国佛教疑伪经综录》，上海：上海古籍出版社，2011 年，213 页。

② 为行文简洁，择善而从，不出校记。

三、祭祀仪式，《大正藏》本较敦煌本为复杂。《大正藏》本要求："斋戒清净，奉持三归、五戒、十善、八关斋戒。日夕六时，礼拜忏悔，勤心精进。请清净僧，设安宅斋。烧众名香，然灯续明。"敦煌本则只需"施设高座，悬缯幡盖，烧众名香"，而且说明"任力所勘"，这种量力而行的许可，更凸显其庶民性。但是敦煌本特别指出"在星月下"设斋，也就是说，祭祀时间是在夜间。估计这是为了强调此仪式是有别于《千金翼方》所云"居后明日"举行的那一类，而是入住的当天晚上就必须操办，并隐约透露或与密教星神供养有关。

四、《大正藏》本浓郁的密教咒禁色彩为敦煌本所无，但敦煌本常与各种陀罗尼经咒抄在一起，隐约透露此伪经之造作与密教不无关系[①]。《大正藏》本中此段文字如下：

> 尔时世尊而说咒曰："南无佛陀四野，南无达摩四野，南无僧伽四野。今为弟子某甲承佛威力而说神咒：一足众生莫恼我；二足众生莫恼我；三足众生莫恼我；四足众生莫恼我。我有一切大慈大悲，愍念一切众生，汝等恶魔，各还所属，不得横忏扰乱我弟子等。"复说咒曰："白黑龙王，善子龙王，沤钵罗龙王，阿耨大龙王。"结界咒文："伽婆致，伽婆致，悉波呵。东方大神龙王，七里结界，金刚宅。南方大神龙王，七里结界，金刚宅。西方大神龙王，七里结界，金刚宅。北方大神龙王，七里结界，金刚宅。"如是三说。"东方婆鸠深山娑罗伽扠汝百鬼颈着枷，南方婆鸠深山娑罗伽扠汝百鬼颈着枷，西方婆鸠深山娑罗伽扠汝百鬼颈着枷，北方婆鸠深山娑罗伽扠汝百鬼颈着枷。"如是三说。主疾病者，主头痛者，主人舍宅门户者，当敛诸毒，不得扰我诸弟子。若不顺我咒，头破作七分。尔时世尊而说偈言："造宅立堂宇，安育诸群生。园林并池沼，门墙及与圊。起心兴舍室，动静应圣灵。稽首归命佛，众魔莫能倾。明灯照无极，五眼因之生。法王大咒力，动破魔亿千。如来慈普润，威光彻无边。莫等咸归命，众邪各自迁。"[②]

五、两个本子都要求请僧人转读经典，但是所谓的佛典却完全是道教风格的，所有的神祇都源于中国本土信仰体系，而且两个本子的这部分文字只有表达上的差异，内容本质几乎完全相同。敦煌本已校录如上，兹抄录《大正藏》本，以供比勘：

> 露出中庭，读是经典：某等安居立宅已来，建立南庑北堂，东西之厢，碓磨仓库，井灶门墙，园林池沼，六畜之栏。或复移房动土，穿凿非时；或犯触伏龙、腾蛇、青龙、白虎、朱雀、玄武、六甲禁忌、十二时神、门庭户陌、井灶精露、堂上户中、溷边之神。我今持诸佛神力、菩萨威光、般若波罗蜜力，敕宅前宅后，宅左宅右，宅中守神，神子神母，伏龙腾蛇，六甲禁忌，十二时神，飞尸邪忤，魍魉鬼神，因托形声，寄名附着。自今已后，不得妄娆（扰）我弟子等。神子神母，宅中诸神，邪魅蛊道，魍魉弊魔，各安所在，不得妄相侵陵，为作衰恼，令某甲等惊动怖畏。当如我教，若不顺我语，令汝等头破作七

---

① 有学者认为，敦煌本《佛说安宅神咒经》似与《解百生冤家陀罗尼经》有某些共同的关联。Charles D Orzech, Henrik Hjort Sørensen, Richard K Payne, *Esoteric Buddhism and the Tantras in East Asia*, Leiden；Boston：Brill，2011，p. 57.

② 《佛说安宅神咒经》，《大正藏》第 21 册，911 页。

分，如多罗树枝①。

这段应该是从道教吸收的，与上文咒语的文风极不协调，中间杂入"持诸佛神力、菩萨威光、般若波罗蜜力"，末以"令汝等头破作七分，如多罗树枝"结尾，虽极力模仿佛教语辞体式，终究不伦不类，想来不大可能出自佛教高僧手笔。相对而言，敦煌本删繁就简，反倒结构更为紧凑，文脉也更为通畅。

六、文风而言，敦煌本较为朴实，虽是伪经，却追摹早期佛典，如《四十二章经》，使用更为古老的"佛言"语式。更为刻意地追求一种拟古的圣典化文风，可能恰恰反映了此类伪经创作之初特别注重合法性的努力。

敦煌本与《大正藏》本存在显著差异，表明很有可能并不是版本问题，而是二者根本就是不同的佛经。值得注意的是，敦煌本虽然首题均为《佛说安宅神咒经》，尾题却皆作《佛说安宅咒经》。一字之差，当并非首题的省称或阙误，更佐证了敦煌本并非《佛说安宅神咒经》，而可能是更为早期的《安宅咒经》。

"安宅系伪经"首见于经录，是在梁僧祐《出三藏记集》：

> 《七佛安宅神咒》一卷，《安宅咒》一卷，《三归五戒神王名》一卷。（安法师所载《竺法护经目》有《神咒》三卷，既无名题，莫测同异。今新集所得，并列名条卷，虽未详译人，而护所出咒必在其中矣。）②

僧祐将《安宅咒》列为新集所得，同时又推定其即见于《竺法护经目》的三卷《神咒》之一，其实并无依据。隋费长房《历代三宝记》卷四"译经后汉"著录《七佛安宅神咒》一卷，《安宅咒法》一卷"，卷七"译经东晋"又著录《七佛安宅神咒经》一卷，《安宅咒》一卷"③。《大周刊定众经目录》"伪经目录"中有《安宅经》一卷"。以上是否为同一经典，难以确知④。然《开元释教录》著录《安宅神咒经》一卷"，注云："亦云《安宅咒法经》，祐云《安宅咒》。"⑤可知将《安宅神咒经》等同于《安宅咒》或《安宅咒法》，是智昇的看法。智昇是否见过僧祐所著录的《安宅咒》，是令人怀疑的，很有可能只是望文生义地推测后者只是异称⑥。自《开元释教录》始，历代经录皆沿袭此说。其实《安宅神咒经》很有可能是武周时期新造的伪经⑦。

---

① 《佛说安宅神咒经》，《大正藏》第 21 册，912 页。

② 僧祐《出三藏记集》，北京：中华书局，1995 年，177—180 页。

③ 费长房《历代三宝记》，《大正藏》第 49 册，55、74 页。

④ 《大正藏》第 55 册，473 页。

⑤ 智昇《开元释教录》，北京：中华书局，2018 年，40 页。

⑥ 牧田谛亮对于道教色彩浓厚、伪妄如《安宅神咒经》者为何会被《开元录》收入真经，表示是令人不解之事。前揭《疑經研究》，301 页。我认为其原因当是智昇将《安宅神咒经》直接推定为僧祐所著录的《安宅咒》之故。

⑦ 熊娟据金刚寺本中出现的词汇考订《安宅神咒经》的写作时代不早于东晋，又据被僧祐著录认为其写作下限为萧梁时代。见前揭熊娟《汉文佛典疑伪经研究》，236—241 页。本文认为僧祐著录的《安宅咒》未必即《安宅神咒经》，故不能以之为时代下限。

总之，敦煌归义军时期流行的应该是《安宅咒经》，由于经录著录混淆的误导，时人已将《安宅咒经》作为《佛说安宅神咒经》略称。然而在更为遥远的吐鲁番，流行的却的的确确是与《大正藏》本相合的《佛说安宅神咒经》。此经在造作不久即传布于西域，从佛教经典的"西向关注"来看是非常值得瞩目的新动向。

三、汉传佛教伪经在西域非汉族群中流布的意义

如前所论，在敦煌和吐鲁番分别有两种不同"安宅类咒经"流传。抄写年代较晚的敦煌本是较为早期撰作的《安宅咒经》，而更为偏远的吐鲁番，流行的却是较为晚期成立的《佛说安宅神咒经》。考虑到出土文献保存的偶然性，未必敦煌流行的就是甲本，吐鲁番流行的就是乙本，但是不同的文本接受具有选择性特征却是存在的。一方面，这类伪经在创作上和传播上都带有很浓的"民间"色彩，因此可能本来就无定本，而以多种文本结构的形式在民间传抄。另一方面，这表明汉传佛教伪经在西域的流传，不能简单地以地理远近、文本年代先后的线性传播来解释。尽管其复杂的历史进程已难以复原，不同族群的接受与选择及其信仰实践是值得我们考虑的两个方向。

Ch 3009 正背面同时抄有《佛说安宅神咒经》和《祭宅文》，是清楚地表明经典作用于信仰实践的难得的实例。拙劣的汉字书法，中间杂有一行粟特文，提示抄写者可能为汉化程度较深的粟特人。粟特人中盛行安宅信仰，并非孤例。《康再荣建宅文》是最能体现粟特人营建宜忌方面几乎关涉所有法度的一件文献。高国藩将其归入镇宅文类[①]，马德则把它与入宅文等同[②]，但均未作讨论。实际上罗福苌的拟题是正确的，本件应该是宅舍营造完毕以后，在落成仪式上宣读的建宅文，与镇宅文、入宅文性质皆有所不同。原卷不知所在，今据罗福苌抄本[③]，重新校录如下（原录文缺字据文意推补）：

> 维岁次丁卯三月丙寅朔廿三日戊子，沙州大蕃纥骨萨部落使康再荣建立其宅，唯愿：青龙西北处绝阳，招摇东南阴伏藏。摄提人门当母位，太阴鬼之自开张。灭池正西当兑泽，轩辕斗战履东相。一为乾坤天覆载；二为艮阙补橡梁；三为回震盖南屋；四为巽间加顺阳；五为坤中立□母；六为□虚配天王。上元己亥从干起，腾蛇宛转入火乡。甲乙青龙扶左胁，庚辛白虎从右相。丙丁炎君南广□，壬癸冰水□□□。戊己中宫无住处，将来分配入四乡。辰戌丑未压四角，震兑二住守魁刚（罡）。顺得四算君南坐，尾将三子镇北方。伏愿部落使子父昆弟等，坐家丰（封）侯，子孙永昌。□（长）保

①　高国藩《敦煌民俗资料导论》，台北：新文丰出版公司，1993年，130页。
②　马德所撰词条"庆新宅"，季羡林主编《敦煌学大辞典》，上海：上海辞书出版社，1998年，447页。
③　罗福苌编《沙州文录补》，上虞罗氏1924年铅印本；收入《罗雪堂先生全集》四编第12册，台北：大通书局，1972年，5838—5839页。

遐算,福寿无疆。官高盖代,世世康强。大富大贵,梦寤吉祥。无诸中夭,寿命延长。百病除愈,身体轻强。咒愿已毕,请受春装,赏赐博士,美酒肥羊。

由《建宅文》可知,康再荣对各种宜忌:四神、八卦、天干地支、星宿、水渎的方位以及修建顺序等等,无一遗漏,都考虑到,真可谓心思缜密者,也由此可见宅经类文献所制定的规范,绝非一纸空文,而是被人们所严格奉行的。这与《安宅神咒经》所体现的民生宗教精神和社会氛围是契合的。

康再荣是粟特人后裔。在吐蕃统治时期,汉人地位受到抑制,大都督是汉人所占的最高位置,但一般只能担任都督、部落使等以下官职①。与此同时,粟特人在政治界的地位开始上升,出现了不少身居要职者②。康再荣实际担任的是吐蕃敦煌阿骨萨汉族人军事部落的副部落使,此后在归义军时期更担任了瓜州刺史③。但是我们在《康再荣建宅文》中却丝毫看不到与粟特传统信仰的祆教有关的东西,而与普通的汉人建宅文没有什么区别。虽然这件《建宅文》未必是康再荣自撰,而有可能是汉人文士代笔,但康再荣采用此文,也足以说明由于吐蕃统治时期的瓜沙粟特人原为落蕃唐人及其后裔,汉化程度已深,因而完全按照中原传统的宅经宜忌规制行事,另一方面也表明这种入宅仪式在晚唐五代是通用的,不受种族出身的影响。这也从一个侧面印证了陈寅恪先生胡人与汉人的分别在于文化而不是种族的论断④。

粟特人的宗教信仰具有很强的多元性和包容性,在东渐的进程中,经历过祆教、景教、佛教、摩尼教的信仰转换或长期共存⑤。即使在入华粟特聚落中居于主流地位的祆教,也与在萨珊帝国作为国教推行的正统的琐罗亚斯德教有根本的区别。当地居民似乎仍然遵从当地风俗习惯的丰富多样,从而信奉一大批他们自己的神灵,更强烈地受到节日、历法和地方崇拜的影响⑥。

---

① 参看[日]山口瑞凤《吐蕃支配時代》,[日]榎一雄主编《講座敦煌》第 2 卷《敦煌の歴史》,東京:大東出版社,1980 年,208—225 頁。

② 郑炳林《唐五代敦煌的粟特人与归义军政权》,《敦煌研究》1996 年第 4 期,80—96 页;收入郑炳林主编《敦煌归义军史专题研究》,兰州:兰州大学出版社,1997 年,400—432 页。

③ 陆离《关于康再荣在吐蕃时期任职的若干问题——敦煌文书〈大蕃纥骨萨部落使康再荣建宅文〉浅识》,《西藏研究》2019 年第 5 期,16—24 页。

④ 陈寅恪曾在论著中多次表达这一观点。参看陈寅恪《唐代政治史述论稿》,北京:三联书店,1956 年,17—18 页;《隋唐制度渊源略论稿》,上海:上海古籍出版社,1980 年,50 页;《魏书司马睿传江东民族条释证及推论》,收入陈寅恪《金明馆丛稿初编》,上海:上海古籍出版社,1980 年,106 页。

⑤ 毕波《信仰空间的万花筒:粟特人的东渐与宗教信仰的转换》,荣新江、张志清主编《从撒马尔干到长安——粟特人在中国的文化遗迹》,北京:北京图书馆出版社,2004 年,49—56 页。

⑥ 黎北岚《祆神崇拜:中国境内的中亚聚落信仰何种宗教》,毕波、郑文彬译,《法国汉学》丛书编辑委员会编《法国汉学》第 10 辑《粟特人在中国——历史、考古语言的新探索》,北京:中华书局,2005 年,416—429 页。

粟特人对于包含浓厚的方术色彩的信仰的吸收,不仅表现为安宅系佛教伪经的接受,同样也体现在人形方术的应用实践上。所谓人形,特指一类解除方术"法器":由木料削刻而成,上部以刀刻成人面状,或用墨笔(或朱笔)勾勒画作人面,通常具有明显的胡人面貌特征,下端削成楔子形状,以便插入土中,也有身首俱备如木俑者。1907 年斯坦因在敦煌长城沿线最早发现此类木制小型对象。此后在居延、高台、武威、敦煌、吐鲁番、楼兰等地的烽燧、石窟和墓葬中陆续有大量出土。笔者二十余年来锲而不舍地搜集此类考古资料,发现它们超越了地理、种族与文化的障碍,自乌拉尔山脉、中央亚细亚、南西伯利亚、蒙古高原、塔克拉玛干大沙漠、河西走廊,直抵朝鲜、日本,如此广袤地域内均有流传,几乎是沿着丝绸之路横越了整个欧亚大陆,而在时间跨度上,自公元前 20 世纪直至公元 12 世纪末,历时逾三千年之久。

笔者曾提出基本解释:人形是古代方术的一大类型,与原始植物崇拜和驱魔信仰息息相关,并且与解土、镇墓方术有共同的渊源。将人形插入土中的目的,是为了驱除入侵者,无论是敌寇还是鬼魅。后期的发展,被用来替死者领受罪厄罚谪,替生者解除殃祸注咎,同时还可以起到辟邪禳被的功能,保护墓葬或建筑,于是又带上了浓厚的解除方术色彩。这一方术沿着草原丝绸之路、沙漠丝绸之路和海上丝绸之路,在整个欧亚均有流布,并且表现出与原始巫术、偶像崇拜以及道教解注术糅合的倾向,在信仰世界里有着悠久而深刻的影响①。

对居延、武威、高台魏晋墓葬的实地考察和出土冥婚文书、人形实物的勘验②,使我领悟到其中的症结所在仍是汉代以来一直流行的生死异路的观念内核。高台骆驼城出土的冥婚文书,不仅为研究中国古代冥婚现象和背后的宗教观念提供了新线索,而且为理解墓葬文献和生死信仰贡献了"密钥"。文书中强调"生死异路"的文句在东汉至魏晋南北朝时期的买地券、镇墓文中也经常出现,其主要意图是隔绝生死和为生人除殃。联系新获吐鲁番人形,更加认识到人形的功能一方面是祛除一切入侵者,另一方面也是隔绝阴阳,将死者"囚禁"于身后世界之内,以免为害生人③。

吐鲁番哈喇和卓十六国高昌郡至阚氏高昌时期墓葬出土的 17 件人形,清晰地用墨书或朱书汉文"代人"二字,部分背面有朱书粟特文字母。吉田丰认为粟特文不是"代人"一词的拼写,而是"石"字,但与正面的"代人"是何关系,尚不清楚。令人困惑的是,粟特文的

---

① 余欣《中古异相:写本时代的学术、信仰与社会》,上海:上海古籍出版社,2011 年,115—139 页。

② 李煜东《河西走廊考察日志》,余欣主编《中古中国研究》第 3 卷《丝绸之路:从写本到田野专号》,上海:中西书局,2020 年,159—160、175—177、194—200 页;李煜东《甘、宁考察日志》,《中古中国研究》第 3 卷,218—220 页。

③ Yu Xin, "The Living and the Dead Walk Different Paths and Each belongs to His Own Castle: Rethinking and Recontextualizing the Exorcist Figurines", "Prayer, Sacrifice, and Funerary Documents of Ancient China", University of Chicago, May 13 - 14, 2017.

字体年代似乎较晚，不像是5世纪的东西，与墓葬年代相距较远①。我认为"石"有可能就是指木牌所代厄的石姓粟特人，也就是墓主，即与阿斯塔那出土人形身上所书"此是曲仓督身"类似。尽管语文学研究尚存疑问，仍不妨碍我们对施术者做出推测：很有可能是浸淫汉文化较深的粟特人后裔，由于母语能力下降，书写不规范，显得字体古怪。当然汉人学习粟特文不到家的可能性也不能完全排除。不论书写者为汉人还是粟特人，双语人形的存在，表明人形方术和关联丧葬习俗已渗透到西域高昌粟特聚落中，施术者和信受者可能都是华化粟特人，此足为东西文明交涉的方术世界图景添上浓墨重彩的一笔。

对于《安宅神咒经》的知识—信仰的源流，学者关注的往往是其对于中土宅葬之说的吸收与传承②，将其作为深受早期道教和中国传统宗教习俗影响的融佛道为一体的信仰③。此显而易见，自不待言，然非汉族群在信仰实践中所体现的固有信仰与汉传方术的融创，实堪留意。如吐鲁番出土回鹘文镇宅木杵所反映的佛教、回鹘民间信仰、汉地解土方术的结合④，以及摩尼文中古伊朗占卜文书所体现的摩尼教在东传过程中对东方法术传统的吸纳⑤，足堪为文化互动之典例。《安宅神咒经》为"方术之路"的"西向关注"又拓展了新的思考空间⑥。"安宅系伪经"在非汉族群中的流布及其信仰实态的解明，不仅有助于理解汉传佛教伪经在西域多元社会文化中的影响，为重绘中国佛教史的多维世界提供了新的"色相"，也有助于我们从精神层面理解丝绸之路在人类历史进程中所发挥的作用，并为从文明在互动中演进的角度探求民生宗教的特性提供了新的取径⑦。

---

① 笔者曾就此问题当面求教京都大学文学部吉田豊教授，此据《京都访学日志》2008年6月20日。
② 萧登福《道家道教与中土佛教初期经义发展》，上海：上海古籍出版社，2003年，329页。
③ 刘永明《论敦煌佛教信仰中的佛道融合》，《敦煌学辑刊》2005年第1期，50页。
④ 杨富学《回鹘之佛教》，乌鲁木齐：新疆人民出版社，1998年，193—195页。
⑤ 胡晓丹《摩尼教占卜书中的东方传统——吐鲁番中古波斯语写本M556再研究》，《北京大学学报》2020年第1期，130—137页。
⑥ 笔者主张应重视方术在丝绸之路诸文明的传播与影响，丝绸之路在某种意义上也是方术之路。"方术的射程—东西交涉视野下的数术方技之学"，"丝路文明论坛第四期"，浙江大学，2017年12月8日。http://www.ch.zju.edu.cn/2017/1212/c22566a874845/page.htm.
⑦ 笔者曾提出"民生宗教社会史"的分析框架，用以解释宗教信仰、日常生活与社会网络交织的特性。所谓民生宗教是指围绕个人或家庭乃至某一地域的民生福祉而展开的信仰，尤其是与人的基本生存状态与生命历程相关联的衣食住行、生老病死等方面，包括思想与行为。其核心内涵包括神灵体系、仪式活动、象征结构三个层面。与一般的有关民间信仰研究的不同之处在于：不是仅仅考察民众有什么样的信仰，而是这些信仰如何作用于他们的生活方式和思维方式，进而考察作为意识形态和社会行动的信仰在国家政治、地域社会、利益集团、精英阶层和普罗大众之间的互动关系，重心落在宗教实践层面。余欣《神道人心：唐宋之际敦煌民生宗教社会史研究》，2—3、131—157页。

The Spread of "Anzhai Shenzhou Jing" in the Western Regions: On the Belief of Buddhist Apocrypha in Non-Han Ethnic Groups

Yu Xin

The traditional view is that the Chinese Buddhist apocrypha *"Foshuo Anzhai Shenzhou Jing"* was created in the Post-Han period. Based on the investigation of the catalogues of Buddhist scriptures and the ancient manuscripts found in Dunhuang, Turfan and Jingang Temple, this paper proposes that this scripture should be a newly created apocrypha under the influence of Tantrism during the Wu Zhou period. It is verified that the Dunhuang manuscript is not *"Foshuo Anzhai Shenzhou Jing"*, but may be an earlier scripture *"Anzhai Zhoujing"*, while the popular scripture *"Foshuo Anzhai Shenzhou Jing"* in Turfan is consistent with the *Taishō Tripiṭaka*. It reveals the spread and the belief of apocrypha *"Anzhai Jing"* among non-Han ethnic groups such as Sogdian in the Western Regions, and is helpful for understanding the usage and influence of the Chinese Buddhist apocrypha in diverse social cultures.

库木吐喇汉风石窟中千佛像的绘制

魏 丽

北京服装学院美术学院

库木吐喇石窟位于新疆库车以西约 20 千米的位置,是龟兹佛教遗迹的重要组成部分。库木吐喇石窟中保存有数量可观的汉风洞窟,这是其他龟兹石窟所罕见的,库木吐喇汉风洞窟主要位于谷南区的第 7、8、9、10—17、22、24、30、36、37、38、79 窟;谷北区的第 41、42、45、46(附 1)、56、74、75 窟[①],在这些汉风洞窟的主室券顶都出现了千佛像,其佛像样式与绘画技法都与传统的龟兹式千佛有着明显区别。本文通过观察库木吐喇汉风洞窟内千佛像的艺术特点和绘制方法,来呈现出其所产生的特殊历史条件。

一、千佛像的绘制方法

千佛像是龟兹绘画艺术的一大特点。约在公元 5、6 世纪龟兹受盆地南沿大乘佛教的影响,千佛像开始出现在石窟中。根据公元 7 世纪长安高僧道宣的《续高僧传》记载,公元 586 年前后大乘僧达摩笈多至龟兹,受到笃好大乘的龟兹王的挽留[②]。大乘佛教流行于龟兹,使得千佛像大量出现,并逐渐形成颇具特点的龟兹样式。克孜尔石窟作为龟兹艺术的集中代表,从公元 6 世纪中期以后千佛像也成为重要表现题材,呈现出龟兹样式,如图 1。

龟兹式千佛均为正面结跏趺坐,端坐于莲花座上,两手相叠置于腹前;袈裟为圆领通肩式和双领下垂式两种,画工通过交替变化袈裟样式和色彩来形成丰富的视觉效果;圆领通肩式袈裟是一种来自古印度犍陀罗地区的样式,即袈裟右领襟(袈裟右衣角)敷搭至左肩,领口形成圆弧形,袈裟从颈部下垂至脚踝处,如图 2;在绘画方式上,画工注重佛像体积感的塑造,采用了印度的凹凸晕染法,在佛像面部还能看到晕染后的痕迹;龟兹式千佛还有一个特点,就是在每身佛像的外围都有长方形边栏,形成一个个的方格块面。

---

① 马世长《库木吐喇的汉风洞窟》,新疆维吾尔自治区文物管理委员会等编著《中国石窟·库木吐喇石窟》,北京:文物出版社,1992 年,204 页。

② (唐)道宣撰,郭绍林点校《续高僧传》卷二,北京:中华书局,2014 年,44 页。

图1 克孜尔第189窟 主室窟顶千佛局部（图片采自《中国石窟·克孜尔石窟》，图80）

图2 克孜尔石窟中身着圆领通肩式袈裟的千佛像（笔者绘）

龟兹式千佛对其他石窟的千佛像产生了影响，如库木吐喇龟兹系洞窟第55、50、29、28等窟内的千佛像均为上述的龟兹样式，但在库木吐喇汉风洞窟内的千佛像完全不同于这种龟兹式，而呈现出一种来自中原的风格，如图3。

图3 库木吐喇第15窟 主室券顶东侧壁 千佛局部（图片采自《中国石窟·库木吐喇石窟》，图42）

库木吐喇汉风洞窟中的千佛像均为正面结跏趺坐,千佛身着双领下垂式袈裟,如图4,袈裟从双肩垂下包裹着双臂,自然形成下垂的双领,内着僧祇支,这是对古印度圆领通肩式袈裟的变体,这被认为是袈裟中国化的开始①;在绘画技法上,画工以疏密有致的线条来进行形体的塑造,色彩以平涂为主,这种讲究笔墨情趣的绘画方式是汉族传统的绘画手法;千佛没有长方形边栏,佛像自身形成竖成行、横成列的布局格式。

图4　库木吐喇汉风洞窟中身着双领下垂式
袈裟的千佛像(笔者绘)

图5　库木吐喇第11窟　主室券顶南侧壁　千佛局部
(图片采自《中国石窟·库木吐喇石窟》,图14)

库木吐喇汉风洞窟中千佛像与敦煌莫高窟唐代千佛像更加接近。在色彩系统上,库木吐喇与敦煌的千佛像均绘制在白色底上,土红色袈裟,内着绿或白色僧祇支,背光为绿色(或赭石),头光为赭石,如图5、6,整体设色清淡典雅;画工通过变换佛像的头光、身光,以及服装的颜色,形成"佛佛相次,光光相接"的意境。

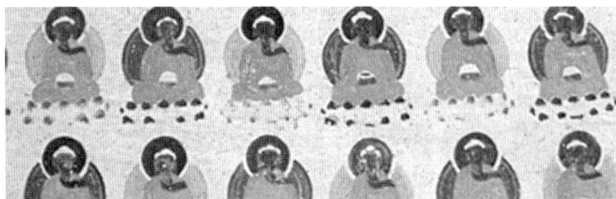

图6　莫高窟初唐第117窟窟顶壁画局部(图片采自《中国
石窟·敦煌莫高窟》第三卷,图72)

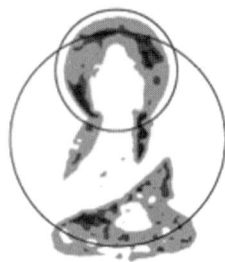

图7　大小二圆绘制法(笔者绘)

在库木吐喇第11窟的千佛像之间有数条朱红色的水平线,如图5,这是画工通壁绘制

① [日]山名伸出《吐谷浑与成都佛像》,《佛教艺术》218号,1995年。转引自费泳《六朝佛教造像对朝鲜半岛及日本的影响》,北京:中华书局,2021年,265页。

的辅助线,用以确定千佛的行间距。另外,在部分佛像的头光和身光处都残留有圆形线迹,这是画工利用两个交叠的圆形来确定佛像的头光和背光,以及身体的大致比例关系。这种使用大小二圆起稿的方式在莫高窟唐代壁画中被大量使用,如图7。莫高窟唐代千佛尺寸大致在 4 cm×5 cm 或 14 cm×22 cm 之间,库木吐喇千佛像也在这个尺寸范围内[①]。

千佛像一直都是敦煌壁画的重要表现题材。隋唐以前,千佛像主要绘制在中心塔柱窟主室四壁的上层,画工通壁绘制比例格来完成千佛的绘制。隋唐开始,石窟形制改为覆斗顶式,千佛从四壁向上移至窟顶四披,画工在倾斜的四披上绘制比例格的难度增大,为了提高绘画效率,画工因地制宜地将复杂的比例格简化为大小二圆,并减小了佛像尺寸[②],以便更好地控制佛像间的相似性。库木吐喇大小二圆的使用方式和目的都与敦煌完全一致,即画工使用大小二圆来完成千佛的规划布局,之后便一步步地完成敷彩和勾线。

综上,库木吐喇汉风洞窟与敦煌莫高窟的千佛像在色彩系统、绘制技法、绘画程序等方面都保持着高度一致,而所有环节的相似性仅通过画稿的流传似乎难以实现,这还要求不同地域的工匠要有一个密切的接触和互动,才能保证所有环节的顺利完成。

龟兹从公元 7 世纪中期开始一直都是唐朝统领四镇(龟兹、焉耆或碎叶、于阗、疏勒)的安西都护府的驻地,唐朝在此派兵屯戍,保护了通往葱岭以西诸国的商路,客观上导致大批内地汉僧徒此传教。敦煌是进出西域和中原的门户,在敦煌有来自龟兹的工匠。林徽因指出敦煌壁画中使用白色细线画框的方法是龟兹画工带来的新技术[③]。敦煌榆林窟第 33 窟题记"清信弟子节度押衙□□相都画匠作银青光禄大夫白般绽一心供养",向达先生认为白般绽就是流寓敦煌的龟兹国人[④]。位于西域北道上的龟兹,应该也有来自敦煌的工匠。

库木吐喇汉风洞窟从整体布局到细节描写都与敦煌莫高窟高度一致。在洞窟形制上,虽然库木吐喇汉风洞窟仍是龟兹传统的中心柱窟,但壁画布局似乎是对莫高窟模式的复制,如主室券顶中脊的天象图已被团花纹替代,券腹两侧的菱形故事画也变成了千佛像,左右侧壁的大型经变画也取代了之前的说法图,这都与莫高窟覆斗顶式窟的布局格式和题材内容一一对应;汉风洞窟中经变画的构图、人物、建筑等也与敦煌几乎完全一致;在券顶中脊和壁画连接处都是敦煌常见的团花纹、云朵纹、卷草纹、茶花纹等装饰图案。所

---

① 笔者对库木吐喇第 11 和第 14 窟券顶排列的千佛数量的计算,并参考第 9 窟、第 46 附 1 窟千佛的尺寸而进行的估算。第 9 窟千佛高 10 cm—12 cm,宽约 6 cm—8 cm,第 46 附 1 窟千佛高约 10 cm,详见晁华山《库木吐喇石窟初探》、马世长《库木吐喇的汉风洞窟》,《中国石窟·库木吐喇石窟》,187、215 页。

② 随着绘制方法的变化千佛的尺寸也不断变化,千佛早期的基本尺寸为 8 cm×14 cm 至 16 cm×33 cm 之间;到了唐代缩小至 4 cm×5 cm 至 14 cm×22 cm 之间。

③ 林徽因《敦煌边饰图案初步研究》,常沙娜编著《中国敦煌历代装饰图案》,北京:清华大学出版社,2004 年,11 页。

④ 向达《唐代长安与西域文明》,重庆:重庆出版社,2009 年,327 页。

以，库木吐喇不仅有来自敦煌的画稿和画样，而且还有大量敦煌工匠的参与。

库木吐喇汉风洞窟集中营建于公元 8 世纪中期至 9 世纪中期[1]，大致在天宝年间到回鹘控制龟兹之前，这段时期属于唐军控制的稳定时期。库木吐喇距龟兹国都伊逻卢城和安西都护府治所的距离较近，这里成为官员及其眷属的礼佛圣地。在库木吐喇第 16 窟主室前壁中有着红袍的汉人供养像，这应是在龟兹生活的唐代汉吏的形象，正是在这些汉族官员们的支持下，才使得开窟绘壁工作得到了经济上和制度上的保障。另外，根据《西域考古图谱》上卷刊布的库木吐喇 16 窟汉文榜题"大唐□严寺上座四镇都统律师□道"，这位名叫"□道"的律师是位汉僧，他是唐朝在龟兹设的僧官都统僧，掌管四镇佛教事务[2]，由汉僧掌管的宗教管理机构成为汉风洞窟营建工作顺利进行的前提条件。

库木吐喇石窟规模仅次于克孜尔石窟，库木吐喇不缺工匠，也不缺开窟经验，对于龟兹地区来说，这种来自中原的样式是一种全新的风格，但库木吐喇汉风洞窟均体现出整体规划绘制的面貌，这是在上层官员和汉地工匠的共同参与下，成功移植了中原地区的佛教艺术体系，并使得艺术水准始终保持在一个高水平之上，库木吐喇汉风洞窟也成为其他石窟的参照对象，如克孜尔第 43 窟和第 229 窟的汉式绘画风格与库木吐喇一致[3]，位于克孜利亚山库木鲁克艾肯沟内的阿艾石窟的部分洞窟也与库木吐喇一致，这都是安西都护府稳定管辖西域的历史见证。

二、《造像量度经》

库木吐喇汉风洞窟第 14 窟券顶的千佛身上残留有三条水平色线，如图 8，这三条线分别与佛像的头光、发髻、颈部相对应，这与莫高窟北朝时期（386—581）壁画中所见的辅助线形式相似，如图 9。笔者曾对莫高窟的辅助线进行过收集和整理，发现画工在绘制千佛和主尊佛像时都使用了比例格，如图 9、10。库木吐喇第 14 窟残留的色线也是当时画工绘制佛像时留下来的辅助线。具体绘制方法为：首先，画工在绘制标准佛像之前，先用朱红色线弹出数条纵横相交的长直线，形成一张网状比例格；然后，画工以佛像的头光、身光、头部、颈部、肩部、手部、莲座等关键位置为定点，在比例格内填画出佛像的基本尺寸和比例关系；最后，画工直接用笔勾出佛像的基本轮廓后，进行敷彩和矫正。

---

① 马世长《库木吐喇的汉风洞窟》，《中国石窟·库木吐喇石窟》，223 页。

② ［日］香川默识《西域考古图谱》，杭州：浙江人民美术出版社，2018 年，11 页。马世长《库木吐喇的汉风洞窟》，《中国石窟·库木吐喇石窟》，220—221 页。

③ ［意］魏正中《区段与组合—龟兹石窟寺院遗址的考古学探索》，上海：上海古籍出版社，2013 年，65 页。晁华山《库木吐喇石窟初探》，《中国石窟·库木吐喇石窟》，192 页。

图 8　库木吐喇第 14 窟千佛身上的三条水平色线（笔者绘）　　图 9　敦煌莫高窟绘制千佛的辅助线（笔者绘）　　图 10　敦煌莫高窟北朝时期尊像画的辅助线复原图（笔者绘）　　图 11　释迦佛裸体之相（图片采自李鼎霞、白化文编著《佛教造像手印》，北京：中华书局，图一）

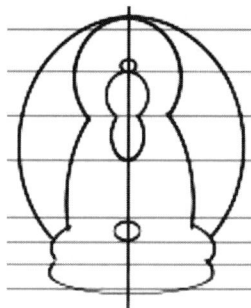

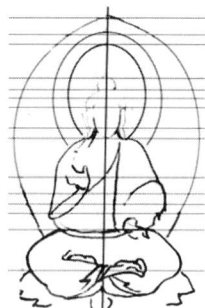

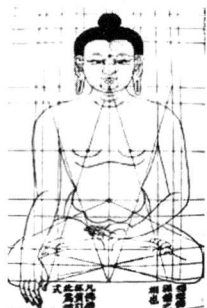

使用比例格绘制佛像的方法，在清乾隆时西番学总管漠北工布查布译《造像量度经》中关于绘制佛像的比例格中也能见到，部分比例格结构和作用都与上述比例格相似，如图 11，确定佛像的螺髻、发际、下颌、颈、胸、肘、膝等位置的线条排列方式。《造像量度经》原属藏传佛教系统，工布查布于乾隆七年（1742）将藏文文本译成汉文后收录于《大藏经》（T. 1419），他所依据的藏文文本是由藏人扎巴坚赞（Grags-paprgyal-mtshan）和印度人达磨多罗（Dharmadhara）合作将梵文译成藏文的①，藏文本的译出时间大致在公元 14 世纪初②。

梵文本《造像量度经》传说为佛陀弟子舍利弗所做，舍利弗问佛灭后如何造佛容像，佛陀解释了为他造像的量度，故又称《舍利弗问经》，在具体制作过程中以手指作为度量佛像各部位的指数。这种规范佛像样式的方法最早可能产生于印度笈多王朝时期（Gupta Dynasty，约 320—540），笈多时期的佛教艺术已由贵霜的探索期走向了成熟期，佛像具有了固定样式，多部量度学经典随之产生，有学者指出梵文本《造像量度经》产生于笈多王朝二世超日王时代③。

梵文文本在中国推广和普及的难度较大，而外来技术仅通过工匠的示范和口授就能

① 《佛说造像量度经》（T. 1419），《大正新修大藏经》（21），936 页上—956 页中。945 页下 7—9 行，译为："按此经凡有三译，一疏，而是本乃西天三藏达磨多啰与亚哩弄（地名）译师查巴建参同在恭唐邑翻成者也。"

② 康·格桑益希认为藏译本出现在 10—12 世纪期间，比利时学者魏查理通过对扎巴坚赞（约 1285—1378 年后）的生平和译经经历的调查整理，认为藏译本译于 1306—1315 年间，笔者比较认同后者的观点。详见康·格桑益希《藏传佛教造像量度经》，《宗教学研究》2007 年第 2 期，111 页；［比利时］魏查理《〈造像量度经〉研究综述》，《故宫博物院院刊》2004 年第 2 期，63—64 页。

③ 马学仁《〈造像量度经〉的基本内容及译入年代》，《中国藏学》1997 年第 3 期，111 页。

准确传播,所以,这一来自印度本土的量度技术应该是先于文本而到达中国的。在敦煌北朝壁画中使用比例格绘制标准佛像的方式,说明中国在 6 世纪以前就已被普遍使用这种技术。游走的画工应该是技术传播的主要承担者,龟兹作为佛教进入中国北上传播的第一站,一定有来自印度的工匠,德国学者格伦威德尔指出在克孜尔画家窟中就有印度画工的参与[①],这种由印度工匠带来的新技术到达龟兹后继续东进到达敦煌。

敦煌自公元 786—848 年被吐蕃占据(又称中唐),龟兹自公元 787—850 年再次被吐蕃占领。以西藏高原为根据地而发展起来的吐蕃,到了第五代赞普赤松德赞(Khri-sron-lde-btsan,742—797)时期达到最盛,赤松德赞积极弘扬汉地佛教,吐蕃时期敦煌营建和补绘的洞窟多至 80 多个[②],窟内图样基本沿用盛唐以来的汉地样式,这一时期库木吐喇在绘画题材、装饰细节上始终与敦煌保持一致[③]。当时的汉地并没有一部有关佛像量度与仪轨的文本,画工主要依靠流传的口诀或大师的粉本来完成佛像的绘制,佛像更加符合汉地的审美习惯和对笔墨韵味的要求,比例格法已彻底消失,所以,由敦煌或龟兹向藏地传入比例格法的可能性不大。

公元 7 世纪初藏族开始受佛教的影响,藏王们纷纷求法印度,如松赞干布送顿弥桑布扎(Thon-mi-sam-bho-ta)等人到印度学佛法和梵文,赤松德赞邀请印度大师希巴错(zi-ba-htsho 或 Santa-raksita)入藏传法等[④]。当时的吐蕃拥有一套有效的驿传系统[⑤],保护西行天竺路线的畅通,梵文佛典和印度僧侣来往于印度和西藏之间。而佛教的传播既重经典也重图像,有关佛像量度的方法和文本也应该进入了西藏,但西藏在公元 9 世纪经历了郎达姆(Glan-dar-ma,836—842)灭佛运动,大量佛典和佛像遭到破坏,直到公元 10 世纪西藏才重新弘扬佛教,历史上通常将郎达玛以后输入的佛教称作"后期翻译"(Phyihgyur)[⑥],或后弘期。目前所知最早的藏文量度经典是后弘期入藏弘法的印度高僧阿底峡尊者(Atisha,982—1055?)传入并译出。

西藏自后弘期开始,陆续出现了多部藏人所著的量度学经典,如公元 13 世纪擦绒·索南伟色的《造像做法智慧之源》,公元 15 世纪勉拉顿珠的《如来佛量度经如意宝论》[⑦],公元 17 世纪第悉·桑吉嘉措的《白琉璃论》等。工布查布在翻译《造像量度经》时,其编译思

---

① [日]羽田亨著,耿世民译《西域文明史概论》,北京:中华书局,2005 年,34—35 页。

② 按《敦煌莫高窟内容总录》调查提示,以及樊锦诗、赵青兰《吐蕃占领时期敦煌莫高窟洞窟分期研究》纳入分期的洞窟 56 所,后来吐蕃时期补绘的洞窟,总数在 80 窟左右。详见罗世平《图像与样式:汉唐佛教美术研究》,北京:文物出版社,2021 年,430 页。

③ 如库木吐喇第 42 窟茶花纹样,第 16 窟的石榴卷草纹,《观经变》和《药师变》中的蘑菇状云头纹等,都是吐蕃时期敦煌流行的新样式。

④ 李安宅《藏族宗教史之实地研究》,北京:商务印书馆,2017 年,22—23 页。

⑤ 张广达《文书、典籍与西域史地》,桂林:广西师范大学出版社,2008 年,223 页。

⑥ 李安宅《藏族宗教史之实地研究》,24—25 页。

⑦ 班旦次仁《新发现擦绒·索南伟色〈造像量度经〉解析》,《西藏大学学报》2020 年第 2 期,114 页。

想就受到桑吉嘉措所编辑度量经手稿的影响①,他还旁征博引了多部藏文文献的注疏,所以某种程度上《造像量度经》是对藏地历代高僧学术成果的综合编译。

在《造像量度经》中除了以手作为量度单位外,在论述人体较小部位时多以青稞为单位,青稞是藏族的主食,这是工匠从西藏实际情况出发主动对量度单位进行了转换,甚至还发明了微尘、发尖、虮子、虱子等来进一步细化度量单位,这都更加方便理解和记忆。所以,《造像量度经》是西藏按照自己的宗教要求和民族习惯,从文本和实践两方面进行完善,逐渐形成一套西藏地区独特的、本土化的量度体系,最终被作为造像的唯一法度。当汉译本出现后,它亦被运用于清代宫廷的佛教造像,至今在汉藏两地的佛教艺术实践中依然有着深远影响。

比例格这种来自印度本土的量度技术,随着佛教的东渐而分别进入了中国的西北和青藏高原,这种新技术在不同地区各自独立发展,最终形成截然不同的面貌,这反映出不同民族在面对同一外来技术时的不同需求和选择。同时,比例格作为绘制标准佛像的科学标尺,进行了跨宗派的文化传播,成为大乘佛教和藏地佛教标准佛像绘制的重要依据,虽然它在不同的佛教传统语境中的发挥着不同的作用,但保留在敦煌壁画和藏文文本中的相似的比例格形式,正是这种同源性艺术到达中国后的最初形态。

The Thousand Buddha Paintings in the Kumtura Grottoes

Wei Li

This article focuses on the draft lines of the Thousand Buddha Paintings in the Kumtura Grottoes and the Dunhuang Grottoes, categorized and illustrated these draft lines role during a painting process, also restored and repaired the remnant of the draft lines. These works further allow the author to learn how the ancient painters utilized those draft lines to draw standardized Buddha Portraits, and eventually developed a standard Buddha Portrait painting method and system.

---

① 姚霜《论〈佛说造像量度经〉的译介理路与理论渊源》,《中华文史论丛》2020 年第 1 期,346 页。

龟兹、高昌回鹘佛像画比较研究

苗利辉

新疆维吾尔自治区克孜尔石窟研究所

引　言

佛像有广义和狭义两种说法。狭义而言,是专指佛陀的造像;广义而言,佛、菩萨、诸天、护法等都可称为佛像。本文所讨论的佛像是指狭义的佛像,即各种佛及与其相关的造像。佛像画是指以佛为中心内容的佛教绘画。它既包括单尊的各种佛像画,如释迦牟尼佛像、阿弥陀佛像以及药师佛画像等,也包括与他们有关的本生、因缘、佛传和经变等题材。

回鹘人的先祖为隋唐时期的回纥人,活动在蒙古高原,曾经有乌护、乌纥、袁纥、韦纥、回纥等多种译名。当时,为了反抗突厥的压迫和奴役,回纥联合铁勒诸部中的仆固、同罗等部组成了回纥部落联盟。公元744年,统一了回纥各部的首领骨力裴罗受唐朝册封。788年,回纥统治者上书唐朝,自请改为"回鹘"。840年,回鹘汗国被黠戛斯攻破,回鹘人除一部分迁入内地同汉人融合外,其余分三支:一支迁往吐鲁番盆地和今天的吉木萨尔地区;一支迁往河西走廊,与当地诸族交往融合,先后建立了甘州回鹘和沙州回鹘政权;一支迁往帕米尔以西,与葛逻禄、样磨等部族一起建立了喀喇汗王朝。进入新疆地区的回鹘人后来相继融合了吐鲁番盆地的汉人、塔里木盆地的焉耆人、龟兹人、疏勒人,建立高昌回鹘王国。

回鹘人在漠北高原时本来信仰的是摩尼教。进入汉地和新疆后,逐渐改信了当地流行的佛教,并创造了回鹘佛教艺术。回鹘佛教艺术中有大量的佛像画内容,是中华民族传统文化的重要内容。

今天保存的回鹘佛像画主要分布在新疆的阿克苏地区、焉耆地区、吐鲁番地区以及甘肃的酒泉地区。

新疆地区的回鹘佛像画其时代为公元9世纪及其以后。主要分布在三个地区:古代龟兹地区(今阿克苏及其附近地区)、古代焉耆地区(今巴州焉耆县及其附近)和古代高昌地区(今吐鲁番地区和昌吉州部分地区)。其中又以高昌和龟兹两地保存最多。

一、龟兹地区的回鹘佛像画

龟兹地区的回鹘佛像画主要保存在这个地区的石窟中。此外,地面佛寺中也有少量留存。

这些佛像画主要绘制在中心柱窟和方形窟中。中心柱窟的中心柱平面多为横长方形,正壁龛多为浅龛,很多洞窟主室正壁前或地面中心有低坛是这一时期的特点。如库木吐喇石窟第38、45窟等。(图1)

壁画题材:沿袭早期龟兹风壁画中的说法图、佛本行经变、涅槃变以及汉风壁画中的汉式千佛和尊像图,这些题材见于库木吐喇石窟窟群区第37和42窟。这些壁画中,可辨识的尊像有燃灯佛、阿弥陀佛等(图2)。新出现了一佛二菩萨、横列因缘、华严经变、弥勒下生经变、三世佛、十方诸佛等题材,这些题材见于库木吐喇石窟窟群区第10、12、41、45和79等窟(图3)。

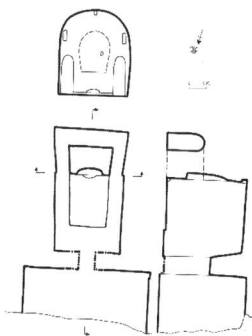

图1　库木吐喇石窟窟群区第45窟平剖立面图

图2　库木吐喇石窟窟群区第45窟右甬道外侧壁阿弥陀佛

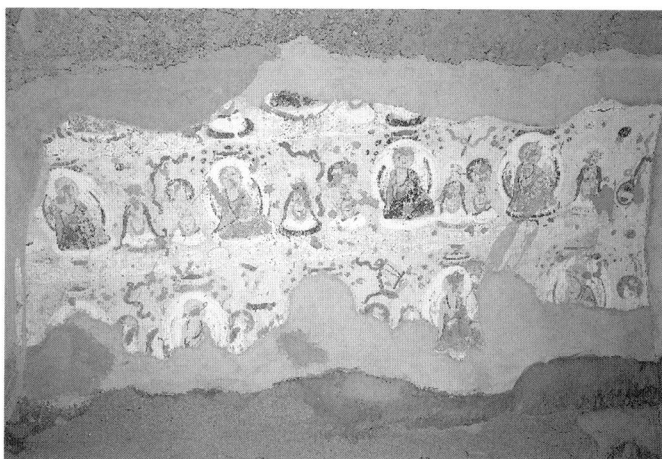

图3　库木吐喇石窟窟群区第13窟券顶佛和菩萨

誓愿画是描述释迦牟尼前生修行时期,逢遇诸佛,发愿未来成佛,并得佛授记的故事。他在龟兹风石窟中,实际表现的是释迦牟尼在修行成佛早期阶段“逢事诸佛”的故事。

说一切有部认为,菩萨从发“菩提心”到成佛,需要四个阶段:(一)三阿僧祇修行阶段(年代极久,无数劫)。(二)百劫修行阶段(修三十二相八十种好)。(三)诞生到逾城出家。(四)三十四心断结成道(降魔成道)。第一阶段也就是“行菩萨道”的阶段。即“本生谭"时期。这个时期也是修"波罗蜜"的时期。在三阿僧祇劫中,释迦菩萨值遇无数过去佛,即佛经上所称"逢事诸佛"事迹。据《阿毗达磨大毗婆沙论》称:

> 问:修此四波罗蜜多时,于一一劫阿僧企耶逢事几佛。答:初劫阿僧企耶逢事七万五千佛,最初名释迦牟尼,最后名宝髻。第二劫阿僧企耶逢事七万六千佛,最初即宝髻,最后名然灯。第三劫阿僧企耶逢事七万七千佛,最初即然灯,最后名胜观。于修相异熟业九十一劫中逢事六佛,最初即胜观,最后名迦叶波[1]。

在三阿僧祇大劫以及最后的修相异熟业九十一劫中供养奉事过的大量佛,即佛经所称的"逢事诸佛"。释迦菩萨"逢事"过的大量过去佛,有的曾为他"授记",预言释迦未来成佛。三阿僧祇劫和百劫中,释迦菩萨"逢事诸佛",是成佛"资粮"的不断积累,也是他"成佛"的必要条件。

图 4　森木塞姆石窟第 44 窟后甬道正壁涅槃图局部

在龟兹风石窟壁画中,"逢事诸佛"的故事多绘于中心柱窟的甬道侧壁或方形窟的主室侧壁上。画面构图一般是立佛位于画面正中,两侧绘出与故事有关的人物、动物、建筑或器具等。释迦牟尼的前世一般位于画面下方左侧或右侧。

回鹘风佛教艺术继承了这一传统,但在龟兹石窟中这一题材数量不多,仅保存在库木吐喇石窟第 38 窟等个别洞窟中,而在高昌回鹘佛教艺术中,被高昌艺术家改造,场面宏大、丰满,具有很高的艺术效果,成为具有代表性的题材[2]。

服饰:这一时期佛像画人物中服饰既有回鹘装的,也有汉式的,比如身穿的偏衫式袈裟的,以及双领下垂和钩纽式袈裟佛像。

其中一些壁画中的世俗人物的服饰保留着许多龟兹本地特点。如森木塞姆 44 窟主室后甬道正壁所绘涅槃变,举哀人物着装为龟兹地区的本土服饰(图 4)。

此外,一些尊像和供养人佩戴的耳饰依然具有龟兹本地特点。如大多数菩萨和一些立佛像佩戴圆环形有孔耳珰。涅槃图里的举哀天人和力士佩戴圆环形无孔耳珰。女供养人佩戴耳环。

---

[1] 《阿毗达磨大毗婆沙论》卷一七八,《大正藏》第 27 册,892 页。

[2] 根据贾应逸先生的统计,这种题材在现存 70 多铺,约占现有壁画洞窟总数的 30%,面积近 400 平方米,占现有壁画总面积的 1/3。贾应逸、祁小山《印度到中国新疆的佛教艺术》,兰州:甘肃教育出版社,2002 年,441 页。

纹饰图案,主要有团花、宝相花、折线式光焰纹、云纹和水波纹等,葡萄纹为本地特有纹样。

风格:壁画构图上多沿用龟兹原有形式,龟兹式的菱格构图仍然使用,如森木塞姆第44窟主室券顶绘菱格因缘故事。库木吐喇石窟第45窟主室前壁上方半圆壁画上的弥勒下生经变构图简洁,人物不多,与龟兹风壁画中的弥勒上生经变构图相同。同时,一些在克孜尔石窟的中晚期才出现的构图形式,这时成为回鹘风中心柱窟券顶的一种流行构图样式,如横列构图的本生因缘故事,可见于库木吐喇石窟窟群区第10和45窟(图5)。

图5　库木吐喇石窟窟群区第10窟券顶因缘故事

人物造型具有典型回鹘人特点:脸型方圆,额头偏窄,下颌宽大,颧骨突出。五官较集中,鼻梁挺直,樱桃小口,眉毛呈柳叶形,眼睛细长等。

与此同时,人物造型上也出现了一些本地的特点:如佛像上眼睑呈圆弧形,大多不绘眼白,眼眶线较长而且距上眼睑较近,有些眼皮绘两至三层。手掌宽大丰韵,手指纤细,指肚均匀向指尖逐渐变细,手腕较细。个别佛像肉髻为螺发(图6)。这些均与作为典型回鹘风艺术代表的高昌地区回鹘风艺术有所不同。

壁画造型以线条为主,大量使用铁线描,遒劲有力;同时也吸收了中原式的兰叶描,增添了线条的变化。颜色以平涂为主,有时也使用晕染法,但已退居次要地位。壁画中大量使用赭石、朱砂等色彩,并以石绿色相衬。

图6　库木吐喇石窟窟群区第38窟左甬道外侧壁立佛

二、高昌地区的回鹘佛像画

　　高昌石窟,以回鹘时期的遗存最丰富,代表着回鹘艺术的最高峰。这一时期,柏孜克里克石窟成为最重要的石窟寺院,比较典型的洞窟有柏孜克里克14、20、32、39、41窟,以及重绘的18窟。雅尔湖、胜金口以及奇康石窟都有新窟开凿。拜西哈尔、大桃儿沟和小桃儿沟石窟是这个时期新开凿的窟群。

　　地面佛寺中,北庭西大寺、高昌故城中都保存有壁画,此外,一些石窟寺如吐峪沟石窟和胜金口石窟中也有一些地面寺院,其中也保存有一些回鹘佛像画。

　　石窟寺中,佛像画主要绘制在方形窟中。这些方形窟往往依崖开凿,并与大型土坯垒砌相结合,其中纵券顶数量最多,新出现了中心殿堂窟、影窟等洞窟形式,如柏孜克里克第20窟和82窟。地面佛寺中,佛像画则主要绘制在佛殿中,如北庭西大寺的佛殿[①]。

　　壁画题材丰富,包括大型经变画、说法图、千佛像、尊像图和供养人等,其中又以反映释尊前生无数世如何诚心供养前世佛终于自身成佛的佛本行故事(誓愿画)最有特点(图7)。供养人的服饰种类多样,既有回鹘人的典型服饰,也有很多汉式以及古代西域乃至丝绸之路上其他地区的服饰。

　　壁画构图形式多样,既有分格分层的方形构图,如说法图以及一些经变画,也有横列绘制的千佛图,经变画的构图最为多样,既有汉式横列布局,也有方格构图的。

　　高昌回鹘壁画的人物造型,脸型长圆丰满,腮较大。两眉修长接鼻梁,鼻梁稍拱。眼睛或似柳叶,内涂眼白。上眼眶与上眼睑距离较远,呈圆弧形。上眼睑呈折线形,眼尾略挑。嘴小。手绘的比较饱满、较写实。虽然少数大型立佛和伎乐菩萨的身躯稍有点扭曲,但大部分佛像、菩萨,或是故事画中的人物形象,都是双脚直立端庄挺拔,身材匀称,具有一种稳健勇敢的美感。

图7　柏孜克里克石窟第20窟　佛本行经变

　　重视线条的使用和表现力,是高昌回鹘壁画技艺的又一特征。回鹘人大量使用铁线描,虽然不像龟兹那样"紧劲有力",但依然是屈铁盘丝,粗细相当。同时也使用莼菜式的

---

　　① 中国社会科学院考古研究所《高昌回鹘佛寺遗址》,沈阳:辽宁美术出版社,1991年,84—144页。

兰叶描。高昌回鹘画家不仅用线条概括表现对象的轮廓,而且用它描绘细部。他们使用曹衣描表现衣服的褶襞,既有质感,又显出躯体的健壮。如柏孜克里克石窟第20窟中立佛像贴体的衣纹线。他们重视解剖,突出人体骨骼,用线条勾个圆圈,表现人物肘膝关节,突出圆浑的肢体;又用线条勾成钉子式样的骨骼,显得人物粗壮有力。前者用来表现佛、菩萨的优美形象,后者表现力士和天王等的力量所在(图8)。用铁线在绿池中绘涡旋纹,表现出"激石成湍"的水面.用粗壮的线条勾勒山形,显得山势高峻。

柏孜克里克本行经变画(誓愿画)中的大型立佛、满铺窟顶的千佛都穿红色袈裟,国王的戎装和披风也全为红色。至于说众多的图案纹样,如窟顶的莲纹、宝相花纹样、各铺壁画之间忍冬及云纹边饰、佛和菩萨身光和头光中的纹饰……无不以红色为主。楼阁塔殿也以赭红色土或砖瓦夯砌而成。在这些暖色中,又以石绿、白色相间,再加上金色的头光、身光和璎珞、钏、头饰等相映,使得画面绚丽多彩,富丽堂皇。

图8　柏孜克里克石窟第20窟　主室正壁天王

图9　拜锡哈尔第2窟主室券顶

纹饰:高昌回鹘壁画中图案丰富,火焰纹、火焰宝珠纹、折线纹、水波纹、宝相花纹、单支藤蔓花卉纹、菱形格纹、葡萄纹、钱纹、联珠纹、藤蔓卷草纹、三角纹和茶花在回鹘佛像画中都大量出现。回鹘艺术家甚至把经变故事画也图案化了,如拜西哈尔石窟第2窟窟顶莲心中绘逾城出家故事,周围的蔓藤卷叶纹中绘菩萨坐像,既符合教义的安排,又是整个壁面极富美感和装饰性(图9)。

小　　结

总的来说,古代龟兹和高昌地区回鹘佛像画具有一些共同的特点:

题材上,方格构图的说法图、涅槃变、以大型立佛为中心的誓愿图、横列千佛以及汉式经变画整个古代龟兹和高昌都很流行;人物造型上,回鹘人以自己为原型塑造形象,浑厚勇健;回鹘供养人身着具有自身特点的服饰;艺术风格上,重视线条的表现力,屈铁盘丝式的线条和兰叶描等的配合使用;填色以平涂为主,晕染较淡;纹饰常用火焰纹、折线纹,强调装饰意匠效果,喜爱红、赭和黄等热烈色泽(赋色)。

凡此种种,形成了具有共性的符合回鹘人审美趣味的壁画艺术。

但是,不同区域之间还是有所不同,比如龟兹回鹘佛像画更多受到龟兹本土原有壁画题材、风格、人物造型和服饰的影响,高昌回鹘壁画颜色更加丰富以及金色的大量使用等等。

两地壁画艺术的相似性是由于尽管生活在不同的地区,但是回鹘人在回鹘汗国时期形成的一些文化共同性已经定性化并且成为他们文化属性的一个方面,而差异则应与其周边的文化环境有关,生活在不同地区的回鹘人在长期的各自发展中,必然与周边其它文化产生交流,并且互相影响,从而使得生活在不同地区的回鹘人产生了一些文化差异。

A Comparative Study of Uighur Buddha Portrait Painting between Kuci and Qočo

Miao Lihui

Uighur Buddha portrait painting centred on Buddha is one of the Buddhist paintings drawn by Uighurs. The Uighur Buddha portrait painting in the Western Regions was mainly painted in the ancient Kuci and Qočo regions. The paintings of the two places are obviously similar in theme, posture and artistic style, but there are also many differences. For example, Uighur Buddha portrait painting is more influenced by the theme, artistic style, character posing and costumes of native murals in Kuci, while Uighur Kingdom of Qočo's murals are much more abundant in color and extensively use gold color.

古格壁画"天宫星宿图"与《宿曜经》

——以"二十七宿神"与"黄道十二宫神"的组合为例

孟嗣徽

故宫博物院

古格王国遗址,位于藏西阿里地区扎达县扎布让。在隋代,这里被称为女国,彼时已开始与内地及周边国家有联系。后来成为吐蕃属国。公元 9 世纪,随着吐蕃王朝分崩,赞普后裔基德尼玛衮逃往阿里为王,分封三子各处一方。长子具吉衮据芒域,后为拉达克王国[①];次子扎西德衮据布让,后被古格吞并;幼子德祖衮据象雄,建古格王国。古格王国的统治中心在扎达象泉河流域,国界最北可达今克什米尔境内的斯诺乌山,南界印度,西邻拉达克(今印属克什米尔),最东面其势力范围一度到达冈底斯山麓。其都城扎布让位于现扎达县城西 18 千米处的象泉河南岸。公元 1042 年,印度高僧阿底峡到阿里地区弘法,使阿里成为佛教复兴之地。从公元 10 世纪中叶至 17 世纪初,古格王国雄踞阿里,弘扬佛法,逐渐成为藏传佛教后弘期复兴运动的中心,影响遍及西藏各地。公元 1630年,由于宗教暴动和拉达克的入侵,古格王朝覆灭,都城随之毁圮夷为废墟。今天,古格王国遗址之外,在扎布让北面的香孜、香巴、东嘎、皮央,西面的多香,南面的达巴、玛那、曲龙等地,都留下了佛教崇拜与供养的遗迹,具相当规模的寺院及摩崖遗址显示出当年兴盛的佛教信仰。

现存的古格王国都城遗址在扎达县象泉河畔的一座土山上,自地面至山顶依山势而建。存有佛塔、寺庙、殿堂、居室以及大量的壁画、雕塑、石刻等精彩辉煌的佛教艺术遗存。作为一个古王国都城遗址,古格长期以来一直为历史学家、考古学家、艺术史学家和藏学家所关注。尽管遗址周围恶劣的自然环境、重重天然屏障以及遥远而艰难的路途使人们望而却步,近百年来,还是吸引了许多不畏艰险的中外学者前往考察。他们的考察,在取得可喜的研究成果的同时,也为后人的研究提供了宝贵的第一手资料。

---

① 芒域,藏语译称地名,又名"麻域"。今西藏阿里地区西北部及毗邻克什米尔东部拉达克地区。

一、古格故城白殿壁画"天宫星宿图"及其他

1985 年,由西藏自治区文管会组织,多方人员参加的一次对古格王国都城遗址的全面考察中,队员们分组对遗址进行了考察,包括摄影、录像、编号、记录、临摹、藏文翻译以及考古调查、发掘清理、测绘等大量的工作。这次考察是对古格王国都城遗址所做的最全面最深入的考察。研究成果于 1990 年由文物出版社结集出版,成书《古格故城》两册①。

1. 古格壁画"天宫星宿图":二十七宿与黄道十二宫

在 1985 年的这次考察中,考察队对古格王国都城遗址的各个佛殿作了调查和著录。笔者注意到,这次考察在白殿(拉康嘎波)西壁的第七组主尊塑像周围,其壁画内容中有用人物的形象描绘出的天宫星宿诸神,其中用藏文榜题标出二十七宿神和黄道十二宫神。记录如下:

> (壁画)用象征的手法,把西藏天文占星术的二十七宿(与汉族的二十八宿意义相同,独无女宿)、十二宫表现为具体的人物形象。从残存的藏文题名可辨有壁宿、奎宿、鬼宿、柳宿、昴宿、毕宿、觜宿、参宿、井宿、娄宿、胃宿、轸宿等;从形象分析,似有人马、白羊、室女等宫②。

2015 年 7 月,我有幸亲临现场调查并拍摄了照片。古格王国的都城遗址坐落在扎布让的一个土山上,城内佛寺依山而建。从山脚的入口沿着小径向上行,首先经过的是四个佛殿:红殿、白殿、度母殿和轮回殿;山顶还有一座坛城殿。这些佛殿内保存有许多精美的壁画,尽管年代久远却色泽鲜艳、光彩夺目,一些壁画上附着的金色依然闪亮发光。白殿和红殿,因外墙所涂的颜色而得名。在这些佛殿中,以白殿的规模为最大(图 1)。

白殿殿堂的平面呈"凸"字形,北面后突部分是为主尊佛像及其供奉台而设计的,总面积 377 平方米,为古格都城中建筑之最。殿内四周,原来布满了塑像和壁画。北壁供奉的一组主尊佛像及其胁侍待已残毁。除此之外,原来还有 22 尊比真人略大的塑像环绕殿内一周依次排列,现塑像残存 10 余尊,背后的壁画大都完好。在大堂的西壁,编号为"第七组"的塑像已毁圮,台座和背光尚存,内部支撑躯干的木桩尚存,周围保存下来的壁画色泽鲜艳,所描绘的人物、植物基本完好,清晰可见(图 2)。在主尊两侧的壁画中,其中有几排在蓝色的背景中被描绘成天人相的"二十七宿"神。神像披长发戴宝冠,袒胸露腹,双手举

---

① 此次考察工作由西藏自治区文管会组织,文物出版社、故宫博物院、四川大学、阿里地区行署等单位参加,为期 4 个月。考察结束后,由西藏自治区文化厅及文管会组织编写考察报告,成果即《古格故城》,北京:文物出版社,1991 年。

② 参见西藏自治区文物管理委员会编《古格故城》上册,第五章"佛教艺术的分类",256—257 页;《古格故城》下册彩版一四,图版八、图版九,北京:文物出版社,1991 年;金维诺《古格王国的寺院艺术》一文也沿用此说,《传统文化与现代化》1993 年第 1 期,72—76 页;另,《文史知识》在 1994 年第 7 期封面刊登了"古格壁画《二十七星宿图》"。

过头顶作各种手印,结跏趺坐或游戏坐,身后均有朱红色背光;"黄道十二宫"神则由主神及其眷属组成,与诸星宿神作有序排列,间以山石、树木、鸟兽。遗憾的是,在每个人物下面的藏文题记却已是字迹模糊或残缺不全而难以辨认。

图 1　西藏阿里扎布让古格都城遗址与四个佛殿

图 2　西藏阿里扎布让古格遗址白殿第七组主尊塑像及壁画

时间关系,笔者辨认出的星宿有"壁宿""奎宿""××宿及其眷属"等等(图 3)。此壁画为干壁画,人物肌肤采用西域流行的"凹凸"画法表现,山石、树木及动物经多层晕染,均力求体现出立体的效果。背景则基本采用单线平涂,画法与内地的工笔重彩相似。神像人物与动物大不盈尺,小仅方寸,却刻画入微,毫发毕现,体现了工匠准确的造型能力,高超的线描功力和晕染水平。星界诸神的背景以蓝色为基调,与所表现内容——"天空"的概念十分吻合(图 4)。

图 3　西藏阿里古格遗址白殿壁画《二十七宿神黄道十二宫图》(局部)

图 4　西藏阿里古格遗址白殿壁画《二十七宿神黄道十二宫图》(局部)

在近年的考察中,考古人员在离古格王国都城遗址约 20 千米处,由古格王国建造的中心佛寺托林寺的红殿(拉康玛波),也发现有类似的人格化的星宿神图像,人物形象及表现手法与古格都城遗址白殿壁画中的星宿神像如出一辙。但由于藏文题记已十分模糊,各星宿神像之间又无明显不同的个性化的图像学特征,因而无法确定是"二十八宿"还是"二十七宿"[①](图 5)。时隔三十年,近几年对藏西寺庙和壁画考察过的学者表示,如今在古格都城遗址白殿中,这些曾经被辨识出星宿神之名的藏文题记又损失了许多,以至于不能够全部识读出。我们只能在 20 世纪 80 年代的考察成果的基础上对星宿神图像所反映出的问题作一些探讨。此外,在藏西其他的寺院里是否还存在着星宿神的图像,还需进一步的调查。

图 5 西藏阿里托林寺红殿壁画《星宿神图》

2. 回鹘文星占历法文书《廿七宿与十二宫图表》

在梳理"二十七宿"的材料时,笔者发现无独有偶,在 1905 年德国"第二次吐鲁番考察队"在吐鲁番胜金口掘获的文书中,有一件回鹘文星占历法文书《廿七宿与十二宫图表》,现藏德国国家图书馆。1936 年,这件文书在德籍学者拉克玛蒂(G. R. Rachmati)主编的《吐鲁番突厥文献》第 7 卷中刊布为第 2 号文书,编号 TII S. 131,新编号为 U494。杨富学《从二十八宿看唐宋时代吐鲁番之文化杂糅》一文曾讨论了此件文书[②]。荣新江主编《吐鲁番文书总目·欧美收藏卷》中也收录了此件文书,目录名沿用拉克玛蒂定名"回鹘语廿八宿星图"[③]。2013年,美国哈佛大学燕京图书馆研究员马小鹤根据突厥学法籍学者巴赞(Louis Bazin)、德籍

---

① 托林寺红殿"星宿图像"图版由浙江大学汉藏佛教艺术研究中心研究员王瑞雷博士提供,谨表感谢。

② 杨富学《从二十八宿看唐宋时代吐鲁番之文化杂糅》,《西域研究》1998 年第 4 期,59—62 页;杨富学《回鹘文献与回鹘文化》,北京:民族出版社,2003 年,319—320 页。

③ 荣新江主编《吐鲁番文书总目·欧美收藏卷》,武汉:武汉大学出版社,2007 年,520 页。

学者拉克玛蒂等人所作的研究,将其修订为回鹘语《廿七宿与十二宫图表》,并将 U494 号文书与拉克玛蒂所编《吐鲁番突厥文献》第 7 卷中第 3 号,编号为 TII Y. 29 的文书一同作了研究,发表《回鹘语廿七宿与十二宫图表——吐鲁番文书 TII Y. 29(部分)与 U494 释译》一文。文中指出,U494 号文书为残片,共计 27 行,是一张"二十七宿"与"黄道十二宫"的对照表。其中"二十七宿"与"十二宫"的名称均为梵文音译①。同时,在拉克玛蒂主编的《吐鲁番突厥文献》第 7 卷中还有一件 14 世纪回鹘语文书《佛说北斗七星延命经》,其中也包含了的"二十七宿"纪日的内容。有学者研究认为其中对所直星宿的选择,体现了佛教密宗色彩,反映了典型的北方民族特征②。

在藏西寺院的壁画中发现的"二十七宿"神与"黄道十二宫"神的图像,以及在新疆吐鲁番地区出土的回鹘语星占历法文书《廿七宿与十二宫图表》《佛说北斗七星延命经》等,起码说明在藏西与新疆吐鲁番地区曾流行过"二十七宿"与"黄道十二宫"的星界诸神崇拜活动,对研究西藏乃至西域地区的天文星占和古格王国历史文化都有着重要的意义。

二、"二十八宿"与"黄道十二宫"

在中国传统的天文星占文化中,曾经流行以行星占星术为基础的"五星二十八宿"的星神崇拜活动。中国古代的天文星占学家将白道(或赤道)附近的天区划分为形状各异的二十八个区域,并用不同的名字为之命名,称为"二十八宿"。"二十八宿"又称"二十八舍"或"二十八星"。"二十八宿"的本源是"月站"的意思,是以月球在白道上运行的轨迹来划分的。由于"二十八宿"产生时中国以"地心说"为主,因而有了以赤道划分"二十八宿"的另一种说法。赤道为地球圆周的最大周长,与月球运行轨迹的白道之间有夹角。由于"二十八宿"划分的区域、形状各不相同,因而至今仍保留了这两种说法。日、月、五星等"诸曜"周期性地穿行在恒星背景之中,与"二十八宿"发生视觉关系,衍化出行星占星术。"行星占"在中古星占学中有着重要的地位。有学者注意到在古代印度、波斯、阿拉伯等国家也存在着类似中国"二十八宿"的星占法。尽管"二十八宿"起源的问题一直聚讼纷纭,莫衷一是,然而与古巴比伦天文星占体系大相径庭之处是,在中国、印度、波斯以及阿拉伯地区所流行的"二十八宿"或"二十七宿"之说都属于"月站"体系,此说得到了学者们的共识③。

"二十八宿"体系在中国形成的年代,中国考古学界的先贤夏鼐先生在《从宣化辽墓的星图论二十八宿和黄道十二宫》一文中曾做过讨论。夏鼐先生的结论:"二十八宿"体系在

① 马小鹤《回鹘语廿七宿与十二宫图表——吐鲁番文书 TII Y. 29(部分)与 U494 释译》,《敦煌吐鲁番研究》第 13 卷,上海:上海古籍出版社,2013 年,321—339 页。

② 参见孔庆典、江晓原《11—14 世纪回鹘人的二十八宿纪日》,《西域研究》2009 年第 3 期,17—19 页。

③ 江晓原《12 宫与 28 宿——世界历史上的星占学》,沈阳:辽宁教育出版社,2005 年,25 页;郭书兰《印度与东西方古国在天文学上的相互影响》,《南亚研究》1990 年第 1 期,32—39 页,等等。

图 6　俄罗斯圣彼得堡艾尔米塔什博物馆藏内蒙黑水城西夏绢质彩绘挂幅《炽盛光佛与十一曜星神官宿图》

中国创立的年代,就文献记载而言,最早是战国中期,即公元前 4 世纪[1]。另据《史记·封禅书》《汉书·郊祀志》所载,到秦汉时,已将"北极""南北斗""七政"(日、月、五星)、"二十八宿"等诸星列入国家礼典中。至于以之来占卜人事,说明人事之吉凶灾祥,则肇始于更早的周朝,至汉朝而大盛。可见"二十八宿"在中国古已有之[2]。1978 年,湖北随县擂鼓墩出土的战国早期(约公元前 430 年左右)曾侯乙墓的发掘证实了夏鼐先生的观点。在曾侯乙墓出土的一个漆箱盖上,用篆书完整地记录了"二十八宿"的名称,它们围绕着中央篆体大写的"斗"字[3]。这是迄今在中国发现的最早的有"二十八宿"的实物例证,说明公元前 5 世纪以前我国的"二十八宿"体系已经形成,对"二十八宿"的中国起源说也是一个力证。这个发现,将夏鼐先生的结论又向前推了约一个世纪。

"黄道十二宫"的概念起源于两河流域的古巴比伦文明,之后在欧亚大陆上逐渐蔓延。公元前 5 世纪,当"二十八宿"体系在中国形成之际,两河流域的古巴比伦人开始使用"十二宫"体系;在公元前 3 世纪的埃及,天文方面使用的也是"十二宫"体系;"十二宫"体系的最后定型应在公元元年前后。鉴于史料的缺乏,孰先孰后难以决断,西方学者折中地倾向于认为"十二宫"体系是由古代巴比伦人、埃及人和亚述人三方共同创造而成的[4]。为了表示太阳在黄道上运

---

[1]　夏鼐《从宣化辽墓的星图论二十八宿和黄道十二宫》,《考古学报》1976 年第 2 期,35— 56 页。

[2]　《周礼·保章氏》:"保章氏掌天星,以志星辰日月之变动,以观天下之迁,辨其吉凶。以星土辨九州之地所封,封域皆有分星,以观妖祥。"参见李学勤主编《十三经注疏·周礼注疏》,北京:北京大学出版社,1999 年,700—706 页。

[3]　王健民等《曾侯乙墓出土的二十八宿青龙白虎图像》,《文物》1979 年第 7 期,40—45 页。

[4]　江晓原《12 宫与 28 宿——世界历史上的星占学》,25 页。

行的位置,古代巴比伦人将黄道带等分为十二等分,每分三十度,所称"黄道十二宫",是太阳所经的行宫的意思。与中国古代沿着白道或赤道,用"二十八宿"来划分天区的行星占星学相比,两套系统的功用并行不悖而异曲同工,其中必然存在着互相重叠的情况。在印度行星占星系统中的诸曜星神传入中国之后,希腊化星占学中"黄道十二宫"的概念也开始对中国产生影响。"黄道十二宫"至迟在高齐时期(550—577),通过译经活动随佛经传入中国,学者们对此已有定论[1]。由于西方"十二宫"与中国的"二十八宿"的重叠关系,因此在中国晚唐以后出现的相关美术作品中,以炽盛光佛为主尊,带领着"七曜""九曜"或"十一曜"星神部众的画作,在背景中通常会出现"黄道十二宫"神与"二十八宿"神相配的图像。"黄道十二宫"神通常表现为在十二个圆环内的人物或动物的形象,而"二十八宿"神则分为四组或七组不同的人物形象出现在天空的背景中[2](图6)。

三、《宿曜经》中的"二十七宿""十二宫"与"七曜"的对应

那么,"二十七宿"又是怎么一回事呢?在汉译佛经《文殊师利菩萨及诸仙所说吉凶时日善恶宿曜经》(以下简称《宿曜经》)中,可以找到"二十七宿"和"十二宫"结合的案例。在《宿曜经·宿曜历经序分定宿直品第一》中,将"十二宫"与"二十七宿"作了对应:

> 第一星四足、张四足、翼一足,太阳位焉。其神如师(狮)子,故名师(狮)子宫。主加官得财事。……
>
> 第二翼三足,轸四足,角二足,辰星位焉。其神如女,故名女宫。主妻妾妇人之事。……
>
> 第三角二足,亢四足,氐三足,太白位焉。其神如秤,故名秤宫。主宝库之事。……
>
> 第四氐一足,房四足,心四足,荧惑位焉。其神如蝎,故名蝎宫,主多病克禁分身之事。……
>
> 第五尾四足,箕四足,斗一足,岁星位焉。其神如弓,故名弓宫。主喜庆得财之事。……
>
> 第六斗三足,女四足,虚二足,镇星位焉。其神如磨竭(摩羯),故名磨竭(摩羯)宫。主斗诤之事。……
>
> 第七虚二足,危四足,室三足,镇星位焉。其神如瓶,故名瓶宫。主胜疆之事。……

① 夏鼐《从宣化辽墓的星图论二十八宿和黄道十二宫》,《考古学报》1976年第2期,35—58页;孟嗣徽《〈五星及廿八宿神形图〉图像考辨》,《艺术史研究》第2辑,广州:中山大学出版社,2000年,517—556页;钮卫星《西望梵天:汉译佛经中的天文学源流》,上海:上海交通大学出版社,2004年,194—198页。

② 详见孟嗣徽《炽盛光佛变相图图像研究》,《敦煌吐鲁番研究》第2卷,北京:北京大学出版社,1996年,101—148页。

  第八室一足，壁四足，奎四足，岁星位焉。其神如鱼，故名鱼宫。主加官受职之事。……

  第九娄四足，胃四足，昴一足，荧惑位焉。其神如羊，故名羊宫。主有景行之事。……

  第十昴三足，毕四足，觜二足，太白位焉。其神如牛，故名牛宫。主四足畜牧之事。……

  第十一觜二足，参四足，井三足，辰星位焉。其神如夫妻，故名淫宫。主胎祍子孙之事。……

  第十二井一足，鬼四足，柳四足，太阴位焉。其神如蟹，故名蟹宫。主官府口舌之事……①

  此段经文中除了"二十七宿"和"十二宫"之外，还有"七曜"的内容。在每一"宫"前面以"二十七宿"中之"三宿"相配；其次是此三"宿"处于"七曜"中某"曜"的位置；再次说明其神由"十二宫"中的某"宫"担任；最后是占卜所主之事。文中之"二十七宿"与"二十八宿"相比，唯缺"牛宿"。

1. 唐用"二十八宿"、西国除"牛宿"

  《宿曜经》几乎是所有汉译佛经中包罗星占术最多种的一部经典，由"开元三大士"之一，出生于北天竺的不空三藏法师于759年译出，由不空的中文助手端州司马史瑶纂集②，五年后（764）不空的中国弟子杨景风为经文修注。《宿曜经》中，在不空译出的"二十七宿"之后，杨景风作注：

  唐用"二十八宿"。西国除"牛宿"。以其天主事之故。"十二宿"犹唐"十二次"。③

此处"唐"自然是指中国，"西国"代指天竺国，即古印度。而"十二宿"实际指黄道十二宫；"十二次"即中国的"十二属相"。"十二宿犹唐十二次"一语，实际上是将黄道"十二宫"与"十二属相"对应起来了④。古印度所使用的二十七宿是最古老的吠陀（Vedic）占星术。与中国的二十八宿不同的是，它是将黄道带分成二十七个等分，称为"纳沙特拉"（Nakshatras），意为"月站"。"二十七宿"的全部名称最早出现在印度古籍《鹧鸪氏梵书》中。其中以"昴"宿为第一宿。在《宿曜经》中，以每三"宿"和三宿相加之和九"足"，与黄道十二宫中

---

  ① （唐）不空译《文殊师利菩萨及诸仙所说吉凶时日善恶宿曜经》，高楠顺次郎等编《大正新修大藏经》第21册，No.1299，东京：大正一切经刊行会，1924年，387页。

  ② （唐）不空和尚（705—774），梵文名：Amoghavajra，意为不空金刚。开元年间唐玄宗赐号"智藏"。密宗祖师之一。原籍北天竺，一说狮子国（今斯里兰卡）。与善无畏、金刚智并称"开元三大士"。《宿曜经》中"端州司马史瑶，执受纂集"，"端州"，今广东肇庆。

  ③ （唐）不空译《文殊师利菩萨及诸仙所说吉凶时日善恶宿曜经》，《大正新修大藏经》第21册，No.1299，394页。此处脚注中指明在明版《大藏经》中"十二宿"之"宿"作"宫"解。

  ④ 关于"十二宿"与"十二次"的关系，详见孟嗣徽《文明与交汇——吐鲁番龟兹地区炽盛光佛与星神图像的研究》，《敦煌吐鲁番研究》第15卷，181—200页。

之一"宫"相配。这中间,"宫""宿"和"足"之间是一种什么关系呢? 国家图书馆研究馆员、长期从事藏学研究的黄明信先生的研究认为,在流行于西藏的印度《时轮历》中,"宿"的下一级单位称为"弧刻"。两者之间的进位关系为:1 宿等于 60 弧刻。在《时轮历》里,"宫""宿""弧刻"三者之间的关系为:1 周天等于 12 宫,也相当于 27 宿乘于 60 弧刻,也就是1620 弧刻。也就是说,1 宫等于 2.25 宿,也等于 135 弧刻。同理,《宿曜经》中的 1"足"即相当于《时轮历》中的 15"弧刻"[①]。根据这种换算,《宿曜经》中以 三"宿",九"足"来与"十二宫"中的一宫相配,正好相当于 135 弧刻。

在《宿曜经》后面所附的两图中我们可以看到,最内两圈为"太阳""太阴"与两个方向相接的"辰星""太白""荧惑""岁星""填星"等"七曜"以及它们的位置,第三圈是"黄道十二宫",最外圈是古印度的"二十七宿"。此图与"七曜"系统的星宿神祇的配置相符[②]。在这两张图中:一图中"二十七宿"起于"角"宿而止于"轸"宿,顺序符合中国的历法规制(图 7-1);另一图"二十七宿"首宿为"昴",而尾宿为"胃",这种顺序是古印度的历法规制[③](图 7-2)。

图 7-1 不空译《文殊师利菩萨及诸仙所说吉凶时日善恶宿曜经》附图 1

图 7-2 不空译《文殊师利菩萨及诸仙所说吉凶时日善恶宿曜经》附图 2

2.《摩登伽经》《舍头谏太子二十八宿经》和《宿曜经》

在古代印度,传统的天文学可追溯到吠陀时期的婆罗门思想体系。佛教兴起后,这一体系的天文知识不可避免地被吸收到佛教经典中,之后随着佛教传入中国。公元 3 至 7 世

① 参见黄明信《西藏的天文历算》,西宁:青海人民出版社,2002 年,77 页。
② 关于"七曜系统的星宿神祇"的配置,请参见孟嗣徽《五星图像考源——以藏经洞遗画为例》,《艺术史研究》第 3 辑,广州:中山大学出版社,2001 年,397—419 页。
③ 不空译《文殊师利菩萨及诸仙所说吉凶时日善恶宿曜经》,《大正新修大藏经》第 21 册,No.1299,395 页。

纪末,大致可认为是中印交往的伟大时代①,在传入中国的大量佛经中包括不少古代印度天文历法乃至占星术,有关这方面的解释也多见于汉译佛经。在《宿曜经》之前,"二十八宿"最早见于公元3世纪天竺僧竺律炎与大月氏人支谦在吴国合译《摩登伽经》二卷;公元4世纪世居敦煌的大月氏人竺法护译出的《舍头谏太子二十八宿经》②。而这两部经的前身,是后汉桓帝时期(147—167)波斯王子沙门安世高到中国后所译的《佛说摩邓女经》③。有学者认为,从《摩登伽经》和《舍头谏太子二十八宿经》中翻译年代来看,当时印度的希腊化天文学还没有成型,因此其中的占星术应属于印度早期传统的星占系统④。事实上,早在公元前5世纪晚期,随着波斯阿契美尼王朝对西北印度的统治,美索不达米亚的许多天文学内容也随即传入了印度。虽然具体的年代不能确定,但从公元前5世纪到公元3世纪之间印度天文学被大规模地巴比伦化来看,此时"黄道十二宫"的概念应该已进入印度了⑤。而印度本土的星宿体系在受到"十二宫"体系的冲击后,也发生了一些变化。由此,有学者研究认为,与《摩登伽经》和《舍头谏太子二十八宿经》不同,《宿曜经》中所反映的,应该是在这个大规模巴比伦化之后的新的"二十七宿"体系⑥。

根据《宿曜经》的经验,杨景风也给《摩登伽经》作了补注:

> 此卷第三纸第二十行,"月离女星"之上丹藏有注云:"脱牛宿"。校曰:下此注者曾未知西域唯用"二十七宿"。凡言"脱"者,言其容有而无。彼本不用经无理然,何云"脱"耶?如執函《文殊师利宿曜经》中,凡有七段,重明"宿""曜"。段段唯有"二十七宿"而无"牛宿"。景风注云:唐用"二十八宿",西国除"牛宿",以其天主事之,斯其证也⑦。

杨景风在《摩登伽经》和《宿曜经》中所作两注说得很清楚:与中国流行的"二十八宿"系统相比,古印度所通用的"二十七宿"系统中少了"牛宿",而西域"唯用"与流行的,恰恰是这个"二十七宿"系统。

与中国的"二十八宿"系统相似,"宿"也是古印度天文学中最基本的概念之一。如前揭,"宿"的原本含义是"月站",按照古印度星占学,当月亮运行至某一宿,即进入某一"站"时,人世间就将会发生对应的吉凶情况。汉译佛经中所出现的很多种星占之术,都是由"月亮运行至各宿"的这一天象延伸开来的。此法在印度起源极古,随着佛经的大量翻译,

---

① 李约瑟《中国科学技术史》第1卷第2分册,475页。

② 竺律炎、支谦译《摩登伽经》,《大正新修大藏经》第21册,No. 1300,399—410页;竺法护译《舍头谏太子二十八宿经》,《大正新修大藏经》第21册,No. 1301,410—419页。

③ 安世高译《佛说摩邓女经》,《大正新修大藏经》第14册,No. 551,895页。此部经中尚未出现"二十八宿"。

④ 郭书兰《印度与东西方古国在天文学上的相互影响》,《南亚研究》1990年第1期,32—39页。

⑤ 江晓原《12宫与28宿——世界历史上的星占学》,25页。

⑥ 李辉《汉译佛经中宿曜术的研究》,35页,上海交通大学博士学位论文,2011年。

⑦ 竺律炎、支谦译《摩登伽经》卷下,《大正新修大藏经》第21册,No. 1300,410页。

印度星占术也必然会传到并影响着中国。在吐鲁番胜金口出土的 U949 号《廿七宿与十二宫图表》中,以回鹘文所表示出"宿"的概念,显然也是月亮在某"宿"停留的意思①。

古印度的历法中,月行于"宿",每行走完周天的"二十七宿"或"二十八宿"一次,需要二十七天多一点的时间,即一个恒星月。因此在印度历法中久而久之就形成了"宿"与"日"搭配以纪日的纪时方式——基本原则是一"宿"配一"日",这种配日法即"宿直日法"。早先的月行于每一"宿"所引发世间吉凶的占星术,因此也演化成了每一"宿"所直之"日"的吉凶情况。

《宿曜经》所述的内容,可概括为以下七个部分:

宿曜历经序"分定宿直品"第一:如前揭,讨论"十二宫""二十七宿"与"七曜"之间的配置关系;

宿曜历经序"日宿直所生品"第二:讨论每"宿"的形状、姓氏、喜食,及每"宿"直日时的"宜"与"不宜",以及每"宿"直日时所生之人的命运与性情;

宿曜文殊历序"三九秘宿品"第三:讨论依据人出生之日所定义的人之三九宿命;

宿曜历经序"七曜直日品"第四:讨论"七曜日"的"宜"与"不宜",以及每"宿"直日时所生之人的性情与命运;

宿曜历经序"秘密杂占品"第五:是把"宿直"占和"曜直"占结合起来的综合占法;

宿曜历经序"黑白月分品"第六:是对印度"黑白月分"纪日制度的介绍;

宿曜历经序"日名善恶品"第七:以黑月白月的时间周期来定义诸日"宜"与"不宜"的善恶占法。

以上七段,如杨景风所示:"段段唯有'二十七宿'而无'牛宿'"。基础是古印度的历法和占星术。

"日宿直所生""七曜直日"和"黑白月分"(及其相关的"日名善恶"),是依附在"宿直""曜直"以及"黑白月分"三种纪时制度下的星占法;而"三九秘宿"和"秘密杂占"则是这几种占法的混合体。所谓"黑白月",是印度独有的一种历法单位,由"朔"至"望",月亮渐圆,称为"白月";由"望"至"朔",月亮渐亏,称为"黑月"。由此可知,《宿曜经》中的所有星占主要是围绕三种纪日体系——"宿直""曜直""黑白月分"——来展看的。也就是说,指定某一日,若知其"宿直""曜直""黑白月分",那么它的吉凶状况根据《宿曜经》也就可以确定了②。

事实上,古印度的历法和占星术大致经历了由"二十八宿"到"二十七宿"的过程。早于《宿曜经》,在更早传入中国的《摩登伽经》(230)、《舍头谏太子二十八宿经》(266—308)和《大方等大集经》(581—618)中,对"二十八宿"的宽度、形貌、星数等都有记载。古印度的"二十八宿"天文系统认为,"二十八宿"在白道上的宽度是不同的,其中以"牛宿"为最

① 马小鹤《回鹘语廿七宿与十二宫图表——吐鲁番文书 TII Y. 29(部分)与 U494 释译》,《敦煌吐鲁番研究》第 13 卷,321—339 页。
② 李辉《汉译佛经中宿曜术的研究》,29 页。

窄，"女宿""虚宿"次之。因而在《大方等大集经》中，"二十八宿"直日，"牛宿"与"女宿"；"女宿"与虚宿"常被合直一日①。"二十八宿"直日，每日通常一"宿"。这样，在经过十三个周期后，就有了三百六十四日。于是做了调整，在四种特殊情况下，由宽度较窄的两"宿"共直一天。由于这四种特殊情况下一日双"宿"，于是刚好直完三百六十日。因此在新的一年，"二十八宿"的周期将重新开始，这样的周期可以逐年循环。这四种双"宿"直一日的情况分别出现在：五月的"黑月"二日，"牛、女"合直；六月的"白月"十二日，"牛、女"合直；七月的"白月"九日，"牛、女"合直；十月的"白月"三日，"女、虚"合直（见附表）②。这四种同直一日的双"宿"中均有"女宿"，三种包含"牛宿"。于是我们在《宿曜经》中看到的是，"二十八宿直日"已改为"二十七宿直日"，"牛宿"已经不直日了③。在"二十八宿"直日中，"女宿"属于双"宿"合直一日之"宿"，它的宽度也很窄，仅宽于"牛宿"。于是，我们在古格王国遗址白殿壁画中所看到的"二十七宿"中独缺"女宿"，两宿共直一日，不是去"牛宿"就是去"女宿"，其中原因显而易见了。

此外，与"黄道十二宫"中每"宫"30度等宽的度数不同的是，在确立"二十八宿"或"二十七宿"时，由于每一"宿"的宽度不同，因而在《宿曜经》中出现的"二十七宿"中，每一"宿"的"足"数也是不同的。然而，以除去"牛宿"的"二十七宿"与"黄道十二宫"对应，每宫分得的"足"数相加均为"九足"。这显然是受到度数相同的"黄道十二宫"的影响，用相同的"足"数来对应相同的"度"数。

如前揭，在西藏地区曾经流行的《时轮历》中，也有与《宿曜经》几乎完全相同的"宫""宿"的概念。黄明信先生的研究认为：藏历是印度传入的《时轮历》与《汉历》的混合体，而蒙古历书中兼有《藏历》《汉历》的一些成分④。还有一种说法也支持了黄明信的观点：西藏现在实行的历日是藏族远古的《物候历》、印度的《时轮历》和《汉历》的混合体。大致经历了三个阶段：公元六世纪前，主要使用观察自然而成就的《物候历》；到吐蕃王朝时期，公元641年由文成公主亲自带到吐蕃多部有关天文星算方面的经典，对于西藏天文学的发展起了决定性的作用。其中"十二生肖纪年法"和"六十周期纪年法"对西藏的历法产生深刻的影响；公元1027年，罽宾班智达达瓦贡布来到西藏，他与精通两种语言的译师卓希绕扎合作翻译了《时轮本续注疏》，为《时轮历》在西藏的传播奠定了基础⑤。而印度《时轮历》系统的纪月法的显著特点之一就是以"二十七宿"的名字作为月份的名字。这种纪时方法在

---

① 那连提耶舍译《大方等大集经》卷42：日藏分中星宿品，《大正新修大藏经》第13册，No. 397，276—282页。

② 图表见李辉《汉译佛经中宿曜术的研究》，29页。

③ 李辉《汉译佛经中宿曜术的研究》，29—30页。

④ 黄明信、申晓亭《蒙古历、藏历、汉历》，《文献》2002年第1期，110—122页；黄明信《西藏的天文历算》，77页。

⑤ 催成群觉、索朗班觉《藏族天文历法史略》，《西藏研究》1982年第2期，22—35页；阿旺次仁《古代物候观测与西藏历法》，《中国藏学》1988年第1期，149—155页。

蒙、藏地区都曾流行过①。

马小鹤的研究也证明,"星"数和"宿"名都说明 U494 号回鹘文《廿七宿与十二宫图表》当源自印度的星宿体系。他的研究还认为,《廿七宿与十二宫图表》比较接近于《摩登伽经》。在《摩登伽经》"说星图品第五"中,与中国"二十八宿"起于"角"宿而止于"轸"宿不同的是,此"二十八宿"的首宿为"昴"而尾宿为"胃",这种顺序符合古印度的历法规制②。此外,与阿里地区地理位置相近的古于阗国,也深受印度文化圈星宿体系的影响。在于阗语文书 S2471 中,于阗文"诸曜"的名字带有明显的梵文痕迹,反映出于阗"诸曜"的崇拜情况有可能源自印度③。以上种种,反映了中亚、西域、藏西这一文化圈中各种文化互相渗透的情况。在图像中虽然尚未见到出土于于阗的星宿神图像,但从新疆和田丹丹乌里克、达玛沟等遗址出土的佛寺壁画残块中可以看到,与阿里地区佛寺壁画相似的人物形象和几近相同的画法④(图 8-1、图 8-2、图 8-3、图 8-4)。

图 8-1　西藏阿里托林寺红殿壁画《金刚舞女》　图 8-2　新疆策勒达玛沟托普鲁克墩壁画《鬼子母像》

---

①　黄明信、申晓亭《蒙古历、藏历、汉历》,《文献》2002 年第 1 期,110—122 页;黄明信《西藏的天文历算》,77 页。

②　马小鹤《回鹘语廿七宿与十二宫图表——吐鲁番文书 T II Y29(部分)与 U494 释译》,《敦煌吐鲁番研究》第 13 卷,321—339 页。

③　段晴《于阗文中的八曜》,《民族语文》1988 年第 4 期,36—40 页。

④　参见上海博物馆编《丝路梵相——新疆和田达玛沟佛教遗址出土壁画艺术》,上海:上海书画出版社,2014 年,104—107 页。

图 8-3　西藏阿里托林寺壁画《如意轮观音》

图 8-4　新疆策勒达玛沟托普鲁克墩壁画《观音像》

　　中亚即为印度—伊朗文化交汇争锋的场所,中国来自西域的神祇形象自必具有印度—伊朗文化的混合风格。印度宗教与波斯宗教信仰在中亚地域的混融现象,导致了神祇的形象出现了两个宗教或多个宗教的特征,在龟兹、吐鲁番乃至敦煌地区也十分明显。星宿崇拜方面的图像亦是如此。从出土的图像材料来看,黄道十二宫的图像一直延续到吐鲁番以西。例如一块来自新疆克孜尔石窟的壁画残块,上画有黄道十二宫的内容。壁画原为别列佐夫斯基(M. M. Berezovsky)兄弟 1905—1906 年在库车地区探险时获取的,现藏俄罗斯圣彼得堡艾尔米塔什博物馆。图中绘有"黄道十二宫"中之"牡羊宫""金牛宫""双子宫"……"狮子宫""室女宫"等(图 9)。以上这些图像表明来自中亚的神祇形象大都具有印度—波斯文化的混合风格。当然图像的研究,个中原因十分复杂,需要另文讨论。

图 9　俄罗斯圣彼得堡艾尔米塔什博物馆藏克孜尔石窟壁画《黄道十二宫图》

　　早在公元前 5 世纪波斯阿契美尼王朝时,美索不达米亚文明的天文学内容开始向印度渗透,巴比伦化的

"黄道十二宫"的概念也随即进入了印度。而印度本土的天文星占体系在受到"黄道十二宫"体系的冲击后,发生了一些改变。从《宿曜经》中详尽的讨论"十二宫"与"二十七宿"之间的配置关系来看,此时所反映的正是在这个大规模的交流之后所产生的"二十七宿"体系。古格王宫遗址中出现的"二十七宿"与"黄道十二宫"的图像,显然不是一种偶然为之的现象,恰恰反映出古印度"二十七宿"天文星占系统的影响,而古印度占星思想无疑已包含波斯乃至希腊星占学的思想。

历史上的印度,战争和疆域的变化,导致它的文化极其多元,是一个大印度文化圈的概念。由于阿里地区特殊地理位置,与这个文化圈的交汇融合在情理之中。公元1042 年,印度高僧阿底峡到阿里地区弘法,在托林寺驻锡三年。1070 年是藏历火龙年,古格国王为纪念阿底峡,在托林寺举行盛大的法会,史称"火龙年大法会"。西藏中部、西部、东部的高僧大德云集古格,广传法轮。这是西藏佛教历史上的首次大法会,在西藏佛教史上产生重要影响。作为西藏佛教复兴时期最初的佛寺,托林寺和古格都城的白殿、红殿,成为 11 世纪佛教复兴运动的中心。从阿里地区古格王国星象崇拜的图像中,可以看出希腊—波斯—印度与中国中原等多种文化的因素的影响,这是多个民族、多种文化长期的相互碰撞,交汇融合的结果。尤其是藏西和西域,处于印度、伊朗两大文化圈碰撞交汇之所。来自中亚的神祇形象自必具有印度—伊朗文化的混合风格(图 10 - 1、图 10 - 2)。相信随着出土文物不断地被发现,研究的不断深入,这一文化圈的情况会日益清晰明朗起来。

图 10 - 1　西藏阿里托林寺壁画

图 10 - 2　西藏阿里古格遗址白殿壁画

附表:《大方等大集经》中之二十八宿直日表

月	日	8	9	10	11	12	1	2	3	4	5	6	7
黑月	1	胃	毕	参	柳	张	轸	亢	房	尾	斗	虚	壁
	2	昴	觜	井	星	翼	角	氐	心	箕	牛女	危	奎
	3	毕	参	鬼	张	轸	亢	房	尾	斗	虚	室	娄
	4	觜	井	柳	翼	角	氐	心	箕	牛	危	毕	胃
	5	参	鬼	星	轸	亢	房	尾	斗	女	室	奎	昴
	6	井	柳	张	角	氐	心	箕	牛	虚	壁	娄	毕
	7	鬼	星	翼	亢	房	尾	斗	女	危	奎	胃	觜
	8	柳	张	轸	氐	心	箕	牛	虚	室	娄	昴	参
	9	星	翼	角	房	尾	斗	女	危	壁	胃	毕	井
	10	张	轸	亢	心	箕	牛	虚	室	奎	昴	觜	鬼
	11	翼	角	氐	尾	斗	女	危	壁	娄	毕	参	柳
	12	轸	亢	房	箕	牛	虚	室	奎	胃	觜	井	星
	13	角	氐	心	斗	女	危	壁	娄	昴	参	鬼	张
	14	亢	房	尾	牛	虚	室	奎	胃	毕	井	柳	翼
	15	氐	心	箕	女	危	壁	娄	昴	觜	鬼	星	轸
白月	1	房	尾	斗	虚	室	奎	胃	毕	参	柳	张	角
	2	心	箕	牛	危	壁	娄	昴	觜	井	星	翼	亢
	3	尾	斗	女虚	室	奎	胃	毕	参	鬼	张	轸	氐
	4	箕	牛	危	壁	娄	昴	觜	井	柳	翼	角	房
	5	斗	女	室	奎	胃	毕	参	鬼	星	轸	亢	心
	6	牛	虚	壁	娄	昴	觜	井	柳	张	角	氐	尾
	7	女	危	奎	胃	毕	参	鬼	星	翼	亢	房	箕
	8	虚	室	娄	昴	觜	井	柳	张	轸	氐	心	斗
	9	危	壁	胃	毕	参	鬼	星	冀	角	房	尾	牛女
	10	室	奎	昴	觜	井	柳	张	轸	亢	心	箕	虚
	11	壁	娄	毕	参	鬼	星	翼	角	氐	尾	斗	危
	12	奎	胃	觜	井	柳	张	轸	亢	房	箕	牛女	室
	13	娄	昴	参	鬼	星	翼	角	氐	心	斗	虚	壁
	14	胃	毕	井	柳	张	轸	亢	房	尾	牛	危	奎
	15	昴	觜	鬼	星	翼	角	氐	心	箕	女	室	娄
主神		蝎神	射神	磨竭之神	水器之神	天鱼之神	持羊之神	持牛之神	双鸟之神	蟹神	师子之神	天女之神	称量之神

The Guge Mural Paintings "Lunar Mansions in the Heavenly Palace" and "Xiuyao jing": On the Combination of "Gods of the Twenty-seven Lunar Mansions" and "Gods of the Zodiac"

Meng Sihui

The palace ruins of theGuge Kingdom, located in Zhabrang, Zada County, Ngari Prefecture, Tibet. On the west wall of the white hall of a temple in the Guge Kingdom, the gods of the constellations in the heavenly palace are depicted in the murals, and the names of the twenty-seven lunar mansions gods and the zodiac gods are marked in Tibetan. The murals uses symbolic techniques to show the twenty-seven lunar mansions and the zodiac signs in Tibetan astrology as concrete figures. Among the documents unearthed from Sängim by the "Second German Turfan Expedition", there is a Uighur astrological document "Twenty-seven Lunar Mansions and Zodiac Charts". It's found that in the Buddhist scripture *Xiuyao jing* (宿曜经), Sūtra of Lunar Mansions and Planets) translated by Amoghavajra (不空), the twenty-seven lunar mansions and zodiac signs have been combined. The combined murals of the "twenty-seven lunar mansions" and the "zodiac signs" that appeared in the palace ruins of the Guge Kingdom are obviously not an accidental phenomenon, but reflect the ancient Indian astrology of "twenty-seven lunar mansions". And the ancient Indian astrology undoubtedly includes Persian and even Greek astrological thoughts.

浸没的家产

——中国国家图书馆藏于阗语案牍 BH4 - 68 研究*

段　晴

北京大学外国语学院

　　丝路南道的和田绿洲,公元 10 世纪之前曾是于阗王国的中心。于阗王国流行佛教,寺院林立。僧人与俗世之间难免有经济上的往来。中国国家图书馆所藏西域文书当中,有《高僧买奴》案牍①,可见高僧出手阔绰,显示出寺院的富有。策勒文物保管所的一件案牍,则记载了僧人之间买卖僧坊的事件②。最近在整理中国国家图书馆的于阗语世俗文书,又遇见一件于阗语案牍,馆藏编号 BH4—68③。虽然这件案牍的书写以及用词多掺杂梵文的影响,有些词还是首次出现,但在解读之后,发现其中记载了一桩偷盗案,偷盗的实施地在僧人的僧坊。案牍里不曾说僧坊丢失了什么,却详细记载了侦破的过程,以及对于行窃者的重罚。本文主旨,依然在于解读文字。这一件案牍,首先是在于阗语的研究领域有特殊的贡献。

　　以下还是先做转写、翻译,然后对新的词,或者曾经有争议的词,做注释。再探讨此案牍的历史背景。

一、拉丁字母转写

凡例:

　‖　于阗语文书起始符号。

　　* 本文系国家社科基金冷门绝学研究专项"敦煌藏经洞及和田地区出土于阗语文书释读与研究"(20VJXT013)的阶段性研究成果。

　　① 这一件文书最初发表于《敦煌吐鲁番研究》第 11 卷,上海:上海古籍出版社,2009 年,11—27 页。后收入段晴《于阗佛教古卷》,上海:中西书局,2013 年。以下简称段晴 2013。

　　② 这一件文书可参段晴《买卖僧房舍契约》,《敦煌学》第 36 期,南华大学敦煌学研究中心,2020 年,315—328 页。

　　③ BH 分别是北京与和田的拼音缩写。B=北京,H=和田。

○　行间的穿绳孔。

[　]　一个不确定的字。

?　尚有一个字的痕迹，但无法辨认。

·　句子结束符号，例如封牍第 4 行。

～　结束符号，例如底牍第 6 行末。

≈　结束符号，例如底牍第 5 行末。

a. 封牍泥印上端

1. ||panāsa-vāḍä≈

b.　封牍内侧：

1. ||salī 10 9 māśtä 10 1 haḍä 10 8 ttye skyätä āśärī nyānavarmä

2. līña ttä' vätä āśärī hārvī śarsalä vaska ○ hīṣṭi hārū

3. vā hā buḍe ttī vā busvāra hā haṃgrrīye cu bälsaṃgä vara pramā[na]

4. väta u hārvī ttä hā hīṣṭe līña patañä dätādä · u puvi ttä ?

5. pramāna puvi bā'stādähārū braṣṭi cä bätamäjsä○ u cätye ttä puvi

6. pramāna tta hvādä jsajsälkä bätamājsäu ttye ttä puvi ·

c. 底牍内侧：

1. [ṣä] ? (hi)vyau panaṣṭä mūri ysāru sata 5 [na]ma[ta] 1

2. väṣṭä(?) śau 1 gūthā śä 1 thaunä sūlyāgä drrai puri 3 saṃgacäna [1]

3. śalai 1 nudāysanä1 gūñä śau 1 gūra paṃjsūsu khaysma(ṃji)

4. barrä śau 1 bhahä maṃgārä bästä vasīya[2]

5. ttīṣä pāḍa pramāna hämäte kvī hārū śärsalä pyaśdä≈

6. ttä nä vara pramāna väta pattuma śūrai hayä[rt]ä · īrvakä～

二、汉　译①

抄没案牍。(a1)

19 年,11 月,18 天。(b1)

尔时比丘慧铠(nyānavarmä)的僧坊有贼来过。(b1—2)法师因此派人去找族长希尔萨里(śärsalä)。(b2)

---

①　汉译中使用的凡例:每句译文之后下标( )内是相应于阗语的行数。a=封牍泥印上方。b=封牍牍内侧。c=底牍内侧。人名等的汉字音译之后括号内给出原名。

族长骑乘前往。(b2—3)于是，亲属们一边也已经集合起来：什么是比丘僧团于此中的证据呢？(b3—4)这边族长也令他们过去。(b4)

他们在僧坊前做了观察。(b4)足迹是他们的证据。(b4—5)他们都踏出足迹。(b5)

族长问："谁有嫌疑？这些足迹的证据是谁的？"(b5—6)

他们说："喆遮疾(jsajsälkä)有嫌疑。这些足迹是他的。"(b6)

他（连同家产）一起浸没。(c1)

铜钱千5百，毡1。(c1)床榻(？)一，1。大水罐 一，1。粟特之地的绢 三。儿子3人：桑宜琮 saṃgacäna 1，(c1)夏勒(śälai) 1，奴多则(nudäysanä) 1。口袋一，1。葡萄十五（株）。棉袍(？)一 1。老树20（棵）。瓶2。(c4)

此案牍随即生效，只要族长希尔萨里(śärsalä)印封。(c5)

他们是本案的作证者：paṭṭuma 舒莱(śūrai)愉悦。伊里发吉(īrvakä)。(c6)

三、释　义

关于案牍：一般来说，所谓"案牍"，特指双层木板合成的"札"。在古代于阗，此类案牍就是法律文书。所记录的案件必然经过集体庭审，有官员主持，有证人在场，然后是书吏将事件发生的过程，处理的结论写在案牍上，最后由官员加上泥印。此类案牍已经发现近20件。中国国家图书馆存有四件，其他三件的图版以及相应的释读已经发表[①]。本文发表的是这第四件，馆藏编号 BH4—68。

但是本文讨论的这一件，与国图其他于阗语案牍尽显不同。依然是上下两片木板组合而成，上层牍 16.1×7.4 cm，下层牍 16.6×7.3 cm。但底牍没有凹槽，上下板长宽几近一致，只是两层板合并起来而已。封牍上有置入封泥的小方形凹槽，封泥似整体脱落。封泥上尚可辨认印纹，依稀可见是一希腊人的头像。上下板上各可见三个穿绳孔，显然是在制作案牍时已经预留，所以没有破坏到文字。如此留孔形制，也不同于国图其他三件案牍，其木板上仅可见两个穿绳孔，或在泥印的凹槽里，或在泥印凹槽的两侧。从字体、用词、纪年可以判断，这一件案牍要早于其他任何已知案牍。

对比其他博物馆所藏于阗语案牍，发现唯独新疆博物馆藏一件伏阇信 49 年的案牍（馆藏编号 XB17333）[②]与本文讨论的案牍类似，同样是由两块木板合并而成，底牍没有凹槽。伏阇信 49 年的案牍，书写时间在 660 年前后。曾经认为此件案牍，是所有已知保留完

---

① 其他三件集中发表在段晴《中国国家图书馆藏西域文书——于阗语卷（一）》，上海：中西书局，2015 年。

② XB17333 案牍之研究，见段晴等《石汉那的婴儿——新疆博物馆藏一件新出于阗语案牍》，《敦煌吐鲁番研究》第 18 卷，上海：上海古籍出版社，2018 年，265—278 页。

整的于阗语案牍中最早的一件①。而国图此件"家产"案牍，其年代应在伏阇信 49 年之上。

关于案牍的时间：案牍第一行有纪年，sali 10 9 māśtä 10 1 haḍā 10 8"年 19，10 月，18 天"。但并未交代这是哪个于阗王的纪年。这应该是伏阇信的纪年，因为只有当一个王在王位已久，才有可能仅说纪年。例如 8—9 世纪的于阗王尉迟曜在王位至少 35 年，一些于阗语文书，也只是说纪年而不提其王名，例如和田博物馆的"租赁桑树"文书，以及两件收藏在圣彼得堡的相应于阗语文书②。如此推测，可知这件案牍的书写年代当在公元 629 年前后。

案牍的字迹也足以说明其古老。字是正体，却写的圆润，横笔画没有锐角，这些符合早期字体的特征③，例如 m 的写法如 ⟨字形⟩④，尤为古老。另有一些特点，值得点明：有些字，明显受到梵文书写体的影响，例如封牍内侧第二行出现的 āśārī 的 ā，写法如 ⟨字形⟩，而第一行同样一个词，其中的 ā 写作 ⟨字形⟩。底牍末行 īrvakä 的起始元音 ⟨字形⟩ ī，小三角组成的是梵文起始字 i，这是梵文字的写法⑤，但在其上加长音标识的写法，却是于阗的。而在其他于阗语文献中，起始的长音 ī，是在 a 字符的基础上形成的。此件案牍记载的是僧人的事情，案牍末尾并未给出书吏的名字，再加上他对梵文的谙熟，所以此案牍的书写者必然是寺院的僧人。书写也支持此案牍时代较早的论点。

以下按照在案牍中出现的顺序，对部分词语注释如下：

panāsa-vāḍä （a. 1）

后词 vāḍä 来自阴性词 pāḍā-"案牍"，特指书于双层木板上的文书。

panāsa 名词，尚未知阴性、阳性，"令消失，抄没"。这是首次出现的于阗词。从词形，从上下文的语境，这一名词来自于阗语及物动词 panāśś-"令丧失"，其非及物动词 panaśś-"消失"。panāsa 的同源词广泛存在于其他伊朗语分支。《伊朗动词词源词典》里提供了充足的例词，例如帕提亚语的 'bns-"消失"，致使动词 'bn's-"毁灭"；粟特语的 pn'yš（佛教）

---

① 另有新疆博物馆藏于阗语"大案牍"（馆藏编号 XB17336），经过重复使用。其上可以辨识的第一层契约，书写于伏阇信 38 年，但已经字迹模糊，被伏阇雄 12 年的契约所覆盖。详见段晴等《于阗语大案牍——新疆维吾尔自治区博物馆藏初唐案牍研究》，荣新江主编《唐研究》第 22 卷，北京：北京大学出版社，2016 年，371—400 页。

② 参阅段晴、和田博物馆《和田博物馆藏于阗语租赁契约研究》，修订本收入段晴《于阗佛教古卷》，上海：中西书局，2013 年，267—284 页。

③ 关于于阗字的大致分期，可参阅施杰我（Prods Oktor Skjaervo）所著：*Khotanese Manuscripts from Chinese Turkestan in the British Library. A complete catalogue with texts and translations*，with contribution by U. Sims-Williams，London：British Library Publishing (corrected repr. 2003)，p. lxxi. 以下简称 Skjærvø, *Catalogue*。

④ 出现多次，例如 b1、3、5 行的 mā。

⑤ 关于梵文字与于阗字的不同，请参阅段晴《于阗故地的诉说》，作者著《于阗六篇》，北京：北京大学出版社，2014 年，97—121 页。

以及 pnyš(基督教)"丧失"①。下文还有更多讨论。

ttye skyätä āśārī nyānavarmälīña ttā' vätä (b. 1—2)"尔时比丘慧铠的僧坊有贼来过。"

līña,单数依格,词基 linā-,阴性。这是佛教专用词,巴利语 leṇa,梵语 layana,原本指山里僧人修行住的小型洞窟,也泛指僧坊。策勒文物管理所收藏有一块案牍,虽然残破,却承载了两份契约,围绕僧坊的买卖。第一桩买卖发生在俗人与僧人之间,而第二份契约,却是在僧人之间签订的,记录了僧坊的再次买卖。

ttā' 名词,单数,"贼,小偷"。这本是于阗语的熟词,但之前出现的,都是这个词的复数。例如:《赞巴斯特之书》第 22 章第 136 颂有 ne vara kāṭhaṃjsuva ttā'te"那里没有偷盗者"②。ttā'te 是复数"盗贼,小偷儿"。同一词又见拼写作 ttāṣe',如《金光明经》的一颂:kho ju hamāña āvuvo' ttā—ṣe' kṣäta ni śśūjiye bvāre "犹如在同一乡里,六个盗贼互不相知"③。ttā—ṣe' 即 ttāṣe' 当然也是复数。贝利(H. W. Bailey)的词典在 ttāṣe' 条目下给出了彼词的其他几种伊朗语同源词,例如阿维斯陀有 tāyu,佛教粟特语 tāy,都是指"盗贼,小偷儿"④。

āśārī nyānavarmä"比丘慧铠"。前词是于阗寺院通行的对比丘的称呼。后者是彼比丘的梵文名,是个复合词。nyāna 应是 ñāna 的早期拼写,例如有 nyānartha 这样的拼写⑤。辅音组合 ny-后期多写作 ñ-。nyāna 正是梵文的 jñāna"智,慧"。复合词的后词 varmä 来自梵文的 varman"铠甲"。

vätä"曾有,曾经发生"是 ah- 的过去时分词,单数第三人称。这一句中为了表述出完成时态,所以翻译作"有贼来过"。

hārvī śärsalä vaska hīṣṭi (b. 2)

hārvī,属/为格单数,受后置介词 vaska 支配。词基 hārua-⑥,一般译作"商人"。贝利的词典在相应条目下告知,梵文的 śreṣṭhin 是其对应词。查本件案牍,hārua- 的身份确实不只是商人,似为一个大族群的族长,这里翻译作"族长"。

---

① 《伊朗语动词词源词典》= Johnny Cheung, *Etymological Dictionary of the Iranian Verb*, Leiden Indo-European Etymological Dictionary Series, Brill, 2007。具体例词在第 283 页。以下简称 Cheung 2007。

② 于阗语引自 Ronald E. Emmerick, *The Book of Zambasta : A Khotanese Poem on Buddhism*. London : Oxford University Press, 1968, 308。以下简称《赞书》。

③ 于阗语部分录自 Z. 6, 24,第 120 页。汉语翻译,可参阅义净的《金光明最胜王经》"当知此身如空聚,六贼依止不相知。"CBETA, T16, no. 665, 424。

④ 贝利的词典 = H. W. Bailey. *Dictionary of Khotan Saka*, Cambridge : Cambridge University Press 1979。以下简称 *Dict*。

⑤ 例见《赞书》第 22 章,第 270 颂。

⑥ Ronald E. Emmerick, *Saka Grammatical Studies*, London : Oxford University Press, 1968, 322. 以下简称 *SGS*。

śārsalā 族长名,音译"希尔萨里"。此名或者应该拆分作 śārsa-lä,lä 或者 li 是于阗王国常见的姓,甚至是贵族的姓[1]。

hei'-: hīṣṭa-"派遣,派人"。hiṣṭi 完成时第三人称单数阳性。

hā. . . u. . . hā （b. 3—4）"一边……,一边也"。

需要特别说明:ttī vā busvāra hā haṃgrrīye"于是,亲属们也已经集合起来"。此句中的 hā,以及下一句中出现的 u. . . hā,是一对组合连接词。意大利学者玛吉（Mauro Maggi）识别出其特殊意义[2]。

这一组连接词将于阗社会的司法程序立体表现出来。有了案情,不但需要有官员出来断事,还要集合居民,他们作为证人参与判案的过程。

pramāna "作证;证据;主事;生效"

本是梵文 pramāṇa,但普遍使用在于阗语的契约当中。底牍第 5 行的句子,就是普遍见于契约的套话:ttīṣā pāḍa pramāna hämäte kvī……"此案牍随即生效,只要……"。"生效"是其最常见的词义。

但在本案牍中,这一词却显现了多重意义。其一:封牍第 3 行末、以及底牍末行中出现的 pramāna,依据上下文语境,只能翻译作"作证者"。而于阗语契约常见的"证人"一词只是 byāna（复数）。其二:封牍第 5 行、第 6 行,与"足迹"搭配使用的 pramāna 却只有"证据"的意义。

以上几种词义,其实全部包含在梵文的 pramāṇa 当中。由此看来,这件案牍的撰写者谙熟梵文词。

puvi bā'stādä （b. 5）

puvi 名词业格复数,词基 puva-（或者 pua-）"步,步伐;足迹"。彼词常见的复数拼写作 pve[3]。而这里出现了 puvi,再次显示了此案牍的古老。

bā'stādä 动词,基于过去时词干 bā'sta- 形成的完成时第三人称复数。但是其词根却

---

① 于阗人名后有-li,这一现象集中出现在中国国家图书馆所藏《高僧买奴契约》之案牍中。详见段晴 2013,250。

② R. E. Emmerick & P. O. Skjærvø. *Studies in the Vocabulary of Khotanese* III, Wien: Verlag der österreichischen Akademie der Wissenschaften 1997, 168.

③ 分别见（1）De Chiara, *The Khotanese Sudhanāvadāna*, Commentary, Wiesbaden: Harrassowitz Verlag, 2014, 200;（2）P. Oktor Skjærvø, *This Most Excellent Shine of Gold*, *King of Kings of Sutras*, *the Khotanese Suvarṇabhāsottamasūtra*, [Cambridge, Mass.]: Dept. of Near Eastern Languages and Civilizations, Harvard University, 2004, vol. 2, 304. 以下简称 Skjærvø 2004。另外,我在《于阗伏阇雄时代的两件契约》一文中讨论过该词,见荣新江、朱玉麒主编《丝绸之路新探索:考古、文献与学术史》,南京:凤凰出版社,2019 年,131—142 页。具体在 137 页。

扑朔迷离。与 puva- 搭配表示"迈开"意义的动词是 byālś-：byāṣṭa-(*SGS*,105)，分别是现在时以及过去时词干，但词形显然不对。另有 bāy-：bāsta-(*SGS*,105)一词，表示"引领，引导"。一是无法解释词中 '符号的消失，语义也不合适。笔者未能在现存于阗语动词中找到其他词形和语义都搭配者。但在《伊朗语动词词源词典》中，有 * bād 'to press'(Cheung 2007，20)引起笔者的注意，词义"压，压迫"。同源词有梵文的动词 bādh，基本含义"压迫，挤压"，还有"抵抗"等多重引申意义。而 * bād 以辅音-d 落尾，也符合变化的规律。于阗语以-d 落尾的动词，其过去时分词皆形成-sta，例如 did-"出现"，过去分词 dista-。当然，毋庸赘述，于阗语是否曾经有 * bā'-：bā'sta-表示"压，按压"这样的动词，仍有待更多例句的证明。

bätamäjsä （b.5，6）

本件案牍出现之前，bätamäjsa-的词义是单一而清晰的。这是名词 bätamaā-"迷惑，疑惑"加词缀 jsa-形成的形容词[1]。例如于阗语有句子如下：

> ttītä ṣa harbiśa parṣa bätamäjsa hämäta[2]
>
> 相应汉译：
>
> 尔时一切众会，心皆生疑（CBETA，T15，642）

这是《佛说首楞严三昧经》的一句话。汉译来自鸠摩罗什的翻译。这一句的上下文，此时有菩萨认为，凡是涅槃之后，不再有生死相续。所以当听说文殊曾经千百次涅槃又复生，一切众会产生怀疑。后来文殊宣讲道：他是以辟支佛乘，入于涅盘而不永灭。"疑"正是于阗语的 bätamäjsa，句中是阴性第一格单数。

但是，本案牍的这句话：cä bätamäjsä 如果翻译作"谁是有疑惑的"，则在语义上稍欠火候。仔细观察，于阗语词缀 -jsa- 与 -ja- 有差异，后者与梵语的-ja 相同，完全不含"致使"的意义，意思是"由……所生的"，通常见于地名之后，翻译作"某某地的"。而词缀 -jsa- 一般解释为"具有……"之意义。但其实包含了"致使"一层意义，表示"令具有……的"，或者"使有……的"。在这一层意义的提示下，bätamäjsa- 可以是"令有疑惑，令怀疑"。结合本案牍的语境，所以翻译作"有嫌疑的"。

以上是对封牍内侧上文字的解读。

---

[1] Almuth Degener, *Khotanische Suffixe*, Alt- und Neu-Indische Studien, herausgegeben vom Institute für Kultur und Geschichte Indiens und Tibets an der Universität Hamburg. Stuttgart：Franz Steiner Verlag，1989. 以下简称 Degener, *Suffixe*。见第 215 页。

[2] 于阗语摘录自 R. E. Emmerick, *The Khotanese Śuraṅgamasamādhisūtra*, London：Oxford University Press，1970，p. 32。

[ṣä]？(hi)vyau panaṣṭä

这是底牒内侧的第一句,虽然模糊,但却是整个案牒最关键的一句。上面已经交待了案情,并且通过足迹找到了嫌疑人。而这一句承上启下,这是定夺处罚的关键句。[ṣä]留下足够的痕迹。这一代词指上文的嫌疑人。

panaṣṭä 是完成时第三人称单数阳性。于阗语有两个动词,其过去分词都是 panaṣṭa-。一是 panaśś-"损减,丧失",非及物动词;二是 panāśś-"令丧失",及物动词(SGS,70)。于阗语《金光明最胜王经》多次用到非及物的词,例如这一句:

hīyārāṇu jsārañänu ysau ūṣä panaśte[1]

义净的译文:

"谷稼诸果实,滋味皆损减"。(CBETA,T16,443)

还有相应的"无光色""地肥皆下沉"等句,其中的"无""下沉",相应的于阗语动词皆是 panaśś-。

另外还需要指出,封牒上的 panāsa,以及 panaśś-：panaṣṭa- 等,皆与梵文动词 vinaś、以及名词 vināśa 是同源词,其意义也相同,表示"灭亡,死亡,毁灭"。

(hi)vyau 是恢复的词,词基是 hīvia- 作为形容词,表示"自己的,属于自己的"。但这里显然是名词。这一词相当于梵文的 sva,而彼词作为形容词,表示"自己的"。但作为名词则指"财产"。考虑到此案牒的撰写者深受梵文的影响,所以这里的 hīvia-应该是名词"财产"。

底牒里侧的第一句定谳整个案情。喆遮疾被判有罪。处罚的办法是抄没他的全部家产。第一句之下,是他的家产清单。从这张清单看,喆遮疾真是十分贫穷,却因为盗窃,连三个儿子也被当作财产泯没了。这张清单中,有些词的词义并未破解。我先列出整个清单,再对个别词作阐释。

喆遮疾的家产

汉语	于阗语	数量
铜钱	mūra	千 5 百(枚)
毡子	namata	1(张)
床榻(？)	väṣṭä	1
大水罐	gūthā	1
粟特之地的绢	thaunä sūlyāgä	3(张)
儿子	puri	3 人
口袋	gūnä	1 条

---

① 于阗语见 Skjærvø 2004,vol. 1,244。

续表

汉语	于阗语	数量
葡萄	gūra	15（株）
外套（？）	khaysmaṃji barrä	1 件
老树	bhahä maṃgārä	20（棵）
瓶	vasīya	2

其中几个词的意思并不明确。väṣṭä，我在这里翻译作"床榻"，并没有实在的依据。有一件文书里出现了 väṣṭä hīya śaṃdä，贝利依据上下文翻译作 ground for resting，"安身之地"。或者 väṣṭä 原义是指"休息的地方"。

gūthā- 是个阴性词，已多次出现。又见有 gūthaka-"小水罐"一词，特指小型的。吉田丰认为这是粟特语的 γwδʼk①。既然有"小水罐"，所以特意翻译出"大水罐"。

thaunä sūlyāgä"粟特之地的绢"。thauna 是熟词，特指于阗特产绅绸。sūlya- 也常见，指"粟特人"。sūlyāgä 却是首次出现，或许拼写有遗漏，应该拼写作 sūlyāṃgyä。而 -āṃgyä- 则是于阗语常见的词缀，表示"……之地"。＊sūlyāṃgyä 刚好可以是"粟特之地"的属/为格。

khaysma［ṃji］ barrä"外套"（？）khaysmaṃji 的末音字节已经模糊。但所幸 khaysmaṃji 是多次出现的词，所以可以轻易恢复出末字节。不过，虽多次出现，但其词义尚不明确。斯坦因从哈达力克带回的一件世俗文书，涉及交纳粮食（IOL Khot 38/5）的，在彼文书中，见到彼词总是与 ganaṃ 搭配出现，例如 b8 aśnaukä ganaṃ jisti khaysmaṃji jsa"阿士诺吉（aśnaukä）借小麦，带……"②。如果依据此语境，khaysmaṃji jsa 可以翻译作"带壳"，或者"带麸子"。由此，khaysmaji 或许正是指小麦颗粒外面的一层皮，引申意义是"外套"。

pattuma śūrai hayä［rt］ä　（c6）

pattuma 首次出现，不能明确其词义。应该是个头衔。

hayärtä 的写法很特别。初看以为是［stä］，但其实如上转写。这件案牍的作者，有些奇怪的写法。或许这里，他想写下的是 hayär-"愉悦，快乐"的完成时。彼词单数第三人称阳性拼写作 hayäḍä。或许作者认为［rt］才是于阗语彼词的发音的拼写。

---

① 参阅 Zhang Zhan（张湛），Zhang, Zhan. 2016. *Between China and Tibet：A Documentary History of Khotan in the Late Eighth and Early Ninth Century*. Doctoral dissertation, Harvard University, Graduate School of Arts & Sciences. pp. 412，413。［日］吉田丰（Yoshida）2006：吉田丰《コータン出土 8—9 世紀のコータン語世俗文書に關する覺え書き》，《神户市外國語大學研究叢書》第 38 册（2005 年號），神户市外國語大學外國學研究所，2006 年，112 页。

② 这一件文书已经多次发表，集大成者见 Skjærvø, *Catalogue*，263 页。

人名：

最后为方便查询，将本案牍出现的人名以及相应音译排列在下面：

Nyānavarmä　慧铠（比丘）

Śärsalä　希尔萨里（族长）

Jsajsälkä　喆遮疾（被认定的贼）

Śūrai　舒莱（证人）

Īrvakä　伊里发吉（证人）

图一，a 封牍正面；b 泥封上的印迹

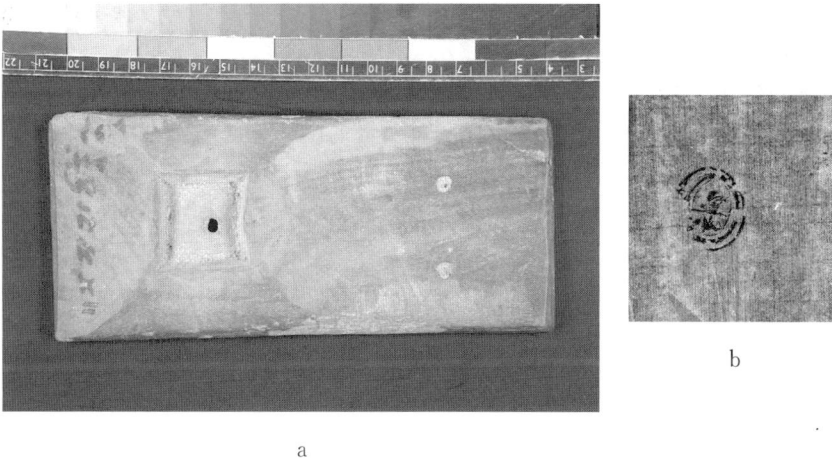

a

b

图二，封牍内侧

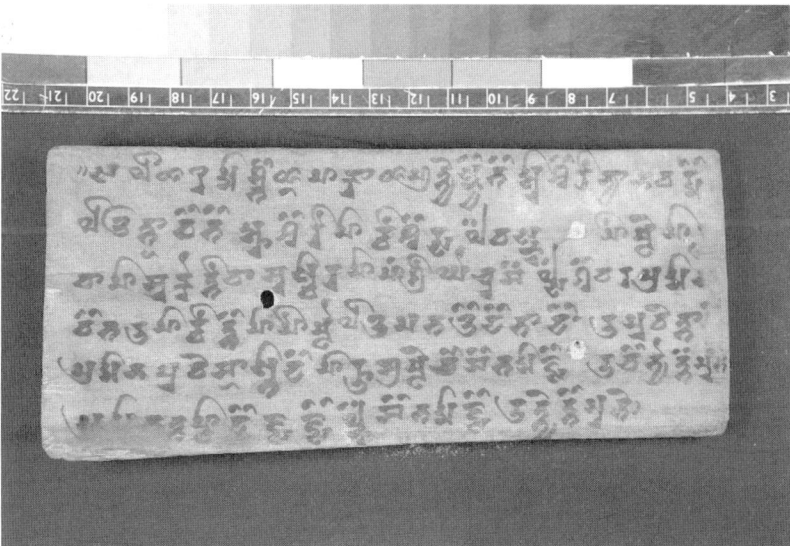

图三，底牍内侧

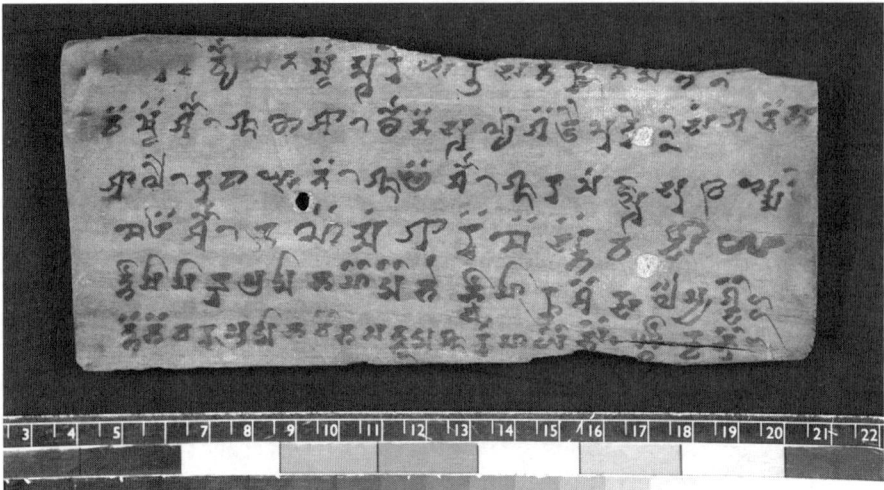

The Confiscation of Family Property: A Study
on the Khotanese Double Wooden Tablet BH4 – 68 in the NLC

Duan Qing

Three extant Khotanese double wooden tablets housed in the National Library of China have been introduced. This paper transcribes and translates the BH4 – 68 in the NLC, also in the form of a double wooden tablet, concerning a theft case in the ancient Khotan. Jsajsälkä stole things from the bhikṣu Nyānavarmä's residence, so that his family property was confiscated. The handwriting of this double wooden tablet has obviously been influenced by the Sanskrit script. Based on the script, words and the regnal year of the Khotanese king, it is probable to date the BH4 – 68 in 629 AD. The paper focuses on an interpretation with commentary of those new or controversial words in the BH4 – 68 double wooden tablet.

吐鲁番出土叙利亚语医学残篇中的希腊药方举例

林丽娟

北京大学历史学系

SyrHT 1 与 SyrHT 388 缀合图

© Depositum der Berlin-Brandenburgischen Akademie der Wissenschaften in der Staatsbibliothek zu Beriln-Preussischer Kulturbesitz，Orientabteilung

在上世纪初德国组织的吐鲁番探险中，探险家冯·勒柯克（Albert von Le Coq）的助手巴图斯（Theodor Bartus）曾在水盘遗址发掘出大量叙利亚语残篇[1]。其中一份残篇

---

[1]　Albert von Le Coq, *Auf Hellas Spuren in Ostturkistan：Berichte und Abenteuer der II. und III. Deutschen Turfan-Expedition*, Leipzig：J. C. Hinrichs, 1926，p. 88.

SyrHT 1(＝T II B 17)于上世纪末被匈牙利学者马洛特(Miklós Maróth)比定为医学残篇①,而另一小件残篇 SyrHT 388(＝ T II B 66)则新近被指出可与 SyrHT 1 缀合为同一页②。根据马洛特的研究,水盘出土医学残篇的主要内容是若干防治脱发和毛发过盛等系列针对头皮疾病的药方,很可能来自一部按照"从头到脚"(*a capite ad calcem*)顺序罗列疾病和医方的医学手册开头部分。而考察药方中所罗列药材,又可发现其中不少来自希腊-罗马传统,辛姆·威廉姆斯(Nicholas Sims-Williams)据此指出水盘修道院的基督徒群体所使用的医学文本"属于西方传统,其中结合了希腊医生的知识和流行的、半魔法的元素(... belong rather to a western tradition which combines the learning of the Greek doctors with more popular, semi-magical elements)"③。不过,吐鲁番叙利亚语医学残篇依循的是何种希腊医学范例,其药方可被追溯到希腊传统中哪位医生的医学理论,尚未见充分讨论。本文接续前人的讨论,将举出残篇中的两则药方作为范例,来证明吐鲁番叙利亚语医学残篇可在古希腊医学传统中找到一系列平行文本,其中相当部分可见于盖伦医书中对前人药方的摘录④。

例 一

在缀合图第七行至第十行出现了第一则保存较为完整的药方,阴影部分为药方标题,阐述药方主要目的,之后黑字部分为治疗方法。第八行至第十行行首残缺字母及第八行中间模糊字母可据语境基本可靠地复原。该则药方录文如下(第七行和第十行来自其他药方的信息暂略):

---

① Miklós Maróth, "Ein Fragment eines syrischen pharmazeutischen Rezeptbuches aus Turfan", *Altorientalische Forschungen*, 11.1 (1984), pp. 115 – 125.

② Erica C. D. Hunter, "Syriac, Sogdian and Old Uyghur Manuscripts from Bulayïq", 收入吐鲁番学研究院编《语言背后的历史——西域古典语言学高峰论坛论文集》,上海:上海古籍出版社,2021 年,79—93 页,缀合部分见 84 页。

③ Nicholas Sims-Williams, "Medical Texts from Turfan in Syriac and New Persian", 收入《语言背后的历史——西域古典语言学高峰论坛论文集》,13—19 页,此处引文见 14 页。See also idem, "Early New Persian in Syriac Script: Two Texts from Turfan", *Bulletin of the School of Oriental and African Studies*, 74.3 (2011), pp. 353 – 374.

④ 关于 SyrHT 1 与 SyrHT 388 的完整录文、注解和分析参见拙文 Lijuan Lin, "Hippocrates and Galen in Turfan: Remarks on SyrHT 1 and SyrHT 388", *Aramaic Studies* 18.2 (2020), pp. 213 – 239。

7. ……为使其生长

8. 【迅速】，抑或使其滋长【和使其】变黑：研磨劳丹脂①，佐以葡萄汁②或

9. 【以】柽柳③直至黏稠，涂抹之前先洗

10. 头。

首先讨论文本可疑之处。"柽柳"（tamarisk）疑为"香桃木"（myrtle）之误。香桃木，元《回回药方》中称其为"木儿的子"（《回回药方》173/13）④，对应其波斯语名称مورد（mord）音译；阿拉伯人则称之为آس（ās），对应古典叙利亚语ܐܣܐ（āsā）。在《酉阳杂俎》卷一八中，"香桃木"又被称为"没树"："没树，出波斯国，拂林呼为阿缝。长一丈许，皮青白色，叶似槐叶而长，花似橘花而大。子黑色，大如山茱萸，其味酸甜可食。"⑤这里"阿缝"即为古典叙利亚语ܐܣܐ（āsā）音译⑥。"柽柳"和"香桃木"分别对应希腊语词 μυρίκη 和 μύρσινος/μυρσίνη/μυρρίνη。盖伦医书《单方药力论》（De simplicium medicamentorum temperamentis ac facultatibus）中曾对 μυρίκη 和 μυρρίνη 做出区分（12.80–82K.）⑦，这一区分也反映在 6 世纪叙利亚学者塞尔吉乌斯（Sergius of Reshaina）对盖伦医书的翻译中（BL Add. 14661，33v）⑧：ܐܣܐ ܡܛܐܪܝܢ ܟܪܝܢ … ܐܣܐ ܡܛܐܪܝܢ ܟܪܝܢ. "Μυρσίνη/μυρρίνη，此即是香桃木（ܐܣܐ，myrtle）……Μυρίκη，此即是柽柳（ܟܪ，tamarisk）。"不过，形式上的相近导致二词后来常被混用。在希腊传统中，拜占庭百科全书《苏达辞书》（Suda）中曾混淆香桃木

---

① 本文中出现的药材中译名参考了宋岘《回回药方考释》中提到的译法。Ladanum，希腊语原文为λάδανον/λήδανον，对应波斯语لادن（Lādan），元《回回药方》音译为"剌丹"，《法汉词典》译为劳丹脂，是更为通行的译法，参见宋岘《回回药方考释》，武汉：湖北科学技术出版社，2016 年，309 页。

② ܡܫܬܝ 指未发酵前的葡萄汁，参佩恩·史密斯（Jessie Payne Smith）所编《叙利亚语简明词典》（Jessie Payne Smith，A Compendious Syriac Dictionary，Oxford：Clarendon Press，1903）该词条："must，the juice of the grape as it flows from the winepress."

③ 《回回药方》中称之为"哥子马祖"，音译自其波斯语名称کزمازک（kazmāzuk），参见宋岘《回回药方考释》，111 页。

④ 参见宋岘《回回药方考释》，239—240 页。

⑤ （唐）段成式撰，方南生点校《酉阳杂俎》，北京：中华书局，1981 年，180 页。

⑥ Diego M. Santos，"A Note on the Syriac and Persian Sources of the Pharmacological Section of the Yǒuyáng zázǔ"，Collectanea Christiana Orientalia 7（2010），pp. 217–229（228）；Hidemi Takahashi，"Syriac Christianity in China"，in Daniel King（ed.），The Syriac World，London and New York：Routledge，2019，pp. 625–652（634）.

⑦ 盖伦《单方药力论》原文参见 Karl Gottlob Kühn（ed.），Galeni opera omnia，vol. 12，Leipzig：Car. Cnoblochii，1821–1833，pp. 1–377。本文所引用盖伦著作（包括伪盖伦著作），均依据屈恩（Kühn）所刊布的版本，此处 12.80–82K.，K. 指的是 Kühn，12.80–82 指的是第 12 卷 80 至 82 页，以下同。

⑧ 有关这部古老的叙利亚语译本，参见笔者《巴格达翻译运动中的希腊哲学和医学——希腊-阿拉伯学的学术史考察》，《世界历史》，待刊。

(μυρρίνη)与柽柳(μυρίκη)(M 1438，M1457)①。而在叙利亚传统中，也出现了 ܪܘܣ 和 ܐܣܐ 混同使用的现象，部分字典词条认为二者均可以表示香桃木，参《叙利亚语简明词典》426 页对于 ܐܣܐ 的释义：perh. Myrica，myrtle 以及《德语-阿拉美语，阿拉美语-德语词典》② 266 页：Myrte f (oso, ĉaro, muryo) ܡܘܪܕܝܢܐ،ܐܣܐ،ܪܘܣ。此处"柽柳"一词出现于"香桃木"所应出现的位置，或许可被归因于这种混同。

如将"柽柳"改为"香桃木"，则以上药材搭配和使用方法可在包括盖伦在内的许多希腊医学家作品中找到平行文本。描述最为详实的是盖伦《针对身体不同部位的复方药物》(De compositione medicamentorum secundum locus，以下简称为 Comp. Med. sec. Loc.)所提及以下医方，盖伦将其归于希腊医生卡帕多奇亚的赫拉斯(Heras of Cappadocia，20 BC - 20 AD)名下：

πρὸς τὸ μὴ ἀπορρεῖν τὰς ἐν τῇ κεφαλῇ τρίχας.③λάδανον ἀποβρέχων ἐν οἴνῳ αὐστηρῷ λέαινε, ἐπαλλὰξ④παρεπιχέων μύρσινον ἔλαιον⑤καὶ οἶνον, ὡς μέλιτος σχεῖν πάχος καὶ χρῖε τὴν κεφαλὴν πρὸ βαλανείου καὶ μετὰ βαλανεῖον.(Comp. Med. sec. Loc.，12. 430.8 - 12K.)

以防头部脱发：研磨干型葡萄酒中浸泡过的劳丹脂，交替添加香桃木油和葡萄酒以使之达到蜂蜜的粘稠度，在沐浴前后涂抹于头上⑥。

此则药方与前述吐鲁番医方分享共同的治疗目的(治脱发)、相似的药材(劳丹脂、香桃木油、葡萄汁/酒)、相似的治疗方法(研磨至浓稠)和相近的用法(浴后涂抹)。不过，两则药方也存在一些差别，比如区别于吐鲁番方所使用的葡萄汁，赫拉斯方使用的是干型葡萄酒(dry wine)，且更细致地描述劳丹脂应先于干型葡萄酒中浸泡过，之后应加酒与油捣至"蜂蜜的粘稠度"。依据吐鲁番方，此药应浴后涂抹，而赫拉斯方则认为应在沐浴前后均使用。

盖伦同部医书中还提到两例相似医方，分别归于埃及女王克利奥帕特拉(Cleopatra，

---

① A. S. Adler, Suidae Lexicon, Leipzig：B. G. Teubner, 1928 - 1938：M 1438＝Adler III 427. 9 - 10，M 1457＝Adler III 428. 17. 也可参见 G. Simeonov, Obst in Byzanz. Ein Beitrag zur Geschichte der Ernährung im östlichen Mittelmeerraum，Saarbrücken：AV Akademikerverlag GmbH & Co. KG, 2013，p. 70.

② Sabo Hanna and Aziz Bulut, Wörterbuch Deutsch-Aramäisch，Aramäisch-Deutsch，Heilbronn，2000.

③ 此处及以下依吐鲁番叙利亚语医方体例将药方标题用红色标出，以与后文药方内容相区别。

④ ἐναλλάξ in F. Corazza, "New Recipes by Heras in P. Berol. Möller 13", Zeitschrift für Papyrologie und Epigraphik，198 (2016)，pp. 39 - 48 (41).

⑤ μύρσινον in Corazza, "New Recipes", p. 41.

⑥ 此处及以下希腊药方中译文，若无特殊标注，皆由笔者从希腊文译出。

51－30BC 在位）①和罗马皇帝图拉真的宫廷医师克力同（Statilius Crito，公元 1 至 2 世纪）名下：

ἄλλη αὔξουσα ταχέως καὶ δασύνουσα καὶ μελαίνουσα. λάδανον λέανον μετ' ἐλαίου καὶ γλυκέος οἴνου καὶ ποιήσας πάχος τοῦτο κατάχριε προσμηξάμενος.(*Comp. Med. sec. Loc.*, 12.433.14－16K.)

另一方。为使其生长迅速，使其滋长和使其变黑：研磨劳丹脂，佐以油和甜葡萄酒，使之粘稠，擦净之后涂油。

Τὰ ὑπὸ Κρίτωνος γεγραμμένα φάρμακα διαφυλακτικὰ τριχῶν καὶ αὐξητικὰ καὶ προφυλακτικὰ τῆς ῥύσεως αὐτῶν … ἄλλο. λάδανον πρόβρεχε οἴνῳ αὐστηρῷ καὶ τρίψας ἀναλάμβανε μυρσίνῳ ἐλαίῳ καὶ ὑπόχριε τὰς τρίχας πρὸ βαλανείου.(*Comp. Med. sec. Loc.*, 12.435.15－16K.)

克力同所作药方，适用于护发、生发及抑制脱发……另一方：先将劳丹脂泡于干型葡萄酒中，压碎，加以香桃木油配制，并在沐浴前涂抹于头发上。

这两则药方与前述吐鲁番医方存在一些细节的差异，比如克利奥帕特拉方未提及所用油的种类，而克力同方未提及"研磨至粘稠"这一点。在不同药方中所用葡萄酒种类和使用时间（沐浴前或后）亦有所不同。但大体而言，这些药方基本内容极为类似。尤其值得注意的是克利奥帕特拉方，此方在表述方式上与吐鲁番方最为接近，尤其标题"为使头发生长迅速，为使其滋长，和使其变黑"（αὔξουσα ταχέως καὶ δασύνουσα καὶ μελαίνουσα），与吐鲁番方标题几乎字字对应，甚至二者动词形式均同样采用分词形式。也正是借助这句希腊语平行文本，残篇第八行缺失的第一词得以可靠地重构为 ταχέως "迅速"的叙利亚语对应形式，即⟨⟩。

除了盖伦医学著作之外，类似药方还可见于被归在希波克拉底名下的医学著作《论妇科疾病》中：καὶ ἢν ῥέωσι τρίχες, λήδανον μετὰ ῥοδίνου ἢ ἀνθινοῦ μύρου τρῖβε, καὶ μετ'οἴνου χριέτω "如若脱发，压碎劳丹脂，佐以玫瑰或百合香油，加葡萄酒涂抹"（*De morbis mulierum* 2.189）②。这意味着以劳丹脂加葡萄酒和香油的配方可被追溯到最早的希波克拉底文本之一，早至公元前 5 世纪。

综合以上药方内容可见，在悠久的流传过程中，这一医方曾被归于不同医学家名下，发生过种种细节上的变动，但其主要成分并未发生大的改变。类似的医方还可见于 1 世纪希腊

---

① 一部有关化妆术（cosmetics）的作品曾被归于克利奥帕特拉，一般被认为假托女王之名而作，参见比如 Vivian Nutton, *Ancient Medicine*, London and New York: Routledge, second edition, 2013, p.181.

② Paul Potter (ed. and trans.), *Hippocrates vol. 11: Diseases of Women I-II*, Loeb Classical Library, Cambridge: Harvard University Press, 2018.

医生狄奥斯科里德斯(Dioscorides)所著《药物论》(*De materia medica*，1.64.5，4.134.2)和《易得药方或论简易疗法》(*Euporista vel de simplicibus medicinis*，1.90.1)以及伪托盖伦(Pseudo-Galen)所著《论易得药方》(*De remediis parabilibus*，14.322.2-3K.，14.503.2-3K.，14.581.-3K.)。此外，一系列古代晚期知名希腊医生如 4 世纪奥利巴修斯(Oribasius)、6 世纪阿米达的埃提乌斯(Aetius of Amida)、特刺勒斯的亚历山大(Alexander of Tralles)以及 7 世纪埃伊纳的保罗(Paul of Aegina，《回回药方》中之"补里西/卜里西/卜黎西")所著医学著作中也收录了这则医方①。这些平行文本的数量及其涵盖的时段向我们展示出这一药方悠久和复杂的流传史。值得一提的是，在冯·勒柯克吐鲁番探险几乎同一时间，德国考古学家奥托·鲁本森(Otto Rubensohn)在上埃及地区的大赫尔莫波利斯城(Hermoupolis Magna)也发掘出一份希腊文纸草文书。这份被断代至公元 3 世纪晚期或 4 世纪的纸草文书新近被比定为一份医学文献，当中引用了盖伦《针对身体不同部位的复方药物》中两则针对头皮疾病的药方(12.430.8-15K.)，其中一则正是我们此处讨论的吐鲁番医方的平行文本，即前述赫拉斯方(12.430.8-12K.)。这些证据向我们表明，在前现代世界，这则医方曾广泛流行于不同时代和不同地区，无论是古代晚期的埃及还是中古时期的吐鲁番。

例 二

10

11

12

10. ……针对脱发：包等量劳丹脂、苦艾②于一片

11. 麻布中，浸泡于油中五(?)日③，然后使其沉淀，将其涂抹于

12. 头上，则头发不会脱落，也不会产生头皮屑，一如所料。

此则药方同样可在盖伦医书《针对身体不同部位的复方药物》中找到平行文本，一则

---

① Oribasius, *Eclogae medicamentorum* 5.1, *Synopsis ad Eustathium filium* 8.24.7；Aetius of Amida, *Iatricorum* 6.56.41-42，47-48；Alexander of Tralles, *Therapeutica* 1.451.8-10；Paul of Aegina, *Epitomae medicae* 3.1.5，3.1.8.

② Absinthium，希腊语原文为 ἀψίνθιον，在《回回药方》中称为"鲁迷阿福散汀"(368/1)，即"罗马苦艾"(افسنتین رومي，Afsantīn Rūmī)音译，或"阿福散汀"(64/15)。可参宋岘《回回药方考释》，336 页。

③ 此处残篇数字"五"(ܗ)之后似仍有字迹，但漫漶不清难以释读。从平行文本来看，此处本应为"五"，其后字迹或为抄工抄错后涂改。

被归于叙利亚医生阿奇格涅斯（Archigenes，卒于 117 年）名下的药方：

…πρὸς ῥεούσας τρίχας…λαδάνου καὶ ἀψινθίου ἴσα καὶ ἀρκευθίδας δέκα λεία,

ὀθονίῳ ἐνδήσας καὶ βρέξας ἐλαίῳ ἐφ' ἡμέρας ε'. ἐκ τούτου ἀλείφου τὴν κεφαλὴν

καὶ οὔτε ῥέουσιν αἱ τρίχες οὔτε πίτυρα ἕξει.(Comp. Med. sec. Loc., 12. 431. 15 – 432. 4K.)

……针对脱发……包等量劳丹脂、苦艾和十只软杜松子于一片麻布中，浸泡于橄榄油中五日。然后涂抹于头上，则头发不会脱落，也不会产生头皮屑。

阿奇格涅斯即元代《回回药方》中之"阿儿可阿你思/阿而可阿尼昔"（64/8，68/4）。对比两则药方可见，二者分享同一目的（防脱发）、同种药材（等量劳丹脂和苦艾，油）、同种配置手法（包于麻布中和浸泡于油中五日）以及同一用法（涂抹于头上）以及同一疗效（头发不再掉落，也不再生头皮屑）。不过，两则药方也存在细微的差别，比如希腊语药方中提到的"十只软杜松子（ἀρκευθίδας δέκα λεία）"不见于吐鲁番方，而在用法上，吐鲁番本强调应在涂抹前先"使其沉淀"。

另一相对简短的近似药方可见于伪托盖伦《论易得药方》：

ἄλλο. λάδανον καὶ ἀψίνθιον καὶ ἀρκευθίδας λειώσας, εἰς ὀθόνην ἔνδησον, καὶ

ἔμβαλε εἰς ἔλαιον καὶ μετὰ ἡμέρας ε'. χρῶ.(Comp. Med. sec. Loc., 14. 322. 9 – 11K.)

另一方：压碎劳丹脂、苦艾与若干杜松子，包于一片麻布中，然后放进橄榄油，五天后使用。

以上两则平行文本向我们印证了这一药方曾在希腊医学传统中被传抄和使用。另外，这则药方也可在叙利亚语医学传统中找到平行文本。叙利亚语传世医方书数量较少，较为代表性的是英国东方学家巴奇（E. A. W. Budge）于 20 世纪初刊布的叙利亚《医学之书》（Book of Medicines）[1]，其中不少医方可在希腊传统中找到对应。除此以外，法国东方学家吉纽（Philippe Gignoux）新近基于两部存世抄本（BNF syr. 423，Ming. syr. 594）刊布了另一部叙利亚语医方书[2]，也正是在这部书中，我们发现了以上药方的另一个叙利亚语译本：

ܠ ܕܝ ܕܝ ܐܟܘܪܘܬܗ... ܠܐܐ ܪܥܡܟܐ ܐܟ ܘܥܡܕܐܘ ܐܐܠ ܕܟܝ ܒܪ ܐܐܟܫܝܠ ܐܡܐܪ ܒܝ ܪܥܡܟܐ.

ܐܟܪܒܐ ܐܐܘܪܘܬܐ ܕܝܡܘܟ ܐܪܟܘܐ ܪܟܐܡܐ ܗ ܐܠܐܟܟܐ ܘܐܟܪ ܘܡܥܡܐ ܐܪܟ ܡܪ ܝܟܐ ܒ ܐܟܟܝܘܪ.

① E. A. Wallis Budge, *Syrian Anatomy, Pathology and Therapeutics, or "the Book of Medicines"*, 2 vols., London: Oxford University Press, 1913.

② Philippe Gignoux, *Un livre de pharmacopée en syriaque*, Louvain: Peeters, 2019, pp. 66 – 67.

①✣ ܪܝܐ ܠܬܝܬ ܪܕܐܟ ܂ ܪܝ ܝܕܘ ܪܐ

针对脱发及其治疗方法……同时研磨等量劳丹脂、苦艾和若干杜松子,将其包于一片质地稀疏的布料中,投入前述油(即橄榄油)中②,放五天。然后使用,则头发不会脱落,也不会产生头皮屑。

比较吐鲁番本,可发现这一译本表述更加翔实,比如此本和希腊本一样明确指出应浸泡药材于橄榄油中,并且其中包括了杜松子这味本可见于希腊传统但不见于吐鲁番本的药材,尽管并未给出具体数量。此外,希腊传统和吐鲁番本中的"麻布"在这里被表述为"质地稀疏的布料"。考察两则叙利亚语医方的具体用词,可见针对同一希腊语词,二者采取了不同译法:"等量"或对应希腊语ἴσα,在两种叙利亚语译本中分别被译为ܪܬܚܐ ܪܚܐܘ(同等部分;equal parts)和ܗܐܗ(同等地;equally);"包"对应希腊语ἐνδήσας,分别被译为ܝܐܘܟ(包/捆、固定;to bind,make fast)和ܝܐ ܣ(包/捆紧;to bind fast);而数字"五"对应希腊语数词ε´,分别被译为ܪܗܘ和ܠ——前者是叙利亚语数词"五",而后者则对应古老的阿拉美计数符号③。这些具体译法上的微妙差别,暗示了这则希腊语药方及其不同版本可能至少曾两次被译进叙利亚语,而不同译者面对同一希腊语词时采取了不同翻译策略。

结　论

以上我们通过两则例子证明吐鲁番及叙利亚语医方存在希腊源流。这首先表现在两则药方均可在古罗马医生盖伦所书写的希腊语医书当中找到平行文本。在其《针对身体不同部位的复方药物》中,盖伦曾按照"从头到脚"顺序罗列诸种疾病及其医治方法,搜集和摘录了大量前人医方。以上所举吐鲁番医方可在该书开篇防治脱发部分找到近似医方:药方一之诸种大同小异之版本曾被分别归于卡帕多奇亚的赫拉斯(12.430.8-12K.)、克利奥帕特拉(12.433.14-16K.)和克力同(12.435.15-16K.),而药方二的平行文本则被归于阿奇格涅斯(12.432.1-3K.)。除了盖伦医书中所保存的医方,两则药方也可在其他希腊医书中找到对应,特别第一则药方的流传悠久而广泛,类似药方可见于从希波克拉底《论妇科疾病》(前5世纪)到埃伊纳的保罗医书(公元7世纪)诸多希腊医学经典中。而第二则药方的特别之处则在于,其不仅在希腊传统中可以找到平行文本,也能在叙利亚语传世文献中找到对应,这提示我们希腊语医方著作在译进叙利亚语传统时并非采取单一路径,而是存在更为复杂的状况。

---

①　吉纽所刊布文本在断句和读解上存在两处讹误,已据抄本更正,详参Lin,"Hippocrates and Galen in Turfan",脚注28,29。

②　此则药方的前半部分提到了制作橄榄油的方法。

③　这种阿拉美计数体系也可见于吐鲁番出土的新波斯语医方残篇,参Sims-Williams,"Early New Persian in Syriac Script",p.363。

相比希腊语平行文本,吐鲁番叙利亚语医方体现出一定程度的简化特征:不仅在内容上更为简洁,也往往未对医方来源和作者作出说明。类似特征也可见于其他叙利亚语医方书如《医学之书》①。由于残篇保存下来的信息十分有限,我们难以对这一残篇中所抄写文本的编者身份及其材料来源做更准确的推测,比如这一文本的编纂者是否使用了盖伦医书的希腊原文或译本,还是主要依赖一部摘录和汇集前人成果的医方汇编手册。同样难以确认的是编者自己是否知道这些药方的真正来源,因为研究表明,一些希腊医方尽管经由盖伦医书流行于后世,但其真正作者已不再为人所知②。尽管如此,正如前文所展示的,古老希腊医方的主要内容依然经由吐鲁番叙利亚语医方残篇保留了下来。

吐鲁番出土叙利亚语医方意义重大。众所周知,在古希腊医学的继承和发展方面,叙利亚基督徒曾发挥了承前启后的关键作用:包括盖伦全部著作在内的大批希腊语医书曾于 6 至 9 世纪被译进叙利亚语,而以侯奈因·伊本·伊斯哈克(Ḥunayn ibn Isḥāq,809 - 873 AD)为代表的叙利亚基督徒亦在 8 至 10 世纪的巴格达翻译运动中扮演了重要角色,将希腊医学著作翻译介绍进阿拉伯语,促成了后世以阿维森纳《医典》为代表的伊斯兰医学经典的诞生③。令人遗憾的是,绝大多数从希腊语翻译和改写而来的叙利亚语医书并未保存下来④。在存世医方书中,最具代表性的叙利亚《医学之书》中保存了盖伦医书《针对身体不同部位的复方药物》相当篇幅的平行文本,但这些文本多出自该书中间部分,而开头和结尾部分不存⑤。吐鲁番出土叙利亚语医学残篇的珍贵之处恰恰在于,其对应平行文本刚好出自叙利亚《医学之书》所未能保存下来的《针对身体不同部位的复方药物》开头部

① Siam Bhayro, "The Reception of Galen's *Art of Medicine* in the Syriac *Book of Medicines*", in: Barbara Zipser (ed.), *Medical Books in the Byzantine World*, Bologna: Pàtron Editore, 2013, pp. 123 - 144.

② Ann Ellis Hansen, "Talking Recipes in the Gynaecological Texts of the Hippocratic Corpus", in: Maria Wyke (ed.), *Parchments of Gender: Deciphering the Bodies of Antiquity*, Oxford: Clarendon Press, 1998, pp. 71 - 94 (76).

③ Grigory Kessel, "Syriac Medicine", in: Daniel King (ed.), *The Syriac World*, London and New York: Routledge, 2019, pp. 438 - 459.

④ Kessel, "Syriac Medicine", p. 440; Manfred Ullmann, *Die Medizin im Islam*. Handbuch der Orientalistik, Abteilung i: Nahe und der Mittlere Osten, 6. 1, Leiden: Brill, 1970, p. 100.

⑤ J. Schleifer, "Zum Syrischen Medizinbuch", *Zeitschrift für Semitistik und verwandte Gebiete* 4 (1926), pp. 70 - 122 (70 - 71); J. Schleifer, "Zum Syrischen Medizinbuch. II", RSO 18 (1940), pp. 341 - 372 (341 - 344); Rainer Degen, "Galen im Syrischen: Eine Übersicht über die syrische Überlieferung der Werke Galens", in Vivian Nutton (ed.), *Galen: Problems and Prospects. A Collection of Papers Submitted at the 1979 Cambridge Conference*, London: Wellcome Institute for the History of Medicine, 1981, pp. 131 - 166 (147 - 148); Grigory Kessel, "Inventory of Galen's Extant Works in Syriac", in J. C. Lamoreaux (ed.), *Ḥunayn ibn Isḥāq on His Galen Translations*, Provo, UT: Brigham Young University Press, 2016, pp. 168 - 192. 关于叙利亚语存世医方书的整体情况,参考 Kessel, "Syriac Medicine", pp. 449 - 451.

分。而这份断代早至 9 至 10 世纪的珍稀文书之出土于吐鲁番,又进一步向我们表明,叙利亚基督徒在这一时期不仅在巴格达翻译运动中扮演关键角色,也将他们所翻译的希腊医书传播到了中亚和今日之中国境内。

Greek Recipes in Syriac—Remarks on the Medical Fragment SyrHT 1 from Turfan

Lin Lijuan

This article centers on two recipes from SyrHT 1, a Syriac medical fragment found in Bulayïk, and shows that the recipes have parallels in a series of Greek medical works including Galen's *De compositione medicamentorum secundum locos*. This adds further evidence that Syriac Christians had brought Hellenic medical lore to Turfan at an early date.

蒙古国回鹘四方墓出土鲁尼文刻铭释读
——兼谈鲁尼文字形之演变[*]

白玉冬

兰州大学敦煌学研究所

2005 年，内蒙古自治区文物考古研究所走出国门，与蒙古国游牧文化研究国际学院携手，进行"蒙古国境内古代游牧文化遗存考古调查及发掘研究"项目的合作。其科研成果《蒙古国古代游牧民族文化遗存考古调查报告（2005—2006 年）》《蒙古国浩腾特苏木乌布尔哈布其勒三号四方形遗址发掘报告（2006 年）》深获好评①。2011 年，笔者拜访内蒙古自治区文物考古研究所，蒙时任所长陈永志先生慷慨馈赠上述两部报告文集。多年来，在给学生讲解北方民族历史遗存时，笔者每每利用其中的精美图片，受益匪浅。

2018—2019 年，兰州大学敦煌学研究所组织"胡汉语碑刻考察团"，与蒙古国游牧文化研究所和蒙古国立大学合作，在蒙古国境内进行了科研合作调查。在 2018 年 8 月 11 日下午，考察团一行在蒙古国游牧文化研究所国际联络员奥其尔（A. Ochir）教授陪同下，调查了 Hoton 山脚下回鹘人墓葬②。奥其尔也是上述中蒙合作"蒙古国境内古代游牧文化遗存考古调查及发掘研究"项目的蒙方领队。此后，在 2018 年 11 月 22 日，兰州大学敦煌学研究所组织"草原丝绸之路历史文化"国际工作坊，邀请奥其尔做学术报告 The Uighur Mausoleums Excavated in Mongolia（蒙古国发现的古代回鹘陵墓），介绍上述中蒙合作的考古调查成果③。据

＊ 本文系国家社科基金重大招标项目"海外藏回鹘文献整理与研究"（批准号 20&ZD211）、中央高校基本科研业务费专项资助项目"胡语和境外汉语碑刻与唐代西北地区历史（编号：21lzujbkyjh004）"阶段性成果。

① 研究成果见塔拉、恩和图布信主编《蒙古国古代游牧民族文化遗存考古调查报告（2005—2006年）》，北京：文物出版社，2008 年；塔拉等《蒙古国浩腾特苏木乌布尔哈布其勒三号四方形遗址发掘报告（2006 年）》，北京：文物出版社，2008 年。

② 详见白玉冬、吐送江·依明《"草原丝绸之路"东段胡汉语碑刻考察简记》，《敦煌学辑刊》2019 年第 4 期，196—197 页。

③ 奥其尔先生的报告内容，此前已经发表于蒙古国《丝绸之路（The Silk Road）》第 8 期，2010 年，16—26 页。中译文见阿·奥其尔等撰，孟繁敏、杨富学译《蒙古国发现的古代回鹘陵墓》，《西夏研究》2020 年 2 期，104—108 页。

其告知,这些回鹘墓葬遗址群分布于鄂尔浑河畔回鹘牙帐近旁的山麓地带,其建筑布局呈四方形状,与突厥汗国的祭祀遗址区别很大,但与发现于回鹘汗国磨延啜可汗的希内乌苏碑的祭祀遗址上的四方形遗址相同;墓葬群出土有唐开元通宝铜钱一枚和刻有鲁尼文的弓形骨片和筒瓦各一;北京大学所提供的碳14数据表明遗址时间为7—9世纪;四方形遗址发现的建筑元素与俄罗斯图瓦波尔巴珍遗址的建筑元素非常相似,陶片与砖瓦也与回鹘牙帐城遗址出土的同类遗物极为相似。奥其尔据此指出,所有这些证据都表明这些四方形墓葬属于漠北回鹘汗国。

上述奥其尔教授的观点,自无问题,笔者对此并无异议。不过,在关于此次中蒙合作调查时所发现的鲁尼文刻铭的解读与年代考证问题上,笔者的看法与前人不尽相同。故撰此稿,敬祈方家指正。

一、弓形骨片鲁尼文刻铭

据奥其尔介绍,该文物出自后杭爱省浩腾特苏木胡拉哈山1号遗址2号墓[①]。不过,中方考古报告介绍说出自胡拉哈山谷1号墓园14号墓[②]。该刻铭最早由蒙古国立大学巴图图鲁噶(Ts. Battulga)教授解读,其研究成果《弓形骨片上的铭文》在2007年与奥其尔联名发表在蒙古人类学考古学民族学杂志上[③]。2016年,巴图图鲁噶再次刊布其释读成果,并给出了精美的图版[④]。同年,包文胜、张久和二位在讨论四方形遗址年代时,给出了黑白图版和换写与转写,并认为弓形骨片上的文字T的写法不同于突厥汗国鲁尼文碑铭的T,而与回鹘汗国碑铭的T的写法接近或相同,进而主张该弓形骨片文物应属于漠北回鹘汗国时期[⑤]。

关于该弓形骨片,笔者未能探查实物。据陈海玲介绍[⑥],是附着于弓柄中部两侧的附件,动物骨骼制作。平面呈梯形,背面较粗趟,正面弧隆,中间磨光,两端和其中一边刻画有密集的网格状纹饰,正面磨光部分刻有鲁尼文。看得出,该骨片应是弓柄的加强板。据巴图图鲁噶给出的图片(图版1),自右向左,鲁尼文文字 ⋀⟩⟩⋔ 清晰可见。关于这五个文字的换写,学者们意见相同,均作 T W N W z,笔者对此毫无异议。然关于其转写,学者们

---

① 阿·奥其尔等《蒙古国发现的古代回鹘陵墓》,106页。

② 塔拉等《蒙古国浩腾特苏木乌布尔哈其勒三号四方形遗址发掘报告(2006年)》,13页。

③ A. Ochir, Ts. Battulga, "Numiin yasannaalt deerhi bi-chees," *Mongolian Journal of Anthropology, Archaeology and Ethnology*, vol. 3, no. 1, 2007.

④ Ts. Battulga, "Inscription on the Bone Plate for Reinforcing Bow." in *Turkic Footprints in Mongolia*, Ulaanbaatar, 2016, pp. 121‐123.

⑤ 包文胜、张久和《蒙古国"四方形遗址"所属时代考——以出土器物上的两组突厥卢尼文字判定》,《内蒙古社会科学(汉文版)》2016年第5期,82—84页。

⑥ 陈海玲《回鹘汗国哈喇巴拉嘎斯都城遗址及周边墓葬研究》,内蒙古大学硕士学位论文,2017年,42页。

之间意见不一。巴图图鲁噶转写作 tunuz(tunoz,tonoz,tonuz),推定是人名,同时指出难以判断是弓箭的所有者,抑或是制作加强板的人物之名。包文胜、张久和二位转写与巴图图鲁噶相同,但未作任何考述。笔者以为,该刻铭应转写作 tun uz,是首席工匠之义。

第一,古突厥语 tun 义为第一个出生的,即头胎、老大之义①。汉籍记录的后突厥汗国权臣阿史德元珍的元珍,与突厥碑文的 tunyuquq(暾欲谷)正相对应,其中的 tun 对应汉字"元"②。

第二,古突厥语 uz 义为弓匠或技术高超之义③。除克劳森(G. Clauson)词典给出的例子之外,兹略作补充。叶尼塞碑铭中,E26 奥楚瑞(Ochury)碑铭属于墓碑,出土于叶尼塞河与阿巴坎河之间的 Ochury 村附近,现藏米努辛斯克博物馆,馆藏编号为 32。该墓碑的三面各镌刻有 4 行鲁尼文铭文,另一面镌刻 1 行,共 13 行铭文。关于该碑铭,瓦西里耶夫(D. D. Vasilyev)依据拉德洛夫(W. W. Radloff)《蒙古古物图录》Atlas 的图版进行了规范和重建,笔者则重新进行了解读④。据笔者释读,该墓碑主人叫颉于伽斯亦难赤毗伽(el ögäsi ïnanču bilgä),其手下有被带来的 Az 族民众。其中,碑文第 5 行内容如下:

录文:///(>父):ᛘᛯᛐᛁᛐᛆᛁ:ᛏᛆ:ᛏᛝᛆ:I:D(ᛐ):ᛆ♪:ᛐᛏᛊᛈ:(ᛐᛐ)ᛐ///

换写:///(W z):y g r m i:r z b s:Y(č)i:N T a:r d m:(L D)i ///

转写:/// uz yegirmi är az beš yačïnta ärdäm aldï///

译文:······工匠(uz)20 名战士从 Az 族 5 名弓箭手那里获得了技术······

显然,工匠 20 名战士从 Az 族 5 名弓箭手那里获得的技术应该是制作弓箭的技术。碑文中工匠(uz)前面的文字虽然已经脱落,但我们可以推断出这些工匠应该与弓箭有关。在冷兵器时代,制作弓箭等武器装备的技术人员属于匠户的一种。如唐代设有番匠,即工匠在官设手工作坊内服番役。元代设有专门的匠户,在官营的手工业局、院中服役,从事营造、纺织、军器、工艺品等各种手工业生产。《宋会要辑稿·职官一六》弓弩院条记录:嘉祐三年(1058)十二月三日,提举司言:"后苑御弓箭库抽取弓弩院工匠人二人赴库造

---

① G. Clauson, *An Etymological Dictionary of Pre-Thirteenth Century Turkish*, Oxford, The Clarendon Press, 1972, p. 513.

② 关于阿史德元珍的元珍与突厥碑文的 tunyuquq(暾欲谷)之间的关系,俄罗斯学者克里亚施托尔内(С. Г. Кляшторный)进行了考证;此处转引[日]護雅夫《エスゲクリャシュトルヌィの突厥史研究》,载氏著《古代トルコ民族史研究》第 1 卷,东京:山川出版社,1967 年,562—564 页。

③ G. Clauson, *An Etymological Dictionary of Pre-Thirteenth Century Turkish*, p. 277.

④ D. D. Vasilyev, *Korpus tyurkskikh runicheskikh pamyatnikov basseyna Yeniseya*, Leningrad, 1983, pp. 24, 64, 102;白玉冬《牢山剑水:鲁尼文叶尼塞碑铭译注》,上海:上海古籍出版社,2021 年,64—67 页。以下介绍的该碑铭内容,据笔者释读。与前人之间的释读差异,兹不赘述。相关前人研究成果,参见笔者前文介绍。

箭,寔违条制。"①虽然笔者未能找到与突厥或回鹘相关的弓弩匠人的实例,但上引《宋会要辑稿》文可以为我们提供一些参考资料。tun uz(首席工匠)虽然不能完全否定人名的可能,但鉴于使用 tun(第一个)来修饰 uz(工匠),此弓形骨片,即弓柄加强板视作由游牧国家内部著名的弓箭师,甚至于游牧政权汗庭御用的弓箭匠人所制作比较贴合。推而言之,出土有弓形骨片的墓葬的主人勘同为上述著名弓箭师或游牧政权汗庭御用的弓箭匠人比较稳妥。

二、筒瓦鲁尼文刻铭

该筒瓦是奥其尔在 2011 年率领中蒙联合考古队时发现,出土于蒙古国后杭爱省浩腾特苏木赫列克斯浩莱山谷 6 号回鹘墓园。2016 年,宋国栋、陈永志、包文胜三位在讨论回鹘汗国瓦类建筑构件的制造工艺时,给出了刻铭的释读与注释②。同年,包文胜、张久和二位在讨论四方形遗址年代时,再次给出了同样的释读③。也是同一年,巴图图鲁噶刊布其释读成果,并给出了精美的彩色图版和详细的词注④。2019 年,笔者与吐送江·依明联名,在介绍"胡汉语碑刻考察团"的调查成果时,给出了我们的释读⑤。然受限于文章的类别和篇幅,未能详尽。兹予以补充完善。

2018 年 8 月 12 日 12:00,我们"胡汉语碑刻考察团"一行出发前往和硕柴达木博物馆,15:00 查看该博物馆收藏的回鹘墓葬出土筒瓦。考察队员 4 人分别各自调换角度拍照,并进行测量。筒瓦长 31 厘米,宽 12 厘米,高 6 厘米,上下 2 行鲁尼文刻铭(图版 2)。白玉冬、裕勒麦孜、吐送江·依明各自进行了识读,结论相同。以下给出我们的释读,以及必要的注释和说明。

录文:1D>OD# ΓJΗⲎⲅⲢⲏ# ΓƷD   2⩘ΓⲎꝗⲢ# ϾↃↄↄⲅↃ# ↃⲬↃⲅΗⲭ⫸

换写:1YiWnt YiQayitinč Y   2bizyigrmikabitdm

转写:1yunt yïlqa yitinč ay   2   biz yegirmikä bitidim

译文:马年 7 月 20 日,我们写了。

①　徐松辑《宋会要辑稿》,北京:中华书局影印本,1957 年,2733 页;刘琳等点校《宋会要辑稿》,上海:上海古籍出版社,2014 年,3446 页。

②　宋国栋等《蒙古国赫列克斯浩莱山谷 6 号回鹘墓园出土突厥鲁尼文瓦考析》,《文物》2016 年第 4 期,51—53 页。

③　包文胜、张久和《蒙古国"四方形遗址"所属时代考—以出土器物上的两组突厥卢尼文字判定》,《内蒙古社会科学(汉文版)》2016 年第 5 期,82—84 页。

④　Ts. Battulga, "Inscription on the Bone Plate for Reinforcing Bow. " in *Turkic Footprints in Mongolia*, Ulaanbaatar, 2016, pp. 124‑129.

⑤　白玉冬、吐送江·依明《"草原丝绸之路"东段胡汉语碑刻考察简记》,《敦煌学辑刊》2019 年第 4 期,198 页。

注释：

♯:表示筒瓦裂痕。该筒瓦现已断裂为三截,中间有两道裂痕。第 1 道裂痕贯穿第 1 行第 4 字 D（D）与第 5 字 ↑（↑）之间,并贯穿于第 2 行第 5 字 ↑（↑）之上。第 2 道裂痕贯穿第 1 行第 11 字 ⱨ（h）与第 12 字 ↑（↑）之间,并贯穿于第 10 字 ꓨ（ꓨ）之上。

2 行,ᛉↂ↳＞b i z＞biz（我们）:前人的换写与笔者完全相同。其中,巴图图鲁噶给出两种转写:biz（我们）和 äbiz,并把后者视作人名。此姑且一说。宋国栋、陈永志、包文胜以及包文胜、张久和的转写与笔者相同,只是各位把 biz 译作"5",进而把筒瓦鲁尼文的刻写时间解读为马年 7 月 15 日。不过,古代突厥语中,5 通常是 biš 或 beš。我们知道,回鹘文文献中存在唇齿音 Z 和 S 之间的文字互换现象,也存在以相同文字共写 S 字与 Š 字的现象。不过,此种现象仅限于回鹘文文献,且虽然在蒙元时期之前已有出现,但最多见于蒙元时期。据笔者浅识,在鲁尼文文献中,尚无此种 Z 与 S 或 Š 之间的文字互换现象。即,该筒瓦的鲁尼文刻铭写于马年 7 月 20 日,并非马年 7 月 15 日。

2 行,ᛉↂ↑ tdm＞b i t d m＞bitidim（我写了）:巴图图鲁噶的换写和转写、译文与笔者相同。不过,宋国栋、陈永志、包文胜以及包文胜、张久和均转写作 biritdim,译作我切割了。而且,前三者主张根据筒瓦的制作流程来看,就是工匠切割筒瓦时刻写文字,之后烧制而成。查看实物,第 2 行第 13 字并非诸位所释读的前舌音文字 ↑（r）,而是 ↑（i）。

综上,上述筒瓦鲁尼文刻铭表明其写于马年。不难看出,该筒瓦也建造于马年。不过,由于这些文字与突厥汗国的鲁尼文字体完全相同,仅依据上述刻铭,就断言这些四方形墓葬属于回鹘汗国,为时尚早。如前面介绍的奥其尔之文,笔者以为只有把该刻铭与这些四方形墓葬的其他特征结合起来,方敢言这些墓葬属于回鹘汗国所拥有。

三、从鲁尼文字体的变化看刻铭年代

鲁尼文碑刻铭文,主要分布于蒙古高原、叶尼塞河流域、中亚的天山和阿尔泰山地区。此外,国内新疆、内蒙古、西安偶有发现。其中,叶尼塞碑铭、天山和阿尔泰山碑铭,以及吐鲁番雅尔湖石窟第 5 窟刻铭等之中,存在一部分有别于突厥汗国和回鹘汗国大型碑文字体的异体字[①]。关于这些异体字的产生,可以归纳出两种可能性。第一,鲁尼文在封闭环境下的进化与演变。如后舌音辅音字 B 在突厥与回鹘的大型碑文中通常写作 ᛞ,但在叶尼塞流域和阿尔泰山的碑刻中还写作 ꓷ、ꓕ、ꓢ、ꓚ、ꓞ。第二,对当地方言差异的适应。如闭口元音 e 在突厥与回鹘的大型碑文中无专用文字,但在叶尼塞流域和阿尔泰山的碑刻中

---

① 关于包括这些异体字在内的换写、转写,参见白玉冬《E68（El-Baji）叶尼塞碑铭译注》,余太山、李锦绣主编《欧亚学刊》新 9 辑,北京:商务印书馆,2019 年,202—203 页;白玉冬《牢山剑水:鲁尼文叶尼塞碑铭译注》,凡例 2—4;关于吐鲁番雅尔湖石窟第 5 窟鲁尼文刻铭的最新研究,见白玉冬《吐鲁番雅尔湖石窟第 5 窟鲁尼文题记释读与研究》,朱玉麒主编《西域文史》第 15 辑,北京:科学出版社,2021 年,37—50 页。

写作 ⊗ 或 ⅼ，ʃY（人民、国家、地方）写作 ⊗Y 或 ⅩY。此外，叶尼塞碑铭中还频繁出现清音的浊音化现象与浊音的清音化现象，相关文字也随之发生变化①。无疑，这些异体字，对于判断相关碑刻铭文的历史背景或所属年代等，均具有重要的参考意义。

笔者并非断然否定在突厥与回鹘的大型碑文中不存在"异体字"。如，后舌音辅音 T 在突厥与回鹘的碑文中均存在 ⧓ 与 ⋀ 两种写法。在暾欲谷碑第一碑的北面第 2 行中，tuɣ（纛）作 ，其中的 ⧓ 即是 ⧓（T）的变体或误刻。不过，相比叶尼塞碑铭和中亚碑铭，突厥与回鹘碑文中的"异体字"数量极其有限，甚至不能称其为"异体字"。由于在突厥与绝大多数回鹘的碑文中，鲁尼文字的写法几近相同，实际上仅仅依靠个别文字的写法来确定这些碑文刻铭属于突厥汗国还是回鹘汗国极其勉强。

不过，我们知道，鲁尼文存在两种字体，第一种是在此介绍的以突厥汗国碑文为代表的棱角分明的字体，第二种是以敦煌吐鲁番出土鲁尼文写本文献为代表的具有一定弧度的字体。突厥汗国的所有碑文，回鹘汗国的大部分碑文，叶尼塞碑铭和阿尔泰山、天山铭文，以及雅儿湖石窟第 5 窟刻铭等，均属于第一种字体，笔者称之为突厥碑文体。九姓回鹘可汗碑（喀喇巴剌噶逊碑）、敦煌出土 Or. 8212 - 161 鲁尼文占卜文书，米兰出土 Or. 8212 - 76 鲁尼文军需文书等，均属于第二种字体。百年前的汤姆森（V. Thomsen）指出，九姓回鹘可汗碑的鲁尼文字体圆润优美，与吐鲁番出土的鲁尼文写本字体相似②。克里亚施托尔内也提出九姓回鹘可汗碑字体有别于回鹘汗国的特斯碑、塔里亚特碑（铁尔痕碑）和希内乌苏碑（默延啜碑）③。在吐峪沟出土的鲁尼文摩尼教写本 TIIT 20（Mainz 0377）残片中，在 19 个鲁尼文字母下方以摩尼文标出读音，看得出该文书是摩尼教徒学习鲁尼文的习字本或范本④。该 TIIT 20（Mainz 0377）文书的字体与其他敦煌吐鲁番出土的鲁尼文写本文献的字体相一致，具有一定的弧度。森安孝夫称这种鲁尼文字体为摩尼教字体，并指出称得上是回鹘官方历史文献的九姓回鹘可汗碑具有浓厚的摩尼教色彩，这可从碑文中的鲁尼文字体与上述摩尼教字体极其相近得到佐证⑤。关于九姓回鹘可汗碑的建造年代虽然意见不一，但关于碑文的被纪念者是漠北回鹘汗国第 8 代君主保义可汗（808—821 年在位）这一点上，学术界已无异议。而回鹘汗国早期的特斯碑（建于 750 年）、塔里亚特碑（建于 752 年）和希内乌苏碑（建于 759 年或其稍后），其字体明显不同于九姓回鹘可汗碑，与突厥汗

---

① 详见白玉冬《牢山剑水：鲁尼文叶尼塞碑铭译注》，163—164 页，兹不赘述。

② V. Thomsen, "Ein Blatt in türkischer Runenschrift aus Turfan." *Sitzungsberichte der Preussischen Akademie der Wissenschaften*, vol. 15 (1910), pp. 296 - 306, here p. 300.

③ S. G. Klyashtorny, "The Tes Inscription of the Uighur Bögü Qaghan," *Acta Orientalia Academiae Scientiarum Hungaricae*, vol. 39, no. 1 (1985), pp. 137 - 156, here p. 156.

④ A. von Le Coq, "Köktürkisches aus Turfan. Manuskriptfragmente in köktürkischen 'Runen' aus Toyoq und Idiqut-Schähri." *Sitzungsberichte der preussischen Akademie der Wissenschaften*, Phil.-hist. Klasse, Berlin. 1909, pp. 1047 - 1052.

⑤ ［日］森安孝夫《大英図書館所蔵ルーン文字マニ教文書 Kao. 0107 の新研究》，《内陸アジア言語の研究》第 12 辑，1997 年，58—65 页。

国碑文字体一致,属于突厥碑文体。

此外,西安大唐西市博物馆藏汉文鲁尼文双语"故回鹘葛啜王子墓志"的鲁尼文字体亦值得关注[①]。从第1行末尾字 ᚋ(ŋ)、第2行末尾字 ᚎ(k)、第4行末尾字 ᚃ(š)与第12行第6字 ᚎ(i)等文字的形状看得出,这些文字的竖线已经出现弧度。即,相比回鹘汗国早期的特斯碑、塔里亚特碑和希内乌苏碑,该碑文鲁尼文字体与九姓回鹘可汗碑和前述摩尼教字体非常接近。就该碑文建于猪年(乙亥年,即795年)而言,可以说葛啜墓志的鲁尼文字体正处于从回鹘汗国早期的突厥碑文体向9世纪的摩尼教字体过渡的阶段。

需要指出的是,鲁尼文、粟特文双语赛部来(Severy)碑残损严重且字迹漫漶[②]。根据现有的残存文字虽然难以判明其字体,但其中的 W 和 z 已经出现弧度[③]。森安孝夫主张赛部来碑建于821—823年唐、吐蕃、回鹘三国会盟时,与拉萨的《唐蕃会盟碑》具有同等意义[④]。不过,史料介绍贞元三年(787)"回纥可汗铭石立国门曰:'唐使来,当使知我前后功'"云云[⑤]。此处不否定该碑建立于回鹘助唐平定安史之乱后的8世纪60—80年代的可能。总之,不论建立于何时,赛部来碑的鲁尼文字体已经接近于摩尼教字体。

---

① 关于鲁尼文铭文的主要研究,参见以下论文。成吉思《〈葛啜墓志〉突厥文铭文的解读》,荣新江主编《唐研究》第19卷,北京:北京大学出版社,2013年,443—446页;Alyılmaz Cengiz, "Karı Çor Tigin Yazıtı." *International Journal of Turkish Literature Culture Education*, vol. 2, no. 2, 2013, pp. 1-61;白玉冬《回鹘王子葛啜墓志鲁尼文志文再释读》,《蒙古史研究》第11辑,2013年,45—52页;Ölmez Mehmet, "Xi'an Yazıtı." *Orhon-Uygur hanlığıdönemi Moğolistan'dakieskiTürkyazıtları*, 2nd version, 2013, pp. 322-325;Ölmez Mehmet, "Uygur Prensinin Yazıtı." *Atlas*, aralık (december), 2014, no. 261, p. 128;芮跋辞、吴国圣《西安新发现唐代葛啜王子古突厥鲁尼文墓志之解读研究》,《唐研究》第19卷,425—442页;张铁山《〈故回鹘葛啜王子墓志〉之突厥如尼文考释》,《西域研究》2013年第4期,74—80页;V. Rybatzki & Wu Kuosheng "An Old Turkic Epitaph in Runic Script from Xi'an (China):The Epitaph of Qaričortegin." *Zeitschrift der Deutschen Morgenländischen Gesellschaft*, vol. 164, no. 1, 2014, pp. 115-128;[日]林俊雄《2013年西安発见回鹘王子墓志》,《创価大学人文论集》第26辑,2014年,1—11页;Aydın Erhan & Ariz Erkin, "Xi'an yazıtıüzerinde yeni okuma ve anlamlandırmalar." *Türk Dünyası Sosyal Bilimler Dergisi*, vol. 71, 2014, pp. 65-80;[日]森安孝夫著,白玉冬译《漠北回鹘汗国葛啜王子墓志新研究》,荣新江主编《唐研究》第21辑,北京:北京大学出版社,2015年,499—526页;白玉冬《葛啜墓志鲁尼文志文第1行再释读》,《西域历史语言研究集刊》第13辑,2020年,26—31页。

② 该碑发现于额济纳河北面的蒙古巴彦洪格尔省赛部来苏木,即唐代史料所言花门山一带。现存面为鲁尼文、粟特文各7行。吉田丰等认为残损更为严重的另一面应为汉文面。见吉田豊、森安孝夫、片山章雄《セブレイ碑文》,载森安孝夫、オチル编《モンゴル国现存遗迹・碑文调查研究报告》,豊中:中央ユーラシア学研究会,1999年,225—227页。

③ 包括塞部来碑图版在内,森安孝夫率领的日蒙联合考察队所采集的拓片图版,绝大部分可以在大阪大学"综合学术博物馆统合资料データーベース"http://www.museum.osaka-u.ac.jp.上检索。

④ [日]森安孝夫、吉田豊《モンゴル国内突厥ウイグル时代遗蹟・碑文调查简报》,《内陆アジア言语の研究》第13辑,1998年,165页;森安孝夫《シルクロードと唐帝国》,东京:讲談社,2007年,352—353页。

⑤ 《旧唐书》卷一二《德宗纪》上,北京:中华书局,1975年,358页;《新唐书》卷二一七《回鹘传》上,北京:中华书局,1975年,6123页。

以上，就字体属于突厥碑文体而言，可以认为前述弓形骨片鲁尼文刻铭与筒瓦鲁尼文刻铭年代属于突厥汗国或回鹘汗国早期。若再结合奥其尔所指出的这些四方形墓葬所具有的回鹘汗国特色，那我们方可以说上述两种刻铭属于漠北回鹘汗（745—840）早期。再看摩尼教在回鹘的传播，最早是帮助唐朝镇压安史之乱的牟羽可汗在763年时从唐朝引入。之后在顿莫贺达干的政变时一时遭到镇压，在怀信可汗（795—805?）时期得到大力发展。结合此点而言，筒瓦鲁尼文刻铭所言马年视作鲁尼文字体尚未受到摩尼教影响或影响仍小的754、766、788、790年中的某一个较为稳妥。

此外，依据对蒙古高原的突厥汗国、回鹘汗国和元代遗迹出土砖瓦胎土的化学分析，三辻利一、村岗伦二位多年前早已指出在回鹘汗国遗迹中，鄂尔浑河畔的喀喇巴剌噶逊遗址和色楞格河畔的富贵城（Bay Baliq）遗址出土的瓦片产自当地，表明其近旁就有瓦窑[①]。希内乌苏碑文南面第10行记录，默延啜可汗"在鄂尔浑河和 baliqliɣ 河的合流处，令人营造了国家的宝座"[②]。据前后文记录的事件及其时间推算，这是指回鹘汗国在753年之际建造宫城，即喀喇巴剌噶逊遗址故城。同碑西面第5行还记录在757年之际，默延啜可汗令人在色楞格河畔为粟特人和唐人建造了富贵城[③]。不言而喻，在建造宫城的753年之际，回鹘人无疑就在其近旁修建瓦窑，制作瓦片。从喀喇巴剌噶逊遗址故城的规模来看，上述回鹘宫城的建造，不可能在753年当年结束。以此推之，754年回鹘人仍然在喀喇巴剌噶逊遗址近旁建造瓦片不悖于理。

综上几点，关于喀喇巴剌噶逊遗址故城附近回鹘墓葬出土的、镌刻有马年字样的筒瓦的建造年代勘同为754年，更与历史事实接近。关于弓形骨片鲁尼文刻铭的年代，依据其字体属于突厥碑文体，推定其是在753年之后，约795年之前较为稳妥。

余　论

近年来，在哲学社会科学领域，国家对相关蒙古高原历史研究的支持力度明显加强，值得可喜可贺。不过，此类研究与蒙古国境内多语种民族文字文献史料密切相关。此种状况，迫使我们的研究必须从基本的语文学出发，逐字逐词去识别验证。本文以回鹘四方形墓葬出土的鲁尼文刻铭为例，给出了有别于前人的新的解读。同时，通过对鲜为人知的鲁尼文字体变化的探讨，致力于确定上述鲁尼文刻铭的年代。旨在以小见大，抛砖引玉，督促学界同仁推陈出新。

---

　　①　［日］三辻利一、村岗伦《突厥・ウイグル・モンゴル時代の遺蹟出土瓦とレンガ》，森安孝夫、A.奥其尔编《モンゴル国現存遺跡・碑文調査研究報告》，豊中：中央ユーラシア学研究会，1999年，108—109页。

　　②　白玉冬《希内乌苏碑译注》，朱玉麒主编《西域文史》第7辑，北京：科学出版社，2013年，91、111—112页。

　　③　白玉冬《希内乌苏碑译注》，93、114页。

An Interpretation of the Runic Inscriptions Unearthed from the Uighur Chamber Tombs in Mongolia—also on the Evolution of Runic Script

Bai Yudong

In the cultural relics unearthed from the Uighur chamber tombs near the Karabalgasun site in Mongolia, the runic script on the tube tile and bow-shaped bone fragment is sharp and angular, belonging to the Turkic inscription style. Based on the script alone, it is impossible to determine whether these chamber tombs belonged to the Uighurs. The tube tile engraved with the "Horse Year" is dated in A. D. 754. It's estimated that the runic inscription on the bow-shaped bone fragment could be dated from A. D. 753 to 795.

新疆喀什阿帕克和卓麻扎门楼上的波斯语诗歌铭文释读

王一丹

北京大学外国语学院

一、阿帕克和卓麻扎古建筑铭文研究现状

阿帕克和卓麻扎又称"哈兹拉特麻扎(圣者之墓)""和卓坟",位于新疆喀什市东北郊浩罕乡艾孜热提村,是清代新疆伊斯兰教白山派首领阿帕克和卓及其家族五代人的陵墓,据传清代香妃伊帕尔汗也葬于此,因而又以"香妃墓"闻名。麻扎始建于 1640 年,经历了多次毁坏、修葺和重建,1956 年被列为新疆维吾尔自治区重点文物保护单位,1988 年公布为全国重点文物保护单位。

阿帕克和卓麻扎古建筑群主要由大门楼、主墓室、高低礼拜寺、教经堂、加满礼拜寺、诵经堂、经文学院等建筑组成,是新疆规模最大的伊斯兰教陵园(图 1)。麻扎古建筑群造型美观,做工精细,具有浓郁的民族特色和伊斯兰风格,体现了新疆人民高超的建筑技巧

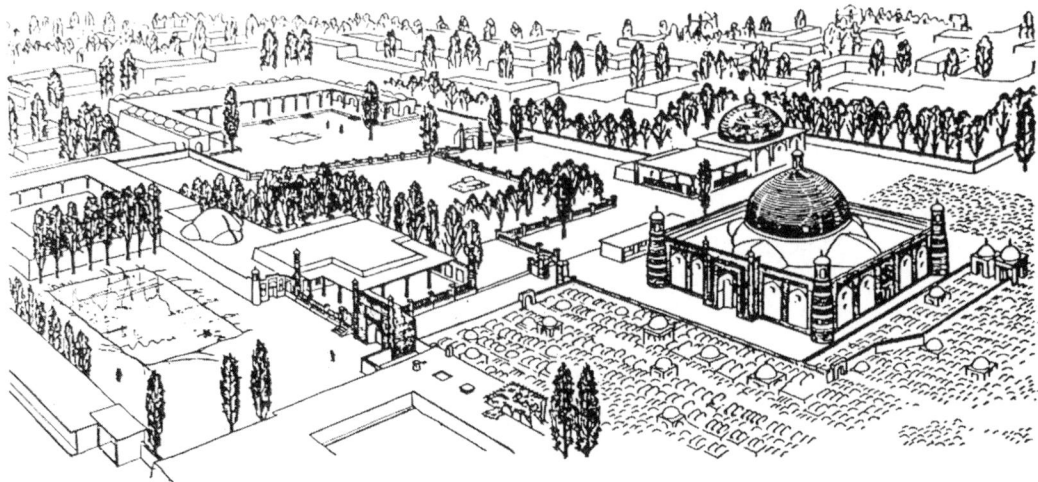

图 1　阿帕克和卓陵园古建筑群鸟瞰图(张胜仪《新疆传统建筑艺术》,151 页)

和艺术才能,在我国伊斯兰建筑艺术史上有着很高的地位[①]。

阿帕克和卓麻扎古建筑上刻有许多诗歌铭文,包含重要的历史信息,但一直以来缺乏足够的研究。笔者所知仅有两位学者讨论过阿帕克和卓麻扎建筑上的铭文。一位是伊朗学者穆扎法尔·巴赫提亚尔(Muẓaffar Bakhtyār),他于20世纪90年代完成的《波斯语在中国》一文中[②],谈到了其本人所见喀什阿帕克和卓麻扎上的波斯语铭文,特别提到麻扎铭文中含有波斯语"纪年诗(mādda tārīkh ماده تاریخ)",一种以一行或一联诗句中的字母所代表的数字来记录历史年代的文学传统。这可能是最早一篇介绍阿帕克和卓麻扎古建筑波斯语诗歌铭文的文章。另一位是我国学者艾力江·艾沙,其博士论文《阿帕克和卓麻扎研究》在有关"麻扎建筑历史沿革"的章节中,介绍

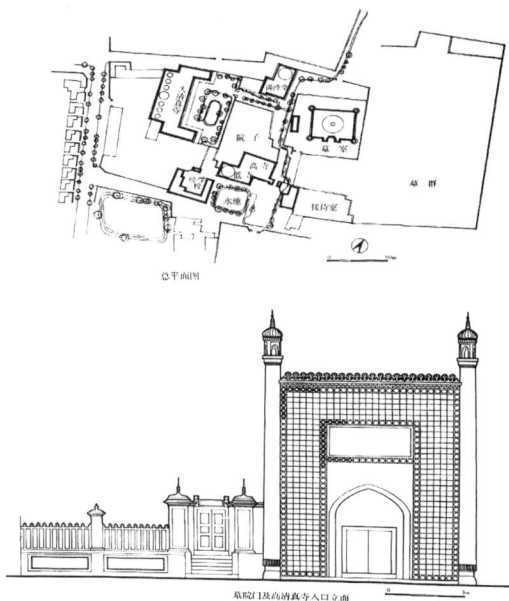

图2　总平面图及大门立面图(南向),
引自《新疆传统建筑艺术》,152页

了陵墓建筑上的诗文,并根据时任麻扎清真寺伊玛目的翻译,记录了其中一些铭文的大意[③]。

---

①　新疆维吾尔自治区文物局编《新疆维吾尔自治区第三次全国文物普查成果集成·喀什地区卷》"阿巴和加墓",北京:科学出版社,2011年,146页。关于阿帕克和卓麻扎的布局、结构及建筑学特征的研究,参见中国建筑技术发展中心建筑历史研究所编《新疆维吾尔建筑装饰》,乌鲁木齐:新疆人民出版社,1985年;张胜仪《新疆传统建筑艺术》,乌鲁木齐:新疆科技卫生出版社,1999年。

②　Muẓaffar Bakhtyār, "Fārsī dar Chīn"("波斯语在中国"), in Majala-yi Āyanda(《未来期刊》),1991,No. 9 - 12,pp. 865—867. 此文后收录于巴赫提亚尔先生纪念论文集: Nāma-yi Bakhtyār: maqālāt, tarjumahā va yāddāshthā-yi Duktur Muẓaffar Bakhtyār(《巴赫提亚尔之书:穆扎法尔·巴赫提亚尔博士的论文、译文及札记》),ed. Ḥamīd Riżāyī, Tehran: Intishārāt-i Duktur Maḥmūd Afshār,2020,pp. 219—224. 波斯文出版信息见:

مظفّر بختیار، "فارسی در چین"، مجله‌ی آینده، سال هفدهم، آذر تا اسفند ۱۳۷۰، شماره‌ی ۱۲-۹، صفحه‌های ۸۶۵- ۸۶۷. مظفّر بختیار،نامه‌ی بختیار، مقالات، ترجمه‌ها و یادداشت‌های دکتر مظفّر بختیار، بکوشش حمید رضایی، تهران: انتشارات دکتر محمود افشار، ۱۳۹۹، صفحه‌های ۲۱۹- ۲۲۴.

③　艾力江·艾沙《阿帕克和卓麻扎研究》,中国社会科学研究生院2002年博士学位论文,51—57页。据51页注1的说明,论文对"阿帕克和卓麻扎建筑物上的文字的解读由现任麻扎清真寺的伊玛目提供,原文有波斯文、阿拉伯文和察合台文";第57页注3再次提到,麻扎中的诗歌释读"源自本人对现任阿帕克和卓麻扎清真寺的伊玛目的专访记录的整理"。

阿帕克和卓麻扎古建筑铭文分布于多处建筑物上,主要为波斯语诗歌,也有少量阿拉伯语、察合台语。本文介绍的是阿帕克和卓麻扎大门楼正、反两面的三处波斯语诗歌铭文,其中两处铭文(下文第二、三处)内容上有直接关联,本文对两者分别进行了录写、译注和讨论,另外一处(下文第一处)由于篇幅过长,待另撰专文讨论。

二、麻扎大门楼正面的波斯语诗歌铭文

阿帕克和卓麻扎的大门(Darvāza),即陵园古建筑入口,又称阿勒通门(Altun Darvaza),位于古建筑群南部,其西侧为高礼拜寺和低礼拜寺,西南侧为水池,东侧原有接待室(图 2)。大门楼、高礼拜寺、低礼拜寺和讲经堂形成一个组群,它们互相毗连,构成陵墓前面一个非常华丽的画面①。大门的门楼正面朝南,建筑厚实而高大,墙体以琉璃砖贴面,图案精美而多样②。艾力江·艾沙《阿帕克和卓麻扎研究》一文介绍麻扎建筑时谈到,门阙(Peshtak)于伊斯兰历 1226 年(公元 1811 年)由迪丽夏特·哈尼姆修建,因当时的门槛比现在要低,所以此门又被称为"低门"或"凹门"(Qongkur Dervaza/Pes Dervaza)③。

麻扎大门楼正面、背面均有诗歌铭文,共三处,均为波斯语。分别简介如下。

麻扎大门楼正面铭文分别在上下两处,第一处篇幅最长,位于门楼上方中央的长方形凹面(即图 2 立面图所示墓园大门上方的长方形),由 4 行刻有波斯文的琉璃砖拼成,每行 10 块,共 40 块琉璃砖。据出版于 1985 年的《新疆维吾尔建筑装饰》所录阿帕克和卓陵园大门图版,当时大门上的琉璃贴砖是完整的,未出现脱落迹象(图 3)④。但在 2011 年出版的《新疆维吾尔自治区第三次全国文物普查成果集成·喀什地区卷·阿巴和加墓》门楼正面照片中,已明显可以看到有 3 块砖已完全脱落,另有一块仅存一半(图 4)。

目前门楼状况仍如此。40 块琉璃砖除最上方第一行右起第一块为蓝底白字外,其余 39 块均为白底蓝字,每砖上刻一联(bayt)诗句,分作上下两行,上下行之间划有两道分隔线(图 5)。全诗共 40 联(80 行),每联上下行互相押韵,联与联之间换韵,属玛斯纳维体(mathnavī)。除第 7、28、38 联已脱落而内容不明之外,全诗内容依次为:第 1—4 联赞颂创世主(Khallāq);第 5—6 联赞颂先知穆罕默德(Muḥammad);第 8—13 联赞颂 4 位正统哈里发阿布·伯克尔(Bū Bakr)、欧麦尔('Umar)、奥斯曼('Usmān)和海达尔(Ḥaydar,意为"狮子",指"真主的雄狮"阿里'Alī);第 14—16 联劝人敬主、敬先知、敬哈里发;第 17—20

① 《新疆维吾尔建筑装饰》,7 页。

② 白学义、白韬《中国伊斯兰教建筑艺术》"喀什阿帕克和卓麻扎"图 3 注文,银川:宁夏人民出版社,2016 年,621 页。

③ 艾力江·艾沙《阿帕克和卓麻扎研究》"门阙",55 页。

④ 《新疆维吾尔建筑装饰》,图版 45。据此书"前言",为配合此书编纂而进行的普查工作始于 1960年,于 1961—62 年编辑成图册,至 1982 年再次整理后于 1985 年出版。由此可知在 1960 年拍摄照片时门楼上的琉璃贴片仍是完整的。

图 3 麻扎大门楼琉璃砖贴面未脱落时状况（《新疆维吾尔建筑装饰》，1985 年，图版 45）

图 4 麻扎门楼正面琉璃砖脱落情形（《新疆维吾尔自治区第三次全国文物普查成果集成·喀什地区卷》，2011 年，147 页）

图 5 门楼正面上方的波斯语诗歌铭文现状（李肖摄于 2021 年 5 月）

联遣责魔王易卜劣斯(Iblis);第21—24联劝人向善、勿妄自尊大;第25—38联描述和赞颂出资建造这座门楼的美好女性、来自"中国的东部"(Sharq-i Chīnī)的迪丽夏特(Dilshād);第39—40联记述建造门楼时间,为1226年(指伊斯兰历,相当于公元1811年)[①]。《阿帕克和卓麻扎研究》对此处铭文作了介绍,以3段篇幅概述了诗歌大意,指出"门阙上写着波斯文纪念性或赞颂诗句",同时指出"门阙的正面和背面都有文字,但只有部分文字具有历史价值。从上述文字中,我们得知这位与圣裔结缘的迪丽夏特,是来自中国内地,用自己的财物建造了门阙,麻扎背面的纪年是伊斯兰历1226年(公元1816年)"[②]。因这一铭文长达40联(80行),本文篇幅有限,暂不作逐句录写、转写及翻译,详细内容待另撰专文讨论。

图6　门楼正面下方(入口)的波斯语诗歌铭文(李肖摄于2021年5月)

门楼正面第二处铭文位于大门下方入口处的绿色小木门门额上(图6),由13块白底

---

① 据《新疆百科全书》,麻扎曾于1811年扩建,墓室由圆形改为方形,并增建了大门楼(中国大百科全书出版社,2002年,第285页:"阿帕克和卓麻扎")。另据《阿帕克和卓麻扎研究》:"陵墓的第四次维修和扩建是在伊斯兰教历1226年,由辅国公图尔都的一个妻子迪里夏德所为。她增添了几座建筑,如教经堂的敞廊、阿勒通ып以及大门台阶……"(53页)。诗歌最后一句所指与此相符。

② 艾力江·艾沙《阿帕克和卓麻扎研究》,56页。(引者按:引文中"1816年"似为笔误,伊斯兰历1226年应为公元1811年。)

蓝字的琉璃砖组成,上刻波斯语诗歌,每一块砖上写两行,每行为半句(nīm-miṣrā'),两行合在一起成为一个诗句(miṣrā'),目前的顺序是第1—7句押同一韵,第8—10句另押一韵,所用格律基本上是 mufta'ilun fā'ilun mufta'ilun fā'ilun (مُفتَعِلُن فاعِلُن مُفتَعِلُن فاعِلُن);第11块砖上的两行各为一个诗句(miṣrā'),合在一起构成一联(bayt),其格律不同于前面各句;第11—13句结尾处字母因有脱落或为石膏所遮盖,暂无法全部识读,其中第13句刻有琉璃工匠的名字,不完整①。铭文内容主要是对墓主(应即阿帕克和卓)个人品德的赞颂。从现存铭文诗句意思不连贯、格律和韵脚也有混乱的情况来看,琉璃砖的排列顺序应有倒错,可能是因为历史上经历了多次坍塌,重修时琉璃砖未能按原来顺序复位的缘故,尤其是第11块砖有可能原属别处,后来才被移到这里②。《阿帕克和卓麻扎研究》一文未介绍此处诗歌铭文。今试将原文录写如下,并附转写及翻译。

铭文顺序示意图(按自右至左顺序,编号为笔者所加):

11	10	9	8	7	6	5	4	3	2	1
اوست گنج حقيقت اظهار[؟]	در نظرش هر دوكون	عارض تابان او	قبلهٔ اقبال او	ناظر اسرار غيب	ملجأ اهل صفا	غيرت اهل بهار	ذره بُوَد فى المثل	مرشد راه يقين	شاهد لاهوت غيب	حضرت قطب زمان
اوست يرحق بحق ش[...] نها[...]	در كف درياى او	گوشهٔ چشمان او	كعبهٔ اكرام او	ساتر نور حجاب	مأمن اهل عذاب	مفخر اهل صواب	قطره بُوَد نه حباب	ملجأ اهل عقاب	خفته بزير حجاب	سرور عاليجناب

13										12
مطلع خورشيد غ[يب؟]										كاش[ى] سازنده
منظر خورشيد [...]										اوستا مير با[...]

原文录写:

1- حضرتِ قطبِ زمان
   سرور عاليجناب

2- شاهدِ لاهوتِ غيب
   خفته بزير حجاب

3- مرشدِ راهِ يقين
   ملجأ اهلِ عقاب

4- ذَرّه بُوَد فى المَثَل
   قطره بُوَد، نه، حباب

---

① 本文关于此处诗歌铭文识读及其格律特点的分析,得到伊朗塔巴塔巴伊大学波斯文学系教师、北京大学外国语学院波斯语外教贾拉里博士(Dr. Muḥammadamīr Jalālī)的指教和帮助,谨此致谢。

② 贾拉里博士认为,根据诗句格律、韵脚以及诗句内容连贯性和上下文关系来判断,13块琉璃砖中,除记录人名及身份信息的第12号砖以外,其余诗句的正确顺序可能应为:1—2—13—3—8—6—9—7—10—4—11—5。

5- غیرتِ ابر بهار

مفخر اهلِ صواب

6- ملجأً اهلِ صفا

مأمن اهلِ عذاب

7- ناظر اسرارغیب

ساتر نور حجاب

8- قبلهء اقبالِ او

کعبهء اکرامِ او

9- عارضِ تابانِ او

گوشهٔ چشمانِ او

10- در نظرش هر دو کون

در کفِ دریای او

11- اوست گنج حقیقت اظها[ر؟]

اوست برحق حق شـ[...] نیا[...]

12- کاش[ی] سازنده

اوستا میربا[قی]

13- مطلعِ خورشید غـ[یب؟]

منظرِ خورشید [...؟]

转写①和翻译：

1— Ḥaẓrat-i quṭb-i zaman
    sarvar-i ʿālijināb
    尊贵的时代之轴
    地位崇高的领袖

2— Shāhid-i lāhūt-i ghayb
    khufta ba-zīr-i ḥijāb
    隐秘神学的见证者
    长眠于帷幔之下

3— Murshid-i rāh-i yaqīn
    malja'-i ahl-i iqāb

---

① 波斯文转写采用 *IJMES* 转写系统（*International Journal of Middle East Studies* Transliteration System）。

笃信之路的引领人

受惩戒者的避难所

4— Ẕarra buvad fī al-maẓal

qaṭra buvad，na，ḥubāb

犹如一粒尘埃

一颗水滴；不，是泡影

5— Ghayrat-i abr-i bahār

mafkhar-i ahl-i ṣavāb

令春日之云嫉羡

予仁善之士荣耀

6— Marja'-i ahl-i safā

ma'man-i ahl-i aẕāb

洁净者的庇佑所

受苦难者的安居处

7— Nāẕir-i asrār-i ghayb

sātir-i nūr-i ḥijāb

隐秘之奥妙的目睹者

帷幔中光亮的遮掩者

8— Qibla-yi iqbāl-i ū

ka'ba-yi ikrām-i ū

他那福运的礼拜方向

他那宽容的仰望中心

9— 'Āriẕ-i tābān-i ū

gūsha-yi chashmān-i ū

他那闪光的脸颊

他那双眸的一瞥

10— Dar naẕar-ash har du kawn

dar kaf-i daryā-yi ū

此生来世（两世）在他眼中

在他大海般的手掌中

11— Ū-st ganj-i ḥaqīqat …（?）

ū-st bar ḥaqq ba-ḥaqq …（?）

他是真理宝库……（?）

他在真理与真理……（?）

12— Kāsh[ī]-sāzanda

ūstā① Mīr Bā[qī]

琉璃制作者

米尔·巴[吉]②师傅

13— Maṭla'-i khurshīd （?）⋯

manẓar-i khurshīd ⋯（?）

太阳的升起……（?）

太阳的景象……（?）

三、麻扎门楼背面的波斯语铭文

阿帕克和卓麻扎大门楼除了正面的两处铭文之外,还有第三处波斯语诗歌铭文,位于门楼背面(北向,今挂有"出口"指示牌),分布于两行琉璃砖,共5块,均白底蓝字,有些琉璃砖的白色釉面已剥落,蓝色字母也已残缺,不易辨识(图7)。与正面铭文情况一样,背面

图 7　门楼背面(出口)的铭文(李肖摄于 2021 年 5 月)

---

① 　Ūstā(اوستا)一词今一般拼写作 ustād(استاد),意为"师傅,大师,老师"。

② 　此处人名不全,据门楼背面的铭文(见下文),可知此琉璃工匠名字的完整拼写为 MīrBāqī。

5块砖的排列顺序从内容来看也存在错置,第2号砖应与第3号砖位置互换。第4号砖铭文字体、颜色均与其他铭文存在明显差异,应非出自同一人之手,可能是后人所描摹。每块砖上有两行铭文,第1、2、3号砖上下两行各为一个诗句(miṣrā'),两句合起来构成一联(bayt);第4、第5号砖则虽亦分写成两行,但两行合起来仅构成一句(miṣrā')而非一联(bayt),且第4、第5两砖诗句完全重复。铭文内容主要记录琉璃工匠的名字、身份及制作年代信息。除了诗句外,第2块砖的两行诗句之间、第5块砖的第一行诗句之上还分别刻有1226年和1238年两个年代数字。今将原文录写如下,并附转写和翻译。

铭文顺序示意图

(按自右至左顺序,第1—4号砖在同一行,第5号在另一行,编号为笔者所加):

	5 در دعا این غریب یاد آرد سنة ۱۲۳۸			
	4 در دعا این غریب یاد آرد	3 پدر او محمّد حاجی بوده از حق بمغفرت راجی	2 هرکه در این بنا نظر دارد، در دعا این فقیر یاد آرد سنة ۱۲۲۶	1 کاشی‌سازنده درکنه کانی اوستا میرباقی نمنکانی

原文录写:

1- کاشی سازنده درکنه کانی

اوستا میرباقی نمنکانی

2- هرکه دراین بنا نظر دارد

در دعا این فقیر یاد آرد   سنة ۱۲۲۶

3- پدر او محمّد حاجی

بوده از حق بمغفرت راجی

4- در دعا این

غریب یاد آرد

5- در دعا این

غریب یاد آرد   سنة ۱۲۳۸

转写和翻译：

1— Kāshī-sāzanda dar kuna kānī

　　Ūstā Mīr Bāqī-yi Namangānī

　　身在老矿区①的琉璃制作者

　　纳曼干②的米尔·巴吉师傅

2— Har ka dar īn banā naẓar dārad

　　Dar du'ā īn faqīr yād ārad Sana-yi 1226

　　每一位观赏这座建筑的人

　　在礼拜时都为这贫贱者祈福 1226 年③

3— Pidar-i ū Muḥammad-i Ḥājī

　　Būda az ḥaqq ba-maghfirat rājī

　　他的父亲穆罕默德·哈吉

　　一心祈求真主的宽恕

4— Dar du'ā īn

　　Gharīb yād ārad

　　在祈祷中

　　记起这异乡人

5— Dar du'ā īn

　　Gharīb yād ārad Sana-yi 1238

　　在祈祷中

　　记起这异乡人　　1238 年④

---

① Kuna kānī 含义不明，疑为纳曼干地名。笔者推测 kuna 可能即波斯语 kuhna(کهنه，意为"古老的")的缩写(在中亚和新疆，地名中常见 kuhna 的简化形式 kuna)，kānī 则可能源自 kān(کان，意为"矿")，合在一起或为"老矿区"之意？纳曼干素以富藏金、银诸矿闻名，故此处暂译作"老矿区"。另：贾拉里博士(Dr. M. Jalālī)认为这里的波斯文"درکنه کانی"可能应合在一起读作 dar-kana kānī，相当于"درکننده کانی"(dar-kananda-yi kānī)，意即"挖矿人"，可备一说。

② 原文作 Namankānī，应即 Namangānī(نمنگانی)，意为"纳曼干的"或"纳曼干人"。在传统波斯文抄本及铭文中，字母 k(ک)和 g(گ)不加区分是常见现象。

③ 这一表示年代的数字嵌于两行诗句之间，"1226 年"为伊斯兰历，相当于公元 1811 年。如前所述，阿帕克和卓麻扎曾于 1811 年扩建，主墓室由圆形改为方形，并新增了大门楼。此处数字应即新建门楼的年代。

④ 这一数字写于诗句上方，"1238 年"当指伊斯兰历，相当于公元 1822 年。笔者目前未能查到与这一年代相关的麻扎修建信息。

四、关于纳曼干

上述铭文中的"这贫贱者(īn faqīr)"及"这异乡人(īn gharīb)"均应是琉璃制作者自指。门楼正、反两面铭文都表明,阿帕克和卓麻扎门楼所用琉璃砖是由纳曼干的琉璃工匠米尔·巴吉(Mīr Bāqī)所制。纳曼干(Namangān),清代译名那木干、纳木干,是中亚费尔干纳(Farghāna,我国古籍称大宛/拔汗那)谷地北缘的一座古城,位于锡尔河以北,今属乌兹别克斯坦(图 8)。纳曼干一名是较晚才出现的称呼,15 世纪之前一直称作 Akhsikath,波斯语文献中有 اخشیکت/اخشیکث/خسیکث/اخشی/اخسی/اخسیکث 等多种拼写,我国古籍中称为西鞬①。费尔干纳地区今分别属于乌兹别克斯坦、塔吉克斯坦和吉尔吉斯斯坦三国,其地虽与波斯距离遥远,但早期波斯语文献对这一地区多有记录,并指出此地首府是西鞬。如现存最早的波斯语地理著作《世界境域志》(Ḥudūd al-'Ālam,成书于 982 年)写道:"西鞬(Akhsikath,译者注:即今纳曼干地方),是费尔干纳的首府,为异密及其代理官员的驻

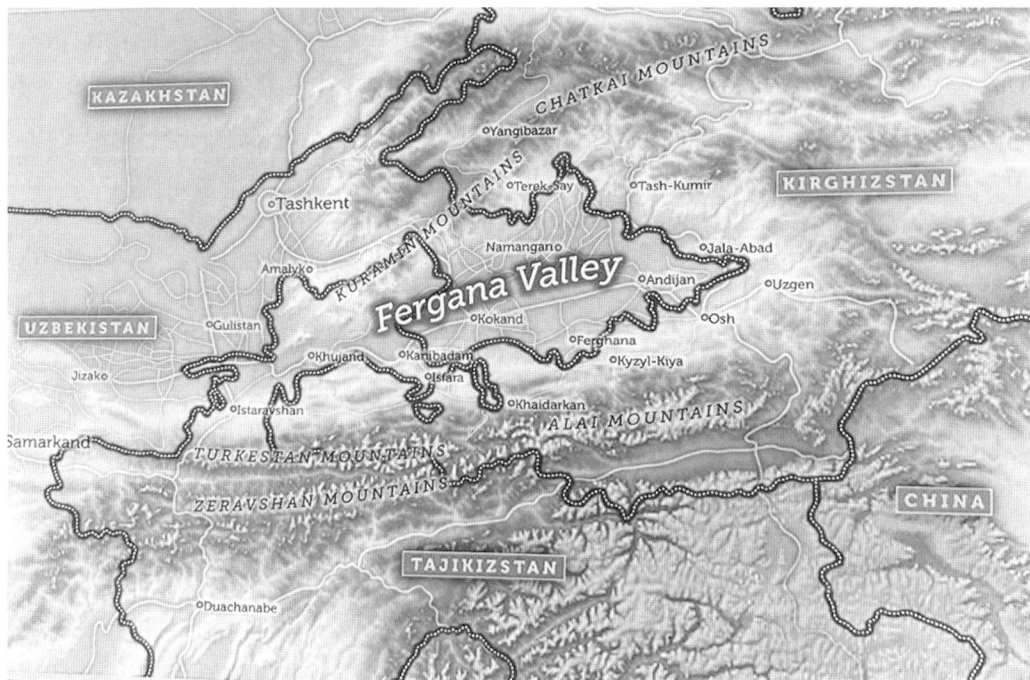

图 8　费尔干纳

---

①　冯承钧原编、陆峻岭增订《西域地名》Akhsikath 条:"《新唐书·宁远传》西鞬,昔拔汗那之一大城,在今苏联中亚之纳曼干(Namangan)地方,卡散(Kassan)与锡尔(Sir Daria)两水汇流处。"北京:中华书局,1982 年,2 页。

地。它是一个大城镇,位于山脚下的喀沙河(药杀水)河畔。其山中有许多金、银矿。"①同书第六章还描述了锡尔河流经包括西犍(Akhsīkat)、忽毡(Khujand)在内的众多城市,最终流入花剌子模海(Daryā-yi Khwārazm,即咸海)②。

13世纪波斯语地理著作《寰宇纪》(Jahān-nāma,成书于1208年)在有关河流的章节描写大致相同,有些地名使用了新的称呼,但西犍仍保留着古称③。此书描述费尔干纳时又写道:"费尔干纳是河中地(Māvarā al-Nahr)的一个区域,首府为西犍(Akhsīkat),乃一极佳之胜地。从撒马尔罕(Samarqand)到费尔干纳路程为53法尔生格(farsang)④。据说费尔干纳乃是努希尔汪(Nūshirvān)所创建……他从各地迁徙民众来此定居,兴建设施,使其繁荣起来。"⑤这里提到的努希尔汪,即波斯萨珊时期著名君主霍斯鲁一世(Khusraw I,又译库思老,531—579在位)。库思老兴建费尔干纳的传说反映了这一地区与波斯帝国之间的历史渊源⑥。到了伊利汗王朝,哈姆杜拉·穆斯图菲(Ḥamd Allāh Mustawfī Qazvīnī,1281-1351)在其博物著作《心之喜悦》(Nuzhat al-Qulūb,成书于1340年)中补充了很多新的信息:"费尔干纳,属第5气候带(iqlīm),乃公正的阿努希尔汪(Anūshirvān)所建……其首府今在安集延(Andigān),是海都·本·合失·本·窝阔台合罕(Qaydū b. Qāshī b. Ūkatāy Qāān)以及都哇·本·八剌·本·也孙·本·木秃坚·本·察合台汗(Duā b. Barāq b. Yīsūn b. Mātukān b. Jaghatāy Khān)兴建的城市,从前则在卡斯(Kās)、卡散(Kāsān)、西犍等地,诗人阿昔鲁丁·阿赫西卡提(Asīr al-Dīn Akhsīkatī)出自

---

① 波斯语原文见 Anon., Hudūd al-'Ālam(《世界境域志》), ed. M. Sutūda, Tehran:Ṭahūrī, 1983, p.112;英译本见 Hudūd al-'Ālam:"The Regions of the World", translated and explained by V. Minorsky, London 1970 (second edition), p.116;此处译文引自中译本:佚名著、王治来译注《世界境域志》第二十五章《关于河中地区及其诸城镇》,上海:上海古籍出版社,2010年,111—112页。

② Anon., Hudūd al-'Ālam(《世界境域志》), p.42;米诺尔斯基英译本,72页,王治来中译本,33页。10世纪另一位波斯地理学家伊斯塔赫里(Iṣṭakhrī, ?—957)在《道里邦国志》(Masālik al-Mamālik)中,对西犍城的位置和内部结构有更详尽的描述,其他波斯史地著作中也有大量涉及西犍的记载,本文不一一引述。可参见:Dānish-nāma-yi Adab-i Fārsī:Adab-i Fārsī dar Asiyā-yi Miyāna(《波斯文学百科全书:中亚文学卷》),vol. 1, Tehran, 2001, pp.65-67(اخسيكت).

③ Muḥammad b. Najīb Bakrān, Jahān-nāma(《寰宇纪》), ed. M. Amīn Riyāḥī, Tehran: Intishārāt-i Kitābkhāna-yi Ibn Sīnā, 1963, p.49.此书对地名的记录出现了许多变化,如称咸海为"毡的海"(Buḥayra-yi Jand)即为一例。

④ 法尔生格,波斯旧长度单位,等于6.24千米。北京大学东方语言文学系波斯语教研室编《波斯语—汉语词典》,北京:商务印书馆,1981年,1706页。

⑤ Najīb Bakrān, Jahān-nāma(《寰宇纪》), pp.113-114.

⑥ 类似的说法常见于波斯、阿拉伯舆地著作,如成书于9世纪的《道里邦国志》(Kitāb al-Masālik wa al-Mamālik)也提到:"艾努舍尔旺创建了拔汗那城。"伊本·胡尔达兹比赫著、宋岘译注、郅溥浩校订《道里邦国志》,北京:中华书局,1991年,33页。另据传说,费尔干纳在阿契美尼德帝国时已成为波斯的属国,详见 Dānish-nāma-yi Adab-i Fārsī:Adab-i Fārsī dar Asiyā-yi Miyāna(《波斯文学百科全书:中亚文学卷》),vol. 1, Tehran, 2001, p.65。

后者(西犍)。"①哈姆杜拉的记述反映了窝阔台与察合台的后人对费尔干纳地区的经营。又过了近两个世纪之后,帖木儿的后代、莫卧儿王朝的创建者巴布尔(Bābur,1483—1530)在回忆其家乡费尔干纳时,用了许多笔墨描写西犍:"细浑河(Sayḥūn,即锡尔河)以北诸城中,有一城名叫阿黑昔(Akhsī),诸书写作西犍(Akhsikit),因此,诗人阿昔鲁丁就被称为西犍人。在费尔干纳,除安集延外,就数该城最大了……乌马尔·沙黑·米儿咱以之为首府。细浑河在其城堡下流过……没有一个城堡有阿黑昔那么坚固。"②这里提到的乌马尔·沙黑·米儿咱('Umar Shaykh Mīrzā)即巴布尔之父,费尔干纳的统治者,他在位时西犍再度成为这个地区的政治中心。不过,1494 年 6 月 8 日,随着坐落在深谷峭壁之上的阿黑昔城堡宫殿的坍塌和乌马尔的坠亡,西犍逐渐失去其中心地位③。

纳曼干之名是在 15 世纪后才开始见于历史文献。纳曼干一词的意思存在多种解释,最常见的说法是它由两个伊朗语词演变而来:namak(نمک,"盐")＋ kān(کان,"矿"),合在一起即 namak-kān,意为"盐矿"。据载伊朗阿夫沙尔王朝的创建者纳迪尔沙(Nādir Shāh Afshārī,1736—1747 在位)出兵远征布哈拉汗国时,中亚方面得到来自费尔干纳诸地联军的援助,包括苦盏(Khujand)、安集延(Andijān)、纳曼干(Namangān)和马尔吉兰(Marghīlān)等地的援军④。在历史上,费尔干纳地区有着悠久的波斯文学传统,曾产生许多以波斯诗歌闻名的诗人,最著名的有前文《心之喜悦》和《巴布尔回忆录》中都提到的 12 世纪诗人阿昔鲁丁·阿赫西卡提(Aṯīr al-Dīn Akhsīkatī,西犍/今纳曼干人)、13—14 世纪的卡玛里·忽毡迪(Kamāl Khujandī,忽毡/今苦盏人)和赛福·费尔干尼(Sayf Farghānī,费尔干纳人),以及 19 世纪重要的传记作家、笔名为法兹里(Faẓlī)的阿卜杜·卡里木·纳曼干尼('Abd al-Karīm Namangānī,卒于 1822 年后)等,他们每人均有波斯语诗集(dīvān)

---

① Ḥamd Allāh Mustawfī Qazvīnī, *Nuzhat al-Qulūb*(matn-i kāmil)(《心之喜悦》全本), ed. Mīr Hāshim Muḥaddis, Tehran: Intishārāt-i Safīr Ardihāl, 2017, vol. 2, p. 1037. 亦可参阅斯特兰奇的波斯文校勘本: *The Geographical Part of the Nuzhat-al-Qulūb Composed by Ḥamd-Allāh Mustawfī of Qazwīn*, ed. G. le Strange, Leyden: E. J. Brill /London: Luzac, 1913, p. 246. 英译本见: Ḥamd Allāh Mustawfī of Qazwīn, *The Geographical Part of the Nuzhat-al-Qulūb*, trans. G. le. Strange, Leyden: E. J. Brill/London: Luzac & Co., 1919, p. 239。

② [印度]巴布尔著、王治来译《巴布尔回忆录》,北京:商务印书馆,1997 年,8 页。

③ 《巴布尔回忆录》,11 页。这一事件可能是西犍走向衰落的开始。对此,《巴布尔回忆录》译者另有说明(9 页注 1):"由于卡散河缺水,中亚地区干燥、风蚀以及卡散河谷耕地增多,社会变迁,战争破坏等原因,阿黑昔城今已不复存在。但中世纪的伊斯兰作者则都提及该城。"帖木儿时期的历史地理学家《哈菲兹·阿布鲁地理书》记述锡尔河流域诸城时也提到西犍,见 Shihāb al-Dīn 'Abd Allāh Khavāfī Ḥāfiẓ Abrū, *Jughrāfiyā-yi Ḥāfiẓ Abrū*(《哈菲兹·阿布鲁地理书》,成书于 1420 年), ed. Ṣādiq Sajjādī, Tehran: Mīrāṯ-i Maktūb, 1996, vol. 1, p. 170。

④ 见 'Abd al-Karīm Kashmīrī, *Bayān-i Vāqi'*(《大事述记》), Lahore 1970, p. 68;转引自 Mīrzā Shams Bukhārāyī, *Tārīkh-i Bukhārā, Khūqand va Kāshghar*(《布哈拉、浩罕与喀什噶尔史》), ed. M. Akbar 'Ashīq, Tehran: Āyina-yi Mīrāṯ, 1998: "pīshguftār-i muṣaḥih(校注者前言)", p. 50.

传世。纳曼干曾经是中亚波斯语石印书籍出版地之一,虽然其规模不如塔什干、布哈拉等地,但由此可见这里具有深厚的波斯语言传统①。我国清代文献中也记录了费尔干纳地区使用波斯语的情况。《清史稿》卷五二九《属国传》记载:"浩罕,古大宛国地,一名敖罕,又曰霍罕,葱岭以西回国也……有四城,俱当平陆。一曰安集延,东南至喀什噶尔五百里……从安集延西百又八十里为马尔格朗城,又西八十里为那木干城,又西八十里为浩罕城。四城皆滨纳林河,惟那木干在河北……其人奉回教,习帕尔西语……"②所谓帕尔西语,即 Pārsī/Fārsī 的音译,今通称波斯语。这条记载清楚表明,清代纳曼干、安集延、马尔格朗等费尔干纳城镇中通行波斯语。因此,制作于纳曼干的琉璃砖上使用波斯语,不足为奇。

喀什阿帕克和卓麻扎门楼所用琉璃砖是由纳曼干工匠在喀什制作,还是在纳曼干定制后运到喀什? 琉璃工匠米尔·巴吉与阿帕克和卓的后代之间是否存在关系? 笔者所知有限,目前未见直接记载。不过,可以明确知道的是,祖籍中亚的阿帕克和卓本人及其后人均曾多次到中亚游历或寓居,费尔干纳地区是他们重要的立足之所,纳曼干等地一直有阿帕克和卓家族的众多忠实追随者,他们与喀什之间往来密切③。这或许可以间接解释纳曼干地名出现在喀什阿帕克和卓麻扎建筑上的原因。

On the Persian Inscriptions on the Gateway of Afaq Khwaja Mazar in Kashghar, Xinjiang: A Transcription, Translation and Annotation

Wang Yidan

Afaq Khwaja Mazar, also known as "Hazrat Mazar (Sage's Tomb)", located in the northeastern outskirts of Kashghar, was the family cemetery of Afaq Khwaja, the leader of the "Ak-taghlik (a Sufi sect of Islam)" in Xinjiang during the Qing Dynasty. Many discussions have been made by contemporary scholars on the historical development and the artistic characteristics of the cemetery, however, no systematic research has yet been

---

① 参见 Olimpiada P. Shcheglova, "LITHOGRAPHY iii. IN CENTRAL ASIA," *Encyclopædia Iranica*, online edition, 2012, available at http://www.iranicaonline.org/articles/lithography-iii-in-central-asia (accessed on 30 June 2012).

② 赵尔巽等撰《清史稿》卷五二九《属国传四·浩罕》,北京:中华书局,1977 年,14713 页。

③ 记载阿帕克和卓家族事迹的波斯语著作《大霍加传》(*Tazkira-yi Khwājagān*/تذکرهٔ خواجگان)一书中多次提到阿帕克本人及其后代在纳曼干等地的活动,可以看出这里是阿帕克和卓家族的重要根据地。详见崔维歧译,宝文安、王守礼校:《大霍加传》汉译本,新疆维吾尔自治区社会科学院宗教研究所编《新疆宗教资料》第十二辑,1986 年,38、46、58、64 诸页。

conducted on the inscriptions on this ancient building complex. This article aims to study the Persian poetry inscriptions on the gateway (*darvaza*) of the Mazar by transcribing, translating and annotating its existing verses, while also shedding light on the geographical names mentioned in the verses.

由《[道光]敦煌县志》收载汉唐诗文看方志的编纂旨趣*

张廷银

北京语言大学中华文化研究院

　　道光年间,由时任敦煌知县、嘉庆进士苏履吉(1779—?)主持编修的《[道光]敦煌县志》"艺文志"中,收录了汉唐至清代嘉庆间与敦煌有关的诗文作品。但其中有一部分却与敦煌没有直接的联系。这种既展示当地文学实况又超出实际状况的现象,其实就反映了中国地方志比较普遍的编修旨趣,是中国文化在地方运行的特殊规律,有必要以此为例,予以解析。

一、《[道光]敦煌县志》收载汉唐诗文的基本情况

　　《[道光]敦煌县志》是由苏履吉主持、曾诚主纂的一部地方志①,共七卷卷首一卷。第六卷为艺文,收载了自汉代到清代的诗文多篇,其中汉唐的诗文作品计有 32 篇,分别是:班超《西域都护求代还疏》,张珰、陈忠《后汉经略西域议》,班勇《议闭玉门弃西域议》、侯瑾《筝赋》,索靖《草书状》,氾称《上李歆疏》,佚名《贰师泉赋》(敦煌遗书),僧统《翟家碑》,窦良骥《吴僧统碑》,佚名《莫高窟再修功德记》;汉武帝《天马歌》,骆宾王《晚泊蒲类》,岑参《轮台歌奉送封大夫出师西征》《发临洮将赴北庭留别》《玉门关与盖将军歌》《白雪歌送武判官归京》《与独孤渐道别长句兼呈严八侍御》《送李别将摄伊吾令充使赴武威便寄崔员外》《玉关寄长安李主簿》《封大夫破播仙凯歌》《苜蓿峰寄家人》《碛中作》《赴北庭度陇思家》《送人还京》,常建《塞下曲》,李颀《崔五丈图屏风赋得乌孙佩刀》,王维《送平淡然判官》,杜甫《房兵曹胡马》,盖嘉运《伊州歌》,来济《出玉关》,钱起《送张将军西征》《塞上》。

　　首先要说明的是,这里之所以关注《敦煌县志》收载汉唐时期诗文的情况,是考虑到限于交通治安等条件,这时期内地与敦煌地区的交流虽然活跃,但尚不十分普遍,内地诗人到达敦煌以及内地诗文传入敦煌事实上都比较有限。或者说,即使有到达、传入敦煌的情

---

　　*　本文系国家社科基金重大项目"历代方志所见文学文献整理研究"(批准号:18ZDA258)阶段性成果。

　　①　《[道光]敦煌县志》有道光十一年(1831)刊本,台湾成文出版社"中国方志丛书"1970 年影印,本文依据了扬州广陵古籍刻印社 1999 年校注本。

况,其真实性及具体途径相对比较容易考察,而不会像宋代以后特别是明清以后交流程度非常广泛,因而不容易进行准确考察。

《[道光]敦煌县志》之所以收载这些诗文,可能有两方面的原因。第一是诗文的作者与此地有关,如侯瑾、索靖、氾称等,他们都是汉唐时期出生于敦煌地区的人。第二是作品所描写的情节事件与此地或此地之人有关,如僧统《翟家碑》、佚名《莫高窟再修功德记》、汉武帝《天马歌》、骆宾王《晚泊蒲类》、岑参《轮台歌奉送封大夫出师西征》等,所针对的都是敦煌及其周边地区的人物和事件。这两种情况下所收录的诗文,暂不论其真伪,从编辑的角度是应当的,也是合理的。

但还有第三种情况,就是诗文的题目或文中个别字句虽与此地之人、之物有关,但从历史的记载以及全文反映的内容看,却并非专为此地之人、之物而写的,如王建《塞下曲》、杜甫《房兵曹胡马》、钱起《塞上》等,"塞下""塞上"固然都容易使人想起包括敦煌地区在内的塞外,《房兵曹胡马》中的"胡马"也特指来自大宛的马匹,然而常建和钱起笔下的塞下、塞上完全是他们想象中的塞外边地,他们既没有亲自到过塞外,诗中也没有完全针对塞外的笔墨,"塞下""塞上"在某种意义上是一种近似于比兴的意象,泛指的意义大于特指的意义。同样的道理,杜甫《房兵曹胡马》中"胡马大宛名"一句虽然也点明他写的胡马来自大宛,但就地域而言却不一定包括敦煌,而且这首诗表面写马,实际上则是写人,写那种可以托死生的侠士和为国效力的壮士,明代谭元春就称其为"赠侠士诗"①。《[道光]敦煌县志》将此诗也视为写敦煌的物种而予以收录,有比较明显的滥收嫌疑,至少是没有十分的必要。《[道光]敦煌县志》"凡例"称,自汉唐以来之艺文属于敦煌者,均于编入②,其实有一些不属于敦煌的也被编入了。

苏履吉和曾诚都是文化修养较高的人,比如苏履吉进士出身,在甘肃崇信、敦煌等地做过几任县令,还曾一度出任安西知州,有《友竹山房诗草》《友竹山房诗草续钞》等诗文集传世。他们不会不知道《塞下》《塞上》《房兵曹胡马》等诗的写作情况,因此要首先排除因为认知不够而误收的可能,那么这就必然是出于某种特殊思考的有意行为。这种特殊思考其实就是地方志编纂的价值追求和精神旨趣。

二、方志收载诗文之编纂旨趣

地方志有意收录那些不必收录的诗文,到底是出于怎样的考虑呢? 结合《敦煌县志》的有关表述以及其他地方志的近似精神,我们可以发现在地方志的编纂过程中,都比较明显地体现了以下两种文化价值。

第一,尽可能反映当地甚至周边的文学写作状况,以备采诗观风。

① 钟惺、谭元春选评《诗归》卷二一,武汉:湖北人民出版社,1985年,432页。
② 《[道光]敦煌县志》,扬州:广陵古籍刻印社,1999年,卷首"凡例"2页。

明孙世芳《宣府镇志序》曾经解释地方志的基本作用说：

> 古诸侯之国，地方百里，咸得署置史官，用司纪述。凡其政教号令，上达天子，旁通方岳冢君，下暨所邻边裔雄长者，举存之籍。故其国史实与天下史可参稽焉。……后世守宰贤者间虑及此，乃推古侯国置史本意，各以其方政教号令，志于其书，将为天子之史补所遗逸而传之①。

地方史志最实质的意义就是对天子之史的重要补充。清王掞《浙江杭州府志序》则进一步阐发：

> 古者天子巡行方岳，亲适诸侯，必命太师采诗以观民风。凡齐夸郑淫、唐勤魏俭，悉举而贡之于天子。盖稽是以周知俗尚之美恶，政治之得失也。此后世郡邑之志所由昉乎②？

在他看来，方志之缘起就是采诗观风的政治与文化需求。因此，方志对于当地的一切人事、物件，均有完备记载之必要，并且，与一般的史书著作不同，史书只载过往，地志则除了过往，还记载现在。这就是上级官员以及外地人士，每到一地都喜欢首先阅看当地方志的原因。有时候人还没有到达，已经提前阅读方志。这就是方志的基本宗旨和价值。

而为了尽可能全面地反映当地的自然与地理、风土与人情，编修者常常会不由自主地将关注点扩伸到"别人的领地"，甚至以一方诸侯自居，代他人而陈情。《[道光]敦煌县志》"艺文志序"曰："敦煌置郡，凡汉之诏、疏、奏、议，其为西域谋者，至详且慎。"③"其为西域谋者"云云，显然有立足敦煌而广摄西域的用意。其实，西域诸地到了清代道光年间，早已有伊犁将军府等统一管理，完全用不着敦煌一个县操心了。但敦煌当地行政长官及其他稍有历史知识和现实眼光的人，都觉得敦煌作为内地联系西域的重要通道，在西域的历史与现实事务中仍然具有不可忽视的地位。这种出位之思在相当程度上引导修志者把记事的笔触伸到了自己的辖地之外。《[道光]敦煌县志》收录唐代王建、钱起等人的诗作，主要就是这种原因。

第二，方志有矜其乡贤、美其邦族、昭示人杰地灵之目的。

地方志的编修机制基本掌握在地方行政官员手中，在为官一任的这些官员看来，每一次修志就是自己工作成就的汇报展示，当然希望成就越多越好，失误越少越好。尤其是涉及当地的人和物时，多褒赞而少贬斥是比较普遍的做法。钱大昕《跋新安志》说："国史美恶兼书，志则有褒无贬，所以存忠厚也。"④"人杰地灵"的宣传宗旨在地方志中得到了最好的贯彻。

① 孙世芳《宣府镇志序》，转引自王晓岩编《分类选注历代名人论方志》，沈阳：辽宁大学出版社，1986年，7—8页。
② 马如龙修、杨鼐纂[康熙]《杭州府志》卷首，清康熙二十五年（1686）刻本。
③ 《[道光]敦煌县志》，卷六，1页。
④ 钱大昕《跋新安志》，陈文和主编《嘉定钱大昕全集》（玖），南京：江苏古籍出版社，1997年，491页。

于地灵而言，不仅仅是真实描述一草一木，还需要在平凡中孕育出非凡来。《［同治］广宗县志》编者于"宗城八景"所加按语云："宗邑一望平衍，东尤积沙，故无一景，安从八乎？然民淳土秀，地以人灵。苟能现前取足恒景，顿成异观，故不必探九嶷、陟五岳而后快登临之美也。"地方志中虚构八景的现象受到了章学诚、鲁迅等人的极力抨击，很长一段时间背负着"封建毒草"的恶谥。其实，如果深入了解地方志的编修精神，自会发现在虚构中也有其合理性。

于人杰而言，则需要使人人皆可成尧舜，篇篇均当垂万世。使进入方志的人物和作品共同跃升到一个较高的水平，是方志编修者比较普遍的主观倾向。然而，某一具体地方的人物往往难以形成有规模的群体，清魏裔介《重修广平府志序》："其地狭隘，其事琐碎，其品行骏伟者不过数人，其文章卓荦者不逾数篇。即有龙门之高才，扶风之家学，捃摭网罗，终无以与瑰玮奇丽之观已。"①这里指向广平府一地，事实上差不多也是各地的情形。具体到每一个府州县，水平很高的诗文确实不多。如果将这些诗文不加选择地全部收录，则势必会导致本地文学水平的急剧下降，这绝对是当地人和修志者所不愿意看到的情况。于是，那些凡是和当地有一点关系的名人名作，就成了方志率先登载的内容，这样，就会有一些事实上没有关系的作品进入方志中，出现"攀附名人"的弊端。有时则望文生义，生拉硬扯。于是乎，诸如王建《塞下》、钱起《塞上》、杜甫《房兵曹胡马》这样的与敦煌并非直接相关的诗文，就堂而皇之地进入了《敦煌县志》。

当然，这样的现象绝非《敦煌县志》一例，甘肃武威、临洮等地的方志，就收录了大量诗题或正文中出现了"陇头"二字的作品；《［宣统］固原直隶州志》则把陈琳、陆机、王褒、张正见、陈后主、隋炀帝等人以《饮马长城窟行》为题的诗作，归入固原的艺文志中。

因此，地方志作为国史的重要补充，其在记载当地事件和当地人物方面的作用是非常明显的，但其在"采诗观风"和"人杰地灵"观念影响下的诸如隐恶扬善、无限延伸等刻意突出与隐蔽行为，也导致其纪实性、可靠性受到严重质疑。进入方志中的诗文固然大部分是该地方或与该地方有关的作品，但毋庸置疑，也有一部分并不是该地方的作品，甚至与其毫无关系。可以将其视作地方文学意识的具体反映，但不可绝对看作此地之现实文学史。

三、地方文化对中央的抗衡与补益

既据实书写又不自觉地刻意粉饰，既立足地域又觊觎中央，这是地方志几乎从一开始就表现出的编纂旨趣。无论是从学术文化的角度，还是从政治经济的角度，这种情况都具有相悖而互益的两方面效应。

从学术文化的角度，虚构粉饰当然是违背客观真实原则的，会使学术研究和中央政府

---

① 魏裔介《重修广平府志序》，沈奕琛修、申涵盼纂《重修广平府志》，清康熙十五年（1676）刻本，叶1—2。

显得有些无所适从；但在另一方面，正如在上文论及八景现象时所说，又比较真实地反映了方志编修的具体过程及地方官员的文化心态，从侧面给我们展示还原了另外一种真实的历史形态。这个问题将另文讨论，此处不赘。

从政治经济的角度，方志立足地方而着眼全局，有出位之思和越权之嫌，是对中央权威的挑战。清朝陕甘总督刘于义曾经指出，编纂《［乾隆］甘肃通志》的意义在于"俾甘肃一区声名文物度越汉唐，而与神农、黄帝、颛顼、尧、舜、大禹数圣人先后经营之迹若合符辙"①。神农、黄帝、颛顼、尧、舜、大禹这些圣人，都是中国历史传说中具有全局意义的形象，敢与他们相比拟的除了皇帝就是国家，一个自然的人和偏小的地区，是没有资格和勇气来比附的。杜甫是很有政治抱负的诗人，他也只敢说"致君尧舜上，再使风俗淳"，希望能够变得像尧舜一般的只能是君王，而永远不能是他自己。这位陕甘总督大员居然希望通过编纂《甘肃通志》，而使甘肃一地的声名文物以及整个治理成就能够和历史上那些大圣人的作为旗鼓相当，这样的口气中除了毫不内敛的自负外，其实也表现出对中央政府的某种不恭，因为可以有这样口气的只能是朝廷和皇帝。史载刘于义为官慎微，恪尽职守，每一事"皆秩秩有条理"②。他最后也是因为"奏事养心殿，跪仆致仆，遽卒"③。这样一位处世克谨的地方大员，绝不可能有对朝廷和皇上任何不恭的心理。他如此说，实在是因为方志的编纂精神使然。正因为如此，几乎所有人包括封建朝廷及皇帝本人，都没有十分在意方志中的这种挑战和不恭。并没有哪个人去深究这些言论后面的政治用意，也没有哪个方志纂修者因为这个情况而遭受处分，甚至也没有看到哪届政府和君王指出并限制这种做法。

更进一步说，地方志所代表的地方文化，尽管有很明显的偏狭之处，对中央政府对权力似乎也有一定的僭越，但从这个角度展示出来的僭越，正是基于兴振和巩固地方的负责任态度，对于维护中央的权威和全局之统一，是有积极意义的，因此，中央政府不仅可以容忍而且需要大力提倡，梁启超就曾经指出：

> 盖以中国之大，一地方有一地方之特点，其受之于遗传及环境者深且远，而爱乡土之观念，实亦人群团结进展之一要素。利用其恭敬桑梓的心理，示之以乡邦先辈之人格及其学艺，其鼓舞濬发，往往视逖远者为更有力④。

对于中国这样一个多民族、多地域的国家，发展和统一应当是通过各个民族、各个地区分别发力、共同行动来实现的，古人所谓修身齐家治国平天下，既是一种人格修炼过程，其实也是一种民生和国务操作程序，把个体做好，把局部做好，才有可能实现整体和全局的美好。在这个意义上，我们认为地方志所代表和体现的地方文化，在当代社会发展中依然有其特殊的价值作用，值得我们正确对待和深入发掘。

---

① 许容修，李迪等纂《［乾隆］甘肃通志》卷首，乾隆元年（1736）刻本。
② 《清史稿·刘于义传》，北京：中华书局，1977 年，10564 页。
③ 《清史稿·刘于义传》，10552 页。
④ 梁启超《中国近三百年学术史》，北京：东方出版社，1996 年，378 页。

余　论

2021 年 6 月,受邀参加由拜城县文化体育广播电视和旅游局、北京大学古代史研究中心和中国人民大学古代中国与丝路文明研究中心等单位合办的"刘平国刻石与丝路文明学术研讨会"。因为对刘平国刻石本身缺乏研究,但又觉得刘平国刻石中所体现的地方文化与中央文化的关系,确实值得更多人去关注和探讨。于是,就选择与这个问题相近的地方志编纂旨趣来撰文,并且以与西域(新疆)最有关联的敦煌县志为素材。在我们看来,汉代龟兹将军刘平国身处远离中央数千里的龟兹国,却把代表了统一稳定、长寿祥和的"坚固万岁人民喜,长寿亿年宜子孙"刻在交通要道上,宣传和弘扬中央文化的意义是十分明显的。对于补足国史记载更有直接意义,清人施补华就说,刘平国刻石可以"补马、班《史》《汉》之缺"①。历史上的这些行为,对于今天巩固和增进中央与边疆的关系都是非常必要的。由此我们也想到,"文化润疆工程"当不仅仅指中原和内地对边疆的支援,其实也应当包括边疆地区自身的文化繁荣,甚至还包括边疆文化对中央文化的促进与发展。只有边疆文化繁荣发展了,整个国家的文化才有可能全面地繁荣和发展。这是我们对待地方文化的基本态度,当然也是对待刘平国刻石等边疆文化文物的基本态度。

The Compilation Purport of the Local Chronicles from the Poems and Proses of Han and Tang Dynasties Collected in Dunhuang Chronicles of Daoguang

Zhang Tingyin

Some of the poems and proses of Han and Tang dynasties contained in *Dunhuang Chronicles of Daoguang* have nothing to do with people and events in Dunhuang, but are related to the geography and human affairs of the Western Regions, which have a tendency to overpay and out of position. This tendency is not entirely due to negligence and mistakes, but the editors deliberately collected works that are not very relevant under the "excellent and brilliant" locality consciousness and reflects the exaggeration and preference to the locality. The special treatment of poems and proses in local chronicles under the guidance of such compilation has affected the objective accuracy of reflecting the reality of local literature, but it is meaningful for us to understand the operation of Chinese local culture.

---

① 施补华《泽雅堂文集》卷七《刘平国碑跋》,北京:朝华出版社,2018 年影印本,316 页。

施补华诗歌中的清代新疆历史、民族与社会

许建英

中国社会科学院中国边疆研究所

施补华(1835—1890)字均甫,浙江乌程(今湖州)人。《续碑传集》收有杨岘《山东候补道施君墓志铭》传其事。咸丰十年(1860),太平军攻陷苏州、常州、杭州及嘉兴等地,施补华随湖州道员、团练总兵赵景贤驻守湖州。施补华系同治九年(1870)举人,但是后来两次会试未中。浙江巡抚杨昌濬惜其才,推荐其入左宗棠幕府,随军至肃州;后以同知用,赏孔雀翎。施补华具有较高的政治、军事素养,多献新疆收复及战后治理方略。不久后施补华奔赴阿克苏,入嵩武军张曜幕府,协助谋划军事事宜,深受重用。在此期间,施补华奉命巡视喀什噶尔界段,以盐运使衔参加清朝与俄罗斯的划界。施补华受张曜委托,"跋山涉水,冰山雪岭,凡犬牙相错之处,据图与俄争,俄无所施其诈。拓地八百余里"①。光绪十年(1884)随张曜返回内地;光绪十六年(1890),施补华以道员改任山东,未及就任而卒。可见,施补华作为清朝官员,多年活动于新疆。

施补华又是清代颇有成就的诗人,有《泽雅堂诗集》6卷、《泽雅堂诗二集》18卷传世。其中,施补华在新疆所作诗歌约有25首之多,内容均涉及新疆,主要在《泽雅堂诗二集》卷七至卷一三中。

关于施补华的诗歌,有学者已有所研究,或探讨其诗歌透露出的个人心境②,或探讨其文化价值与特征③,或论述其所反映的新疆民族关系④,或从诗歌角度讨论其诗观、诗歌价值等,例如硕士论文《论施补华的唐诗观》⑤《施补华诗歌批评理论研究》⑥。实际上,笔者认

---

① 杨岘《山东候补道施君墓志铭》,缪荃孙编《续碑传集》卷三九,江宁:江楚编译书局,宣统庚戌(1910)刊校本,叶四背。

② 唐奥林、郭院林《从施补华边塞诗看其居疆的复杂心境》,《兰台世界》2014年第25期,115—116页。

③ 杨丽《论施补华西域诗的历史文化价值》,《西域研究》2011年第2期,107—110页;张琪、周燕玲《施补华西域诗中的文化特征》,《昌吉学院学报》2017年第4期,25—29页。

④ 星汉《清代西域诗研究》,上海:上海古籍出版社,2009年,180—189页。

⑤ 郭峰《论施补华的唐诗观》,河南大学,2020年硕士论文。

⑥ 王叠《施补华诗歌理论研究》,安徽大学,2017年硕士论文。

为施补华关于新疆的诗歌蕴藏着较丰富历史、社会、民族与自然信息,是了解清代晚期新疆的重要资料。本文试就施补华关于新疆的诗歌做初步梳理,对诗歌中所记述的清代晚期的新疆历史、社会与民族等方面加以初步研究。

一、关于清代新疆历史事件的记述

施补华多篇诗歌都有对新疆历史事件的记述,既有较完整的记述,也有部分叙述,还有侧面反映。其中,尤为重要的是施补华撰写长篇诗歌,专门记述左宗棠收复新疆的重大事件,内容完整且较为详细,对了解相关历史颇有价值。

(一)关于左宗棠收复新疆的记述

左宗棠收复新疆的时候,适逢施补华效力于左营,稍后又赴张曜部,对收复新疆的决策、收复过程和善后事宜了解较为清楚。因此施补华诗歌《重定新疆纪功诗》所记内容较为完整和准确,是了解和研究该段历史的重要资料,也是施补华反映新疆历史事件诗歌中最重要的一首。该首诗歌体例是四言长诗,共有 280 句、1120 字①。

这首诗歌大致按照时间顺序,叙事完整,反映出阿古柏入侵新疆及清朝政府收复新疆的内部讨论、外交斗争和收复过程,还阐述了取胜原因及其重大意义。诗歌开始就揭露了阿古柏伪政权侵略者的嘴脸:

> 浩罕别部,曰安集延。盗八城居,厥有岁年。土回如羊,客回如狼。安夷如虎,牙爪怒张。羊为虎食,鸣号失计。狼为虎役,凭依得势。

诗歌生动地描述了阿古柏入侵新疆及其凶残本质,反映出新疆各族人民、特别是南疆各族人民饱受奴役的悲惨境地。根据国内外资料记载,阿古柏入侵新疆后,实行残暴统治,对当地各族人民带来极大的痛苦,人民普遍痛恨其统治,希望其早日灭亡。据《伊米德史》记载,伽师农民在对话中以播种汉族人为比喻,表达了对阿古柏统治的憎恨,期盼清朝军队早日到来,推翻阿古柏统治。

阿古柏入侵新疆对内地造成极大的地缘威胁,使内地陕甘、清朝所倚重的蒙古等地区深受威胁,甚至亦危及京畿地区。施补华在诗歌中给予简明而深刻的阐释:

> 东窥关陇,捍御唯臣。吁嗟蒙古,狼虎与邻。唯此蒙古,神京肩背。肩背创深,腹心患大。

左宗棠在论述新疆地缘政治的重要性时强调,"重新疆所以保蒙古,保蒙古所以卫京师,西北臂指相连,形势完整,自无隙可乘。若新疆不固,蒙古不安,匪特陕甘山西各边时

---

① 施补华《重定新疆纪功诗》,吴蔼宸《西域历代诗钞》,乌鲁木齐:新疆人民出版社,1982 年,191—194 页。

虞侵轶,即直北关山亦将无晏眠之日"①。可见,关于新疆地缘政治对清王朝的重要价值,虽然表达方式不一样,但是施补华诗歌所表达的与左宗棠所阐述的思想完全一致。

该首诗歌亦反映出清廷在收复新疆时候决策之艰难:

> 合虑同谋,凡百在位。或曰道远,或曰敌坚。或曰役久,或曰财殚。或曰弃之,闭关以拒。或曰弃之,裂土以处。

这是施补华对清廷关于是否收复新疆辩论的描述,施补华用寥寥几行诗、数十个字就将当时清廷在是否出兵收复新疆的重大问题上的激烈争论,描写得清清楚楚,生动地反映出清朝官员在收复新疆问题上认识的巨大差异。这个争论就是历史上著名的"塞防"与"海防"之争,以李鸿章为代表"海防"派一度颇有市场,幸赖左宗棠坚定不移的努力和争取,使收复新疆的谋划最终得到清廷批准。

施补华还详述了左宗棠西征的准备工作和将士的英武风貌。一是左宗棠多方面筹措粮食,从而使粮食得到充分保障,所谓:

> 运粮自东,阴山雪沍。运粮自北,大漠风怒。俄夷助顺,运粮自西。大麦小麦,百货以赍。运粮如山,如陵如阜。

二是湖湘弟子军容整肃,威武雄壮,气势非凡,展现出一幅西征军慷慨激昂的画面,所谓:

> 湖湘子弟,帕首靴刀。猛气喷薄,昆仑不高。

三是赞颂前方主将刘锦棠的儒雅与雄武,所谓:

> 英英刘公,实为军主。接士而文,驭将而武。

施补华叙述了清军收复北疆之战。诗歌描述了刘锦棠挥军进攻北疆之威猛,缓急有度,攻伐有节,使阿古柏军队:

> 大夷哀啼,如鹰搏鸡。小夷惊骇,如狸捕鼷。

诗歌记述了刘锦棠大军到达时"贼啕民笑"对比鲜明的场景,记述了古牧地、乌鲁木齐之役,特别是极为生动地刻画出达坂城之战,以及清军进攻敌人时震天动地的画面,即:

> 九地鸣笳,九天飞炮。飞炮之火,千帐焚烧。

施补华用极为简练而生动的诗歌语言,将刘锦棠进攻的气势、人民的欢迎和阿古柏匪徒崩溃的惨象表现得淋漓尽致。

该首诗歌还记述了刘锦棠大军进军南疆,阿古柏绝望中死亡,残余势力陷入混乱和内

---

① 《左宗棠全集·奏稿》卷五〇。

讧。首先是阿古柏长子伯克胡里杀害其弟海古拉①。不过,海古拉遭其兄杀害,主要是兄弟争权所致。据土耳其有关档案记载,当时海古拉已在库尔勒地区指挥作战,并得到军队的广泛认可②,伯克胡里深感忌惮,遂设计将其杀害。其次是号称"和阗总督"的尼亚孜伯克(Niyazi Beg)反叛,使阿古柏伪政权后方塌陷,伯克胡里被迫率军征讨③。

诗歌也记述了英国对中国收复新疆的干预。在左宗棠大军征伐阿古柏侵略者节节胜利之际,英国出于维护其与沙俄竞争的需要,特别是为了维护其与阿古柏已经建立起来的政治经贸关系,试图极力说服清政府放弃进攻,保住阿古柏残余势力。英国分别在天津与伦敦做工作,企图达成此目标。施补华在该首诗歌中亦有记载,所谓:

> 英圭黎夷,庇其党朋。

当时,英国一方面由道格拉斯·福赛斯、威妥玛先后于1876年4月和9月赴天津见李鸿章,要求清政府与阿古柏和谈。稍后威妥玛返回英国后继续劝和。1877年1月底,回国述职的威妥玛向清朝驻英国公使郭嵩焘提出五点理由,以威逼利诱、甚至哄骗手法说明中国应停止进攻阿古柏的原因④。另一方面,阿古柏外甥赛义德·阿古柏·汗也从奥斯曼帝国赶赴英国,参加威妥玛对郭嵩焘进行的调和会谈。

诗歌还叙述了刘锦棠最后追击敌顽以及阿古柏和白彦虎残余势力投降和逃往境外的情况。诗歌记述道:

> 获其孥妾,或释或诛。穷追魁党,越境而逃。彼纳国贼,我重邦交。投甲道旁,降者十万。

这些记述与中国官方文书、档案一致,只不过诗歌的表述则极为简洁生动。

此外,诗歌还分析了左宗棠成功收复新疆的原因,概括起来共有4条:分别是天助神佑,同治皇帝在天之灵庇护,慈禧太后"知人善任"以及左宗棠西征大军将士竭忠用命。同时,诗歌也对西征大帅左宗棠给予高度赞扬,所谓:

> 惟侯之忠,忠邀天断。惟侯之义,义激士战。惟侯之勇,勇除寇悍。惟侯之仁,仁拯民难。天生我侯,中兴之贤。

---

① 施补华此处记述有误,伯克胡里系阿古柏长子,而海古拉系其次子。

② 见土耳其档案《阿里·卡兹姆关于喀什噶尔事件的报告(1878)》,转引自许建英《从两份档案看奥斯曼土耳其对阿古柏的军事支持》,《中国边疆史地研究》2019年第1期,158—160页。

③ 见英国档案《服务于喀什噶尔艾米尔的穆罕默德·玉素甫的述录》,转引自许建英《从两份档案看奥斯曼土耳其对阿古柏的军事支持》,《中国边疆史地研究》2019年第1期,155—158页。

④ 《清季外交史料》卷一〇,13—35页。概括而言,威妥玛说辞有下列几点:可以大量节省清朝军费;可以消除俄国借口新疆不靖长期霸占伊犁之企图;喀什噶尔地区与英属印度接壤,清军停止进攻阿古柏,有利于中英双方贸易发展;阿古柏是在新疆发生内乱、清政府失去该地区控制后才进入中国南疆,并非直接侵略中国新疆;中亚诸汗国历史证明没有哪个能长久统治,一两代后统治即告终结,因此二三十年后,新疆仍可能复归中国。

施补华盛赞左宗棠的"忠""义""勇""仁""贤",亦反映出作者对左宗棠发自内心的崇敬。

这首诗歌也体现出施补华作为左宗棠大营幕僚的工作特点。施补华还在诗歌中深思远虑,提出新疆善后的种种举措,归纳起来其善后要点举凡四项,即:人口上,尽快招徕逃亡民众;经济上,帮助各族百姓修房建屋,提供粮食,分给土地,免除税赋,兴修水利;行政上,任命官员,修建城郭,划设郡县;教育上,要尊重少数民族习俗,同时施以儒学礼仪教育;对外关系上,要与俄国先行划定疆界,继之保持通商。可见施补华极富远谋,特别是建议新疆划分郡县,尤其有意义,亦为后来新疆建省所证实。由此看来,作者深受左宗棠新疆建省思想的深刻影响。

此外,施补华还陈述了左宗棠收复新疆的重要意义:一是国家得以统一,新疆各族人民得以摆脱外敌压迫,回归祖国;二是维护了国家的安全,新疆又可以屏护关陇和蒙古地区;三是打击了外敌的嚣张气焰,重振国威;四是消除了朝廷内放弃新疆的荒唐论调,彻底统一了思想。

清朝政府收复新疆,施补华可谓是经历者、参与者,正如他自己所说:"新疆之役,身在事中。"因此,这篇诗歌记载了左宗棠收复新疆的历史,所记事实完整而凝练,生动而清晰,堪称是一部清朝收复新疆的史诗。

(二) 其他历史事件的记述

除了关于清朝平定阿古柏历史记录之外,施补华还记述了其他一些较重要的历史事件,或者展现出一些历史细节。在平定阿古柏匪徒时,施补华刻画了西征大军粮食运输的艰辛。在《南运粮行》一诗里,作者写道:

> 四分戎菽六胡麦,关里储粮千万石。迢递输军用百车,出关尽日闻鞭策。官骡苦瘦民骡肥,官车苦敝民车泽。民车已过伊吾西,官车踯躅敦煌碛。热风瀚海百疫生,冻雪阴山三伏积。运粮人畜还食粮,去日千钧到时百。花门出没昭莫多,更恐饥来肉不择。艰难暂饱古城军,秋深或者粮因敌。[①]

诗歌生动而形象地反映出当时左宗棠西征时候,后勤保障、特别是粮食运输的困难和花费之巨大,令人如临其境,印象深刻。再如《马上闲吟》写道:

> 铁盖山头月色死,雪片横飞三十里。老人犹说胡将军,跃马生擒张格尔。[②]

作者在进行中俄边界喀什噶尔地段考察中,当地人叙述当年清军平定张格尔叛乱,反映出边境地区人民对清朝政府平定叛乱的认可,对清朝收复新疆所感受到的慰藉,对参与平叛的骄傲。

---

① 施补华《南运粮行》,吴蔼宸《历代西域诗钞》,188—189 页。
② 施补华《马上闲吟》,吴蔼宸《历代西域诗钞》,210 页。

在阿古柏入侵新疆之时,沙俄乘机侵占伊犁。施补华记载了这个历史事实:

> 闻道乌孙国,俄夷尚驻兵。甘言求互市,妄意占名城。和好盟尤重,侵欺衅亦轻。请从空壁上,看灭贼纵横。

诗歌揭露沙俄乘人之危,借口保护商民,抢占伊犁的事实,表达了作者的愤怒。再如《秋感八章》中所云:

> 准部回疆万里遥,皇威重振敌犹骄。壁完空据山河险,瓯脱仍争水草饶。坐藏僧抛承化寺,换防兵记纳仁桥。筹边远赖乘槎使,黄屋经营阅五朝。
>
> 国书郑重好交修,节钺依然镇上游。军礼每邀牙将说,夷情常向舌人求。贫民度岁三钟粟,退卒屯田十具牛。安得平分疏勒水,乌孙城下饮西流。
>
> 安边有策富强资,万廪干仓食司支。棉吐雪花思抱布,桑铺云叶算抽丝。玉河吐气精华聚,铜穴流膏鼓铸施,地利将与人事待,功成终赖吏无私①。

这首诗记述了新疆多个方面,既有清朝收回伊犁的重大外交斗争,也有清朝政府经略新疆、开发新疆的种种重要活动;既有清朝政府筹划新疆安全的军事活动,也有发展交通、水利、屯田、粮棉、桑麻和开发玉矿及铜矿的记录,反映出作者对新疆当时历史的多方面的关注,对社会各方面发展的赞赏。

施补华在其诗歌中也反映出征讨敌人、守卫边疆需要大量钱财,而这些资金有相当大的部分来自新疆贸易及税收。例如施补华的《送严紫卿榷税巴里坤》,描述送别身为税收官员的朋友,他冒雪前往巴里坤榷货征税,为军队筹措款项,刻画出税收官员不畏艰难,尽职尽责:

> 雄师日夜逐骄勇,要凭物税资军须。于阗美玉皆琼璧,大宛名驹流汗赤。火州吉贝一丈花,轻软胜裘滑宜帛。为问乾隆普尔钱,输入公家几腾格。何况漠南漠北皆蒙古,白帽回回更分部。卡伦外接俄罗斯,饕餮共饱牛羊乳。牛羊之乳参饼茶,有如侑饭供鱼虾。马驮车载出中国,此利百一归公家②。

一般历史记载大多记录了清朝从内地筹钱、运粮,对新疆地方相关事项记录极少,而施补华的记录弥补了不足,反映出更为详细的历史信息。

此外,需要说明的是,施补华对自己发现刘平国碑亦郑重以诗记录。《过赛里木》写道:

> 西域治国三十六,姑墨当今赛里木。刘平国碑我所搜,编入赵家金石录。永寿三年作四年,改元恩诏阻谣传。龟兹乌垒长怀古,策马亭亭汉月圆③。

---

① 施补华《秋感八章》,吴蔼宸《历代西域诗钞》,191 页。
② 施补华《送严紫卿榷税巴里坤》,吴蔼宸《历代西域诗钞》,188 页。
③ 施补华《过赛里木》,吴蔼宸《西域历代诗钞》,215 页。

可见作者认为刘平国碑的发现意义重大,不但是了解汉代书法的瑰宝,是西域文化史上一件大事,而且也反映出历史上中央政府经略西域的事实。作者对刘平国摩崖的发现、拓印和研究,都是新疆文化史上的一件盛事。

从上面简要叙述可以看出,施补华诗歌既有反映清代新疆重大历史事件的内容,也有对一般历史事实的记载,可谓是研究此期新疆历史的难得资料。

二、关于清代新疆少数民族的记述

新疆是多民族聚居的地方,清代维吾尔族、汉族、柯尔克孜族、哈萨克族、回族、蒙古族、塔吉克族、锡伯族等,都是重要的民族。施补华行踪遍及南疆大部分地区,也到过北疆乌鲁木齐等地。施补华以诗为媒,记述了新疆多民族的风俗习惯、多彩服饰和多样饮食,反映出少数民族热情好客、能歌善舞,记录了各民族的交往、交流与交融。

关于新疆少数民族服饰与能歌善舞的记述。施补华对新疆少数民族的服饰印象深刻,在多首诗歌中均有所记述。例如:

> 白布缠头两辫斜,布回风俗妇持家①。

反映出柯尔克孜人衣着特点,白布缠头,妇女辫子斜佩,也说明克尔克孜人妇女持家的传统。施补华的《莺哥行》:

> 莺哥十五工胡妆,双垂辫发珠玉光。丰貂之冠孔翠饰,锦衣璀璨从风扬。春山连绵眉黛长,举袖轩轩来慰郎。援瑟抱鼓坐一旁,调和音节初登场。胡歌咿哑听难晓,但觉闲情相缭绕。也似江南儿女痴,愁恨偏多欢乐少。歌声合沓舞参差,看君含笑把金卮。红闺昨夜春风暖,梦到君边君未知②。

施补华记述了维吾尔族年轻妇女善于打扮,满身珠光宝气,锦衣盛妆,生动漂亮,既能弹奏乐器,又能浅唱低吟,更能"沓舞参差",舞姿曼妙。作者描绘出一幅新疆少数民族多彩服饰和善于舞蹈的画面。

施补华还特别记述了新疆少数民族儿童善于舞蹈。《托和奈作》一诗描述:

> 山童槃姗作胡舞,野老钩辀能汉言。苜蓿葡萄笑相献,年来渐识长官尊③。

《库尔勒旧城记游》则写道:

> 胡儿六岁能胡舞,两髻欣然助钲鼓。舞终旋转忽如风,惊落林花不胜数④。

---

① 施补华《纪行十四首》之《马上闲吟》(十四),《泽雅堂诗二集》,清光绪十六年两研斋刻本。
② 施补华《莺歌行》,《泽雅堂诗二集》。"莺歌"系指维吾尔族年轻妇女,系维吾语音译。
③ 施补华《托和奈作》,《泽雅堂诗二集》。
④ 施补华《库尔勒旧城记游》,《泽雅堂诗二集》。

可见,施补华生动地描述出新疆少数民族儿童奔放的舞姿和人们热情朴实的性格。

施补华多处记述了新疆少数民族的饮食和住宿。新疆少数民族的饮食和住宿环境多有自己特点,颇为施补华所关注,特别是在其巡视中俄边界时候,记录下柯尔克孜人的饮食和住宿。柯尔克孜人饮食上以马乳酿酒,配牛酥和茶点:"密藏马乳旋成酒,细蘸牛酥待点茶。"羊奶酪也是柯尔克孜人的重要食品,是日常进餐的必备品,所谓"充饭进羊酪"①。粮食则以麦饼(馕)为主,饮料是奶茶,所谓"蒸饼麦启窖,点酪茶加碾"②,而肉食则是必备食品,天天要吃,所谓"朝朝羶肉与酸浆"③。可见柯尔克孜人饮食上各类肉食、牛奶、各种奶酪是其必备品,粮食有麦面饼(馕),饮料有马乳酒和茶。柯尔克孜人的这些饮食特点既是其生活传统,也反映出其生活环境,即使今日生活于帕米尔深处的柯尔克孜人,也仍然保持着这样的特点。

施补华也记述了柯尔克孜人的生产方式。施补华在中俄边界考察中对柯尔克孜人的生产方式多有记载,例如:

> 平川浩无际,水草亦云伙。家家纵牛羊,以牧代耕可④。

诗歌描述柯尔克孜人在山间盆地草原上放牧,水草丰美,牛羊成群,家家户户过着闲适的游牧生活。

> 漠漠远川平,茸茸新草短。穹庐依水次,初日牛羊散⑤。
> 边人逐水草,听命多牛翁⑥。

诗歌描述了柯尔克孜人依水而居,毡房次第错落,清晨四散放牧,游牧人的生产方式跃然纸上。在《马上闲吟》中,施补华也进一步记述了柯尔克孜人的生产生活方式,特别是其对牛羊的重视,牛羊不仅是其财产和赖以生存的食物,也与主人有着相互依托的深厚情感,所谓"山居只觉穹庐大,半住牛羊半住人"⑦,就是这种情景的真实描写。

施补华安抚柯尔克孜人是从喀什噶尔出发,经过明约路、喀朗圭、唐阿塔、乌合沙鲁、乌鲁克恰提与吉根,抵达中俄边界之铁力克大坂,即今天新疆乌恰县境内。这条道路紧靠边境地区,又多穿行于天山群山中,既是天山通行要道,又是柯尔克孜人生活与活动的重要区域。施补华的这些记载,以诗歌的语言,饱含着诗人的情感,刻画出柯尔克孜族人生活与生产方式,即深居天山深处,过着逐水草而居的生活,传承着其高山游牧的典型生产方式。

除了集中记述柯尔克孜人的生活生产方式外,施补华对维吾尔族人的生活环境也多有记载。例如《库尔勒旧城记游》记述了库尔勒旧城"半城流水一城树,水边树下开园亭"

---

① 施补华《纪行十四首》(六)《乌胡素鲁克至鲁克洽提卡》,吴蔼宸《西域历代诗钞》,205 页。
②⑤ 施补华《纪行十四首》(九)《乌鲁克洽提至业耕》,吴蔼宸《西域历代诗钞》,206 页。
③⑦ 施补华《马上闲吟》,吴蔼宸《西域历代诗钞》,210 页。
④ 施补华《纪行十四首》(四)《安鸠安卡至堪苏》,吴蔼宸《西域历代诗钞》,204 页。
⑥ 施补华《纪行十四首》(十一)《爱里塘木至廓克苏》,吴蔼宸《西域历代诗钞》,207 页。

"嫣红姹紫空自好,安得此客长流连"①。这些诗句展现出库尔勒旧城满城碧树,半城水流,庭院满布,环境优美,令人流连忘返。诗歌《托和奈作》写道"杨柳青随一湾水,桃花红入三家村"②,记述了龟兹地区清朝驿站附近的维吾尔人居住场景,初春季节,村子里河水流淌,杨柳青青,桃花映门,一派生机,体现出维吾尔人居住环境优美;人们傍河而居,喜欢种植树木,更喜欢种植果树,真实地再现了维吾尔人的生活环境与方式。

三、清代南疆地区政治与社会变迁

施补华在新疆的活动遍及南疆与北疆乌鲁木齐地区,特别是在南疆地区工作时间较长,接触南疆社会面较广,对当地诸民族,特别是维吾尔族、柯尔克孜族以及汉族等民族关系有所记载,反映出清代历史上各民族关系以及少数民族对清朝中央政府的认知。这些记述虽然并不全面和系统,又是以诗歌形式出现,非常简短凝练,但是却能够反映出真实情况,所谓窥一斑而知全豹,值得重视,是研究此期新疆民族关系和少数民族对清朝政府认知的珍贵记述。

施补华赴新疆是1879年,清朝刚收复新疆不久,而其返回内地是1884年,是新疆建省之年。在这5年的时间里,新疆社会发生重大变化。施补华在其诗歌中对新疆社会的变化多有记述,或是反映在民族关系上,或是反映在乡村风貌上,或是反映在民众对政府的态度上。施补华这些形象记述新疆社会变迁的诗歌,反映出深刻的历史意蕴。

我们知道,阿古柏统治新疆南疆长达13年,实行残暴的统治政策,盘剥南疆各族人民,不断四处征伐,使疆民不聊生,怨声载道。各族人民对阿古柏统治早已厌倦和愤恨;而在清朝收复新疆后,随着一系列善后政策的实施,新疆社会得以稳定下来,经济开始复苏,人民安居乐业。

施补华在《托和奈作》中写道:"苜蓿葡萄笑相献,年来渐识官人尊。"③可见,当地少数民族群众与清政府官员相熟,逐渐适应管理秩序。在《纪行十四首》(十一)中,施补华记述了居住在中俄边界天山深处的柯尔克孜人与诗人相谈甚欢的场景,诗人写道:"召翁置酒食,相与谈乾隆。"这里需要特别说明的是,阿古柏伪政权控制南疆长达13年,但是即使在这么偏僻的天山深处,柯尔克孜人到19世纪80年代中期,仍然对100多年前的乾隆朝记忆深刻,与清政府官员畅话当年,交谈甚欢。这一方面反映出清朝治理新疆前期和中期对柯尔克孜人社会影响巨大,另一方面也反映出柯尔克孜人对清朝的认同。

实际上,历史也确实如此。乾隆时期,清政府对柯尔克孜人的政策非常优渥。经济上,清朝政府对归附的柯尔克孜、哈萨克、浩罕等边境地区部族先是给予免税:"尔等系归

---

① 施补华《库尔勒旧城记游》,《泽雅堂诗二集》。
②③ 施补华《托和奈作》,《泽雅堂诗二集》。

顺大国臣仆,理应输纳贡赋。因大皇帝垂念外夷路远,免其进献。"①后来对那些越境进入新疆的哈萨克、柯尔克孜人也只是征收少数牲畜作为赋税,"每牲百只抽一,发卡上官员收取,以充贡赋"②。这种赋税远低于 10% 的正常赋税率。政治上,清朝政府给予高规格册封,对归附的柯尔克孜人头领,分别赐以二品至七品顶戴,纳其为清朝官员。对柯尔克孜人的高规格册封一直持续,据 1807 年统计,克尔克孜人首领共有 63 人获颁顶戴,其中二品 2 人、三品 3 人、四品 6 人、五品 9 人、六品 24 人、金顶 17 人、蓝翎 2 人。至嘉庆时期,清朝在平定张格尔叛乱后,为了安抚柯尔克孜人,仍对其进行高规格册封并颁发顶戴,先后给 8 人授予二品顶翎,35 人被授予三品、四品和五品等顶翎。不论是与当时新疆维吾尔人相比,还是与内地各省大员相比,这种政治上册封规格都是非常高、比例非常大。这说明清朝政府对柯尔克孜人始终非常信任,反过来柯尔克孜人对清朝政府也非常忠诚,成为守卫清朝西部边境的重要力量,清朝政府所谓"无事则卫我藩篱,有事则用为间谍,寄以侦探"③。可以说,在清朝治理新疆的早期和中期,柯尔克孜人发挥了重要作用,长期参与边疆地区的管理。这段历史在柯尔克孜人中产生了深远的影响,留下了深刻的记忆。这就是施补华在考察边界时,与柯尔克孜人聊起乾隆朝往事,相谈甚欢的原因。可见,施补华诗歌的历史意蕴深刻。

施补华诗歌也反映出新疆收复后发生的重要良性变化。1884 年施补华路过轮台时作《轮台歌》,反映出当地巨大的变化:

> 胡麻叶大麦穗黄,百株垂柳千株杨。东村西村通桥梁,鸡鸣犬吠流水长。养蚕作茧家满筐,种豆绕篱瓜绕墙,趁墟日出驱马羊。秧哥杂沓携巴郎,怀中饼饵牛酥香。巴郎汉语音琅琅,《中庸》《论语》吟篇章。阿浑伯克衙前忙,分水雇役兼征粮。衣冠大半仍胡俗,郡县从新隶职方。轮台之悔思汉皇,穷兵西域晚自伤。后来岑参著作,歌词尤慨慷。城头吹角雪茫茫,边风夜吼不可挡。一川碎石挟之舞,误惊群燕翻空翔,至今诵之心悲凉。荒徼忽变丰乐乡,天时地气应蕃昌。轮台之歌我继作,人间何处无沧桑④。

这首诗歌内容可谓丰富,反映出新疆收复几年后发生的巨大变化。概括来说有下列几个方面,一是轮台地方乡村和平繁荣,庄稼长势喜人,树木郁郁葱葱,村子鸡犬之声相闻,道路桥梁联通、四通八达;二是人民安居乐业,丰衣足食,幸福快乐;三是推行汉语和内地教育内容,小学生能讲汉语,学习传统的四书五经;四是政府衙门里阿訇和伯克忙于农村分配用水、雇佣劳力以及征收粮食等公家事宜,工作积极;五是新疆已经建立行省制度,地方已实行郡县制度,政治制度发生了巨大变化,完全与内地一体化。作者回想历史,对

---

① 《清高宗实录》卷七七七"乾隆三十二年正月癸未"。
② 《清高宗实录》卷七八〇"乾隆三十二年三月己卯"。
③ 《那文毅公奏议》卷七三。
④ 施补华《轮台歌》,吴蔼宸《历代西域诗钞》,213—214 页。

新疆变化感慨万千,认为轮台由过去的荒蛮之地,转瞬间成为衣食丰足的欢乐之乡,天时地利会决定其未来必将繁荣昌盛。这首诗歌所描写的内容是作者由喀什噶尔返回内地时经过轮台的所见所闻。可见新疆在收复后的短短几年时间里,就发生了天翻地覆的变化。施补华对当时南疆村庄的记述,特别是学生学习汉语和诵读四书五经以及郡县制的建立,虽然只描述南疆一个村庄,但是却准确地记述了新疆所发生的深刻的历史性变化,颇具意义。

The History, Society and Ethnic Groups of Xinjiang in Shi Buhua's Poetry

Xu Jianying

This paper, centered on Shi Buhua's poetry about Xinjiang, analyzes the history, society and ethnic groups of Xinjiang. It thinks that the poetry recorded the important events of history in that time and some historical facts. Besides the different ways of production, life and culture from various ethnic groups, it reflects the significant changes of Xinjiang society, which show that Shi Buhua's peotry about Xinjiang has important value of history.

1909 至 1910 年敦煌遗书运京相关史事新证

——以近人题跋为中心

刘　波

中国国家图书馆古籍馆

1909 至 1910 年劫余敦煌遗书运京,是敦煌学史上的一个重要事件。它使劫余敦煌遗书得到最基本的保护,然而运京过程中发生的盗窃等种种恶劣行径,至今令人扼腕。关于运京过程,已有为数众多的论述,不过仍有很多细节不够清晰。我近期从事敦煌遗书近人题跋的系统整理,读到一些涉及敦煌遗书运京及相关事件的题跋,可以增进对相关事件和人物的了解。本文试举出三个方面,以略见一斑。

一、金城与马克密克:
传递伯希和携敦煌遗书抵京信息的关键人物

1909 年京师学者与伯希和的交往,直接促成了劫余敦煌文献的保护与第一批敦煌学论著的发表,在敦煌学史上具有重要意义。

关于京师学者如何与伯希和建立联系,此前已有多位学者加以讨论,提出了一些推测。孟宪实曾转述白化文得自王重民先生一种说法:"是琉璃厂修补古书的师傅发现了伯希和携带的敦煌文书,因为伯希和曾经把这些残破的文书拿到那里修补。"[1]徐俊则推测:"京城学者获知伯希和携带敦煌秘籍的消息来源,以端方的可能性最大,其中董康与端方联系最为密切,从几个当事人记述看,董康似起到了联络人的作用。"[2]这些都是根据当时京师学术界种种情形作出的推测,缺乏确切的证据。

《恽毓鼎日记》记载:"王书衡、董授经侦知之,乃介一美利坚人以见伯希和,因得假观,

---

①　孟宪实《伯希和、罗振玉与敦煌学之初始》,《敦煌吐鲁番研究》第 7 卷,北京:中华书局,2004 年,3 页。

②　徐俊《伯希和劫经早期传播史事杂考》,黄正建主编《中国社会科学院敦煌学研究回顾与前瞻学术研讨会论文集》,上海:上海古籍出版社,2012 年,48 页。

并用摄影法付印。"①可知处于介绍人地位的是一位美国人。王冀青曾推测这个美国人是福开森（John Calvin Ferguson，1866—1945）②，后据新刊布的《江瀚日记》订正为马克密，但又称："尽管如此，福开森的'介绍人'嫌疑迄今仍不能彻底排除。"③同样得益于《江瀚日记》的出版，王冀青、秦桦林得以更详细地探讨宣统元年八月二十一日（1909. 10. 4）北京学者公宴伯希和事件，考订出伯希和、马克密之外出席宴会的中国学者十六人，获得了当日与会的大部分学者的名单④。

马克密在这一事件中居中联络人角色的揭示，解决了京师学者与伯希和联系渠道的部分关键问题。不过，马克密和中国学者之间通过什么渠道传递信息，仍然不是很清楚。幸运的是，二十年前见于拍卖市场的一件敦煌文献的近人题跋，为更详细地了解这一事件提供了更多信息。上海国际商品拍卖有限公司2001春季艺术品拍卖会古籍善本专场（2001年6月10日），编号2的拍品为一件敦煌所出《楞伽阿跋多罗宝经》卷四⑤。据拍卖公司介绍，该卷钤有"金城印""金巩伯精鉴印"二印，可知为金城旧藏。该卷有金城题跋一则，兹据拍卖公司刊布图版校录如下：

> 燉煌石室唐人写经多至万卷，自英人史丹博士、法人柏希和等先后恣取，所存仅残破之本矣。柏至京师，余首发现（因美友马克密克之介），集同好三十余人燕之，都人始稍稍知有此物（陶斋尚书实先余识柏，彼欲留为自取，始终秘其事）。后由学部电何秋辇学政，就近择尤运京，途中又为黠者截每卷为二而私其半，相与朋分之，故京师图书馆中所存，实残之又残也。此片纸余购之厂肆，审亦为唐物同出燉煌者。仲暄砚弟好古不倦，以未得古人墨本为憾，因持此归之。今年又值其四十初度，即以祝寿也。乙丑（1925）六月金城题记。（后钤白文方印一枚，待考。）

据此跋，金城于北京厂肆购得该卷，后将之赠予"砚弟"。"仲暄"其人生平不详，金城称为"砚弟"，可知二人有同窗之谊。这篇跋文中，提到多位在敦煌学上赫赫有名的人物。"英人史丹博士"，即斯坦因（Marc Aurel Stein，1862—1943）；"柏希和"，即伯希和（Paul Pelliot，1878—1945）；"陶斋尚书"，即端方（1861—1911），伯希和1909年赴京时端方任两江总督，在南京会见过伯希和；"何秋辇学政"，指何彦升（1860—1910），但官职有误，宣统元年（1909）何彦升任甘肃布政使，为敦煌遗书解京的主管官员，次年升新疆巡抚，且光绪三十一年（1905）清廷停止科举、兴办学堂，裁撤各省学政，改设提学使，管理全省教育事务，宣统年间实已无"学政"官职。

---

① 恽毓鼎《恽毓鼎澄斋日记》第2册，杭州：浙江古籍出版社，2004年，454页。

② 王冀青《清宣统元年（1909年）北京学界公宴伯希和事件再探讨》，《敦煌学辑刊》2014年第2期，132页。

③ 王冀青《伯希和1909年北京之行相关事件杂考》，《敦煌学辑刊》2017年第4期，174页。

④ 同上，167—176页；秦桦林《1909年北京学界公宴伯希和事件补考——兼论王国维与早期敦煌学》，《浙江大学学报》2018年第3期，44—56页。

⑤ 图版见雅昌艺术网：http://auction. artron. net/paimai-art14400002/。

此跋最重要的人物，则是撰者金城与"美友马克密克"。

金城(1878—1926)，又名绍城，字拱北、巩伯，号北楼、藕湖，浙江吴兴人。光绪二十八年(1902)留学英国，攻读法律，曾赴美、法等国考察法制及美术。三十一年(1905)回国，任上海公共租界会审公廨襄谳委员。三十三年(1907)任编订法制馆协修、大理院刑科推事。民国初年任众议院议员、北京大学商科学长、国务秘书。善画。著有《藕庐诗草》《北楼论画》《画学讲义》等。

马克密克(Fredrick McCormick，1870—1951)，美国记者。生于密苏里州布鲁克费尔德(Brookfield)。1900 年以《哈珀周刊》(*Harper's Weekly*)和《伦敦画报》(*London Graphic*)特派记者身份来华，亲历义和团运动。其后任《纽约太阳报》(The New York Sun)和拉凡新闻社(Laffan News Bureau)驻华特派记者。1904 年作为路透社(Reuters)和美联社(The Associated Press)特派记者，在中国东北跟随俄军报道日俄战争战况。1905 年转驻朝鲜半岛。1908 年 11 月返回北京，响应美国总统塔夫脱(William Howard Taft，1857—1930)的呼吁，从事中国文物保护，参与创建"亚洲文艺会"(Asiatic Institute)及其分支"中国古物保存会"(China Monuments Society)，任干事①。外交部译发《马克密君保存中国古物办法之函件》介绍说："前美洲合众国大总统塔虎脱君，因欲振兴研究亚洲各国之文化，增厚亚、美两洲人民之感情，并欲知亚、美两洲于进步发达上彼此所互受之影响，故特创设亚洲文艺会，会中之书记为马克密君。嗣又以中国文化在昔称盛，而其所有之古物，为中外人民所窃毁者，业已不少，故又分设一中国古物保存会。此会于一千九百零八年在北京成立，并已撰具禁阻毁窃中国古物之广告，使人至各处张贴。驻北京之各国使馆人员，寓居东亚之中外人民，以及欧、美之学者，暨各热心家，均乐为此会助力。"②1922 年回美国，继续从事媒体工作。著有《日本的威胁》(*The Menace of Japan*)、《俄国在亚太地区的悲剧》(*The Tragedy of Russia in Pacific Asia*)、《中华民国》(*The Flowery Republic*)等。《江瀚日记》亦称其为"马克密"。

金城此跋称"柏至京师，余首发现(因美友马克密克之介)"，这一句话寥寥数字，却透露了几个关键信息：

其一，马克密克是北京学者获悉伯希和来京的消息来源。马克密克长期居留北京，又以中国古物保存会干事身份与"驻北京之各国使馆人员，寓居东亚之中外人民，以及欧、美之学者"交往密切，且正从事"保存中国古物"事业，关注到伯希和携敦煌遗书来京的消息，实在情理之中。准此，福开森的"介绍人"的可能性可以排除，而马克密克作为消息来源又添一条强有力的证据。

其二，金城是最早获悉伯希和携敦煌遗书来京消息的中国学者。金城有留学英国的背景，通英文，又与马克密克为"友"，从他那里获得消息，完全在情理之中。

---

① 马克密克生平，王冀青《伯希和 1909 年北京之行相关事件杂考》(《敦煌学辑刊》2017 年第 4 期，173—174 页)已有详细考辨。本文主要据王冀青文所述略加介绍。

② 《马克密君保存中国古物办法之函件》，《东方杂志》第 11 卷第 6 号(1914 年 12 月)，15—18 页。

其三,金城是将伯希和来京消息传递给其他中国学者的关键人物。据秦桦林的梳理,已知的出席 10 月 4 日公宴的 16 人中,王式通为大理院民科推丞兼学部咨议官,董康为刑部主事,刘若曾大理院少卿,姚大荣为刑部主事兼学部图书局行走,他们与大理院刑科推事金城有职务和交际的交集,较容易获得消息或受邀赴宴,这就很好地解释了《恽毓鼎日记》所称"王书衡、董授经侦知之"的渠道,同时也解释了秦桦林提出的"如果不是《江瀚日记》的公布,我们的确很难想象得出曾有不少大理院系统的官员出席此次公宴"的问题①。这些人中,王式通、姚大荣都兼有学部职务,董康则是学界闻人,与文史学者们交往甚密。那么学部右侍郎宝熙、学部国子丞徐坊、学部咨议官兼京师大学堂音韵教习蒋黼、学部图书局编译兼名词馆协修王国维、京师大学堂总监督刘廷琛、京师大学堂经科代理总监督兼典礼院学士柯劭忞、学部参事兼京师大学堂文科学长兼毛诗教习江瀚、学部图书局副局长兼京师大学堂尔雅说文教习王仁俊等学部官员,以及没有赴宴的京师大学堂农科监督罗振玉,获得伯希和来京消息,当是通过王式通、董康这个渠道。这也符合《恽毓鼎日记》"王书衡、董授经侦知之"的说法②。大理院、学部之外,则有翰林院侍读学士兼国史馆总纂恽毓鼎、内阁学士耆龄、内阁中书吴昌绶三人,也都是向学之士。

综合以上三方面,可知金城是北京学界与伯希和建立联系的关键人物。现在,我们可以基本复原当时伯希和携卷来京信息的传递过程,即:

伯希和--›马克密克→金城→王式通、董康(及刑部、大理院诸人)→学部诸人等

可见,金城是当时信息交换的枢纽。据汪荣宝日记,金城在公宴期间与伯希和约,次日前往八宝胡同伯希和寓所观览其所携敦煌遗书,汪荣宝应金城电邀同往③。可知金城虽然较早获悉伯希和来京,到访八宝胡同(10 月 5 日)却晚于罗振玉(9 月 28 日)等人。六天之后(10 月 11 日)伯希和即启程离京回法。

值得注意的是,京师学者接触到伯希和所携敦煌遗书,在其停留北京约四个月的最后半个多月。消息经过马克密克、金城辗转传递给董康、罗振玉等固然颇费时日,但这也清晰地说明,当时伯希和并没有主动与京师学界分享其所得的意图,因而伯希和才有"正欲回国,而敦煌得宝之风声籍籍传播"的说法④。如果不是金城在其中传递消息,京师学者们恐怕有可能与伯希和携卷擦肩而过,他们对敦煌文献的价值形成比较准确的认识恐怕也要晚很多,那么当时还存在于莫高窟藏经洞的文献也许不会及时解运京师并得到最基本的保护,它们会面临什么样的命运就很难推测了。从这个角度讲,金城可谓有大功于中国敦煌学。金城本人的学术成就在于法学、画学,他在敦煌学研究方面并没有多少建树,但是

---

① 同 426 页注④,秦桦林文,44—56 页。

② 同 426 页注①,453 页。

③ 汪荣宝著,赵阳阳、马梅玉整理《汪荣宝日记》,南京:凤凰出版社,2014 年,50 页。

④ 沈纮译《伯希和(Paul Pelliot)氏演说》,载罗振玉辑《流沙访古记》,清宣统元年铅印本,第三十七叶;此据《敦煌丛刊初集》第 7 册,台北:新文丰出版公司,1985 年,207 页。

在中国敦煌学发轫时期,他在中西学者之间沟通信息,推动京师学者关注敦煌文献并进而从事保护与研究事业,起到了关键作用。

不仅如此,据王冀青研究,金城 1910 年 8 月至 1911 年 5 月赴美国参加第八届国际监狱大会并游历美欧,期间在法国调查我国西北出土简牍,是最早赴欧洲调查这批文献的中国人之一。沙畹考释斯坦因简牍的相关信息极有可能是他提供给罗振玉的,后来罗振玉与沙畹建立联系,并与王国维合撰《流沙坠简》。由于在研究信息方面起过关键作用,王冀青称金城为"促成中国简牍学起源的中国学者之一"①。可见金城是一位学有根底、眼光敏锐且热心学术的人,他能做出这份贡献,也不是偶然的。

金城跋文中提到,"集同好三十余人燕之,都人始稍稍知有此物",指的就是 1909 年 10 月 4 日公宴伯希和事。他记录的与会人数"三十余人",较以往发表的记载要多。田中庆太郎所记,为宝侍郎等九人"及其他十数人"②,总计为二十余人。恽毓鼎日记也记载与会者为"知名嗜古之士二十余人"③。目前能确认的与会者共十八人,其中中国学者十六人。不论当日与会者是二十余人,还是三十余人,在目前据恽毓鼎、江瀚日记考定者之外,还有几位与会者的姓名并不清楚。期待将来有更多史料发表,更全面地还原这一事件的细节。

金城跋文对端方颇有微词,他说:"陶斋尚书实先余识柏,彼欲留为自取,始终秘其事。"伯希和 1909 年 5 月 21 自越南河内北上,途经江宁(今南京),曾拜会时任两江总督的端方,并出示部分敦煌文献,"端制军闻之扼腕,拟购回一部,不允,则谆嘱他日以精印本寄与,且曰:此中国考据学上一生死问题也"④。端方清醒认识到敦煌文献在考据学上的价值,在回购遭拒后提出了得到精印本的要求,他迫切希望获得这些资料从事研究的心情,和京师学者们是一致的。他是否确有"欲留为自取"的心态,因而"始终秘其事",就不可推问了。不过,京师学者结识伯希和并非经由端方介绍,从金城跋文看,是确凿无疑的了。

二、蔡金台:另一位参与盗窃运京敦煌遗书的晚清官僚

1910 年解运京师的敦煌遗书,不幸遭遇监守自盗。参与这件恶行的人,知名的有何彦升之子何震彝、何震彝岳父李盛铎、李盛铎亲家刘廷琛以及方尔谦等四人。此外还有没有人参与其中,很少见到更多资料和说法。从现存敦煌遗书题跋中,我们可以推测,当时在京师任御史的蔡金台,很可能也参与了这次盗窃行动。

蔡金台,字燕生、燕孙,一字君甯,晚号甯庵。江西德化人,与李盛铎有同乡之谊。光绪十二年(1886)进士,十七年(1891)任甘肃学政。二十二年(1896)在江西高安创立蚕丝

---

① 王冀青《金绍城与中国简牍学的起源》,《敦煌学辑刊》2018 年第 12 期,135—151 页。

② 救堂生(田中庆太郎)《敦煌石室中的典籍》,汉译文附载施萍婷《敦煌学杂谈之一》,《敦煌研究》2003 年第 3 期,5 页。

③ 同 426 页注①,453 页。

④ 同 428 页注④。

学堂。二十五年(1899)以"考察商务"为名前往日本抓捕康、梁。三十年(1904)任会试同考官,同年任湖广道监察御史。民国初年寓居北京。收藏书画名品甚多,如辽宁博物馆藏《野墅平林图》、上海博物馆藏郭熙《幽谷图》、故宫博物院藏马远《踏歌图》等,早年都曾是蔡金台的旧藏。

中国国家图书馆藏 BD14884《维摩经》卷中有蔡金台跋:

> 阅一千三百三十九年,大清宣统二年庚戌九江蔡金台得于甘肃燉煌千佛寺石室①。

所谓"阅一千三百三十九年",指该卷有题记"咸亨三年六月上旬弟子氾师僧为亡妻索敬写",自咸亨三年(672)至宣统二年(1910)为 1339 年。此跋声称"得于甘肃燉煌千佛寺石室",似乎直接得自藏经洞。查蔡金台虽然做过甘肃学政,但已在宣统二年之前十余年,1910 年前后他在京任御史,并没有去过甘肃敦煌,且当时劫余敦煌遗书已装车运京,藏经洞已基本没有文献留存,因此他显然不可能直接从藏经洞获得敦煌遗书。那么,他从哪里获取这些写卷,让人生疑。"得于……石室"云云,恐怕只是掩人耳目甚至自掩耳目的假托之辞。

中国国家图书馆藏 BD14888《释肇序钞义》也有蔡金台跋:

> 阅一千二百四十四年,大清宣统二年庚戌从燉煌千佛寺石室所藏晋唐卷子检得之②。

所谓"阅一千二百四十四年",指该卷有题记"余以大历二年春正月于资圣寺传经之次记其所闻,以补多忘,庶来悟义伯无诮斐然矣,崇福寺沙门体清集记",由大历二年(767)至宣统二年为 1244 年。此跋谓该卷系"从燉煌千佛寺石室所藏晋唐卷子检得",声称卷子为"石室所藏",与上一则题跋明确说"得于甘肃燉煌千佛寺石室"不同,这里把获取地点说得比较模糊。所谓"检得",是从一大堆东西中拣选的意思;从朋友、市场获取,似不能称为"检得",因此,这里透露出的信息是,他接触过大批量的敦煌文献。

上海图书馆 094《佛顶尊胜陀罗尼经》有蔡金台跋四则,其一曰:

> 阅十有九丁巳,至大清宣统二年庚戌(1910),凡千一百九十有四年,江右蔡金台得于甘肃燉煌千佛寺莫高窟,装裱成卷。

其二曰:

> 莫高窟藏写本经卷凡二万数千,其有年月款识者殆千之一耳。又首数行无一全者。此《陀罗尼》独首尾完善,仅损数字,尤难寻可宝。其最古者为义熙十年沙门道袭

---

① 中国国家图书馆编,任继愈主编《国家图书馆藏敦煌遗书》第 135 册,北京:国家图书馆出版社,2010 年,22—23 页、《条记目录》5—6 页。

② 同上,83 页、《条记目录》6—7 页。

之《宝梁经》，次则符秦之《甘露》，由此迄于北宋之《淳化》，几于无代不备。大抵官本与经生所写皆极精，而字体面目大致相似。惟施主所书，如此卷之类，笔意较活泼，故尤以此种为可爱。独其中有《易》《书》《诗》《礼》《左传》《论语》及《老》《庄》《列子》，或为长卷，或为零篇，取较宋以后刻本，异同甚多（《论语》"未若贫而乐道"与遵义黎氏所翻日本古写本同）。又刘勰《新书》一卷已尽全书之九，真古今未有之鸿宝也。余因监试拔贡，生告奇珍，而出闱后犹能从众所弃余中得此及晋义熙、唐咸淳三种，亦未尝非厚幸也。装竟附记其梗概如此。暗盦。

其三曰：

某君又得有唐播唐写景教经两种，奇古可玩，亦异观也。当与经文诸卷谋亟影印，以成千古快事。昔莫子偲得唐写《说文·木部》数页，便自诧为奇观，而世亦疑之者。试令其生当今日，则莫君之自夸与旁观之疑议皆当自悔其少见多怪矣。

其四曰：

通观法博士伯希和及此次公家所辇运者，凡官本及经生本皆硬黄纸，独施写本及儒书写本皆多系一种白纸，或厚密如绵（此卷即此种），或毳薄似茧，类皆完洁似百年间物。信乎西北高燥之地，足以保藏古物也[①]。

第一则称"得于甘肃燉煌千佛寺莫高窟"，与 BD14888 跋略同。然而第四则谓"通观法博士伯希和及此次公家所辇运者"，可见"得于……莫高窟"云云不过是虚虚实实的伪饰之辞，"此次公家所辇运者"方才是其收藏的来源。也就是说，他的所得出自 1910 年运京敦煌遗书。

第二则透露了更具体的消息："余因监试拔贡，生告奇珍，而出闱后犹能从众所弃余中得此及晋义熙、唐咸淳三种。"其中的"唐咸淳"可能为"唐咸亨"之误，指的便是上文已提及的中国国家图书馆藏 BD14884《维摩经》卷中，有题记"咸亨三年（672）六月上旬弟子氾师僧为亡妻索敬写"。"晋义熙"所指不详。

据此跋，蔡金台获取敦煌遗书时正在"监试拔贡"。宣统二年六月十八日（1910.7.24）《申报》报道，"六月十七日内阁奉旨，此次考取各省拔贡着于本月二十六（1910.8.1）、二十七日在保和殿覆试"；同日报道，"连日学部考试各省拔贡，本限八点钟截止，乃考生一味延迟，直到夜间两点钟始能清场"；七月初二（1910.8.6）则报道拔贡廷试录取名单。蔡金台时任御史，为监试人员之一。甘肃运京敦煌遗书于 1910 年 8 月入藏京师图书馆，此次学部

---

① 以上四则题跋录文见吴织、胡群耘《上海图书馆藏敦煌遗书目录——附传世本写经及日本古写本》，《敦煌研究》1986 年第 2 期，105 页（该目录编号为"上图 108"）。图版见上海图书馆、上海古籍出版社编《上海图书馆藏敦煌吐鲁番文献》②，上海：上海古籍出版社，1999 年，368 页；中国国家图书馆、中国国家古籍保护中心编《第二批国家珍贵古籍名录图录》，北京：国家图书馆出版社，2010 年，99 页；上海图书馆编《缥缃流彩——上海图书馆藏中国古代书籍装潢艺术》，上海：上海书画出版社，2018 年，5 页。

考试拔贡日期(即蔡金台获取敦煌遗书日期)恰好与之相合,这也是蔡金台参与盗窃甘肃解京敦煌遗书的旁证。跋文显示,蔡金台还颇有些遗憾,因监试获得消息太晚,因此只能从"众所弃余"中拣选。

第三则题跋提及"某君又得有唐谌唐写景教经两种",这里的"某君"当指李盛铎。景教经两种,即李盛铎所得景教文献《志玄安乐经》《宣元本经》,今均藏于日本大阪杏雨书屋,编号分别为羽13、羽431,影本分别载于《敦煌秘笈》第一册、第五册。蔡金台为李盛铎德化同乡(德化1914年改名九江县,今为九江市柴桑区),两人过从甚密,邓之诚《骨董琐记全编》刊布蔡金台1898年致李盛铎两通密札,内容涉及戊戌政变及袁世凯,可见二人交谊甚厚。蔡金台能参与盗窃,大概源于他和李盛铎的密切关系。

综上所述,我们推测,1910年8月李盛铎、何震彝等盗窃甘肃解京敦煌遗书,蔡金台也参与其中,上列国图、上图藏卷便是蔡金台当日所窃得。

此外,首都博物馆藏31.3.331《佛名经》龚钊跋称,"敦煌所出佛像有观音巨幅,为唐人工笔,曾在蔡京卿处"[1],这里的"蔡京卿",或许便是蔡金台。清代称都察院、通政司、詹事府、大理寺等官署长官为京堂、京卿,蔡金台清末任都察院监察御史,故有"京卿"的雅称。广仓学宭编印《艺术丛编》第三期收有敦煌绢画影本一幅,标题为"唐画大士像纸本(甘肃敦煌县千佛洞旧藏,近归江西蔡氏)"[2],这里的"江西蔡氏",或许也是蔡金台。那么,蔡金台所得,除敦煌遗书外还有巨幅观音像。详情如何,还有待发掘更多更具体的资料。

三、方尔谦自供盗窃运京敦煌遗书

敦煌遗书运京后参与盗窃的几位官绅,因所得来路不正,往往秘而不宣,极少自述其事。这是可以理解的。饶有趣味的是,安徽博物馆藏有一件刘铭传(1836—1896)之孙刘朝叙(号瞻明)旧藏《大般涅槃经》卷二十,有题跋二十六则,其中方尔谦所题叙述了他在盗窃运京敦煌遗书后的心境:

> 余所见燉煌石室六朝唐人写经不止千卷,所得不止百卷,然如此卷之纸墨精好,亦无几也。余初获此,近于窃取。既窃取矣,遂至贩卖。既贩卖矣,遂至割裂。余每见此种卷子,觉罪过无量,欢喜亦无量。今身边所存尚七八十卷。中间因贩卖更易,取他氏所有补我所无,得《莲华经》七卷一字不阙,《维摩经》三卷一字不阙,他小卷如《阿弥陀经》《药师经》之属完全者十数种,有年号者仅三五种。每当静坐,用以自娱。

---

① 荣新江、王素、余欣《首都博物馆藏敦煌吐鲁番文献经眼录(续)》,《首都博物馆丛刊》第21期,北京:北京燕山出版社,2007年,126—137页;"顾二郎"与"护陇使者":首都博物馆藏敦煌吐鲁番文献经眼录》,载余欣《博望鸣沙——中古写本研究与现代中国学术史之会通》,上海:上海古籍出版社,2012年,147—148页;荣新江主编《首都博物馆藏敦煌文献》册壹,北京:北京燕山出版社,2018年,3—5页。

② 《唐画大士像纸本》,《艺术丛编》第三期,上海:广仓学宭,1916年9月;《艺术丛编》第1册,上海:上海书店出版社,2015年,345页。

而十余年来水火刀兵之厄,往往挟以俱走,为之恐惧,有累方寸。明知有有必有无,乃患得患失,并此区区莫能解脱,亦由吾于经卷但知窃取、贩卖、割裂之,未尝一日持诵校勘,而其中所以为佛者,更绝无知焉,无怪恐惧多、欢喜少耳。瞻明一笑。大方。(钤"大方"朱文方印)①

在这则题跋中,方尔谦坦然承认:"余初获此,近于窃取。"不仅如此,他还坦承:"既窃取矣,遂至贩卖。既贩卖矣,遂至割裂。"因此,方尔谦对自己的所作所为"觉罪过无量,欢喜亦无量"。能有"罪过无量"的感受,也算是他一点良心未泯。

他还说:"十余年来水火刀兵之厄,往往挟以俱走,为之恐惧,有累方寸。明知有有必有无,乃患得患失,并此区区莫能解脱,亦由吾于经卷但知窃取、贩卖、割裂之,未尝一日持诵校勘,而其中所以为佛者,更绝无知焉,无怪恐惧多、欢喜少耳。"将他保存窃得敦煌遗书的一点微劳,视为"患得患失""莫能解脱",可谓不知悔改。从这里也可以看到,到写下这则题跋的 1924—1925 年间,方尔谦仍然将敦煌遗书视为供其把玩的古董,对它们的文物文献价值毫无理解,他的陈旧观点,在同时代人中也很有代表性。

在这条题跋中,他还讲述了收藏者们"割裂""贩卖"写卷的行为,他们"贩卖更易,取他氏所有补我所无",互换有无,以凑成全经。他自夸有"《莲华经》七卷一字不阙,《维摩经》三卷一字不阙,他小卷如《阿弥陀经》《药师经》之属完全者十数种"。这对于我们了解敦煌遗书的流散史,也略有帮助。

以上据敦煌遗书近人题跋,讨论了敦煌遗书运京前后史事的一些细节,加深了我们对早期敦煌学史的认识。这也提示我们,敦煌遗书近人题跋具有不容忽视的史料价值,值得多加注意。

New Evidence on the Process of Dunhuang Manuscripts Being Moved from Gansu to Beijing from 1909 to 1910: Focusing on Modern Chinese Postcripts on the Dunhuang Manuscripts

Liu Bo

In the earlyspreaded Dunhuang manuscripts, there are some mordern postscripts. Some of them revealed some details of the process of Dunhuang manuscripts being moved from Gansu to Beijing in 1910. For example, Jincheng and Fredrick McCormick were the

---

① 安徽博物院编《佛光恒常——安徽佛教文物精品展》,合肥:安徽美术出版社,2017 年,27—30 页。

key figures who passed the news to the Beijing scholars that Paul Pelliot had arrived bring some Dunhuang manuscripts. It is very likely that Cai Jintai was also involved in the theft of Dunhuang manuscripts with Li Shengduo, Liu Tingchen and others. Fang Erqian confessed to the theft of the Dunhuang manuscrpts in a postcript. These materials make some details of the process of the Dunhuang manuscripts being moved from Gansu to Beijing clearer.

中国西北科学考查团新疆考察述略[*]

刘长星

新疆师范大学中国语言文学学院暨西域文史研究中心

1927 年 5 月 9 日上午,中国西北科学考查团一行从北京西直门火车站出发前往包头,至此拉开了前后延续八年的中外合作考察大西北的序幕。考查团组建时有 28 人,徐炳昶、斯文·赫定分别任中、外方团长。其中中国团员 10 人,外国团员 18 人。后来考察延长,中瑞各增派了 5 人,先后共计团员 38 人。八年考察期间,中外方团员的足迹经过内蒙古、甘肃、新疆、青海、西藏、宁夏等多个省区。其中,新疆是此次科考的重点区域之一,团员们也在新疆获得了一系列重要的科考成果。

西北科学考查团在新疆的考察活动整体分为两个阶段:第一阶段要从 1928 年 1 月开始算起,因为正是从这时开始,西北科学考查团才到达新疆哈密,开始了在新疆的考察活动。一直到 1933 年 5 月 8 日,第一阶段科考结束。第二阶段是指在国民政府资助下,斯文·赫定于 1933 年 10 月 21 日率铁道部绥新公路查勘队乘汽车再次前往我国西北地区考察,队员有铁道部工程师尤寅照、龚继成,及原考查团员陈宗器、郝默尔、贝格曼、生瑞恒等。黄文弼受教育部委派去新疆考察教育及考古,也搭车前往。绥新公路查勘队一行于 1934 年 2 月到新疆,1935 年 3 月勘察任务结束。

一、中方团员在新疆的考察活动

1928 年 1 月 23 日,西北科学考查团到达哈密,2 月底到达乌鲁木齐,考查团大本营设在乌鲁木齐南关道胜银行旧址。经过一段时间休整分工后,3、4 月间中外团员们先后赴新疆各地考察,一两人为一组,足迹几乎踏遍整个新疆。其中,中方团员中能独立进行科学考察的只有 3 人:黄文弼、袁复礼、丁道衡。

1. 黄文弼在新疆的考察

黄文弼(1893—1966)一生四次考察新疆,前两次就发生在西北科学考查团考察期间。

---

* 本文为新疆维吾尔自治区高校科研计划项目"'中国西北科学考查团'的现代意义研究"(编号:XJEDU2019SY018)成果之一。

第一次是在 1928 年 4 月至 1930 年秋。

1928 年 4 月至 1929 年底,黄文弼考察的主要范围在吐鲁番地区与南疆。4 月下旬至 5 月中旬,他在吐鲁番盆地及附近地区考古。1928 年 5 月,他沿塔里木盆地调查了焉耆、库尔勒、轮台、库车、沙雅、拜城、和田、于田、皮山、叶城、巴楚、喀什、阿克苏等地区的各类古址遗迹,采集了大量遗物。1929 年底他回到了乌鲁木齐。

1930 年 2 月,黄文弼再次前往吐鲁番考古,4 月底他来到罗布泊,"当时湖水水势很大,水面宽阔,鱼凫翱翔与水上,洵为海景奇观"[①]。这是中国学者第一次进入罗布泊地区[②]。他虽然因阻于水,而未能考察楼兰核心区的遗址,但此次考古之行,最富有成果的是,他发现一座西汉烽燧台遗址(即土垠遗址),出土了一批西汉简牍。直到 1930 年秋,黄文弼取道西伯利亚返回北京,作为西北科学考查团成员,他在新疆的考察告一段落。

1933 年 10 月,黄文弼跟随铁道部绥新公路查勘队第二次进入新疆。他从比上次偏西的道路进入罗布泊,在第一次工作过的烽燧台遗址也有新发现,还找到罗布泊以北的一段丝绸古道,以及古渠遗址和屯垦遗迹。1934 年返回北京。

从 1931 年开始,黄文弼的考古成果就开始陆续发表。他的《高昌砖集》(1931 出版,1951 增订)、《高昌陶集》(1934)、《罗布淖尔考古记》(1948)、《吐鲁番考古记》(1954)、《塔里木盆地考古记》(1958)被称作"三记两集",成为后来新疆考古领域的必读著作。他是第一位到新疆考古的国内学者,是西域考古学的开拓者,被誉为"中国西北考古第一人""中国新疆考古第一人"。

2. 袁复礼在新疆的考察

袁复礼(1893—1987)的考察时间长达 5 年,是连续考察时间最长、采集品最多的团员。他在新疆的考察从 1928 年 4 月开始,一直持续到 1931 年 12 月。

袁复礼的考察方向主要在准噶尔盆地东部的阜康、奇台、吉木萨尔一带。1928 年 8 月 19 日,他率采集员白万玉、靳士贵等到三台。9 月下旬至 10 月底,在三台南 5 千米的大龙口洪积扇,他发掘出 7 个完整的三叠纪爬行动物化石。斯文·赫定与徐炳昶马上通电国内外,立刻轰动世界学术界。1930 年 12 月 6 日,袁复礼在奇台北 77 千米的白骨甸,发现大型恐龙骨骼,后来被杨钟健定名为奇台天山恐龙。袁复礼在这里挖掘了 32 天,脚被冻伤,被迫回到乌鲁木齐进行手术,三个月后才痊愈。1931 年 12 月他率队东归,经 6 个月的艰辛考察历程,于 1932 年 5 月 10 日回到北京。

从 1928 年起的四年中,袁复礼在准格尔盆地东部发掘出大批爬行动物化石,分属 72 个个体,比较完整并定名的有新疆二齿兽、布氏水龙兽、赫氏水龙兽、魏氏水龙兽、袁氏阔口龙、袁氏三台龙、奇台天山恐龙等等,这些发现推翻了当时学界流行的"天山东部不可能

---

① 王忱《高尚者的墓志铭——首批中国科学家大西北考察实录(1927—1935)》,北京:中国文联出版社,2005 年,358 页。

② 同书名编委会《"中国西北科学考查团"八十周年大庆纪念册》,北京:气象出版社,2011 年,165 页。

有动物化石"的观点。他的这些发现是我国首次发现白垩纪以前的爬行动物化石,与过去我国的同类发现相比,时间提前了1亿多年。袁复礼的一系列动物化石的发现,是我国科学家第一次在国内发现完整恐龙化石,短期内如此集中地发现大批恐龙化石,在世界考古史上也实属罕见,这把我国古脊椎动物研究推向了一个新的阶段。

3. 丁道衡在新疆的考察

丁道衡(1899—1955)是中方团员中一位年轻的地质工作者,他为人熟知的一个重要成就是在1927年7月在包头以北的白云鄂博发现了大型铁矿。这是西北科学考查团的第一个重大发现。

到新疆后,丁道衡发现,在新疆旅行的人多数走天山南路或天山北路,很少走天山中间的一条大路。此路由东向西,从托克逊入阿拉沟,经裕勒都斯、空格斯可到伊犁;也可由南至北经乌鲁木齐穿天山至焉耆、库车等地。不过这条路比较险峻,通行难度很大。为此,丁道衡决定沿着天山中部的这条山路西行考察。1928年4月12日,他和詹蕃勋离乌南行,经吐鲁番、托克逊进入阿拉沟,6月下旬过焉耆,往西北到达巩乃斯河上游地区。到库车后詹蕃勋因牙疼返回乌鲁木齐,丁道衡继续南行,经过拜城、阿克苏、柯坪、巴楚、喀什,在帕米尔之西的蒲犁(塔什库尔干)工作了两个多月。丁道衡在南疆工作两年多,对天山南路进行了广泛的地质考察。1930年秋返回北京。在整个西北考察三年多的时间里,丁道衡绘制了百余幅地质图,采集了30多箱标本资料,后发表《新疆矿产志略》《白云鄂博铁矿》等著作,成为我国著名的地质学家。《新疆矿产志略》对新疆矿产资源概况做了较为全面的总结,被当代中国学者誉为"第一部综述新疆地质矿产资源的论著"。

4. 徐炳昶在新疆的考察

作为中方团长,徐炳昶(1888—1976)主要进行协调工作,负责与地方当局联络沟通,是中方团员的主心骨,对维护中方团员利益、解决队员纷争、坚定中方年轻学生的考察信心发挥了重要作用。1928年12月17日,徐炳昶与斯文·赫定两位团长离开乌鲁木齐东归,1929年1月到北京后再未返回新疆。1930年他发表了《徐旭生西游日记》三册,详细记录了他的西北考察经过。此次作为中方团长的野外考察经历,对徐炳昶影响非常大,作为一个哲学研究者,他开始对野外调查、考古产生浓厚的兴趣。后来他的研究方向从哲学转向了考古,在我国史前传说研究和考古研究方面做出了重要贡献,出版了《中国古史的传说时代》等重要著作,成为我国当代著名的古史学家。

5. 刘衍淮与李宪之在新疆的考察

刘衍淮(1907—1982)、李宪之(1904—2001)、崔鹤峰、马叶谦(1903—1929)四位团员是北大经选拔派出的学生。崔鹤峰于1927年11月上旬即从内蒙古押运采集物品返京,退出了考查团,仅工作半年多。马叶谦未进入新疆,他留在额济纳作气象观测,1929年4月不幸殉职。

刘衍淮与李宪之两人一生的成就都起因于参加西北科学考查团。1928年到达乌鲁木齐后,他们在郝德的安排之下负责气象观测工作。刘衍淮于1928年3月开始,在博格达山附近福寿山顶观测站与马学尔进行气象观测。5月与华志去库车,在当地建立了气象站并一直进行气象观测。1929年9月2日他回到乌鲁木齐。在博格达山和库车的观测,成为他后来撰写《迪化与天山中福寿山四月天气之比较》《天山南路的雨水》等天山南北地区气象学论文的基础。李宪之于1928年5月10日跟随郝德去若羌建立气象站,负责当地气象观测工作。1928年9月随郝德来到青海西北部的铁木力克建站观测。关于寒潮等气象的实际观测资料后来成为他留学德国完成的博士论文《东亚寒潮侵袭的研究》的重要基础。1930年5月李宪之返回乌鲁木齐。

因为考察期间表现优异,1930年6月,李宪之与刘衍淮被推荐赴德国留学深造。1936年回国后,李宪之先后任清华大学、北京大学教授,是我国现代气象事业、科研和教育的奠基者之一。李宪之认为,西北科学考察工作和后来到柏林的研究,创立了他一生的研究体系。而刘衍淮1934年学成归国后也成为我国现代气象事业的开拓者之一,也是台湾省气象教育的奠基人。

6. 陈宗器在新疆的考察

陈宗器(1898—1960)是作为第二批增补队员进入考查团的,1929年5月,他与柏利等第二批团员一行拟经西伯利亚进入新疆,但受到新疆政府的否决,直到1930年11月,陈宗器才由敦煌荒漠第一次进入新疆。他主要测量塔里木河、孔雀河改道后的罗布泊的新位置,在荒漠中坚持了三个多月。1931年夏又回到额济纳河流域,1933年5月回到北京。

1933年10月,作为绥新公路查勘队的一员,陈宗器再次前往新疆。1934年5月开始,他随斯文·赫定乘独木舟考察罗布泊。1934年10月离开新疆至甘肃。1935年2月回南京。陈宗器前后在罗布荒原工作长达一年。他和霍涅尔合作对罗布泊和居延海地区进行研究,完成著作《中国西北的交替湖》一书,在斯文·赫定游移湖理论的基础上,提出了著名的"交替湖"理论。陈宗器、霍涅尔和那林对罗布泊湖区进行测量,完成了该地区的第一幅实测地图,按照《空间遥感图像分析应用》一书记载,其精确程度与美国陆地卫星一号测得结果完全一致。对罗布泊地区水文地理的考察是陈宗器的重要贡献所在,赫定写道:"我们年轻的中国同事陈宗器通过准确绘制从铁门堡到罗布泊的库姆河(即孔雀)南面所有类型的湖泊,完成了极为重要的一部分工作,极大地增长了我们有关这片沙漠水系分布的知识。"[①]在考察结束后,陈宗器赴德国留学,回国后在我国地磁学的引进和发展方面有过出色的贡献,是我国地磁科学的奠基人。

7. 刘慎谔在新疆的考察

植物学家刘慎谔(1897—1975)与西北科学考查团的关联很少被提及,因为有些人认为他不属于西北科学考查团。确实,1931年4月他是作为中法考察团的一员进入新疆的,但到新疆后中法合作破裂,刘慎谔退出了中法考察团。应邀请,1931年8月他加入西北科

---

① 罗桂环《中国西北科学考查团综论》,北京:中国科学技术出版社,2009年,156页。

学考查团的野外考察工作。这一点是被代理团长袁复礼证实过的[①]。刘慎谔在新疆的考察主要在天山一带,他多次进入天山采集植物标本。1932 年初在塔克拉玛干沙漠以南沿线考察,3 月他与那林一起深入昆仑山海拔 5500 米的山岭,并进入西藏。他多次往返昆仑山与新疆南部,曾两次进入藏北羌塘地区,两次出入喜马拉雅山脉,后来由藏北进入印度。1932 年 12 月 28 日自印度乘船到上海。1931—1932 年间,他在新疆、西藏共收集标本4500 号。新中国成立后,刘慎谔任东北农学院植物调查所所长,在东北地区开创了植物学科学研究的新基地。后在多所大学任教,在植物学教育事业上贡献卓著。他编著了有中国特点的《动态地植物学》和《历史植物地理学》,指导了东北森林采伐更新和西北铁路沿线治沙的研究,是中国植物学科研究的开拓者和奠基人之一。

二、外方团员在新疆的考察活动

1. 斯文·赫定在新疆的考察

在 1927—1933 年第一阶段的考察中,作为外方团长的斯文·赫定(Sven Hedin,1865—1952)在新疆的时间并不多。因为德国汉莎航空公司不再赞助此次科考,他不得不于 1928 年 5 月离开新疆,回国筹集经费。争取到瑞典政府的经济支持后,他于当年返回新疆。又因为原定的两年考察期限将满,只能回京申请延期,他与徐炳昶于 1928 年 12 月取道西伯利亚返回北京。此后一直到 1933 年 11 月,最后一名团员贝歇尔回到北京,6 年(第一阶段)的西北科学考察结束。

1933 年 10 月,斯文·赫定率绥新公路查勘队乘汽车再次前往新疆考察。1934 年 2 月初到达哈密,因为正值新疆内战期间,考查团一行难以进入乌鲁木齐,只得去罗布泊地区考察。10 月末,在新疆的考察结束,赫定一行到甘肃安西,决定从东部再进入罗布泊地区,以与从西面考察罗布泊的路线相接。1935 年 3 月绥新公路查勘队回到北京,八年科考宣告结束。考察结束后,斯文·赫定发表了长篇科学考察报告《罗布泊探秘》《游移的湖》等多部著作。他非常看重此次考察所获,积极组织后续考察报告的整理出版工作,从 1937年开始,《斯文·赫定博士领导的中国西北科学考察报告集》在瑞典不定期出版,至今已出版五十多卷,集中展示了外方团员的科学成果与重要科学贡献。无论从科考的组织方面,还是科学研究本身而言,还是从弘扬此次科考的影响力方面,斯文·赫定无疑都是此次科考的灵魂,他被公认为"20 世纪新疆探险史的领军人物"。

2. 郝德在新疆的考察

郝德(W. Haude)领导的气象组从 1928 年 2 月开始工作,先在乌鲁木齐南郊驻地建立气象站,由韩普尔主持。3 月郝德率马学尔、刘衍淮在博格达山中海拔约 2500 米处的福

---

① 根据袁复礼及刘慎谔女儿刘瑛心提供的材料,可以确认刘慎谔加入了西北科学考查团的考察,见王忱《高尚者的墓志铭——首批中国科学家大西北考察实录(1927—1935)》,北京:中国文联出版社,2005 年,661—662 页。

寿山建立一气象站。5月至6月,郝德到若羌与库车,分别主持建立两处气象站,前者由狄德满和李宪之负责,后者由刘衍淮和华志负责。1929年2月郝德在鄯善附近的七克台建立气象台,观测持续了半年多,9月结束。

郝德领导的气象考察活动主要在乌鲁木齐、南疆的若羌、库车展开,共建立4座气象台,还在博格达山、阿尔金山北坡及库车的喀拉古尔山村设立3处高山观测所。1930年初,三处工作陆续结束,在当地建立的气象台都移交给了当地政府,郝德回国。

在筹备了新的仪器后,1931年1月郝德再次来华。我国派徐近之、胡振铎担任气象助理随行考察。此次考察主要集中在内蒙古,郝德先后在内蒙古的益诚公、额济纳的瓦窑淘莱建立气象台。1932年5月郝德结束考察回到北京。

郝德的气象工作,为开辟新航线收集了必要的气象数据,填补了新疆地区气象资料的空白。在考察过程中他还积极培养了我国的年轻气象学生,真正体现出科考团是一所"流动的大学"。郝德的气象考察取得突出成果,斯文·赫定认为:"经过艰辛的调查,他已经能够准确地预测从天山到内陆亚洲沙漠区之间的暴风雨发生的程度。"其考察成果主要集中在瑞典报告集的第14卷与18卷。

3. 那林在新疆的考察

那林(E. Norin, 1895—1982)主要做地质考察。1928年3月10日,那林取道达坂城、吐鲁番去库鲁克塔克。后来与贝格曼、哈士纶同行去楼兰与罗布泊。在新疆的前三年,他主要在塔里木盆地东部,更多时间是在库鲁克塔克(千山)一带。他发现那里的震旦纪曾有冰期,采集到寒武纪的三叶虫,考察了复杂的地质现象,并到达库车,找到上新世植物化石。1930年他在吐鲁番盆地西部和北部的天山山地考察地质,9月到阿克苏柯坪山区、和田。1931年初至巴楚北部山区、库车北面山区。年底和安博尔、刘慎谔在藏北昆仑山工作,1933年2月回北京。

那林在新疆的工作具有开拓意义,对我国沙漠成因和冰川都颇有研究,此前只有波丹诺维奇等少数俄国地质学家到东天山做过简单考察。据那林的考察结果,第四纪时塔里木盆地曾是一个大湖或内陆海,古罗布泊是其最后的遗存。他在库鲁克塔格发现石炭纪、二叠纪冰期遗迹,发表了不少有价值的论文,至今是研究该地区地质的重要资料。他的研究成果主要在瑞典报告集的2、16、29、47卷中,内容为库鲁克塔山、天山和西藏西部地质,以及新疆和西藏等地的地图。

4. 安博特在新疆的考察

天文学者安博特(N. Ambolt)于1928年8月随赫定从瑞典达到新疆,加入西北科学考察工作。因为身体原因,1929年4月他才开始进行野外考察,在吐鲁番设立了重力观测点。1929年9月中旬他与那林结伴前往库鲁克塔格,主要做重力、天文和地磁方面的测定。1931年经托克逊、焉耆、库车、阿克苏,6月到和田与那林汇合,建立了气象观测站以及一系列重力观测站。8月安博特到和田南部山区,1932年1月又去莎车,2月与那林、刘慎谔到西藏西北。同年5月他西行向喀拉喀什河上游考察,7月到且末。1933年5月安博特返回和田,8月中旬离开新疆回国。

安博特主要考察昆仑山一带,一直到帕米尔、藏北等地,详细测定了所在地区的气候、重力、经纬度等方面,这些工作颇具开创意义,填补了以上地区相关研究的空白。他也是考察时间最长的团员之一,他的考察成果见于瑞典报告集的第6、30、47卷中,瑞典学者认为他是"一位优秀的野外大地测量学家,有时他在海拔5000米以上的地区做难度很大的摆测量"。2010年新疆人民出版社"西域考察探险大系"出版了他的著作《驼队》。

5. 贝格曼在新疆的考察

1928年2月,赫定得到消息,孔雀河离开旧河道在沙漠北缘向东流淌。这是赫定一直关注的罗布泊变迁的热点问题,他马上让那林、贝格曼(W. Bergmen,1902—1946)等去实地考察。1928年3月,贝格曼、那林和哈士纶从吐鲁番穿过觉罗塔格山和库鲁塔格山,向南直达新河床核实赫定的"罗布泊游移说"假说的可靠性。随后,贝格曼和哈士纶在罗布泊北部边缘和库鲁塔格山区进行考古和民族学调查。11月初,贝格曼从塔里木盆地返回山区,到达兴地,后去且末及若羌的米兰遗址进行考古。1928年底,贝格曼离开乌鲁木齐返回瑞典。

1929年5月,贝格曼随第二批团员贝克赛、霍涅尔、那林一行到达新疆边境,因不能进入新疆,只得转到内蒙古、甘肃、青海等地考察,直到1931年3底返回北京。

1933年贝格曼参加了赫定率领的铁道部绥新公路查勘队,他作为大地测量工程技术人协助线路勘察。1934年6月,他以奥尔德克为向导,发现了罗布泊地区的小河墓地。这一著名遗址在20世纪90年代被我国学者重新发掘后一直是中外考古界非常关注的考古点。1934年8月他护送郝默尔回瑞典结束考察。他的考察成果在瑞典报告集第26卷有介绍,1939年他又写出《新疆考古研究》作为报告集第7卷发表。1927年至1934年的八年间,"贝格曼在中国西部的考古探险主要由两部分内容组成,一部分是在内蒙古西北,在甘肃、新疆交界个考古探险,这以居延汉简的发现为核心;另一部分是作者在新疆塔里木东端和阿尔金山、昆仑山的考古探险,这以发现'小河古墓'为高潮"[①]。杨镰认为,贝格曼仅就"居延汉简"和"小河古墓"这两个成就就该名垂史册。因为"他的经历之所以不能忽略,是因为他的发现足以证实,目前广袤荒凉的中国西部,曾有过面貌迥异的历史时期"[②]。

6. 霍涅尔在新疆的考察

霍涅尔(Nils Hörner,1896—1950)是瑞典地质学家,1929年5月作为第二批团员开始参加考察,主要在贺兰山、居延海地区、阿拉善沙漠、祁连山等地工作。根据赫定的指示,1930年12月至1931年4月期间,他与陈宗器在新疆罗布泊考察测量,测绘了塔里木河三角洲东部5万分之一的地图,勾勒出历史上罗布泊的湖滨线。并在疏勒河流域考察地质构造,对柴达木盆地北面冰川也进行了考察,1933年5月返回北京。霍涅尔是个很严谨的

---

① 斯文·赫定、沃尔克·贝格曼《横渡戈壁沙漠·代序》,李述礼、张鸣译,乌鲁木齐:新疆人民出版社,2010年,12页。

② 斯文·赫定、沃尔克·贝格曼《横渡戈壁沙漠·代序》,8页。

学者,他的很多成果都没有发表,瑞典报告集第40卷根据他的手稿编成,主要内容涉及戈壁沙丘和流沙研究。他还出版过游记作品《前往罗布泊的路》(*Resa till Lop*)。

7. 郝默尔在新疆的考察

瑞典人郝默尔(D. Hummel)是西北科学考查团的医生,兼作植物学收集和体质人类学调查,1928年4月开始在天山考察植物的垂直分布,收集大量植物标本,年底与贝格曼回国。1930年他再次来到中国,在甘南做了一年多植物学考察及民族学调查。1931年结束工作。1933年他随绥新公路查勘队进入新疆,在塔里木盆地、博格达山、甘南做动植物考察,收集了大量鸟类与昆虫标本,以及约7500件高等植物标本。因被野猪咬伤感染,1934年8月他离队回国。郝默尔在植物采集方面成绩突出,获瑞典皇家科学院奖励的林奈金质奖章。

8. 哈士纶在新疆的考察

丹麦商人哈士纶(H. Haslund-Christensen,1896—1948)是西北科学考查团驼队的副队长,懂汉、德、英语,是考查团中的翻译。1928年他与贝格曼、那林到罗布泊考察考古,1928年下半年开始对焉耆等地的蒙古族(土尔扈特部)做人种学测量和民族学调查。他获取了一些文物和一座名为“格根殿”的帐篷式神庙,1929年神庙被送到斯德哥尔摩瑞典民族博物馆。1930年4月29日他带着宗教收集品回国。他的重要贡献是对蒙古族音乐成果的考察研究,他的著作《蒙古的音乐》作为瑞典报告集第21卷于1943年出版,对于蒙古族音乐歌曲这类非物质文化遗产的保护而言,他保存了大量重要的资料,做了重要的考察工作。1999年新疆人民出版社“西域探险考察大系”出版了他的《蒙古的人和神》一书,此书成为20世纪有关蒙古土尔扈特部落研究的一部相当重要的作品。

三、结　语

(一)西北科学考查团的中外学者在新疆的考察成果众多,影响巨大,是在地质、地理、气象学、生物学、考古学、人类学等众多领域对新疆的再发现、再认识,对世界了解新疆,我国内地重新认识、重视新疆起到了积极作用。杨镰认为,西北科学考查团“是对西北做了前无古人的实地考察,丰富了对西北的认识,使中国西北受到举世瞩目,为加强、改善西北与内地的交通做了不懈的努力,使其加快了进入现代社会的步伐”[①]。无疑,对新疆全方位的科学考察有利于维护边疆安全,促进西部开发,也为加强新疆和内地的交通联系做了基础性的工作。这次考察更加凸显了新疆在丝绸之路研究、“一带一路”研究上的重要地位。

(二)就考察地域而言,中方团员的科考重点在新疆。袁复礼在奇台、吉木萨尔等地作地质、古生物考察与考古;丁道衡主要沿天山中路考察地质;黄文弼主要在塔里木盆地和吐鲁番等地考古。新疆之外的区域,包括内蒙古、甘肃等地,中方团员只是做了基本的沿

---

① 斯文·赫定、沃尔克·贝格曼《横渡戈壁沙漠·代序》,10页。

途考察。只有和霍涅尔同行的陈宗器在内蒙古额济纳河流域做了较长时间的考察。而外方团员的考察范围则显得更加广泛。郝德在新疆各地建立气象台;那林、安博特在东天山、库鲁克塔格以及和田、藏北进行了大量地质、古生物、大地测量学方面的考察。1929年未被允许进入新疆的第二批考查团员在内蒙中西部、青海和甘肃南山地区、北山地区、柴达木地区进行了广泛的地质、古生物和生物学、考古学调查。总体情况表明,考查团考察重点区域主要在新疆南疆的盆地及周边高山,甘肃青海的南山、北山地区,以及内蒙古西北的额济纳流域。

（三）新疆当时政治动乱,经济落后,给考查团的工作带来重重障碍。比如,杨增新曾率军队在哈密严阵以待,以为要进入新疆的考查团是敌人的部队;金树仁主政新疆时对考察工作处处设阻,充满敌意,千方百计阻止考查团再次进入新疆。地方统治者不让进入,中央政府也无计可施。中国学者在自己国土上进行科学考察极端困难,时刻面临被拒绝、被驱逐的压力。对此,刘半农曾经感叹:"以中国人在中国境内不能立足,以中央政府颁发的护照而在本国境内不能通行,实属骇人听闻。"因此,在任何时候,科学研究与学术发展都需要有一个稳定的大环境,国家的统一与稳定是学术研究的前提与基础。自觉维护国家稳定与繁荣也是我国科学研究者的首要原则与义务,以徐炳昶为首的中国科学家们在八年科考过程中表现出了强烈的爱国主义精神。

（四）考查团既是一个高效规划的整体,其内部又有很大的独立性与自由性,中外方团员灵活有效的合作是整个考察能取得一系列光辉成果的重要基础。赫定曾指出:"在我的探险队中,不同的科学家是独立工作的。"刘衍淮也提到,当时"各科学家同仁关于研究场所的选择,享有很大的自由,且经常是彼此独立工作,而考查团仍保持为一个有机和有效的单位"①。从在新疆的考察来看,中外团员基本上都能根据自己有兴趣的学科领域到想考察的地区以发挥专长,同时大家又能彼此呼应配合,相互理解、尊重与信任。赫定在西北科学考察结束后对双方的合作非常满意:"我们在一起工作如手足一样,没有丝毫的嫉妒、龃龉或误会。我们没有介意国籍和种族,唯一的目的是为国际的科学服务。"②中外团员合作与信任最突出的表现应该是,西北科学考查团成为一所"流动的大学",中方年轻的学者和大学生在与外方科学家共同工作过程中,勤奋好学,迅速成长起来,外方专家也言传身教,有意培养。此次考察,成为李宪之、刘衍淮、丁道衡、陈宗器、徐近之、郝景盛等年轻学生和助教终身事业的起点,他们日后成为我国现代科学事业中一批学有专长的研究人员,在气象、地理、地质、考古、林学等不同领域贡献突出。

---

① 罗桂环《中国西北科学考查团综论》,46页。
② 罗桂环《中国西北科学考查团综论》,102页。

Study on the Investigation of Sino-Swedish Scientific Expedition to the North-Western Provinces of China in Xinjiang

Liu Changxing

Sino-Swedish Scientific Expedition to the North-Western Provinces of China opened the prelude to the investigation of North-West China in China's modern academic history and became the beginning of the study of the Silk Road by Chinese academia with scientific methods. Xinjiang was the focus of the investigation，and Chinese and foreign league members had also obtained a series of important investigation results and scientific discoveries in Xinjiang. Combing and clarifying the specific investigation activities of Chinese and foreign league members in Xinjiang should be the basis for further research on the Sino-Swedish Scientific Expedition to North-Western Provinces of China in the future.

冯其庸先生与龟兹学

冯有责　　沈　宏

冯其庸学术馆

冯其庸先生是一位学者，也是行者。他与司马迁一样，有好奇好古之癖，喜欢游览。十年动乱间在江西"五七干校"三年，一有机会，就单身独行，访古迹，游山水。他把这些游历，看作是读天地间最大的一部大书。

自 20 世纪 80 年代中期开始的二十年，冯先生以古稀、耄耋之年十赴新疆，涉瀚海，访楼兰，登达坂，逾古堡，不辞西涉的艰辛，志在追寻玄奘之足迹，最终完成了玄奘取经之路和西部文化历史、宗教、艺术、丝绸之路的综合考察。同时，对汉代西域三十六国之大邦、葱岭以东佛教传播中心、新疆石窟艺术中心龟兹，进行了一番溯源穷流的研究探索，前后在此停留了近 30 天，研究龟兹的山水、风土人情、壁画艺术、宗教等方面，并以多种形式传播龟兹灿烂的文化，为振兴和发展龟兹学付出了艰辛的努力（图 1，冯先生在龟兹考察）。

图 1　冯其庸先生在龟兹考察：去克孜尔千佛洞后山寻画家洞的途中，山路十分艰险

1986年9月11日,冯其庸先生第一次进疆,在新疆大学、新疆师范大学、新疆教育学院等学校结束讲学后,就开始了他西行的首次探访考察。9月26日,他游览完天山、北庭都护府,参观了交河古城和高昌古城后,就去龟兹(今库车)。

这一天,他乘坐着公共汽车,从乌鲁木齐出发,一路经过柴窝堡、达坂城和托克逊,就进入了三百多千米的干沟。沟里没水,这个干沟是当年玄奘取经走过的原始古道,至今未变。干沟两旁全是土山,就像黄土高原,风蚀以后形成山的形态,几百米高。冯先生把干沟称为"旱三峡",冯先生说,我有幸重踏玄奘的足迹,非常高兴,能看到这样的景色是难得经历的一次游览。

第二天下午汽车到了库车,冯先生才真正领略到西域的奇特风光。在冯先生的笔下:这个奇特你是无法理解的,有的是一座大红色的山,有的是一座黄色的山,有的是一座白色的山。库车北部有一座山,当地老百姓叫它五色山。冯先生特意去北部看了,远远就看见那儿一大堆山,红的、绿的、蓝的、白的、黄的,都聚在一起,阳光好的时候,真是五彩斑斓。冯先生去时正碰上天气好,天上飘着云彩,他赶紧拍下了这一美景。

冯先生在《去古龟兹国经干沟古道》一文中写道,龟兹还有一个地方叫盐水沟,这也是玄奘去过的原始古道。中间有一条曲折的,很窄的山路。南面的山都是倾斜的,就像一个个手指一样直指青天,而且这些山都是红色的,绵亘不绝的赤红色大山,犹如一座赤色长城,十分壮观和奇丽。有一座山峰简直就像一把刺刀直直地指着天空[①]。

马路右边的山峰,就像大海的波浪一样,一排排倒卷过来的样子。冯先生看了很是惊叹。他从那个倒卷的山峰底下,一直往前走,看见山峰聚在一起,指向青天,真是太壮观了。他想看看这个山峰到底是什么形态,就往里走,走到更远处,地是陷下去的,很深的山谷,就不敢再往前走了。他说,这种天然的地貌实在是太好了,在别的地方是看不到的。拍照也拍不全,所以,我只能用画画的办法,用写意方法画了很多山,特别是库车的山水,来表达那么一点意境。盐水沟让我永远难忘!(图2,冯先生画龟兹山水)

图2　冯其庸画龟兹山水

---

① 冯其庸口述、宋本蓉记录整理《风雨平生:冯其庸先生口述自传》十四之二《去古龟兹国经干沟古道》,北京:商务印书馆,2017年,393页。

图 3 冯其庸《瀚海劫尘》封面

这一次,他还参观了玄奘去过的昭怙厘西寺、克孜尔、克孜尔尕哈、森木塞姆、库木吐喇石窟等龟兹的名胜古迹。

冯先生在《瀚海劫尘》自叙中写道,我在库车,尽情地饱览了古龟兹国的风光。玄奘西行途中,曾在此停留六十余日,以待凌山雪消。龟兹的古盛伎乐,至今我们还可以从克孜尔千佛洞得到印证。龟兹最令人惊叹的是它特异的山水,有的似惊涛,有的似巨刃,有的似仙宫。其色彩五色斑斓,要不是我亲自去观看,就不会知道世界上有如此奇特的山水。我在龟兹停留一周,因有事赶回北京,但从此我的心灵中又多了一处放不下的地方。我年年都想再去,因为我觉得龟兹这部大书,我刚刚打开,还没有细读①(图 3,冯其庸《瀚海劫尘》封面)。

二

1993 年 9 月,冯其庸先生第二次到库车。这次他是从伊宁翻越天山到达库车的。这次他最难忘的是在当地驻军的帮助下,穿过了胡杨林,找到了位于库车的那一段塔里木河。冯先生说,过去我只是在地图上看到一条线,现在我总算真正看到这条著名的内陆河了。河水依然是这样莽莽苍苍,一望无际,更有意思的是,塔里木河边一户人家门前还系着一条独木船,这时我似乎感觉到历史又把我们拉回了多少个世纪以前。

他们就在这户老乡家休息,一进门,维吾尔族老人立即以西瓜、哈密瓜、葡萄招待,美味得未曾有,连乌鲁木齐的瓜果都不能相比。那里,都是一户一个村子,村里没有第二户人家,承包着很大面积的土地,种的都是葡萄等各种瓜果。冯先生说,他们那里难得有客人来,民风淳朴,非常好客。快到吃饭时间了,维吾尔族老人就请我们吃饭。吃完饭我要给钱,那老人就不高兴了。我连忙收起钱,对老人说:"非常好吃,谢谢你们!"他虽然听不懂我说的话,但猜得出来是什么意思。老人就特别高兴,伸出大拇指,意思是说够朋友。

冯先生他们走出千姿百态的胡杨林时,已经是月在中天。想不到四五个维吾尔族小伙子,煮好了羊肉,在林子外等他们。见冯先生他们的车到,欢呼雀跃,立即铺上了地毯,抬来煮肉的大锅,真是大碗吃肉,其味之美,是他做梦也想不到的。还有馕,其大如铜锣。胡杨林的这顿晚餐,就成为值得冯先生永远夸耀的经历。尤其是头顶上的月色,身旁的树影,还有比羊肉更鲜美醇厚的维吾尔族同胞的深情,虽然因为语言不通,不能交谈,但大家

---

① 冯其庸《瀚海劫尘》,北京:文化艺术出版社,1995 年,"自叙"2 页。

都能意会。"常恨言语浅,不如人意深",此时,语言似乎已是多余之物。

他们依依不舍地惜别了库车的朋友,惜别了库车的山水,但在冯先生的心里,已经与他们订了后约(图4,冯先生拍摄的库车山水)。

图 4　冯其庸拍摄的库车山水:库车北部的却勒塔格山

冯先生在《瀚海劫尘》"自叙"中写道,分手已快一年了,我至今仍然想着这片胡杨林,这一次胡杨林里的晚餐,几位维吾尔族同胞,还有滔滔的塔里木河[①]。

三

龟兹石窟遗址共十处,是世界级的大型石窟群。在龟兹石窟遗产中,有着世界四大文明深深的印记,其中,一万多平方米的壁画绚丽多彩,佛教故事引人入胜,被誉为"故事画的海洋"。冯其庸先生六进龟兹,旨在探索并揭示龟兹石窟深奥的内涵。他写下了《对新疆石窟艺术的几点思考》一文,提出了他对新疆石窟主要是龟兹石窟艺术的几点看法。

(一) 石窟的建筑特色

冯其庸先生认为,在龟兹的石窟艺术中,最具特色的是中心柱室。这种中心柱的建筑,是从印度传来的。这种特殊的建筑形式,是服从于特殊需要的,即服从于僧徒们礼拜诵经和绕行观瞻需要的。但从建筑本身来说,这种中心柱式的建筑,在中原地区,早在西汉初年就存在了。具体的实例,就是徐州的龟山汉墓,这是西汉第六代楚王刘注凿山而建的坟墓,从墓门进去有 100 米长的墓道,墓道尽头通入一个大室,室内有一个巨大的中心石柱,基本是四方形的。柱的上面还有乳钉。石柱是凿室时留出来的原石,所以它上下生根,而不是另砌的。其功用与佛教中心柱石室是不同的,但从建筑形态来说,与龟兹石窟中心柱形式是相同的。冯先生之所以要提到徐州汉墓之事,主要要说明,早在佛教传到中

---

① 《瀚海劫尘》,"自叙",3 页。

原地区以前,龟兹石窟就已有中心柱式的建筑了。

(二) 石窟艺术的表现技法

就石窟艺术的表现技法,冯其庸先生把它归纳为两种,一种是"屈铁盘丝"式的线条,再加敷彩;另一种是在线条的基础上再加晕染,然后再敷彩。冯先生还认为,无论是线条还是晕染,都不是一成不变的。线条在"屈铁盘丝"的基础上,可以有适合画面需要的各种轻重变化,晕染也可以浓淡深浅变化运用。冯先生还说,线条是中国画的基础,即所谓"骨",而且也是中国画几千年来的一贯传统。从新石器时代的陶画、玉刻,到商周青铜器上的纹饰,从战国秦汉间的帛画,到两汉的石刻,皆以线条为骨架的。后来三国东吴的曹不兴,东晋的顾恺之、唐代的吴道子,他们的线条与前代一脉相承,又有创新发展。所谓"曹衣出水",就是讲他的线条紧密柔软,如出水时衣服贴身。在龟兹石窟艺术中,无论是"屈铁盘丝"或者"曹衣出水",都是受中原画的技法影响的,而那种晕染凹凸画法,则是外来的技巧。

如克孜尔的 207 窟,俗称"画家洞"的"画家作画图"这幅壁画,1931 年日本羽田亨博士在他的《西域文明史概论》中提到,"画家洞"壁画有一骑士,腰悬短剑,一手执笔,一手执小壶,在画壁画。冯先生从羽田亨书中的照片中辨认,感到羽田亨的解释不通。实际上作画的不是骑士而是画工,腰中所悬的是装笔的笔囊,因画壁画的笔杆长,画家随时要换笔,故腰间悬一个笔囊。画完一种颜色,即将原笔插入笔囊,再抽另一支笔。另一手所拿的也不是壶,而是装颜色的色杯。无疑,冯其庸先生的解释的正确的。

另一则错误则是羽田亨认为画家是"所谓的吐火罗人,绝非中国人"的问题,而冯先生认为,吐火罗语是一种古代的语言,其主要使用范围在当今库车(龟兹一带),那么能说吐火罗语的当然是当时的龟兹人。自汉武帝派张骞"凿空"通西域以后,到汉宣帝神爵二年(前 60),汉朝政府就在西域设都护府,当时汉朝政府的实际力量,早在佛教传入新疆以前就存在了。所以冯先生认为,这幅壁画是反映龟兹古代吐火罗画工在作壁画,而不是西方骑士挂着短剑到东方来作画。冯先生原想到"画家洞"看原画,不想洞中壁画早已剥去,无法对证。但羽田亨书中的照片是很清晰的,足见冯先生这一论证是合理的。

(三) 石窟艺术的形式

龟兹石窟艺术的形式,既有人物画像,又有动物画像,在人物画像中还有人物飞天画像。对于壁画中的菱格画的问题,数十年来,众说纷纭,却莫衷一是。冯先生提出,菱格纹饰,是龟兹地区一种独特的绘画形式,这种艺术形式在世界佛教石窟中堪称罕见。这种菱格纹饰,在春秋战国到两汉之间是非常流行的纹饰,春秋晚期的越王勾践剑与吴王夫差矛,都有这种纹饰。汉代和田、民丰、吐鲁番地区出土的织物,有不少是各式各样的菱格纹,这些织物的菱格纹应该是从中原到西域的,时间也是春秋战国到两汉期间。既然如此,说克孜尔千佛洞壁画的菱格纹不是从中原或西域来,而是从帕米尔高原以西引入的,就没有确切的证据。与其信从无据的外来说,还不如本土说来亲切有据。对此,他提出了自己的看法。但到底是外来的还是本土的,他也认为还值得进一步考证。

另外,对于龟兹石窟艺术中关于"有翼神像""羽人飞天"等问题,冯先生都有自己的研究和理解。长期以来,冯先生不仅对石窟艺术有所研究,而且对龟兹石窟的保护及海外追寻也非常关注和重视①。

四

公元前后,佛教就叩开新疆的大门。而佛教传入新疆的路线,冯先生认为有两路:一路是从葱岭经揭盘陀到库车,再传于阗、米兰等地,这实际就是丝路的南道;另一路是从葱岭经揭盘陀到疏勒,然后再北传至龟兹、高昌等地,这就是丝路的北道。南道的佛教艺术主要是寺庙的壁画,由于历史的沧桑和列国的掠夺,今已荡然无存。北道上最重要的石窟,就是龟兹境内的克孜尔、库木吐喇、森木塞姆、克孜尔尕哈等窟以及吐鲁番地区的柏孜克里克、胜金口、吐峪沟、雅尔崖等石窟。实际上以龟兹石窟中心和高昌石窟中心,尤以龟兹石窟中心为主。龟兹石窟中心是在公元三世纪佛教鼎盛时期留下来的文化瑰宝。为探得壁画艺术的真谛,冯先生不畏艰险,凡是能去的龟兹的石窟,都要亲自去探访,其中去的最多的是克孜尔、克孜尔尕哈、库木吐喇、森木塞姆等石窟,并拍摄了许多照片。柴剑虹先生回忆说:"我曾经在1995年夏和冯老一同去考察拜城的克孜尔石窟,当时因道路不畅,凌晨从吐鲁番出发,颠簸18个小时,半夜时分才到达克孜尔。第二天清晨,当许多人还在客房酣睡时,冯老已经精神抖擞地在窟前架好相机,专心捕捉龟兹却勒塔山的晨曦旭日和克孜尔千佛洞外景了。"②1998年8月22日,冯先生去库木土喇,先至拓阙关,此为汉唐旧关,尚有残壁三处。至水电站,车不能行,冯先生步行10华里,始到库木吐喇石窟,参观了保存尚好的几个洞窟,拍摄其壁画③。

《晋书》载:"龟兹国,西去洛阳八千二百八十里,俗有城郭,其城三重,中有佛塔庙千所,人以田种畜牧为业,男女皆剪发垂项。王宫壮丽,焕若神居……"昭怙厘寺,是龟兹国第一大寺,垣墙今存大部。该寺由东西两寺组成,建于东汉末年,位于库车河两岸,离库车城北偏东约20千米。当时葱岭以东塔里木盆地边缘诸国王族子女都来此受戒学法。龟兹高僧鸠摩罗什儿时也在此修行。《大慈恩寺三藏法师传》记载,玄奘在到达龟兹后,"时为凌山雪路未开,不得进发,淹停六十余日"。玄奘就在昭怙厘寺讲经弘法两个月。冯先生西寺去了五次,由于东寺隔着一条铜厂河,冯先生第五次到龟兹,在友人的帮助下,才去了东寺。

---

① 冯其庸《落叶集》,北京:中国社会科学出版社,1997年,7—19页。

② 柴剑虹《抒性寄情大西北》,冯其庸著、柴剑虹辑录《瓜饭楼西域诗词钞》,北京:中华书局,2016年,145页。

③ 叶君远《冯其庸年谱》,北京:中国社会科学出版社,2015年,320页。

冯先生在《瀚海劫尘》里对于昭怙厘寺的纪录如下：西寺一座佛殿规模宏大，方形土塔保存完好，内有 17 个禅窟，窟内残存部分壁画和石刻古龟兹文字。《大唐西域记》记载，"荒城北四十余里，接山河，隔一江水，有两伽蓝，同名昭怙厘寺，东西随称。佛像装饰，殆越人工，僧徒清肃，诚为勤励"。东寺有佛殿、佛塔、佛龛。在寺东一佛堂中有玉石，面广两尺余，色带黄白，状如海蛤，其上有履足之迹。长尺有八寸，广余六寸余，或有斋日，照烛光明。从以上这段记载，尚可见此寺香火之盛，就以现在东西两寺遗址看，仍可得窥当年之盛况。冯先生还认为，昭怙厘东西两寺和龟兹众多的石窟，应是研究古龟兹政治、经济、民族、宗教、文化艺术的珍贵资料①。

五

龟兹文化是中国历史文化的瑰宝，是人类共同的文化遗产，传播龟兹文化是弘扬和传承中华民族优秀文化的重要内容，也将对铸牢中华民族共同体意识有着现实的、积极的意义。冯其庸先生把传播龟兹文化为己任，主要体现在以下几个方面：

1. 冯先生是个诗人

据冯先生自述，他在十四岁少年时代读了岑参等唐代诗人描写西域风光的诗，大为惊异，"从此在我的心里就一直存在着一个西域"②。这种心里的梦境萦绕了半个多世纪，终于随着他 1986 年首次新疆之行而逐渐与真实的西域风情完美地融合在一起，不断地从他的笔端流出，化为壮美的诗篇。1986 年冯其庸先生参观了克孜尔千佛洞，沿途山色奇丽，不可名状，当晚作诗：

> 流沙万里到龟兹，佛国天西第几支。古寺千相金剥落，奇峰乱插赤参差。(《题克孜尔千佛洞》)③

次日，观昭怙厘寺，冯先生眺望河东，山势雄伟奇险，且五色焕然，之后登临古龟兹城，由衷感叹：

> 平生看尽山千万，不及龟兹一片云。(《题龟兹山水》)④
> 看尽龟兹十万峰，始知五岳也平庸。(《再题龟兹山水》)⑤

过了七年，冯其庸先生再到库车，他又有诗赞云：

> 不到龟兹已七年，重来更觉山水妍。连天赤色峰如剑，匝地清清水似泉。(《题

---

① 《瀚海劫尘》，200 页。
② 《瀚海劫尘》，"自叙"，1 页。
③ 《瓜饭楼西域诗词钞》，8 页。
④⑤ 《瓜饭楼西域诗词钞》，7 页。

龟兹》)①

他的许多西域诗,都是在千辛万苦的跋
涉与千钧一发的探险中吟就的,篇篇都散发
出高亢激昂的豪迈气概和乐观精神。观者每
每会被带进如痴如梦的境界,感受到难以言
喻的朦胧之美。(图 5,冯其庸《瓜饭楼西域
诗词抄》封面)

2. 冯先生是个散文家

他一次又一次奔赴新疆,探访龟兹,写下
了《瀚海劫尘》《西域记行》《流沙今语》《流沙
梦里两昆仑》《两越塔克拉玛干》《对新疆石窟
艺术的几点思考》②,还有他十进新疆考察的
成果《玄奘取经东归入境古道考实——帕米
尔高原明铁盖山口考察记》③。冯其庸先生
对西域情有独钟,在《瀚海劫尘》出版前三个
月,1994 年 10 月 17 日在《光明日报》第五版
发表了《我向往祖国的大西部》。当 1999 年
11 月,党中央作出"开发大西部"决定后,冯
其庸先生先后在《剪烛集》和《玄奘精神和西

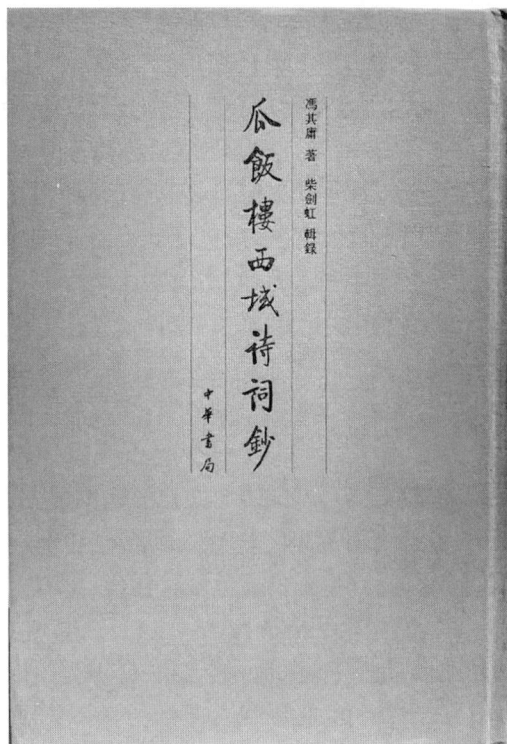

图 5　冯其庸《瓜饭楼西域诗词抄》封面

部文化》两书中发表了《欢呼西部大开发》文章④,在这些著作和文章中,龟兹的文明历史必
列其中。

3. 冯先生是个书画家

冯先生十进新疆后,度大漠,越冰川,登雪山,探奇历险,御风扪天,胸中浩浩荡荡,荡
涤着白山黑水的雄奇,笔底又有了新的气象,如画《龟兹山水》,红绿灿然,奇特而壮丽,令
人感到与中原山水迥然不同,多了一份雄直酣畅之气,苍沉朴茂之态,见所未见。2006 年
和 2012 年,他两次在中国美术馆举办"冯其庸诗书画展",其中最为夺神摄魄的焦点,便是
他独创的西部山水(图 6,冯其庸画古龟兹国山水)。他书写的《再题龟兹山水》"看尽龟兹
十万峰,始知五岳也平庸。他年欲作徐霞客,走遍天西再向东",潇洒飘逸,令人赞叹。

4. 冯先生是个摄影家

冯先生在西域一路拍摄,集点成线,集线成面,史诗般揭示了大西部文明的来龙去脉,

---

① 《瓜饭楼西域诗词钞》,35 页。

② 冯其庸《人生散叶》,北京:人民文学出版社,2017 年,49—66、87—90、91—106、107—118 页。

③ 冯其庸《瓜饭楼丛稿·冯其庸文集》卷二《逝川集》,青岛:青岛出版社,2011 年,41—49 页。

④ 冯其庸《剪烛集》,太原:山西人民出版社,2002 年,193—196 页;《玄奘精神与西部文化》,西安:
三秦出版社,2002 年,302—305 页。

图 6　冯其庸画古龟兹国山水

历劫犹存。1995 年 1 月，他出版了《瀚海劫尘》，其中展示了西域图片 229 幅，内有龟兹山水、烽火台、千佛洞、壁画、昭怙厘寺等图片 28 幅；2000 年 9 月和 2001 年 5 月，冯先生先后在上海图书馆和中国美术馆举办了"冯其庸发现·考实玄奘取经之路和大西部摄影展"，轰动了上海和北京的学术界。2016 年 5 月和 2017 年 7 月又分别在上海艺术宫和南京牛首山佛顶宫举办了"冯其庸—丁和寻访玄奘之路印纪展"，再次受到学界的关注。在这些摄影展中，有关龟兹图片的篇幅有五分之二。冯其庸学术馆"瀚海孤征"展厅中，展示西部图片 168 幅，其中龟兹山水、克孜尔、克孜尔尕哈、阿艾壁画、烽火台、盐水沟古道、昭怙厘东寺、西寺共 30 幅。其一幅库车天山神秘大峡谷长达 7 米，雄伟壮观，观者已超 10 万人。他的每一幅图片都内涵深厚，蕴含着千年前的历史故事。冯先生还积极鼓励上海摄影家协会副主席丁和拍摄龟兹壁画，特别是在朱玉麒教授的帮助下，丁和先生 2007 年赴德国柏林亚洲博物馆拍摄流失在海外的龟兹壁画，并来往于现存各洞窟之间，旨在记录流失海外的壁画以及现有洞窟壁画情况。后来丁和先生先后在上海、无锡以及山西云冈石窟举办了"丝路精魂——古代龟兹壁画摄影艺术展"，把流失在海外的龟兹壁画和现存的龟兹壁画展现在国人面前。

5. 冯先生是教育家

冯先生多次在文章中提出："我国历史上就是一个伟大的多民族国家，最原始的文化

图 7 冯其庸龟兹摄影作品：昭怙厘东寺全景

不应该只是汉族文化,中华文明不全是汉族创造的,各个民族都有自己的贡献,也都有悠久的历史。"[①]2005 年,中国人民大学成立国学院,冯先生出任了首任院长(图 8,冯其庸先生在人大国学院成立仪式上)。他率先提出了大国学理念,还倡导在国学院建立"西域历史语言研究所",专门重视西域多民族语言文化地理和历史研究,努力探索丝绸之路文化之源,以展示西域各民族绚烂的文化传统。这是冯先生在龟兹游历研究的体悟和对西域这片疆土的热爱,也体现了他忧国忧民和天下为己任的情怀。2010 年他兼任龟兹研究院的名誉院长,以米寿之年,仍在为龟兹学呐喊、助威。正如他在《我向往祖国的大西部》文章中说,我们应该为开发大西部多做点学术工作,多做点调查工作。

冯先生对龟兹,有少时的情怀,有玄奘精神的追随。今日,龟兹学的研究成果斐然,许多学者、专家包括那些长久护着龟兹的人,不辞辛劳,几十年如一日,用锲而不舍的玄奘精神研究龟兹的壁画艺术,研究龟兹的历史文化,以追求民族、国家前途为己任,以广阔的学术视角,勤奋、刻苦,不畏艰难,献身龟兹学,令人感佩。我们相信,通过一代代龟兹学者的艰辛努力,龟兹学一定会继往开来,谱写崭新的篇章!

[①] 冯其庸《传承发展优秀历史文化》,《瓜饭楼丛稿·冯其庸文集》卷二《逝川集》,172 页。

图 8　冯其庸先生在人大国学院西域历史语言研究所成立仪式上

2021 年 4 月 18 日初稿
2021 年 5 月 12 日定稿

Mr. Feng Qiyong and Kuci Studies

Feng Youze，Shen Hong

Feng Qiyong is a scholar and also an explorer. Since the mid-1980s，Mr. Feng has been to Xinjiang for ten times in his 70s to 80s，and has visited the Buddhist Kingdom of Kuci many times，studied the landscape，murals，religion and other cultures of Kuci. This article introduces Mr. Feng's several visits to Kuci，as well as his arduous efforts to revitalize and develop Kuci Studies with his essays，poems，travel notes，calligraphy and photography.

"刘平国刻石与西域文明学术研讨会"综述

刘长星

新疆师范大学中国语言文学学院暨西域文史研究中心

2021 年 6 月 12—15 日,"刘平国刻石与西域文明学术研讨会"在新疆拜城县隆重召开。本次学术会议由中共阿克苏地委宣传部、中共拜城县委员会、拜城县人民政府等单位共同主办,由拜城县文化体育广播电视和旅游局、北京大学中国古代史研究中心、中国人民大学古代中国与丝路文明研究中心、新疆克孜尔石窟研究所、新疆师范大学黄文弼中心等单位共同承办。来自北京大学、清华大学、中国人民大学等众多国内高校、科研机构与新闻出版单位近 50 名专家、学者参加了会议。

"刘平国刻石"是东汉永寿四年(158)凿刻于今新疆拜城县境内的一处摩崖石刻,又称"龟兹刻石""刘平国将军治关城诵刻石""刘平国将军功德碑"等,记述了东汉时期龟兹左将军刘平国在天山南北通道要塞凿关建亭的事迹。该刻石遗址现位于拜城县东北 150 千米的黑英山乡哈拉塔格山麓博孜克日格沟沟口,距今已有一千八百六十三年历史,是中国西部存世最早的汉文印记。碑文中"坚固万岁人民喜,长寿亿年宜子孙"的铭文,表达了近两千年以来西域人民向往统一与和平的美好愿望。1957 年,它被列为新疆维吾尔自治区重点文物保护单位;2019 年,又被国务院列入第八批"全国重点文物保护单位"。

本次会议以"刘平国刻石"为主题进行丝绸之路文明相关议题的讨论,在国内外尚属首次。与会期间,学者们就"刘平国刻石"及相关问题、西域文献与西域历史、石窟壁画与造像艺术、丝路考古与西域文明、丝路研究的学术史等问题展开了热烈研讨。

一、"刘平国刻石"及相关问题

会议首先对"刘平国刻石"的流传及相关问题进行研讨。"刘平国刻石"是一千八百多年前中原文明的影响印记,虽然被发现的时间只有一百多年,但关于它的历史已经众说纷纭。北京大学中国古代史研究中心朱玉麒、拜城县文化体育广播电视和旅游局吐逊江共同撰写《刘平国刻石的早期保护和拓本流传——以徐鼎藩为中心》一文,根据在当地新发现的"徐鼎藩残石",认为徐鼎藩是刘平国刻石最早的保护者,他也参与了光绪五年刻石发现后最初拓片的会读。残石及一系列文献资料表明,以徐鼎藩为代表的新疆建省后的基层官员——一个既是政治的也是学术的共同体,承担起了当时"文化润疆"的时代工程。

上海博物馆陶喻之《关于东汉〈刘平国刻石〉发现的几位先驱者》一文对刘平国刻石发现的早期关键人物进行了讨论。他认为,光绪五年驻防阿克苏的张曜及其嵩武军下属王德魁,熟悉道路交通的王廷楫,以及对金石文字敏感的随行文人施补华,都是《刘平国刻石》真正的探索发现者。面对莫衷一是的刘平国刻石相关信息材料,如何判断、辨别与利用,是刘平国刻石研究亟待解决的问题。为此,中国人民大学国学院张翰墨《材料与证据之间:关于刘平国刻石信息描述的三重语境的考察》一文主张,必须对这些杂乱信息描述的不同语境进行分析,研究不同说法之间的相互影响以及它们产生的原因。历史文献研究过程中要对材料的性质自觉甄别,要去思考如何处理这些材料,使之成为有效的证据。

"刘平国刻石"的原刻面貌现在已不清晰,目前学界的研究大多依据早期拓本做出复原。北京大学图书馆汤燕《北京大学图书馆藏〈刘平国刻石〉拓片概说》一文对北京大学图书馆所藏的9种刘平国刻石拓片进行了细致的对比介绍,对其中题跋和后世伪刻都有细致分析;国家图书馆古籍馆卢芳玉《国家图书馆藏〈刘平国治关亭摩崖〉拓本简述》一文把国家图书馆所藏刘平国刻石拓片13种分为三期,主张从编目者的角度命名刻石为"刘平国治亭摩崖"。无疑,石刻初拓本对于研究刘平国刻石作用很大,而留存在不同时期拓片上的学者题跋,对于我们了解近现代西域文化的传播同样具有重要意义。

其次,学者们就"刘平国刻石"的意义和价值进行了深入探讨。刘平国刻石虽然只有8行108字,但在政治、军事、经济、文学与文化等很多方面都具有"知识考古"的价值。不同语种的材料可能揭示出更隐秘的西域历史,就"刘平国刻石"提及的"秦人"入手,中国人民大学国学院王子今在《论西域"秦人"称谓》一文指出,因为战国秦代秦人在西北方向的历史文化影响,匈奴人、西域人习称中原人为"秦人"。通过对不同时期"秦人"称谓的分析,尤其是中原人称中原人使用"秦人"称谓,可以说明,"秦人"一词成为中华民族交流交往交融历史的具有典型意义的语言标本。中国社会科学院黄纪苏则从"刘平国刻石"这一微观点看到了历史的宏观问题——西域的汉化。他在《刘平国刻石随想——汉代西域的汉化》一文中指出,从汉代开始,西域的汉化是一个涉及经济、政治、军事、文化的整体性结构问题。

上海博物馆王樾《从"刘平国作亭诵"看东汉时期西域道路管理意识》一文认为,刘平国刻石最直观地反映出公元2世纪中期的西域都护府在强力控制着龟兹地域的道路交通。欧亚大陆上的道路网络,是支撑丝绸之路经济贸易的载体,涉及道路的控制权以及管理方式,也应该是丝路文化与历史研究中需要关注的问题。山西省考古研究院张庆捷《北齐刘氏造像记跋识》一文对藏于台北史语所的北齐《刘氏造像记》拓本进行分析,认为其中涉及北魏刘桀的内容涉及中外交通史的重要信息,刘桀出使粟特的道路虽然没有明确记载,但历史和地理决定龟兹是其必经之地,他走的应当是龟兹古道。这为龟兹地方在中古时期的交通枢纽地位做出了实证性的联系。中国人民大学国学院吴洋从文学层面肯定了刘平国刻石的意义,他在《刘平国刻石的文学史意义》一文指出,刘平国刻石虽属汉代"颂"体文,但其七言句更接近汉代的铭镜,而非来自石刻传统。其浅白通俗的用语打破了七言古体诗的用韵惯例,展示出作者对汉语语音和节奏感的敏锐把握与出色运用。

二、西域文献与西域历史

丝绸之路文化多姿多彩,无论从内容到形式都在长期融合流变中展示出新的姿态,西域传世典籍与出土文献的记载涉及西域历史的方方面面。

中国社会科学院历史研究所孟彦弘《抄录与典籍流传——丝绸之路上的文化传播》一文认为,典籍传播形式的不同,相当程度上会影响文化传播的广度和深度。其中,断片式的抄录应该引起重视,它的作用和意义不亚于正经、正史或总集(含选集)别集的流传所起到的文化传播作用。首都师范大学历史学院李华瑞的《北宋与龟兹的交通》一文集中关注三部北宋地理总志:乐史《太平寰宇记》、王存《元丰九域志》与欧阳忞《舆地广记》,通过对比这些方志对于龟兹不尽相同的记载方式和表现的不同特点,认为这些地理总志折射出北宋和龟兹势力消长的变化是当时中原王朝与西部广大地区的政治地理格局发生重大变化的一个缩影。

目前,出土文献在于阗、龟兹、吐鲁番、敦煌的区域性研究也越来越受世人瞩目,这些问题也成为本次会议关注的焦点。就佛教传入西域而言,首都师范大学历史学院刘屹的《公元前后的塞人分布与犍陀罗佛教东传》一文从"塞人"的历史关注西域佛教的传播问题,该文指出,世居伊犁河流域的"塞人"在公元前 176 年前后被大月氏击败后,最有可能先迁居到塔里木盆地西部,分散为包括疏勒河于阗在内的诸塞人小国,直到公元前 2 世纪末、1 世纪初塞王率众"南越县度",进入罽宾(犍陀罗)。因此不能排除在公元前后,已经在罽宾接受佛教的"塞人",就通过"罽宾道"把佛教传入疏勒河于阗等地。北京大学文研院陈瑞翾《"潜伏"在龟兹的汉文佛经写卷》一文认为,从魏晋南北朝开始,纸成为西域诸语言佛教文献主要的书写材料,并连带产生了汉文写卷二次利用这一有趣现象。二次利用的汉文写卷犹如拥有了第二次生命,前世的痕迹日渐凋零,更有甚者隐匿不见,唯有通过特殊技术手段才能略窥其踪迹。复旦大学历史系余欣《佛说安宅神咒经》一文通过文本结构、名词术语、社会语境分析,认为汉传佛教伪经《佛说安宅神咒经》不像传统观点认为的那样是创制于后汉时期,而应该在唐代初期。通过考察敦煌、吐鲁番相关写本,本文揭示了安宅系伪经在西域粟特、吐蕃等非汉族群中的流布及其信仰实态,为理解汉传佛教伪经在多元社会文化中的习用与影响提供了新的思考。清华大学人文学院沈卫荣的《吐鲁番出土回鹘文藏传密教文献解题》一文指出,我们曾对藏传密教所代表的无上瑜伽部密教曾于西域和中原传播的历史一无所知,而这正是蒙元大一统的前提下蒙、汉、回鹘、西夏等民族之宗教文化交流史上最重要、最出彩的一章。对这些源自西夏、蒙元和明代的不同语种翻译的藏传密教文献的研究,势将为西域和中原佛教史增添一个曾被长期遗忘的篇章。

北京大学历史学系林丽娟专攻叙利亚语,在《希波克拉底和盖伦在吐鲁番——论景教叙利亚语医学残篇 SryHT1 与 SryHT388》一文中,她主要分析了景教叙利亚语医学残篇 SryHT1 与 SryHT388,证明这两份残篇当中保存了古希腊医学家希波克拉底和盖伦的平行文本,表明叙利亚基督徒早在高昌回鹘时期已将古希腊医学知识带到了吐鲁番。北京大学外国语学院王一丹从细节入手,以《新疆喀什阿帕克和卓麻扎门楼的波斯语诗歌释读》一文,对喀什市东北郊的俗称香妃墓的麻扎门楼上铭刻的波斯语诗歌进行释读考证,推测了该诗歌的可能出处,为丝绸之路上波斯文化的影响以及西域地区文化多元性的特点提供了佐证。兰州大学白玉冬的《蒙古国回鹘四方墓出土鲁尼文刻铭释读——兼论鲁尼文字形之演变》一文以蒙古国回鹘四方墓出土的鲁尼文刻铭为例,与西域所出鲁尼文多所比较,给出了有别于前人的解读;同时,通过对鲜为人知的鲁尼文字体变化的探讨,致力于确定上述鲁尼文刻铭的年代。因而本文主张,面对多语种民族文字文献,必须从基本的语文学出发,逐字逐词去识别验证,才有可能把握文献材料的真正意义。

三、石窟壁画与造像艺术

石窟与寺院文化一直是西域研究的重点与热点。新疆克孜尔石窟研究所苗利辉的《龟兹石窟分布特点及其原因》一文指出,龟兹石窟的分布与龟兹地区先后存在的国家力量的大小、交通线、水源地及其他遗址分布有紧密的关系。北京服装学院美术学院魏丽选取克孜尔石窟中保存较完整、具有代表性的佛教故事画为观察点,《克孜尔石窟壁画中的佛传故事画构图研究》一文以这些画面中所表现的地点、时间、情节为视点,对不同地区出现的形式相近的菱格形构图进行对比分析,揭示了早期佛传故事画构图的基本演进规律。

佛教文化的图像资料也不断证明着西域地区是东西方文明、多元文化的交融汇聚之地。北京大学外国语学院段晴《犍陀罗佛教艺术中的蛇神》以和田和犍陀罗地区的佛教造像为对象,认为犍陀罗地区可以见到的波浪状环绕佛塔的图案,应是蛇身的表现,蛇身隔离开的是天界和世俗界。故宫博物院孟嗣徽《西域"护诸童子"信仰与丹丹乌里克佛寺壁画》一文从大英博物馆所藏的一组敦煌藏经洞遗画——汉文于阗文双语《护诸童子十六女神》像入手,与丹丹乌里克佛寺壁画中的杂神作比较研究,试图说明对"护诸童子"女神的信仰在唐代于阗和敦煌地区曾存在或兴盛过,由此证明"丝绸之路"不仅是一条物质和商贸之路,也是一条信仰和思想之路,是各种传统习俗和文化汇合交融之路。石窟寺艺术的东传,也留下许多有趣的文化印记,云冈研究院刘建军《"玄津"非"玄事"——云冈石窟碑铭札记之一》一文对云冈石窟五华洞第 12:1 窟的一则造像铭文移录文字进行重新识读,指出其中"玄事"应为"玄津"等错误,认为此处铭文的内容依然保留着浓郁的佛教文献色彩,值得深入探究。

四、丝路考古与西域文明

考古挖掘为西域文明的研究提供了新的材料和视角，也是本次会议多元化研究的一个特点。

中国人民大学国学院李肖等共同完成的调查报告《古代龟兹地区矿冶遗址的考察与研究》就库车、拜城、温宿、阿瓦提4县市共计36处矿冶遗址进行了详尽考察，对龟兹地区古代矿冶遗址进行了系统研究，澄清了一些围绕古代龟兹地区矿冶技术、时代、规模等问题领域长期以来似是而非的看法，是古代龟兹地区矿冶经济面貌的集中展示，有助于为龟兹史的考古学及相关领域研究提供新的增长点。中国社会科学院考古研究所郭物的《建政西域：汉代天山通道的军事设施》一文结合刘平国刻石、吉木萨尔县小西沟遗址、奇台县小城子遗址、巴里坤汉代石刻等资料阐明，像"西域三十六国"这些绿洲国家实际上成为汉代中央王朝守卫西域、建设西域的重要对象和支撑，汉代在建政西域过程中，通过一系列措施加强对天山通道的控制，以防卫匈奴等游牧人群侵袭，客观上维护了丝绸之路的稳定秩序。

西北大学历史学院裴成国《中古时期丝绸之路金银货币在中国的使用与流通》一文对比考古发掘品中拜占庭金币和萨珊银币在中古中国的流通情况，认为中国古代钱币具有开放性特点。与萨珊银币在6世纪中叶之后在西域等地的广泛流通不同，拜占庭金币则仅在个别时候作为货币流通。在中国发现的两类金属货币的比例有较大差别，萨珊银币绝大多数都是萨珊波斯铸造的，而拜占庭金币则有相当部分是仿造的。唐代金开元通宝的铸造应该与拜占庭金币和萨珊银币在中国的流通有直接关系。

农业文明也是西域文明曾经达到一定高度的展示，中国社会科学院中国边疆研究所刘志佳《关于古代丝绸之路上的地下水灌溉系统与区域发展的再思考》一文通过排比丝绸之路沿线30多个国家的考古资料，认为基于不同历史、政治与自然条件，分别在新疆、中亚、伊朗、阿拉伯半岛、北非、西班牙形成了"坎儿井"核心分布区。坎儿井研究应将关注重点放在坎儿井与人居环境、人文景观以及对基层社会的影响层面。吐鲁番学研究院张永兵《从考古资料分析吐鲁番盆地史前环境与古遗址变化》一文列举吐鲁番盆地历年的考古资料，讨论吐鲁番盆地史前文化遗存在不同时期对环境的适应方式，不仅与气候、地理变化直接关联，也决定了盆地内史前人类的生存方式。西北大学丝绸之路研究院林铃梅《费尔干纳盆地考古综述及若干思考》一文认为，费尔干纳盆地的考古对欧亚大陆东西文明交往研究具有重要价值，目前学界已积累了诸多材料和研究成果，对各个时期盆地不同区域的文化面貌有了一定程度的揭示，但依然存在着一些将来考古亟待解决的问题，比如，文化分期观点复杂，没有形成公认的序列；盆地内没有统一的完整地层，各个时期的序列关系仍不清晰；以往考古发掘及研究注重建筑遗存及器物类型的考察与分析，不注重保存各类有机材料，等等。

五、丝路研究的学术史

丝绸之路的学术史研究也成为本次会议上活跃的话题。国家图书馆古籍馆刘波《1909 至 1910 年敦煌遗书运京史事新证——以近人题跋为中心》一文重点关注 1909 至 1910 年敦煌遗书运京及相关事件的题跋,如《楞伽阿跋多罗宝经》卷四金城跋,国家图书馆藏 BD14884《维摩经》卷中蔡金台跋等,通过对这些题跋的新证,可以增进对敦煌遗书运京过程中一些事件和人物的理解,加深我们对早期敦煌学史的认识。北京语言大学中华文化研究院张廷银《由〈敦煌县志〉收载汉唐诗文看方志的编纂旨趣》一文通过分析道光《敦煌县志》收载的汉唐诗文,指出方志编纂立足于地方而着眼于全局,有出位之思和越权之嫌,更是地方文化对中央文化的滋补与支持。

中国社科院中国边疆研究所许建英《近代外国对中国新疆考察述论》一文把近代外国对新疆的考察分为三个阶段:地理探察时期、文化考古探察时期、政治探察时期,认为对相关考察资料的翻译与研究对我国重建西域话语权有着重要意义。新疆师范大学中国语言文学学院刘长星《中国西北科学考查团在新疆考察活动述略》一文强调,在新疆的考察是 1927 年开始的中国西北科学考查团一行科考的重点,中外方团员也都在新疆获得了一系列重要的考察成果与科学发现。对中外方团员各自在新疆具体考察活动的梳理,应当是未来更深入展开西北科学考查团研究的基础。

冯其庸学术馆的冯有责、沈宏通过《冯其庸先生与龟兹学》一文,追述了冯其庸先生十到新疆,并与龟兹学结下的深厚情缘,高度肯定了冯其庸先生以传播龟兹文化为己任、为振兴和发展龟兹学付出的艰辛努力。

综上,本次学术研讨会聚焦于"刘平国刻石"与西域文明,以刘平国的名义第一次集中讨论了"刘平国刻石"本身的历史及流传史,为研究西域文化与丝路文明增添了思想力量。与会学者们在兼顾丝绸之路东西两端,涉及历史、文学艺术、考古、语言、宗教、矿冶、交通等诸多领域的研讨过程中,做到了让历史发声,让文物说话,为深入落实"文化润疆"、加强历史文化遗产保护、铸牢中华民族共同体意识提供了重要的理论支撑与学术支持。

The Summary of the Academic Symposium on Liu Pingguo Stone Carvings and the Western Regions Civilization

Liu Changxing

The review is the summary of the Academic Symposium on Liu Pingguo Stone Carvings and the Western Regions Civilization. Taking Liu Pingguo Stone Carvings as the core topic, from the aspects of Liu Pingguo Stone Carvings and related issues, Western Region literature and the Western Regions history, cave murals and statue art, Silk Road Archaeology and the Western Regions civilization, and the academic history of Silk Road research, the participating scholars wrote articles to report their own research ideas and views, so as to make history speak and cultural relics speak. This symposium focused on the new achievements of academic research and added new ideas and new forces to promote the study of the Western Regions culture and Silk Road civilization.